舍利取义　谓之诚信

利を捨て義を取る　之、すわなち誠信なり

2015年中国国家社会科学基金中華学術外訳項目助成図書

民法基本原則解釈

誠信原則の歴史、実務及び法理の研究

【著】
徐 国 棟
XU Guodong

【訳】
矢澤久純 　李 偉 群
YAZAWA Hisazumi 　LI Weiqun

EXPLICATIO PRINCIPIORUM IURIS CIVILIS
EXPOSITIO HISTORIAE, USUS ET PHILOSOPHIAE LEGIS PRINCIPII BONAE FIDEI

溪水社

本书是作者 2004 年版《民法基本原则解释：以诚实信用原则的法理分析为中心》一书的再造版。

本書は著者の 2004 年版『民法基本原則解釈：誠実信用原則の法理分析を中心に』の再造版である。

原作《民法基本原则解释：诚信原则的历史、实务、法理研究（再造版）》由北京大学出版社于 2013 年出版。日文翻译版经北京大学出版社授权于全球市场独家出版发行。保留一切权利。未经书面许可，任何人不得复制、发行以及转载。

原著『民法基本原則解釈：诚信原则的历史、实务、法理研究（再造版）』は、2013 年に北京大学出版社が出版したものである。全世界において、日本語版の出版及び発行は、北京大学出版社の独占的翻訳出版授権により行う。一切の権利は北京大学出版社が所有する。書面による許可なしには、何人に対しても、複製、発行及び転載を禁じる。

凡　　例

1　頁の両側にある10級、斜体の数字 *234* は、原著の頁数である。
2　注は、原著では頁毎に注番号が付されているが、本訳書ではその番号のままでは極めて不便であるため、章毎の通し番号とし、本文の後ろにまとめて置いた。しかし、本文末の注の頁にも両側に原著の頁数を付すことで、読者の便を図った。
3　中国語の原語を記載した方が良いと考えた箇所は、すみ付きパーレン【　】で括って、原語を示した。
4　訳出にあたり、語句を補った方が理解しやすいと考えられたときは、亀甲〔　〕を付してその中に記した。また、必要に応じて、訳注を付けた。右肩に〔1〕とあるものが訳注であり、原注の後に説明文を記載した。これも章毎の通し番号にしてある。
5　中国では、法律名を二重山型括弧《　》で括る習慣があるが、日本では、初出の場合等、何らかの理由がある場合にカギ括弧「　」で括ることはあっても、法律名を特に括弧で括ることは行わないのが通常である。しかし、法律名が《　》で括られていると、読むときに分かりやすいのは事実である。本訳書では、中国での慣行のまま、法律名を《　》で括った。
6　本文中の書籍名は、二重カギ括弧『　』で括った。
7　丸括弧（　）は、基本的に原著のままである。
8　今後の参照の便を考えたとき、注は、極力、原著のままであることが望ましいし、また文献名を邦訳することは無意味であるため、ほぼそのまま記載した。従って、書籍名や逐次刊行物名の引用は、基本的に原著のままである。しかし、中国では外国の学術文献の引用の際に執筆者の国名を執筆者の前に記すことが多いが、本書では執筆者の後に記した。
9　姓名がアルファベットの人物については、中国語表記のままでは日本人は（通常は）読むことができないため、当人の発音に近いカタカナ表記にした。アルファベット表記が原文に記されていれば、それも記載した。中国国外の地名も、原則としてカタカナ表記にした。
10　原著にある明らかな誤植・誤記については、本訳書では訂正した。

目　次

凡　例 …………………………………………………………………… i
原著者による日本語版への序言（中国語原文）………………… xi
原著者による日本語版への序言（日本語訳）…………………… xv
再造版序言 …………………………………………………………… xix

第一章　民法基本原則略述

第1節　民法基本原則研究の概観 …………………………………3
　一　我が国の民法基本原則の確立　3
　二　我が国学術界における民法基本原則研究についての概要　4
　三　我が国の民法基本原則理論の研究成果に対する評価　8
　四　我が国の民法基本原則理論に欠けている方法論的原因　10
　五　本書の方法と構成　13

第2節　民法基本原則の概念と機能 ……………………………15
　一　原則の語義の考察　15
　二　民法基本原則の概念　17
　三　民法基本原則の機能　18

第3節　民法基本原則の立法技術特性 …………………………20
　一　民法基本原則は非規範的規定である　21
　二　民法基本原則は不確定（曖昧）規定である　23
　三　民法基本原則は衡平性規定である　38
　四　民法基本原則は強行規定である　44

第4節　民法基本原則と類似の法現象との区別 ………………45
　一　民法基本原則と民法規範の区別　45

二　民法基本原則と民法の具体的原則との区別　49
　　三　民法基本原則と民事活動の基本原則との区別　53

第二章　誠信原則の理論の研究
　第1節　誠信原則に関する域外の学説と立法例の概要……………55
　　一　一般的な誠信研究の概観　55
　　二　主観的誠信研究の概観　67
　　三　客観的誠信研究の概観　72
　　四　二つの誠信の関係及びその統一　78
　第2節　誠信原則に関する国内の学説の概要…………………………86
　　一　文献の存在状況の叙述　86
　　二　主観的誠信の研究成果の概要　90
　　三　客観的誠信の研究成果の概要　110
　　四　小括　123
　第3節　本書の誠信原則理論 …………………………………………124
　　一　誠信原則は主観的誠信と客観的誠信という二つの面を
　　　　含んでいる　124
　　二　誠信と悪信の二分は倫理学の善悪二分の法的形式である　125
　　三　主観的誠信と主観的悪信の間に中間地帯が存在する　126
　　四　誠信原則は弱者保護機能を有している　127
　　五　誠信原則は財産法の規則に止まらない　127
　　六　中華文化における誠信理論は中国式誠信原則理論の
　　　　基礎を築くものと見ることができる　128
　　七　社会契約論が主観的誠信と客観的誠信を統一する
　　　　基礎である　128

第三章　誠信原則のローマにおける起源の研究

第1節　略述 …………………………………………………… 131
　一　ローマ人は「信」という語を文学的及び法的に
　　　どう用いたか　131
　二　ローマのストア哲学者による、「善」と「悪」という語に
　　　ついての倫理学的使用　135
　三　ローマ法及びローマ人は「善」と「信」の合成語を文学的及び
　　　法的にどう用いたか　138
　四　ローマ人の誠信の分類　142

第2節　ローマ法における主観的誠信 ……………………… 144
　一　ローマ法における主観的誠信の発生時期と類型　144
　二　《アティニウス法》による、取得時効の主観的誠信要件の
　　　定礎　146
　三　プブリキウス訴権による、主観的誠信概念の拡張適用　156
　四　主観的誠信概念の添附法への拡張　165
　五　主観的誠信概念の相続法への拡張　168
　六　主観的誠信概念の家族法への拡張　177
　七　小括　183

第3節　ローマ法における客観的誠信 ……………………… 187
　一　客観的誠信の発生条件　187
　二　誠信訴訟の類型　188
　三　誠信訴訟の目的の一：要物契約　189
　四　誠信訴訟の目的の二：合意契約　191
　五　誠信訴訟の目的の三：いくつかの準契約　198
　六　誠信訴訟の目的の四：いくつかの物権関係　199
　七　四つの目的の共通性　202
　八　誠信訴訟と厳格法律訴訟の区別　203
　九　誠信訴訟の消失　205
　十　誠信訴訟と類似するその他の制度　206

十一　各種の誠信制度の間の関連　210
　第4節　ローマの誠信原則を最も理論的に仕上げたと考え得る
　　　　クイントゥス・ムキウスとその時代……………………211
　　一　クイントゥス・ムキウス・スカエウォラその人　211
　　二　クイントゥス・ムキウス・スカエウォラの理論面での貢献　214
　　三　クイントゥス・ムキウス・スカエウォラがローマ法の誠信原則
　　　　の型を造る可能性　218
　　四　ローマ法の誠信原則を育んだ経済的条件　224

第四章　誠信原則の大陸法系における歴史的発展の研究

　第1節　中世法における誠信……………………………………227
　　一　略述　227
　　二　中世の法学者の、一般的誠信に関する論述　228
　　三　中世の法学者の、主観的誠信に関する論述　231
　　四　中世の法学者の、客観的誠信に関する論述　244
　　五　小括　249
　第2節　近代民法における誠信……………………………………250
　　一　誠信の要求と裁判官の自由裁量権の分離　250
　　二　誠信という用語の廃止、並びに客観的誠信及び主観的誠信の
　　　　用語上の分裂　252
　第3節　現代民法における誠信……………………………………254
　　一　誠信の要求と裁判官の自由裁量権の再結合　254
　　二　誠信原則の普遍的確立　255
　　三　誠信原則から派生するいくつかの派生原則　256
　　四　ドイツ：両種の誠信を異なる用語で表すことを開始　257
　　五　オランダ：客観的誠信の非誠信化　267
　　六　ロシア：伝統への回帰と新奇性受入れのはざまで　271
　　七　ラテン法族諸国又は地域：統一的誠信原則の維持　275

八　小括　281

第4節　公法諸部門への誠信原則の拡張……………………284

　　一　憲法への誠信原則の拡張　284

　　二　行政法への誠信原則の拡張　287

　　三　刑法への誠信原則の拡張　292

　　四　税法への誠信原則の拡張　294

　　五　刑事訴訟法への誠信原則の拡張　295

　　六　民事訴訟法への誠信原則の拡張　297

　　七　誠信原則の、国際公法における再現あるいは拡張　300

　　八　小括　303

第五章　英米法系における誠信原則の研究

第1節　略述……………………………………………………307

第2節　英米法系の主観的誠信………………………………309

　　一　イギリス法における主観的誠信の表現　309

　　二　アメリカ法における主観的誠信の表現　310

　　三　英米法における主観的誠信の意味　312

　　四　英米法における敵対的占有制度中の誠信要件の欠落に対する分析　313

第3節　イギリス法における客観的誠信……………………315

第4節　アメリカ法における客観的誠信……………………322

　　一　アメリカ法の、客観的誠信の継受　322

　　二　アメリカ法における客観的誠信の特徴　324

　　三　客観的誠信の意味に関するアメリカの学者の論争　326

　　四　アメリカ法における誠信原則の適用に際する若干の問題　331

第5節　小括……………………………………………………333

第六章　中国における誠信原則の実務の研究

第1節　誠信原則の立法実務の研究…………………………………335

一　我が国の主要民事単行法における誠信原則の分布と存在形態　335

二　我が国の民事単行法における誠信規定についての分析　341

三　我が国の、誠信原則規定がない七つの民事単行法に誠信原則を補充する必要性　343

四　小括　355

第2節　誠信原則の司法実務の研究…………………………………358

一　我が国の裁判所の判決書中における、誠信原則の一般的使用状況　358

二　主観的誠信の裁判例とその分析　365

三　客観的誠信の裁判例とその分析　376

四　小括　380

第七章　民法基本原則が法律の限界性を克服する機能の研究（上）

第1節　法律の限界性……………………………………………………385

一　法律の技術性という特徴　385

二　法律の限界性　390

三　法律の価値選択の二律背反　398

第2節　絶対的自由裁量主義……………………………………………400

一　成文法出現前の状況　400

二　古代の絶対的自由裁量主義　402

三　近現代における絶対的自由裁量主義　405

第3節　絶対的厳格規則主義……………………………………………407

一　絶対的厳格規則主義の立法における実践　407

二　絶対的厳格規則主義の経済的基礎　409

三　絶対的厳格規則主義の政治的基礎　412
　　四　絶対的厳格規則主義の哲学的基礎　418
　　五　絶対的厳格規則主義に対する初歩的な批判　432
　第4節　厳格規則と自由裁量の結合 ……………………………… 433
　　一　厳格規則と自由裁量を相互に結合せよという主張の登場　433
　　二　ローマ法モデル　440
　　三　英米法系モデル　453

第八章　民法基本原則が法律の限界性を克服する機能の研究（下）

　第1節　20世紀の大陸法系モデル ……………………………… 491
　　一　大陸法系における経済基盤の変化　491
　　二　大陸法系の政治体制の変化　498
　　三　大陸法系の国家哲学の変化　501
　第2節　大陸法系における立法－司法関係の変化 ……………… 512
　　一　概念法学の勃興　512
　　二　自由裁量主義の諸流派　523
　　三　誠信原則の勃興　561
　　四　大陸法系の立法－司法関係の現状　578

第九章　民法基本原則の、法的な構成－機能モデルの中での働き

　第1節　法律の諸価値とその衝突 ……………………………… 591
　　一　法律の諸価値　591
　　二　法律諸価値の相互の関係　599
　　三　従来の思考　602
　　四　従来の思考に対する評論　613

第2節　法の諸価値を同時に考慮する方法：
　　　　法的構成 – 機能モデル……………………………616
　　一　序言　616
　　二　現代民法典の構成　618
　　三　民法基本原則の機能　627

第十章　余論
　第1節　十の結論………………………………………………633
　第2節　我が国の将来の民法典のモデル選択…………………638
　第3節　原則立法に関する検討…………………………………640
　第4節　裁判官による自由裁量権の濫用をいかにして
　　　　防止するか……………………………………………642

原　　注…………………………………………………………645
訳　　注…………………………………………………………729
附　　録　誠信原則研究の欧文著作概観………………………733
補　　遺　中国における《民法総則》制定（2017年3月）に関する
　　　　　原著者による補遺……………………………………749
解説及び訳者あとがき…………………………………………759

日文版序言

徐国栋

《民法基本原则解释：诚信原则的历史、实务与法理研究》一书最初是我的博士论文，我于1991年靠它在中国社会科学院研究生院获得了博士学位。在那个缺乏专著的时代，在那个大多数导师和博士生都不知道博士论文该如何写的时代，该书作为一本真正的专著和真正的博士论文受到了广泛的欢迎。于1992在中国政法大学出版社出初版，其封面为金色，以罗丹的"思想者"雕像为图案，漂亮得让人晕眩：2001年出增订版：2004年出增删版：2013年移师北京大学出版社出再造版。到目前，经历了初版、增订版、增删版、再造版四个阶段。每版又有不止一次印刷。一本书历25年而不死，在这个"快出快死"的时代，被一些法学史研究者目为异数。原因者何？一在于它的底子不错，研究的是立法与司法的关系、法律与道德的关系、法律与哲学的关系等元问题：二在于我对它的不断更新，每版都淘汰过时语，增加新知语，这有助于达成本书的相对长寿。

2014年10月14日，该书面临出日文版的可能。其时，日本北九州市立大学的矢泽久纯教授发电邮给身在意大利罗马第二大学访学的我，表示要翻译《民法基本原则解释》为日文，我欣然同意并感到荣耀。感到荣耀的原因在于：日本是法学大国，但其学界仍感到我的这本书有参考价值。这可能因为我在本书中不仅吸收了大陆法系德国法族的学术营养，而且还吸收了同一法系的拉丁法族的学术营养，后一种营养日本法学界可能比较忽视，因为日本法学界基于路径依赖长期与德国法学界保持共振。我也是从学习德国式的民法理论起步，但1994-1997年留学意大利、其间及以后多次游学西班牙语国家的经历

让我有机会更切身地了解拉丁法族国家的法律和法学。当然，这本从古代、外国讲起的书包含的中国立法、司法和学界对诚信原则的理解和适用的信息，也可能是日本学界急切想知道的。

矢泽教授与我联系之时，正好是中国政府设立中华学术外译项目的第四年，于是，我想到把矢泽教授的提议与这个项目结合起来，搭上国家支持的快车。2015年初，我与本书再造版的出版者北大出版社领导蒋浩先生谈申请外译项目的可能，得到蒋先生的大力支持。经过填表、申请、评审，本书终于在2015年8月3日进入全国社科规划办发布的推荐选题。然后再次填表申请，这次除了要论证该书的价值以及译者的能力，还要论证本书的日译本出版者溪水社（广岛）的能力，经过外审专家评审，终于在2015年12月23日获得立项。至此，本书的日文版的孕育与诞生，已超出了学者间私人联系的范围，属于中国政府的国家行动，作者、译者、出版社都获得了中国的财政支持。在从"私人联系"转化为"国家行动"的过程中，两轮的复数专家评审是对本书品质的严峻考验，幸运的是，本书通过了考验。值得夸耀的是，与本书同时通过考验的要么是清末以来的法学名著，例如瞿同祖的《中国法律与中国社会》，要么是1949年以来的公认的法学佳作，例如高铭暄的《中华人民共和国刑法的孕育诞生和发展完善》。

没有矢泽教授的提议，本书的日文版没有诞生的机会，我对他心存感激。他与《民法基本原则解释》的相遇是一个美丽的故事。大三（1993年12月）时，他担任公务员的姑父带他到上海，会见华东政法大学懂日语的朋友张捷教授。张教授把年轻的矢泽带到华政附近的一家书店，让他挑一本自己喜欢的书，自己买单。矢泽由此见到了带着金色封面的本书的初版。他看得懂中文的书名，选择之，未想到自己将来会成为此书的译者，为此并为其他学习中文，并且收藏齐全本书的各个版本。从1993到2017，凡24年，矢泽教授是24年做一件事的有定力的人呐！但这件事是他做的更大的一件事的一部分，那就是对大陆中国法学的研究。矢泽教授经常利用他在大连外国语学院教日语的

机会、在华东政法大学日本法研究中心和厦门大学法学院日本法研究中心的当客座研究员的机会从事这一工作，发表其研究成果于中国和日本的刊物，尤其是对取得时效的存在理由的中日比较研究，让人深受启发。随着中国法学水准和地位的提高，并考虑到日本和中国的地理近邻关系和学术亲缘关系，这一工作的前途光明。

清末以来，我国译介日本法学著作如恒河之沙，中国包括法学领域在内的许多社会科学领域的现代化，是从移译日本学者的相应著作起步的，以至于多数西来法律术语借自日文翻译，包括"民法"这个术语，但日本译介我国法学专著尚少。两相对比，中国法学从日本法学的"得"多于"予"，形成中国方面的"顺差"和日本方面的"逆差"，如果本书的日译本能减少这种失衡，我将感到幸福。总之，期望通过本书的日译本之实施，推动在中日法学间形成双向交流局面。

是为序。

2017年8月31日 于胡里山炮台之侧

原著者による日本語版への序言

徐　国棟

　《民法基本原則解釈：誠信原則の歴史、実務及び法理の研究》という書は、当初、私の博士論文であった。私は、1991年、その論文により中国社会科学院研究生院において博士学位を取得した。専門書が欠乏していたあの時代、大多数の指導教授と博士課程学生が博士論文はどのように書かなければならないのか分からなかったあの時代に、その書は、一冊の真の専門書として、また真の博士論文として、広範に亘って歓迎された。1992年には、中国政法大学出版社から初版が出版された。その表紙は金色で、ロダンの影像「考える人」の図案となっており、人に目眩いを起こさせるほど美しいものであった。2001年に増訂版が、2004年に増削版が出て、2013年には北京大学出版社に移して再造版が出版された。今日に至るまでに、初版、増訂版、増削版、再造版という四つの段階を経てきている。いずれの版も、一回の印刷で止まることはなかった。一冊の書籍が25年の経歴を経ても死なずにいる。この「出ては廃れ、出ては廃れ」の時代に、このことは法学史研究者の目からは異例とされる。その理由は何か。一に、その基礎が誤っておらず、研究されていることが立法と司法の関係、法と道徳の関係、法と哲学の関係等の基本的な問題であるからであり、二に、それに対して私が不断に更新し、いずれの版においても時代後れとなった語句を取り除き、新たな知見や語句を増やしてきたのであり、このことが本書が比較的長く存命することに役立ったからである。

　2014年10月14日、本書に日本語版刊行の可能性が現れた。それ

は、日本の北九州市立大学の矢澤久純教授が、イタリアのローマ第二大学を訪問していた私のところに電子メールを送ってこられ、《民法基本原則解釈》を日本語に翻訳したいということが記されていたからである。私は快く同意し、そして光栄に感じた。光栄に感じた理由は次の点にある。すなわち、日本は法学大国であるのに、その学界がなおも私のこの書は参考にする価値があると感じているということだからである。このことは、私は本書において大陸法系のドイツ法族の学術的栄養を吸収しただけでなく、さらに同一法系のラテン法族の学術的栄養をも吸収したのであり、後者の栄養については日本法学界は比較的、軽視しているかもしれないということが理由であろう。なぜなら、日本法学界は、その道筋により、長期に亘ってドイツ法学界との共振関係を保持することに頼ってきているからである。私もまたドイツ式の民法理論を学ぶことから始めたが、しかし、1994-1997年にイタリアに留学し、その間、そしてそれ以後、スペイン語諸国に何度も遊学したことで、一段と直接的にラテン法族諸国の法と法学を理解する機会を得た。当然のことながら、本書は古代や外国から論じ始めているとは言え、中国の立法、司法、学界による、誠信原則に対する理解と適用についての情報も含んでいるのであるから、このことも日本の学界が切実に知りたいことなのかもしれない。

　矢澤教授と私が連絡をとりあっているときは、ちょうど中国政府が設立した中華学術外訳項目の4年目であった。そこで私は、矢澤教授の提案とこのプロジェクトを結び付けることを思い付いた。国家による支援という特急列車に乗るのである。2015年初頭、私は、本書再造版の出版者である北京大学出版社の責任者である蒋 浩氏に、外訳項目に申請することができるかどうか打診したところ、蒋氏の強力な支持を得ることができた。表を埋め、申請し、審査を経て、2015年8月3日、本書は全国社科計画辦が発表する推薦題目に

入った。その後、再び、表を埋め、申請した。このときは、本書の価値及び訳者の能力について証明するだけでなく、本書の日本語訳を出版する溪水社（広島）の能力までも証明しなければならなかった。外部審査専門家による審査を経て、ついに2015年12月23日、審査に通ったのである。ここに至って、本書日本語版の懐胎と誕生は、学者間という私人関係の域を超えて、中国政府の国家的行動に属することとなり、作者、訳者、出版社いずれもが、中国の財政的支援を獲得したのである。「私人関係」から「国家的行動」へと転化する過程において、2回に及ぶ複数の専門家による審査は本書の質についての厳しい試練であったが、幸運にも本書はこの試練を通過したのであった。手前味噌になるが、本書と同時にこの試練を通過したのは、清末以降の法学の名著、例えば、瞿 同祖の《中国法と中国社会》であったり、1949年以降の法学上の佳作と一般に認められているもの、例えば高 銘喧の《中華人民共和国刑法の懐胎誕生と発展》なのである。

　矢澤教授の提案がなかったならば、本書の日本語版の誕生の機会はなかった。私は矢澤教授に対し感謝の心でいっぱいである。矢澤教授と《民法基本原則解釈》の出会いは、一つの美しい物語である。矢澤教授は、大学三年生のとき（1993年12月）、公務員であった父方のおじと共に上海に来て、華東政法大学の日本語の分かる友人である張 捷教授と会う。張教授は、若い矢澤を華東政法大学近辺の書店に連れて行き、好きな本を一冊選ばせて、支払いをした。矢澤は表紙が金色の本書初版を見つけ、中国語の書名は分かったので、これを選んだ。自分が将来この書の訳者になるとは思いもせずに。これのために、また他の理由でも、中国語を学び、さらに本書の各版をすべて揃えている。1993年から2017年まで、計24年である。矢澤教授は24年も一つのことをやり続ける不動の精神力を有する人物なのである！　しかし、このことは、矢澤教授が行なっている更

に大きなことの一部分でしかない。それは、大陸中国法学の研究である。矢澤教授は、大連外国語学院において日本語を教える機会、華東政法大学日本法研究センター及びアモイ大学法学部日本法研究センターでの客座研究員を務める機会をいつも利用して、この研究に取り組んでおり、その研究成果は中国及び日本の刊行物に発表されている。とりわけ、取得時効の存在理由についての中日比較研究は、啓発させるものがある。中国法学の水準と地位が向上するにつれ、更に日本と中国の地理的近隣関係及び学術的血縁関係を考慮するとき、この研究の前途は明るい。

　清末以来、我が国が訳して紹介した日本法学の著作の数は、ガンジス川の砂の数のごとくである。中国は、法学領域も含めて多くの社会科学の領域の現代化においては、日本の学者の相応する著作を訳すことが出発点であった。その結果、西欧から来た多くの法律用語は日本語から翻訳されたものであり、「民法」というこの語もそうである。しかしながら、日本が我が国の法学の専門書を訳して紹介するのは、まだ少ない。両者を比べると、中国法学が日本法学から「得た」ものは「与えた」ものよりも多く、中国方の「黒字」と日本方の「赤字」を形成している。本書の日本語訳がこの不均衡を減らすことができるならば、幸いである。いずれにせよ、本書の日本語訳を通じて、中日法学間に、双方向の交流が促進されることを期待する。

　以上、序とする。

2017年8月31日胡里山砲台側にて

再造版序言

　私の博士論文の増削版が出版されてから、瞬く間に8年が経過し、徐々に売り切れていった。元々の出版社は再度の印刷をしない考えであったが、北京大学出版社の蒋 浩氏には、それを再版したいという意向があった。こうして、一つの出版企画が誕生した。蒋氏は、〔本の〕元の姿を維持するか、あるいは時代の変化に伴い進化させるかを選ばせてくれた。私は後者を選択した。その理由は簡単である。すなわち、一冊の書に3年も手を入れなかったならば、顔付きが憎々しいものとなる。時代は進展しており、関係する論題の研究は深く掘り下げられているので、もしこれらの進展と研究の深化を私の著作の中に取り込まなかったならば、それは価値ある書であるとは言い難いからである。こうして私は、改訂作業を開始した。2011年10月1日から開始し、2012年2月10日に遣り終えた。4ヶ月余りの時間を費やして、4万字近くを削り、十数万字を新たに増やした。作業量は多くなかったとは言えないし、実り豊かな成果をあげなかったとも言えない。最も大きな成果は、私を長年の間、悩ませてきた、学問をすることと幻想に耽ることという一貫しない問題を解決したことである。この業界に入ってこのかた、私はずっと、自分は白昼には苦慮して文章を書くものの、夜半にはいつものように心地よく熟睡へと入り込むという状況に悩んでおり、このようなことでは専心の状態に達することはできないと考えていた。今回の再造版で、私はついに、夜にはいつもその日書いた内容の夢を見たり、ときには翌日に書くことになる内容の夢を見たりす

るまでになり、24時間、精神が集中している状態となった。こうして、このような精神集中状態から産み出されるものを予言することができるようになった。言ってしまえば、今回の改訂では、次の3字、すなわち「増」、「削」、「調」を行なった。

　先ず、「削った」ところから説明しよう。私は、誠信原則以外のすべての民法基本原則についての説明を削った。以下、理由を述べよう。以前、私が論じたことがある七つの民法基本原則のうち、国家計画指導と経営者自主性の結合の原則は、市場経済体制が確立されたことにより、「六日の菖蒲(アヤメ)、十日の菊」と化した。公民及び法人の合法的民事権益不可侵の原則を宣言する意義は、今の時代、大いに低下した。公平等価有償原則は、主観的価値論が中国において自己の地位を獲得するにつれて、淘汰された。平等自発原則は、私が遣り終えた、平等がどこに属するのかを整理してはっきりさせる研究（憲法原則に属するのか、それとも民法原則に属するのか）及びこれまた私が遣り終えた取引主体性論についての研究から、深い疑義が出された。もしこの基本原則の地位が一時的に、完全ではないにしても覆されると言うのであれば、このような転覆の発生は、時間の問題であるに過ぎない。権利濫用禁止の原則と法律補充の原則に至っては、研究が深められていくにつれて、それらは誠実信用原則の内容の一部であると認定することができた。思えば、本書が1992年に出版されて以来、すでに20年が過ぎ去り、未だ疑義が出されていないのは誠信原則だけという状況にある。こればかりではなく、この原則についての研究は国内外において空前の発展を見せているのであり、これが、私が本書の中でこの特定の民法原則のみを研究対象とした理由なのである。幸運なことに、本書には民法基本原則の一般理論に関する説明が含まれており、それはことごとく誠信原則の基本的属性と一致しているので、従って、上述のように大幅な削除を行なったからと言って、それが本書全体に影響を与え

るということは決してないのである。

　次に、「増やした」点について。第一に、私は、26年前に《民法通則》が公布されて以降の、民法基本原則の一般理論研究についての概要を増やした。過去にもこのような概要はあったが、しかし要約された対象は、《民法通則》公布後5年の間の関係作品を含んでいただけであった。第二に、我が国の学者による誠信原則についての研究の概要を増やした。この面の文献は、26年で、山と積まれる程度に達した。第三に、誠信原則の実務についての研究を増やした。ここでは、立法実務と司法実務の両方を含んでいる。このことから、本書の副題も、「誠信原則の法理の研究」の前に、「実務の研究」の文字を加えた。これは、私にとって誇りとなる文字増である。第四に、誠信原則の民法外での拡張についての研究を増やした。この部分は、誠信原則が持つ、あまねく当てはまるという性質【普适性】を示している。第五に、主観的誠信概念の発展史の内容を増やし、主観的誠信と客観的誠信の位置ないしは順序【位序】を調整した。ローマの法学者が主観的誠信を主とし、客観的誠信を従としていた態度に従って、先に主観的誠信について述べ、その後で客観的誠信について述べた。こうすることで、世界的範囲で、誠信原則を研究しているほとんどすべての著作が持っている共通の欠点を変えた。すなわち、誠信原則の研究と称していても、実際は客観的誠信原則しか研究していないのに対して、私は本書の中で、努めて、主観的誠信と客観的誠信が翼を並べて揃って飛ぶ【比翼齐飞】という構造を実現するようにした。第六に、附録の「誠信原則研究の欧文著作概観」の内容を増やした。元々あった言語の誠信原則専門書目録を補充した他、更にロシア語、ルーマニア語、クロアチア語及びラテン語の関連図書目録を増やした。これらの増加書籍からは、本書の2004年増削版が出版されて以降、世界の出版界は、誠信原則の専門書を盛んに刊行していることを見て取ることができる。新

たに登場した書籍には、これまで気付いていなかったが今になって気付いた書籍も加えてあり、新しい図書目録は、123種類の書籍が増えることとなった（この再造版は220種類の書籍を収録しているので、2004年版が収録していた97種類を引き算すると、その数字になる。）。これらの著作の表題を読むだけでも、我々は、問題の範囲についての知識を手に入れることができる。こうしたことをするのは、ひとえに本書のこの版が時代についていけるようにするためであり、そして国外の誠信原則についての研究状況の紹介を強化するためでもある。

　最後に、「調えた」点について。本書は七つの民法基本原則の研究から誠信原則のみの研究に改めたわけであるが、この一原則の研究についての文脈は非常に雑然としていた。明晰な構成にするために、私はこの部分の内容を五つの章に分けた。それぞれ、民法基本原則の一般理論に関わる事項、誠信原則の基本理論に関わる事項、この原則のローマの起源に関わる事項、大陸法系におけるそれの歴史的発展に関わる事項、英米法における存在形態に関わる事項、中国におけるこの原則の立法実務及び司法実務に関わる事項、並びにこの原則の法哲学に関わる事項である。これに応じて、前の版の第三章「民法基本原則——法律の限界性を克服する手段」は十数万字あって、その他の章と比べて文章の長さの差が余りにも大きすぎたため、今回、私は、これを「民法基本原則が法律の限界性を克服する機能の研究」という章名にして二つの章に分け、「上」と「下」にした。こうして、先ず、本書は、以前の5章構成から現在の10章構成に変わり、各章の長さの差は小さくなった。次に、私は、書籍全体の内容の変化を受けて、第十章「余論」の内容を整えた。最後に、私は、斉 云博士の研究成果である『ローマの法律及び元老院議決大全【罗马的法律和元老院决议大全】』に基づいて、すべてのローマの法律の訳名を直した。

　今回の改訂で最も厄介だった作業は、誠信原則についての中国実

務の研究の部分を増やしたことである。私は、本書が1992年に出版されたときの「あとがき」の中で、その版に残った悔恨を書いたことがある。その中の一つは、裁判官は民法基本原則に基づいていかに法を司るのかの部分を未だ書いていないことであった。考えてみると、我が国の立法と司法の経験を以てこの問題について論説するには、当時はまだこの面の経験が不足していたために、当時、この仕事を成し遂げることは非常に困難なことであった。しかし、現在ではこの面の経験が増しており、この部分を書き終えるための豊富な素材が提供されている。20年前に書き留めた悔恨が一つ消えたのは、この時であった。私が誇りに感じることは、この悔恨を永遠に残すことなく、しかも再び本書を改訂する余地を残したことである。すなわち、誠信原則の中国の実務の研究を遣り終えたからには、次はこの原則のイタリアの実務、アメリカの実務等々の研究ができるのである。とにかく、私は、不断の本書改訂を通じて、本書が民法基本原則と誠信原則を研究する中国で最も良好な専門書であるという地位を努めて維持したい。当然のことながら、世界的にも、本書は優れた著作でなければならない。これは、決して不遜な大言壮語なのではなく、私が外国のほぼすべての同類著作に対して行なった全面的調査に基づいて得られた結論なのである。

　本書改訂の過程において、私は、誠信原則についての国際学術界における研究は発展し、深く掘り下げられているのに対し、中国語圏においては、この方面の研究に大幅な進歩は見られるものの、著作は数えるほどしかなく、論文は多くても質の向上は待たなければならない、と強く感じた。本書は、誠信原則を研究対象とした中国語圏における数少ない専門書の一冊であり、もしこれが我が国の誠信原則研究の水準と国際的研究水準との間の差を縮めることにとって些かでも役に立つのであれば、私の心を大いに慰めることであろう。

私は蒋浩氏に感謝申し上げたい。もし蒋氏が本書の新版を出版する意思を示してくれなかったら、私はこの書籍の改訂に取り掛かることはできなかったし、私も読者も、このように私に驚異の目を見張らせ、私に長年の学術的蓄積を放出させ、先進的な技術手段（中国期刊網と北大法宝案例庫）を利用することで成し遂げられた成果をこのように得ることはできなかったであろう。当然のことながら、蒋氏及び北京大学出版社の、とりわけ編集担当の陳 暁洁氏による、精緻な学術に対する惜しみない援助に対して、私と読者は更に感謝しなければならない。
　以上、序とする。

　　　　　　　　　　　　徐　国棟
　　　　2011年10月13-17日初稿、ウルムチ市杜尚別にて
　　　　2012年1月16日第二稿、私の愛し子、陈喜の6歳の誕生日に
　　　　2012年2月10日改稿、悉尼山谷路62号にて

民法基本原則解釈

――誠信原則の歴史、実務及び法理の研究――

第一章　民法基本原則略述

第1節　民法基本原則研究の概観

一　我が国の民法基本原則の確立

　1986年4月12日、32年にも及ぶ長い検討を経て、すなわち1954年、1962年、そして1979年という3回の起草の中で二度転び三度起き上がるという艱難及び曲折を経て、《中華人民共和国民法通則》（以下、《民法通則》と略称する。）はようやく第六期全国人民代表大会第四回会議において可決をみるに至った[1]。この歴史的な法律文書は、多方面にわたる意義を有しており、その中の軽視することのできない一面は、この法律が完全に現代的意味での民法基本原則を確立したことである。平等自発原則、公平等価有償原則、誠実信用原則、権利濫用禁止の原則、国家計画指導と経営者自主性の結合の原則、公民及び法人の合法的民事権益不可侵の原則、法律補充の原則という七つの原則は、そのときから、我が国民法の基本原則として確立されたのである[1)]。それらは、内容という点で、生産品経済時代に学理上存在していた民法基本原則とは大きな違いがあるだけでなく、新しい法律の構成－機能モデル【結构—功能模式】及び新しい立法・司法関係を打ち立てたという面でも、斬新な意義を持っている。

二　我が国学術界における民法基本原則研究についての概要

　《民法通則》が公布されてから今日に至るまで、すでに26年の星霜が流れており、学術界は、《民法通則》について大量の研究を行なってきた。その中の民法基本原則の問題についての研究成果にも、目覚ましいものがある。2011年10月2日に中国知網上で行なった題名統計によれば、民法基本原則全般を研究している論文として、69篇が刊行物上に発表されている（《民法通則》公布前に発表されたこの分野の論文は含まない。）。さらに、この課題について研究した5篇の優れた修士論文がある。民法基本原則を研究した専門書が1冊、出版されている[2]。《民法通則》公布後に大量に出版された各種の民法教程や民法通則注釈の中で、民法基本原則の問題に論及しないものは一冊としてない。明らかに、民法基本原則は、民法学界で注目されているテーマの一つとなっている。

　上述の諸作品の筆者達は、以下の論題に関心を持っていた。すなわち、

　1. 民法基本原則の序列。論者は、私権自治優先の原則が民法の主原則であり、その原則は人々が考えている信義誠実の原則等の民法基本原則の上部にあるのであって[3]、従って、過去の人々が考えていた民法基本原則は、抽象性が十分でないと考えている。

　2. 民法基本原則の裁判における運用。論者は、法律に明文のない場合に裁判官が直接、民法基本原則を根拠に裁判することができ、これが一種の高次元の「法に則った裁判」であると考えている[4]。

　3. 民法基本原則の民事特別法の中での適用。例えば、知的財産権法上の適用[5]とか、税法上の適用[6]。

　4. 民法基本原則と他分野の法の基本原則との比較。例えば、商法の基本原則との比較[7]とか、刑法の基本原則との比較。論者は、商法は民法の特別法であるが、しかしその基本原則は民法基本原則と同じではないと考えている。更にまた論者曰く、刑法基本原則と

民法基本原則の価値は同じではなく、前者の価値は公正と人道であり、後者の価値は平等と自由である。機能から見ると、刑法基本原則——例えば罪刑法定原則——は、裁判規範であるに過ぎないが、民法基本原則は裁判規範であるとともに、民事活動の当事者の行為規範でもある。刑法基本原則は、裁判官に自由裁量権を与える機能を持っていない[8]。

5. 民法基本原則と人間性仮説との関連。論者は、性悪論を以て民法基本原則を構築する基礎としなければならないと考えている[9]。

6. ハイテクノロジーが民法基本原則に対して与えた影響。論者は、ハイテクノロジーの多方面に亘る利用が法律と社会生活との齟齬をますます明白にさせ、それ故に、民法基本原則が持つ、法律と生活との齟齬を取り除く機能は一段と強化する必要があると考えている[10]。

7. 域外[(2)]民法の基本原則。論者は、マカオ民法の基本原則を紹介している。すなわち、法律の前での人間の平等の原則、意思自治の原則、民事責任の原則がこれである[11]。

8. それぞれの民法基本原則の相互衝突。論者は、私的自治の原則と平等原則の間には衝突が存在し得るが、私的自治の原則、公平原則、そして公序良俗の原則の間にも衝突が存在し得、しかも民法基本原則と民法の具体的原則の衝突の可能性もあり、それ故に、上述の衝突の可能性を消すための一つの仕組みを設立しなければならないと考えている[12]。

9. 最後に、最も重要であるかもしれないことであるが、民法基本原則の増加と削除について述べる。《民法通則》が公布されてから今日に至るまで、多くの大事〔、すなわち重要な出来事〕が起きた。それらはいずれも、民法には一体どのような基本原則が含まれていなければならないのかという問題を人々が認識することに影響

を与えている。これらの大事としては、

（1）我が国が計画的商品経済体制を放棄して、市場経済体制に転換した。このことは、1992年に開催された中国共産党十四大が導いた方向転換であり、これが、国家計画指導と経営者自主性の結合の原則を消滅させた。

（2）マルクス主義経済学がただ一人尊ばれていた一家から、現在の百家中の一家になった。すなわち、「皇帝」から「平民」になった。その他の九十九家はいずれも、改革開放後に入ってきた西方経済学の諸流派であり、価値論上は、それらは、マルクス主義経済学が命を奉じて施行している【奉行】労働価値論とは異なる主観的価値論あるいは均衡価値論を施行しており、これが、労働価値論を基礎とする公平等価有償原則を消滅させた[13]。

（3）（2）と関連し、行為経済学が21世紀初頭に中国に入り込んできた。それは、伝統的な民法理論上に立ち籠めていた理性主義を一掃し、民法中の理性人を非理性的な人に戻した。このことから、理性主義に基づく自発原則が挑戦に晒されている。

（4）中国の法制度の整備は、次第に完備され、人権保障も次第に承認を得た。このことから、公民及び法人の合法的民事権益不可侵の原則は余計なものとなったように見える。

（5）各分野の法相互間の交流は日増しに深いものとなっており、民法学者は憲法学を学んだ後、平等原則は欧米では憲法の原則であって民法の原則ではないということを知るに至った。このことが、平等原則の、民法の中での伝統的地位を揺り動かした[14]。

（6）学界の誠信原則に対する研究が日一日と深化しており、人々は徐々に、権利濫用禁止の原則と法律補充の原則は誠信原則の本来の内容であるに過ぎず、単独で掲げる必要はないことを認識した。

（7）生態危機が悪化している。人々は、いかなる民事活動も炭素の足跡を有していることに気付き、民事活動が生態に対して良く

ない影響を与えることを減らす規則を見付ける試みがなされた。このことが、グリーン原則、すなわち民事活動の当事者に対し民事活動を行うとき資源を節約し、環境を保護するよう求める原則を作った。これはまた、生態原則とも言う[15]。

（8）社会道徳が富の増加につれて、低下しているように見える。暮らしが満ち足りたことで、淫欲を思い、妾が道を塞ぎ、学者が公序良俗の原則を民法に増設するという意見を主張することを呼び起こした[16]。

このように、《民法通則》公布時に確立されたいくつかの基本原則は、26年の歳月を経て、洗い濯がれ、地方性、時代性のある基本原則はいずれも、戟折れ、砂に埋もれた。真に国際性を具有している誠信原則だけが残った。しかし、人々は、誠信原則が適用できないということを減らすために、そのうえ《民法通則》の原文からも離れて、公序良俗の原則とグリーン原則を「私的なものとしてひとり立ちさせた【私立】」。これは一つの重大な措置であり、民法基本原則が確立した非権力化の傾向、すなわち学説化の傾向を明らかにするものであった。ただ誠信原則だけが26年の度重なる困苦の中、屹立不動であり、しかも国際性を具有しているがために、本書はこの一原則だけを研究対象としているのである。公序良俗の原則とグリーン原則を研究対象としていないのは、前者についてはすでに于飞博士による超え難い専門書があるし[17]、後者については私がすでに他の場所で十分、明らかにしているから[18]、ここでまたこの原則について論じることは重複を免れないことが理由である。たとえそうであっても、幸運なことに、本書が民法基本原則に関して論じていることは、すべて、誠信原則と相容れるものである。何となれば、民法基本原則の基本理論は、主として誠信原則に基づいて出来上がったものだからである。

話を本題に戻そう。上述の研究論著は、我が国の政治経済情勢の

変化に基づいて、民法基本原則の更新という問題を提起した。更に、民法基本原則の効力を狭義の民法以外に推し及ぼした。功績は尽きることなく、それらは、具体的な民法基本原則の分析に大いに力を尽くしている。民法基本原則全体のいくつかの根本的問題については略して言わないか、あるいは言っても言葉は少ない。しかも、《民法通則》を根拠としないで確立された新しい民法基本原則が新しい相応する理論を打ち立てたようであり、旧体制を基礎とする民法基本原則理論について踏襲していることは甚だ多い。それ故、民法基本原則のいくつかの根本的問題の説明は、《民法通則》の公布を限度としており、これより前の理論とこれより後の理論は、相違を見付けるのが困難である。『民法学研究綜述』という一冊の書物が総括しているところによれば、民法基本原則とは何ぞやというこの問題について、学術界には以下の考えがある。すなわち、

（1）我が国の民法の基本原則は、我が国民法を制定し、解釈し、実施し、そして研究する原点及び根拠である。それは、我が国民法の社会主義的本質を体現するものの集まりであり、また搾取階級民法のあらゆる基本的標識と区別するものでもある。

（2）民法の基本原則は、まさしく民法の指導方針であり、民法の各規定及びその実施にとって、いずれも指導的効力ないし効果を有している。

（3）我が国の民法の基本原則は、民事立法全体を貫くものであり、各民事法律制度及びすべての民法規範に対して統率的役割を果たす立法指導方針である[19]。

三　我が国の民法基本原則理論の研究成果に対する評価

上述の考えは、一定程度、民法基本原則の本質を説明した。その積極的意義は否定できない。それらは、民法基本原則が立法、司法、法の遵守、法学研究等の法的活動のそれぞれの要と関係がある

ということを正しく指摘した。法の遵守と関係があるだけではないということは、言い換えれば、民事活動当事者の行為準則であるだけではないということである。とは言え、こうした考えが関わっている民法基本原則と、法的活動のその他の要との関係は、やはり、もっと深く掘り下げた詳細な説明がなされるのを待たなければならないのは確かである。それらは、一つの社会の民法基本原則と当該社会の政治経済体制の密接な関係を正しく指摘した。それらは、民法基本原則が民事立法全体を貫くべきものであることを正しく指摘した。すべての民法制度と民法規範に対し統轄する機能を果たすことは、規則に作用する規則である。しかしながら、この考えには、やはり、一定の欠陥が存在している。

　先ず第一に、それらは、民法基本原則と立法、司法等の法的活動の要との関係に軽く触れてはいるが、説明を展開していない。これでは、民法基本原則は民事活動当事者の行為準則の機能があるだけで、その他の機能は有していないという誤解を招きやすい。ある論著は、具体的な民法基本原則——公平、誠実信用原則に論及しているとき、当該原則は、詳細を尽くしていない、周延されていない法律規定を補充する一種の補充的条項、すなわち弾性条項であると考えている[20]。実際上、これは、公平、誠実信用原則は完全な立法の仕組みを備えており、裁判官に積極的司法権を授与するという機能を有していると考えている、ということである。ところが、民法基本原則一般の問題にまで話が及ぶときは、民法基本原則がこのような機能を有しているとまでは言っていない。このことはまさに、具体的な民法基本原則が持っているこのような機能が根本的な属性の根源を欠いているということであり、具体的な民法基本原則が持っているこのような機能を民法基本原則の一般的機能という高みにまで高めておらず、それ故に、民法基本原則が持つ行為準則機能以外のその他の機能を説明していないということなのである。

第二に、それらは、民法基本原則それ自体が持つ立法技術特性に対する分析を行なっておらず、法律規定がどのような特性を有していればそれを基本原則と称することができるのかについての説明を行なっていない。例えば、民法基本原則と一般的な民法規範の立法技術上の区別、民法基本原則の非規範性、不確定性、衡平性、強行性、強制補充性等の問題について、これまでに述べた学者はいない。民法基本原則それ自体の立法技術特性に対する研究が十分ではないので、些か混同が生じたのである。例えば、民法基本原則と民法の具体的原則との混同である（詳しくは後文を見られたし。）。重ねてになるが、それらは、民法基本原則は民事司法を行う根拠であることに触れたのではあるが、しかし、民法基本原則が何故、民事司法を行う根拠であるのか、及び民法基本原則に基づいてどのように民事司法を行うのかについて、更なる説明をしていないのである。

四　我が国の民法基本原則理論に欠けている方法論的原因

　ここで、上述の欠陥の方法論上の原因に論及する必要がある。
　1. 上述の論点を主張する者は、歴史的観点から自己の民法基本原則理論を打ち立てたわけではない。
　人類は、太古の時代から現代まで続く民法の歴史を有しているが、しかし、現代的意味での民法基本原則を持ったのは20世紀のことであるに過ぎない。従って、もし歴史に深く入り込んで、何故、ある時代に民法基本原則が存在しないのに別のある時代には存在するのかという点について探究するならば、異なる時代の経済、政治及びイデオロギー環境と関連させて考察することで、民法基本原則の発生原因及びその機能について一層、科学的な説明をすることができるかもしれない。
　2. 我が国の民法基本原則の研究と法哲学の研究は、あまりにも隔絶しており、中国や外国の法哲学の研究成果をうまく吸収して自

己を発展させることができていない。

　歴史から見ると、民法は、昔からいままで、法哲学の発祥地である。法哲学の大部分の観念と理論は、いずれも民法を本としてきた。多くの民法問題は、少しでも深く掘り下げれば、法哲学の問題となる。西欧の多くの法哲学の大家は、往々にして民法を研究することから彼らの学術的生涯を開始しており、そのうえ、民法問題を彼らが法哲学を研究する上での素材とすることはよくあることである。それ故に、法哲学者が民法問題から一般的理論を引き出すのと同じように、民法学者も法哲学の研究成果を吸収し、以て民法問題に対する認識を深めるべきである。民法基本原則の問題は、法律の構成－機能モデル、法律の限界性、すわなち、裁判官に自由裁量権を授与すべきか否か、また裁判官はいかにして自由裁量権を行使するのかといった一連の法哲学の問題に関わるものであるため、法哲学の色合いが濃い問題である。民法基本原則の問題は民法学と法哲学の結合部に位置し、この問題に対する研究は法哲学との交流を一層強めなければならない、とはっきり言うことができるのである。国内においては、法哲学界の张文显が、規則・原則・概念の法的モデル理論を打ち立てていて、法的モデルの中の原則とその他の要素との関係及び原則の機能についての研究を行なった[21]。国外においては、ロナルド・ドゥオーキンは原則と規則、政策との関係の中で、法律原則の機能及び関連する多くのその他の問題を論じた[22]。これらの研究成果が我が国の民法基本原則研究の中に吸収されているとは見てとれないことからすると、法哲学界による法律の基本原則の問題についての研究と民法学界による民法基本原則の問題についての研究は、全く無関係の事柄となってしまっているようである。

　3.　我が国の民法基本原則理論研究と域外の相応する理論研究の間の交流が欠けている。換言すれば、法比較という方法を用いるこ

との不十分性である。

　大陸法系の国では、誠信原則はほぼ唯一の民法基本原則であり、それらの国の系統的にして成熟した誠信原則理論は、実際上、まさしくそれらの国の民法基本原則に関する理論である。多くの大陸法系の国と地域では、誠信原則を研究した専門書が出版されている。ドイツでは、ウェーバー教授の『德国民法典注释〔ドイツ民法コンメンタール〕』という書があり、その第242条（誠信の条文）に関する部分は、1,500頁という多さである[23]。これよりもっと早い時期のもので、かつ物権法における誠信の研究に重点を置いているものとして、ヴェヒターの『誠信論、特に所有権の時効取得に関して』（1871年、ライプツィッヒ、A. Edelmann版）があり、同様の属性を有する作品として、ブルーンスの『時効取得における誠信の本質』（1872年、ベルリン、Puttkammer & Mürhlbrecht版）がある。イタリアでは、ロンバルディの『「信」から「誠信」へ』（1961年、ミラノ、Giuffrè版〔第二章注82〕）がある。スペインでは、ホセ・モソスの『誠信原則――スペイン民法における実際の適用』（1965年、バルセロナ、Bosch出版社版）及びフェレイラ・ルビオの『誠信』（1984年、マドリッド、Montecorvo社版〔第二章注9〕）がある。ポルトガルでは、メネセス・コルデイロの『民法における誠信について』（1984年、コインブラ、Almedina書店版）がある。日本では、一に常盤敏太の『法律における信義誠実の原則』[24]があり、二に鳩山秀夫の『債権法における信義誠実の原則』[25]がある。我が国の台湾区域では、何孝元の『诚实信用原则与衡平法〔誠実信用原則と衡平法〕』と姚志明の『诚信原则与附随义务之研究〔誠信原則と付随的義務の研究〕』[26]がある。2012年に私がとった統計によれば、ドイツ語、イタリア語、スペイン語、ポルトガル語、フランス語、英語、オランダ語、ルーマニア語、ロシア語、クロアチア語、ラテン語といった主要な西欧諸語のうちで、誠信に関する専門書は、220冊あった[27]。これらの著作

は、誠信原則の起源、機能及び適用といった問題を系統的に論じており、我が国の民法基本原則理論の研究に対して、啓発的意義に富んでいる。歴史の発展から見ると、民法の発展は、「基本原則のない状態 → 単一の基本原則（誠信原則）→ 単一の基本原則が多くの民法原則（例えば、事情変更の原則、権利濫用禁止の原則）に分化」という一つの過程を辿る。立法技術の踏襲関係から見ると、社会主義諸国の民法と大陸法系諸国の民法は同族関係にあり、社会主義各国の民法中にある多くの基本原則は誠信原則が分化した結果であると見なすことに妨げはない。それ故、域外の民法学中の、誠信原則に関する理論は、参考にする価値がなくはない。しかしながら、我が国民法学界は、域外の誠信原則理論に対して、知るところは甚だ少ないあるいは一顧の値打ちもないとしているようである。これらの研究成果を参考として我が国の民法基本原則理論を発展させているとまでは言えない。誠信原則というこの特定の原則についての解釈においてすら、我が国の主流の解釈と域外の解釈は、風馬牛も相及ばずである。《民法通則》公布以来、誠信原則についての「語義説」解釈が継続して主流のままなのである。

　4. 我が国の民法基本原則理論は、民法基本原則を、それとその他の民法構成成分（例えば、民法の概念、民法の法条、民法の規範等）との関係の中に入れて研究するということを未だ行なっていない。その他の民法成分が民法基本原則に対して与える影響、及び民法基本原則がその他の民法成分に対して与える制約作用を探究するということを行なっていないのである。そして、民法基本原則を相対的に孤立した研究客体と見て扱っており、研究の方法が全体性を欠いているのである。

五　本書の方法と構成

　こうした点に鑑みて、私は、我が国の民法基本原則理論が現有す

る研究成果を十分に取り込むという基礎に立ち、強力に歴史的方法、法哲学的方法、比較法的方法及び全体的方法を採用することに注意を払って、我が国の民法基本原則理論を打ち立てることに力を注ぎたい。民法基本原則の概念と機能、民法基本原則の立法技術特性、民法基本原則とその他の類似の法的現象との区別、行為準則となる民法基本原則、法律の限界性を克服する手段となる民法基本原則、民法基本原則の、法的な構成－機能モデルの中での働き等の問題について研究を行う。そして、研究の結果に基づいて、僅かばかりの簡潔な結論を得る。書籍全体を10の章に分ける：第一章　民法基本原則略述は、民法基本原則の一般的な理論問題を論じる。第二章　誠信原則の理論の研究は、誠信原則の理論的な諸方面について考査する。第三章　誠信原則のローマにおける起源の研究は、誠信原則の、ローマ法における起源と形態について略述する。第四章　誠信原則の大陸法系における歴史的発展の研究は、誠信原則の中世における発展段階、近代民法の発展段階、現代民法の発展段階及び誠信原則の公法諸部門への拡張について研究を行う。第五章　英米法系における誠信原則の研究は、イギリス法とアメリカ法における主観的誠信と客観的誠信の理論と実践を研究する。第六章　中国における誠信原則の実務の研究は、誠信原則の、我が国における立法実務と司法実務について研究する。第七章　民法基本原則が法律の限界性を克服する機能の研究（上）は、法律の限界性並びにこれを救う絶対的自由裁量主義及び絶対的厳格規則主義について分析を行う。第八章　民法基本原則が法律の限界性を克服する機能の研究（下）は、法律の限界性を救う厳格規則と自由裁量とを結び付ける方策を分析し、民法基本原則は法律の限界性を救う立法技術手段であることを論証する。第九章　民法基本原則の、法的な構成－機能モデルの中での働きは、人対法という各種の相互に衝突する価値要求について分析を行い、民法基本原則は法の諸価値の衝突をとりな

す立法技術手段であることを論証する。第十章　結論と余論は、研究によって得られた結論に対して総括を行い、そして僅かばかりの推論を行う。

第2節　民法基本原則の概念と機能

一　原則の語義の考察

　原則【原則】という語は、現代中国語における意味は、問題を観察する、問題を処理するときの準則である。「原」は「源」の古字であり、根本、探究する、追究する、元の、最初という意味である[28]。「則」は規則の意味である。『辞源』を引くと、「原則」という一つの語はなく、このことは、古代の[3]中国語の中には「原」と「則」の合成語はなかったことを証明している。「原則」という一つの語は、おそらく、近代中国において外国書籍を翻訳するときに「原」と「則」の二字を結合させて生まれた新語であり、「根本規則」という意味を含むものとなったのであろう。ラテン語において、現代中国語の「原則」という語に対応する語は、principiumであり、「初め、起源、基礎、原則、原理、要素」等の意味がある[29]。このことから分かるように、ラテン語のprincipiumと古中国語の「原」（源）は、語義がかなり似ており、両者の原始的語義区分は、いずれも根本、最初である。前者では、直接、根本規則という語義区分が派生的に生じており、後者では、「原」と「則」を結合させて根本規則という語義区分を作り上げている。

　標準英語においては、principleには主として以下のような語義区分がある。

　（1）受け入れられている、又は公に言明されている活動又は行為の規範、

　（2）根本的、原初的又は一般的真理、その他の真理の拠り所と

なるもの、
　(3) 根本的教義又は信条、特別な統治の意見、
　(4) 行為の正しい規範、
　(5) 正しい行為の要求と義務の指導の感覚、
　(6) 行為の方式が採用する不変の規則[30]。
　法律英語においては、principleは、以下のような意味を持っている。
　(1) 法律の様々な規則又は学説の根本的真理又は学説、法律のその他の規則又は学説の基礎又は根源、
　(2) 確定的行為準則、手続き又は法律の判決、明確な原理又は前提。明確でない前提、これに対する証明又は反駁ができないものを除く。一つの全体又は全体の構成部分の実質を構成する。ある科学に従属する理論の部分[31]。
　法律英語における「原則」に含まれている意味と標準英語における「原則」の(1)と(2)の二つの語義区分は、ほぼ同じである。いずれも、原則というものはその他の規則の根源と根拠であり、全体の基礎であって、揺るがざる根本たる地位を有していることを明らかにしている。その他に、原則が持つ二つの面での作用も明らかにしている。すなわち、
　(1) それらはその他の規則が生まれる根拠である。
　(2) それらはまた、直接の行為準則である。
　英語国家における法や法学の中で、「基本原則」という用法は見られない。他方で、中国語の方にはこれがあり、その意味はなにがしかの原則の極めて根本的な性質を強調することにあるのであって、具体的原則から区別される。
　原則という語の語義の考察を通じて、中国語の中であれラテン語や英語の中であれ、「原則」という語の核心的語義区分はいずれも根本規則であるということを見ることができる。本文は、このよう

な意味に基づいて民法基本原則に対する定義を行うものとする。

二　民法基本原則の概念

　民法基本原則は、その効力が民法を終始、貫いている民法根本規則であり、立法者が民事領域において行う政策が集中反映するもので、法律の限界性を克服する手段である。
　民法基本原則の根本規則属性には、二層の根源がある。
　（1）その内容から来る根本性
　（2）その効力から来る終始一貫性
　ここでは、先ず、民法基本原則の内容の根本性について検討する。その効力の終始一貫性については、民法基本原則と具体的民法原則の区別に論及するときに叙述する。
　1．民法基本原則の内容の根本性がその根本規則の地位を決定した。
　私の理解によれば、我が国民法は誠実信用原則、公序良俗の原則及びグリーン原則を有しており、内容から見て、これらの原則が、我が国の法律と道徳が相互に補い合う規範体制及び継続的に発展可能性を堅持する国策を反映したものであるとすると、我が国の正常な裁判秩序の擁護及び我が国の現代人と未来人の生存保障に関わるものである。それらは当然に我が国の根本規則であり、従ってその他の民法規則を適用する際の指南的地位にあらねばならない。
　2．民法基本原則が我が国の立法と司法という二大部門間の法定立上の関係を反映したものであるとすると、誠信原則は、この種の関係を直接、反映するものである。
　民法基本原則の不確定性、衡平性といった性質（詳しくは後述）は、司法機関を司法活動中に積極的地位に立たせることになるので、司法過程において法律に対して部分的に調整及び補充を行うことが可能となり、そうして法律が真にその目的に従った適用がされること

を保障することができる。これはまさしく、司法機関の機能を機械のような司法に限定させないということであり、この部分の活動が、立法過程に介入し、〔法〕定立の法則という意味を持つことになったのである。誠信原則は、立法機関と司法機関の機能上の交錯関係を一層、明確にし、司法機関に対して法律を補充し発展させる力を授けている。民法基本原則が関わる立法機関と司法機関の関係という問題は、我が国の法的運用の根本体制に関わっているのであり、従って、それは根本性を具有する規定なのである。

三　民法基本原則の機能

民法基本原則が正式に立法中に出現したのは、人間社会が20世紀に入った後の出来事であるに過ぎない。民法中に基本原則を設けることで、伝統的な民法の構造を打ち破った。この一つの初の試みは、立法者の気ままな性格によるなどということは決してなく、必然的理由によるのである。これらの理由の重要な一面は、民法基本原則が発揮する有利な作用や効果にあるのであって、伝統的な民法の不足を補ったわけである。具体的に言えば、民法基本原則は以下のような機能を持っている。すなわち、

（一）立法準則の機能

1. 民法基本原則は民事基本法を制定する立法準則である。

民事基本法を制定する際、立法者は、先ず、根本となる出発点をはっきりと決めなければならない。立法者は、自らが制定しようとする民法に発展中のすべての民事関係を含めることができる自信があるのかと自己に問わなければならない。換言すれば、立法者が立法機関と司法機関の間の相互関係のモデルとしてどのようなものを選択するのか、部分的立法権を渡して司法機関がそれを行使することを決定するかどうかである。このことから、誠信原則を採用するか否かを決めるのである。立法者は、これらの根本となる前提を決

めた後、これを指針として民法の各制度や繁雑な民法規範を定め、制定する民法制度及び民法規範が内在的一致性を備えることができるように、矛盾のない体系という機能を発揮させる。従って、民事基本法を制定するとき、民法基本原則は具体的な民法の制度や民法規範よりも先に生まれ、立法者は民法基本原則を準則として民法の制度や民法規範を定める。それ故に、民法基本原則は民法上の各制度や民法規範の基礎であり、根源である。

2. 民法基本原則は下位の民事法を制定するときの立法準則である。

民事立法が多層性を有し、そして民事基本法は民事特別法に対して統轄的地位にあるが故に、下位の民事法を制定するとき、民法基本原則はその立法準則の機能を依然として持ち続け、これに従って下位の民事立法の基本的価値基準を明確にする。それによって、下位の民事法と民事基本法が価値基準上の一致を保つようにするのである。

(二) 行為準則及び裁判準則の機能

民法規範は、民法基本原則の中から導き出されるものであって、直接的な操作可能性及び具体性を備えている。従って、民事活動の当事者は、先ず、民法規範を自己の行為準則としなければならない。民法規範が関連問題に対する規定を欠いているときは、当事者はまさしく、民法規範の本源たる民法基本原則が自己の行為準則となることを自覚しなければならない。このような場合には、民法基本原則は行為準則たる機能を有している。法の強制性を実現するために、行為規範は同時に裁判規範であって初めて、法律上の意味を持ち、その他の規範と区別される。従って、法律上の行為規範と裁判規範は同一性〔という性質〕を有している。民法基本原則が行為準則として遵守されるとき、それは同時に、司法機関が民法規範が具体的な規定を作り出していない社会関係について発生した争訟を

裁判する〔ときの〕裁判規則である。民法基本原則の行為準則機能は、主に、関連する具体的社会関係のために民法規範が規定を作り出していないときに表に出てくるが、しかし、関連する社会関係のために民法規範が規定を有しているときをも排除しない。民法基本原則は一定の行為準則機能も有しているのである。民事活動の関与者にとって民法基本原則は民法規範の根本となっている。それは、彼らが具体的民法規範の立法意図を正しく理解し、それによって、なお一層、規範に合った自己の行為を理解するのを援助することにとって重要な意義があり、民法規範が曖昧に定めているか、あるいは自己矛盾しているように見える場合には、特にそうである。

(三) 司法機関に対して創造性のある司法活動を行う権限を与える機能

　民法基本原則の、不確定規定であるという性質と衡平性規定【衡平性規定】であるという性質は、司法機関に対して創造性のある司法活動を行う権限を与えるという客観的効果を有しており、誠信原則は更に、直接、司法機関に一定範囲内で補充規則を創設する権限を授与する。これらの方法によって、民法基本原則は、法規の有限性と社会関係の無限性という矛盾、法律の相対的安定性と社会生活の変動不可避性という矛盾、〔更には〕法の正義性と法律の具体的規定が特殊な状況下で適用される〔ときの〕非正義性という矛盾を克服するという役割を果たすことができる。

第3節　民法基本原則の立法技術特性

　立法技術というのは、法律が一層その目的を実現するよう立法過程において講じる技法や方法を指す。換言すれば、「立法技術は、主として法律を制定する技術を指す。その重要な作用は次の点にある。すわなち、立法機関が立法技術を用いて、適切かつ完全に支配

階級の意志と利益を述べ、経済基盤の要求を首尾良く反映するところの法律を制定できることにあるのである。」[32] 立法技術の考慮からすれば、一つの民法の中で、すべての法文が民法規範であることは不可能であり、非規範的な規定を適度に作ることによって、立法意図を更にうまく表現することができ、しかも民法規範の適用にとって基本的指針を獲得することができる。ある民法規定が具体的で詳細であるのが適当であるならば、それは比較的強い操作可能性を備えているものであるし、ある民法規定が抽象的で漠然としているのが適当であるならば、それは難解な問題を処理する司法官のために自由裁量の余地を残しているのである。とにかく、立法技術の要求からいけば、民法の様々な規定は千篇一律であることは許されず、ひとつひとつ特徴を備えていなければならない。〔そして、〕それぞれ異なった機能を発揮させるために、共同して民法の立法目的に奉仕するのである。立法技術が良ければ、民法が表現している形式とその内容を互いに一致させ、民法の構成を全体的に調和させることができ、文言は簡明にして要領を得たものとなり、条文の明晰性及び妥当性並びに条文の漠然性及び抽象性は各々その所を得ることができるのである。

一 民法基本原則は非規範的規定である

民法基本原則は、民法全体の中で、民法規範ではなく、非規範的規定に属する。民法基本原則の存在は、人々に対し民法を正しく理解し、そして正しく適用する一助となるためのものであり、それ自体は法規範【法律規範】では決してない[33]。民法基本原則と民法規範の区別に関しては、本章第4節の関連論述を参照されたい。民法中の非規範的規定はまた、専門化規定とも称されている。それは、以下のいくつかの場合に分けることができる。すなわち、

（1）一般性規定【一般性的規定】（これはまた、一般確認規定【一般

確認的規定】ともいう。）。その用途は、調整された社会関係要素を概括的形式をもって定着させるところにある。《民法通則》第2条〔規律対象を定めた規定〕はとりもなおさずこの種の規定に属し、同条は我が国民法が規律対象としている社会関係の範囲を定めているのである。

（2）原則規定【原則性規定】（これはまた、宣言規定【宣言性規定】ともいう。）。その用途は、法律の原則と任務を述べるところにあり、民法基本原則を定めた《民法通則》第3条乃至第7条及び民法の任務を定めた《民法通則》第1条〔立法目的についての規定〕がこの種の規定に属する。

（3）定義規定【定義性規範】。その用途は、ある法律範疇の適切な意味を画定する【界定】ところにあり、「不可抗力」について定義している《民法通則》第153条がこの種の規定に属する。

専門化規定は、更に適用作業規定【業務性規定】と衝突規定を含んでいる。前者の効果は、現行の規範性のある条文を廃止するとか、一定の規範の適用範囲を新しい社会関係に拡大するとか、規範の適用期限を延長すること等々を表している。後者は、一定の場合に適用すべき規範を明示することであり、《民法通則》第八章の関係規定は、いずれもこの種の規定に属する[34][4]。

上述の、原則規定を含む専門化規定は、出現する法律関係の独立した根拠では決してなく、補充的性質を有しているに過ぎず、その他の民法規範と結合して法律調整の作用を発揮することができなければならない。民法中の各種類別の専門化規定は、法律調整の過程の中で、異なる意義を有している。一般性規定、原則規定、定義規定が民法の中で出現することは、立法者が民法の各種規定に対して高度の概括を行なったことを示すものであり、立法技術発達の結果である。従って、それらを概括性規定と称することができる。概括性規定は民法総則の重要な内容を構成しており、一法律部門におけ

る総則の出現は当該法律部門が成熟してきていることを示すものである。総則は、終始、民法のすべての規定に適用されるものであり、総則がなければ、終始一貫性のある民法基本原則の出現は不可能である。

二　民法基本原則は不確定（曖昧）規定である

　民法基本原則は不確定規定【不確定規定】である。換言すれば、曖昧規定【模糊規定】である。法律の規定は、確定規定と不確定規定という二つの大きな種類に分けることができる。確定規定は、権利義務の担い手の行為条件について、事細かで余すところなく、具体的、全面的に規定している。司法機関が自由裁量権を用いて個別具体的に社会関係を調整する余地は残されていない。これに対して、不確定規定は、権利義務の各当事者の行為類型【行為模式】や保証手段の内容及び要件について、十分、確定的で事細かで余すところのない規定を作らず、むしろ曖昧な概念を用いて、司法機関に自由裁量の権限を、すなわち具体的状況を考慮した上で問題を解決する権限を授与するものである。

　不確定の程度に基づいて、不確定規定を弱い不確定規定【弱式不確定規定】と強い不確定規定【強式不確定規定】に分けることができる。法律の規定は、法律概念に各種の限定詞、連結詞、判断詞を加えて材料が建つようにするものである。従って、法律の規定が確定しているか否かは、その構成材料の概念及び限定詞（実詞）が確定していると見るか否かで決まる。限定詞が不確定であるが故に生じる不確定規定は、弱い不確定規定と称することができる。法律概念が不確定であるが故に生じる不確定規定については、強い不確定定規定と称することができる。前者は裁判官に弱い自由裁量権を与え、後者は裁判官に強い自由裁量権を与える。民法基本原則は強い不確定規定である。

限定詞の不確定さは、それ自体が一つの「基準【标准】」であるが故である。いわゆる基準とは、「法が規定するもの、ひとつひとつの事案の具体的状況に基づいて適用されるある種の行為尺度、この一尺度から離れると、人々は生じた損害に対して責任を負わなければならないか、あるいは彼の行為は法律上、無効とされる」[35]。例えば、他人を不合理な危険に遭わせないように適切に注意するという基準、公益事業のために設定された、合理的役務を提供し、合理的に便宜をはかり、そして合理的に費用を徴収するという基準、受託者【受托人】の善良な行為という基準。ここでの「適切に注意する」、「不合理な」、「合理的」、「善良な」といった限定詞は、いずれも基準である。基準は抽象的で、非統一的なものであり、ある一つの事件にそれが適用されるときに意味している具体的行為尺度は、当該事案の具体的状況を分析することによって初めて確定できる。基準は可伸張性を備えており、基準が包含している尺度は、時間、場所に従って変わることが可能である。一人の医師の「注意」と一人の通常人の「注意」は、当然のことながら、同じではない。ある時代の「注意」と別のある時代の「注意」も、極めて大きな違いが存在する可能性がある。従って、基準は法律の規定に弾力性を持たせ、それによって、一般性のある法律規定が特殊な事件に適用されるときに不正義を惹起するのを防ぐのである。しかし、基準が限定している法律概念は確定しているものであり、基準の伸張の幅は、法律概念の確定性の制約を受ける。法律概念の確定性は、基準の伸張の境界を設定する。従って、基準は、弱い不確定規定を招くことができるに過ぎず、裁判官に弱い自由裁量権を与えるに過ぎない。すなわち、具体的事項上、厳格な範囲内で行使する自由裁量権である。

　強い不確定規定の不確定性は、その規定を構成している法律概念の曖昧性に由来する。いわゆる曖昧性というのは、「人々の認識の

中で、対象に関する類属境界【类属边界】と性態【性态】の不確定性」である[36]。外延（類属境界）と内包（性態）の両方の面の不確定性を含んでいる。概念は客観的対象の反映であり、それは内包と外延という二つの要素を含んでいる。ひとたび対象の本質属性を確定し、そしてそれを抽出して内包にすると、当該本質属性を有している諸事物は直ちに対象と相応する概念の外延の中に帰することが可能となり、対象の外延は同時に確定する。従って、概念の内包が確定したが、概念の外延が不確定な状況というものは存在しないので、概念の曖昧性というものは、その内包の不確定から生じ得るに過ぎない。概念の外延の不確定は、必ずや、その内包の不確定の結果である。「立法言語の曖昧性は、ある法律概念の外延にのみ体現し、内包には体現しない。」と考える者もいる[37]。この種の誤った見解の本質は次の点にある。すなわち、その見解は、概念の内包の、その外延に対する決定関係を見ていない、あるいは、その見解は、立法者はいくつかの対象については精確な認識に到達することができない可能性があり、それ故にいくつかの法律概念の内包を精確に確定することはできないということを認めようとしない、〔更に〕その見解は、立法者は認識能力上の「超人」であることを認めているだけ、とも言えるのである。チムビンスキーがいみじくも指摘しているように、「外延の曖昧さは、当該名称が明晰な内包を有していないが故である。」[38]これは、立法者にとって一つの法律概念の内包を確定できない可能性があるということを現実に承認するものである。民法学界は、かつて長い間、民法が規律している対象の内包を確定することができず、それがために、「一定の範囲の財産関係と身分といった非財産関係」という語をもって、民法が規律する対象の外延を曖昧に叙述せざるを得なかった。これは、承認せざるを得ない、多くの苦しませる現実の一つであるに過ぎない。

　民法基本原則の強い不確定規定たる性格は、それが用いている多

くの法律概念の曖昧性に由来する。民法基本原則を規定する《民法通則》第3条乃至第7条において、我々は、少なくとも以下のような曖昧な概念を見ることができる。すなわち、「平等」〔(第3条)〕、「公平」〔(第4条)〕、「社会公徳」〔(第7条)〕、「誠実信用」〔(第4条)〕、「社会公共利益」〔(第7条)〕である[39]。これらの概念は高度な多義性【歧義性】を備えており、日常用語、法律、哲学等、多方面の意味を兼ね備えている。平等について言えば、それは実質的平等なのか、それとも形式的平等なのか。公平について言えば、それは機会の公平なのか、それとも結果の公平なのか。かつて、公平には多くの理解〔の仕方〕があることを例を挙げて説明していた者がいる。兄弟二人が一つのケーキを分けるとき、公平と見なすことのできる分け方として、少なくとも7通りの分け方を考えることが可能である。二人で等分する——人数という基準から見ると、公平である。兄は多く、弟は少なく分ける——年齢という基準から見ると、公平である。腹の減り具合で一層減っている方に多く分ける——必要という基準から見ると、公平である。家長である方に多く分ける——地位という基準から見ると、公平である。先に見た方に多く分ける——先着順という基準から見ると、公平である。さいころを振って、多い・少ないを決める——運任せという基準から見ると、公平である。お金を多く出した方に多く分ける——代価支払いという基準から見ると、公平である[40]。公平の意味はこのように曖昧であり、このことが意味しているのは、この語を使用する者が先ずは判断力を用いて自己の公平についての理解を確定する必要があり、そうして初めてその語を用いることができるということである。このように、客観的に公平概念を使用する者は極めて大きな融通の余地を有しており、この種の融通の余地は、厄介な事件を処理するときにまさしく必要となる。法を司る者、すなわち司法者は、様々な状況を推し量らなければならず、そうして初めて具体的事件におけ

る公平の意味の行為尺度を確定することができ、合法的であるばかりでなく、情にも理にも適った裁断をすることができるのである。社会公徳は、多数の人が承認する是非の観念であることは疑いがなく、その最終的意味は、公平の2字に総括することができる。しかしながら、一つの社会において、どのぐらいの成員が承認すればこれを社会公徳と呼ぶことができるのか。これは極めて確定し難いことである。確定したければ、一度、資金を費やして、巨大な大規模民意調査かあるいは全人民議決を行わなければならない。誠実信用と社会公共利益は、それ以上に曖昧ではっきりしない概念である。誠実信用を、騙してはいけないという戒律であると理解する者もいれば、社会と当事者双方の利益を調和し、そうしてこれを均衡に到達させるという要求であると理解する者もいる。社会公共利益は、それ以上に、一つのかすんではっきり定まらないものであり、今に至るまで、これについて精確に画定した者は誰もいない[41]。上述の概念は、多種の理解を包容することのできる「空筐構造【空筐結构】」である。もし立法者が必要があると考えたならば、苦難に満ちた研究、緻密な思考、冗長な定義を通じて、多くのあり得る理解の中から、定義規定の形式で確定した、立法者が理解した一つの意味を選択し、しかもこれに法律的拘束力を備えさせる可能性は完全に存在する。しかし、立法者はそのようなことはしないのである！そのようなことをするのは、技術上、困難なことであり、「人々がある専門用語を一段と精確にすることに着手するとき、その結果として、彼は、論及している曖昧性を取り除くために用いた専門用語それ自体がまた曖昧であるということに気付く。従って、専門用語のあらゆる曖昧性を取り除くこと、これは現実にそぐわない一つの目標である。我々が行いたいと希望していることは、せいぜい曖昧性の除去に徐々に近づくことだけである」[42]。もし曖昧性を除去するために大量の画定作業を行うとすれば、冗長という事態を惹き起

こし、法律の簡潔性という価値を損なうであろう。当然のことながら、このようにしないのは、さらに他の考慮もある。ここに至って我々は、曖昧な法律概念を次のような一つの概念であると画定することができる。すなわち、それ自体は多種の理解が存在するかもしれないが、立法者が何らかの考慮から、それについて法律の規定又は立法解釈の方式によってその権威性ある意味を確定していないところの一つの概念であると画定することができるのである。

　法律概念の曖昧性は、それが反映している事物の性質や状態が立法者に対して現れる不安定性に由来する。これに反して、確定的法律概念の確定性は、それが反映している事物の相対的安定性に由来する。いかなる事物も質と量の統一体であって、いずれも自己の特殊性ある質と存在の状態を備えており、事物の性質と状態は、事物内部の矛盾により特殊性が決まるものである。事物が矛盾構造の中の対立面の「両極」の位置にあり、しかも矛盾する双方の力が相対的に釣り合っているとき、事物の性質や状態は、人々に対して、相対的安定性を現す[43]。例えば、明らかな合法行為と明らかな違法行為の性質や状態は、相対的に安定しているものであるが、このような「これでなければあれである【非此即彼】」という特徴を持つ事物は、確定事物と称する。立法者がこの種の事物を認識することには大きな見込みがあり、それ故、確定規定を作ることができる。しかし、事物が矛盾構造の中で対立する双方の「仲介」の位置にあるとき、事態は全く異なる。「仲介が同時に、矛盾する双方の何らかの成分及び要素をも兼ねており、極めて容易に双方のどちらに向かっても転化するので、仲介それ自身の性質及び状態は不安定で、変化しやすい。」[44] 例えば、明らかな合法行為と明らかな非合法行為【非法行為】の間には「灰色区域」が存在し、その中の行為は、ある角度から見れば合法的であるが、また別のある角度から見れば非合法的である可能性がある。このような「ああでもあり、こうでも

ある【亦此亦彼】」という特徴を持つ事物は、これを曖昧事物あるいは不確定事物と称することができる。それらは、矛盾する両極の対立する不十分性及び対立面の相対性を具体的に表している。立法者がこの種の事物を認識することは、十分な見込みはなく、それ故、不確定規定を作る。

更に、法律概念の曖昧性は、主体の認識方式と関係がある。人々が事物を他と孤立させて静止して考察するとき、ともすれば容易に事物の確定形態を見て、事物の精確な認識を獲得する。しかし、事物を他と結び付けながら発展的に考察すると、事物の性質、状態及び類属は、それほど確定しない。従って、認識の曖昧性が現れやすく、曖昧な認識を獲得する。主体の事物認識に対する程度から見れば、程度が浅ければ浅いほど、認識は精確になりやすく、程度が深ければ深いほど、認識は曖昧になりやすい。認識の時間的序列から見ると、もし現在を原点とすれば、これより遡れば遡るほど、あるいはこれより先に行けば行くほど、すなわち現在より未来に向かって時間を動かせば、あるいは過去に向かって時間を動かせば、認識はますますはっきりしなくなり、曖昧性はますます大きくなる。認識の空間の観点から考察すると、もし主体を原点とすれば、すなわち「上下」、「左右」、「前後」と縦横に交錯する一つの立体関係ネットワークを構成していれば、原点から遠く離れれば離れるほど、関係はますます複雑となって、認識の曖昧性は大きくなる[45]。

立法は、複雑な人文系統に目を向けた、未来を時間的序列とする一種の認識活動である。それが処理する「対象は、再現不可能性を有する複数の歴史個体であって、それ故、それらの間の関係は、線形の、単義【単义】の自然的因果関係ではなく、むしろ多種の原因により決定される、一種の多元的因果関係である。」[46] 従って、人文系統は極めて大きな複雑性を有しているから、その要求に対する完全な確定化は、実際上、自然系統と人文系統の区別を消し去って

いる。自然科学の研究対象となる自然系統は、再現可能性を有しており、観察、実験等の手段を通じて事物間の因果関係を把握することができ、実証的研究方法をとることで到達する確定的認識は相対的に可能である。これに対して、人文系統が有している再現不可能性、極度の複雑性という特徴は、主体に対し、その精確な認識をすることを極めて困難にする。社会科学が定量化を実現しにくいのは、これが原因である。ファジー数学の創始者であるザデーが指摘するところによれば、「人文系統に関しては、精確にしてかつ実際に符合するという結果に至ることは、おおかた不可能である。こうした意味において、ファジー集合理論は特に言語変量の応用であり、現実世界の中で普遍的に存在する曖昧性及び不精確性についてのある種の適応に到達しようとする目論みである。このような一つの考えを捨て去るならば、すわなち硬性数学を考えることは、人の判断及び直覚に対し重要な役割を果たすあのような複雑な系統に対して、適切な概念構造を提供することができる。」[47] 人の、複雑性を有するこの種の意識活動の対象について言えば、その客観的行為に基づいて定める、簡単な、区別をすることなく適用されるいくつかの行為規則は、適当ではない。同じ程度の同種の行為をしても、その実施者の主観的動機と客観的条件は常に同じというわけではないので、もし法が主観的状態と客観的条件を考慮することなく行為に対してそれ全体を保証する手段を施せば、法の倫理的意義を失うであろう[48]。従って、立法の中で完全な定量化や精確化をすることは不可能である。

　立法は未来を指向しているが故に、立法者は、一つの、動態的で、なおも未発生の対象のために規則を制定しなければならない。これは、疑いなく、極めて困難なことである。彼らが、現有の時空環境を参照系とする規則を制定したときには、すでに時空環境は変化している。立法者に対する、未来のために確定規則を定めよとの要求

——このような要求は行き過ぎであると言わざるを得ない。「我々は我々の時代の条件下で認識できるに過ぎず、しかもこれらの条件が到達する程度で認識するのである」[49]。現時代の認識を超越することは、推測を行うことと言う他ないのかもしれない。

　上述の条件は、立法者に対し、次のような問題、すなわち、人文系統の複雑性、立法の未来指向性、そして彼らの認識の限界性、これらの矛盾はいかに処理するのかという問題に直面させる。彼らは、法律中に不確定（曖昧）規定を置くという処理を採用した。最初は無意識的に、後に意識的に、である。現代認識論によれば、曖昧性には、受動的なものと主動的なものの二種類があり、前者は、認識主体が認識対象の類属及び性態を把握するとき、はっきりした境界あるいは出現の精確な区別を欠いている。換言すれば、客体それ自体の曖昧さが惹き起こす主体の認識の曖昧さである。ザデーが指摘するところによれば、「系統の複雑性が日増しに高まるとき、我々が作り出す系統の、精確だが意義のある描写能力は、それに応じて低下し、このような一つの境界に達するに至る。すなわち、精密性と有意義さ（あるいは相応しさ）は二つの完全に互いに排斥する特性に変化する。」[50]ここで、ザデーは一つの重要な原理を発見している。すなわち、精確性と有意義さ（相応しさ）の相克の原理【互克定律】である。精確性は、往々にして、厳格性と正確性という形態で出現し、「厳格性は決まって不融通性と通ずるものであり、また正確性はいつも繁雑性を伴う」[51]。不融通性と繁雑性は、精確な思惟によくある弊害であり、それらが一定の程度に達すると、表したい意味は大きな損害を受けることになる。この構成と対照的なことは、曖昧性は、意味の表現を害しないという前提の下では、弾力性があり、簡潔であり、高効率という長所を持っていることである。従って、精確性が「科学的なるもの」と常に、曖昧性が「非科学的なるもの」と常に結び付くことは決してなく、曖昧性の頭上を

覆っている汚名を取り除かねばならない。それは、人間が精確性と互いに補い助け合って運用する認識形式であり、複雑な対象及び運動する対象を把握する手段である。主動的な曖昧性の中で、主体が意識的に事物間の区分け及び境界線に対して曖昧化処理を加え、その後、圧縮することを通じて、幾つかの相対的にはっきりした境界を抽象する。それによって、事物に対する比較的精確な認識に達するのである[52]。

　不確定規定としての民法基本原則の曖昧性は、受動的な性質と主動的な性質を兼ね備えている。受動的な面から見れば、立法者は、非合法行為と合法行為、悪信【悪信】と誠信、これら両者間の無限の項目に対してひとつひとつ認識し、かつ条文の肯定又は否定へと反映する術はない。行為が構成要件上、完全に合法的であるが、しかしその実質的内容は法律の精神と相反(あい)することがある。行為がある種類の典型的な法律行為類型の特徴を備えていても、別の角度から見れば、また別の種類の典型的な法律行為類型の特徴をも備えていることがある。行為があるときは非合法的であっても、また別のときには合法的となっていることがある。これらの把握し難い認識対象は、必然的に、立法上の曖昧規定に反映する。この種の曖昧性規定は開放性という特徴を持っている。それは、対象の不確定性は、永遠に完全に取り除くことができないからである。無数の考えられ得る状況に関して言えば、曖昧性規定は依然として境界が定められることはなく、厳密に言えば、あらゆる状況に対して事前に判定をすることは不可能である。それは、これらの状況の数は一体どのぐらいあるのかが、まるではっきりしていないからである[53]。それ故、曖昧規定の外延は、具体的状況に基づいてその内包を確定した後にようやく確定できる。このことが、まさしく、その外延を開放性あるものとしているのである。

　主動的な面から見れば、民法基本原則は、立法者が能動的に曖昧

な認識対象に対して行なった規制の結果でもある。曖昧な認識対象は把握し難いものであるからこそ、立法者はこれについて精確に把握するという無駄な努力をあっさりと放棄し、立法中にいくつかの相対的にはっきりしている境界を設けるだけにして、弾力性のある規制を行なった。この時、法律規定の曖昧性は、まさに法律の弾力性に体現している。法律の弾力性によって認識対象の複雑性、変動不固定性及び連続性に対処すること、すなわち一をもって万を駁すること＿ことは、「法網恢々、疎にして漏らさず」[5]の効果をもたらす。法律のこの種の弾力性は、正常な法律の隙間に属し[54]、それによって、立法者の認識能力の有限性と認識対象の極度の複雑性の矛盾に対処しているのである。

　説明を要することは、民法こそすなわち、確定性と不確定性、精確性と曖昧性の統一である、ということである。民法系統の中で、不確定性と曖昧性は、主として民法基本原則の部分に体現しており、立法者の、その規制対象に対する認識が未だ十分な程度にまで達していないということを反映している。そして、一般的な民法規範、法条、概念は、ほとんどが相対的に確定し、精確なものである。このように、確定性と不確定性、精確性と曖昧性を一体的立法方式に集めることは、人文系統にとっては自然系統の特性と異なることの承認であり、人類の認識能力の進歩がもたらした立法技術の進歩の結果である。

　民法基本原則が用いている多くの法律概念の内包が「空筐構造」という特徴を持っているので、異なった理解をすることができる。すなわち立法者は未だ権威的方式をもってその法律の意味での理解を確定することができず、これに対して解釈をすることは自然と裁判官の仕事となる。この種の、明示的でない方式によって、立法者は、新しい時代精神の要求に基づいて法律を補充・発展させるという任務を裁判官に与えた。裁判官は、社会の発展が生み出す新しい

要求を、解釈という形式をもって、あの抽象的な「空筐構造」の中で充実させることで、法律に時代の発展に追随させるという使命を遣り遂げるのである。立法者は民法基本原則の中の曖昧な概念の内包に対して権威的方式をもって境界を画定することはしないわけであるが、その狙いはすなわちここにあるのであって、これがまさに前の文章が触れていた立法者のその他の考慮なのである。法律がひとたびこのような「空筐構造」を備えると、相当長い寿命をそれに持たせることができ、絶え間ない改正をする必要がなく、新しい解釈によって既存の法文が新しい生命力を獲得することになる。「空筐構造」と解釈者は、まさに法典に対して永遠に若さを保つエネルギーを持たせる巨匠である。このような現実が照らし出すものの下では、立法者は万能であるとか、立法者は一切を予見できるとか、立法者は間違うことはないという神話は水泡に帰した。万能の立法者の前では、裁判官は卑しい機械となる可能性があるに過ぎず、裁判官の仕事は知的活動の性質を有していない。それは、生活事実を関連する法文と「ぴったし当てはめる【対号入座】」という司法過程を知的活動と見なさないことができる場合の話である。立法者万能という神話が水泡に帰したことの必然的結果は、偉大な裁判官の屹立（きつりつ）である。法典に対し時代精神に適う解釈をすることができる者、老いんとする法典に対し継続的に生命（いのち）を授ける者、これができる者として偉大なる裁判官以外に誰がいようか！　この時、裁判官はもはや機械ではなく、能動的な人間の本性に戻り、機械の操縦者となる。決して完璧ではない機械を操縦するという仕事は、純粋な知的活動に属する。

　このことから我々は、裁判官は解釈という名を以て創造性ある司法活動を行う者であると見ることができる。解釈という一語は、往々にして、解釈者の創造なのに先人の陰影に埋没させる。私の見るところでは、解釈は、立法者が明らかに述べていない意図を受動

的、消極的に発見するということでは決してなく、むしろ解釈者が法律の目的及び法律規定の間の論理関係を出発点として、法律中に含んでいるはずの意図を説き明かすことである。解釈を、立法者がすでに有していた意図の発見の観念と見なすことは、立法者万能という古臭い思考から未だに抜け出していないということである。立法者は決して万能ではないこと、彼らは立法者という地位に推された常人に過ぎないこと、我々が予測できない事柄は彼らも同じように予測できないことは、歴史がすでに証明している。我々の認識に何か限界があるならば、彼らにも同じような限界があるであろう。立法者を神格化したり、全能化したりする必要はなく、立法者が民法中に置いた基本原則は、まさしく彼らが自分達は万能ではないと認識した結果なのである。

　解釈学の角度から見れば、民法基本原則は、緊密な有意義形式と対立する稀疎な有意義形式である。ここで、有意義形式とはなんぞやについて説明する必要がある。有意義形式というのは、イタリアのローマ法学者にして哲学者であるエミリオ・ベッティ（Emilio Betti, 1890-1968年）が作った一つの解釈学の術語であり、人間の様々な表現様式——法律、芸術作品、建築、哲学体系等、人間の精神の対象化の所産を称するのに用いる[55]。法律は、人間の生活の表現様式の一種であり、立法者が身を置いていた時代の政治経済体制、各種の行為に対する立法者の態度等の文化情報を表現したものである。時間と空間の距離は徐々に開いていくので、有意義形式は後代の人が解釈することを必要とし、そうしてようやくその意義に気付くことができる。確定性を備える法概念と法規範については、それら自体が各方面の限定を有しているので、その解釈する余地については大きくなく、これを緊密な有意義形式と呼ぶことができる。不確定性（曖昧性）を備える民法基本原則については、極めて大きな解釈の余地があり、これを稀疎な有意義形式と称することができる。

民法基本原則というこのような稀疎な有意義形式が、立法の中で、緊密な有意義形式としての一般の民法規範と並存することは、立法者の認識上の矛盾と変化を反映している。理性主義の考え方によれば、世界は、おそらく経験認識を通じて把握するものである。しかも、人々の安全のために、理性の力を拠り所として、確定性を有する法律を制定しなければならない。しかしながら、歴史主義は、人の認識は歴史的条件の制約を受けるから、相対的で、不確定的であると考える。しかし、人間は、決まって、自分の知識は確定的で、客観的であることを望む。確定的で、客観的でなければ、まるで永遠にそれを知識とすることができないかのようである。法律に確定性を具有させ、更にまた社会の発展変化が招く圧力に対処することができるためには、歴史と理性の対立に対して調和をとらなければならない。立法上に反映するのは、確定性と弾力性の対立に対して調和をとることである。立法の中で基本原則と一般の規範が並存することは、この種の調和の現実化である。換言すれば、ある面では、立法者は自分が予測可能な各種の状況について、立法の中で、人々のために明確な解答を提供しなければならない。そうすることによって、法律の確定性を守るのである。さもなければ、立法者は職務を果たしておらず、罪を犯していることになる。別の面では、立法者は、自分が予測不可能な何らかの状況を承認しなければならない。一つの民主的な社会においては、基本的な法律はいずれも長い寿命を有し、立法者は、長い間、実行することになる法律は彼らが予測不可能な状況に対していかに処置することになるのかを考えなければならない。従って、基本原則のような稀疎な有意義形式を置き、有権機関に向けて広い解釈空間を提供し、以てその機関が解釈という形式を通じて法律を補充し、発展させるようにするのである。このような挙動は、立法者が無能であることを証明しているのではなく、まさしく、立法者の賢明さを証明したのである。な

ぜならば、基本原則という形式の構造は稀疎なものではあるけれども、立法者の一般的な意図は曖昧な概念を通じてなおも表に出ているからである。解釈者がいかに解釈しようとも、解釈客体に内在している属性の範囲内でこれを行わなければならない。例えば、絶対に、公平を不公平と解釈するわけにはいかない。立法者のこのような表現の意は、一社会の中での安定した価値観念の連続性を保障することにある。

　こうした過程から見れば、立法者が基本原則を設定するとき、自ら予測できない、発生し得る一切の状況を認めているうえに、以後の有権機関がこうした偶発的事件をいかに処理するかということについて価値基準という面での関心を寄せているということでもある。これこそが、基本原則の解釈者は自己の主観的意思と立法者が行なった価値限定の間の範囲内で解釈を行わなければならないということを決定するのである。解釈者の主観的意思は、解釈される法律の新しい生命力の源である。これは、以下の理由による。(1) 一つの社会の価値観念は、緩慢にではあるが絶え間なく変化するものであり、立法者と解釈者の時間的・空間的隔たりが大きくなればなるほど、この二つの価値観の対比度もますます大きくなる。解釈者は新しい価値観の代表であり、彼が解釈を通じて新しい価値観を古い法律の中へと注ぎ込むのである。(2) 解釈者の経験は、彼が解釈を行うための道具であり、このような経験は、彼個人の偏見及び彼が従っている文化・伝統による偏見を含んでいる。それ故、絶対的客観解釈は不可能である。(3) 解釈者は、立法者より、解釈の客体としての法律をよく理解することができる。それは、解釈者は、時間的・空間的隔たりを通じて、立法者本人は意識していない、精神的あるいは心理的要素の、立法者にとっての文化的影響を認識することができるからである。それ故、解釈者の主観性は、まさに、解釈をある種の創造性ある活動とする理由なのである。民法基本原

則が裁判官に強い自由裁量権を与えるという性質は、解釈というものが持つこのような創造的性質にある。しかし、解釈は漫然と無制限に行われるものでは決してない。それは、立法者が確定した根本価値の基礎上で、その限度内で行わなければならず、立法者が導く基本的価値の導きを受けねばならない。それ故、民法基本原則が裁判官に強い自由裁量権を与えるとしても、それは相対的意味を有するに過ぎない。

三　民法基本原則は衡平性規定である

　我が国の法学理論において、衡平は、未だ十分に研究されていないテーマである。世界各国の立法において、英米法の中にのみ衡平法という名の法体系が存在し、さらにまた英米法中の衡平法はイギリスを発祥地とするために、一般人は誤って、衡平法は英米法系特有のものであると思ってしまったり、衡平法はイギリス特有のものとの誤解すら存在する。《法学詞典》（増訂版）は、衡平法を、「イギリス法の伝統の中で、コモンローと対称的に位置付けられる法の一種。英語ではequityであり、ラテン語のacauusを源とするもので、意味は公平である」と述べている[56]。この語の項は、イギリス法中に存在する形式的意味での衡平法を説明してはいるが、しかし普遍的意味での衡平法とは何ぞやについては説明していない。しかも容易に人々に誤解を生じさせ、衡平法は英国特有であり、その他の国には衡平法は存在しないと思わせてしまうのである。このことについては、明らかな反証がある。それは、衡平法はアメリカ法中に存在することを否認できる者は誰もいないからである。この語の項の欠点は、他でもなく次の点にある。すなわち、イギリスには衡平法という名のものが存在するということを見ているだけで、単純にこれを衡平法全体と同列に扱っており、イギリス法中に存在する衡平法という現象からその本質を抽象することをせず、それがためにそ

第一章　民法基本原則略述

の他の法体系の中にその同質の（たとえ衡平法という名称を有していなくても）対応物を見付けようとしない。〔そして、〕衡平法という名称を付されていなくとも、衡平法の本質を備えているものを衡平法と見なすことをしないということである。それ故、衡平法の一般性の跡を辿ろうと思ったら、先ずは、イギリス法中の衡平法の本質を探究しなければならない。

　イギリス法の中の衡平法は、コモンローの厳酷性——すなわち、法は、具体的な状況に基づいて具体的に適用することができず、個別の正義が犠牲になる——に対する救済措置として出現したものである。1285年の《ウェストミンスター条例》前は、人々はコモンローの厳格性と硬直化に非常に苦しめられていた。人々が権利保護を求める事例類型は、数の限られた令状に一致する必要があり、もし事例類型が相応の令状を有していなければ、相応の権利は保護されない。不公平を受けた人民は、ついにイギリス国王に請い求めた。イギリス国王は、衡平というものに、裁判官がこの種の事件を処理することを委ねた。裁判官は、正義と良心の原則に基づいてこれを処理し、徐々に衡平法の体系を作り上げていって、それによりコモンローの硬直性と厳酷性を克服した。このことから、衡平法はこのようなある種の思想方式であると判断することができる。すなわち、既存の法規範を欠陥があるものと見なし、そうであるが故に、一段高い効力を持つ別の法規範を確立しなければならず、既存の法規範に欠陥が生じたとき、それに対して補正する——これこそ衡平法の実質である。このような実質上の衡平法は、各法体系の中に普遍的に存在する。中国古代の法の伝統の中で、三綱五常【纲常】[6]倫理を用いて衡平法として制定法に対し補正を加えるという現象がある[57]。イスラム法系でも、宗教の教義を用いて衡平法として既存の法を補正する[58]。衡平法は大陸法系でも普遍的に存在するのであり、例え

ばローマ法の中に衡平法がある[59]。しかし、英米法系と同じではなく、大陸法系の中の衡平法は、普通法と区別された形式で独立して存在しているのではなく、普通法と合わさって一体となっている。ルネ・ダヴィドはいみじくも大陸法系における、衡平法と普通法の合一性を指摘した。ルネ・ダヴィドが書いているところによれば、「我々はかつて、多くの場合に、何らかの事態を探し当てるためにあるべきの公正な解決方法を指摘したことがある。立法者は、ときには、一定のやり方で権限を放棄し、はっきりと法学者の協力を要求する。こうした事態においては、立法者は意図的に漠然とした語句を用いたり、裁判官に衡平権を与えたり、あるいは裁判官に慣習や自然法に照らし合わせて処理するように求めたり（《オーストリア民法典》第7条[7]）、はたまた法規範の実施者に善良の風俗や公共の秩序の要求に従わせたりしており、従って法律の限界の存在を明確にしているのである。このような矯正剤や解脱術を利用しない立法制度は存在しないのであり、さもなくば、法と正義との間で、許されざる食い違いが生じる虞なしとしないわけである……ローマーゲルマン法系では衡平法と法が常に一体となっており、人々は、この体系の中で、独立した衡平裁判所や法規を使って法律による解決を矯正するという体制が必要であるなどとはこれまでに感じたことがない。これが、この法系における法的概念の弾力性という特徴である。」[60]

では、普遍的に存在する衡平法については、いかに画定すべきか。この問題の解決にあたっては、二つの思考の筋道がある。すなわち、

一に広義の衡平法の思考であり、衡平法は司法機関に裁量あるいは判断の余地を与える法であると考える。こうした法に基づいて、司法機関は、争われている法律効果に対して裁量の余地を有しているか、争われている構成要件の中の不確定な概念又は一般条項の了解又は具体化に対して判断の余地があるかを見分ける[61]。この思考

は、衡平法を、司法機関に自由裁量権を与える法であると見ているだけであり、先に記した文章で論及した不確定規定に他ならない。この種の理解の衡平法は広範に存在するものであり、民法規範で曖昧な語句を含むものはすべて衡平法と見ることができてしまう。このような境界画定では、衡平法というものは高い規則が低い規則を制御する仕組みであるという本質的特徴から離反してしまい、衡平法についての科学的定義とは言えない。

いま一つは狭義の衡平法の思考であり、アリストテレスがその創始者である。アリストテレスは、衡平法を、「法律があまりにも原則的すぎるが故に具体的問題を解決できないときに、法律に対してある種の補正を行うこと」と定義する[62]。法律が考慮するのは多数の事件であり、またすなわち典型的にして一般的な場合であって、特殊な状況に対して法律は説明する術がないので、独特な事件においては、往々にして法律は公正を成し遂げることができない。この種の状況が出現したとしたら、裁判官は法律の字面の意味から離れ、さらに立法者が当該問題に対して行なったであろう処理――もし当該立法者がこのような独特な状況が発生すると予見していた場合には――のように事件を審理することができる。ヘンリー・メリーマンは一歩進めた論述をしている。すなわち、「『衡平』の主旨は、個別の事件の具体的状況に基づいて裁判官が、適用される法律条項のせいであまりにも峻厳に処罰されたり公正に財産を分配したりすることを避けるとか、あるいは合理的に当事者の各自の責任を確定するとかの権限を持っているということである。簡単に言うと、『衡平』というのは、裁判所が争訟を解決するとき、公平正義原則に基づいて裁決を行う一定の権限があるということである。『衡平』の原則は、法律の一般性規定がときに厳しすぎるか又は不適当であるとき、〔そして〕ある具体的問題があまりにも複雑であるために、立法機関が起こり得る様々な事実の結果に対して詳細な

規定を作ることができないときに、裁判所が公平正義原則を用いて処理を行うことが必要なのであるということを表明しているのである。」[63] もしアリストテレスとメリーマンが衡平法は一般的な法を修正する法であると指摘したと言うのであれば、それなら、メインと何孝元は、衡平法がこのような修正をする根拠、すなわちその位階の上位性を指摘した。メインの指摘するところによれば、「衡平の意味は、元々ある民法と同時に存在するなにがしかの規定を指すのであり、それらはそれぞれ異なる原則の基礎の上に建っていて、しかもこれらの原則に固有のある種の無上の神聖性の故に、それらは、あろうことか民法に取って代わることができるのである。」[64] 何孝元はと言えば、一段と直截に指摘しており、「衡平法というものは、すなわち崇高にして、一般的な法律の模範の原則であるに足り、それによって、すでに存在する法律を修正する一法なり。」[65]

　私は次のように考える。衡平法は、法律の一般的規定と具体的事実が不適切さを生じさせるときに、裁判官に法律の文言から離れる権限を与える規定のことであり、法律の目的に基づいて判決する規定である。衡平法の存在は、法律の目的と法律の具体的適用の効果との間の矛盾を解決するためである。一つの民法の中には多くの規定があるが、しかしすべての規定が同じ地位にあるということは決してなく、民法の基本原則のような一部の規定は、立法の根本目的を反映している。その他の規定は、法律の目的を実施する手段であるに過ぎない。この2種類の規定は、位階上、上下従属関係を有しており、具体的規定は基本原則に従わねばならない。後者は一段高い効力を有しており、それが体現している価値の根本性が上位の地位にあることを決定するのである。我が国の民法基本原則は、我が国が民事領域において実行している基本政策を体現しており、当然のことながら、我が国の民事領域における根本価値を背に負うものである。それらは、我が国民事立法の根本にある考慮と出発点を

構成している。その他のすべての具体的規定は、これらの根本にある考慮と出発点に基づいて設計されている。通常の場合、具体的規定はこれらの根本にある考慮と出発点との一致を保っているが、しかし個別の状況下において、係争事件の特殊性の故に惹き起こされる、具体的規定の適用と根本にある考慮及び出発点が離反するのを排除しない。事件が特別であればあるほど、具体的規定と民法基本原則の関係はますます間接的となり、こうした離反が発生する可能性はますます大きくなる。従って、時には、立法の根本にある考慮と出発点に立ち戻り、不適当な具体的規定を投げ捨てて、直接、民法基本原則を根拠に事件を処理する必要がある。このような場合には、民法基本原則は、具体的な民法規定を凌駕する判決根拠となり、具体的規定が適用されるのを排除する。この過程こそ衡平であり、衡平の根拠としての民法基本原則こそが衡平法なのである。それ故、民法基本原則は衡平性の規定である。

　衡平性の規定と不確定規定との区別は次の点にある。すなわち、前者は、具体的規定を投げ捨てることによってあるいは具体的規定に対し融通を利かせて適用することによって司法を行う権限を裁判官に与える規定であり、後者は、ただ単に、具体的規定が提供する幅と範囲内で自由裁量権を行使する権限を裁判官に与える規定であるに過ぎない。前者の属性はその位階の上位性に由来し、後者の属性はそこで用いられている語句の曖昧性に由来する。両者はそれぞれ，裁判官に異なる権限を与える。民法基本原則は不確定規定の性格と衡平規定の性格を兼ね備えている。しかし、この両者の性格は、同時に体現されることは不可能である。民法基本原則の文字上、解釈を通じてなお、処理を必要とする問題に対処し得るときは、民法基本原則は不確定規定になって現れる。上述の手段を用いても、処理を必要とする問題を解決することができないときは、民法基本原則は衡平性の規定となって現れる。

四　民法基本原則は強行規定である

　民法基本原則は強行規定である。民事領域においては、立法者は民事活動の当事者の自主性と能動性を励まそうとする上に、民事活動に対して一定の規制を保持して、一定の秩序の中でこれを行わせようともする。この目的を達成するために、多くの民法規定の中で、任意規定を置いたり、また強行規定を置いたりする。任意規定を有するということが、民法独自の特色である。民法が規律対象としているものは正常な社会関係であるが故に、その範囲は非常に広闊で複雑である。正常な社会関係は激励と誘導を必要とし、当事者に、自主の前提の下で利に従えばよしとし、一つの活発な局面を作り上げる。範囲の広闊、複雑さ故に、立法者には技術上、様々な民事活動の行為類型にとっての、一つとして漏れのない強行性の設計を成し遂げる十分な見込みはなかなか存在しないのであって、一定の前提の下で当事者の自由な選択に任せる他ない。これがため、民法中に任意規定を置くことが必要となる。いわゆる任意規定は、民法中で、当事者が守るかどうかの選択を自由に行うことができる規定である。当事者に選択させる任意規定は、専門家としての立法者が当事者に対して出した提案あるいは忠告であるに過ぎず、強制力はなく、その存在が前提としていることは、当事者は最も有利に自己の判断及び選択をすることができると信じている、ということである。任意規定は、往々にして、それよりも良い選択をすることができない当事者が選んで用いるものであり、従って、任意規定は、そのような経験不足の当事者にとって積極的な意義を持っており、そのうえ取引コストを節約することもできるのである。

　任意規定が持つ、当事者が自由に選択するというこのような地位は、それが背に負っている価値の非根本性に由来する。換言すれば、当事者が任意規定を守り従うか否かは、社会の根本的価値の擁護に対して影響しない。しかしながら、あらゆる面で当事者の自由

な行動に任せていたら、社会秩序は混乱に陥ることは免れ難く、法治は跡形もなくなくなってしまう。そこで、民法中に強行規定も置くのである。いわゆる強行規定は、当事者が自由に選択できず、無条件で全体が守らなければならない規定であり、民法基本原則はとりもなおさず強行規定である。強行規定は社会の根本的価値を具体的に表しており、これらの価値を尊重しないとか、あるいは破壊することは、当該社会が存在するために頼りとしている基礎に危害を加えることになる。それ故に、強行規定の強行性は、その背に負っている価値の根本性に由来する。我が国の民法基本原則は、我が国の基本的民事政策を体現しており、立法・司法関係に関係しているのであって、それらの違反について国家の根本的な存在の前提を動揺させることは、それ故に強行規定に属する。

第4節　民法基本原則と類似の法現象との区別

一　民法基本原則と民法規範の区別

　民法規範と同じく、民法基本原則も、法律の条文の形式で法律文書中に登場するものである。それでは、民法基本原則は民法規範なのか。
　民法規範は、民事的権利及び民事的義務並びにそれに応じた具体的な法的結果を具体的に規定している。換言すれば、それは、立法者が、ある事実状態に対して与えたある種の確定的具体的結果の様々な指示及び定めである。民法規範の論理構造は、行為類型と保証手段という二つの部分に分かれる。行為類型は仮定と処置とで構成されており、前者は、民法規範が適用される条件と状況を指し、後者は、何をすることができるのか、何をすることができないのか、何をすべきなのかについての具体的定めを指す。民法規範の行為類型の部分は、人々の行為を指導することを趣旨としており、人々の

行為の可能な空間を確定して、立法者の意思と願望を表現し、そして反映している。保証手段の部分は、仮定行為と法的結果という二つで構成されており、前者は、法律関係の主体による行為選択の可能性を指し、後者は、法律関係の主体の行為選択に対して立法者が行なった裁決と処置を指す。民法規範の保証手段の部分は、人々が法律の規定の行為類型に従って事を進めるよう促すことを趣旨としており、国家の強制力を体現し、そして反映している。行為類型と保証手段は、民法規範の少しも欠けてはならない二つの部分であり、行為類型は民法規範の目的を体現し、保証手段は法律に特有の規律方法を表している[66]。

　民法基本原則と民法規範は異なるものである。民法基本原則は、誠実信用のように、民事活動当事者の行為に対して一定の要求を出すものであるけれども、しかし、この要求は抽象的にして非具体的であり、民事活動の当事者にとって具体的な操作可能性を欠く。以下の規定を比較してみたい。すなわち、「当事者の民事活動における地位は、平等である。」(《民法通則》第3条が定める平等原則) と、「公民は、その戸籍所在地の居住地をもって住所とし、常用する居住地と住所とが一致しないときは、常用する居住地を住所と見なす。」(《民法通則》第15条) である。前者の限定は非常に少なく、それ故、抽象的である。後者の限定は非常に多く、それ故、具体的である。このことから、民法基本原則は、当事者に対して具体的にして操作可能な行為類型を提供していないということが分かる。この他に、民法基本原則には保証手段の部分がなく、その法的強制は以下のような方法を通じて実現する。すなわち、民法規範が民法基本原則の一般的要求を具体化し、これを一定の法律効果と結び付け、そうすることによって間接的に民法基本原則の法的強制を実現するのである。民法基本原則の一般的要求に呼応しない民法規範が具体化をする場合には、民法基本原則は、抽象的強制で規定を補充するという

形式において、民事法律関係の黙示的条項に変わる。裁判官が行使する自由裁量権により、立法の一般精神に基づいてそれを具体的補充規定に具体化し、そして相応する制裁又は奨励する措置を選択する。そうすることによって、民法基本原則の法的強制を実現するのである。従って、一定の状況の下では、民法基本原則の保証手段の欠如は、それが備えている、裁判官に自由裁量権を与える機能のまさに明証である。あるいは、次のようにも言えるかもしれない。すなわち、民法基本原則は民事活動の当事者が守り従わねばならない行為類型であり、保証手段という論理成分を欠いているけれども、その他の民法規範の保証手段の部分が民法基本原則の保証手段という役割を果たしている、と。換言すれば、民法基本原則は行為類型の部分しか有しておらず（私はすでに、これは成立しないことを証明した。）、その保証手段の部分は一般の民法規範の中に含まれている、と。しかしながら、このような理論によれば、一般の民法規範の保証手段の部分は、民法基本原則が規定する行為類型を条件とする上に、その民法規範が規定する行為類型を条件としており（一般の民法規範それ自身が自己の行為類型の論理成分をも有しているので）、このようなことは、実際上、民法基本原則を一般の民法規範と合して一とするもので、二つの行為類型、一つの保証手段という構造を形成するものである。これは、明らかに、法規範の論理構造の法則に反している[67]。

　機能から言っても、民法基本原則と民法規範には区別が存在する。民法規範は行為規範の機能と裁判規範の機能を兼ね備えている。立法機関が民法規範を定める目的は、人々に対し、それらの規範に基づいて行為することあるいは行為しないことを要求するところにある。ところが、民法は強制性を有しており、もし行為規範があらかじめ示している法律効果を裁判において貫徹することができなければ、民法規範は人々に対して一定の作為又は不作為を命令

し、又は誘導し、そうして一定の秩序を実現するという実際の機能を失ってしまうであろう。行為規範が同時に裁判規範となり、そして裁判過程を通じて行為規範の強制性を体現して初めて、この不利な結果を避けることができる。従って、民法規範は行為規範であり、また裁判規範でもある。

　我が国では、民法基本原則は成文の形で《民法通則》の中に置かれており、法文の書き方という点で、民事活動に対するその指導的意義を特に強調している。それ故、民法基本原則は行為準則でもあることは疑義がないと言える。しかし、民法基本原則は、数多の状況下では、民法規範が具体的生活事実についての規定を欠くときに初めて、行為準則の効力を発揮する。関連する民法規範が存在するときは、先ず当該民法規範を適用しなければならない。従って、民法基本原則の行為準則機能には限度がある。行為準則が同時に裁判規則となって初めてその意義を実現することができるので、民法基本原則は同時に裁判準則でもある。

　一般的民法規範が行為準則及び裁判準則となるときの状況と些か異なることは、民法基本原則が具体的な行為類型を十分に定めておらず、人々によるそれらの遵守は、往々にして、民法基本原則中に体現されている一般的要求の遵守を通じては成し遂げることができないことである。しかも、民法基本原則の内容が抽象的であるが故に、裁判官は民法基本原則が裁判規則となるときに、一段と大きな自由裁量権を持つ。ところが、一般的民法規範が具体的行為類型を提供しているだけでなく、明確な保証手段をも規定しているときは、具体性を備えているので、裁判官に自由裁量権を与えることはないか、あるいは比較的小さな自由裁量権を与えるに過ぎない。

　一般的民法規範とこれまた異なることは、民法基本原則は更に立法準則の機能をも有していることである。我が国は多層の立法体制を採用しており、基本法の下に特別法が据えられている。こうした

立法位階体系の中で、下位の立法は上位の立法と抵触してはならない。基本法としての《民法通則》は、下位の民事特別法に対する統轄作用を有し、後者は前者に違反してはならない。民事特別法を制定するとき、民法基本原則はその民事特別法の立法準則である。民事特別法が基本法と抵触しているか否かを検査するとき、民法基本原則は判断を行う重要な基準である。従って、民法基本原則は低位の民事立法の立法準則であり、後者に対する価値監督の働きを持っている。このような機能は、民法規範が持っていないものである。

規定内容について言っても、民法基本原則と民法規範には区別が存在する。前者は民法の目的に関する法であり、後者は目的を維持する法である。前者は準則法である。後者は技術法であって、準則法の担保を実現する役割を果たすものである。このような区別はレオン・デュギーが発見したものであり、デュギーは《フランス民法典》を分析した後に、次のような考えを持つに至っている。すなわち、家族法を除いて、契約自由、権利不可侵及び過失責任という、デュギーが認識しているこの三つの民法基本原則が準則法であり、あとの残りはすべて、この三大原則を実現する技術法である、と[68]。この区別は参考にする価値がある。

これまでに述べたことをまとめると、次のような結論が得られる。すなわち、民法基本原則と民法規範には大きな相違があり、それ故、民法基本原則は民法規範ではない。

二　民法基本原則と民法の具体的原則との区別

民法基本原則は、我が国社会の民事領域の根本価値を背に負っているものであり、すべての民法規範に対して、終始、効力を持っている法規である。ある意味では、民法基本原則の規制対象は先ずもって民法規範それ自体である、と言うことができる。民法基本原則は立法者が認識していた、民事領域における最重要価値を体現

し、一定の時期に立法者がとった政策を含むものであるので、それ故に、民法基本原則の基本性は、先ず最初に、民法基本原則が背に負っている価値の根本性の上に体現されている。我が国の民法基本原則が体現している誠実信用の要求は、我が国社会の民事領域における根本価値を体現したものであって、普通の価値ではない。その次に、効力が発生している領域の完全性の上に体現されており、民法規範は基本原則の指導の下で初めて、体系に合った規範的機能を発揮することができるので、基本原則の価値指導作用を離れたら、民法規範は立法目的に違反する適用結果が生じる可能性が極めて高くなる。従って、民法基本原則の効力は民法規範を完全に貫徹していなければならず、そうして初めて、民法基本原則の民法規範すべてに対する価値指導作用を成し遂げることができる。民法全体を貫き通す効力はこうして民法基本原則の特徴となる。その効力が民事関係領域のある範囲だけに限定されるとすれば、それは民法の基本原則ではなく、民法の具体的原則となる。さもなければ、民法基本原則と民法の具体的原則との区別はなくなってしまうからである。

　民法の具体的原則は、民法基本原則が具体的な民事関係領域内において展開されたものであり、その効力は、その具体的な民事関係領域のみに限定される。民法基本原則は非常に抽象的であるので、一定の条件の下、特定の民事関係領域におけるそれらの表現形式を確定する必要がある。それは、法を司る者が操り、人々が理解できるようにするためであり、〔そして〕民法基本原則の抽象性を留保しつつ、それらのための関連する機能を携えると同時に、具体的な民事領域のために直感性と可操作性を提供できるようにするためである。民法の具体的原則はこうして生み出される。

　民法の各部分の中に、以下のような民法の具体的原則がある。すなわち、

1. 現実履行の原則【实际履行原则】

《民法通則》第88条第1項は、「契約当事者は、契約の約定に従い、自己の義務をすべて履行しなければならない。」と定めている。現実履行の原則が契約法領域の民法の具体的原則であるか否かについては、学術界において争いがある[69]。私は次のように考える。すなわち、契約違反により損害を受けた者が市場で代替品を取得して提供することができないという状況下では、現実履行の原則はやはり契約法領域内で効力を発揮するのであり、その原則は、誠信原則が契約法領域において具体化されたものである。

2. 過失責任の原則【过错责任原则】

　《不法行為法【侵权责任法】》第6条は、「行為者が過失により他人の民事権益を侵害したときは、不法行為責任を負わなければならない。法律の規定により行為者に過失があると推定される場合において、行為者が自己の無過失を証明できないときは、その者は、不法行為責任を負わなければならない。」と定めている。過失責任の原則が、行為者の主観的過失をその者が責任を負う条件と見るという準則を求めるものであることは、明らかである。立法者は同時に過失推定の原則【过错推定原则】も定めた。これは、立証責任の転換という形で適用される。その場合、法律が先に行為者の有過失を推定し、その者が自己の無過失を証明できなければ、その責任が成立する。

　民法基本原則の要求は、民法の多くの条文中に具体的に示されているわけであるが、では、ある条文を民法の具体的原則であると確定し、その他の条文を排除するのはなぜなのか。これは、以下のような理由による。すなわち、民法の具体的原則として体現されている民法の条項は、民法基本原則と比べて立法技術上、比較的、具体的に見え、しかもその効力が民事関係に限定されている特定の領域を除いて、民法基本原則が持つその他のすべての特徴に合致する。それらはいずれも、民事活動の参加者に対して具体的な行為類型を

提供しておらず、保証手段の論理成分を備えてもいない。それ故、それらを表現している民法の条項はいずれも法規範ではない。多くのその他の民法条項は、民法基本原則の内容を表しているのではあるけれども（例えば、取消可能な民事行為に関する規定である《民法通則》第59条は、公平原則の内容を表している[8]。）、それらの条文は民法規範の形で表現されたものであるから、それらを民法の具体的原則の範疇に入れることはできない。民法の原則は、基本原則であれ、具体的原則であれ、いずれにせよ立法における非規範性規定に属する（《民法通則》第132条は例外である。公平責任原則は、この第132条という規範性規定から総括されて出てくるものである[9]。）。

　ここで、長い間、我が国法学界において流行っている一つの見解に対し、批評を加えたい。この見解は、所有権絶対、契約自由、過失責任は資産階級民法における基本原則であると解する[70]。実際上、所有権絶対の原則は物権法領域でのみ効力を発揮するし、契約自由の原則と過失責任の原則はそれぞれ契約法領域と不法行為法領域でのみ効力を発揮する。効力が終始、民法を貫いていなければならないという基準から言えば、それらはいずれも、基本原則ではなく、民法の具体的原則であるに過ぎない。きめ細かく考察すれば、我々は、大陸法系民法の中には二つの基本原則しか存在しないということに気付くはずである。すなわち、誠実信用の原則と公序良俗の原則である。大陸法系学者の一般的理解によれば、誠信原則は、民事活動中に双方の利益の均衡並びに当事者の利益及び社会の利益との均衡を保つようにと民事主体に対して要求する立法者意思であり、社会公共の利益と取引道徳について強調するものである[71]。そして、公序良俗の原則の中の公の秩序は、国家社会の一般的利益を意味する。その原則の中の善良の風俗は、社会の一般的道徳観念を意味する[72]。言い換えれば、公序良俗の原則は、民事活動当事者に対する、国家社会の一般的利益及び一般的道徳を尊重するようにと

の要求であり、内容から見れば、その原則は、主として、国家と家庭に対する保護に関わるものであって、財産や労務の交換と直接の関係はなく、その後、国家が外部から経済秩序を守る手段に発展させると同時に、国家と家庭を守る機能を保持している。学者がこの原則の適用状況について行なった類型化研究によれば、公序良俗の原則は、国家に危害を及ぼす行為、家庭関係に危害を及ぼす行為、道徳に反する行為、射倖行為、人格の尊厳に反する行為、経済的自由を制限する行為、公正な競争に反する行為、消費者や労働者の保護に反する行為、暴利行為等を解決するものであり[73]、外国法の適用を制限するのにも使われる。この原則は往々にして法律関係の外部からその内容を矯正するものであり、誠信原則が往々にして法律関係の内部からそれに対し調整を行うのと異なることは明らかである。この二つの原則にはそれぞれ役割分担があり、両者が共同して社会秩序の好ましい運行を保っているのである。

三 民法基本原則と民事活動の基本原則との区別

《民法通則》が規定する民法基本原則は、立法上の文言作成において、いずれも民事活動の基本原則の形で現れる。では、民事活動の基本原則と民法基本原則はどんな関係にあるのか。この問題に答えるには、先ず最初に、何が民事活動の基本原則なのかという点を明らかにしなければならない。そして、何が民事活動の基本原則なのかを明らかにするには、先に、何が民事活動なのかという点を明らかにしなければならない。

いわゆる民事活動というのは、社会全体の民事的流転の中で、民事主体（自然人及び法人）がなすところの、民法規範が規律対象としているすべての行為である。「民事」というのは、「刑事」や「行政」と対立する概念である[74]。民事活動は自己の特殊な属性を有していて、それは人々が個人的な利益を満足させるために行う活動であ

る。刑事又は行政活動は国家の目的を実現するための活動である。民事活動の領域では、その参加者の意思が十分に尊重され、国家はただ、法律を制定することを通じて参加者間の関係に対し確認と導きを与えるだけである。国家権力を用いて干渉することは少ない。ところが刑事又は行政の領域では、あらゆる場面で国家の直接的権力作用が見られる。

　この他に、民事活動には民事立法活動と民事司法活動の区別がある。民事活動は、主として、自然人と法人が法に基づいてなすものであって、民事法規範に合致した様々な権利行使行為や義務履行行為である。国家の立法機関が民事法を制定するという活動は、国家の立法活動の一部分に属し、国家による立法権の行使であって、民事活動には属さない。裁判所が民事事件を審理するのは、国家による裁判権の行使であって、これまた民事活動には属さない。民事立法活動と民事司法活動は、いずれも国家権力の使用であり、民事活動は、当事者の自治権の使用である。

　このことから分かるように、民事活動の基本原則は、民事活動の当事者が守り従わねばならない行為準則であり、そこには法を遵守する準則という意味があるだけで、立法や司法等といった法律活動のその他の段階とは無関係である。民法基本原則は法を遵守することと関係があるだけでなく、立法や司法のどちらとも関係があり、それと同時に、立法準則機能、行為準則機能及び裁判準則機能、並びに裁判官に創造性のある司法活動を行う権限を与えるという機能を兼ね備えている。それ故に、民法基本原則の外延は、民事活動の基本原則の外延よりもはるかに大きいのである。

第二章　誠信原則の理論の研究

第1節　誠信原則に関する域外の学説と立法例の概要

一　一般的な誠信研究の概観
（一）欧文中の誠信の語についての概観

　主観的誠信と客観的誠信に対してどう処理しているかにより、欧文を二つのグループに分けることができる。第一のグループは、同一の用語を用いて2種類の誠信を表している【表征】もので、第二のグループは、異なる用語を用いて両者を表しているものである。

　第一のグループに属するものとして、ラテン語、イタリア語、スペイン語、フランス語、ポルトガル語、英語、ルーマニア語等がある。誠実信用は、ラテン語の文字では、Bona fides と表現する。イタリア語ではBuona fede、スペイン語ではBuena fe、フランス語ではBonne foi、ポルトガル語ではBoa-tē、英語ではGood faith、ルーマニア語ではbună-Crdinţăである。ラテン語のBona fidesは、イタリア語、スペイン語、フランス語、ポルトガル語、英語、ルーマニア語における同義語の淵源であるので、ラテン語のBona fidesは何であるかを明確に説明することができれば、その解釈は、新しいラテン語であるその他の言語にも適用できる。

　Bona fidesの反義語はMala fidesである。Bonusは「善」の意味

であり、Malusは「悪」の意味である。fidesは「信」の意味である。Bonus、Malusとfidesは、それぞれ合成語Bona fides、Mala fidesとなり、自らの意味に寄与することになり、しかも、法における誠信－悪信問題を倫理学上の善悪問題に従属させる。

　「善」とは何か。これは諸説錯綜している問題である。秦以前の時代の中国の哲人は、「欲することのできるもの、之、善と言う【可欲之謂善】」と考えた。現代西欧人のペリー（B. B. Perry）もまた、「善は、望む事物である」と考えている[1]。惜しむべきや、善に関するこれらの言説は共に利己主義の疑いがある。利他主義を信仰するストア哲学のローマ人は、善は、ある種の人の、完璧に自己の職責を履行することのできる品性であると考えた[2]。人は社会的動物であるが故に、善のことは群れをなしていることに有利である[3]。「信」とは何かに至っては、キケロはその『義務論』の中で「その言ったことを行うこと、これを信と言う」（Fiat quod dictum est, appellatam fidem）と述べている。ストア派の見解に従うと、「信」は承諾及び合意の遵守及び実現であり、これが正義の基礎である。このような「信」に依拠することで、人々はある種の社会性ある生活を送ることが可能となる[4]。こうしたことから見れば、Bona fidesは、善人の姿をもって自己の約束を実行するという意味である。明らかに、これが人に対して提示しているものは人の基準であり、現代民法が人に対して提示しているものの中での人の基準とは異なることが分かる。

　第二のグループに属するものとして、ドイツ語、オランダ語、ロシア語がある。ドイツ語は、Treu und Glauben（忠誠と信頼。私が見るところでは、そのうちの忠誠の方は主動者であり、自己の行為が忠誠であろうとし、信頼の方は受動者であり、相手方の忠誠を信じ、むやみに疑うことをしない。このように、一種の相互信頼の協力者関係を構成している。）という語で客観的誠信を表し、guter Glaubeという語で主観的誠信

を表している。後者の語は、完全にBona fidesの翻訳である。それに対し、Treu und Glaubenの方は、ドイツ特有の色彩を有しており、古代ドイツの誓約に由来する。古代ドイツでは、人々は常に、in Treu（誠実に）、mit Treu（誠実さをもって）、bei Treu（誠実に基づき）、あるいはunter Treu（誠実の名の下で）取引の相手方に誓いをすることを強制していた。後に、更なる確実性を求めて、誠実の他にGlauben（信用）の語を追加し、「誠実信用」という語が誓言となって、契約上の義務の履行を確保する役割を演じる。その後、この誓言が誠信原則を表すのに転用される[5]。ドイツ人は、異なる用語を用いて両種の誠信を表しており、両種の誠信が異なるものである、異なる実質であるということを説明したいときは、異なる名をもってこれを示しているということに他ならない。ドイツの影響を受けて、オランダ人は1992年に民法典を制定したとき、redelijkheid en bilijkheid（直訳すると「公平と合理」）という語で客観的誠信を表し、goede trouw（直訳すると「良い信」）という語で主観的誠信を表した。やはりドイツの影響を受けたロシア人は、Разумностьという語で客観的誠信を表し（意味は「合理」）、добросовестностьという語で主観的誠信を表している。

　誠信原則は大陸法系国家の民法典の中ですでに一般的に原則として確立されているのではあるが、誠信原則に含まれるいくつかの具体的問題については、それぞれの国の学者はやはり往々にして異なる考えを持っている。以下、選択して、主要な問題に的を絞って代表的な見解をいくつか紹介したい。

　（二）誠信の分類

　誠信というものはこのように複雑であるのではあるが、やはり人々は、おおむね、それを主観的誠信と客観的誠信という二つの類型に分けている。このような分類は、ヴェヒター（Carl Georg von Wächter）とブルーンス（Carl Georg Bruns）がローマ法のオリジナル・

テキストにある Bona fides という語句の意味について行なった論戦に起因するとのことである。ヴェヒターは、誠信というのは他人の権利を侵害することを知らないことを指し、これは通常、何らかの錯誤が決定づけた偽りの確信の結果であると解している。これに対し、ブルーンスは、誠信は行為の正当性、及び些かもゆるがせにしない腹蔵ない心を指し、これは、合意を締結し、そして人間の協力を展開するのに欠くことのできないものであると解している[6]。

このような分類について、チリの法学者であるアルサンドロ・グスマン・ブリトは批評している。曰く、主観的誠信は一種の意識であるが、結局は行為者の行為に対する評価の手本にかかっている。それ故に、主観的誠信と客観的誠信の本質的区別は全く存在しない。なぜなら、主観的誠信も、人々が契約行為を評価するのに用いる手本にかかっているからである[7]。このような考え方は、ロンバルディの占有の誠信は契約の誠信に由来するという見解から影響を受けているが、しかし、コロンビアの学者であるマルタ・ルシア・ネメ・ヴィジャレアル Martha Lucía Neme Villarreal は、次のように解している。すなわち、主観的誠信が客観的誠信に由来するということは、両種の誠信が同一性を備えることの理由と見ることは全くできない。主観的誠信がひとたび独り立ちしたら、いまだ他人の権利に害を及ぼしていないとの確信の意味が発生し、これは、客観的誠信の誠実な行為の意味と同じではない[8]。

(三) 一般的誠信とは何か

フェレイラ（Delia Matilde Ferreira Rubio）による誠信の定義は、両種の誠信を含んでいる。フェレイラの考えによれば、誠信は法における人間の生活関係の要素に吸収されるが、法は、その用語の精確性を与えないでそれを吸収することは決してなく、それを一つの法概念に転化する。言い換えれば、誠信は、立法者が創造するものでは決してなく、予め決まっている内容を有しているのである。立法

者は、人間の行為に内在しているこの原則を人間のすべての行為の最も広範囲な領域に拡張するに過ぎない。それをはっきりさせて規則にすることは、それに法的効力を備えさせるためである。このとき、先にある自然的誠信が民事的（Civile）誠信に転化される[9]。簡潔に言うと、フェレイラは、誠信は道徳の法化であると考えているのである。この問題については、フェレイラよりも早く、ドイツの学者であるシュタムラー（Rudolf Stammler）とデルンブルク（Heinrich Dernburg）が同様の見解を主張している。シュタムラーは、法律の基準は社会の理想であらねばならない——人を自分のように愛する【爱人如己】というのは人類の最高の理想であり、行為がこのような理想に一致することがすなわち誠信原則に一致することである、と考える[10]。デルンブルクは、誠信原則の働きは、人々が取引の場において取引における道徳の保障を得ることを可能とする点にある、と考える。フランスの学者リペール（Georges Ripert）も、「誠信は、立法者と裁判所が道徳規則を実定法に貫くのに用いる手段の一つである」、と考えている[11]。

　しかしながら、ひとたび道徳の誠信が法的誠信に転化すれば、両者は異なるものであることが示される。前者は、我々に対して善人であれとか純粋な人であれと命じる戒律に従うことの上に築かれている。後者は、法規範に違反しないで事を行うとか正義に反する行為を行わないという確信の上に築かれている[12]。これは明らかに、法律の誠信の要求が道徳より低いということを言っているに過ぎない。この問題については、スポタ（G. Alberto Spota）が次のように補足している。すなわち、ドイツ法において、過失の概念は、一人の誠実な、職責を果たす取引人がなさなければならないことをなさないということを基礎としており、これはすなわち、誠信、忠実そして誠実に事を行わなければならないということである。そして、このような取引人は崇高な人ではなく、平均人である[13]。換言すれ

ば、スポタは、誠信原則は道徳の体現ではあるけれども、平均人の道徳の体現であるに過ぎない、と考えているのである。このことは、一つの困難な問題を生じさせる。普通の法規範による、主体に対する行為の要求が低すぎるからこそ、人に対する行為の要求がそれよりも高い誠信というものを法律の中に導入する必要があるのである。我々が知っての通り、普通の法規範は経済人仮説を貫徹した――これは、自己の利益を最大限、追求する人、つまり平均人であるから、もし誠信が体現しているのも平均人の行為基準であるならば、我々は誠信を導入することにどんな得があるのだろうか。それ故、道徳の誠信が法律の中に入った後もなおもその元々の行為要求を保持していると言うことは、やはり摩訶不思議である。私が見るところでは、普通の法規範は往々にして「他人を害するなかれ」という要求を具体的に表したものであるのに対し、誠信原則は「汝の傍らにいる人を愛せ」という要求を具体的に表したものである[14]。両者の区別は、法律が当事者の義務について沈黙を守って誠信原則を適用する場合に、前者が意味しているのは消極的義務であり、後者が課しているのは積極的義務である。

　その理論には上述のようなささいな欠点があるけれども、フェレイラの見解は、主観的誠信と客観的誠信を同時に包含することのできる唯一のものである。その他の学者も、一般的誠信について自己の定義を行なっているが、しかし、それらの説明はどれもどちらか一方の誠信の肩を持ったものである。彼らは2本の経路を守り従っている。一方は、消極的な面からこの法律現象を画定するものであり、この法律現象を、法的主体に何らかの良くない内在的要因が欠けている状態に描いている。例えば、ボンファンテ（Pietro Bonfante）は誠信を「詐欺又は悪信の欠如」と画定しているし、ミッチオ（Renato Miccio）はミッチオで、これを「後に、相手方に対して隠してごまかし、しかもこのことについて害するという目的の不

存在」と画定している。いま一つの経路は、積極的な面から画定を行うものであり、その法律現象を、法的主体に何らかの好ましい内在的要因が備わっている状態、あるいは何らかの義務を負っている状態に描いている。例えば、ウィントシャイト（B. Windscheid）はこれを「誠実な確信」と描いているし、トゥール（Andreas von Tuhr、1864-1925年）はこれを「正直であること」と描き、ゴルフェ（François Gorphe）は、それは「誠意に満ちた、忠実な、ありのままの願望」であると説明している[15]。コルヌ（Gerard Cornu）は、それは「助力、協力、提携、相互援助、一定の範囲内の友誼、博愛の義務」であると言う。プラニオル（Marcel Planiol）とリペールは、それは「一人の、誠実で自覚している人のように行為する義務」であると解している[16]。このように、多くの定義は、認識された事実それ自体の複雑性を反映している。イタリアの学者であるシャローヤは極端に走っており、誠信原則は定義できないし、言うこともできないものであると解している[17]。ドイツの法学者であるロート（Guenter Roth）は、誠信原則は定義しようがないと解しているけれども、しかし一系列の事例群を通じてそれを言うことができるということを承認している。アメリカの法学者であるサマーズは、法を排除することによってそれを説明することができると考えている。すなわち、各種の悪意の事情を排除したもの、これが誠信である、と[18]。

（四）誠信は原則なのか、それとも基準なのか

　二つの大きな法系の観念の交流が増すにつれて、本書第一章第3節で論じた英米法系の法的基準の観念が大陸法系に伝わってきており、これにより、誠信は基本原則なのか、それとも法的基準なのかという議論が惹き起こされた。基準は規範を生み出すことはなく、またそれ自身、規範又は行為命令を含んでいない。それらは、立法者によって参照され、特定の事態においてどのような行為をすべきか判断する主体と繋がれるのに用いられる[19]。スペインの法

学者であるモンテス（Vicente Montes）は、《スペイン民法典》新第7条附1条に注釈を加える際、この条に含まれている誠信を法律の基準と理解している。モンテスの解釈するところによれば、誠信は制裁を免除又は軽減する規定であり、権利を行使するのを制限したり、又はそのために前提条件を設定したりし、それと同時に、特別な行為義務の源泉である[20]。モンテスは、このように述べる際、実際には客観的誠信と法律の基準の関係を考慮しているだけであり、誠信は理想の社会の行為モデルと理解されているのである。ところが、ディエス・ピカソ（Diez Picazo）は、モンテスが基準と理解している誠信を主観的誠信と結び付けており、ピカソの解するところでは、誠信は立法者が設定した一人の「標準人【中人】」という基準であり、それを用いてその他の人の注意の程度を判断する[21]。しかしながら、フェレイラの考えるところによれば、誠信は基本原則であって法律の基準ではなく、両者の区別は、後者にはない規範性を前者は備えているという点にある。法律の基準は具体的義務を生み出すことはできず、また規範を生み出すこともできないのであって、行わなければならない具体的な行為のモデルを明示しているに過ぎない。それに対し、誠信は、それ自体が一つの規範なのであり、特定の形式の行為のための要求を出していて、このことから義務及び相応する法律効果を生み出す[22]。私は、フェレイラが行なった基本原則と法律の基準との区分は筋が通っていると考える。私の見るところでは、前者は一つの中心となる語として存在することができ、独立しているものであり、後者は一つの限定詞として存在する他なく、従属性をもつものである。

（五）誠信と、法律の中にあるその他の道徳的要素との関係

誠信が道徳の法化であるのであれば、では、法律の中に多くの道徳に由来する規定があるが、それらは誠信とどんな関係にあるのか。

1. 善良の風俗との関係

ラーレンツ（Karl Larenz）の解するところによれば、善良の風俗は、誠信原則と比べると、人の社会的条件から来る最低の要求に関わるだけであり、しかも、何らかの事態の下でこの要求を守ることを要求しているだけである。ペルーの学者であるデ・ラ・プエンテとラヴァジェ（De La Puente y Lavalle）の考えるところでは、善良の風俗は特定の時間と空間における道徳に関わるだけであり、誠信原則の要求はこの基準よりも高い。二人が適切に述べているように、それは専門的制約を前提としており、行為の関与者間の信頼をはっきりと定めたのである。それ故に、誠信に違反するすべての行為が善良の風俗に違反しているというわけでは決してなく、むしろ不道徳な行為は常に誠信原則違反なのである[23]。

2. 公平との関係

モッセト（Jorge Mosset Iturraspe）は、誠信と公平は合流する概念であり、両者は相互に補い合うもので、双生児であると言うことができる、と解している。しかしながら、モソス（José Luis de los Mozos）の考えるところによれば、公平は、自己の性質を備えた道徳化した法制度ではなく、法制それ自体において、必要な社会正義の観点である[24]。確かに、公平は法律の一つの価値基準であるに過ぎない。誠信は一式の制度を整えるものであるが、しかしそれはまた公平の目的に奉仕する。誠信の行いは手段であり、公平はその効果である。

3. 公の秩序との関係

モソスは、公の秩序は誠信原則が適用される外部の限界であると解している。公の秩序という規範を適用するときは、誠信原則を適用してはならない。ラーレンツの考えるところでは、すべての公共の利益が、団体生活にとってこのように重要な誠信原則の地位よりも優越を手に入れなければならないということは決してなく、専門

的関係が法律上の取引の安全という公共の利益に至るとか、関係が司法という公共の利益に至るとかしたときに初めて、誠信原則の修正を受けない理由がある[25]。

(六) 誠信と悪信又は悪意の詐欺との反対関係

誠信の反意語はMala Fidesであり、これは、通常、「悪意」と訳される概念で、Bona Fidesに対する訳語と調和させるために、私はむしろこの語を「悪信」と訳したい。これは、完全に消極的な概念であって、「誠信の欠如」を指す[26]。通常、人々はこれを「事情を知っている【知情】」と理解している。こうした理解によれば、悪信は主観的誠信の反対概念であるに過ぎない。なぜなら、こうした誠信の基本的意味はまさしく「不知」だからである。ある事が他人を害することになるのを知っていながらこれを為すことは、故意を構成する。それ故に、モソスは、故意又は過失の状態が悪信であると解している。《ペルー民法典》もこうした見解を採用している[27]。このように、過失概念を適用することが最も多い契約違反領域と不法行為領域は最も誠信が少ない領域であり、過失の概念は、これにより、誠信の概念と結びつくこととなった。

主観的誠信と客観的誠信の対立に対応して、主観的悪信と客観的悪信の対立というものも存在する。自己の利益のために影響する条件を成就させる行為〔《契約法》第45条参照〕、行為無能力者が自己のそのような状態を隠して契約を締結する行為、双方が、不適格な官吏であることを知っていてその面前で婚姻を締結する行為、物が他人のものであることを知っているのに占有する行為、受け取るべきでないことを知っていて弁済を受け取る行為等は、いずれも主観的悪信の行為である[28]。では、客観的悪信の行為とは何か。私は、権利を濫用する行為がこれに属すると考える。まさにこのような理由により、各国民法典は、多く、権利の濫用を誠信の反対の規定としているのである[29]。

誠信と悪信の間に、灰色の区域はありやなしや。この区域中の行為は、誠信ではないのか、はたまた悪信ではないのか。実際上、誠信と悪信の二分問題は、善悪の二分問題に非常に類似しており、善悪の間には、関わりのない事物も存在する（ギリシャ語でadiaphora、ラテン語でindifferentia）。これは、ストア哲学が打ち立てた概念で、キリスト教によって継受されたものである。ストア哲学によれば、美徳、智慧、正義、節制等が善であり、それらの裏側が悪である。しかしながら、これらの両端の他に一つの中間地帯があり、その中には財産、名声や人望等、道徳が実践することを命令していないし、また禁止もしていない客体がある[30]。このような学説は、初期ストア学者のアリストンが切り開いたものである[31]。ところが、誠信と悪信の中間地帯の問題については、多数の学者は否定する立場をとっている。しかし、デ・ラ・プエンテとラヴァジェの解するところによれば、主観的誠信の領域ではかような中間地帯が発生する可能性があり、そこでは、故意・過失で行為しているわけではない者にとってその権利の有効性について疑いが生じるかもしれないが、しかしそれが存在しないと考える程度にまでは達しない。このとき、その者は、自己が権利を享有しているということを全く確信していないので、誠信ではないが、また、自己が権利を享有していないということを知ってもいないので、悪信でもない[32]。ここで言われていることは筋が通っており、採用するに値する。

（七）誠信と司法積極性との関係

　どのような誠信であろうと、当事者の行為に対する判定に関わる。主観的誠信の場合、当事者が誠実な確信に基づいて行為したか否かを判定しなければならない。客観的誠信の場合は、当事者が、彼が為すべきことを為せと誠実に基づいて要求したか否かを判断しなければならない。

　まさにこのような意味で、史尚寛は誠信原則の司法的意義を

重視している。史尚寬の解するところによれば、すべての法的関係はそれらの具体的状況に基づいて、正義衡平の原則に照らして調整しなければならず、それによって、それらの具体的な社会的公正に到達する。法的関係の内容及び実現の方法は、当事者間の具体的状況が異なることに基づいて、異なる。法律や契約当事者は、それらの状況をひとつひとつ予見して規定したりあるいは約定したりすることは難しい。それ故に、相手方当事者はこれらの隙間を自分本位に利用することにより、他方の利益を犠牲にして自己の利益を実現する可能性がある。このような場合に、事案に対して決定を下すことが形式的あるいは機械的なものであってはいけないわけで、道義衡平原則から出発しなければならず、立法者の観点に立ってこれらの関係を決定しなければならない。これこそが誠信原則の要求なのである[33]。これを概括して言えば、史尚寬は誠信原則を裁判官の手に握られた衡平法と見ている。

　蔡章麟もまた、誠信原則は概括的で、抽象的で、色彩がなく、無色透明なものであると考えている。それに含まれる範囲は極めて広く、その他の一般条項の範囲をはるかに超えている。誠信原則は、形成されていない法規であり、白地規定であって、換言すれば、裁判官に与える白紙委任状である[34]。

　これまでに述べてきたことをまとめると、誠信は道徳に由来する法制度であり、それは主観的誠信と客観的誠信という二つの面に分けられる。この2種の誠信基準の曖昧性は、それらが裁判官に自由裁量権を与える道具となるという結果をもたらす。それ故に、主観的誠信にしろ客観的誠信にしろ、最後には裁判の誠信に転化する。このように、一つの誠信原則は、3種類の誠信に分解される。

　我が国において、誠信原則についての研究は客観的誠信についての研究と同じ意味と扱われていて、主観的誠信は「善意」という名

で別の一制度として研究されている。しかしながら、ローマ法上は、誠信原則は両種の誠信に関わっている。この歴史現象に基づいて、私は混乱を正常に復したいと思っており、誠信についての我が国の研究の、正門ではない脇の小門という構造を変え、2種類の誠信が翼を並べて揃って飛び、主観的誠信が先陣をきって飛ぶという局面を作り上げたい。このために、私は先ず、主観的誠信に関する学説を紹介する。

二　主観的誠信研究の概観
（一）主観的誠信の分類

　主観的誠信は、単純な誠信【简单的诚信】（buena fe simple）と適確な誠信【适格的诚信】（buena fe cualificada）に分けることができる。前者はまた、権利を創造する誠信【创造权利的诚信】とも呼ばれ、後者はまた、過失を免れる誠信【免于过失的诚信】とも呼ばれる。前者は、その適用が注意を要求しない誠信であり、誠信義務者は正当で、誠実な意識があるだけで可である。例えば、自ら、合法的手段により物の所有権を取得したと思っている場合。このような誠信は、誠信義務者に一定の過失があるということを排除しない[35]。単純な誠信は、何らかの保障又は利益をもたらす。例えば、誠信の占有者は、時効が完成すれば占有物の所有権を取得することができる[36]。それ故に、これは権利を創造する誠信と称される。後者は、その適用が注意を要求する誠信であり、誠信義務者は単純な誠信の義務者が有していなければならない意識を備えていなければならない――これは、適確な誠信の主観的要件である――だけでなく、客観的要件又は社会的要件も備えていなければならない。このことは、引渡人が真正の所有者であることの確定を得なければならないということであり、具体的に言えば、適当な証拠を探してその初期の確信を維持することであり、さもなければ過失を構成する。この

客観的要件は必要な注意を尽くすことで満足するので、相応の誠信は過失を免れる誠信又は適確な誠信と称される。「適確」というのは、法が要求する注意の程度に達したことを指す。このような誠信の効果は、一つの法的現実を打ち立てることであり、目的は、克服し得ない錯誤に由来する権利外観の法律効果を承認することにある[37]。この2種類の誠信が誠信義務者に課する負担の軽重は同じではないので、コロンビア最高裁判所は、それらは主観的誠信の2種類の程度であると述べている[38]。

単純な誠信の例としては、上述のように、取得時効における占有者の誠信を例として出したが、適確な誠信としては、以下のようなものがある。

（1）商業企業において、当該企業が売り渡す権利のない動産を買い受ける者の誠信。これらの買受人は、出所が合法的でない物を買うとは思ってもいない。これは、その者の誠信の主観的な面である。商業企業は、売る権利を持っている物を売ることができるに過ぎない。買受人が路上の露店【地摊】には行かず、商業企業に行って買う行為それ自体が、取引の効力を求めるために頼りにしているということである。これが、その者の誠信の客観的な面である。

（2）解除条件が公示されていない契約を解除するとき、すなわち第三者が書面による登記を経て物を取得したが、しかし引渡人がその物を取得することに解除条件が付されており、かつ登記簿上、未記載であった場合において、その物の前主が条件成就を理由にその物を追奪するときは、買受人は適確な誠信の保護を受ける。

（3）契約が適確な誠信の第三者に対して無効であるとき、すなわち共同経営契約【合伙合同】〔《民法通則》第31条〕が無効であるとき、共同経営執行者と取引をした第三者の訴権は害されない。

（4）仮装の法律行為が第三者に対して無効であるとき、その第三者は公開の文書を通じてでなければ秘密の取決めを知ったという

ことにならない[39]。
（二）主観的誠信とは何か
主観的誠信とは何かについては、以下のような見解がある。
1．確信説
この説は、主観的誠信というのは、当事者が自分では他人の権利を侵害していないと確信する心理状態であると解している。その心理状態は、また、「確信的誠信」と称されている。

フランスの学者ゲスタン（Jacques Ghestin）は、主観的誠信は「一種の心理状態、一種の確信であり、あるいは逆から言えば事実に対する認知である」と解している[40]。また、モレッロ（Augusto Mario Morello）は、このような心理状態に対して法律効果を加えた。モレッロは、主観的誠信は「一種の心理状態であり、それは、このような状態を持っている主体の扱いの確定に役立つ一つの法的範疇であって、こうした人々のために、当事者の有効な確信又は意図の類型を確定するのである」と解している[41]。

2．錯誤説
ドイツの学者ヴェヒターとブルーンスは、それぞれが行なったローマ法研究に基づいて、主観的誠信が関わっている「心理状態」を一種の錯誤であると画定している。後者は、錯誤の軽重を区別して、許すことのできる錯誤が誠信を構成することのみを承諾している[42]。いわゆる許すことのできる錯誤というのは、人々が通常の注意を尽くしていても避けることができない錯誤のことである。錯誤について、注意の程度を基礎としてこのように二分することは、過失の概念を包含している。なぜなら、過失は注意義務の違反に他ならないからである。それ故に、注意義務を尽くしていても発生する錯誤は、「合法的錯誤」と言うことができ、それは誠信を構成する。

それでは、上に述べた類型の錯誤の対象は何か。通常の場合、人々が錯誤の対象と認識しているのは、自己の事情である。例え

ば、本来、ある権利を有していないのにそれが自己にあると思っている場合である。しかしながら、モソスの研究は、このような錯誤の対象を他人の事情に対してまで拡張している。例えば、他人は代理人でないのに代理人であるかのような外観が自己にとってはあるという状況で、真実を知らずにこの外観の状況を信じたときは、これもまた誠信と言える[43]。このように、主観的誠信はまさしく、現代民法における表見制度あるいは外観主義と結び付いた。確かに、この面では「衆人の錯誤は権利を作る」(Error communis facit ius) という法諺があり、それの言うところは、ある地方の全体あるいは多数人の誤った認識が自然の現実とは異なる法的現実を作るということである。例えば、擬制婚姻である。身分占有が、時効期間が経過すればその身分の取得を惹き起こすことも、同じ道理に基づく。

　錯誤は更に、事実の錯誤と法律の錯誤に分けることができ、通説は、前者の発生は誠信を構成し、後者の発生は、いかなる人も法律を知っていることを要求されているが故に、誠信を構成しないと解している。現代の情報伝達手段の条件下では、こうした処理はますます理由あるものとなっている。だが、例外は常に存在する。

　ところが、ショイル(Christoph Gottlieb Adolf von Scheurl, 1811-1893年) は、錯誤説に対して異議を唱えた。ショイルは、『誠信の性質とローマ取得時効学説における原因について』という書の中で、次のように指摘している。すなわち、ローマ法のオリジナル・テキストの中で、誠信が常に錯誤を前提としていることは決してなく、むしろこれに反して、ある時は誠信は錯誤を排除することができる、と。ショイルは、誠信のこのような場合における実質は単純な道徳的状態であるということを指摘しているようである[44]。

3. 不知説

　イタリアの学者であるジョヴァンニ・マリア・ウーダは、《イタリア民法典》中の誠信に関する規定に対して行なった分析に基づい

て、主観的誠信はある時は不知を指し、またある時は錯誤を指すという結論を得ている[45]。具体的に言えば、《イタリア民法典》第535条、第936条、第937条、第938条、第1147条、第1192条、第1479条、第1706条、第2038条は不知に関するもので、第534条、第1153条、第1155条、第1159条、第1162条、第1189条、第1415条、第1416条、第1445条は錯誤に関するものである[46]。ウーダのこのような話は、主観的誠信を不知と解釈する可能性を強調するものであった。しかしながら、ファツィオは、不知は錯誤と密接に関係していると考えている。錯誤は行為が事実から離反することであり、不知は認識が欠けていることである。錯誤は不知の結果であるかもしれず、それ故に両概念は同一性を有している[47]。この説によれば、不知説を錯誤説とは異なる一つの独立した学説として扱う必要はなくなる。実際にウーダは、不知の誠信を定めている《イタリア民法典》第535条第3項は、次のような規定、すなわち「自己が相続人であると誤信し、遺産の占有を取得した者は、誠信の占有者である……」という規定であり[48]、この「誤信」という語は確実に、錯誤説と不知説の同一性を証明している、と解している。

4. 具体的心理状態説

　誠信は通常、主観説と客観説に分けられるのではあるが、雑多な誠信現象に対してその他の分類が行われることもある。例えば、ディエス・ピカソは、誠信を「誠信の観念」と「誠信の一般原則」に分けている。トゥールは、「譲渡人の権利に対する信頼」、「債務者の、債権者の権利に対する信頼」、「相手方の法的地位に対する信頼」、「法律行為の効力に対する信頼」、「自己の権利に対する信頼」に分けている。ベッティは、これを、「他人が法的保護を受ける権利を害することの不知」、「適確な関係の外観に対する確信」に分けている[49]。それらについて仔細に分析をすれば、これらの一層きめ細かい分類は概ね主観的誠信と客観的誠信という二分法から脱す

ことができていないことが分かる。

三　客観的誠信研究の概観
（一）客観的誠信の分類
　客観的誠信は、積極的誠信と消極的誠信に分けることができる。この分類は、イタリアの法学者エミリオ・ベッティが提示したもので、コロンビア最高裁判所が1958年6月23日に出した判決で採用したものである[50]。ベッティの解するところによれば、前者は「他人の利益のために積極的に協力すること」であり、誠信義務の主体は他人の利益のために積極的に一定の行為を行うことを受け持つように求められ、付随的義務は疑いなくこの種の誠信〔の内容〕として生じる。後者は「契約締結中の忠実さ及び契約締結後の行為の清廉さ」であり、その中で、誠信義務は消極的なものであり、他人の権利を尊重し、その者の利益を害しないことであると表現される。契約を結ぶ段階の誠信は、いずれも、このような形態である[51]。

（二）客観的誠信とは何か
　客観的誠信とは何かについては、以下のような学説がある。
1．行為説
　フェレイラの解するところによれば、正直であることの誠信は、正直さと忠実さを以て行動し、事を行い、いかなる人に対しても騙したり害したりすることを目論まず、極端なあるいは不必要な方式で権利や権能を行使しないことと表現される[52]。ここで、フェレイラは、客観的誠信は正直と忠実という観念の指導下での正当な行為であると指摘しており、これが客観的誠信に関する「行為説」で、最も流行っている学説である。注意するに値することは、フェレイラは、客観的誠信は権利行使をやり過ぎないことも指すという観点も提示していることである。

2. 清廉説

「行為説」を基礎として、イタリアの学者が提示したのが「清廉（Correttezza）説」である。丸括弧内のこの字面から見た意味は、「正しい」という語であり、イタリア語中では「中立公平である、当を得ている」という意味である。孔子が述べた「行為が規矩を超えない【行為不逾規矩】」とよく似ている。《イタリア民法典》第1175条は、この用語を法律に取り入れて、「債務者及び債権者は、清廉の規則に基づいて行為しなければならない」と規定している[53]。何が「清廉」なのかについては、立法上、定義はなく、学者による広範な解釈を惹き起こした。オランダの学者であるM・W・ヘッセリンクは、それはまさしく客観的誠信の意味であって、イタリア人がこの語を使用するのは、ドイツ人のように異なる専門用語を用いて2種類の誠信を表そうとしているということである、と考えている[54]。しかしながら、このような見解は、全くもって真実ではない。理由は以下の通りである。すなわち、《イタリア民法典》中、correttezzaという語は3回使われており（第1175条、第2391条附条、第2598条）、それらが述べていることは客観的誠信の意味であることは確実である。例えば、第2391条附条（関係当事者の協同行動）は、「リスクを伴う資本市場を利用する会社の管理機関は、会社及び証券取引所全国委員会が出す一般原則に基づいて、関係当事者の協同行動の実体及び手続き上の透明で清廉な規則を保障することを採用しなければならない。管理報告中で管理機関に対し関係する事項について知らせているときは、管理機関は、この目的のために、行動の性質、価値及び特性により、関係する専門家の援助を利用することができる。」と規定している。第2598条（不当な競争行為）第1項第3号は、「直接又は間接に、職務上の清廉及び適切の原則に合致しない各種の手段を用いて他者を害する企業」と規定している[55]。明らかに、この3箇所の清廉はいずれも当事者の行為に対する要求

であり、それ故、客観的誠信に属することは疑いがない。しかし、《イタリア民法典》は多くの場所でBuona fedeという用語を用いて客観的誠信を表しており、最も典型的なのは第1337条（交渉と契約前の責任）の規定、「当事者は交渉及び契約締結の過程において、誠信に基づいて行動しなければならない。」及び第1375条（誠信による履行）、「契約は誠信に基づいて履行しなければならない。」の規定である。このように、少なくとも、《イタリア民法典》は二つの用語を用いて客観的誠信を表しており、《ドイツ民法典》、新《オランダ民法典》及び《ロシア連邦民法典》のように異なる用語を用いて主観的誠信と客観的誠信間の境界を決めるということは行われていないと言うことができる。

　では、なぜ《イタリア民法典》の中に客観的誠信が表す二元制が現れたのか。イタリアの学者ビリャッツィ・ジェリが解答を出した。ドイツ民法がイタリア民法に対して与えた影響がそのような結果にさせたのだと。すなわち、清廉は《ドイツ民法典》第826条[56]が規定する善良の風俗（gute Sitten）から来ている[57]。この語を採用して客観的誠信を表現することは、きめ細かい区別という必要によるものである。客観的誠信は、ある特定の法律関係に関わることを旨とし、清廉は、評価主体がいかなる法律関係の考慮からも独立した一般的行為を旨としている、と[58]。このような見解は、人を納得させることができない。理由その一、《ドイツ民法典》第826条は不法行為の中の一般的条文に属し、「他人を害するなかれ」という消極的義務であると言われている。《イタリア民法典》の中の清廉は、特定の事態における当事者の行為規則に属し、「誠実に生きよ」という積極的義務であると言われている。両者は同様に解することはできないであろう。理由その二、《イタリア民法典》の中では多くの場所で善良の風俗が規定されているが（序編第31条、第5条、第23条、第25条、第308条、第634条、第1343条、第1354条、第2031条、第

2035条)、3箇所の清廉はドイツ式の善良の風俗が変わったもので、その他の善良の風俗は自分自身を維持したのだなどと考えることはできない。

　いずれにしても、清廉は一つの新しい用語として解釈を必要とする。トラブッキ（Alberto Trabucchi）の解するところによれば、「清廉は一つの道徳様式であり、それが及ぶ忠誠の精神、堅固で揺るぎない益荒男の気概、表裏一致、行為一貫、忠誠と尊重が一般的意識に基づいて法律－社会関係の中で従わなければならないところの義務である」[59]。これは、かなり文学化された描写であり、悲歌慷慨の燕趙の士[1]の道徳観念に一段と一致しているようである。しかもこれは一個の主観化された解釈であるが、清廉は、多数説によれば、客観的誠信の一支系であると考えられている。ベッティが主張するところによれば、「清廉」は消極的な誠信の表現でしかなく、他人の利益を尊重しそして維持するという消極的義務を課すものであって、厳格な意味での誠信は協力するという積極的義務を課すものである[60]。ルイジ・ロヴェッリ（Luigi Rovelli）は、清廉が債務を負っている当事者の行為を評価する基準であるからには、同時に一種の「行為範例」であると解している[61]。ロヴェッリは、清廉と客観的誠信には差異はないとさえ考えている。しかしながら、デラクィラ（Enrico dell'Aquila）は、この問題に対して違った処理をしており、デラクィラの解するところによれば、清廉の概念を以てそれを具体化するのでない限り、客観的誠信の概念であれ主観的誠信の概念であれ、いかなる内容も持たない[62]。このために、デラクィラは、客観的誠信領域の清廉の規則を総括しただけでなく、主観的誠信領域のこの面の規則をも総括したのである。例えば、妨害行為を規制する規則である。このように、物権法領域においては、主観的誠信が支配していただけでなく、清廉と呼ばれる客観的誠信も支配していた。これは、誠信理論にとっての一大発展であると言わないわけに

はいかない。

3. 利益平衡説

　メッシネオ（F. Messineo）は客観的誠信について、当事者の行為とこれらの行為の客観的効果の中間の角度から観察する。メッシネオ曰く、「契約当事者（債権者と債務者）が客観的誠信を遵守するということは、債権者はその債権を行使する過程において、更に多くのことを要求してはならず、債務者もその義務を履行する過程において少ない履行をすることを要求してはならないということを意味する。」[63]このように、当事者間の利益関係は釣り合いがとれている。まさしくこのような意味で、シュナイダー（Konrad Schneider）は次のように述べている。すなわち、誠信原則の作用は、当事者双方の利益を平衡にすることであり、換言すれば、双方の利益を公正に実現し、それによって利益の調和に達するのである、と[64]。

4. 効果説

　ロイとテッシトーレ（Loi e Tessitore）は、客観的誠信について分析し、更に一歩進めて、当事者の行為の効果に偏するに至っている。二人が考えるところによれば、誠信は、法律がいつも非常に精確に明記している権利義務の限界を緩和する[65]。この説は、権利は過度に主張してはならず、義務は苛酷化してはならないということを宣揚しており、仲裁を支える紛争解決方式の理論である。

5. 故意過失欠如説

　一種の行為モデルとしての客観的誠信は、確実に、一定の心理状態の結果である。このことから、客観的誠信は注意や過失といった概念と繋がっている。意味が豊富であるということは、主観的誠信と客観的誠信という二元制と相応しており、主観的注意と客観的注意という二元制も存在する。前者は、《イタリア民法典》第1175条の中で体現されており、債権関係を維持し、善良な家父の注意に違反する一切の事項が生じるのを避ける規則のことを指す。後者は、

上記民法典第1176条の中で体現されており、代替不可能な行為を内容とする給付の基準を判断するのに用いる[66]。私の理解によれば、前者は抽象的であり、後者は具体的である[67]。注意と主観的誠信はいずれも心理状態に属するのではあるが、両者は同じものではなく、前者は意思の領域、行為の領域に関わるもので、意思の緊張状態である。後者は理解の領域に関わるもので、一つの事実状態に対する認識である。言い換えると、前者は積極的なもので、「出て行く」ものであるが、後者は消極的なもので、「入ってくる」ものである。最も重要な相違は、債権関係において、注意は特別に債務者に対して課される義務であるが、誠信は当事者双方に課される義務だということである[68]。過失は注意に対する違反、すなわち懈怠であり、このことから、他人を害するなかれという誠信義務に違反していることになる[69]。こうした意味で、過失は誠信の反義語として取り扱うことができ、誠信はまさしく故意又は過失の欠如である。

(三) 客観的誠信と消費者保護

　誠信と公平には緊密な結び付きがある。誠信——どのような種類の誠信であろうと——は手段であり、公平は目的あるいは効果である、と言うことができる。しかしながら、現代工業化社会と法人資本主義環境は、生産者、販売者と消費者の間の地位の均衡を大きく失わせ、そして、それに応じて情報が対称的ではなくなり、消費者は、思いのままに搾取される弱者の地位に置かれることとなった。かくして、誠信原則を利用していかに消費者を保護するかが一つの時代の課題となる。これはまた、一つの、長い年月を経た課題でもあり、誠信原則はこのために生まれたのだと言うことができる。当該原則の消費者保護はそれぞれ、契約の締結の面、契約の解釈の面、契約の履行の面で現れている。当然のことながら、どの面でも、消費者に有利な処理がなされる[70]。

四　二つの誠信の関係及びその統一
(一) 二つの誠信の関係

　二つの誠信の関係やいかに。モッセトが両者の区別を指摘した。すなわち、主観的誠信は、通常、権利の授与に転化する。これは、この誠信は法律が誘導する一つの心理状態であって、当事者がそこに到達すれば、一定の特恵待遇を得る。それに対し、客観的誠信は、義務を課することを特徴としており、法は誠信の名の下に当事者に対してこうせよああせよと要求する。それをしても、いかなる褒賞の用意もない[71]。当然、他人の称賛とか相応の名声面での反応は法律規定の褒賞に属さないが、しかし、誠実に行動する者は、確実にこれにより上記のような恩恵を獲得してよい。

　デ・ラ・プエンテとラヴァジェの解するところによれば、客観的誠信は、非個人の、行為の正当性に関する規則であり、従って、客観的誠信の基準は、なんぴとに対してであれ統一的なものである。それに対し、主観的誠信は個人性を具有しており、換言すれば、ある特定の事態の中で行為者が主観的誠信に到達するか否かは、事件ごとに判断しなければならない[72]。この言葉、大きいかな！　読者は本書第三章第2節「ローマ法における主観的誠信」の中で、主観的誠信は性別や年齢により異なるという性質を有していて、更には職業や地方により異なるという性質までも有しているということを見ることができる。主観的誠信のこのような個人性は、裁判官に自由裁量権を授与するという意味を持つと同時に、弱者を保護するという機能も有している。しかしながら、デ・ラ・プエンテとラヴァジェの、客観的誠信に関する基準は統一性を有しているという見解は、アメリカにおいて同意見の者を見付けることはできないであろう。なぜならば、少なくとも《統一商法典》（UCC）の枠組みの中では、誠信の要求は、取引主体が異なれば異なり、商人に対する要求は非商人よりも高いからである[73]。

マリア・ウーダの解するところによれば、主観的誠信は一個の描写概念であり、表していることは主体の認識状態であるのに対し、客観的誠信の方は、一個の規範的概念であり、主体の行為に対して一定の要求を出すものである。主観的誠信それ自体は法律効果を生じさせず、それはただ法律効果の構成要件の一を生じさせるだけであって、その他の構成要件と合わさって初めて法律効果が発生し得る。それに対し、客観的誠信はそれ自体が法律効果を発生させることができる。主観的誠信は歴史性を有しており、すなわち、それが描写する心理状態は、必ずやすでに発生している。客観的誠信は未来性を有しており、すなわち、それが要求する良好な行為は、通常、発生していない[74]。それ故、ウーダは、デ・ラ・プエンテとラヴァジェと同様に、二つの誠信は相互に関係なく、2本の道の上を走る車であって、一緒に縒ることはできないと解している。ウーダは、誠信原則は客観的誠信を含んでいるだけであり、すなわち、客観的誠信だけが真の一般条項であるに過ぎないとさえ考えている[75]。

しかし、両者の誠信にも緊密な結び付きがある。一当事者の主観的誠信は他方の当事者の客観的誠信から生まれる。それ故、主観的誠信は客観的誠信の別の一面であるに過ぎない[76]。機能から見れば、両種の誠信は統一的なものであり、このことから、ロイとテッシトーレは次のように解している。すなわち、客観的誠信であれ主観的誠信であれ、法典の融通の利かない構造に対して弾性を付与するという働きをするのであって、法典が調整することを目指している、絶え間なく変化する新たな現実に規範がもっともうまく適応することができる、という結果をもたらす、と[77]。

(二) 主観的誠信と客観的誠信の交錯する問題

何らかの誠信が主観的誠信の要素も有し、かつ客観的誠信の要素も有するということは起こりうるのか。これに対しては、肯定的な回答となる。1971年の《コロンビア商法典》第863条は、当事者は

契約を締結する間に、過失を避ける誠信の方式で事を行わなければならず、さもなければ、これにより生じた損害を賠償しなければならない、と規定している[78]。当該条文は、句式及び主題という点で客観的誠信を定めた条文に属するが、しかしそれはまた、過失を免れる主観的誠信を当事者の行為の模範と見ている。このことは、過失を免れる主観的誠信は客観的誠信の要素を含んでいることを証明している。なぜなら、過失を免れる誠信の中では、正当にして誠実な意識が主観的部分に属し、一定の注意を尽くして証拠を集めて自己の最初の確信を維持することが客観的部分に属する。証拠により自己の行為の確定性を求めることは、一定の行為を以て実現しなければならない。当然のことながら、このような行為は積極的なものであることも可能であるし（例えば、公の登記簿を見ることで、目的物の権利帰属状況を知る。）、消極的なものであっても構わない（例えば、買い物をするときは大型店にのみ行き、路上の露店に行って買うことはしないようにして、贓物を買ってしまう危険を回避する。）。ここにおいて、路上の露店に行って買い物をしないということが、消極的行為である。反対の意見を出している学者も当然いて、その者は、積極的誠信は内的に注意義務を含んでおり、従って《コロンビア商法典》第863条の規定は不適切な表現であると解している[79]。私は、この主張は主観的誠信判断の客観化という一般的趨勢を見過ごしていると考える。この趨勢は、早くも、ローマ人が誠信と正当な原因を取得時効成立の要件に並べたときに、まさに存在していた。この二つの要件は互いに関係しており、そのうちの誠信は主観的であり、正当な原因は客観的である。先の主張は更に、主観的誠信と登記制度が結び付いているという現象を見過ごしている。このような条件の下では、行為者は、価格、取引環境、登記簿の記載に基づいて、取引相手の権限状況を判断することが求められている。しかしながら、取引相手の口頭による表明に基づいてこのように判断されることはな

く、このような考察を行うことは、当然、客観的誠信の範疇に属する。上述の趨勢及び現象を認めさえすれば、必然的に、このような主観的誠信の中に客観的誠信の要素が含まれていることを承認することになる。

 (三) 統一的誠信の概念は可能か

この問題については「悲観説」と「楽観説」という二つの見解がある。〔以下、〕これを分けて述べることをお許し頂きたい。

 1．悲観説

前の文章ですでに述べたように、学説上、デ・ラ・プエンテとラヴァジェは、主観的誠信と客観的誠信は同様の実質を具有する二つの構成要素の一制度ではなく、むしろ性質が異なり、異なる利益の保護を求め、異なる体系の中で使用されるところの二つの制度である[80]ことを理由に、統一は不可能であると解している。マリア・ウーダも類似の見解である。

 2．楽観説

最も早い楽観派の学者は、フランス人のユゴー・ドノー（Hugues Doneau, 1527-1591年）である。ドノーは、誠信が占有と契約の面での意味であることを捨て去って、統一的誠信概念を打ち立てることを試みている。ドノーは、占有における誠信について論じた後で、次のように言う。「誠信占有が正当な原因のある占有者であると理解されるのは、物が彼自身のものであると考えて行う占有であるが故である」。続けてドノーは強調する。「このように認識する者は、誠信占有をしていたと言われる。反対の内容で認識する者は、悪信占有をしていたと言われる。《学説彙纂》第50巻第16-17題の各文章において、また《学説彙纂》第18巻第1題『売買の締結について、買主と売主の間で締結された簡単な約束について、売買され得ない物』において、『信』という語は、ほんの小さな変化はあるにしても、いかなる新しい意味もなく、古い、日常的な意味があるだけで

ある。それ故、『信』は、キケロが『義務論』第1巻において述べている『その言ったところを為す【行其所言】』の状態である。すべての誠信の占有者はこのことを行なったのである」[81]。この叙述は、明らかに、努めて主観的誠信と客観的誠信の間の限界を通じさせようとするものであり、「言ったことは守る【说话算数】」を以て両者の共通点としている。しかし、一歩進めた論証をするために、主観的誠信を履行したのであれ客観的誠信を履行したのであれ、なぜ、言ったことは守るを行なったことになるのかを説明することができるのか。本章末尾で私はこの作業を行う。

楽観派の学者として、その次に、イタリアの学者のロンバルディ（Luigi Lombardi）がおり、考古学研究の知識を通じて、二つの誠信は元々、客観的誠信に統一されるものであることを証明している。

ロンバルディも、専門書である自著『「信」から「誠信」へ』の中で、かつては客観的誠信が唯一の誠信であり、後に至って債権法中の誠信と物権法中の誠信という二つの支系に分かれたと解している。その分析によれば、誠信は最も早くは債権法で確立され、2世紀末にすでに誠信は広い範囲でこの支系で浸透していたが、このとき物権関係においては誠信の痕跡はまだなかった。占有における誠信は買受けにおける誠信から分化したものである。仔細に分析すれば、買受けの誠信は二つの支系を得ることができ、買主の契約締結時の誠信と買主の契約履行時の誠信は同じではなく、前者は確信状態であって、第三者の権利を害していないということについての意見であるのに対し、後者は積極的行為であって、当事者の具体的な利益と相応する注意である[82]。概して言えば、交渉及び契約締結過程での誠信は相当程度の心理的プロセスという性質を有しており、まさにそれは、客観的誠信が主観的誠信に向けて移行する出発点になった。

占有における誠信は買主にとって誠信が備わって初めて取得時効

が成立し得るという要求を生み出す可能性があると、ロンバルディが考えているのは、ローマ法のオリジナル・テキストが使用している「誠信」についての統計に基づいて、買受けと関連しているものが最も多いからである。しかも、取得時効について言えば、買受けは、誠信を要求する最も典型的な行為である。この点は、ユスティニアヌスの『法学提要』2. 6pr.で証明される。それによれば、「誠信で、非所有者であるが所有者と信じられる者から物を買い受け、又は贈与若しくはその他の正当な原因により物を受け取った者……」[83]は、一定の占有期間経過後に物の所有権を取得することができる。このひとくだりが列挙している取得時効の3種の原因（買受け、贈与及びその他の正当な原因。最後の種類は相続、物の放棄、遺贈、嫁資、自己のためのものを含む。）の中で、買受けが第一位に置かれており、これは取得時効の最重要にして最古の原因ということである[84]。実際に、取得時効は、略式の方法で要式移転物の売買がされたときに買主が目的物の所有権を取得できないという問題を解決するために発展してきたものであって、それ故に《十二表法》第六表においては、すぐに第1条が、債務の口頭の約束及び要式売買に関して規定している。買受けのこのような位置付けの故に、買受けは一つの手本とされた可能性があり、その制度から、その他の占有取得原因に適用できる規則を抽出したのである。買受けのこうした役割の故に、個別から一般へ、単独行為から双方関係へという移行の中で、買受けにおける誠信は、しだいしだいに取得時効成立のための一要件へと発展変化した。このことから、売買契約締結時に備えていなければならない主観的傾向の誠信は、滑らかに物権法における誠信に発展変化したのである。

　当然のことながら、買主の誠信から物権法における誠信への移行は、更にプブリキウス訴権（Actio Publiciana）の発展の中から証拠を見付けることができる。いわゆるプブリキウス訴権は、単純な引渡

しによる要式移転物の取得を保護するものであり、市民法上の所有権を取得することができない主体が、時効で当該物を取得する前に、当該物の占有に対して行う訴訟である。もしかような占有が奪われたならば、誠信の占有者はこの訴権に基づいて、奪われた物を回復することができる。なぜならば、裁判官は誠信の占有者についてすでに取得時効が成立したものと擬制するからである[85]。この訴権は契約締結時に、誠信の買主に与えられるに過ぎない（裁判官が言う。「ある人が物を誠信で買い、引渡しを受けたが、未だ時効で取得するに至らないときは、申立てにより、私はその者に訴権を与える」[86]）。この場合にも、買主の契約締結時の誠信は物権法における占有の誠信に転化しているのを我々は見るのである[87]。やや後になって発生したこの同等事例は、主観的誠信は客観的誠信から発展してきたものであるという結論を補強する一助となる。

ロンバルディの上述の理論は、「客観的誠信内主観的誠信含有説」と総括することができる。人の行為はその人の意識の支配を受けるので、客観的誠信で事を行う者は、実際上は必ずや主観的誠信を備えており、ひとたびこれらの主観的誠信を剥離してその独立発展を刺激することで、主観的誠信が形成された。たとえそうであるとしても、ロンバルディは、主観的誠信は買主の良い主観的状態から発展してきたものであるということを認めているに過ぎず、その他の類型の客観的誠信の行為が主観的誠信に発展する可能性は認めていない。

当然のことながら、楽観説に立つ前提は、二つの誠信の統一的な要素を見付けることであり、先ず最初に倫理がこのような要素として考慮される。この立場に立つ者は、主観的誠信であれ客観的誠信であれ、いずれも共通の倫理的基礎を有していると考えている[88]。忠誠と誠実もこのような要素として考慮されたことがあり、この立場の者は、主観的誠信を心に持つ者であれ客観的誠信で事を行う者

であれ、その者の行為はいずれも、忠誠と誠実という基準に合っていると考えている[89]。たとえそうであるとしても、楽観派の観点はすでに時代遅れと一般的に考えられている。倫理的共通点について述べれば、批評者は次のように考えている。すなわち、立法者が主観的誠信を承認する理由は、何らかの道徳を声に出して人に知らせることにあるのではなく、むしろ一定の利益分配を実現するためなのであり、主観的誠信に符合する行為が法律に完全に符号していないとしても、直接、法律を侵すことなく一定の効用を生んでいる。従って、法律が承認しかつ保護する価値がある、と[90]。まさにこのような理由から、すべての主観的誠信が法律の保護を受けることはなく、法律は自ら列記して事情を明らかにした主観的誠信だけを保護するに過ぎない。それらは効用を生み出すことができるからである。ましてや、主観的誠信は事実判断であり、言い換えれば、ある事実状況に対する描写であるのに対し、倫理は価値判断に属し、合理的行為に対する肯定であるから、両者は風馬牛も相及ばず【风马牛不相及】、全く無関係なのである[91]。倫理を用いて両者の誠信を統御することができない以上、両者には、各、自分の欲する所へと行かせるしかない。

　忠誠と誠実の共通点について言えば、批評者は次のように考えている。すなわち、忠実と誠実は他でもなく清廉さの別の呼び方であるに過ぎず、そうである以上は、この統一的要素は主観的誠信を排除する。というのは、この誠信はある種の心理的状態に対する描写であるに過ぎず、価値判断に関わらないからである、と[92]。従って、表面上は、忠誠と誠実の共通点は両者の誠信を包含する理論であると言え、実際にはそれは、客観的誠信にのみ適用できる理論であるに過ぎない。

　私も楽観論者である。私は、両者の誠信は社会契約論の基礎の上で統一することができると考えている。詳しくは、本章末尾の「本

書の誠信原則理論」という節を見られたし。

第2節　誠信原則に関する国内の学説の概要

一　文献の存在状況の叙述
（一）関連する逐次刊行物掲載論文と学位論文の数
　1986年に《民法通則》が誠信原則を確立してこのかた、誠信原則についての研究は、我が国において、一つの理論的関心事となっている。2012年4月7日、私が知網で「善意」をキーワードとして表題検索を行なったところ、得られた文献は1767篇あり、法的意味での善意を研究しているわけではない549篇の論文を除くと、1218篇の意味ある論文が残る。「誠信原則」をキーワードとして表題検索を行うと、478篇の文献が得られ、「誠実信用原則」をキーワードとする検索ならば、552篇が得られる。このように、三つのキーワードによる検索で得られる誠信原則に関する論文を合計すれば2248篇になる。その他の論題でこれほど多くの文献が積み重なることは想像しにくい。これと対照をなすのは、民法基本原則全般を研究した論文が同時期に累計で69篇にしかならないことである。
　これらの文献が関係する問題域【问题域】について、私は主観的誠信と客観的誠信の二つに分けて紹介する。
（二）主観的誠信を研究している逐次刊行物掲載論文と学位論文の基本的問題域
　関連する研究成果は、以下の問題に焦点を合わせたものである。
（1）善意取得制度における善意の研究。
（2）取得時効の構成要件の一つとしての善意の研究。
（3）善意と重過失の欠如との関連の研究。
（4）善意と誠信の区別の研究。
（5）善意の褒賞についての研究。以上が、善意それ自体につい

ての研究である。

（6）善意取得制度の研究。動産の善意取得、不動産の善意取得、贓物の善意取得、遺失物の善意取得等の類型に分けて行う研究、及び善意取得制度とその他の制度との調和。これは、善意という語が最も多く使われる法領域である。我が国の《物権法》第106条は善意取得制度を規定しており、この方面の研究が偏って多いという結果をもたらしている。

（7）善意取得は原始取得なのかそれとも承継取得なのかという問題の研究。

（8）善意者と権利者との関係の研究。

（9）善意取得制度を適用できる客体の範囲の研究。以上が、善意取得制度についての研究である。

（10）善意の第三者の研究。

（11）善意の売主と悪意の売主の研究[93]。

（12）表見代理における善意の相手方の研究〔表見代理は《契約法》第49条〕。

（13）善意の買主の研究。以上が、善意者についての研究である。

（14）善意占有の研究。

（15）善意による添附と悪意による添附の研究。

（16）権利侵害製品の善意による販売の研究。

（17）他人の専利権【专利】の善意による使用の研究。

（18）善意による贈与と悪意による贈与の研究[94]。

（19）善意による名誉権の侵害と悪意による名誉権の侵害の研究[95]。

（20）善意による支払いの研究。すなわち、支払人が注意深く審査してもやはり、非権利者である所持人に支払ったという事情の存在は、もし支払人が善意かつ無重過失であれば、免責を得ることを可能にする[96]。以上が、善意による行為の研究である。

（21）WTOの争いの解決原則としての善意の研究。

（22）証拠規則としての善意の抗弁の研究。

以上が、善意についてのその他の研究である。ここまで書いてきて、私が感じたことは、すべての文献を整理せずしては、我が国学界の善意についての研究がこのように多種多様であることは分からないということである。

このような問題域について、三点、考察できる。

（1）我が国では、善意の適用範囲は有限である。我が国の学説と立法における善意が主観的誠信と等価物であると考えることができるとすれば、我が国では基本的に、このような善意は物権法と債権法の範囲に限られ、親族法や相続法はかような善意と関係がない。

（2）善意は、通常、それ自体として存在するのではなく、むしろ何らかのその他の制度の構成分子として、とりわけ善意取得制度の構成分子として存在する。

（3）善意取得制度における善意については学界の研究は多く、取得時効における善意についての研究は少ない。これは、我が国の制定法がこの制度を一貫して承認していないことと関係がある。

本節では、私は、我が国学界による、それ自体としての善意についての研究の成果を概括しようとしているだけで、その他の、善意に関わる研究の成果を概括するつもりはない。さもなくば、テーマから離れ、しかもそれを行うならば本節の分量があまりにも増えてしまうであろう。

（三）客観的誠信を研究している逐次刊行物掲載論文と学位論文の基本的問題域

関連する研究成果は、主に、以下の問題に焦点を合わせたものである。

（1）保険法における、最大誠信原則の研究。これは、関連論文が最も多い論題である。不幸なことに、当該論題は、誠信原則の大

きな問題のうちの小さな側面に属している。誠信原則に対する人々の関心の持ち様がこうであるということは、小を捕らえて大を放してしまうということである。

（２）誠信原則の、民法外への拡張の研究。例えば、劉丹が行なった行政法における誠信原則の研究[97]。この面では、民事訴訟法における誠信原則を研究する文献が最も多い。

（３）誠信原則の帝王条項（Königsnorm）という地位についての疑問の提起。論者は、帝王条項という言い方の出所がはっきりしないと考えている[98]。しかも、私的自治こそ民法の帝王原則であり、誠信原則は、当該原則を制限するものであるから、属臣の地位に立つ他ないと考えている。更に誠信原則は、ドイツにおいて、ナチス時代に帝王の地位にあっただけで、ナチスによって、ナチスと符合するすべての価値基準を行き渡らせるための道具とされた[99]。誠信原則は利他を激励し、民法のその他の制度は利己の目的に奉仕する。このような不同時包容性もまた、誠信原則が帝王条項となるに適さなくする。

（４）誠信原則と公序良俗の原則との関係の研究。論者は、両者の区別は次の点にあると解している。すなわち、公序良俗の原則の適用の効果はある種の行為を概括的に否定することであるのに対し、誠信原則は特定の行為を否定するだけであり、換言すれば、適用に経験性を備えている。こうであるのは、公序良俗の原則が対象としている行為の反社会性は比較的強いので、全体を否定しなければならないのに対し、誠信原則が及んでいる行為の反社会性は比較的弱いため、法律行為の効力を肯定することを基礎として当事者の権利行使及び義務の履行を制限するというやり方で、当事者間の利益の衡平を図ることができるからである[100]。

（５）誠信原則の、司法における運用の経験的研究。駱意は、『最高人民法院公報』の1985年第１期[(2)]から2007年第11期までに掲載

されている、誠信原則を用いた53件の裁判例に基づき、我が国司法機関の誠信原則使用状況を分析した。その研究成果は我々に以下のことを教えてくれる。すなわち、誠信原則は我が国の司法において適用が増加する傾向を見せており、経済が発展している地区の裁判所は誠信原則を使うことが比較的多い。53件の裁判例の範囲内での話ではあるが、裁判官は誠信原則を財産関係に適用しているだけである。一般的に、裁判官は、関係する法規範がないとき、関係する法規範の効力のレベルが比較的低いときに誠信原則を用いており、このような使用法は必要なことである。しかし、多くの場合、道理を説く必要のためだけに、法律に明文があっても誠信原則を用いている。これは、余計なことのように見える[101]。董税涛も、やはり『最高人民法院公報』の創刊号から2010年末までの合計170冊に載った770件の裁判例の分析を出発点とし、その他の基本原則と比較しながら、誠信原則の適用率をはっきりさせようと試みて、誠信原則の適用率が最高であるとの結論を得ている（77の事件で適用されており、ちょうど10％を占めている。）[102]。

二　主観的誠信の研究成果の概要
（一）主観的誠信概念の中国への導入

《民法通則》第4条が誠信原則を確立して以降、学者の誠信原則についての解釈は清末以来の法の伝統の影響を受けて、客観主義であり、物権法中の誠信については「善意」という語で表している。このような、二つに分ける処理を通じて、誠信原則は跛のアヒルとなった。

中国が1989年にイタリアへの法科留学生の派遣を開始して以降、このような状況は挑戦を受けることになった。なぜなら、イタリアとかラテン法の伝統を共有している多くの国々では、どこも統一的な誠信原則を有しており、債権法中の誠信であれ、物権法中の誠信

であれ、Buona fedeという用語で表されているからである。

　こうした文化的差異は、必ずや、イタリアの中国人法学者の注意を引く。1998年、私が訪問学者としてローマ第二大学に2回目の訪問をしたとき、スキパーニ教授が指導する、学科をまたがるラテンアメリカ研究センターで、Manuel De La Puente と LavalleのEl contrato en general〔契約総論〕という書[103]を発見した。そこでは、大量の紙幅を使って誠信に関する各種学説が紹介されており、その中では明確に誠信が主観的と客観的に分けられていて、この処理は私を大いに震撼させた。ほどなくして、私はまた、スパキーニ教授が編集主幹を務め、その上いつも私に贈呈して下さるRoma e America, Diritto romano comune〔ローマとアメリカ、ローマ普通法〕第7巻[104]に掲載されたブラジルの法学者José Carlos Moreira Alvesによる A Boa-fé objetiva no sisitema contratual brasileiro〔ブラジル契約体系における客観的誠信について〕という一文を見付けた。それもまた、主観的誠信と客観的誠信の区別を堅持している。この二つの作品は、私に対して、ラテン法族国家の主観的誠信理論を研究するように刺激してくれた。このため、私は特に、ホセ・カルロス・モレイラ・アルフェス教授の上記作品を翻訳し、私が編集主幹を務めている『罗马法与现代民法〔ローマ法と現代民法〕』第2巻[105]上に発表した。それから、私は、2001年に『中国社会科学』第6期上に《客观诚信与主观诚信的对立统一问题——以罗马法为中心〔客観的誠信と主観的誠信の対立の統一問題——ローマ法を中心として〕》という一文を発表し、2002年には『法学研究』第4期上に《诚实信用原则二题》という一文を発表した。いずれの論稿も、ラテン法族国家の主観的誠信理論を紹介したものである。2002年、私は更に、『诚实信用原则研究』という拙書[106]を出版し、上述の研究成果を一まとめにした。その時から、中国には主観的誠信という概念が存在することになった。ここにおいて、私は、それ以前の善

意の概念が早くに中国に導入され、《大清民律草案》の中で誠信が《スイス民法典》と同じように善意と並立していることを否認するつもりは全くない。このような組み立て方は、誠信と善意の、「血統上」の関連を見えなくさせ、それによって橋は橋、道は道という認識を手に入れてしまう。主観的誠信の概念を導入したことの意味は、次の点にある。すなわち、同じ語素を持っている用語を用いて2種類の誠信を表すことによって、それらの間にある一体的両面関係を明確にすることができ、それによっていくつかの疑問、例えば誠信原則は民法基本原則と称されているのに物権法の中ではなぜ表れてこないのかといった疑問を誘発することである。

　この導入は、一定の成果を得た。2012年、主観的誠信概念を導入して12年の歳月が流れたこの年の1月13日、私が知网で「主观诚信〔主観的誠信〕」で題名検索を行なったところ、題名の中に「主观诚信」がある文章が6篇見つかり、そのうち、私の《客观诚信与主观诚信的对立统一问题——以罗马法为中心》と《主观诚信概念在中国民法理论中的地位〔主観的誠信概念の中国民法理論中の地位〕》という2篇を除いても、なお常立飞・常东帅の「论主观诚信在物权法中的适用〔主観的誠信の物権法における適用について論ず〕」、刘建贤・朴正哲の「客观诚信与主观诚信在立法中统一的问题探析〔客観的誠信と主観的誠信の立法における統一問題の分析〕」、王立争の「"主观诚信说"若干观点质疑——以取得时效制度验证主观诚信的相关理论〔『主観的誠信説』の若干の観点の問題提起——取得時効制度によって検証した主観的誠信の関連理論〕」という3篇の文章が含まれている。その他に、主観的誠信をキーワードとした論文としては、以下の32篇の文章がある（私が書いたものを除く。）。

　（1）《论诚实信用原则的主客观统一》，载《长春理工大学学报》（社会科学版）2004年第2期

　（2）《论诚信原则的民法适用》，载《西安电子科技大学学报》（社

会科学版）2004年第4期

（3）《论诚实信用原则在物权法中的应用・论善意取得制度》，载《甘肃农业》2005年第12期

（4）《在新诚信观下对"最大诚信"的反思》，载《珠江水运》2007年第6期

（5）《论物权关系中的诚信原则》，载《山东省青年管理干部学院学报》2008年第2期

（6）《浅谈民法的诚实信用原则》，载《法制与社会》2009年第5期

（7）《民事法律关系中的诚实信用原则——读〈诚实信用原则研究〉》，载《法制与社会》2010年第14期。これは拙書に対する書評である。

（8）《反商业诈欺需以诚实信用为核心》，载《检察风云》2011年第16期

（9）《诚实信用原则在知识产权保护中的适用》，载《中国外贸》2011年第16期

（10）《论行政法与行政诉讼法之诚实守信原则》，载《大众商务》2010年第6期

（11）《市场经济下大学生法律诚信观念的培养》，载《改革与开放》2009年第7期

（12）《诚实信用原则的效率分析》，载《南方论刊》2008年第1期

（13）《儒法之信的启蒙》，载《法制与社会》2008年第24期

（14）《公法诚实信用原则内涵浅析》，载《行政与法》2008年第10期

（15）《论物权关系中的诚信原则》，载《广东工业大学学报》（社会科学版）2008年第3期

（16）《论民法中的诚实信用原则》，载《湖北经济学院学报》（人文社会科学版）2007年第3期

（17）《侵权行为法中的诚实信用原则研究》，载《环球法律评论》2007年第4期

（18）《效力范围视野里的诚信释义》，载《齐齐哈尔大学学报》（哲学与社会科学版）2006年第4期

（19）《论如何运用行政法之诚信原则改善政府信用现状》，载《行政与法》2005年第2期

（20）《关于诚信的若干问题研究综述》，载《道德与文明》2005年第5期

（21）《论诚实信用原则——以安全为价值取向的新分析》，载《盐城工学院学报》（社会科学版）2005年第3期

（22）《从道德诚信到法律诚信——兼及道德运行机制的一点思考》，载《道德与文明》2004年第3期

（23）《诚实信用：从道德到法律》，载《学海》2004年第3期

（24）《诚信原则本源探析及现实审视》，载《河南商业高等专科学校学报》2004年第4期

（25）《论诚信原则的民法适用》，载《西安电子科技大学学报》（社会科学版）2004年第4期

（26）《论商法之诚实信用原则》，载《乐山师范学院学报》2004年第9期

（27）《政府诚信——行政法中的诚信原则》，载《法商研究》2003年第3期

（28）《法律诚信与道德诚信辨析》，载《学术交流》2003年第7期

（29）《侵权行为法诚实信用原则的规范分析——以注意义务为核心》，载《研究生法学》2003年第3期

（30）《新论摘编》，载《文明与宣传》2002年第11期

（31）《论点摘登》，载《武汉理工大学学报》（社会科学版）2002年第5期

（32）《著名法学家谈诚信原则》，载《中国质量万里行》2002年

第12期

　最後に、主観的誠信をキーワードとする6篇の優秀な修士論文がある。それは、

　（1）《论诚实信用原则的主客观统一》（吉林大学，2004年）

　（2）《民法诚实信用原则与和谐社会》（黑龙江大学，2007年）

　（3）《论诚实信用原则及其实现》（山东大学，2011年）

　（4）《传统道德诚信与现代民法诚信原则的比较研究》（中国政法大学，2010年）

　（5）《董事问责的诚信路径研究》（中央民族大学，2011年）

　（6）《我国民法中善意之界定》（吉林大学，2010年）

　以上が知网データベースを対象として行なった考察であるが、書籍の主観的誠信概念の吸収状況に対する考察はここにはない。なぜなら、後者のような考察は操作が容易でないからである。ここまでで、我々は次のように見ることができる。すなわち、主観的誠信概念が導入されて12年で、中国の逐次刊行物掲載論文と修士学位論文中、35篇が主観的誠信の問題を直接、論じた論文として現れており、この数は少ない方ではない。これらの論文は、主観的誠信概念の我が国への導入が成功し、我が国人々の思惟を刺激したことを証明している。人々は、この概念を用いて中国における問題を分析することを試みているのである。更には、主観的誠信の概念を不法行為法領域にまで推し広めて用いる者もいる[107]。

　この他に、主観的誠信と客観的誠信の関係についての討論において、異なった主張をしている者が主観的誠信に対して重く見るのでも軽く見るのでも、どちらであっても主観的誠信の存在を否認することはなく、しかも主観的誠信が過去の「善意」という用語を一層、上手に表したもので、客観的誠信との関連があるのである。これにより、主観的誠信の概念が中国において足場を固め、受け入れられたということが明らかになる。中国人の誠信原則に対する認識は深

まっており、過去と比べて広いものに変わったわけである。

立法について言えば、2007年施行の《物権法》が主観的誠信の概念を採用せず、なおも従前通りの善意概念を用いている（第24条、第106条、第108条、第129条、第158条、第188条、第189条、第243条は、それぞれ、善意の第三者、善意、善意の譲受人の表現を用いている。）ことは、残念なことである。しかしながら、私が編集主幹を務めた《グリーン民法典草案》序編第10条において、統一的誠信原則を確立した。同条曰く、

> 民事主体は、権利を行使するときも、義務を履行するときも、誠信原則に従わなければならない。
>
> 誠信は、他人の権利を尊重するという観念により決定される相応する行為である。
>
> 自分では他人の権利を侵害しないと考えていたが、実際にはかような侵害をしてしまった者は、主観的誠信を有している。法律は、その者のこのような主観的状態に基づき、その者にとって有利な法律効果を与える。反対の証拠がないときは、主観的誠信が存在すると推定する。
>
> 当事者双方の利益の均衡をはかって行動する者は、客観的誠信を有している。
>
> 当事者が主観的誠信又は客観的誠信を有しているか否かは、裁判所が自由裁量により判断する[108]。

この草案の物権法の部分で、我々は、これまでの善意という用語をすべて誠信という用語に取って換えた。

私が翻訳を主宰している外国民法典のすべて[109]において、これまで善意と訳していた箇所をすべて誠信とした。例えば、これまでの善意の第三者【善意第三人】は、今では、誠信の第三者【誠信第

三人】と訳している。
（二）主観的誠信の意味
1. 信頼説
　吳国喆は、善意は重大な過失が存在しないことに対する信頼であると解している[110]。一見したところ、これは一つの新説である。西欧の学者による主観的誠信の解釈は、不知説と確信説の間で行ったり来たりしているだけであり、信頼説というのは聞いたことがないからである。ところが、細かく見てみると、これは、確信説の変種であるに過ぎず、相手方に重大な過失がないということの確信と表現することができる。我が国の学者による善意についての研究は、主として善意取得制度を参照系としてきており、当該制度の主旨は信頼を保護することにあるから、学者が善意を信頼と解釈するのは自然なことである。

2. 不知説
　この説は、善意は、行為者が何らかの民事行為をするときに、当該行為の法律効果に影響を与えるに足る何らかの要因が存在することを知らないか、又は知る術がないということを意味すると考えており、そして、その行為が合法である、又はその行為の相手方に合法的な権利があるという一つの心理状態と考えている[111]。このような不知説は、実際上は、確信説を含んでいる。
　周知のように、不知の対象は事実でもあり、法律であることもあり得る。では、善意は両者を包含しているのか、それとも片方だけなのか。学者らは不知の対象に法律は含まれないと解するのが一般的である[112]。

3. 無過失説
　この説の筋道は、事情を知っている程度が、知、不知及び知るべきという3種類の様子を含んでいるということである[113]。知るべきであるが知らないというのは、過失を構成する。重大なものであれ

ば、善意の可能性を排除しなければならない。従って、無過失で、知るべきであるが知らないというのだけが善意を構成する[114]。

4. 総合説

この見解の主張者は、善意は三つの面を含んでいると解している。

（1）行為者の主観的な善良な動機。それは、行為者の内心と理念の中に存在し、誠実信用と表現される。

（2）行為者が民事行為に従事するときに、当該行為が法律の根拠を欠いていることを知らないか、又は知りようがない状態にある。

（3）行為者が、主観的に、その者が行う民事行為が合法であるか、又はその行為の相手方が合法的な権利の基礎を有していると考えている[115]。

この説は、明らかに、不知説と確信説を一つの炉に溶解してしまっている。

注意するに値することは、一部の例外を除いて[116]、我が国の学者の中には、錯誤説で善意を解釈する者はおらず、錯誤は善意であることを排除すると明示してさえいるということである。例えば、ある学者の解するところによれば、譲受人が民事行為無能力者又は制限民事行為能力者を完全な民事行為能力者と誤信した場合、通常は善意取得制度を適用する余地はない。なぜなら、《民法通則》第58条第1号及び第2号は、民事行為無能力者の民事行為又は制限民事行為能力者が法律に従い単独で行うことができない民事行為は無効であると定めているからである。ところが、譲受人が譲り受けた目的物を後に更に譲渡したときは、後の取引行為の善意の譲受人については、善意取得制度を適用すべきである[117]。いずれにしても、錯誤が誠信を構成することを排除することは、主観的誠信の弱者保護機能を議論する必要がないという結果を招く。これは一つの欠点である。

(三) 善意・悪意と故意・過失の関係

　主観的な善意・悪意と故意・過失は、いずれも、法が関心を持っている人間の心理的現象に属し、法心理学の異なる面に属する。それらは当然に相互に、一定の関連を有しているが、しかし相互に同等に扱ったり、あるいは取って換えたりすることは絶対にできない。例えば、故意は、悪意と同じに扱うことはできない。なぜならば、故意は直接的故意と間接的故意に分けられ、前者は行為者が自己の行為の結果を知っていてなおも積極的に追求する心理状態であり、後者は行為者が自己の行為の結果を予見できているが避けることができると軽信している心理状態であって、悪意は状況を知っているだけのことだからである。両種の故意はいずれも、程度は異なるが積極的なものであり、悪意は消極的なものである[118]。しかしながら、善意と過失の間には交錯が存在し得る。ある者の解するところによれば、両者は一体の両面であり、善意は同一の現象についての積極的な言い方であり、無過失は消極的な言い方である[119]。

(四) 主観的誠信と道徳

　両者の関連については、肯定説と否定説の2説がある。肯定説を主張する学者は、次のように考えている。すなわち、倫理学上の善悪は、法律上の善意・悪意を区別する基礎である。善は、道徳目的、道徳の最終基準に合致する一切の倫理的行為であって、社会と個人の利益を増進する行為でもある。悪は、道徳目的、道徳の最終基準に合致しない一切の倫理的行為であり、つまるところ、人間にとって有害な行為である[120]。民法は深々と道徳という烙印を刻しており、それは、人と人の間の関係を調整する際に「善」という品性を励まし、善意の人を保護し、悪意の行為を否定し、悪意の人に懲罰を与える[121]。たとえ善意を不知と理解するにしても、このような不知は、人に損を与え己を利する目的がないのと同じであるから、利他性を備えている[122]。

否定説を主張する学者は、完全否定説と部分的否定説の両派に分かれる。前者の派の学者が解するところによれば、もしいわゆる悪信が知っていることであるとすれば、単純な認識は何故、悪を構成するのか。日本の学者である鈴木禄弥は、まさにこのように解している[123]。後者の派の学者は、善意・悪意の区別が法の道徳化を体現しており、経済人の自利を超越し、互いに利するという要求を達成したことを承認するけれども、しかしその重要な点は経済的機能にあり、道徳的意義は二の次であることを強調する。いわゆる経済的機能というのは、市場取引者の情報捜索のコストを減らすことである[124]。善意・悪意の規定は技術的な規定であり、少なくとも手形法領域ではそうなのであって、当該制度を置くことは、手形使用の安全を保障し、手形の流通と現金化【兌現】を保障するためである、と解する者さえいるのである[125]。

(五) 善意の分類

　国外の学説と比べて我が国の学界は、善意の分類については、以下に列挙する通り、すこぶる豊富である。

1. 積極的善意と消極的善意

　前者は、譲受人が譲渡人は権利者であると信じたときに善意となると解する。これは、実際には、確信説の焼き直しである。後者は、第三者が譲渡人は無権利であることを知らないか、又は知るべきでないときに善意となると解する。これはまた、4種類に分かれる。その一、不知かつ無過失を善意と考える。その二、不知、かつ、重大な過失によって知らないというわけではない場合を善意と考える。その三、不知、かつ、重大な過失によって知らないということを規定しているときは善意の規定は適用されないとする。その四、単純な不知を善意と認める。ある論者が解するところによれば、積極的観念説が求めていることは厳しすぎであり、第三者に不利であるが故に、各国では消極的観念説が多く採用されている[126]。また、

これらの学説は善意の主観的認定基準に属し、実際には、知ることができないものに対して戦いを挑んでいるのであって[127]、人の心は知ることができないのであるから、内在的善意・悪意は外の者は知るのが困難である、と言う者もいる。

2. 認識主義（観念主義）の善意と意思主義の善意

前者は、不知又は知るべきでないことを指している。それは一つの評価基準を有しており、善良な家父というのがそれである。これは、一般的注意を意味している。これは、最も細心で周到というわけでもないし、いい加減というわけでもない[128]。後者は、善意の行為を指し示している。不注意とか過失があるか否かを問わずに、実際に、害を及ぼす意図がないことである。我が国学界では、後者の善意の使用法について西欧の理論的伝統における主観的誠信と食い違いが起きているのを見るのは難しくない。

3. 主観的善意と客観的善意

この分類は、主観的誠信と客観的誠信の分類と混同されやすい。しかし、実際には別物である。前者は、行為者の動機が純粋であり、人を害し己を利するという不法又は不当な目的の主観的態度がないことを指す。後者は、行為者が何らかの民事行為をなすとき、当該行為の法律的効力に十分、影響する何らかの要素が存在することを知らないということを意味する。通説は、法律の意味での善意は後者を指すべきであると解している[129]。当然のことながら、異なる意味で客観的善意の語を使用する者もおり、その者は、それは外観を通じて逆に推測する、行為者の心理状態であると解している。例えば、不動産登記を基準とする善意である[130]。

4. 有過失の善意と無過失の善意

我々が知るところでは、重過失は善意を排除し、軽過失は善意を排斥しない。これらの過失を含んでいる善意は有過失の善意であり、反対の善意は過失を含まない善意である。

5. 明確な善意（事実としての善意とも呼ばれる。）と推定される善意

前者は、行為者が行為で明確に表す善意であり、後者は、他人が行為者の行為を根拠に推定する善意である[131]。

6. 継続的善意と初期の善意

これは、法律の要求に基づいて行われる分類である。行為者が最初から最後まで相手方の資格の欠缺又は自己の行為の瑕疵を知らないということが要求されるときは、継続的な善意が要求されている。行為者が取引を行う時又は占有開始の時にこれらのことの存在を知らないということが要求されているに過ぎないのであれば、初期の善意が要求されているということである[132]。当然のことながら、前者の善意の方が要求度が高い。

（六）主観的誠信の適用領域

（1）代理法。この領域では、善意制度は表見代理人の相手方の保護のために用いられる。

（2）物権法。善意取得制度、取得時効制度、添附制度を含む。そのうち、善意の添附者は法律による優遇を受ける。

（3）債権法。債権譲渡制度〔《契約法》第79条〕、債権者取消権制度〔《契約法》第74条〕、不当利得制度〔《民法通則》第92条〕、善意売買制度、善意侵害制度（これは英米法の制度である。）を含む[133]。

その他に、会社法において、取締役の権限は登記されている場合にのみ善意の第三者に対抗できると主張する学者もいる[134]。

明らかに、善意の適用範囲のこの明細書は、非常に多方面に亘っており、西欧の学者が列挙するものよりも広いだろう。

（七）主観的誠信の証明

善意は心理現象であり、通常の場合、外の者が察知するとは考えにくく、しかも行為者は法律による優遇の取得を求めて自己の善意をいとも簡単に公言するので、ここに、善意の証明という問題が生

じる。各国の民法によるこの問題に対する処理は、善意は常に存在が推定されるのであり、反対者が悪意が存在することを証明しなければならない、というものである[135]。当然のことながら、これは、被告の準備に配慮している。善意を善意占有という小さな法的状況の中に入れてみることで、以下のことが分かる。すなわち、占有者は常に主導的地位にあり、法律を執行する者にとっては、現状の社会のコストが最小であることを維持するので、立法者は常に占有者は善意であると推定し、しかも反証を提出して推定を覆すことを許し、この困難な証明の証明責任を占有の合法性を攻撃する原告に課している。このような推定を置く根拠は、占有は公信力を持つ外観であるということである[136]。当然のことながら、善意は主観的なものであるけれども、しかしそれは、必然的に客観的なものに現れ、従って、善意が存在するか否かを考察することは、外部環境の要因を頼りにすることができ、当然、理性人の行為基準を参考にすべきである[137]。

(八) 主観的誠信の判定基準

通常は、客観的な判定基準を採用すべきと解されている。財産を譲り受ける性質、取引が有償なのか無償なのか、価格の高低、譲渡人の状態及び取引経験に基づいて、行為者が善意であるかどうかが決まる[138]。例えば、闇市場において安価で価値の高い物品を購入することは、売主が買主に目的物が贓物であることを口頭で伝えなかったのだとしても、やはり買主の悪意を推定することができる。

(九) 善意についての判断の性質

何志は、善意の認定は事実問題に属すると解しているが[139]、吳国喆は、善意の認定については決して事実判断ではなく、法律判断であると考えている[140]。従って、善意は単純な主観的不知ではなく、自然的「不知」と法律上の「不知」は同じではない。法律判断の知と不知には自己の尺度があり、この尺度を用いる過程がまさに

一つの法律判断であり、これは、最も可能性のある蓋然性の判断である[141]。このような処理に基づいて、事実上、不知の行為者は、法によって知又は悪意と判定される可能性がある。このような背離は、善意もまた裁判官が自由裁量権を発揮する場であることを証明している。

(十) 善意と悪意の間に中間地帯はありやなしや

呉国喆は、行為者の心理状態は善意であるか、あるいは悪意であるかであり、両者間の中間的状態は存在しないと解している[142]。霍海紅も、人の心理は善であるか悪であると考えている[143]。当然のことながら、論理の角度から見れば、ストア哲学者が構想した無関係の状態（adiaphora）も存在するかもしれないが、しかし法は考慮することはできない。なぜなら、法は善意・悪意に基づいて分配する必要があり、中間的状態のための分配方式を設定することはないからである[144]。私は、これは現行の立法に基づいての話であって、もし我々が無関係の状態の法的意義をすすんで認めるならば、これのために一つの法律効果を設定することは可能と考える。

(十一) 主観的誠信の有無を判断する時間座標

これについては、初期善意説と継続的善意説の二つの主張がある[145]。両説がそれぞれ意味するところは何であるかは、前に善意の分類という小節ですでに説明しているから、ここでは触れない。この両説の基礎には、統一説と区別説という二つの主張がある。統一説は、善意を要求する時点の基準をひとたび確定させたら、何ら区別することなく善意に関わるあらゆる制度に適用すべきであると考える。区別説は、善意に関わるひとつひとつの制度に対して異なった善意要求時を設定することを主張する。

初期善意説によれば、善意を要求する時点は所有権取得の時である[146]。もし現実の引渡しを採用すれば、譲受人は引渡時に善意であれば可である。もし簡易の引渡し〔《物権法》第25条〕であれば、

譲受人は譲渡の合意に至った時に善意であれば可である。もし指図による占有移転〔《物権法》第26条〕を採用したときは、譲受人は返還請求権を取得した時に善意であれば可である。物権の譲渡が停止条件付きであるときは、譲受人は物の引渡しの時に善意であれば可である[147]。不動産の善意取得のときは、準拠時に関して、二つの見解があり、その一は登記申請時であり、その二は登記完了時である[148]。

区別説を採る霍海紅は、善意取得制度は行為に属するので初期善意説を、取得時効制度は継続的状態に属するので継続的善意説を採らねばならないとしている。行為者に備わっている善意又は悪意は、行為の中でのみ評価できる。継続的状態はそうではない[149]。

（十二）善意を保護することの意味

学者が考えているところによれば、善意を保護することは、他人を尊重するという倫理的要求を具体的に表すものであり、法が信頼に対して保護しているということ、更には法が持つ善を称揚して悪を抑制する【揚善抑悪】という価値基準を表している[150]。経済の角度から見れば、善意の保護は、情報が対称でない条件下で行動する者が、何らかの条件に到達できないが故に、予期した利益を獲得できないということがないように保障しているのである。こういったことは、市場での取引人の情報捜索コストを下げて[151]、取引の安全を保護している。財産の静的安全を犠牲にして取引の動的安全を保障するのではあるが、取引コストの節約にもなるのである[152]。しかしながら、我が国の学者は錯誤と善意の関連をおろそかにしているので、善意を保護することの、自然的身分に基づく弱者（例えば、子供、婦女）を保護することに対する意味を言う者はいない。

（十三）主観的誠信者に対して法が行なっている褒賞

我が国の学者が出している褒賞として、以下のようなものがある。

（1）その行なっている法律行為の効力は対抗されない。すなわち原権利者は、善意の第三者と無権譲渡人との間の物権移転行為を否定できない。

（2）不当利得返還請求権を有する。善意占有者は、原物を返還するとき、所有者に、占有物の保管、保存、修理のために支出した必要費を償還することを請求することができ、しかも果実を返還しなくてよい。悪意占有者は、この請求権を有せず、その上、占有物から取得した果実を返還しなければならない。

（3）取得時効が問題となる状況のときには、善意占有者は時効の成立が可能であるが、悪信占有者であれば、それはできない[153]。

（十四）善意の立法の比較論

我が国の学者は、世界における善意に関する立法例は極端法の立場と中間法の立場に分かれると解している。極端法の立場は、また二つに、すなわち極端に善意取得制度を否定する立場と極端に善意取得制度を肯定する立場に分けることができる。前者を採るのは北欧諸国であり、例を挙げれば、ノルウェーとデンマークである。後者を採用しているのはイタリアであり、その1942年民法典（第1153条、第1157条）は無制限に善意取得制度を認めている。大多数の国は中間法の立場を採っており、例えば、ドイツ、フランス、日本である[154]。ここでの善意の立法の比較論は善意の立法の全体には及んでおらず、善意取得制度中の善意の立法を問うているに過ぎないことが、はっきりと見てとれる。

（十五）善意の主体

行為者は当然、善意の主体である。他人が代理して行為するとき及び行為者が数人と共同して行動するとき、善意の主体の問題は複雑になる。他人が代理するときは、学者らは、善意であるか否かは代理人の心理状態に基づいて判断され、代理人の善意は本人の善意と見なされる、と解している。本人と代理人の一方が悪意者であれ

ば、善意取得を適用することはできない[155]。数人と共同して行動する場合については、学者らは、そのうちの一人が事情を知っていさえすれば、善意を構成しないと解している[156]。

(十六) 善意と誠信の関係

これについては、同一説と独立説という二つの主張がある。前説を採る学者は以下のように述べる。すなわち、善意は誠信原則を体現するものである[157]。具体的に言えば、善意は誠信原則の、物権法における表現である[158]。曽江波は、誠信原則の横にこれとは別に善意原則が立つ必要はない、なぜなら後者は前者の中に含まれているからである、と考えている[159]。

後説を採る学者は以下のように述べる。すなわち、善意の認定は、民法中の誠信原則と公平原則を堅持しなければならない[160]。こうして、善意を誠信原則の外にあるものと見る。この論者は更に、誠信は裁判官に奉仕するが、善意にはこの機能がないから、それ故に両者は分かれて立つべきであると考えている[161]。誠信は一つの原則であり、善意は制度上の一要件である[162]。誠信は四大機能を有しており、それらは、法律の具体化、正義衡平、法律の修正、そして法の創設である。善意はこれらの機能を有していない[163]。

後説の基礎に立つことで、善意と誠信の関係は立法で処理されるという悲観派を作り上げた。彼らの考えるところによれば、我が国の客観的状況によると、誠信と善意という異なる表現をそれぞれ保留することができ、両者を統一する必要はなくて、両者とも民法基本原則に昇進させることができるし、それぞれ債権法と物権法の原則として適用することもできる。このように割り振るのは、両種の誠信が求めている価値が異なっているが故である。客観的誠信は、個人の利益と個人の利益の平衡及個人の利益と社会の利益の間の平衡に到達することを要求しており、求めていることの多くは公平の効果である。それに対して、主観的誠信は、その生み出すも

のから言えば、社会の財に対してますます十分に利用させ、そして取引の安全を保護するためである。このように互いに異なる二つのものを統一する必要はない[164]。しかしながら、このような主張には矛盾がある。すなわち、二つの誠信原則を確立しようとする以上、新たに増やした主観的誠信原則に「善意原則」という表現を用いるべきではない。さもなければ、それは誠信原則ではなくなってしまう。この他にも、別の悲観論者がおり、その人達は、「誠信」と「善意」の分立の現状を維持することを主張する。例えば、王立争の解するところによれば、各国の取得時効制度の中で善意が要件であることは少なく、ただ《ドイツ民法典》だけがこれを動産の時効取得の要件としているに過ぎない。従って、善意と客観的誠信の地位の重要性とは釣り合いがとれていない。それ故、これを民法基本原則に昇進させる価値はなく、それ故に、すでにある客観的誠信原則を維持すれば可なのであり、当代中国には二つの誠信の統一問題というものは存在しない[165]。当然のことながら、このような見解は主観的誠信に対する知見不足に基づいている。私がすでに述べたように、ローマ法においては、主観的誠信の重みは客観的誠信より大きかったはずである。

(十七) 我が国の立法における悪意という用語の使用類型についての分析

学者らは、我が国立法中、悪意という語は、少なくとも2種類の異なった意味で使用されていると考えている。第一の意味は「知っている【知曉】」であり、我が国立法の多くの所で、悪意という語はこの意味で使われている。しかし、《民法通則》第58条第4項、第61条、《契約法》第59条の規定における「悪意による通謀【悪意串通】」という文言の中の悪意については、ある学者は、良くない意図を抱いているという意味であると解釈し[166]、またある学者は、直接の故意又は害意の意味と解釈している[167]。このように、西欧

国家に存在したことがない法律言語学現象が生じている。すなわち、二番目の意味での悪意は、通常の理解での善意という語の反意語ではなく、むしろ独立した存在である。私は、この現象に対して、次のように解釈する。すなわち、善意と悪意はいずれも西欧から伝わった概念であり、国民は、法教育を受けたことがない限り、法律の意味での善意・悪意は理解することができない。そして、第二の悪意は、まさしく中国本土の語彙であり、人々は法的訓練を受けていなくてもその意味を理解することができるのである。

(十八) 善意廃止説

我が国の台湾の学者の曽世雄は、こうした見解を主張している。曽世雄の解するところによれば、台湾「民法」の用語では、同じ知らないあるいは知っているということに対して、ある時は善意あるいは悪意という語で表し、ある時は不知あるいは知という語で表しており、善意あるいは悪意という用語を使用することは、面倒と理解における困難を徒に増やしているから、知と不知のような術語に切り替える方が良い[168]。このような見解は、オーストリアやオランダといった国に支持者がいる。些か遠い昔の話をすれば、古代ローマにおいては、その実践者がいた。

(十九) 善意・悪意と行為能力・責任能力制度との関連

善意又は悪意の問題が認識論的意味を有するものであるからには、行為能力制度と責任能力制度も認識論を基礎としているので、善意又は悪意の問題と行為能力制度及び責任能力制度は関連がある[169]。行為能力制度は、年齢が足りていないあるいは意思が足りていない善意者に免責を得させることによって、彼らを保護するものである。

三　客観的誠信の研究成果の概要
（一）略述

　客観的誠信の一制度としての要件はどのようなものなのかについて研究している文献を総括的に述べる必要はない。私はここで、客観的誠信それ自体が何であるかを研究している文献だけを総括的に述べようと思う。誠信原則の民法以外への拡張について研究している文献については、本書第四章第4節でそのための単元を設けてそれらを総括する。従って、私がここで総括しようと思っている文献は、基本的に、以下のテーマに及ぶに過ぎない。すわなち、

　（1）本土における誠信原則の資源
　（2）客観的誠信とは何か
　（3）誠信原則の機能
　（4）誠信原則の経済的基礎と経済的分析
　（5）誠信原則のゲーム理論的分析
　（6）道徳上の誠信と法律上の誠信の区別
　（7）誠信原則を濫用する欠点
　（8）客観的誠信の主体としての裁判官

（二）本土における誠信原則の資源

　中国語では、「誠信」は、まさしく誠実に約束を守ることである。許慎は『説文解字』の中で、「誠は信なり。」と言い、また、「信は誠なり。人と言とに従う。」と述べている。このことから、誠と信の2字の意味は全く同じであって、互いに他方の文字の説明となり得ることが分かる。古代中国語の中に早くも「誠信」の語が存在することから、王公山は次のように考えている。すなわち、誠信原則は古代ローマに源を発するとの見解はむろんその通りであるが、しかし、中国の古代にも早くも誠信原則という思想と実践活動が存在していたのであり、紀元前10世紀の『尚書・呂刑』[3]がそれである、と[170]。この説によれば、中国の誠信原則は古代ローマのそれより

第二章　誠信原則の理論の研究

も早いことになる。

　仮にそうであるとしても、やはり管仲（紀元前723年又は同716年‐紀元前645年）が初めて「誠」と「信」という2字を組み合わせて用いた。管仲は、「賢者は、誠信以てこれを仁し[171]」（『管子・勢』）[172][4]と述べ、更に管仲ははっきりと提示して曰く、「先王は誠信を貴ぶ。誠信なる者は天下の結なり」（『管子・枢言』）[173][5]。もちろん、『礼記・祭統』の中で初めてこのような組み合わせが行われたと考える者もいる。すなわち、「身、その誠信を致すなり。誠信あるをこれ尽くすと謂ふ、尽くすをこれ敬と謂ふ、敬尽くして然る後に以て神明に事ふべし、これ祭の道なり」[174][6]。管仲は戦国時代の人であり、『礼記』は前漢期の書物である。やはり前説の方が、誠信という術語の歴史を古い時代まで遡っており、しかも依拠する文献がある。

　上記の文献はいずれも、誠信を一つの美徳としているが、しかし、『商君書・靳令第十三』は、「誠信」を「礼楽、詩書、修善孝弟、貞廉、仁義、非兵羞戦」と並べて「六虱」と称している[175]。これは、まさに否定的な目で誠信を見ていることになる。しかしながら、『商君書』の作者にはまた、「徙木之信」という故事[7]があり、後世の王安石が詩を以て称えて曰く、「古より民を駆るは信誠に在り、一言を重しと為し百金軽し。今人未だ商鞅を非るべからず、商鞅は能く政をして必ず行なわれしめたり【自古驱民在信诚，一言为重百金轻。今人未可非商鞅，商鞅能令政必行。】」[8]。この矛盾はいかに解すべきか。〔これは、〕個人の誠信と公共の誠信の矛盾を用いてこれを解釈することができる。もし前者が後者より有害であるならば、前者を捨てて顧みないようにすることができる。例えば、二つの国に分属する二人の私人が、終身、敵とならないことを約束した。両国が開戦した後、この二人は、敵が目前にいる状況を前にして、公義により約束を捨て去らねばならず、命懸けで戦って初めて自分の国家に対して顔向けができるのである。それ故に、孟子曰く、「大

111

人なる者は、言必ずしも信ならず、行必ずしも果ならず。ただ、義の在る所のままなり」(『孟子・離婁下』)[9]。しかも、誠信はまた、時勢を知り、一事に拘泥せず、臨機応変の処置をとる必要があり、『荘子』は、「抱柱之信」という故事を残している。すなわち、「尾生〔という男〕、女子と梁下に期す。女子来らず。水至れども去らず、梁柱を抱きて死す」176)[10]。こうした「信」の愚かさと言ったら、及ぶものは何もない。これを「虱」と称するのは、濡れ衣でも何でもないではないか！

　中国古代において、信を官吏の守るべき礼法【官方】の価値体系に入れることには、一つの過程があった。孔子曰く、「〔人、〕信なくば、その可なるを知らざるなり」[11]。信はすなわち誠実信用であり、人々に自己の約束を守ることを要求できるものであって177)、任意に前言を翻してはならない。更に、孟子によれば、人には四つの善の一端があり、それは、仁、義、礼、智であると言う。この中に信は入っていない。董仲舒は、こうした基礎の上に五常説を発展させた。すなわち、仁、義、礼、智に信を加えたのである178)。このときから、「信」は官吏が守るべき礼法のイデオロギーの一部分として、遵守と宣揚を手に入れ、現実的な褒賞まで手に入れた。《唐書・刑法志》の記載によれば、唐の太宗は、貞観6年に「自ら罪人を書き記し、死罪者390人を閔（あわれ）んで、これらを解き放ちて家に帰らせた。時期は明年秋にすなわち刑す、と。期日になり、罪人達はみな、朝堂に現れた。後れる者はいなかった。太宗はその誠信を褒め、悉くこれらの者の罪をゆるした」179)[12]。免罪釈放は、まさに、唐の太宗による、罪人に対する誠信の褒賞である。

　後世の儒者の解釈により、信の適用範囲は、友人又は顔馴染みに限られた180)。換言すれば、見知らぬ人に対して約束を守る必要もなく、同時に信頼もできない。これは特殊主義の「信」であり、これと対立するのが普遍主義の「信」である181)。これが、国民の信

第二章　誠信原則の理論の研究

頼の危機、及び見知らぬ人と付き合うという倫理の欠如をもたらした。本書の次章において、ローマ法では「信」は先ず不案内性を克服する道具であることに言及する予定である。見知らぬ人に対する異なる態度は、おそらく、中国と西洋の2種類の「信」に関する根本的な相違点であろう。

まさしく、中国においては、「信」のこのような顔馴染み性の故に、「信」の、中国人の行為準則の記録としては、非常に悪いものである。ある宣教師による観察が参考に値する。アーサー・スミスの『中国人気質』[13]では、特別の章を立てて、中国人に「信」が欠けている問題を議論している。スミスの考えるところによれば、「あらゆる分野において人材不足は存在しないが、しかし、誠実という基礎の上での相互の信頼を築くということが不足している。」[182]中国人の信用に対するスターリンの見方も楽観的でない。曰く、我々はアメリカ・イギリスと協定を結んだ。双方が相手方は実行するであろうことを分かっていた。しかし、中国人は停戦協定を結んだが、双方とも相手方が履行するであろうことを信じていなかった、と。時、今日に至り、国民の誠信の危機は依然として非常に深刻であり、食品の安全について言えば、「糞を変え食とし、薬を変え毒とする」という筆舌に尽くし難い窮地に陥っている。禁止薬物の入った肉料理を口にするのを避けるために、国家マラソンチームは自ら養鶏場を開設している。天津柔道チームは自ら養豚をしている。体操チームは選手達が外で食事をすることを禁止している[183]。広西大学の陈超然教授は自ら人を雇って自家用の豚を飼育している。次のような語呂の良い言葉まで作られている。すなわち、「あなた偽る私も偽る、偽らないのは勝手、偽ったのも勝手、偽らない者はいない。あなた騙す私も騙す、騙さないのは勝手、騙したのも勝手、騙すのが下手なのは誰なのか」[184]。虚言の助けを借りて目的を達成する、その者の知能指数は優れている……最大の誠信はし

ばしば最大の愚鈍となる[185]。従って、今日、朝廷も在野も例外なく誠信道徳を呼びかけており、このことは、本書が行なっている誠信研究に対して更に現実的意義を持たせるのである。

　たとえそうであるにしても、中国と西洋に関係なく、誠信の価値は認められており、両者の文化区域の誠信観には多くの共通点がある。例えば、「利を捨て義を取る」【舎利取义】[14]は、まさにこのような共通点の一であり、「善を好み悪を憎む」【好善恶恶】はこの共通点の二である[186]。法制度としての誠信原則は確かに舶来品であるが、しかし、もしこれを本土の文化における誠信と接ぎ木するならば、必ずやもっとよくそれの効力を発揮させ、その上、その本土化を実現できる。

　（三）客観的誠信とは何か

　1. 語義説

　この説は、語義から出発して誠信原則を解釈し、誠実は騙さないことであり、信用は言ったことは守るということであるとする。この説は、本土の資源を以て舶来の誠信原則を解釈する比重が大きすぎるものの、その解釈は「誠信」の可能な文義圏内で行われており、決して誤りではない、と言える。しかし、それは、誠信原則の当事者の行為準則機能に注目しているに過ぎず、更にはこれらの当事者が提供する信用ルールに注目しているだけであるから、あまりにも狭すぎる。そればかりか、それはまた、西欧のオリジナルから極めて大きく離反するに至っている。すなわち、後者は、「善」の支持点の一としているのであり、「信」は「善」の表現形式と理解して差し障りがないから、語義説は「信」にのみ注目し、「善」を投げ捨ててしまって、オリジナルをすさまじく骨抜きにしているのである。

　2. 一般条項説

　この説は私と本書に由来する。誠信原則は、当事者の行為準則機

能を備えているということを除いて、裁判官に法創造を授権する一般条項であるとする。

3. 利益平衡説
この説も私と本書に由来する。誠信原則は当事者の利益並びに当事者の利益及び社会の利益の均衡を追求するものであるとする。

4. 二つの誠信説
この説は私が提示したもので、誠信は主観的誠信と客観的誠信という二つの面に分かれると主張する。我が国は、誠信原則は民法基本原則であると表明したが、しかし、その原則を債権法の中での適用に制限するという矛盾に直面し、これの解決のために、物権法における善意を誠信原則の一表現と解釈しなければならず、そうすることによって主観的誠信と客観的誠信の統一が得られるのである[187]。

5. 二重機能説
この説は、誠信原則は法規範と道徳規範の合体したものであり、法と道徳の機能を兼ね備えていると考える[188]。実際に、道徳の誠信と法の誠信の区別を否定した。

6. 倫理道徳説
この説は私と本書に由来する。誠信原則は取引道徳を体現するものであるとする。

7. 社会理想標準説
この説は私と本書に由来する。誠信原則は、己の如く人を愛する【爱人如己】という社会の理想を具体化するものであるとする。

上述の見解と、本書の先に総括した、客観的誠信とは何かに関する西欧学者の見解とを比較してみると、2点の観察を得ることができる。すなわち、

（1）西欧の論者と異なる点は、こちらの論者は、誠信とは何かを研究しておらず、誠信原則とは何かを研究している。

（２）それぞれの見解は、相互に排斥することはない。それらは、それぞれの角度から誠信原則を描写しており、いずれもこの原則の一つの相を説明している。ただ、それらはどれも唯一の説明ではない。

私の見るところでは、最も見識のある客観的誠信の説明はこうである。すなわち、客観的誠信とはまさに、己に克ち人を利する【克己利人】というやり方で行動することであり、民法における義務本位という一面を反映しているのであって、民法の権利本位という一面と両極を成している[189]。なぜこのように評価されるのか。その理由は、この説明は、誠信原則が生ずる拠り所となっていたストア哲学の説明に最も一致するからである。

（四）誠信原則の機能

ドイツの通説は、誠信原則には三つの機能があると解している。①義務の補充、②権利の制限、③行為基礎の喪失である[190]。

我が国の学者が考える誠信原則の機能は多いようである。①取引安全を保障すること。論者は、誠信原則確立前の民法は自由を追求し、誠信原則存在後の民法は安全を追求していると解している[191]。②社会利益の均衡をはかること。これは、誠信原則の適用の効果のことを言っている。③規範に適った当事者の行為。これは、誠信原則の当事者の行為準則機能のことを言っている。④法律を解釈し、評価し、及び補充すること。⑤司法裁判を指導すること[192]。この機能は、具体的に言えば、以下の面を含んでいる。すなわち、裁判官に境界となる事件類型の性質を確定させること、法規範に対し具体化を行うこと、正義の目標を追求し、そして達成すること、法律に対して修正を加えること、法律の欠缺に対して補充すること、である。最後の二者の機能は立法の性格を備えており、その運用は厳格なコントロールを要し、最高人民法院にのみ与えられる[193]。

誠信原則が既存の法規定を修正する機能を有しているか否かにつ

いて、学界では争いがある。否定説は、誠信原則に基づいて欠缺を補充することは可であるが、法律を修正することは許されないと解しており、これは法律の権威を守り、併せて裁判官が誠信原則を濫用するのを防ぐためである。肯定説は、裁判官は誠信原則に基づいて悪法の適用を回避することができるが、しかしそれは最高人民法院に報告し、審査を通さなければならないと解している[194]。これは、誠信原則に対して、違憲審査に類似した道具の機能を与えているということである。

ある学者は、誠信原則の機能を法的機能とその他の社会的機能に分けている。前者は、①行為準則の機能、②裁判準則の機能、③法解釈と欠缺補充の根拠としての機能である。

後者は次の三点である。すなわち、①取引コストを節約すること。誠信原則は、情報が対称でないのを克服し、効率の損失を避けるための、ある種の現実的な制度選択である[195]。②取引安全を保障すること。③自由、正義、秩序等の法的価値を作り上げること。道徳養成のために法律の制度環境を提供すること、である[196]。

(五) 誠信原則の経済的基礎と経済的分析

ある論者によれば、古代ローマ時代に発展した、誠信と関係がある制度は、完全にローマの、あるいはローマに由来する発達した簡単な商品経済に有益なものである[197]。それ故に、誠信原則は商品市場に由来し、商品市場に作用すると言うことができ、ますます商品市場から離れることはできない。なぜならば、信頼が基礎となっていなければ、商品交換は順調に行いようがないからである。誠信は交換主体間の不案内を克服することができ、取引安全を保障し[198]、そして訴訟コスト、心理的防備コスト（用心コスト）、捜索コスト、訴訟限界コストを防ぎ、更には貴重な司法資源を占用するのを防止することができ、社会の信用危機を緩和し[199]、併せて取引の実現を促進するのである[200]。

我々が知っているように、当事者の行為準則としての誠信原則には補充的義務を提供する機能があり、これは実際に不完全契約理論を基礎としている。この理論は、契約は当事者が直面するあらゆる問題を予見することが不可能であり、即時に清算してしまう契約を除いて、あらゆる契約は不完全なものであって、このことは契約の空白を埋める一つの権威を必要とするということを信じているのである。誠信原則は、まさしくこの国家権威なのである。誠信に基づけば、細大漏らさず一切合切を契約で規定する必要がないということ、このこともまた、取引コストの低下を惹き起こした[201]。

(六) 誠信原則のゲーム理論的分析

　ある論者によれば、単発的取引においては、誠信でない行為の収益は大きい。長期的取引においては、誠信行為の収益が大きい。このことから、物質的利益の角度から見れば、単発的取引における誠信行為は利他的であり、長期的取引における誠信行為は利己的であるか、あるいは少なくとも互恵的である。情報が一方に偏っている場合には、当事者の悪信の衝動は大きく、情報が対称的な場合には、当事者の悪信の衝動は小さい。それ故、国家は誠信の検査体制を作り上げて誠信行為を鼓舞し、誠信でない行為のコストを増大させなければならない[202]。そして、誠信原則それ自体は、まさしく、情報が一方に偏っている条件下で当事者の行為規範が行う制度創造なのであり、それによって、伝統的な利己的駆け引きをする当事者の情報は対称的との仮説の不真実性を解消し、取引コストを引き下げるものなのである[203]。

(七) 道徳上の誠信と法律上の誠信の区別

　この問題に関しては、先ず初めに、区別論者と非区別論者に分かれる。区別論者は、2種の誠信には以下のような相違があると考える。すなわち、①起源が異なる。前者は儒家の倫理に源を発し、地域性を有するが、後者はローマ法に表れる取引規則を起源とし、普

遍的適用性がある。②内容が異なる。前者は馴染みのある者の間で適用され、後者は馴染みのない者の間で適用される。③機能が異なる。前者は行為準則であるに過ぎないが、後者はやはり裁判準則である。④社会関係を調整するやり方と表現形態が異なる。前者には国家による強制という保障がないが、後者にはそのような保障がある[204]。

　非区別論者は、2種の誠信の区別は存在せず、その理由は、誠信原則それ自体は、まさに法規範と道徳規範が合わさって一体となったものであり、法律の調節と道徳の調節という二重の機能を兼ねているからである、と考える[205]。

（八）誠信原則を濫用する欠点

　これは一つの古くからの問題である。というのは、ドイツ人は早い時期から誠信条項を「最も悪辣なやり方で我々の法文化の致命的禍根を飲み込むもの」と見ているからである[206]。近時も、誠信原則を「飼い慣らす必要のある怪獣」と説明する西欧の学者がいる[207]。

　誠信原則を濫用する主体には2種類ある。すなわち、

　（1）当事者。彼らにとっては、相手方が誠信原則に違反したことが裁判所に訴訟を提起する理由となり、相手方に作為又は不作為を命じるよう、裁判所に求める。

　（2）裁判官。濫用というのは、彼らが不適当に自由裁量権を行使するとか法律の目的に違反する行為のことを言っている[208]。

　誠信原則濫用の効果としては、次のようなものがある。すなわち、

　（1）法律の権威を弱める。
　（2）事例毎の公平性に影響を与える。
　（3）司法の専横を招く。
　（4）法制の統一を損なう[209]。

　解決の道は、立派な裁判官の選抜制度である。裁判官の修養を高めること、良い裁判官を奨励すること、完全な監督制度、組み合わ

せて監督する制度等。

　その他にも、立法によるコントロールを強めるべきである。立法時に、粗いのがよろしく細かいのはよろしくないという古びた観念を捨てて、粗いのがよろしければ粗く、細かいのがよろしければ細かくという方策を講じることで、裁判官に過大な自由裁量権を残さないようにするのである[210]。

82　梁慧星教授は、誠信原則の濫用を制限する三原則を提議している。すなわち、

　（１）具体的規定を優先して適用するという原則

　（２）類推適用等といった、漏れを補充する方法を優先して適用するという原則

　（３）判例を優先して適用するという原則。これにより、誠信原則の適用と判例の適用に際して同様の効果を有するという事態となる。もし反対の結論が出たら、そのとき誠信原則を適用する。こうして、誠信原則の補充条項及び予備的条項【备用条款】という地位を維持し、一般条項への逃避を防止するのである[211]。

　たとえそうであるとしても、このような処理は、やはり、誠信原則を直接に適用する有限の可能性を留保したものであるから、いかに操作するのか。慎重な論者は、上級の裁判所だけが直接、適用することができるということに限定すべきであると解している[212]。しかしながら、誠信原則を直接、適用することは絶対にやってはいけないのであり、仲介するような制度、例えば、事情変更の原則【情勢変更原則】等を適用しなければならないと考える学者もいる[213]。

（九）客観的誠信の主体としての裁判官

　周知のように、誠信原則は裁判官に立法を補充する権利又は隙間補充権とも言える権利を与えるのであるが、それは裁判官の権限を制限するものなのか。換言すれば、誠信原則は、裁判官が司法活動を行うときの行為準則でもあるのか。我が国の学界は、とりわけ裁

判官の世界では、この問題に対して肯定的に考えている。しかし、裁判官のこの面での態度は、思い通りになるというものではない。陈朝阳裁判官は、次のように考えている。すなわち、――目下、以下のような、裁判官の不誠実な訴訟という現象が存在している。手続きの通知義務を果たさない、期限についての規定に従って合議制法廷【合议庭】の構成員に知らせるということをしない、当事者の反訴権を不法に剥奪する、正当な理由なく開廷に遅刻する、担当裁判官が合議制法廷の評議を経ることなくほしいままに重大な審判事項を決めてしまう、当事者に対し合理的な立証の期限を対等に与えない、立証責任を不誠実に分配する、当事者が申請した証人を出頭させることを拒絶したり、あるいは裁判官が調べなければならない事実を調べることを拒絶する、合議制法廷において開廷後に他の構成員が退廷し、裁判長のみが法廷に残る、ある事件において、あるはずの裁判を受ける権利を当事者に与えない、一方当事者の期限の利益のために故意に審理を引き延ばす、公正でない調停【调解】を強制的に行う、当事者の尋問や弁論の機会をほしいままに剥奪する、裁判委員会に事件について報告するときに、一面的に事実を陳述したり、証拠を隠匿する、審理を真剣にやらなかったり、法廷で事件と関係のない資料を見ている、当事者の手続選択権を尊重しない、法廷での証人尋問を行うことなく確定したものとして思うがままに判決を下してしまう、心証の理由を公開しない――「秘密判決」、審理権、執行権、強制的措置等を濫用する[214]。私は、私の個人的訴訟経験から、このような不誠実な司法行為の明細書の中に若干の追加をしたい。例えば、訴訟書類の期日を後から記入する、つまり、明らかに1ヶ月前に作成したものなのに、事もあろうに今日、作成したものと記載してしまう、また、ある提訴が明らかに却下の要件を満たしているのに裁判所がそれを受理し、提訴者から余計な訴訟費用を徴収する、等々。

上述の司法の不誠実な行為をいかにして克服するのか。陈朝阳裁判官は自己の解答を出している。すなわち、先ず最初に、誠信に基づいて法の解釈を行わなければならない、その次に、誠信に基づいて司法裁判を行わなければならない、最後に、誠信に法を適用しなければならない。これは、悪法をなんとかして回避すること、用いることの可能な良法を適用することと表すことができる[215]。このようにして、誠信の裁判はすでに、立法を補うものとは表現されず、また漏れの補充とも表現されず、むしろ法律の選択と表現されるのである。これは実に、創意に富んだ一つの方法である。

　张亚东裁判官もまた、同じ問題について自分なりの解決提案を出している。すなわち、裁判官は手続きの公正という前提の下で法的真実と客観的真実の一致に達するよう努力しなければならず、法的真実を濫用してはならない。その次に、裁判官は正しく法律を解釈する必要がある。更に、公平正義原則を相応しいやり方で用いる必要があり、同じ事件には同じ判断となるようにしなければならない。最後に、正しい自由心証を要し、心証の過程を文字で表現して、公表しなければならない[216]。

　それから、裁判官の誠信は弁護権を尊重するということを表しているのであり、併せて誠信原則を保障している規定を遵守するよう当事者に命じることであって、その具体化が対抗原則である、と解する者もいる[217]。

　そして、郑军、欧阳波裁判官は、裁判官の誠信は、向き合っているすべての当事者に対して平等でなければならず、親疎の別なく、遠近を問わず、貧富に分け隔てなく、貴賤を語らず、公平に手続きを司る必要がある、と解している[218]。唐东楚博士は、裁判官の誠信はまさしく良心による裁判であると考えている[219]。

　裁判官の誠信は、誠実な裁判を表しているだけでなく、誠実な執行をも表しているのであって、消極的執行及び当事者の処分権を考

慮しない乱れた執行をしないこと、職権を利用した不正執行をしないこと、公開の執行を激励すること、執行事項に対する当事者の異議申立権を保障すること、執行手続きが後から検査され得るものであることを保障することを表しているのである[220]。

四　小括

　以上のことから分かるように、我が国の学者は、《民法通則》が誠信原則を確立した後、この原則に対して、二つの方面から深く掘り下げた、かつ中国的特色を持った研究を行なってきた。主観的誠信について言えば、これらの研究は善意研究という名目で現れた。学者達の、善意研究に対する緻密性は、善意の分類に対する精緻さの上に、善意判断の性質に対する人為性を持った確定の上に表れている。学者達は、西欧の学者達が考えてきたあらゆる問題を考え、そして中国の現実に目を向けた回答を出してきており、その成果は満足させるものがある。中国的特色を持っているという面は、我が国の学者の善意についての研究の多くが善意取得制度をめぐって行われているということであり、取得時効制度に関するものはあまりなく、特に親族法、相続法には及んでおらず、この点はまさしく本書が補う必要がある事柄なのである。

　客観的誠信について言えば、我が国の学者も優れた研究を行なってきた。とりわけ、本土の誠信観念と舶来の誠信原則の、馴染みのない人と接するときの態度上の差異を比較的上手く説明してきた。そして、我が国の伝統文化の重大な欠点及びその救済問題に行き当たる。しかも、ゲーム理論及び法の経済的分析の手法を用いて誠信原則の研究を行なってきた。これは大陸法系の誠信原則研究者が行なったことのないことであり、誠信原則研究の中国学派の貢献である。これ以外にも、司法実務経験を多少有する研究者による裁判の誠信についての研究も、非常に注目に値する。不足している点は、

客観的誠信それ自体は何なのかについての研究は偏って少ないことであり、法人の誠信問題、誠信と消費者保護の関係という問題は研究されていない。これらもまた、本書が貢献できる点である。

第3節　本書の誠信原則理論

一　誠信原則は主観的誠信と客観的誠信という二つの面を含んでいる

　歴史及び機能の角度から出発すれば、私は、いずれの国家においても誠信原則は主観的誠信と客観的誠信という二つの面を含んでいると解している。前者は、他人を害するなかれという内心的状態であり、不知であると言ってもよいし、錯誤であると言うこともできる。後者は、他人を、甚だしきに至っては有益な他人を害するなかれという行為であり、両者は他人を害するなかれという戒律の下で統一することができる。このような戒律は両種の誠信の上位概念と見ることができ、両種の誠信には上位概念はないというかの見解[221]は滑稽である。少なくとも、両種の誠信の上位概念として「信」というものが存在する。当然のことながら、両種の誠信の上位概念として「善」を探し当てることができる。

　直言を憚る必要はないが、中国を含む多くの大陸法系国家では、誠信原則はすでに客観的誠信化されており、主観的誠信は別の用語を用いて表示され、多くの場合、誠信原則の外延の外に排除されていて、人々が議論する誠信原則は、実際には客観的誠信原則だけである。しかしながら、このようなやり方は、歴史の長い潮流の中で短い一瞬を占めているに過ぎない。誠信原則の歴史上、主観的誠信は長い間、客観的誠信と優劣の差がない地位に、ひいては優越すらする地位にあった。本書の任務の一はこの歴史を明るみに出し、誠信と善意の分離論を打ち破って、混乱を正常に復し、主観的誠信と

客観的誠信が翼を並べて揃って飛ぶという構造を作り上げることである。ある見解は、主観的誠信と客観的誠信の差異はあまりにも大きいが故に、〔それは〕二つの事物の観点であり、成り立たないものであると解している。では聞くが、刑法と民法の差は大きいのだろうか。むろん、大きい。しかし、我々は、それを理由に刑法は法であって民法は法ではないと言うことはできず、それらを共通の法という名の下に帰することを拒否することはできない。このようなことをする人がいたら、それは非常に滑稽なことである。

　私は信じている。主観的誠信は客観的誠信の基礎であり、両者は切り離すことができない、と。人を害さない心が備わってこそ、人を害さない行いがあり得るのである。どちらの誠信であれ、立法と司法の優遇を得るべきで、主観的誠信については特にそうなのである。

二　誠信と悪信の二分は倫理学の善悪二分の法的形式である

　語義学の角度から見れば、誠信は倫理学の善の概念の下位概念であり、主観的誠信であれ客観的誠信であれ、どちらもそうである。これと呼応して、悪信は倫理学の悪の概念の下位概念であり、主観的悪信であれ客観的悪信であれ、どちらもそうである。

　では、善とか悪とか呼ばれるものは何なのか。最も一般的な意味では、「善」は主体の福利を増進するものであるに過ぎず、「悪」は主体の福利を減損するものであるに過ぎない。しかしながら、主体というのは個人なのか、それとも社会なのか。個人にとって善であるものが社会にとっても善であるとは必ずしも言えず、悪であることさえある。もし個人の基準で善悪を定めるとすれば、「人は万物の尺度である」という格言は「私が万物の尺度である」に変わってしまう。倫理学は個人の倫理学であってはならず、ある個人の価値観を反映するだけであってはならない。それは、社会の倫理学であ

るべきで、社会の価値観を反映するものでなければならない。それ故、善悪の判断の参照系は社会でなければならず、凡そ他人あるいは社会に有利であるものが、すなわち善である。自己に有利でしかも人を害するものが、すなわち悪である。このように、主観的誠信と客観的誠信はその「己に克ち人を利する」という性質の故に善となり、主観的悪信と客観的悪信はその「人を害し己を利する」という性質の故に悪となる。法が誠信原則を確立したということは、利他道徳を自分自身に取り入れたということである。このようにして、あらゆる所で利他を言う誠信原則と経済人仮説を採用した民法その他の制度との関係という問題が生じた。私はこの二つの立場の並立が民法の価値多元性を反映していると考えている。

　善悪には報いがあり、私の解するところによれば、両種の誠信はいずれも褒賞を受けることができる。主観的誠信は法内褒賞を受ける。例えば、目的物の果実を取得する等。客観的誠信は法外褒賞を受ける。例えば、良好な名声を獲得するとかであり、継続的取引の中では特にそうである。前者の褒賞は確定的であるが、後者の褒賞は不確定的である。私は、主観的誠信だけが法律上の褒賞を受け、客観的誠信はこのような褒賞を受けないという見解に賛成できない。

三　主観的誠信と主観的悪信の間に中間地帯が存在する

　私の考えるところでは、主観的誠信と主観的悪信は人の心理の両極であり、これらの間には移行帯が存在するのであって、それは注意力が散漫になる状態である。人の心理が誠信であるか、又は悪信であるかの観点は、理性主義を基礎とするが、実際上、人は常に理性的であるわけではなく、ときには、病気ではない意識喪失状態になることもある。このときの人は、知と言うまでに至らず、不知と言うまでにも至らず、だが分からず、半知不知である。法律はこのような場合のことを考えて、対策を講じなければならない。現有

の誠信立法は善悪二元論構造を採用しており、善意が存在すると推定する立場をとっている。従って、中間的状態は排除されているが、推定される者が反証を出したときは、自己の第三の状態を証明することが可能であり、法律の公正待遇を受けることができる。すなわち、誠信の褒賞を受けることはできないが、しかし悪信の懲罰を受けるまでにもならない。

四　誠信原則は弱者保護機能を有している

　主観的誠信であれ客観的誠信であれ、弱者保護の機能を有している。主観的誠信について言えば、その構成は少なくとも不知及び錯誤という2種類の形態を含んでいる。知るにしろ錯誤を避けるにしろ、一人の、具体的な状況における行為能力と関係がある。もしある人が自然的身分の故に不知若しくは錯誤が決まり、又は一時のうかつさの故に不知若しくは錯誤が生じるとすれば、法律はこのような誠信者にはやはり優遇を与える。これは特定の状況における弱者の保護であり、配慮である。

　客観的誠信について言えば、それは、相手の不知を利用しない、又はおろそかにし私利を貪ることを意味している。そして、公正に事を進め、各人に各人のものを与える。自ら生き、他人に生きさせる立場をとっている。このように事を進める結果もまた、弱者保護になっている。

五　誠信原則は財産法の規則に止まらない

　我が国に現有する、誠信原則について研究した文献から見ると、皆は暗黙に誠信原則を財産法の原則と見ている。誠信原則の歴史及び比較法的考察から見ると、それは人の法にも適用される原則である。当然のことながら、一歩進んで言えば、誠信原則はやはり憲法と多くの公私部門の法の原則であり、この点は本書の第四章第4節

で詳述する。

六　中華文化における誠信理論は中国式誠信原則理論の基礎を築くものと見ることができる

中華文化は悠久の誠信理論・実践の伝統を有しているが、しかし法律原則としての誠信となると、舶来物である。本土の誠信と外来の誠信には多くの共通点がある。例えば、どちらも、「利を捨て義を取る、言に信ありて、騙さず」と主張するが、両者の誠信には差異もある。すなわち、本土の誠信は、主として知っている者同士の関係に適用されるのに対し、舶来の誠信は、これまた主として馴染みのない者同士の関係に適用されたのを起源としている。本土の誠信は完全に世俗的であり、舶来の誠信は宗教的起源を持っている。本土の誠信は完全に個人間の関係を処理するものであり、舶来の誠信は最初は国際関係を処理するものであった、等々。目下、我が国は誠信欠如の時代にあり、誠信原則を導入した後、付着点を探すという問題に直面している。私は次のように考えている。すわなち、我が国固有の文化における誠信の観念は、このような付着点とみることができる。とりわけ儒家の文化が取り入れている「義は重く、利は軽く【重义轻利】」の立場はそのようにみることができる。結局のところ、誠信原則の問題は義・利の取捨の問題に過ぎないが、しかし我々は二つの誠信が集まるのを成功させるための作業をやらなければならない。例えば、馴染みのない者と付き合う倫理意識を打ち立てるとか、宗教の道徳的価値を再認識するとかである。宗教は馴染みのない人を結び付ける手段であり、国民の誠信を促す仕事を受け持っている教会を激励しなければならない。

七　社会契約論が主観的誠信と客観的誠信を統一する基礎である

誠信原則は本来、ラテン法族のものであり、この法族の理論的伝

統の中で、主観的誠信と客観的誠信の上位概念である「信」は、社会契約に対する遵守と解釈することができる。

　社会契約論は西洋理論史上、社会－権力という現象を解釈する、最も通用している理論であり、その創始者の一人であるエピクロス（紀元前341-前270年）の考えでは、国家は人々が自発的に結んだ「共同協定」に起源があり、その目的は、他人に損害を与えない、そしてまた他人から損害を受けないことを相互に保証して、それによって個人の幸福に到達することにある[222]。もう一人の社会契約論者であるリコフェロン（Lycophron, 生没年月不詳）は、法は「人々が互いに相手方の権利を侵害しないという保証であるに過ぎない」と考えている[223]。エピクロスであれリコフェロンであれ、それぞれの社会契約の中に他人を害するなかれの文字を記載したら、それはまさに両種の誠信の基点となることに注意されたい。

　もっと近い時代の社会契約論者であるフィヒテの社会契約の中に同様の文字があるかどうかを見よう。フィヒテの社会契約は、先ず初めに公民財産契約を含んでいる。それは一人がその他のすべての人と結んだ契約であり、その内容は、社会構成員が、占有している財産に対する相手方の権利要求を相互に承認することであって、個々人がそのすべての財産を、すべてのその他の人の財産を害したくないという保証と見ている[224]。この契約の中に他人を害するなかれの文字があることは明らかであって、このような承諾は、それぞれの締約者の財産保証により履行される。

　こうしたことから考えると、主観的誠信であれ客観的誠信であれ、やはりキケロの「信」の定義で統一することが可能である。人々は自己の財産を守るために社会契約を通じて社会に結合する。このためにはお互いに他人の所有権を承認する義務を負わなければならない。物権法の面では、ある財産が明らかに他人所有であるのにそれを占有することは、最大限に誠信に違反しているのであり、

それは悪信を構成する。言い換えれば、行為者は自己がその他の社会構成員に対して行なった約束に違反したのである。これとは逆に、もし不知あるいは錯誤の状況においてこのような占有を行なったとしても、誠信あるいは「良信」に背いていない。契約法の面では、誠信に契約を履行する義務はすなわちその他の社会構成員に対する尊重になり、彼らの財産権に対する尊重ということでもある。それ故に、主観的誠信であれ客観的誠信であれ、社会契約を誠実に守ることである。このような解釈をしない限り、私は、両種の誠信を統一することはできないし、またその他のやり方でこの両種の誠信を統一することができると言う者を信じない。

あるいは、社会契約論は中国と何の関わりがあるのか、と問われよう。なぜならば、我が国はこの理論を認めていないからである。しかしながら、私は、関係があると解している。私が見るところ、憲法はまさしく我が国の社会契約なのであって、凡そ中国で出生したか、又は中国国籍に入った者は、いずれもこの社会契約を受け入れたと考えられ、受け入れない者は国際移民というやり方を選択して、この国との繋がりから抜けることができるのである。この憲法においても、他人を害するなかれの条項が書かれている。例えば、《憲法》第13条〔第2項〕によれば、国家は法律の規定により公民の私有財産権及び相続権を保護する。私有財産が国家の保護を受ける以上、国家自身が侵害を加えないということを除いて、その他の個人も侵害してはならない。このように、誠信原則の大部分の内容は、まさにこの中にあるのである。

第三章　誠信原則のローマにおける起源の研究

第1節　略述

一　ローマ人は「信」という語を文学的及び法的にどう用いたか
（一）略述
　誠信原則はローマ法に源を発する[1]。前に述べたように、この語が表しているのはbona fidesであり、この語の反義語がmala fidesである。bonus[(1)]は「善」という意味であり、malusは「悪」という意味であって、fidesは「信」という意味である。bonus、malusとfidesがそれぞれ合成語bona fides、mala fidesとなって、自己に含まれている意味を捧げているのである。それ故、bona fidesというラテン語の意味をはっきりさせるためには、bonus、malusとfides〔という語〕のラテン文中でのそれぞれの意味を研究しなければならない。fidesが句の中の中心語であるので、私はこの語から始めたい。
（二）ローマ人は「信」という語を文学的にどう用いたか
　ラテン作家は、fides（信）という語を広範に用いている。キケロはストア学派の見解を引用して曰く、「その言ったところを行う、之、すなわち信なり（Fiat quod dictum est, appellatam fidem）」[2]。ラテン作家の作品中のfidesは、いずれもこの意味である。ローマ

の著名な劇作家であるマッキウス・プラウトゥス（紀元前254-紀元前184年）の、今日まで残っている21の劇の中で、少なくとも23ヶ所でこの語を使っている。例えば、『三枚の銀貨』（Trinummus）116、142の中で、それから『壺の金』（Auluraria）586の中で、プラウトゥスは、fidesとその同根語であるfiducia（信頼、頼りになること）を繋げて用い、信頼するに値するということを表している。『三枚の銀貨』の中のこの表現は、次のような誠信の物語に及んでいる。すなわち、裕福なアテネ人カルミトゥスが国を出た。出発間際に、自分の放蕩息子と未婚の娘を友人のカリクルスに委ねた（mandatus est fide et fiduciae）。そして、カリクルスに家屋の中に財宝が隠してあると告げた。その後、カルミトゥスの息子のルスポニクスは、父が残していった金銭を使い果たし、家屋を売りに出すことまでやってしまった。カリクルスは、財宝が人手に渡ることを心配し、自らその家屋を購入した。この時、ルスポニクスの友人であるリストゥルスは、ルスポニクスを経済的に援助するために、嫁資は要らないからということでルスポニクスの妹を嫁にもらいたいと申し出た。ルスポニクスは、この婚姻に同意したが、しかし、妹のために嫁資を出さないという段取りは一族を辱めるものであるとして同意しなかった。カリクルスは、財宝の中から嫁資を出し、かつ放蕩息子に財宝の存在を知られないようにしたかった。そこで、3枚の銀貨を使って一人を1日、雇い、その者がルスポニクスに1,000枚の金貨を渡すことにした。カルミトゥスが自分の娘のために送ってきた嫁資であると詐って。ちょうどその時、カルミトゥスが帰ってきた。3枚の銀貨のために1日働く人物が戸をたたいていたところであった。こうして、カルミトゥスは、真相を暴き始めた。カルミトゥスは、家屋はもはや自分のものではなくカリクルスのものであることを知ると、カリクルスを叱責し始めた。すべての真相が明らかになった後、カルミトゥスは、今度はこの受託者に感謝した。そし

て、娘を嫁資と共にリストゥルスに差し出した。そして、その時、過ちを悟った息子のルスポニクスを許した[3]。この物語の中で、カリクルスは、当然のことながら、一人の誠信の人であり、ルスポニクスが売りに出した家屋を買い戻した後、カリクルスはそもそも、文句なく正当に、その家屋の中に隠されている財宝を埋蔵物として自分のものにすることができた。しかし、カリクルスはそれをしなかった。そして、その中の一部を委任者の娘に渡して嫁資としたのであった。この喜劇を通してプラウトゥスが言いたかったことは、このような誠信行為であった。

(三) ローマ人は「信」という語を法学的にどう用いたか

　豊富な意味を有していることは、プラウトゥスのこの喜劇は、文学的意味で「信」という語を用いている実例であるだけでなく、法律上もこの語を用いた実例であるということである。それは、この脚本が表現している法律関係は委任であり、このことは脚本の中ですでにmandatusという語で明らかにされているからである。そして、委任契約はローマ法における誠信契約の一つであったのであり、この点については後に論じる。

　カリクルスの行為がキケロの「信」についての定義に符合していて、カリクルスがカルミトゥスの依頼に承諾して、すべてをやったことは、些かも疑いはない。しかしながら、キケロの定義は、ある種の、「言ったところ」の実行がないことへの法的保障という事態を表に出しているのであり、確かに、『三枚の銀貨』の中で述べているこの事件において、もしカリクルスが信によって事を行わず、財宝をくすねてしまったならば、どうしようもないのではないか。しかも、劇文中に現れるFiduciaは、「信」に依拠して保護される取引類型でもある（後に詳述）。そして、アウグストゥスの時代に合法化された遺産信託（Fideicommissum）は、これの前の時期において、信に依拠して保護されており、法律に依拠して保護されていたので

はなかった。後二者の取引の特徴は、一定の違法性を備えていることであり、従って法は保護を与えないのである[4]。類似の取引として、さらに信託解放、信託夫権、信託後見等がある[5]。どうやら、「信」は、誠実と関連があるだけでなく、さらに違法性とも関連があるようである。

(四)「信」の宗教性と国際性

実際に、ローマ人の生活における「信」は、更に、一個の宗教問題と国際関係問題であった。ローマ人は多神教を信仰しており、信義の女神はローマ人が信仰する神の一つであった。この女神はギリシャから導入されたものであり、ギリシャ人はそれをΠιστις（ローマ字に転換すればpistis）と呼んでいた[6]。ローマの第二代の王であるヌマがこれのために記念日を設け、毎年の10月1日が信義の女神の日であった。紀元前258年、ローマ人はカピト山の上に廟を建て、信義の女神を祭り、紀元前115年にこれを再建した。この女神と主神ジュピターの廟は隣である。ローマ人はこの廟の中で外国との条約に調印し、そして、これらの条約をこの場所に保管した。信義の女神がそれらを履行する担保となっていたのである。その女神は、一切の背信行為を自己に対する侮辱と見て、これに報復した[7]。こうして、信義の女神が担保する「信」は、古代国際法的意味を持つものであり、市民間の関係を管轄する「信」では決してない。しかしながら、後のローマ人は、この「信」をローマ市民と外国人との間の関係に拡張して用いた。リウィウスの『ローマ史』の中で、またプラウトゥスの演劇『俘虜』の中で、これについて、いくらか反映されている[8]。都市国家制という条件下での市民間の関係と比べて、外国人との関係は、見知らぬ人との関係なのであり、それ故に、信義の女神の存在は、見知らぬ人との関係における緊張感を取り除くためのもので、こうした関係の安全性を担保するのである。さもなければ、外国人との往き来は行い難くなってしまったであろう。

二　ローマのストア哲学者による、「善」と「悪」という語についての倫理学的使用

　bonusとmalusは普通の生活の語彙であり、私が現在、持っている資料から見ると、法律用語としてのbona fidesとmala fidesが持つ人為性の故に、この二つの用語がfidesと結び付いたときには、ストア哲学の倫理学的意味を採用したことになる。従って、ローマ人の誠信と悪信という法律用語について深く掘り下げて理解しようと思ったならば、ストア哲学の善悪概念を理解する必要がある。

　ストア学派は、評価される世界は、善、悪、それぞれ善と悪に近い事物、及び中性の事物という五つの部分から構成されていると考える。道徳は唯一の善であり、卑劣は唯一の悪である。善に近いものは、正の価値を有する事物（健康、正義感等）であり、悪に近いものは、負の価値を有する事物（疾病、貧困、恥辱等）である。両種の事物の間に、中性の事物（例えば、さいころ投げ遊び）がある[9]。指摘するに値することは、ストア哲学は富は善ではないと考えていることである[10]。ストア派の学者は、一方で物質的な富のすべての価値と、他方で美徳の光栄さと高貴さを比較するのは、根本的に取り上げる価値もないことであると考えているのである[11]。彼らは、この世には2種類の富があるのであって、一方は美徳であり、いま一方は金銭であり、前者は後者よりも価値があるとさえ述べている[12]。この種の財産は、盗まれたり、騙し取られたり、船舶の遭難や火災により失われることはなく、狂風や暴雨の影響も受けず、政治情勢の影響も受けないわけである[13]。

　このような善悪観に対しては、三つの観察をすることができる。すなわち、

　（1）それは、完全に二元的であるわけではなく、むしろ、多元的なものである。従って、一つの事物が善でないとしても、それは悪であると逆に言うことはできない。それだけでなく、善でもない

し悪でもない事物というものが存在し得る。こうした推理に従えば、ある行為が誠信ではないとしても、それは悪信であると直ちに断定することはできない。

（2）それは、精神主義的であり、精神上の善が唯一の善であると考えているだけで、物質的利益が善であるとは認めない。ラテン語において、bonusの名詞であるbonumは財産という意味も持っているし、善の意味も有しているのに、である[14]。このように、どのような誠信行為であっても、「利を捨て義を取る」[2]の行為と理解することが可能である。

（3）それは、快楽主義ではない。我々は、以下のことを知っている、すなわち、エピクロス主義と逍遥学派は快楽を善と見なし、このことから、楽に従い苦を避けるのは人間の普遍的な行為モデルであると仮定するが、しかし、ストア学派は善が人間を幸福にするようには見えないと考えており、言い換えれば、善を実行する過程は苦痛を伴うことである可能性がある——例えば、実現し難い約束の履行——と考えている。しかしながら、ストア哲学は、すべての苦痛を悪とは見なさなかった。例えば、クイントゥス・ムキウス・スカエウォラの父が自己の罪を定めるために法案を提出したという事情が、まさにこれである[15]。罪が定められたことは、苦痛である。しかし、自己の修行を通じて、正義が実現されるのは、善である。このことから、誠信行為は「生を捨て義を取る」の行為であるときもあり、少なくとも「楽を捨て義を取る」の行為である、と推論することができる。

このように、ストア哲学は、善と、個人の物資の利益を対立させる。美徳が善であるのは、それに対する実行により公共の利益を増進させることができるからである。なぜならば、法律は、衆人の安全のために制定されたものであって、個人の安全のために制定されたものではないからである。一人の、善良の、智慧の、法律遵守

第三章　誠信原則のローマにおける起源の研究

の、そして、国家に対する自己の職責を心得ている人が研究することは、衆人の利益であり、自己の、あるいは誰か個人の利益ではない[16]。国民がよく知っている用語を用いて言えば、善は公平無私であり【大公无私】、悪は人を傷つけ己を利すること【損人利己】である。

　なぜこのような設定をしなければならないのか。ストア派が与えた埋由は、人間は社会的な動物である、というものである。社会状態が自然状態に取って代わることにより、人間の属性は変化し、人間は野獣とは異なるものとなった。野獣の「美徳」が勇敢さであるとすれば、人間の美徳は協力である[17]。この協力に達するために、人々は自己の物欲を抑えなければならず、こうした基礎の上で自由を手に入れる。ストア哲学の立場で見れば、自由は自己の意思に従って生活する力量である。自由な人は、正しい事物に付き従う人であり、自己の義務に対して嬉しさを感じる人であり、入念に生活の途の手はずを整える人であり、恐れるが故に法に服従し、そして尊重するのではなく、むしろ、言ったことは行う、さらにはひとつひとつの考え毎に自ら進んで希望する人、従事する事業及び行動すべてが自分自身に始まり自分自身に終わる人、自己の意志と判断以外のその他の事情がなくても自分に対して大きな影響を生み出すことのできる人である[18]。それ故、自由人はみな善人であり、悪人はすべて奴隷である。なぜなら、彼らは、ある種の欠けている，邪悪な精神に服従しており、自発的意志で行うわけではないからである。そのような、占有を試みる者は、どうしても、最低の奴隷の階級に属することになる[19]。こうした宣示を見ると、なぜ後世の人々は往々にしてストア派を苦行僧と同じに扱ったのかを理解するのは難しくない。まさにこのような哲学がローマの公式哲学となって、ローマのエリート階層の行為を支配していたのである。

三 ローマ法及びローマ人は「善」と「信」の合成語を文学的及び法的にどう用いたか

(一) 略述

「善」と「信」が組み合わされて一つの語になった後、「信」が名詞で中心語の地位にあり、「善」が形容詞で修飾語の地位にあるとしても、「善」は単純に「信」に付属するものとはなっておらず、その語義の作用を強めるものであり、しかもそれ自身の、ある種の倫理的モデルとしての属性を維持している。従って、ラテン文中、誠信は、「約束を守る【信守诺言】という善」の意味であり、誠信の者は、「約束を守る善人」という意味である。逆に、悪信は、「約束を守らないという悪」の意味であり、悪信の者は、「約束を守らない悪人」という意味である。意味深いことは、こうした中国語による解釈の中で、善と悪は、ラテン語における語の組み合わせの中での修飾語から中心語に変化していることである。従って、誠信と悪信の区別は、根本的に言って善行と悪行の区別であると言って構わない。少なくとも、語義分析から出発すれば、そして「誠信」という語句が生み出すイデオロギー的背景から出発すれば、このような結論が導き出され得るのである。

(二) ローマ法及びローマ人は「善」と「信」の合成語を文学的にどう用いたか

しかしながら、bona fidesという語の、ラテン文学における使用は、以上のような分析を具体的に表してはいない。その理由は、ここでの「信」と上で述べた「信」は同じではなく、約束を守るという意味ではなくて、「声望」の意味だという点にある。確かに、ラテン語の辞書の中では、fidesにこの意味がある[20]。プラウトゥスの演劇の中で用いられているbonan fideの文を使って、この点について説明しよう。

プラウトゥスの残されている21の劇作品の中で、7ヶ所、bonan

fide[21]という語が使われている。『壺の金』772、『俘虜』890、『幽霊の出る家』670、『少女ポス』485、『カルタゴ人』439、『詐欺師』1095、『トゥルクルントゥス』586がこれである[22]。以下、それぞれの訳文を掲げる。

1.『壺の金』772：
――あなたの美名【嘉名】により、私に言っておくれ。あなたは私の金を盗んだのか。(Dic, Bonan fide, tu id aurum surripuisti?)
――私の美名により、ですって！(Bona)

2.『俘虜』890：
――あなたは、あなたの美名により、私にこの話を言うのかね？(Dic, Bonan fide tu mi istaec verba dixisti)
――私の美名により。(Bona) [23]

3.『幽霊の出る家』670：
――あなたの息子は、あなたのお隣さんの家を買ったの？(De vicino hoc proxumo, tuus emit aedis filius)
――あなたは、美名で保証するの？(Bona fide)

4.『少女ポス』485：
――あなたの美名により、私に言っておくれ。あなたはあの女を解放したのかね。(Dic bona fide, iam liberast)

5.『カルタゴ人』439：
――あなたは、あなたの美名により、諸々の神々に対して言いたいのかね。(Vin bona dicam fide)

6.『詐欺師』(Pseudolus) 1095：
――あなたは、あなたの美名により、このように言うのかね。(Bonan fide istuc dicis)

7.『トゥルクルントゥス』586：
――私？(Ego ne?)
――そうだ、あなただ！(Tu!)

――美名で保証、ですって？（Bona fide?）

　以上の七つのひとくだりにおいて、bona fide はいずれも奪格であり（その主格はbona fides）、すなわち道具格である。それ故、この語の組み合わせは「に基づき、により」という介詞〔の意味〕を含んでおり、従って、私はこの語の組み合わせを「美名により」と訳す。これは、一つの担保であり、発話者が言っている話の真実性を保証しているのである。こうした保証の確認は、bona fide を簡素化した形式であるbonaを採用することができ、fideを省いたのである。担保として用いるのは、発話者の立派な評判であり、ひとたび、その者の話した話が反証を受ければ、その者の名声は問題をきたす。こうした理屈に従えば、上述の七つのひとくだりにおけるbona fide を「誠信により」と訳しても、不可というわけではない。しかし、法律の味わいが濃すぎであり、日常生活における表現とはかけ離れている。日常生活の中で「美名により」を用いて話の真実性の保証とすることができるのであるから、それならば、取引において「誠信により」（ex bona fide）という決まった言い方を用いて義務の履行を保証することは、「時期が熟せば事は自然に成就する【水到渠成】」の事柄なのである。私の解するところによれば、普通のラテン語におけるbona fide と法学のラテン語におけるbona fide は、根本的に異なる点はなく、両者は「善」とfidesの結合であって、後者は前者から生まれたわけである。しかし、後者の場合、fidesの意味は「履行」であり、前者の場合、fidesの意味は「名誉」である。このことは両者の相違点であるが、矛盾にはならない。なぜなら、「履行」もまた名誉のためであり、履行しなければ、破廉恥という結果となるからである。これが、後に誠信訴訟について論じるときに、言いたいことなのである。

（三）ローマ法及びローマ人は「善」と「信」の合成語を法的にどう用いたか

　法律の第一次文献の中で、専門的な法律用語としての「誠信」（bona fides）が多用されており、ユスティニアヌスの『法学提要』では38ヶ所、『法典』では117ヶ所、『学説彙纂』では約462ヶ所で使われている。その意味は、文学における第一次文献のそれとは、非常に異なっている。『法学提要』を例に取ってみると、その作者は次のように六つの領域でbona fidesという語を用いている。第一の領域は、取得時効法である（I. 2, 1, 33-34; 2, 6 pr.）、自由人に対する占有（I. 2, 9 pr.）も含まれる。事情を知らずにこの両者を占有するのは、「誠信占有」（bonae fidei possesso）と呼ばれる。第二の領域は準取得時効法であり、これはプブリキウス訴権制度である（I. 4, 6, 4）。第三の領域は添附法であり、事情を知らずに、他人の土地に種をまいたり、建物を建てたりした者は、誠信の添附者である（2, 1, 29-30）である。第四の領域は相続法であり、誠信の遺産占有者が遺産を譲渡した場合において、追奪を受けたときは、むろんその者は遺産それ自体又はその価額を返還しなければならないが、すでに消費した果実を返還する必要はない（I. 4, 17, 2）。第五の領域は家族法である。誠信で近親相姦の婚姻を締結した者は、その子女に嫡出子の身分を維持させることができる（D. 23, 2, 57a）。第六の領域は訴訟法であり、その中には誠信訴訟と厳格法訴訟の区分がある（I. 4, 6, 28, 29, 30）。ユスティニアヌスの時代には、売買の訴え、賃貸借の訴え、事務管理の訴え、委任の訴え、寄託の訴え、組合の訴え、後見の訴え、使用貸借の訴え、質権の訴え、遺産分割の訴え、共有財産分割の訴え、代理販売に関する相当給付の訴え、交換【互易】の訴え、遺産を要求する訴え、及び妻の婚姻財産の訴えは前者に属する。ユスティニアヌス法の中では、誠信契約という表現もあるが[24]、しかし、その外延は、誠信訴訟の外延と一致していない。そうなのであ

る、誠信訴訟が保護する法律関係は、ほとんどが契約関係である（ローマ人の契約観念と我々のそれとは異なっており、我々が契約関係とは考えていない後見、共有等は、ローマ人は準契約と考えていた。）が、物権関係、嫁資返還関係、そして遺産追奪関係もあったのである。ここで指摘しなければならないことは、上述の六つの領域における誠信のうち、前五者の領域におけるものは主観的誠信であり、最後の一つの領域におけるものが客観的誠信である、ということである。

四　ローマ人の誠信の分類

　これを概括して言えば、ローマ法においては、主として2種類の誠信がある。一つ目は、取得時効法、準取得時効法、添附法、相続法、そして家族法の領域に適用される誠信である。それは、当事者が知らないか、あるいは自分は他人の権利を侵害していないと確信しているという心理状態であって、現代人はこれを主観的誠信と言っている。現代の学者は、それは以下のような要点を備えていると解している。すなわち、

　（1）それは、当該主体の行為が法律又は道徳に合致しているという個人的確信である。

　（2）こうした確信は、主観的ではあるものの、主体がそれを生み出した過程から見ると、それは誠実なものであり、そして合理的なものである。

　（3）主体がこの確信を形成するとき、できる限り注意を払った。

　（4）主体がこの確信を形成する過程において、故意も過失も生じていない。

　（5）主体のこの確信は、その主体自身の事態について生じ得るし、その主体と関連する他者の事態についても生じ得る。

　（6）この確信が、主体の行為を決定した。

　（7）法は、主体のこの確信の故に、その者の行為に対して、有

利な扱いをする[25]。

　二つ目は、訴訟法の領域の誠信である。これは当事者が自己の義務を忠実に履行する行為であり、これを客観的誠信と言う。現代の学者は、それは以下のような要点を備えていると解している。すなわち、

　（1）それは、主体に対して課す、明らかに道徳的な内容を有する行為義務である。

　（2）こうした行為義務の内容は、自己の合法的な利益を保護するために必要となるものを除き、他者の利益を害さないということである。

　（3）主体の行為を評価する尺度は、当事者自身の基準ではなく、客観的な基準である。

　（4）しかし、この客観性は、主体の故意や過失等の主観的要素を考慮することを排除しない。

　（5）このような客観的基準は、主体の行為と、法的基準又は典型的な中等の社会的行為との対比によって構成される。

　（6）適用可能な法的基準を探すとき、主体が行為を行うときの社会的背景を考慮しなければならない[26]。

　この2種類の誠信の差異は大きいことが分かる。すなわち、一つは内心の状態であり、一つは外的行為であって、二つの世界に分属するもののようであるが、いずれも bona fides で表す。

　興味深いことは、ドイツ系の民法は、誠信原則を客観的誠信原則に勝手に書き換えたことである。それ故に、現代民法は、立法であれ学説であれ、客観的誠信を重んじ、主観的誠信を軽んじて、甚だしきに至っては後者をおろそかにする傾向すらある。しかしながら、ローマ法の状況は逆であり、主観的誠信を重んじ、客観的誠信を軽んじている。およそローマ法の学説が誠信に話が及ぶときは、主に主観的誠信であり、客観的誠信を探求することは、稀にしか行

われていない。ユスティニアヌスの『法学提要』を例にとってこれを説明すれば、前述のように、その書は38ヶ所で誠信に触れているが、4ヶ所の客観的誠信を除いて[27]、その他はいずれも主観的誠信である。主観的誠信と戯れる【操弄】ことはローマ私法学の重要な内容であったと言うことができる。それ故に、私は先にこれについて論じる。

第2節　ローマ法における主観的誠信

一　ローマ法における主観的誠信の発生時期と類型

　ローマ法における主観的誠信の発生時期に関して、一つ目の見解は、《窃取物に関するアティニウス法》（Lex Atinia de rebus subreptis）が公布されたとき（およそ紀元前150年頃）であるとする[28]。もう一つの見解は、プブリキウス訴権が発生したとき（紀元前67年）であるとする[29]。この説は、我が国において非常に支持を集めており、少なくとも6篇の論文と3冊の著作がこれに与している[30]。この二つの見解は、どちらも、知的方法で確証を求める術はなく、問題はそれぞれの論者の信じるところに委ねる他ない。実際、第一の見解を、主観的誠信が取得時効法において発生した時期についての説明と理解することができ、第二の見解を、取得時効法において確立された主観的誠信が物権法のその他の領域に拡大して用いられた時期についての説明と理解することができる。このことから惹き起こされる問題はこうである。すなわち、主観的誠信は一つの法において発生する支系であり、後にその他の法に広められる支系であるのか。それとも、ひとつひとつの関連する法の支系がそれぞれ自己の主観的誠信の発生を促すものなのか。当然のことながら、前者の見解の方が真実に近い。従って、私は、主観的誠信はおよそ紀元前150年頃に発生したという説の方に考えが傾いている。

第三章　誠信原則のローマにおける起源の研究

　主観的誠信という概念は、人為性を有している。もし客観的意味の誠信がラテン語の中で生活用語から来た法律用語であると言うとすれば、主観的意味の誠信は完全に、一つの人造の法律概念である。なぜならば、文学のラテン語の中にはこのような意味の bona fides は全く存在せず[31]、完全に法学者達が書斎の中で新しく作り出したものだからである。それはまるで、有限会社制度がドイツ法学者が書斎の中で新しく作り出したものであるのに似ている。その誕生は学派的色彩を備えているように見える。なぜなら、ローマ法学者は誠信という用語を用いることに対して異なる態度をとっているからである。ある法学者はむしろ、主観的誠信の概念が指している対象を、異なる用語を用いて表しており、この概念を嫌っているように思われる[32]。そして、他の何人かの作者は、これを用いても、楽しくて疲れを感じないようである。後者に属する作者はサビヌス派に属し、この派の代表的人物はガイウスである。ガイウスは、38又は39の作品が『学説彙纂』に収録されていて、法学者の中で唯一、ほぼ完全な著作が残っている幸運な人物である。ガイウスは、『法学提要』の中で主観的意味で誠信を21回使用している。〔このことにより、〕主観的誠信はサビヌス派が受け入れた古代法学者が作り上げたものであると考える理由があることになる。この人物はクイントゥス・ムキウス・スカエウォラ（紀元前140年頃 - 紀元前82年）である可能性が高い。なぜなら、ポンポニウスが果実により誠信の占有者に褒賞を与えるという見解を提示した（後に詳述する。）著作は『クイントゥス・ムキウス評注』第22巻（D. 22, 1, 45）であり、その評注は一種の、「解釈対象のテキスト」と「解釈者の私」を同時に含む著述形式であり、ポンポニウスのこの見解はつまるところ「解釈対象のテキスト」なのか「解釈者の私」なのか、ということが、すぐさま問題となっている。イタリアの学者であるアルベルタリオ Albertario は、「解釈対象のテキスト」説を主張し、ポンポニ

ウスの「私」は「解釈対象のテキスト」に対する修正を表していると考えている[33]。もしこの説が真実であるとすれば、主観的誠信の概念がローマ法史上、確立した時期について、それはすなわちクイントゥス・ムキウス・スカエウォラの生存していた時期であると、我々が確定するのを助けてもくれる。意味深いことは、イタリアの二人の学者も、客観的誠信の確立もクイントゥス・ムキウス又はその時代に帰因させていることである。少し年をとった方はルイジ・ロンバルディであり、ムキウスの時代に誠信訴訟が確立されたと述べている[34]。少し若い方はリッカルド・カルディーリであり、その専門書『歴史と制度の間の「誠信」』の中で、クイントゥス・ムキウス・スカエウォラが紀元前94年に公布した《アジア属州告示》について分析した。その告示の中に、「このように締結された取決めを誠信により実施することができない」(Extra quam si ita negotium gestum est ut eo stari non opoeteat ex fide bona) という決まり文句があり、これは客観的誠信の問題に関することであるとしている[35]。

　前述のように、ローマ法における主観的誠信は、実体法上、主に五つの存在領域があり、それは、取得時効法、準取得時効法（すなわち、プブリキウス訴権）、添附法、相続法、及び家族法である。これらの五つの領域における主観的誠信は、不知又は確信を表してはいるものの、その法的効果は異なるので、別々に論じるのが適当である。

二 《アティニウス法》による、取得時効の主観的誠信要件の定礎

　紀元前450年の《十二表法》第六表第3a条は、土地を使用するときは、その取得時効は2年とし、その他の物については1年たるべし、と規定する[36]。これが、ローマ法の、取得時効についての最も早い時期の規定である。当時、この制度の適用については、熟

していなかったに違いない。なぜなら、現代の人々が熟知している、ローマ法における取得時効成立の5大要件は、目的適格（Res habilis）、名義（Titulus）又は原因（Causa）、誠信（主観的）、占有、所定の期間の経過であるが、これらはいずれも、中世の法学者による総括であり[37]、換言すれば、後世の人が、ローマ人の取得時効の実践を比較的完全な理論に系統化したものであるからである。

　この五つの要件が形成された時期もまた同じではない。主観的誠信の要件は、《十二表法》の時代には存在しない[38]。タラマンカ（Mario Talamanca）は、次のことを証明した。すなわち、《十二表法》で当初、規定されていた取得時効においては、いかなる主観的誠信も要求されておらず、「相続人としての時効取得」（すなわち、無主の相続財産を占有し、時効でこれを取得する）において、〔そして〕「回収時効」（すなわち、次節で述べるが、債務者が債務を履行した後に、時効を通じて自己の「信託質」を債権者の物から回収すること）〔129頁参照〕において、主観から見れば、占有者はいずれも悪信であり、その理由は、これらの者は当該物が法律上、他人のものであることを知っているが、この種の悪信は時効の成立を妨げないからである、と[39]。この他、取得時効制度は元々、要式による売買、あるいは法廷譲渡〔in jure cessio〕を行わずに譲渡要式の引渡だけで物を移転した場合に譲受人が市民法上の所有権を取得することができないという問題を解決するために設けられた[40]のであるから、このような目的物を占有する者は悪信であるに違いなく、このような占有を続けること自体がまさに脱法行為を行なっているのである。従って、主観的誠信の要求の欠如は、取得時効制度の「母斑」を構成しており、それは、この制度の後世における変遷の中で絶え間なく現れる。193年、プブリウス・ヘルウィウス・ペルティナクス（Publius Helvius Pertinax、126-193年）皇帝は、アラビア属州とシリア属州に対する詔書を公布し、放棄された田を耕作する者に対して2年後にその土地

の所有権を取得することを許したが、元の所有者が抗議しなかったということを条件としていた[41]。明らかに、このような放棄田を耕作する者は主観的に悪信であるのに、2年の時効で土地の所有権を取得することができたのである。更にその後のコンスタンティヌス一世（285-337年）は、所有者がその財産を放棄して40年が経過したときは、それが動産であれ不動産であれ、法はもはやその所有権を保護することはせず、占有者は、たとえ悪意、窃取、又は暴力によるものであっても、所有者の追求を拒絶することができる、と規定した[42]。これが、いわゆる最長の時効であり、この制度においては、社会の富を充分に活用させるために、主観的誠信を要求しないだけでなく、客観的誠信すら不要とし、窃盗や暴力もまた時効の完成を妨げないとしているのである。

　たとえそうであるにしても、客観的誠信の要求はやはり徐々にローマの立法の中に現れてきた。《十二表法》よりも6年早い紀元前456年の《アウェンディヌス山の土地を国有にするイティリウス法》は、アウェンディヌス山の公地を平民に分けて家を建てた。この公地は、その前は占有する者がいたが、それらの者については、この法律は区別して扱った。すなわち、暴力や詐欺により占有した者については、その耕作費用を補償せず、平穏・公然に占有した者については、その耕作費用を補償した[43]。この法律は、客観的誠信の有無により法律の称賛【臧否】を定める先駆けとなるものであった。6年後に公布された《十二表法》は、「誠信」の語を明確には用いていないものの、その第八表第17条は「窃取物は時効により取得することができない」と規定しており、これは実際にはこの法律の、客観的誠信に関する間接的規定であり、占有者に対して、自分は他人の権利を侵害していないと確信しているという主観的な状態を要求するものでは決してないのであって、むしろ占有者に対して、「窃盗」によって他人の財産を占有しないという方式的義務を

遵守せよという要求なのである、と私は解する。それ故、本条は、《アウェンディヌス山の土地を国有にするイティリウス法》の中で触れている客観的誠信に対する保護である[44]。その規制対象は、盗賊本人（第一占有者）である可能性が高く、盗賊の後者の占有者（第二占有者）ではない。そして、その目的は、前者が盗んだ物を時効により取得するのを阻止するところにあったのであり、この制度が客観的誠信に違反する行為に対する激励にならないようにしていたのである[45]。それ故、第六表第3a条及び第八表第17条は、どちらも最初の位置について探索するに値する。先人は、その両者を二つの表の中で分けて規定していると理解した。私はむしろ、論理的に見て、第八表第17条は第六表第3a条のすぐ後にくるべき規定であり、この両条は一つの表の中に置かれるべきであったと考える。

当然のことながら、純粋な理論的可能性から見れば、第八表第17条もまた、盗賊から贓物を購入した者が時効によりその物を取得することができないと解釈する余地もあるが、しかし、当時のローマは、取引において厳格な形式主義を実施していた小規模な社会であり、要式売買の厳格な方式の故に、明らかに合法的でなく財産を給付する者は取引を行い難く、買受人は、物の法律上の瑕疵についてよく分かっているという基礎の上でその物を取得する可能性は非常に低く、故に買受人方の誠信は当時はまだ一つの問題となっていなかったということを、我々は忘れないようにしなければならない[46]。

ここで提起しなければならない問題は、《十二表法》の時代に、立法はなぜ占有者に対して主観的誠信を要求しなかったのか、である。これは次のような理由による。すなわち、公地の私有化が成し遂げられる前のローマは、「一兔走れば、百人これを追う」の時代であり、土地の権利の帰属関係は不安定で、公地の無料という「ケーキ」は、大勢のローマ市民がこれのために頭を割られて血が

流れるような争いを誘惑するものであった。こうして、《十二表法》は主観的誠信を規定することに構っていられずに、立法者の注意力は、第一占有者が客観的誠信を遵守することを強制する点にそそがれていたのである。

　これについて述べれば、共和前期のローマの取得時効制度は、公地の私有地への転化過程と密接に関連している[47]。通説によれば、初期の頃のローマは土地公有制を実施しており、土地は氏族集団が所有する（氏族地）か、あるいはローマ人民全体で公有していた（公地）。初代王のロムルスは、各家父に2ユゲラ（5,000㎡）を授与し、その子孫が相続することを可能とした。これが私人の土地所有権の始まりである。その後、それは絶えず拡張し、公地を一つの狭い範囲に縮小し、土地所有権の主要な形式とした。その過程というのはこうである。すなわち、エトルリア人君主制の時代に、氏族地は私有化を実現したが、公地の私有化過程は比較的、複雑であった。共和前期の憲法は、ローマの貴族に無制限の公地占有権を与えていた。この占有は、所有権とほぼ同じ内容を有しており、占有者とその者の周りの人々がその土地の公共的性質を知っているだけであり、占有者は占有することによって土地の市民法上の所有権を取得することはできなかった。それ故、返還を求める訴えによって自己の利益を守ることはできなかった。しかしながら、公地に対する争いが激しくなったため、裁判官は取り分を定めて争いを止めさせるために、ついに現実の占有を保護するという令状を公布した。時間が長く経って、事実が権利を生み出し、このような占有が所有に変化したのである。このようなやり方により、公地は次第に私有地に変わっていき、およそ紀元前1世紀の共和晩期に、この過程はほぼ終えた[48]。歴史上の記載は我々に、これは暴力と血なまぐささに満ち溢れた過程であったことを教えてくれる。サヴィニーの『占有論』の中に、我々は、ローマの農民相互間には境界や引水

第三章　誠信原則のローマにおける起源の研究

等の問題の故に頻繁に紛争が発生しており、暴力行動を惹き起こしていたという報告を見ることができる[49]。戦争は、ポエニ戦争と同盟市戦争を含めて、土地関係の中での暴力的要素を招くのであり、こうした事例は書物において尽きることはない[50]。法律のオリジナル・テキストの中にも、暴力を以て他人の土地を占領奪取する現象についての討論に満ち溢れている[51]。これらの非常に多くの史料は、我々のために、一つの不安定な社会及び時代を復元し、我々に対して、あのときのローマ人は武力が盛んで、すぐに粗暴になるという印象を与えてくれる。これは、強力な手腕を必要とする時代であり、優美な心を必要とする時代ではあり得なかった。

共和晩期、ローマの公地の私有化が終えた。「兔」の帰属は定まった。土地の権利の帰属関係は明晰となった。こうした時代だったからこそ、法律は占有を適法占有と違法占有に区分した[52]。両者の区別は、客観的誠信を遵守したか否かにあった。ローマの歴史上の商業時代もまた、この時期に発生した。社会が安定し、取引が頻繁になった。ローマ法の重点は物権法から契約法へと移り、法律制度は、農業社会の要求を基礎とすることから、商業社会の要求を基礎とするということに変わってゆき、意思主義が日ごとに形式主義に取って代わった。このことから、取得時効法は、一つの、比較的、文明的な時代に入っていった。すなわち、主観的誠信の時代である。当然のことながら、窃盗と暴力を以て他人の物に対する占有を取得した第一占有者は、主観的誠信に違反しているに違いないが、権利帰属関係の明晰化は暴力の興奮後を抑制した。主観的誠信はようやく一つの単独の問題となった。換言すれば、主観的誠信は、必ずや、一つの安定した時代や文明の民族の所産である。

まさにこの時代に、およそ紀元前150年の《窃取物に関するアティニウス法》は、盗まれた物がどのようなものであっても、それらに対する追奪権は永久である、と規定した[53]。この語は、《十二

表法》第八表第17条の、窃取物に関して時効を以て取得することはできないという禁令を再び述べたに等しい[54]。では、それはなぜ、繰り返して立法しなければならなかったのか。この点については、二つの解釈が可能である。すなわち、

（1）《十二表法》第八表第17条の規定は、長い間、名ばかりの存在であった。それ故に、共和晩期は、《十二表法》の禁令を再び述べる法律を制定する必要があった。このように、《十二表法》の威信もまた低くなっていた。我々の知るところでは、《十二表法》はローマ人の心の中では崇高な地位を有しており、すべての公法と私法の源として信奉され、尊重されていた。6世紀のユスティニアヌスの時代に至ってすら、立法者は《法典》を12巻に分け、そうすることにより、この最も早期の法典を記念していた。それ故、「再述説」は根拠が十分でない。

（2）共和晩期のこの法律は、窃取物と強取物は時効により取得することができないという問題を規定していたものの、それが関わる主体は変化した。すなわち、第一占有者から第二占有者へと改められた。それ故、それは重複立法ではなく、むしろ、《十二表法》の規定に対して融通を利かせた処理をしているのである。私はこの「主体変更説」を支持する。幸いなことに、こうした思考を守っているのは、私一人に止まらない。イギリスのローマ法学者であるジョロウィッチ（H. F. Jolowicz）は、次のように解している。すなわち、《アティニウス法》は既存の法律の再述であるという可能性はなく、最も可能性があるのは、《十二表法》第八表第17条で可能な二重の意味の解釈である。《十二表法》のこの条文は、当初は盗賊本人の時効取得のみに適用されたが、今は《アティニウス法》がこれを第三者の時効取得に拡張適用している[55]。換言すれば、盗賊の後者の占有者の時効取得に適用されているのである。周枏先生は、《暴力に関するユリウス法》について叙述するときに、この問題に

触れている。曰く、「およそ暴力によって占有した不動産は、時効によって取得することができない。たとえ、誠信で譲り受けた者であっても、例外とならない。」[56]

　明らかに、前の規定は、第一占有者を対象とするものである。「たとえ」その後の規定が第二占有者を対象としていても、である。周枏先生も我々に教えてくれているように、《暴力に関するユリウス法》は、誠信の要求の規制対象を第一占有者から第二占有者に変えた。一つの附帯規定として、であるに過ぎないとしても、第二占有者の誠信がとうとう、法律の視野に入ってきたのである。明らかに、このような誠信は、占有者が自己の取得行為は他人の権利を侵害していないと信じているという心理状態である。

　些かも不思議ではない点は、一つの相対的に文明が安定していた時代に、盗賊は時効によって窃取物を取得できないのは当然の理であって、問題は、正常な取引を通じて盗賊から物を取得した者が時効によってその物を取得できるか否かである。贓物につき悪意の買受行為を許すことは、窃盗行為に対して、ある種の間接的激励となってしまうことは疑いない。元々の犯罪行為を封じ込めるために派生的な犯罪行為に打撃を与えなければならないというのは、刑事政策学において、何回試しても必ず効果のある【屡試不爽】真理である。従って、我が国の刑法において、窃盗を封じ込めるために、尋常でなく低い価格で物を買い受けた者に対しては、それが贓物であると知って買い受けたと推定し、また、その者に刑事責任を負わせている[57]。ローマ人は、今日の我々と同様の問題に直面したとき、同じような処理をしたのである。私の見るところでは、共和晩期の《アティニウス法》は窃取物の第二占有者が時効によってその贓物を取得するのを禁止したのであり、その目的は窃盗行為を更に封じ込めることにあったのではない。このように、誠信は、こっそりと、第一占有者の外的行為に対する要求から第二占有者の内心状

態に対する要求へと変化したのである。

　厳格に言えば、誠信の第二占有者は、時効によって贓物を取得することが必ずできるとは限らない。なぜならば、主観的誠信の要件を備えなければならない点を除いても、取得時効の要件を充たすためには、さらに正当な名義の要件を備えていなければならないからである。これは、古典期になって出現したもので、誠信より遅く、しかも誠信を制限するのに用いる要件である[58]。これは、時効取得の適用を許す法定の事情であり、7種類だけがある（買受人として、相続人として、贈与により、放棄物に対して、遺贈により、嫁資により、自己のために）。こうした状況が出現したのは、次の二つの考慮を折衷したことによる。

　（1）取引を促進し、形式主義に反対する。時効制度の最初の機能は、法律行為の形式的な瑕疵を補うためであったが、この7種類の事情は、時効を通じてという経過により、法律行為の瑕疵を補正し、法律の、取引形式の厳格な規定を緩和するのである。

　（2）法律の威信を守る。ローマ人は、取得時効制度は一つの諸刃の剣であることを認識していた。それは、一方では取引を促進するが、他方では、二つの害悪を比較して軽い方を取る[3]の原則により違法行為を許す。法律の破壊を減らすために、取得時効適用の事情について法定主義を実行しなければならない。そのため、この、正当な名義と誠信という二つの取得時効成立要件は、その一つでも欠けていてはならず、換言すれば、正当な名義を有する誠信の占有者であって初めて、取得時効が成立し得るのである。

　名義の、取得時効の要件としての確立は、一歩進んで、このときのローマ法は取得時効における誠信を第二占有者の主観的誠信と理解する、ということを確証した。それと同時に、それは、次のような問題を発生させた。すなわち、占有者が名義の発生について錯誤に陥り、つまり正当でない名義を正当なものと思い込んでいたとき

に、その占有者に取得時効が成立し得るのか、という問題である。ここから、いわゆる誤想の名義（Titolo putativo）の問題が発生する。例えば、ある物を購入したと自認しているが実際には購入していなかった者は、買受人として時効取得することができるのか、である。この問題は、ローマの法学者の中で論争を惹き起こした。ウルピアヌスとパウルスは否定説に与し、ネラディウス、アフリカヌス、ユリアヌスは肯定説に立った[59]。ユリアヌスの考えによれば、買受人に名義の認識についての錯誤があっても、それに正当な理由がありさえすれば、その者は時効によって購入した物を取得することができる（D. 41, 4, 11）。ユスティニアヌスは『法学提要』の中で、否定説を採用した（I. 2, 6, 11）。そうすることで、「誠信」と「正当な名義」という取得時効の二つの要件の併存を保持することを狙ったのである。もし架空の名義を認めたならば、正当な名義の要件を廃止することが可能となり、主観的誠信の要件を使うだけで事が足りてしまう。現代の民法はこのようにしており、このように取得時効制度の適用の拡張を惹き起こし、そして、法律行為の形式的欠陥を補充するという最初の機能を薄めているのである。たとえそうであるにしても、ローマの法学者は、名義の錯誤について討論し、主観的誠信に関する錯誤説を創始したのである。

　以上が、主観的誠信が客観的誠信から分裂した過程についての私の分析であり、「主体変更説」と総括することができる。すなわち、《十二表法》の中の取得時効制度は、盗賊のところで取得時効が完成してしまう可能性を排除するという方式で客観的誠信を声を大にして言うものであり、後の《アティニウス法》もまた、贓物の譲受人のところで取得時効が完成してしまう可能性を排除しており、この譲受人は窃盗〔行為〕に関わっていなかったので、裏から見れば、その者に対しては主観的誠信を要求することができるだけなのであって、こうしたことにより、客観的行為に対する一つの要求を

行為者の内心的状態に対する一つの要求に転化させている、と主張するものである。

三　プブリキウス訴権による、主観的誠信概念の拡張適用

　主観的誠信が《アティニウス法》の中で確立された後ほどなくして、それは、プブリキウス訴権の中で拡張適用される機会を得た。この訴権が解決しようとしたのは、次のような問題であった。すなわち、ある者が誠信で一個の物の占有を取得して、取得時効が進行したが、未だ時効が完成する前に第三者がこの物の占有を略奪すると、その「ある者」の取得時効の成立が不可能となり、むしろその第三者の取得時効が開始する。このような結果は、当然のことながら、誠信の占有者にとって公正でない。なぜなら、誠信の占有者は、目的物に対する準所有権又は形成中の所有権を有しており、この者のこうした権利を保護することは平和の維持や誠信の称賛に有利であるからである。こうして、プブリキウス裁判官は告示を発して、誠信の占有者に占有を回復する訴権を与えた。この訴権をプブリキウス訴権（Actio Publiciana）と呼ぶ。

　ユスティニアヌスは『法学提要』4, 6, 4の中で、この訴権はプブリキウス裁判官が創設したものであると述べているが、しかし、プブリキウスと呼ばれる裁判官は少なくとも3人はいる。その一人目は、M・プブリキウス・マッレオルスM. Publicius Malleolusで、紀元前232年の執政官であり、それまでにきっと裁判官をやったことがあるはずであるが、何年にその職を務めたのかは不明である。その二人目は、L・プブリキウス・マッレオルスL. Publicius Malleolusであり、紀元前237年に裁判官をやっている。その三人目は、クイントゥス・プブリキウスQuintus Publiciusであり、紀元前67年に裁判官をやっている。この人物がプブリキウス訴権の創設者と解するのが一般である。しかしながら、〔この問題につい

て〕専門的に研究したエヴァリスコ・カルーシEvarisco Carusiの考えるところによれば、この三人目の人物は外国人担当裁判官に過ぎず、他方でプブリキウス訴権は準取得時効の問題に関わるのであり、外国人は取得時効制度を利用することができないので、伝統的な見解は疑わしい。こうして、カルーシは、尻込みしつつも、この訴権の誕生時期を紀元前153年頃と定める（「ローマ建国年6世紀」としているので、建国の紀元前753年から600年を引き算して、紀元前153年という数が得られる。)[60]。このように、プブリキウス訴権の主観的誠信に対する使用は、基本的に、《アティニウス法》の同一の概念に対する使用と同時であり、些か早いとさえ言える。カルーシは、訴権の名前についた裁判官のいきさつを投げ捨て、この訴権の誕生時期を紀元前153年頃と定めた。心の中で思っていたことの大筋は、《アティニウス法》とプブリキウス訴権の間の呼応関係である。しかし、論理的な角度から見れば、もし《アティニウス法》が主観的誠信に対する使用を創設したとするのであれば、プブリキウス訴権はこの概念を拡大して用いたのであり、従って、後者は前者より遅いものでなければならない。従って、ドイツの学者であるギムマータルGimmerthalは、プブリキウス訴権が一人の外国人担当裁判官によって創設されたというのは不思議なことではないと解している。その理由は、それは非ローマ市民から要式移転物を購入したローマ市民を保護するために創設されたものだからである[61]。ルーマニアの学者であるワレリウス・M・シウカValerius M. Ciucaは、更に一歩進めて、プブリキウス訴権は非ローマ市民の占有を保護する機能を有しており、時効をすでに成立したと擬制する他に、更に、事件に関係する誠信の非ローマ市民をローマ市民と擬制するものであると考えた[62]。この説は、カルーシが想定している、外国人担当裁判官が取得時効について立法できないというタブーを説明している。これらの学者の議論に基づいて、私はむしろ、プブリキウス訴

権の創設時期は紀元前67年であると信じている。

　ウルピアヌスは、『告示評注』第16巻の中で、プブリキウス訴権が載っている告示の内容を記載している。それによれば、裁判官曰く、もしある者が、正当な原因に基づき非所有者から引渡しを受け、かつ未だ時効によって取得していない物を請求したならば、私はその者に訴権を与えるであろう（D. 6, 2, 1pr）、と。この語の中に誠信という字句は出現しておらず、ただ「正当な原因」という字句があるだけである。この状況は、《アティニウス法》のテキスト中に「誠信」という字句がないのと同じであるが、しかし、研究者のカルーシの考えによれば、上述のテキストは後世の者（《永久告示》の筆者であるユリアヌスや、『学説彙纂』の多くの編纂者、特にトリボニアヌス）の編纂を経ており、その元々の語句は、以下のようなものであったはずである。すなわち、もしある者が、正当な原因に基づき引渡しを受け、かつ未だ時効によって取得していない物を請求したならば、私はその者に訴権を与えるであろう[63]。読者は注意してほしい。『学説彙纂』が我々に伝えてくれている告示のテキストと比べて、カルーシは、復元したテキストの中で「非所有者」という字句を取り去った。それはなぜなのか。これは、歴史上の現実を尊重するために、プブリキウス裁判官の告示のテキストを、誠信占有の事例に適用でき、また事実上の所有（in bonis habere）の事例にも適用できるように復元した、ということなのである[64]。

　誠信占有というのは、典型的なのは、所有者であると信じられる非所有者から物を購入して占有している状況（D. 6, 2, 3）であって、真の所有者が物の返還を求めずに法定期間が経過すれば、占有者は所有者となる。事実上の所有というのは、要式物と不要式物を区別していた時代に存在した制度であり、要式物は比較的重要な財産で、その所有権は法定の方式――例えば、要式売買、法廷譲渡――によって移転しなければならない。もし当事者が煩わしさを嫌い、

便利さを求めて、引渡しの方式だけで目的物を移転したときは、法律はこれに対する懲らしめとして譲受人には市民法上の所有権を与えず、裁判官法上の所有権しか享有させずに、取得時効成立後に譲受人はようやく完全な所有権を取得することができる[65]。《十二表法》が定める時効期間がこれほど短い（2年と1年）のは、当時の取得時効は主に、法律行為の形式的要件の欠缺を取り除くためのものであったからである。もし時効の進行期間中に、譲渡人又は第三者が譲受人の占有を妨害し、又は剝奪したときは、明らかに誠信違反であり、不公平を惹き起こすので、裁判官が顔を出してきて干渉し、事実上の所有者に対して占有回復の訴え又はプブリキウス訴権を与えた。これが、プブリキウス裁判官告示が成し遂げたことの一つである。

誠信占有制度と事実上の所有制度は、見たところ、些か似ている。例えば、どちらの主人公も、占有をしており、時効の完成を待っていること、どちらも目的物の元の主人によって目的物を回復請求される可能性を有していること等。しかしながら、実際には、両者は異なっており、次のような三点の相違がある。すなわち、

（1）両者の地位が異なる。誠信占有者は所有者ではないが、内心的状態の角度から見ると、その者は自認している所有者である。しかし、事実上の所有者は裁判官法上の所有者であり、形式的欠陥の故に、市民法的角度から見ると、その者は不完全な所有者である[66]。

（2）両者の占有目的物の前者が異なる。誠信占有者の前者は目的物の所有者ではない。事実上の所有者の前者は目的物の所有者である。

（3）両者が対抗できる目的物の原所有者の抗弁が異なる。誠信占有者が、もし目的物の元の主人から占有回復を要求されたとすれば、その者は、正当な所有者の抗弁（exceptio iusti domini）の対抗を受ける可能性がある[67]。しかし、その者は詐欺の再抗弁（replicatio doli）によって原所有者に対抗することができる。こうした再抗弁が対象としていたのは、共通の悪意（communis malitia）の状況であり、その中で、誠信占有者と原所有者に、同一の事項について詐欺行為があった場合、その結果は原所有者に有利となり、誠信占有者には不利となる。さらに公平な結果は、原所有者が詐欺の再抗弁によって対抗されるが故に利益を得ることができないということであり、このようにして双方の詐欺の打ち消しが実現した[68]。これに対して、事実上の所有者は、もし売主兼原所有者から占有回復を要求され、正当な所有者の抗弁によって対抗されたならば、その者は、物はすでに売られて引き渡されたという再抗弁（Replicatio rei venditae et traditae）を出すことができる。このときの売主兼原所有者は、確かに前言を覆しており、少なくとも、「その言ったところを行う、之、すなわち信なり」という意味での誠信の違反がある。

　ユスティニアヌスの時代になって、要式物と不要式物の区別は廃止された（C. 7, 31, 5）。この挙動はまるで釜の下の薪をすべて取り出したかのようであり、これにより要式売買と法廷譲渡という取引形式が消滅し、事実上の所有という制度もひっくるめて消滅するに至った。従って、ユスティニアヌスの時代になって、プブリキウス訴権は誠信占有のみに適用されることになった。このように、プブリキウス裁判官告示が『学説彙纂』に取り入れられたとき、この告示の語句に対して修正を施し、それにより当時の状況に適応するようにする必要があった。そこで、トリボニアヌスが指導した編纂者達は、告示の中に、「非所有者から」という語句を付け加えた。もしプブリキウス裁判官告示の原文にこの語句が入っていたとすれば、そのテキストが作り上げた訴権は、事実上の所有の状況には適用できなくなる。なぜならば、こうした状況においては、事実上の所有者は所有者から物の占有を取得するからである。

　しかしながら、カルーシの復元を経て、プブリキウス裁判官告示

のテキストの中には、依然として「誠信」という字句はない。ならば、プブリキウス訴権は、《アティニウス法》が切り開いた主観的誠信に対する拡張適用であると言うことにどのような理由があるのか。カルーシの研究によれば、プブリキウス訴権は主観的誠信の要求を含んでいると言える理由が二つあるという。

1. 告示のテキストの中に「誠信」の字句はないものの、この告示に合う方式の中にこのような字句がある。

告示の任務は法律原則を確立することであり、方式の任務は、この原則を各種の具体的事例の型に適用することである。すでに述べたように、プブリキウス訴権は二つの類型に適用可能であった。その第一の類型は誠信占有であり、その呼応する方式は完全には保存されていないが、しかしウルピアヌスはその内容の一部を保存してくれている。すなわち、「誠信の買受人……」（D. 6, 2, 3）である[69]。そして、ガイウスは、『法学提要』4, 36の中で、事実上の所有の方式の内容を保存してくれている。すなわち、「［ある人が］裁判官。A・アゲリウスが一人の奴隷を購入して引き渡され、1年間占有した。それ故、この争われている奴隷は、ローマ法に基づき、彼のものであるべきである。」[70] ガイウスが保存してくれた方式をそのまま当てはめて、プブリキウス裁判官が誠信の占有者のために設計した方式を次のように復元することができる。すなわち、「［ある人が］裁判官。A・アゲリウスが誠信で一人の奴隷を購入して引き渡され、1年間占有した。それ故、この争われている奴隷は、ローマ法に基づき、彼のものであるべきである。」[71] この決まり文句が関わっている状況において、アゲリウスに奴隷を引き渡したのは、その奴隷の奴隷ではない所有者であり、アゲリウスはこの奴隷を占有したがその占有期間が1年に満たないときに、もしその奴隷が元の所有者の所へ戻ったならば、アゲリウスはそれを捜索して戻すことができる。もし元の所有者が返還したくないならば、彼は正当な所

有者の抗弁を出すことができる。これに対し、第三者が係争奴隷を占有しているのであれば、アゲリウスはそれを捜索して戻すことができる。争いが発生したら、裁判官はアゲリウスの勝訴と判定する。このために、係争奴隷に対する彼の取得時効が成立したと擬制し、これにより、第三者がその奴隷について提出する請求権を排除するのである。

 2. 告示の主文中とは言え、誠信の要素が含まれている。

 このテキストの中に、正当な原因の要件が含まれており、この要件は誠信の要件を含んでいる。なぜなら、一種の心理状態としての誠信は証明するのが難しく、客観性を求めるために、正当な原因という要件を採用したからである。これが誠信の証明である[72]。当然のことながら、取得時効が成立する難度を上げるために、ユスティニアヌスの時代には、主観的誠信は、正当な原因から独立し、プブリキウス訴権を適用する一要件となり、それにより、法学の発展と経済の発展の要求に適応していたのである。このように、正当な原因は一つの客観的要素であり、誠信は一つの主観的要素であった[73]。

 ここに至って、我々は、プブリキウス訴権が関係する事実上の所有の部分を横に置いて触れないようにし、それが関係する誠信占有の面に注目することができる。しかしながら、誠信占有の中の誠信というのは一体どういう意味なのか。ボンファンテの見解によれば、ここでの誠信は狭義の誠信であり、所有者に対して損害をもたらすと意識せずにその物を占有する心理状態を備えていなければならないだけでなく、正当な原因をも備えていなければならない。しかも、目的物に瑕疵がないことも必要である[74]。このような狭義の誠信は、主観的なものでは全くなく、正当な原因と目的物に瑕疵がないということのは、まさに客観的なものである。狭義の誠信は主観、客観が結合した誠信であり、その中の主観的部分はやはり「不

知」であると言って差し障りない。不知の対象は、売主の権限の瑕疵以外に、更に売主の精神病状態（D.6,2,7,2）、未成年状態（D.6,2,7,4）がある。他方で、広義の誠信は、他人の権利を侵害していることを知らないという心理状態であるに過ぎない。狭義の誠信の成立が困難であることを見るのは容易である。そればかりか、このような誠信は、占有期間中は終始、備わっていることが要求され[75]、取得時効における占有者の誠信は占有開始時に備わっているが要求されるに過ぎないのと異なる[76]。こうした手はずは、立法者がプブリキウス訴権を限定的に適用するという目的によるもののようである。

　実際に、プブリキウス訴権の理論的意義は、その実際的意義よりもはるかに大きい。その理論的意義としては、以下の二つがある。すなわち、

（1）すでに形成された所有権を保護するだけでなく、まさに形成中の所有権を保護するという主張を出したこと。この主張は、以前のローマ法では出されたことがなかったものである。

（2）立法の中で初めて、明文で主観的意義の誠信概念を用いたこと。そして、それを、形成中の所有権を保護する前提条件に設定したこと。しかしながら、実際的角度から見ると、プブリキウス訴権は非常に軟弱である。先ず、誠信占有の状況で、占有者はそれを用いて目的物の原所有者を排除することができない。なぜならば、原所有者は正当な所有者の抗弁を有しているからである。第二に、第三者が誠信の占有者の占有を剝奪した場合には、誠信の占有者は占有の回復を得ることが困難である。なぜならば、このような場合には、占有している者が優先するからである[77]。

　そうであるからには、誠信者の誠信は、プブリキウス訴権の枠組みの中で、どのような褒賞を得ることができるのか。特に、誠信で占有しているのが土地である場合には、確実に果実があるはずであり、それ故、果実の帰属問題が起きるはずである。意味深いこと

は、『学説彙纂』第6巻第2題に含まれている、プブリキウス訴権について討議している数十のひとくだりの中で、誠信で占有されている物の果実の帰属問題についての全面的な討議はなく、誠信で占有されている女奴隷の嬰児の帰属問題が議論されているに過ぎないということである。盗まれた女奴隷が誠信の買受人のところで妊娠した場合に、この買受人は出生した胎児を占有したことがないとしても、プブリキウス訴訟を提起して、この胎児に対する占有を取得したことを要求することができることを認めている（D. 6, 2, 11, 2）。それは、取得時効成立後に嬰児に対する所有権を取得するためである。ユリアヌスは、更に一般的に総括して曰く、もし私が時効によりその母を取得することができるならば、私は時効によりその嬰児をも取得することができる（D. 6, 2, 11, 4）、と。これらのひとくだりは、その他の果実が誠信の占有者に帰属する可能性については討議していないが、私は、当時の主観的誠信理論は未だこの段階にまで発展していなかったと考える。しかも、たまに触れられる女奴隷の果実——その嬰児について、誠信の占有者に単純な所有権を与えるのではなく、その者に占有回復請求権だけを与えるのである。こうした、誠信に対する褒賞は、実はあまり実用的ではない。当然のことながら、このような手はずは、プブリキウス訴権の占有を保護するだけの枠組みに束縛された可能性があるが、しかし、立法者は未だ、どのようにしたらもっと実情に即した手段で誠信を保護することができるかを考慮しておらず、あくまでも、あり得る解釈である。

　『学説彙纂』第6巻第2題が果実と誠信の占有者の関係について述べていることは、甚だ少ない。しかし、添附と誠信の占有者の関係について述べていることは、甚だ多い。ポンポニウス曰く、土地が誠信占有されていた期間に土砂の堆積により増加したときは、誠信の占有者は元々の土地それ自体の回復を要求することができるだけでなく、この土砂の堆積によってもたらされた増加部分の占有の回

復も要求することができる（D. 6, 2, 11, 7）。当然のことながら、この土砂の堆積は、ある意味、果実と理解することが可能であり、これに対する占有は、占有者の誠信への褒賞となっている。このように、占有者の誠信に褒賞を与えるに用いることができる果実を、嬰児の外に拡張したが、しかし、それ以上に重要であろうことは、ポンポニウスのこの法文の意義は、主観的誠信の概念をローマ添附法の中へ導入したことなのであり、これは主観的誠信の一塊の富鉱である[78]。

四　主観的誠信概念の添附法への拡張

　主観的誠信概念の添附法への拡張について述べることは、以下の二つの前提の下で成立する。すなわち、
（1）添附法の発生時期はプブリキウス訴権より遅く、従って、プブリキウス訴権の中で成立した主観的誠信概念が、新しく生まれた添附法の中へ移入された可能性がある。
（2）プブリキウス訴権の発生時期と添附法の発生時期は優劣がつけ難いが、しかし、前者には主観的誠信の概念があるのに対し、後者にはこの概念がなく、後にこの概念を継受している。
　この二つの前提の一つを証明すれば、もう一つの前提は証明する必要がなくなる。私は、第二の前提を証明する。
　実際に、ローマの添附制度の歴史はかなり古く、《十二表法》よりも早い紀元前456年の《アウェンディヌス山の土地を国有にするイティリウス法》の中で現れた。前述のように、この法律はアウェンディヌス山の公地を平民に分けて家を建てるものであり、これらの公地はその前にすでに占拠している者がおり、この者らに対してこの法律は区別して対応した。すなわち、暴力又は詐欺により占拠した者については、その耕作費用を補償せず、平穏・公然に占有した者については、その耕作費用を補償する、と[79]。公地上を耕作し

ていた者は明らかに添附者であり、I. 2, 1, 32で規定する、他人の土地上に作付けをした者と全く同じである。ところが、《アウェンディヌス山の土地を国有にするイティリウス法》は、占有者が客観的誠信を備えていたか否かにより耕作費用を返還するか否かを決めているのに対し、I. 2, 1, 32の方は、主観的誠信により耕作費用を返還するか否かを決めている。では、添附制度の中の客観的誠信は、いつ主観的誠信によって取って代わられたのか。私は、プブリキウス訴権創設後で161年にガイウスの『法学提要』が出される前と考える。なぜなら、この変転の成果がガイウスの『法学提要』の中で具体的に表されており、その2, 76は、誠信で他人の土地上に作付けをし、家を建てた者は、費用返還請求権を有する、と定めている。ここでの誠信は主観的誠信であり、ガイウス『法学提要』2, 73及び76を継受しているユスティニアヌスの『法学提要』2, 1, 30は、これを「他人の土地であることを知らずに……」と解釈している[80]。こうして、添附法における主観的誠信の、客観的誠信からの置換が成し遂げられたのである。しかし、ガイウスの法文は、主観的誠信に褒賞を与えることについて、果実のレベルにまで達しておらず、費用のレベルに止まっている。これはコストであるに過ぎず、それに対し果実は利潤である。このような利潤は、添附の場合に、生み出すことができるものであり、特に誠信で他人の土地を耕作した場合、1年占有するだけで、1ないし2回の作況が得られるであろう。ガイウスは、『日常的事務について』第2巻（D. 22, 1, 28pr.）の中で、誠信の占有者に対する褒賞を利潤のレベルにまで高めた。ガイウスはこう述べる。すなわち、「畜群の果実には、子ども、乳、毛、短毛も含む。それ故、子羊、子どもの家畜、子牛は、直ちに誠信の占有者又は用益権者の所有となる。」ガイウスのこの意見は、動物の果実であるに過ぎず、全面的なものとは言えない。ところが、パウルスがやはり一歩進めて、これを拡張した。パウル

スは、『プラウティウス評注』第7巻の中でこう述べている（D. 41, 1, 48pr）。誠信の占有者は、疑いなく、途中の期間における他人の財産の果実を取得することができる、なぜならば、その者の注意と労働に報いることがその理由の一つである、と[81]。明らかに、パウルスの意見は、誠信の占有者に対する褒賞である果実を単純な動物の果実から一般の果実に拡張したのであり、このようにして、主観的誠信の規範は歴史上、比較的早い段階で褒賞の規範になったのである。

　ガイウスとパウルスの上述の意見は、ユスティニアヌスによって受け入れられ、『法学提要』2, 1, 35の中に採用された。曰く、ある者が、その者が所有者と信じた非所有者から誠信で土地を購入し、又は贈与若しくはその他の正当な原因により同じく誠信で土地を受け取ったときは、自然の理性により次のように決定す、すなわち、その者が取得した果実はその者の所有とし、以てその耕作と管理保存【照料】を償うのである、と。それ故、後に土地の所有者が突然、現れて、その土地の返還を要求したときに、その所有者は、誠信で取得した者が消費した果実について訴えを起こすことはできない。ところが、事情を知って他人の土地を占有した者に対しては、同じ扱いを与えない。それ故、その者は、土地の返還に加えて、たとえ消費していたとしても果実についても返還を余儀なくされる[82]。このひとくだりが提供する事案は、プブリキウス訴権が適用される誠信占有の事案と全く同じであるが、しかし、事件の処理については、普遍的なやり方で土地の果実という褒賞を誠信の占有者に与えていることが、明らかに見てとれる。意味深いことは、ユスティニアヌスの『法学提要』もその4, 6, 4でプブリキウス訴訟を規定したが、しかしこのひとくだりはこの訴権の占有回復の効力について規定しているだけだということである。2, 1, 35が規定していることは、土地の元の所有者が正当な所有者の抗弁を出した後の、誠信占有そ

れ自体の効力なのである。

　指摘しておかなければならないことは、ローマ法の中での添附は広い範囲を網羅しており、現代の民法では独り立ちしている加工もまたその中に入っているが、加工は誠信と無縁であることである[83]。当然のことながら、少なくない添附類型で誠信に関係しない。事実上、建築、栽培、書写及び絵画の4類型が誠信に関係するに過ぎない。

五　主観的誠信概念の相続法への拡張

　目的物の果実、及び返還利益の褒賞の時価換算を誠信の占有者に与えることは、最も早くは129年3月14日の《ユウェンティウス元老院議決》（Senatusconsultum Iuventianum）の中で実現した可能性がある。この議決は、ハドリアヌス皇帝在位時の、P・ユウェンティウス・ケルスス（正式名はPublius Iuventius Celsus Titus Aufidius Hoenius Severianus）が執政官を務めていたときに公布したもので、そのためケルススの族名により命名された。それの特別な点は、主観的誠信の概念を相続法に広げたことであり、占有期間の目的物の果実を、占有者に、その者の誠信の褒賞として与えたのである。

　ウルピアヌスは、その『告示評注』第15巻（D. 5, 3, 20, 6）の中で、この元老院議決の内容を伝えてくれている。すなわち、……ルスティクス（Rusticus）の財産から生じた無主の相続財産〔partes caducae〕が国庫によって請求される前に、自分がその相続人であると思った者がこの財産を売却することがあり得るということについて、朕は命じる、すなわち、売却された財産の価額の利息は計算すべきではなく、類似の事件もこの規則を遵守すべし、と。朕は続けて命じる、すなわち、遺産追奪で訴えられた者に対して判決が出されたときは、それらの者はその遺産に属するすべての財産の価額を返還しなければならない。それは、たとえ追奪の訴えを提起される前にこの財産が事実上、又は法律上、滅失していたとしても、例

外ではない、と。更に、もし当事者の誰かが遺産の中の財産を占有し、しかも自己に属さないことを知っていたときは、たとえ訴えが証明される前に占有状態が解消されていても、あたかもそれらの者が継続してこの財産を占有していたかのように、それらの者に対して不利な判決をすべきである。しかし、もしそれらの者が正当な理由でこの財産に対して権利を持つと信じた場合には、それらの者はこのような状態で財産が増えた範囲で責任を負う、と[84]。この元老院議決の説明は完全に「朕の命令」であり、当時の元老院のゴム印の地位を感じさせ、元々は一般的法律規則である元老院議決の個別事案性も感じさせる。

ベイルートのステファノス（6世紀中葉）の、《バシリカ法律全書》42, 1, 20, 6に対する一つの注釈によれば、上記の文字はこういう事案である。すなわち、――ルスティクスが死んだ。ルスティクスが残した遺言は三人の相続人を指定していたが、そのうちの一人（おそらく死者の息子か兄弟であろう。）が遺言は義務に合わないと非難した。その目的は、遺言が無効と宣告されることで、法定相続によりすべての遺産を取得することであった。しかし、裁判所はその者の主張を認めない判決を下した。その者は、理由もなく遺言が義務に合わない訴えを起こしたことにより、死者を相続するには失格で、その者の相続分は国庫が相続すべき、となった。ところが、他の二人の相続人は失格者の分は自分らに加わることになると思ったために、すべての遺産を売却した[85]。売却された部分の遺産が国庫によって追奪されたときには、すでに第三者の手に渡っていた。この事件はどう処理するのか。これを引き受けた官吏は決定することができず、皇帝に指示を仰いだ。ハドリアヌス皇帝は元首顧問委員会を招集して、この事件を検討した。その議決を《ユウェンティウス元老院議決》という名で公布したのである。従って、表面上は、これは元老院議決であるが、文章は勅令の形式であった。なぜなら、

中に「朕」という主語があるからである。元首顧問委員会の会議において、ケルススの発言が受け入れられたことで、この元老院議決はケルススの作と見られている。

ケルススとは誰そ。ケルススは、法学者ケルスス氏の息子であり、そのため、歴史上、息子ケルススと呼ばれて、法学名門の出身であると言われているのは間違いない。106年か107年に、ケルススは裁判官を務めた。114-115年、トラキア属州の総督を務めた。115年、予備執政官になった。129年、2度目の執政官になった。129-130年、アジア属州の総督を務めた。ケルススは、プロクルス派の法学者である。ケルススは二つの重大な理論的貢献をしたと考えられている。その一、遺産の誠信の占有者がこの占有により生じた増加部分だけを返還する理論を確立した。その二、不可能な債務は無効であるという理論を確立した。他に、法は善良で公正な術であるというのがケルススの名言である[86]。小ケルススは容易に、主観的誠信理論の発展史の地位にいると見ることができる。すなわち、小ケルススは物資の利益で遺産占有者の誠信に報いた【酬庸】最初の人物と考えられている。

小ケルススが提案した元老院議決による、係争事件に対する処理は、二つの部分に分けることができる。第一部分は、真にルスティクスの遺産から生じた無主の相続財産が売却された事件に対する処理である。文章では、議決の最初から「更に」の前までである。第二部分は、「更に」から最後までであって、仮設の事件に対して拡張した論述部分である。第一部分は、ルスティクスの事件をこう処理している。すなわち、

（1）第三者（すなわち、無主となった相続財産を購入した者である。実際、その者も誠信である。）を保護するために、国庫は無主となった相続財産の原物を要求することはできず、売却価額のみを要求することができる。これは一種の利益である。売却された遺産はすでに損耗し

第三章　誠信原則のローマにおける起源の研究

たり、あるいは他人に売却されたりしており、原物及びその果実を返還するのは容易ではないからなのか。実は、このような処理は、自分に属しないものを処分した者に対する苦しめである。ケルススが創立した《ユウェンティウス元老院議決》が生まれる前に、ローマ法は、誠信又は悪信の遺産占有者に原物とその果実を返還せよと要求していた。従って、当時、占有者が誠信かどうかは重要ではなかった[87]。誠信の遺産占有者も、このような苦しみを受けなければならない。現在、こうした者は、この苦しみを受けなくてもよい。

（2）自認している相続人の誠信（《ユウェンティウス元老院議決》は未だこの語句を用いていないが、この意味が入っている。）に報いるために、上述の価額について利息を計算しない。しかし、その者は、無主となった相続財産分の価額を返還しなければならず、このことは、国庫が訴えを起こす前にその分が滅失・毀損していたとしても例外にはならない。このように、誠信の遺産占有者も遺産滅失の危険を負う。ここに至って、元老院議決を公布した事件の処理が完了した。

しかしながら、小ケルススあるいはハドリアヌス皇帝は、事件そのものだけを論じることでは満足せず、具体から一般へと高めることを希望し、一歩進めて、仮設の事件に対しても規定した。すなわち、ある者が遺産が自己に属しないことを知っていてこれを占有し、追奪で訴えられたときに、相手方を愚弄するために、意図的に、この訴えが証明される前に、この遺産の占有を停止すれば、訴訟の続行は不可能となる。なぜならば、物件の訴えにおいては、誰が占有をし、誰が請求するのかを確定する必要があり、そうすることで前者が被告となり、後者が原告となるからである（I. 4, 15, 4）。もしある者が故意に占有を停止し、訴訟の進行が不可能となったら、真の所有者又は合法的占有者は、それを回復することができなくなる。こうした法律に対する詐欺を封じるために、元老院議決は、そのある者が依然として占有していると擬制して、この者に対

して不利な判決をすることとした。その判決内容は具体的にどのようなものだったのかについては、元老院議決のテキストは何も述べていないが、上下の文章から考えて、占有を奪われた遺産のすべてを返還するというものであった可能性がある。これに対して、そのある者が遺産は自己に属すると信じる十分な理由があれば、それが後になって見つかったのなら異なるとしても、その者はすべての財産を返還する必要はなく、このような状態でその者が増やした部分だけを返還すればよい。これについての専門的研究者であるゴンサレス・ロルダン教授の見解によれば、この部分は、依然、存在する果実であり、占有者の手中に返還された場合だけでなく、売却されて占有者が価額を受け取った場合も含む。すでに消費された果実が占有者のコントロール下にないときは、その財産の一部分になったのであって、原告に返すという判決を下すことはできない[88]。

　この元老院議決のテキスト中に、誠信という字句は1ヶ所もないが、少なくとも2ヶ所で主観的誠信の概念を暗に含んでいる。その一、議決の第一部分中の自認している相続人の誠信（「思った」という言い方を使っている。）であり、その二、議決の第二部分中の自認している相続人の誠信である。それだけでなく、この元老院議決は、「正当な理由がある」という表現を採用している。その表現は、多くの場合、誠信の別名である。興味深いことに、この元老院議決の中に、悪信の概念（「自己に属さないことを知って」という表現を使っている。）も含んでいることである。これは、議決の第二部分における、最初の遺産占有者の心理状態である。この元老院議決中、およそ心理状態が誠信である者に対して、良い経済的結果を分配している。すなわち、

　（1）利息を計算しない。利息はいわゆる民事上の果実である。この場合、誠信の遺産占有者に遺産の果実を取得させるのと同じである。

（2）時価に換算して利益を返還する。私が前に述べたように、これは原物返還が一種の利益であることに相対する。

（3）すでに消費した果実の返還の免除

（4）過失により収取しなかった果実の責任の免除。ここで説明しておかなければならないことは、この優遇は《ユウェンティウス元老院議決》それ自体には見られないが、ユスティニアヌスの『法学提要』によって増加されたことである（I.4,17,2）。

これとは逆に、およそ心理状態が悪信の者に対しては、悪い経済的結果を分配している。すなわち、

（1）原物返還という不利益[89]

（2）すでに消費してしまった分も含めての、すべての果実の返還

（3）過失により収取しなかった果実の賠償。この不利益は、I.4,17,2により増加されたものである。

従って、この元老院議決は主観的誠信と悪信の概念を使ってはいないが、その作者はこの2種類の心理状態の法的意義を分かっており、熟練運用していたわけで、そうすることで、法は善良で公正な術であるという立法思想を貫徹するのだということを人前にさらけ出したと同じなのである。

我々の知るところでは、ケルススはプロクルス派の法学者であり、この派と対立するサビヌス派の法学者（例えば、ガイウス）は好んで誠信の用語を用いたのに対して、プロクルス派の法学者はこの用語の使用を排斥していた可能性がある。むしろ、くどくなっても別の表現を用いて同じことを指していたのである。これが、《ユウェンティウス元老院議決》が主観的誠信制度を用いて、相応する用語の使用を回避した実際の理由であったかもしれない。

しかしながら、わずか一世代の星霜が過ぎると、《ユウェンティウス元老院議決》を頒布したハドリアヌス皇帝の孫である哲学者の

マルクス・アウレリウス皇帝（121-180年。161年に正式に皇位に即き、ルキウス・ウェルス〔皇帝〕と共同して国を治め、169年に単独で皇帝となった。）が、170年にアフリカ属州総督であるアウグリヌス Augurinus への一つの勅答に誠信の用語を使ったのである。曰く、私の祖父である神君ハドリアヌス皇帝の提案で制定されたある元老院決議は、次のように規定した。すなわち、何時であろうと、もし遺産が奪われた場合、直ちに返還しなければならない。その規定は、国庫の事件のみならず、私人の遺産返還要求事件にも適用される。誠信の占有者が遺産を売却した日から、訴えが証明される前までに収取した利息の返還は強制されない。また、訴えが証明された後に収取した果実を出させることはできない。ただし、変更によって増えた分を除く。しかし、訴えの証明後、何としても、占有者らが売却しなかった財産の果実は償わなければならない。たとえすでに収取したものであっても、また収取できた分も含めて、訴え証明日から起算して、占有者が売却した財産の価額の利息もまた、返済しなければならない（C. 3, 31pr. -2）、と[90]。以上で明らかになったことは、この勅答は《ユウェンティウス元老院議決》の内容をいま一度、強調したわけであるが、専門的な術語の表現を採用したのである。しかも、《ユウェンティウス元老院議決》の適用を、私人間の遺産返還請求関係にまで拡張した。この勅答中の「誠信」の2文字を、もし後の人が付け加えたものでなければ、主観的誠信が諸ローマ相続法の立法文書の中に現れたのは170年頃のことと考えられる。

　主観的誠信という概念が学説上、現れた時期は、もっと早い可能性がある。ハドリアヌス朝に生きていたガイウス（100頃-180年[91]）が、その法律概念を最も早く用いた法学者の一人であろう。ガイウスは、およそ161年頃に出版した『法学提要』の中で、何ら憚ることなく主観的誠信という概念を用いていた。ガイウスが誠信の占有者に贈った優待は、彼らが添附の代価をもらえるようにしたことで

ある (2, 76; 2, 78)[92)]。これは、《アウェンディヌス山の土地を国有にするイティリウス法》の規定と同じである。ガイウスはまた、どのようにして主観的誠信を果実の帰属に繋げるのかという問題を研究した。ガイウスの『日常的事務について』第2巻（D. 22, 1, 28pr）において、すべての果実を誠信の占有者に与えるという主張を展開した[93)]。ガイウスより10歳程下のユリアヌス（110-170年）も、誠信と果実の帰属の関連問題を研究し、誠信の占有者にすべての果実を取得させることを主張した（D. 22, 1, 25, 1; D. 7, 4, 13）。ポンポニウスはユリアヌスと同世代の人物で、ポンポニウスも誠信の占有者と果実の関係について論じ、果実のうち占有者が働いて創り出した分しか与えないと主張した（D. 22, 1, 45）。続いてこのテーマについて論じたのは前二者の学生世代である。その人物というのは、アフリカヌス（D. 41, 1, 40）——この者はユリアヌスの学生である——、パウルス（193頃-235年、D. 7, 4, 13）、マルキアヌス（193頃-235年[94)]、D. 20, 1, 16, 4）、パピニアヌス（193頃-235年、D. 20, 1, 1, 2）等の人物である。

こうした法学者らの前では、占有者の誠信や悪信を基に目的物の果実の帰属を定めるというやり方は存在しない。プロクルス派の創始者であるラベオ（Marcus Antistius Labeo、紀元前54頃-紀元17年）は、他者に占有されていた遺産の返還問題を論じるとき、誠信と悪信の区別をしていないのである。ラベオは、ある占有者が遺産を売却し、後に価額を取引の仲介として銀行に預けたら、銀行がこの価額を滅失したという事件を分析した。ラベオの解するところによれば、銀行を信頼しないというリスクはその者が負うべきであることを理由に、この場合の占有者はすべての遺産を返還する責任がある（D. 5, 3, 18pr）。この論述は明らかに誠信と悪信の区別をしないというもので、そして、ラベオが占有者に与えたのは、ウルピアヌスが悪信の占有者に与えた法的局面と同じものであった[95)]。ユリアヌスが《学説彙纂》の中で引用している、ティトゥス・ウェスパシアヌ

ス皇帝（39-81年、79-81年ローマ皇帝）がクラウディウス・フォルンディヌスに出した一つの勅答の中でも、立法者は誠信と悪信を区別せず、一律に遺産の占有者に対して、売却した遺産の価額、又はその転化物の返還を求める立場を示し（D. 4, 2, 18）、《ユウェンティウス元老院議決》のように、すでに消費した果実を誠信者に与えようとしないのである。こうして、ティトゥス皇帝の時代には、主観的誠信の果実優遇問題は、立法者の視界に入っていなかったことが見てとれ、このことから、ケルススが起草した《ユウェンティウス元老院議決》は、法の道徳化という面での創造的意義を見てとることができるのである。

果実を以て誠信の占有者に真心で接するという立法の立場がひとたび確立されると、褒賞として誠信の占有者に与える果実の範囲をめぐって、ローマ法学者たちの間に三つの異なった学説が生じた。第一は全部果実説で、ユリアヌスがこれに与し（D. 7, 4, 13）、果実がひとたび土地と分離したら、そのすべてが誠信の占有者に帰し[96]、消費したか否かは関係ないとする。明らかに、この学説は、誠信の占有者を法定用益権者と設定しており、用益権者の持つすべての待遇を授けていて、占有者にとって最も有利な学説である。第二の学説は労力投入果実説で、ポンポニウスがその立場であり（D. 22, 1, 45）、誠信の占有者の働きによって生み出された果実のみを占有者に与えると主張する。厳密に言うと、この種の果実は出産物であって、従って、労働によらず勝手に実ったリンゴや木材は占有者が取得できないものとなる[97]。このような処理によれば、誠信の占有者の待遇は、はるかに劣ることになる。第三の見解は既消費果実説で、アフリカヌスがこれを支持し（D. 41, 1, 40）、誠信の占有者はすでに消費した果実しか受け取ることができないと主張する。原物を返還する際に、未消費の果実も同じく返還しなければならない[98]。この学説は、中道のもので、誠信の占有者に対し優待や虐待もする

ことなく、少なくとも、占有者に、汗をかいて働かなければ果実を取得できないよとは要求しないのである。

　三つの学説が並存していることは、すなわち、その新たに生み出された法律問題が学界においては広い関心を集めたということを物語っており、またローマ法学者達の優れた論弁能力が証明された、ということである。三つの主張はいずれも、原物の所有者と誠信の占有者の間の利益のバランスを保つことから出発したものではあるが、異なる点は誠信の占有者へ傾く角度にある——これこそが、法の道徳化が力を放つ点である。以上をまとめると次のように言える。すなわち、誠信者に限度の超えた優遇を与えないという主張はいずれも道徳と法律の分野を守る傾向があり、限度を超えて、ひたすら誠信者に優遇を与える主張は法の道徳化の傾向がある、と。この問題を比較的、早くに論じた者達、例えば、ガイウスとユリアヌスは法の道徳化を主張し、従って、誠信者への優遇を一層、望んでいるが、その後の論者達は、誠信者に対する情熱が少し低くなったのである。最後にユスティニアヌスの『法学提要』に受け入れられたのは、既消費果実説であった。言い換えれば、誠信の占有者が遺産の持ち主になお存在していた果実のみ返還すれば良いということである[99]。「万民（法典）の母」と称されるこの立法文書を通じて、《ユウェンティウス元老院議決》で創立された誠信の占有者を優遇する制度が、後世の数多くの立法文書の条文に転化され、とりわけ数多の現代民法典の条文になっていったのである[100]。

六　主観的誠信概念の家族法への拡張

　主観的誠信は、相続法へと拡張されたことにより、財産的要素と人身的要素を併せ持つ領域に入った。ほどなくして、あるいは同時に、それは人身的要素のみを持つ領域へと入っていった。この過程は、マルクス・アウレリウス皇帝とルキウス皇帝が公布した一連の

121 勅答によって成し遂げられた。我々は、アウレリウスがかつて公布した一つの勅答が《ユウェンティウス元老院議決》中の誠信の遺産占有者に関する規定について再び述べていたのを覚えておかねばならず、今はアウレリウスが誠信者優遇原則をある新領域に拡張した時代にやって来たのである。

　一つ目の勅答は、フラウェイア・トゥルトゥラ近親相姦事件を対象としたものである。曰く、「我々は、この出来事により衝撃を受けた。一は、汝が長時間、法律を知らない状況下で、汝の母方のおじと婚姻生活を送っていたこと、二は、汝が締結したこの婚姻はあろうことか汝の祖母の同意を得ていたこと、三は、汝の子女が多いこと。これらの状況を考慮し、ここに決定する。汝の、40年続いていたこの婚姻から生まれた子女は、嫡出子とする、と。」[101]

　この勅答が処理していたのは次のような事案である。すなわち、フラウェイアとその母方のおじが結婚し、この婚姻は40年続いており、多くの子女が生まれていて、人を通じて、親族が結婚していると告発し、この婚姻が有効かどうかという問題を惹き起こした可能性が極めて高い。説明しておかなければならないことは、このような婚姻は、マルクス・アウレリウスの時代には禁止されており、市民法上の近親相姦（incestum iure civile）となった。これと対立するのが万民法上の近親相姦（incestum iure gentium）であった。後者に関して、パウルスは、男とその女の直系尊属又は卑属と結婚する場合のことと述べており[102]、市民法上の近親相姦は、実定法が禁止する両性の結合である[103]。この近親相姦は、姦通又は淫乱行為と競合する場合に、懲罰を受ける[104]。本件事案は、姉妹の娘であるめいと母方の兄弟であるおじが親族になったのであり、市民法はこうした婚姻を一貫して禁止しており、後世のコンスタンティヌス（337-361年）はこうした結合をした者に対し死刑に処しており（C. Th. 3, 12, 1、342年）、これより緩やかな刑罰としては、小島への流刑

第三章　誠信原則のローマにおける起源の研究

又は追放である（Paul. 2, 26, 2, 68）[105]。しかしながら、ローマ帝国の領土が広大となり、各地の風習は異なり、姉妹の娘であるめいと母方の兄弟であるおじが結婚するという風習が普通に行われている属州もあり、こうした地方の人々は法律による禁止を知らない可能性がある（こうした不知は誠信となる。）。フラウェイアの場合は、まさにこのたぐいだったのかもしれない。それに加えて、フラウェイアの婚姻が継続した時間が長く、生まれた子供が多く、「静かなものを動かすな」の原則に基づき、アウレリウスとその兄弟は、この婚姻から生まれた子女らには落ち度がないことを理由に、その子女らに嫡出子の地位を与えたのである。

　この婚姻は、婚姻障害が見つかったが故に、無効となるのだろうか。勅答のテキストは説明を与えていないが、マルクス・アウレリウスとその兄弟皇帝の二つ目の勅答がこの問題について説明している。それは、パピニアヌスの引用によって我々は知ることができる。曰く、実際に、兄弟皇帝は年齢を考慮して、クラウディヤの近親相姦行為に対する告発について許したのであるが、しかしこの非合法的な結合については解散を命じた……［D. 48, 5, 39（38），4］[106]。このことから、このような近親相姦の結合は、法の不知の故に許しをもらうことはできるとしても、最終的に解除されるという運命から逃れることはできない、ということが分かる。私の見るところでは、当時のローマ法によれば、これは十分、公正な処理ではなかったかもしれない。なぜならば、兄弟皇帝の第一の勅答の中に、「この婚姻は40年続いていた」という語句があり、これは自由人の身分を悪信占有していた奴隷が時効によって自由人の身分を取得する期間だからである[107]。自由人を装っている奴隷は40年の身分占有を通じて自由人の身分を取得することができるのに、フラウェイアとその母方のおじは、40年間、夫婦の身分を占有しても夫婦の身分を取得することができない——これはおかしなことであ

122

る。

　兄弟皇帝の第三の勅答も、パピニアヌスが伝えてくれている。曰く、「……離婚後、継子が誠信で、継母と（結婚して）子をもうけたときは、近親相姦の犯行の告発をすることを許さない」[D. 48, 5, 39（38）, 5][108]。この勅答が対象としていたのは、姻族間の近親相姦である。ローマ法は、継子と、継子の父の離婚後の継母との結婚を禁止していた。なぜなら、後者は母の地位に立つからである（I. 1, 10, 7）[109]。しかしながら、両当事者がこの禁止を知らないで（パピニアヌスが伝えてくれている勅答のテキスト中では、「誠信」という表現を採用している。）、結婚し、子をもうけた場合には、兄弟皇帝は、彼らの近親相姦の犯行の責任を免除することを決定したのである。こうした処理には理由がある。先ず第一に、継子と継母間には血縁関係がなく、綱紀を維持するために彼らの結婚を禁止したに過ぎず、もしその二人が本当に結婚したとしても、血縁者の結婚が惹き起こすであろう生物学的損害を生じさせることはない[110]。次に、彼らの近親相姦罪を免除する条件の一つは彼らに子供が生まれていることであり、もし彼らの結合を崩して離散させてしまったら、その子は反射的損害を受け、子供にとって最大の利益という原則に合致しない。何はともあれ、パピニアヌスが今をもって古を解釈して、勝手に「誠信」の２字を入れる可能性を排除してしまった後において、第三の勅答の最も貴い点は直接、主観的誠信の概念を用いたことであり、ローマ法史上、これが家族法領域でこの概念を用いた最初のケースであったであろう。

123　《ユウェンティウス元老院議決》のように、第一の勅答の中にも誠信の字句は含まれていないが、しかし、それは「不知」を主観的誠信の別の様式として表しており、誠信者にとって有利な法律効果を与えている。それ故、その勅答は主観的誠信概念を用いた立法であると言って全く差し支えない。そして、第三の勅答は、家族法領

域において初めて誠信の概念を使ったものである。これらが登場する前は、家族法は主観的誠信と無縁の領域であったから、それらは主観的誠信を人身法の領域に導入したという開設的意義を有している。そればかりか、人道的な理由のため、それらは、法の不知でさえ誠信を構成すると定めて、誠信の構成基準を下げた。通常の場合、法の不知は抗弁とすることができないのであるから、事実の不知であって初めて、誠信を構成することができる[111]。マルクス・アウレリウスは、なぜこうしたやり方ではない処理をしたのか。

　理由一。第一の勅答の語句から見ると、それは、女方が誠信で男方が誠信でない無効な婚姻の事件であり、パウルスの見解によれば、法の不知が誠信の基礎となる状況で、男女の、この誠信を構成する基準は同じではなく、女性に対する要求の方が比較的低いのであり、「性別の弱さの故に女性側が犯罪とならないのであれば、ただ単に法の不知が発生したに過ぎず、女性側の権利は損害を受けていないはずである。」[112]従って、フラウェイア近親相姦事件が慈悲深い解決を得たのは、フラウェイアの女性という身分に起因する可能性が高い。第二の勅答の主人公であるクラウディヤもまた女性であるが、しかし、兄弟皇帝がクラウディヤを優遇した理由は性別ではなく、年齢であった。クラウディヤはおそらく、かなり幼少のときに近親相姦の婚姻を締結していた。このような状況は、クラウディヤが法律による禁止を知らなかった可能性を大きくする。従って、クラウディヤ近親相姦事件が慈悲深い解決を得たのは、クラウディヤが結婚したのが幼少のときであった点に帰因する。

　理由二。ブラジルの学者であるコスタ・マトスCosta Matosとナシメント Nascimentoの見解によれば、これはマルクス・アウレリウスがストア哲学の影響を受けたからであり、フラウェイアとその母方のおじは違法であるにしても、少なくとも前者には詐欺を行うという法的意図はないのであるから誠信であり、「誠実に生きよ」

という信条には違反していない[113]。こうした観察は、主観的誠信の家族法への導入にストア哲学の背景があることを明らかにしたもので、説得力がある。知っての通り、アウレリウス自身、ストア哲学者であった。当然のことながら、ストア哲学のもう一つの原則「他人を害するなかれ」は、一層、主観的誠信であれ客観的誠信であれ、その基礎となる。

124 この三つの勅答が家族法領域での主観的誠信を初めて打ち立てたものであるからには、その時期を確定することは意義あることである。これは難しいことではない。なぜならば、それらはいずれも、マルクス・アウレリウスとその兄弟であるルキウス・ウェルスが共同で公布したものであり、二人の共同統治の時期は161年から169年であるからである。この8年間のいずれかの年が、主観的誠信がローマ家族法において確立された時なのである。それは、相続法の領域において主観的誠信を確立した《ユウェンティウス元老院議決》から半世紀も隔っていないということが見てとれる。

人々に安堵の念を抱かせることは、マルクス・アウレリウスとその兄弟の三つの勅答は独り鳴いていたものではなく、それらが切り開いた婚姻の誠信概念は、その他のローマの法学者が進歩させるに至ったことである。やや遅れて、パウルスが婚姻の誠信の観念を展開する。パウルスがその『トゥルピルス元老院議決評注』（単巻本）の中で述べているところによると、公然と近親相姦の婚姻を結んだ者は軽く罰し、秘密裡にこのような婚姻を結んだ者は重く罰しなければならない、なぜなら、前者は法の不知と考えられ、後者は法律を見下していると考えられるからである（D. 23, 2, 68）、と。今の者は、この語の中の「不知」を「誠信」と解釈している[114]。明らかに、パウルスは婚姻法中の誠信を外観化した。そうすることで、この間、大胆な近親相姦者が違法であることを知っていてもなお公然と結婚する可能性を排除しなかったのである。

ローマ法が切り開いた婚姻の誠信制度は、千年近く経ってようやく教会法の立法者による一歩前進を見るに至った。彼らは、婚姻の誠信に基づいて、擬制婚姻制度を作り上げた。これにより、無効な婚姻の誠信の当事者及びその子女に対し婚姻の効力を与えたのである。

七 小括

ここに至って次のように言うことができる。すなわち、元々、ローマ法の中には主観的誠信の概念はなく、社会が進歩したが故に、紀元前150年の《アティニウス法》の中で出現した可能性が高く、従って、主観的誠信概念が最も早く世に出たのは取得時効制度においてであり、窃盗の鎮圧と関係があり、いかなる問題もなかったはずであると言える、と。

主観的誠信概念がひとたび生まれると、その拡張の長い道程が始まった。それは先ず、紀元前67年に誕生したプブリキウス訴訟に拡張された。この拡張の誘因となったのは、プブリキウス訴訟と取得時効制度の関連である。その後、時期は確証することができないものの、添附法に拡張された。その第三の拡張は129年に成し遂げられたものであり、拡張の対象は相続法と物権法の結合部分——遺産を要求する訴えである。その第四の拡張は、財産法を抜け出て、家族法に入った。それは、161年から169年の間のことである。ここに至って、主観的誠信概念がローマ法の中で点から面への浸透を完成させ、ローマ法及び後の大陸法系の最も基本的な概念の一つとなった。あるいは、その法系の特徴の一つと言ってもよい。

当然のことながら、この過程において、主観的誠信の理念を用いているのにこの概念を用いていない立法及び学説がいくつか現れた。これは、学派が異なれば主観的誠信概念に対する態度にも異なるところがあることの証明であると共に、善き人を保護する上でも

異なるやり方があることの証左である。

　主観的誠信の概念が拡張する過程において、自分自身も不断に変化していった。それの、取得時効制度の中での意味は「不知」であるが、プブリキウス訴訟の中での意味は「不知」だけでなく、それに一定の客観的行為が加わった。添附法の中での意味もやはり「不知」であるが、その対象は事実である。相続法の中での意味は、あるときは「確信」で、《ユウェンティウス元老院議決》に表れている通りである。またあるときは「不知」であり、法の不知であることさえある。それは、セプティミウス・セウェルス皇帝（193-211年）が204年にケレルCelerに向けて発布した勅答の中で表されている通りである[115]。家族法における意味も「不知」であるが、その対象は法である。従って、「不知」は「不知」でも、同じではないのである！　そうであるにしても、2種類の不知は認識論の問題に属しており、まるで、行為能力制度がそうであるのと同じようなものである。このように、「不知」は、その家族法中の運用者によって性別化及び年齢化され、都市と農村によって区別されることすらあり、農村の人々は都市の人々よりも比較的、不知に陥りやすいと解されている[116]。これは、主観的誠信の基準の個別化を意味しており、逆に言えば、少なくとも、それと不知が及ぶ範囲では、一般的な主観的誠信は存在しない。このことにより、特定の時空条件下での特定の人の主観的誠信はどういうものなのかを判断することは、裁判官の自由裁量権が使われる舞台となるのである。こうした意味で、私は、主観的誠信と客観的誠信は同じものであり、どちらにも裁判官に自由裁量権を与える働きがあると言わなければならないのである。

　主観的誠信の枠組みの中では、「確信」の結果は錯誤であり、これは結果の角度から作り出された記述である。原因の角度から見れば、「確信」の前に「錯誤による」という修飾語を加えるべきで、

このような確信こそが、心と体が食い違うという結果を惹き起こす。確信が誤るのは、対象に対する認識不足の必然的な結果であるからである。それ故、錯誤に基づく主観的誠信もまた、認識論の問題である。そうであるからには、このような主観的誠信も、理論上、個別化可能なものであるが、しかし、ローマ法はそうしなかった。これが、一般の「確信」と個別化された「不知」が並立するという奇観をもたらした。その原因は、両種の主観的誠信が仮想する負担主体が異なる点にある。不知に基づく誠信の負担主体が家父であれば、兵役合格者からの選抜によるので、強くて聡明であり、認識能力も相当であると考えられる。〔他方で、〕不知に基づく誠信の負担者が、主に婦女と子供であれば、弱くて愚かで、認識能力もまちまちである【参差不斉】。法は、この者らには個別化された誠信の基準を設定し、そうすることで、個別的保護を図ったのである。

　不知に基づく誠信にせよ、確信に基づく誠信にせよ、どちらも人が「見誤る」とか「手を滑らす」とかの表現であり、いずれもなにがしかの失敗を意味しているところ、ローマ法はこのような失敗した者を「懲らしめる【修理】」代わりに、それらの者を救済してあげるのはなぜなのか。その理由は簡単である。すなわち、両種の主観的誠信の持ち主とも人を害する心のない者であるうえに、その時その場所での弱者である。この二つの属性がそれらの人々を保護する理由となる。一群の弱くて愚かな善人は、一群の強くて知的な悪人よりもその社会に有利なのである。ベッティが、主観的誠信はいずれも弁護の性質を持つ誠信であり、それによって人間が非行に陥ることを避けるのであると主張したのも無理はなかった[117]。マリア・ウーダが主観的誠信はいずれも罪を脱するものであると言ったのも、同じく無理はなかった[118]。

　失敗した善人までを必ず優遇する理念がひとたび確立されると、どのように優遇するのかが次の問題となって検討された。ローマ法

学者は、異なる状況における誠信の占有者のために、異なる褒賞を規定した。取得時効制度の中の誠信の占有者に対しては、一の褒賞は目的物の所有権であり、二は初期誠信利益、すなわち、占有開始時に誠信であることだけを要求すれば可で、たとえ後に誠信でなくなっても、取得時効の成立に影響をもたらさない、とされた。プブリキウス訴訟における誠信の占有者に対しては、占有回復請求権を褒賞とした。もしこの請求権が実現すれば、残りの時効期間が過ぎれば目的物の所有権を手に入れることが望める。添附制度の中の誠信の占有者に対しては、目的物中に投下した費用の清算をする権利及びすべての果実を取得する権利で褒賞とした。相続法における誠信の占有者に対しては、褒賞の内容はかなり豊富である。例えば、売買価格利息免除利益、時価換算での返還の利益、すでに消費した果実の返還の免除、収取していない果実の責任を免除する利益である。家族法の中の誠信の占有者（ここで彼らが占有しているのは婚姻身分である。）に対しては、擬制婚姻という利益で褒賞とした。子供達にとっては、嫡出の地位の一生享有という利益であり、誠信の配偶者にとっては、扶養請求権の享有を意味する。他にも、誠信の外観の利益で褒賞としており、言い換えれば、彼らは誠信であると推定されるお蔭で、自分自身が誠信であると証明する必要はなく、このような証明責任はその誠信を攻撃する原告に帰するのである。誠信は一種の主観的状態であり、他人がその存在を証明するのは、いかに難しいことか！　これは、もし原告の証明が失敗したら、誠信者は、その婚姻生活の現状を維持できるということを意味する。

　主観的誠信概念の拡大が、本当に、私が上で述べた、点から面への過程を経験してきたのだとすれば、我々は、以下のように見ることができる。すなわち、誠信の者に褒賞を与える措置において、発展の遅い段階になればなるほど、種類は非常に多くなり、関連する法律はますます精緻に、細やかなものに変わっていって、法は善良

で公正な術であるという警句の精神がこの過程において体現するものとなる、と。

しかしながら、皆は遍く高い山に登り、茱萸(しゅゆ)を頭に挿しているのにただ一人ローマ法だけはその場におらず、寂しい思いをしている[4]。すなわち、ローマの法学者達が誠信の者のために設計した種々の褒賞措置において、あたりを見渡すと広漠として果てしなく、現代法が誠信の買主に褒賞を与えるのに用いている、「対抗できない」という措置は見えてこない。これは、その後のゲルマン法が成し遂げたことなのである。

第3節　ローマ法における客観的誠信

一　客観的誠信の発生条件

客観的誠信の確立は、外国人が流れ込んだせいでもたらされたローマの血縁的社会から見知らぬ顔の多い一般人社会への移行と関係する。商業の発展に伴って、自然にローマ人は外国人との接触を余儀無くされる。しかし、市民法上の取引の形式は外国人には使用され得ない。使われたとしても、それは極めて不便でもある。そのため、外国人担当裁判官はやむを得ず、市民法上の複雑な取引形式を簡略化した商業実践を受け入れ、単純な合意により締結された契約を承認した。従って、市民法の複雑な「売買」の傍らで、万民法の簡単な売買が生み出され、それと同じタイプの賃貸借、組合、委任も共に発展してきた。それらについての訴訟が起こったとき、外国人担当裁判官はラテン語の動詞「すべき」(Oportere)で表された、人に対する訴えで債務者の義務の類型を限定したが、しかし、それらは要式契約のようには権利義務は全く確定していないため、その単語の前に「誠信により」といった文字を加えることで、当事者に

対して合理的にして不確定の義務を課した[119]。時の流れと共に、「すべき」という術語でまとめられた契約は、万民法上の取引として市民法に流れ込んだ。内国人裁判官は、「誠信により……すべき」（Oportere ex bona fide）という方式を取り入れて、徐々に市民法上の誠信訴訟に発展していった[120]。この過程は、紀元前3世紀頃に起こっていたと解すべきである[121]。

二　誠信訴訟の類型

　誠信訴訟は厳格法律訴訟と対立する訴訟形式である。原則上では、立法者が定めた誠信関係の紛争は、誠信訴訟として審理する。誠信訴訟以外の訴訟はすべて厳格的な法律訴訟である、そのプロセスの中には「すべき」という術語しか含まず、「誠信により」の言葉は含んでいない。その二つの訴訟の区切りは確か大祭司であるクイントゥス・ムキウス・スカエウォラ（Quintus Mucius Scaevola）の時代に創立されたもののようである。なぜなら、スカエウォラはその種の分け方を評したことがあるからである。スカエウォラが言うには、「誠信により」（Ex bona fide）を付け加えたすべての仲裁訴訟の方式は最も強い拘束力を持っている。スカエウォラの考えるところによれば、「誠信」という基準は幅広い範囲で使われており、それが後見、組合、信託、委任、買いと売り、貸しと借り及びあらゆる社会生活を基礎とする事務である[122]。スカエウォラは、以上の六つの誠信訴訟を列挙した（厳密に言えば、8種類であるべきだが、当時は売ると買う、貸すと借りるは別々に分かれていた。）。スカエウォラの後、誠信訴訟の範囲は広がっていく。古典法の中では、事務管理、妻の財産という二つの種類を増した。セウェルスの時代にもまた、共有財産の分割と遺産の分割の2種を増やした[123]。2世紀の法学者であるガイウスが列挙した誠信訴訟は、以上の10種の他、寄託、使用貸借、抵当の三つを増した[124]。6世紀のユスティニアヌス『法学提要』

もまた、交換、代理販売に関する相当給付の訴えと遺産を要求する訴えの三つを増やし、同時に信託質を削った。こうして、ユスティニアヌス法における誠信訴訟の種類は15種にまで広げられた[125]。それらの目的は、要物契約、合意契約、いくつかの準契約及びいくつかの物権関係という四つの類型を含んでいる。以下、これを分けて述べることとする。

三　誠信訴訟の目的の一：要物契約

　要物契約の特徴は、一方の当事者が所有権移転、占有又は所持の名義で物を相手方に渡し、後者は受け取った物を前者に返す義務を負うという点である。その種の契約は、順次挙げると、信託質、消費賃借、出質、使用賃借の四つの形式があり[126]、消費賃借以外は、すべて誠信契約である[127]。要物契約においては、相手の信頼に基づいて当事者は物の管理権を譲り、その管理権が再び戻って来るかどうかは相手の信用次第である。こうした意味では、信託質は上で述べた四つの形の共通形式である。

（一）信託質（Fiducia）

　FiduciaはFidesと同根語であるが、それはまた要物契約の一種の類型であり、要式売買又は法廷譲渡に合わせて使う簡約である。それを踏まえ、受託者は移転された要式移転物の所有権を一定の条件が成就したときに信託者に返さなければならなくなる。ガイウスの記載によれば、信託質は友人信託質と債権者信託質という2種類がある[128]。前者は、当時はまだ法律で認められていない寄託と使用賃借に適用され、後者は債務を担保するのに用いられた。目的物の所有権が移転されるので、受託者は目的物を占有し、そして処分することができた。しかし、信託質の簡約は法定の形式要件として認められず、またその内容は法律を回避するところが多い故、法律による正式な保護は受けられない。信託者は1年の時効を通じて自

分のものを回収するしかない。こうした事態の中で、物を返済できるかどうかは、すべて受託者の信用に関わる。紀元前1世紀に、裁判官は信託質の事実訴訟を採用し、信託者が受託者から物を回収する行為は保護し、後に、「誠信による信託質の法律訴訟」に転化した。この種の信託は、要式売買と法廷譲渡が運用され、また寄託と使用賃借が認められないことを前提とし、要式売買と法廷譲渡が廃止され、寄託と使用賃借が認められた時に、それも命を引き取ったように他の取引形式に変わったのである。それ故、ユスティニアヌスの時代には、信託質はすでに誠信訴訟の分類から削られていたのである[129]。

(二) 寄託

前に述べたように、寄託の前身は保管を目的とする友人信託質である。信託者は受託者にある要式物の所有権を移転し、後者はそれ故、表面上の所有者となる。広くかつ十分にその物を支配することができる。ただし、一定の条件が揃ったときに原所有者に物を返さなければならないという信託簡約に縛られている。しかし、受託者がそれを期限内に返せるかどうかはその者の信用に関わる。それ故、その契約はかなり誠信の性質が溢れ出てくる。当然のことながら、受託者の背信の衝動は宗教義務に抑えられているのである[130]。古代ローマでは、重要な財物の移転、例えば、土地、農耕具や農耕畜等はすべて要式の方式で行わなければならなかった。一般的に少量の財物の寄託の規模は小さく、しかも隣近所や親族の間で行われたので、法律は小さな事に注目しないという原則により、保護を与えず、代わりに諸宗教と習俗で調整を加えたのである。《十二表法》の時代になると、寄託は法律が調整すべきところまで来た。それ故に、《十二表法》第八表第19条では、2倍の罰金の訴えを使い、不誠実な受託者を戒めたのである。その後、裁判官は寄託者に事実訴訟を授け、進んで彼らに誠信的性質の寄託法律訴訟を

与えた[131]。

（三）抵当

前に述べたように、抵当は債権者の信託質に由来する。債務者は信託簡約により目的物の所有権を債権者に移転し、債権者が満足を得た後、抵当目的物を債務者に返すという道徳と宗教の義務があるが、しかし、そうする法的義務は課されていない。それ故、双方の当事者の関係は、一時的に「信」を通じて維持されていたのであり、「法鎖」ではない。その種の関係を法律化させるために、裁判官は出質者に「人に対する抵当の訴え」を授けた。古典後期に、法学者は、出質者が「抵当の法律訴訟」を有していたことを認めた。その性質は誠信訴訟に属する[132]。

（四）使用貸借

古代ローマでは使用貸借に対し、相応の法律を設置し保護することはなかった。理由は、その種の取引の規模は典型的なものにまでなっていなかった点にあった。それ故、使用貸借という非典型的な関係が一時的に道徳と宗教で維持したのである。共和末期、裁判官は「使用貸借の事実訴訟」を授けて貸主の利益に保護を与えた。古典前期、その訴訟の上に、「誠信による使用貸借の法律訴訟」を付け加えた。その訴訟の誠信の性質は以下の点にある。すなわち、借主は目的物に対する単純な「所持」が移転された場合、彼はそれに対し、善良な家父としての注意を払わなければならない。もし彼が貸借の目的を超えて目的物を利用した場合には、使用盗の罪を構成する。契約終了後は、彼は誠信に従い、従物と果実と共に主物を返す義務を負う[133]。

四　誠信訴訟の目的の二：合意契約

合意契約は最も典型的な誠信関係である。それは古典期に生み出されたもので、その時期は、ローマの領土拡張で「一つの帝国、二

つの法域」という現象が生まれ、これが法律の衝突をもたらした。二つの法域というのは、ローマ-イタリア法域と属州法域である。法律衝突の解決法の一は、実体法規範を統一して解決することである。合意契約はこれに属するが、しかし、それは、ある機構が制定した制度ではなく、多民族の相互作用の中で慣習法という形で生み出された制度である。それ故、合意契約はローマ人と外国人の頻繁な往き来の結果であり、万民法から生み出され、その後、市民法に納まったものである。それには次のような種類がある。すなわち、

(一) 売買

それの、繁雑から簡単になるまでの歴史は前述の通りである。補充すべきことは、後に流行っていた要式的な言葉での約束の一問一答の形式は簡単は簡単であるが、それを使って双務契約を結ぶことができないということである。それ故、現代の売買の双務契約は買いの要式的な言葉での約束と売りの要式的な言葉での約束の重なったものである[134]。このように、まさに我々が見たように、クイントゥス・ムキウス・スカエウォラの時代には、買いと売りは、それぞれ一つの誠信訴訟を構成した。買いと売りを一つにする誠信訴訟は存在しなかったのである。ラベオの時代(1世紀)になり、学説ではようやく買いと売りを一体として、一種の双務契約にした[135]。故に、ユスティニアヌスは売買は一種の単一の誠信訴訟であると確認した（I. 4, 6, 28)。しかし、伝統の影響を受けて、司法の中ではなお買いの訴訟と売りの訴訟の二つを分けて買主と売主を保護しており、いずれも誠信訴訟である。

売買は有償契約の王様であり、その種の契約の内容を最も典型的に反映しており、従って他の有償契約がない場合は売買の規定が準用される。売買は、誠信に対する要求もまた最も典型的であり、ローマ人の司法実務はその面の事例を最も多く提供し、とりわけ売主の誠信に対する要求を提供している。以下、二つの例を挙げて説

第三章　誠信原則のローマにおける起源の研究

明する。

　事例一：紀元前235年（本件の裁判官の生年）の後のある確認不能の時期に、ローマの占い師は、ティトゥス・クラウディウスに己の建物を壊せと命令した。理由は、その建物の高さが占いを強く妨げたからである。クラウディウスはその事情を隠蔽した上で建物をラナリウスに売り出し、後者が建物を入手した後にそれを壊さねばならないという結果をもたらした。ラナリウスはクラウディウスに対して誠信の性質による売買の訴えを提起した。ラナリウスはクラウディウスを詐欺で告発することはできない。何故なら、そのときのローマはサルウェイウスの詐欺の定義を使っていたからで、その内容は次のようなものであった。すなわち、他人を欺く目的で、一つの行為を偽装し、もう一つの行為を行うある陰謀である。そのような詐欺はあくまでも積極的な詐欺行為しか含まれず、消極的な真相を明かさない行為（Reticentia）はそこに含まれなかったのである。それ故、自らの訴訟目的を果たすために、ラナリウスは誠信原則に頼り、クラウディウスに対し、「誠信により、与え、又は為さなければならない事情（Quidquid sibi dare facere oporteret ex fide bona）」を要求した。ローマの有名な政治家である大カトーがその事件を審理し、被告が原告に相応な損害を賠償せよと判決した[136)]。この判例は誠信の解釈にとって二つの意義を持つ。すなわち、

　（1）「知っていて言わない」は、サルウェイウスが定義した詐欺にはならないが、誠信に違反している。

　（2）売主は、誠信により、事前に買主に瑕疵を伝えるという契約前の義務を負う。

　事例二はただの仮想かもしれない。ある商人がエジプトのアレクサンダー港から船で食品を運んで、当時、大飢饉が起きたロドス島に向かった。彼は、アレクサンダーではすでに多くの商人が食品を船に運びロドス島への発進を手配していることを知っていた。彼の

航程の中で、食品を積んだ船がロドス島へ向かってきたのが目に映った。彼とすれば、どうしたら誠信を保てるのか。その事実をロドス島の住民に知らせるのか。それとも口を割らずに彼が運んできた食べ物をできるだけ高価格で売り出すのか[137]。キケロの考えでは、食品を売る商人たちがロドス島の住民に真相を明かすことで誠信の義務を果たしたことになる[138]。このように、誠信の行為基準は経済人の行為基準より遥かに高くなるのである。

売買においては、買主の延期払いの問題、売主が第三者の目的物への権利を暴く問題、目的物が他人によって追奪されるときに買主は継続して払うべきなのかの問題において、多くの誠信の要素が含まれている。

(二) 交換

交換は最も古い売買と言えるはずである。通貨の誕生によって売買は特殊の交換行為となり、それにより売買と交換の関係という問題を生じさせた。サビヌス派とプロクルス派はそれを巡って激しく論争し、やがて後者は、交換は一種の独立的な契約であるとの観点を受け入れ、従って、売買に関する訴訟は交換においては禁じられた。その代わりに、裁判官は交換を一種の単純なる合意に基づいて成立する無名契約と見なし、事実訴訟を用いてそれを保護した[139]。交換の性質は売買に似ているため、売買が誠信訴訟であれば、自然に交換訴訟もそうである。

(三) 賃貸借

先ず説明しなければならないことは、古代ローマの賃貸借は我々が理解しているのと極めて異なるということである。それには物の賃貸借、労務の賃貸借、そして仕事の賃貸借という三つがある。労務の賃貸借は今日の雇用に相当し、仕事の賃貸借は請負と運送に相当する。もし賃貸借を以上のように理解するならば、その誠信の性質は明らかになる。

物の賃貸借から始めるとしよう。古代ローマでは、賃貸借の適用範囲は狭かった。なぜかといえば、それは当時の土地は主として公地であり、賃貸借の目的となる土地は限られていたからである。しかし、当時の牛や馬は逆に値段の高いもので、どの家庭も持っているわけではなかった。農繁期、牛や馬のない家庭は金持ちの家庭からそれを借り、お礼をするのも習慣となり、その種の関係も徐々に物の賃貸借として発展してきた[140]。共和期には、ローマの公地は、監察官を通じて市民が耕作のために賃貸され始め、賃料をもらうようになった。その後、土地が私有化され、だれもが国のやり方を真似て土地を貸し出し、私法上の賃貸借が出現した。第三次ポエニ戦争の後、大量の外国人がローマに押し寄せて、それを機に商人は数多くの旅館やマンションを建てて彼らに貸し出し、それによって建物賃貸借が出現した。労務の賃貸借と仕事の賃貸借について言えば、古い時代には経済が自給自足であったので、雇用、請負、運送にまでは至っていないのである。共和後期に、土地の私有化がもたらした土地の集中と奴隷制の進行により、地主は農繁期に奴隷を貸し始め、それによって雇用の性質を持つ労務の賃貸借にまで発展した。賃貸借は自由職業者の労働の利用にも用いられており、医師、文法学者、講演家、哲学者、美術家、音楽家、弁護士そして法学者等は、こうした契約により他人に特に誠信の性質を持つ役務を提供していた[141]。請負について言えば、ローマでは、衣服の洗濯と製作の労働の社会化は、こうした関係が社会生活の中に広く存在していたことを証明している（I. 3, 24, 1）。運送について言えば、紀元前509年、ローマとカルタゴはある条約を再び結び、その中で、双方の船は不可抗力の状況でのみ互いの領土で避難する権利を認めた[142]。これは、当時の海運はすでに一定の規模に達していたことを証明している。紀元前2世紀になって、ローマの海運と陸運は共に著しい発展をし、その面においては比較的、完全な法規則が形成

されるに至った[143]。こうした要素が賃貸借関係の発展に堅い基礎を提供したのである。

　売ると買うと同様、スカエウォラの時代には、賃すと借りるも二つの契約であった。紀元前1世紀の中葉になり、ようやく両者を統一する合意契約が生み出された[144]。しかしながら、司法実務においては、訴権はまだ分かれていた。貸すの訴えは貸し手に保護を与え、借りるの訴えは借り手の利益を守っていた。両者はいずれも誠信訴訟である。賃借人、運送人、請負人は目的物に対して払うべき注意の問題上、及び被用者が提供していた労務の質等の問題上は、賃借契約は当事者の誠信に高い要求をしていた。

（四）代理販売

　この種の法律関係を保護するものは、代理販売に関する相当給付の訴え（Actio praescriptis verbis de aestimato）である。方式書訴訟【程式诉讼】の時期には、訴訟の方式書の添附部分に「前書き」が置かれており、裁判官が事件を引き受けた後、当事者の紛争内容を説明するために用いたもので、裁判官に誠信原則に従いやすく処理する権限を与えたのである。無名契約の問題を解決する一つの方法として、その前書きは前書訴訟と名付けられた。その訴訟は、当事者に行わせていたのが不規則な給付であったため、「相当給付の訴え」とも訳されている。このような不規則な給付は誠信を基準にしてしか確定できないものであるので、これは誠信訴訟である。最も早くは、代理販売の性質を解決するためにそれを提出したのであった。すなわち、もし当事者の一方が他方に値段の付いた物品を売ることを依頼したとすれば、売却後、依頼者にその価額を返還し、もし売れなければ原物を返す。この取引は値段の付いた売買なのか、それとも仕事の賃貸借なのか、あるいは委任なのか。法学者達の考えは様々であるが、裁判官はそれを一種の独立的な取引と見なし、その種の訴権を創設して紛争を解決した[145]。その訴訟は、誠信訴訟が

無名契約を調整する機能を示していた。

（五）委任

　はるか昔の単純な社会では、委任の必要はなかった。なぜかと言えば、それは家父が自己又は自己の家子を通じてあらゆる必要な行為をすることができたからである。紀元前3世紀から紀元前2世紀の商業の時代には、商売をしていたローマ人や外国人は、他の遠いところに滞在する彼らにとって信用できる人に委任をし、自分の代理人として自分で処理できない事務を代わりに行なってもらうことは、慣例となっていた。最初は、この種の関係は友誼に基づき、法律ではなく習俗で調整していた。紀元前2世紀から紀元前1世紀にかけて、社会関係の中の友誼が果たす作用が低くなり、委任関係が成長してきた。こうした関係を法律関係にするために、委任の訴訟が生まれ、合意契約の性質を持つ委任に保護を加えるようになった。最初は友誼関係から生み出されたものであるという歴史に関係して、委任契約は誠信の観念を基礎とするもので、この観念はこのような契約の規範を調整する作用を果たしていた[146]。

（六）組合

　紀元前578年に、セルウィウス・トゥッリウスが財産を基準に市民を仕分けた後、多くのローマ市民は、遺産が分けられることで自分の家の財産が減り、自分の等級が下がるのを防ぐために、遺産を分けない共同体を組んだ。これが市民法上の組合である。紀元前3世紀には、万民法上の組合が出現した。市民も外国人もこれを行い、こうして商業団体を組む需要を満足させた。こうした組合の当事者間の関係は、「信」の基礎の上に築き上げられたもので、法律は組合員数を制限することで団結性を保っていた。こうした新型の組合は、すぐに法律の保護を得て、組合の訴えという誠信訴訟も有していた[147]。

五　誠信訴訟の目的の三：いくつかの準契約

ローマ法における準契約としては、後見、事務管理、共有、遺産の移転、非債弁済等があり、前三者だけが誠信訴訟の保護を受ける。

（一）後見

後見は最も古い誠信関係の一つである。ローマの後見は発生原因によって、遺言後見、法定後見、指定後見及び信託後見の四つに分けられる。遺言後見と指定後見は共に被後見人の父母又は関係官吏が指定された者に対する信頼を基に設定される。他方で、法定後見人と信託後見人は被後見人の親族又は恩人の卑属である。それ故、後見関係はいずれも、「信」又は家族を基礎に築かれる。被後見人の財産は信託という形で後見人に移転され管理される。後見人はこの財産の所有権を持ち、自己の名で受益者の利益又は特定の目的のためにその財産を管理し、又は処分することができる。これは、2世紀初めに代理制度が出現する前は、後見人は被後見人の名で行為することができなかったからである。それ故、ポンポニウスは『クイントゥス・ムキウス評注』の中で次のように述べている。すなわち、「……後見人は……信用と注意を払わなければならない」（D. 27, 5, 4）、と。《十二表法》第八表第19条では後見人の忠実でない行為を私犯として定めていた。ユスティニアヌス法の中では、「信」の義務に違反した後見人は破廉恥という罰を受けなければならないが、しかし、故意の者に限られる（I. 1, 26, 6）。

（二）事務管理

およそ紀元前2世紀末、不在者や死者の事務管理問題を解決するために、裁判官は事実訴訟を創設し、他者の事務を管理する者の利益を保護するようになった。当時のこれらの事務管理は、主に他者に代わって出廷し応訴することであった。紀元前1世紀の中葉、市民法上の「誠信による事務管理の法律訴訟」が確立され、それにより、様々な、法律によって確認されていない事務管理の形態を網羅

するようになった[148]。この種の関係は誠信の性質が強烈である。一方で、本人は費用返還義務を負い、これを履行しないことはできず、他方で、管理者は不在者の事務を細心の注意を払って管理し、費用の報告義務を負う（I. 3, 27, 1）。

（三）共有

ここでの共有は、意思による通常の共有ではなく、法定共有である。すなわち、法律の規定が当事者の意思を超えるときに発生する共有である。相続による共有と受贈による共有の2種類がある（I. 3, 27, 3, 4）。ローマ人は、「共有は紛争の源」と考えていて、遺産分割訴訟と共有財産分割訴訟の二つの誠信訴訟で共有を解除することを許していた。前者は、共同相続人の中の一人がその他の相続人に対して提起する訴訟であり、目的は遺産分割である。裁判官はこれにより遺産を分割する裁判を行う。後者は、共有者中の一人がその他の共有者に対して提起する訴訟であり、共有財産の分割を目的とする[149]。このような関係の誠信の性質が、すでに共有物の果実を得ている共有者はありのままに他の共有者に対して責任を負わねばならないこと、また他の共有者は誠意を以て、共有物のために支出した費用を共有者に補償すること等の問題を表わしている。

六　誠信訴訟の目的の四：いくつかの物権関係

これまでの14種の誠信訴訟は、いずれも契約関係又は準契約関係を対象とするものであったが、以下の二つの誠信訴訟は物権関係に関するものである。

（一）妻の婚姻財産の訴え

共和末期から、妻が結婚で持ってきた嫁資は、もはや夫に贈るものではなくなり、夫は嫁資の占有、使用及び収益権を取得するだけで、妻が所有権を留保していた。婚姻関係解消後に、夫は妻に嫁資を返済する義務が課されている。そのために裁判官は妻の婚姻財産

訴訟を創設し、それを通じて、言葉での要式的な約束で妻側の婚姻財産の返済を定めたことのない妻が自分の嫁資を要求する権利を保護している。キケロの解するところによれば、その種の訴訟は「一層、良く、また一層、公正な訴訟である」（Quod eius melius aequius erit）[150]、それを通じて、裁判官はキケロにとっての一層、良く、また一層、公正な判決を下すことができる。その後、妻の婚姻財産訴訟は誠信訴訟へと変わり、それは物権訴訟であった。これと同時に、夫婦間に要式的な約束があったことが条件となり、法律は要式的な約束の訴訟で妻の嫁資の利益の返還も保護している。ユスティニアヌスは同じ事件を調整する要式約束と妻の婚姻財産の訴訟を組み合わせて新たな要式約束の訴訟を創設し、同時にそれを誠信訴訟とした（I, 4, 6, 29）[151]。妻の婚姻財産に関する訴訟においては、夫は誠実に妻の嫁資を返還しなければならず、隠匿は禁じられるが差し引くことはかまわないことが見てとれる。

（二）遺産を要求する訴え

これは、《十二表法》の時代に、すでに存在していた訴権である。法律訴訟の時代に対物の宣誓と判決決定の形式で出現した。方式書訴訟の時期には、それは一種の物権訴訟、すなわち返還を要求する訴えである（Rei vindicatio）。その方式は、「私は市民法に基づいてルキウス・ディキウスの遺産は私のものであると確認する」というものであった。これに基づき、相続人は遺産所有者の身分で、寄託、消費貸借、抵当等の名で他人の手にある遺産の返還を要求することができた。あるいは、死者が、遺贈、遺産信託等の名で取得すべき財産の給付を得ることができた。もしその相続人が勝訴したならば、遺産を占有している者が誠信なのかそれとも悪信なのかを区別して異なる処理をする。占有者が誠信であるときは、訴訟のときに実際に存在する遺産を返還するだけで良いが、もしその者が悪信ならば、遺産の毀損・滅失についても完全な責任を負わなければなら

ない。ただし、滅失・毀損が予想外の事件により生じた場合は除かれる[152]。ユスティニアヌスは『法学提要』の中で、ユスティニアヌスの時代には、遺産を要求する訴えが誠信訴訟なのかどうかは「依然、不確定である」（I. 4, 6, 28）ことに触れている。ユスティニアヌスは530年9月1日に大行政区の長官であるユリアヌスへの勅答の中で、この種の訴訟の性質については多くの争いがあるところ、この争いに決着をつけるために、ユスティニアヌスはそれを誠信訴訟であることを確定させた、としている[153]。私はその争いの具体的な内容を知ることはできないが、しかし、それが発生した理由については完全に理解している。すなわち、遺産を要求する訴えは純粋な物権の訴訟であり（妻の婚姻財産の訴えは、物権と債権の両方の成分を含んでいる。）、もし誠信訴訟がそれを含んでいるのならば、以前は契約関係を調整するための訴訟がついに物権関係の調整にも手を伸ばしたということを意味するが、しかし、物権関係の中にはすでに自分なりの誠信観念が存在しており、契約の誠信を導入した途端、直ちに二つの誠信関係の間の競合問題が始まった。確かに、この種の訴訟は客観的誠信と主観的誠信の両者に関わり、前者は、寄託、消費貸借、抵当等の名で死者の財産を占有する者は、死亡の証明がない場合でも、ありのままにその財産を相続人に返さなければならないということを表している。後者は、占有者が遺産に属するものは自己の所有であると誤認して占有している場合を表している。誠信訴訟の「境界を越えた」拡張、そして二つの誠信の一つの訴訟での競合、この両者は、現有理論体系の混乱を惹き起こすことになるのだろうか。当然のことながら、そのようなことは法学者達の躊躇いを惹き起こし、よって議論を巻き起こすであろう。現代的な見方からすれば、遺産を要求する訴えは、統一的な誠信の範疇を築くことの必要性と可能性を反映していたのである。

七　四つの目的の共通性

　上述の16種類の誠信訴訟が保護していた法律関係には、誠信の色彩が色濃く刻まれている。要物契約について述べると、それらはいずれも、当事者の一方が、他方に対する信頼に基づいて、目的物の所有権、占有又は所持の移転を行うことであり、移転者は一定の時間が経過した後でしか移転の回復を得ることができない。こうして、給付と給付に対応するものとの間に時間差が出現し、典型的な信用関係が発生するのである。合意契約について述べると、

　（1）その形式は極めて自由であり、双方の当事者の合意があればそれで足り、当事者は特殊の言葉又は文字を使う必要がなく、当事者本人が出席せずに、手紙や使者を通じて成立させることさえ可能である。繁文縟礼【繁文缛节】（はんぶんじょくれい）は取引の安全性にとっての保障となるが、ひとたびそれらをかなぐり捨てれば、「信」を以てこのような安全を保障する他なくなるのである。

　（2）合意契約は双務性を有する。すなわち、一つの契約関係が当事者双方の相互の義務を発生させ、過去のように二つの片務契約によって当事者の義務をそれぞれ表すのではないということである。むろん、これは契約締結コストの大きな節約となるが[154]、しかし、このような双務契約は、当事者双方の給付の抽象的な相互対応を基礎としているに過ぎず、特定の双務関係が法規定の非常に確定的な内容を有していることを求めてはいない。それ故、それは当事者の義務の不確定化を意味しているのである[155]。「この種の契約においては、一方は、善良と公平により、他方が負担する義務に対して相互に債務を負わなければならない」（Alter alteri obligatur de eo, quod alterum alteri ex bono et aequo praestare oportet）[156]。当然のことながら、このような不確定的義務は誠信の観念に基づいてようやく確定でき、かつまた履行できるものなのである。

八　誠信訴訟と厳格法律訴訟の区別

主として、以下の点で表される。すなわち、

1. 相殺【抵消】

誠信訴訟は相殺を許している（I. 4, 6, 30）。ローマの古い時代には、債務の相殺は許されていなかった[157]。法律訴訟においては、一つの訴訟は一つの目的に限るという原則が行われており、原告・被告双方が相互に請求権を有していた場合には、各自がそれぞれの訴えにより処理しなければならなかった。相殺が許されたことで被告は別の訴訟を提起するという繁雑さを免れ、商事活動の迅速性という要求を満足させることができ、訴訟経済という意義を持っていた[158]。我々は、このことから、誠信訴訟を二つの訴えの合併審理であると理解することができ、訴訟コストを下げるという価値を見ることができる。現代民法の術語を用いれば、誠信訴訟はグリーン原則に符号しているのである。

2. 詐欺及びその他の公平に基づく抗弁の提出

これらの抗弁は、原告の無理な要求を撃破するのに被告が用いるものであり、被告を保護するものである。厳格法律訴訟においては、詐欺及びその他の公平に基づく抗弁は訴訟の第一段階、すなわち法律審の段階で提出すべきものである。しかし、誠信訴訟においては、被告は詐欺及びその他の公平に基づく抗弁を提出する必要はない。なぜならば、裁判官は主体的にそれらを考慮する権限を有しているからである[159]。もし原告が詐欺や強迫等の行為をしたならば、裁判官は被告を解放することができる。

3. 責任の負担

これまで述べてきたことは、いずれも、誠信訴訟の当事者が享受していた利益であった。ここで述べるのは、その当事者が負う不利益のことであり、彼らは、作為に対してだけでなく、不作為に対しても責任を負わねばならない[160]。彼らが負っている注意義務も、

比較的、高く、善良なる家父の注意を果たしていない者は、すなわち有過失である。破廉恥を惹き起こす誠信訴訟においては、その者達は故意についてだけではなく、過失についても責任を負わなければならない。誠信訴訟の被告として、不履行が原告にもたらす直接的な損害についてだけではなく、得べかりし利益についての損害についても責任を負わなければならないのである[161]。

4. 誠信訴訟の裁判官が、約定されていない事項に対して有する処理権

裁判官は、判決の金額の中に、約定されていない果実や利潤の価値を含めることができ[162]、原告に遅延のときの利益を与えることができ[163]、当事者が契約に附加した簡単な義務及び後発的に減らすことが可能な約定の義務の事実等を考慮することもできる[164]。

5. 誠信訴訟の、原告の身分に対する要求は、比較的、自由である。

例えば、妻の婚姻財産の訴えにおいて、誰が嫁資を設定したかに関係なく、妻本人が訴えを提起することができる[165]。他方で、厳格な手続きに従えば、嫁資設定者だけが訴えを起こすことができるということになるはずである。公平という目的からすれば、誠信訴訟は、原告の訴訟請求に制限される。やはりまた妻の婚姻財産の訴えを例にとって説明しよう。亡くなった夫が妻に対して遺贈を残した場合に、要式の口約束の訴えにおいては、妻は嫁資の返還を要求することもできるし、また遺贈の請求をすることもできる。なぜなら、厳格法の性質を持つ要式の口約束の訴えにおいては、嫁資と遺贈は関係ないからである。しかしながら、誠信の、妻の婚姻財産の訴えにおいては、妻は嫁資か遺贈の中から一つを選択して請求することができるに過ぎない。なぜなら、両者の目的はどちらも妻が生活を維持できるようにすることであり、妻は同一の目的で両方の財産を取得することはできないからである[166]。

6. 誠信訴訟の被告の自由度は、比較的、高い。

　被告は、裁判官が判決を下す寸前であっても、判決前に自己の義務を履行するならば、解放され得る。履行不能の事情が存在するときは、裁判官はこれまた被告を解放することができるが、それは被告が当該履行不能について帰責性がない場合に限られる[167]。

7. 一部の誠信訴訟は、公法的色彩を備えている。

　後見の訴え、寄託の訴え、委任の訴え、組合の訴えにおいては、故意で誠信でない行為をした当事者に対し、破廉恥という判決を下すことができる（I. 4, 16, 2）。破廉恥というのは公法上の刑罰であり、その機能は社会の風紀を保つことである。その具体的な結果としては、選挙権及び被選挙権、兵役につく権利、姦通した妻に対する処罰権並びに上層階級との通婚権の喪失や、訴訟権の制限等を含んでおり[168]、ある種の極めて厳しい制裁である。

8. 属州において、故意に関わる誠信訴訟は、一段、高いランクの官吏が審理する。

　故意に関わる誠信訴訟の結末はかなり重大なものであるが故に、このような事件は、ランクが一段、高い官吏が審理する。1981年に発見されたイルニ（Irni）自治市法は、次のように規定していた。「被告の故意行為による組合の訴え、信託の訴え及び委任の訴えは、イルニ自治市の二人官（Duoviri）が管轄してはならず、属州の総督が管轄しなければならない。」[169]

九　誠信訴訟の消失

　3世紀末、訴訟の非常時が始まった。この時期は、法律審と事実審が分離していた制度が消失し、これに代わって、完全に公的な力により救済するという糾問式訴訟手続きとなった。方式書訴訟が消えることで、方式書の中の「誠信により……すべき」という付加語も消えていった。誠信訴訟が徐々に消えてゆき、それが保護してき

た誠信関係は、誠信契約及びその他の人法と物法上の関係に転化した。しかしながら、誠信訴訟の消失が一つの長い過程であることは間違いない。6世紀になり、ユスティニアヌス法の中で、それはなおも残され、範囲が広げられた（I. 4, 6, 28）。人々は次のように信じているのである。すなわち、誠信訴訟の消失は、すべての訴訟を誠信訴訟に変えることを通じて、誠信訴訟と厳格法律訴訟とを対立させる必要のないものとしたのである、と[170]。

十　誠信訴訟と類似するその他の制度

誠信訴訟と同様の機能を果たしている制度がいくつかある。契約関係の調整について言えば、事実の訴えと事実の抗弁、簡約の訴えと簡約の抗弁、一般的詐欺の抗弁がある。物権関係について言えば、仲裁の訴えがあり、不法行為関係について言えば、善良公正の訴えがある。

（一）事実の訴えと事実の抗弁

裁判官が、新たに出現した法律関係にして、市民法にそれの調整が可能な類似の訴訟がない法律関係に遭遇したときは、具体的な事実に基づいて方式書の訴訟を定め、これを事実の訴えと称した。通常、それは、代理販売契約以外の無名契約に使われた[171]。それは、かつて、前書訴訟と共に、無名契約関係を調整しており、後に、前書訴訟は代理販売契約に固定化された。こうした関係は、事実の訴えが単独で調整するようになった。我々は次のように見ることができる。すなわち、事実の訴えは、実際に、法律の不周延性という問題を解決するために用いられたのであり、それは、まさに典型化された社会関係に対して司法が確認するということであって、更にその先の、法律による確認を前もって示すものであったのである。この判断は、誠信訴訟の発展史を根拠とするものである。すなわち、16種ある誠信訴訟のうち、6種は、先に事実の訴えを手に入れて、

後で法律訴訟の保護を得たのである。それ故、事実の訴えは、往々にして誠信訴訟の前奏であり、新たな誠信訴訟を創設するものなのである——既存の誠信訴訟では調整不可能な社会関係が現れたとき、これのために試しの保護を提供し、法律訴訟誕生に至るのである。

　事実の訴えが原告側の利益を守るためのものだとすれば、事実の抗弁は被告側の利益を守るためのものであった。それは裁判官が事件毎に与える抗弁であり、「審理の故に使う抗弁」（Exceptiones causa cognita accomodatae）とも呼ばれている。その目的は、市民法が普通は重視しない状況を調整することにある。それは、市民法に合致しないときもあるが、法律又は元老院議決、更には、よくあることだが裁判官自身の衡平の評価を根拠としていた[172]。これらの抗弁が関係する事項は、いずれも、被告にとって不公平な出来事である。その出来事の多さに堪えられず、具体的な事項にひとつひとつ異なる名称を付ける煩わしさを避けるため、裁判官であるガッルス・アクイリウス（Gallus Aquilius）[173]が、その後、一般的詐欺の抗弁を創設し[174]、すべての、被告にとっての不公平の問題をまとめて解決したのである。事実の抗弁と一般的詐欺の抗弁にはこのような踏襲関係があるが故に、ウルピアヌスが次のように述べたのは正しい。すなわち、「詐欺の抗弁はすべて、事実の抗弁に由来する」（D. 44, 4, 2, 5）。

（二）簡約の訴えと簡約の抗弁

　簡約は、法定の形式が備わっていない単なる取決めであり、これにより当事者は、共に興味を持つ事項について約定することができる。このような取決めは、当初は形式的要件が欠けているが故に法的保護を受けなかったが、後に、裁判官が事実に即して問題を処理し、一部の簡約を保護した。つまり、違約された一方が事実の訴えを提起することを許した。これを、簡約の訴えと言う。それ故、簡

約の訴えは事実訴訟の中の一つであり、保護が与えられない簡約は、自然債務の効力をもたらすだけであるが、しかし、法的意義が全くないわけではない。例えば、債権者が簡約を用いて、債務者に対して債務の督促を二度としないとの承諾をした。もし債権者がこの簡約に違反したならば、債務者は、債務の督促をしないという合意がすでになされているという簡約の抗弁を以て、これに対抗することができる[175)]。以上のことから明らかに見られるのは、簡約の訴えと簡約の抗弁は、保護内容は合法的であるが、しかし、形式上、欠缺の有する契約関係の道具である。

（三）一般的詐欺の抗弁

　一般的詐欺の抗弁は、多くの学者によって、現代誠信原則の起源であると考えられている[176)]。この説は、誠信原則は古代ローマの誠信訴訟に由来するとの私の見解と対立する。こうした基礎の上に、イタリアの学者であるB・ビオンディ B. Biondi の折衷説が出現した。ビオンディは、誠信訴訟は内在的に一般的詐欺の抗弁を含んでいると考えた[177)]。イタリアの学者であるロベルト・フィオーリもまた、この見解を支持した[178)]。もしこの説が正しいとすれば、上述の二つの見解には、実質的相違がなくなる。しかしながら、近時、イタリアの学者であるアントニノ・メトロ Antonino Metro は、一般的詐欺の抗弁と誠信訴訟の関係について更に深く研究した。そこから得られた結論は、古典法の中で、一般的詐欺の抗弁が誠信訴訟の中に含むという現象は存在しないということであった[179)]。このことから、誠信原則の起源に関する二つの学説が再び対立し始めるのである。

　何が一般的詐欺の抗弁なのか。それは公平と誠信を基礎とする一切の抗弁であり、同様の目的を有するどのような特別な抗弁とも競合することができるものである[180)]。これらの特別な抗弁には、事実の抗弁、詐欺の抗弁、簡約に達したという抗弁、及び強迫の抗弁

等がある。当事者が特別な抗弁を援用することができないときは、一般的詐欺の抗弁を援用することができる。それ故、一般的詐欺の抗弁は、一種の予備的性質を有する救済手段である（D. 2, 14, 10, 2）。このように、この抗弁の名称中にある「詐欺」は、原告の欺罔行為を指すのではなく、むしろ、原告が訴えを起こすときに、方式は何であれ、不公平に事を行なったということを意味している。それ故、もし現代の用語で表すならば、それは、「明らかに公平を失したという抗弁」であり、表しているのは、「衡平を求める者は、自ら衡平でなければならない」という意味なのである。ユリアヌスの時代には、詐欺の抗弁は誠信訴訟の当然の内容であった（D. 30, 84, 5）。それ故、たとえ被告がその種の抗弁を出さなかったとしても、裁判官は、職権により、これを出すことができたのである。

（四）仲裁の訴え

これは、誠信訴訟と同様に裁判官に自由裁量権を与えるものであるが、しかし、それの主たる適用範囲は対物訴訟である。対人訴訟の場合には、詐欺、強迫、取消、及び原物を渡す等の場合のみに適用される。他方で、誠信訴訟は主として対人訴訟である[181]。

（五）善良公正の訴え（Actiones in bonum et aequum conceptae）

方式書訴訟の時代に、善良公正の訴えは、方式の「判決要旨」の中で裁判官に対して、衡平の基準に基づいて非財産的利益の損害額を確定し、判決を下す権限を与える訴訟である[182]。通常は、不法侵害の損害額を決める訴訟の中で、このような権限を裁判官に授けた[183]。確定性のために、法律は一定の規則を以て、裁判官の自由裁量権の行使に縛りをかける。例えば、被害を受けた場所、被害者の身分等の要素を考慮して、損害の軽重を確定するのである（I. 4, 9, 9）。しかしながら、キケロの時期になると、妻の婚姻財産の訴訟は善良公正の訴えに入れられた[184]。ユスティニアヌス法になると、

善良と公平は裁判官が不法侵害訴訟を処理するときの方法として維持されている（I. 4, 9, 1）。それと同時に、裁判官が遺産分割訴訟、共有物分割訴訟、境界確定訴訟を分ける方法ともなっていた。これは、裁判官が判決を通じてある物を争っている一方に与えることができるということを意味し、ある者が実際に得た額が、割り当てられた額を超えると考えられるときは、その者は確定した金額をその他の者に、順次、返済するよう判決すべきである（I. 4, 6, 20）。他方で、善良と公平は双務契約の当事者が債務を履行する方法となっていた（Gai. 3, 155; I. 3, 22, 3; I. 3, 24, 5）。これは、《ドイツ民法典》第242条が規定する、契約履行に際しての誠信の要求と同じであり、《ドイツ民法典》のこの規定もまた、数えきれぬその他の現代民法典が追随するところである。従って、現代民法典では誠信という用語で当事者の履行を要求するところが、ローマ人は往々にして善良と公平という用語で同様の要求をしていたと言える。以上のことから、ローマ人の「善良と公平」と現代人の「誠信」の等価性が見てとれるのである。

十一　各種の誠信制度の間の関連

　もし誠信訴訟の本質を裁判官に自由裁量権を授けることであると理解するならば、我々は次のように見ることができる。すなわち、ローマの訴訟制度の中では、すでに裁判官に自由裁量権を授ける制度体系が築かれていた、と。つまり、誠信訴訟、事実の訴えと事実の抗弁、簡約の訴えと簡約の抗弁、一般的詐欺の抗弁、仲裁の訴え、そして善良公正の訴えがこれである。これらは相互に分業がなされている。すなわち、前四者は主に裁判官の自由裁量が必要な契約関係を調整する。それらの内部にもまた次のような関係がある。つまり、事実の訴えは誠信訴訟の始まりかつ発展ルートであり、それを用いて社会の発展がもたらした無名契約の問題を解決する。簡約の

訴えは、形式上は合法でない善良な行為の司法的保護の問題を解決するためのものである。一般的詐欺の抗弁は、原告の一切の不公平な要求に対抗するために用いるものであり、一つの空いた筐という仕組みで、前三者が解決できない問題を解決するものである。仲裁の訴えは、主として、裁判官が自由裁量を必要とする物権関係を調整する。善良公正の訴えは、類似の性質を持つ不法行為関係を調整する。こうして、次のように言うことができる。すなわち、現代の誠信原則が受け持っている機能は、ローマ法の中では、誠信訴訟だけでなく、多くの制度が共同で受け持っていたのであり、それ故、これらの制度はいずれも、現代の誠信原則の開祖であると言えるのである。

144

第4節　ローマの誠信原則を最も理論的に仕上げたと考え得るクイントゥス・ムキウスとその時代

一　クイントゥス・ムキウス・スカエウォラその人

　主観的誠信について前に行なった研究の中で、主観的誠信が出現した時期をだいたい紀元前150年頃と確定した（《窃取物に関するアティニウス法》が公布されたおおよその時期である。）。この概念を精緻に用いている法学者は、クイントゥス・ムキウス・スカエウォラである。客観的誠信について前に行なった研究の中でも、客観的誠信概念を立法上、用いている者の中にクイントゥス・ムキウス・スカエウォラがいることを指摘した。このことは、一つの良い手がかりである。すなわち、我々がクイントゥス・ムキウス・スカエウォラその人とその時代についてはっきりさせれば、我々は、ローマ人の誠信観念の経済的基礎、宗教的基礎、そして哲学的基礎についての情報を手に入れることができるかもしれないのである。

　クイントゥス・ムキウス・スカエウォラは、およそ紀元前140年

頃に、ある高貴な法学の名門の家に生まれた。大祭司であるプブルス・ムキウス・スカエウォラの子息で、キケロの法学教師であった。紀元前106年に護民官を務め、紀元前109年には財務官を務めていた。紀元前98年に裁判官となり（惜しいかな、担当したのが内国人裁判官なのか外国人担当裁判官なのかは不明である。）、紀元前95年には執政官となって、在職期間中に、同僚であるリキニウス・クラッススと《偽市民に関するリキニウスとムキウス法》（Lex Licinia Mucia de civibus redigundis）を提案して、公布した。この法律は、ラテン人の転居権を廃止し、ローマ市民と自ら思っている外国人を処罰する一つの刑事法廷を設立するものであり、それが同盟市戦争を惹き起こした。紀元前94年、ムキウス・スカエウォラはアジア属州総督を務め、その地で税務官の残虐行為を攻撃する措置を採り、現地の住民から歓迎を受けた。紀元前89年、大祭司となり、紀元前82年に、騒乱の中で、マリウスの支持者である裁判官ルキウス・ダマシップス Lucius Damasippus によって、ウェスタ神廟の入口で殺害された[185]。

　クイントゥス・ムキウス・スカエウォラは、上述の政治家としての役割以外に、弁護士としての役割も引き受けていた。キケロは、クイントゥス・ムキウス・スカエウォラがP・ルティリウス・ルフス P. Rutilius Rufus 事件の弁護人を務めたことがあり、また、有名なクルス事件においてクルスの妻の代理人も務めたことを指摘している[186]。2回の出廷は、いずれも、勝訴はしなかった。

　それと同時に、クイントゥス・ムキウス・スカエウォラは、教師と著作家としての役割も担当していた。前者について言えば、クイントゥス・ムキウス・スカエウォラは、歳は18のキケロの法学教師であった。後者について言えば、クイントゥス・ムキウス・スカエウォラの著作として、『市民法』18巻、『定義集』（Horon）単行本等の著作がある。前者は、以下に述べる予定のスカエウォ

ラ体系を背負うものである。後者について言えば、B・シュミドリン B. Schmidlin は、その書はストア派の哲学者（クリュシッポス Chrysippus、紀元前280-前206年）のHoroiという書の影響を大きく受けており、ストア派の命題の論理又は結論の論理に基づいて書かれたものである可能性があり、定義の論理に基づいて書かれたものではない、と考えている[187]。この書の、D. 50, 17, 73 によって収録された五つの文によって、この推論を証明することができる。例えば、その最初の一文は、こう述べている。すなわち、遺産は後見につき従い、女性の相続人に関わる事情は除く、と[188]。この語は、おそらく、一つの定義と理解するのは困難であり、むしろ、一つの規範と理解すべきである。

クイントゥス・ムキウス・スカエウォラは、ストア哲学の信徒であり、従って、キケロの『弁論家について』の中で、ムキウス・スカエウォラは、ストア派を「我々の」と述べている[189]。こうした哲学的傾向は、死に対するムキウス・スカエウォラの態度に表れている。紀元前86年、マリウスの葬儀により惹き起こされた騒乱の中で、ムキウス・スカエウォラは傷を負い、そのため、紀元前82年のマリウス党の人々の騒乱発生後、ムキウス・スカエウォラは自分の運命を予見したが、しかし、逃げることはしなかった。それから、武器を持って自分の国家に対抗し、名誉ある死を選択したのであった[190]。

ムキウス・スカエウォラは、死後に、高い評価を手に入れた。キケロは、自分の作品の中で、ムキウス・スカエウォラを美徳の化身として描写している。ポンポニウスは、ローマ法史の著作を回顧する中で、スカエウォラを「体系化という方式で市民法を研究した最初の人物」と称している。少し後の著名な法学者であるサルウェイウス・スルウィキウス・ルフス（およそ紀元前106-前43年）は、スカエウォラの逸書を収集し、『スカエウォラ逸書補遺』を作り上げ

た。スカエウォラの18巻からなる『市民法』は、ガイウス、ポンポニウス、レイルス・フェリクス、モデスティウスらの法学者による評注を受けた。同じような栄誉を享有することができたのは、後のサビヌスの『市民法』だけであり、同書は、ポンポニウス、ウルピアヌス、パウルスの評注を受けている。しかしながら、サビヌスの『市民法』は、スカエウォラの同名著作を踏襲している可能性が非常に高く、それ故、サビヌスの著作に評注を付けることは、間接的にスカエウォラの著作に評注を付けていることになるのかもしれない。

　ムキウス・スカエウォラの作品のいくつかは、『学説彙纂』の中に収録されている。『学説彙纂』の中に収録されている作品の38人か39人の法学者のうち、ムキウス・スカエウォラは時期的に最も早く、その他の法学者によって46回、引用されている[191]。これは、権威が高いという待遇を与えているということである。

二　クイントゥス・ムキウス・スカエウォラの理論面での貢献

　法学史上、ムキウス・スカエウォラは、方法と問題の両面での貢献があったと公認されている。

　ムキウス・スカエウォラの方法論上の貢献は次の二つの面を含んでいる。すなわち、

　1．スカエウォラ体系を切り開いた。

　この体系は、相続法、人の法、物の法、債の法という四分制を採用しており、後にサビヌスが物の法と債の法を後ろにするという変更を加えた。そのため、スカエウォラ－サビヌス体系とも称される[192]。この体系は近代のパンデクテン体系の先駆けである。しかし、相続を第一編に配置するのはパンデクテン体系と異なっており、現代人には理解しがたいことである。しかし、これがまさしくクイントゥス・ムキウス・スカエウォラがストア哲学者であるとい

う証拠なのである。何となれば、この哲学は、「死に向かいて生きる」との立場を採っているからである[193]。

2. 一人の弁護士及び教師として、事例分析の三分法を新たに作り出した。すなわち、事案、問題、解答の三つであり、このようにすることで、具体的な事件、法的問題、及び法学者の解答を分けることができ[194]、具体的な事実から出発して法的規則を抽象するのに有利となるのである。後世の法学者による『問題集』、『解答集』といった著作はいずれも、このような方法論の派生物であると言うことができる。

ムキウス・スカエウォラの問題解決面での貢献は、以下の点にある。すなわち、

(1) ムキウス・スカエウォラは、ローマ法における責任の三基準——故意、過失、予想外の出来事——理論を作り上げた[195]。このことにより、損害賠償における客観的帰責の原則、賠償の有無及び賠償範囲の問題と加害者の自由意思の連結が打破され、今日に至る人類の損害賠償法の遺産となっている。ムキウス・スカエウォラはギリシャ哲学の影響の下でこの初の試みを成し遂げたと言われているが、場面を刑法から不法行為法に置き換えたに過ぎない[196]。

(2) ムキウス・スカエウォラは、後見について分類を行い、5種類に分けた。これは、サルウェイウス・スルウィキウスの三分法やラベオの二分法と異なっている[197]。

(3) ムキウス・スカエウォラは、占有について分類を行なった (D. 41, 2, 3, 23。パウルス:『告示評注』第54巻)。具体的にどのように分けたのか、定かではないが、誠信の占有と悪信の占有の区分が含まれていた可能性が非常に高い。

(4) ムキウス・スカエウォラは、法的な意味で契約 (Contractus) 概念を最初に使用した人物であり、ローマ人で最も早く契約を分類した。すなわち、要物契約、言辞契約、合意契約である。それに

よって、債務の口約束、要式売買、法廷譲渡、要式口約束の時代後れとなった、契約締結方式についての描写が淘汰されたが、要式口約束だけは、言辞契約に残された[198]。こうした試みは、ローマの契約法と我々の契約法を近づけるものであった。

（5）ムキウス・スカエウォラは、裁判官を務めている際に、ムキウス保証（Cautio Muciana）を創設した。これは、遺言者が、ある事を行わないということを条件として、ある者に対して遺贈をした場合に適用され、もしそのことを行なったら、遺贈は剝奪される。当時のローマ人は解除条件という観念を持っておらず、このような条件は受贈者が死亡する前に成就することはあり得ないため、そこで受贈者が生きているときは遺贈物を得ることができない、ということになった。〔しかし、〕これは、明らかに不公平なので、ムキウス・スカエウォラは一つの保証を創設した。それは、受贈者が相続人に対して〔何か〕なすとき、その内容は、ひとたび条件が成就すれば遺贈物を相続人に返還する、というものである。こうして、遺言者が付加した消極的な随意条件は、このような処理を経て、解除条件に変化した[199]。以上のことから、ムキウス・スカエウォラが解除条件制度を創設した、と言うことができる。

（6）ムキウス・スカエウォラは、ムキウス推定（Praesumptio Muciana）を創設した。これによれば、既婚女性の占有するあらゆる財産につき、帰属に疑義があるときは、その夫に属すと推定され、夫の債権者により執行され得る[200]。

（7）遺言の効力を救うために、判読不能の規定を創設した。これは、書かれざる解釈規則と見なされている（D. 50, 17, 73, 3）。

（8）大祭司の身分で、自権者のために、養子縁組をするときの誓言を作った。

（9）最も早く主観的誠信と客観的誠信を合体させて一つの炉とし、主観〔面〕と客観〔面〕を結合させた誠信原則理論を作り上げ

た。これは、私が推測するムキウス・スカエウォラの理論的貢献であり、後に、このことを論証することができよう。

　この他に、ムキウス・スカエウォラには、二つの第一がある。すなわち、

　(1) 最も早くギリシャの弁証法の方法に影響を受けた法学者であり、ギリシャからこのような方法を盗んだプロメーテウスである。

　(2) 仮定の事件を背景に、法律問題を討議した第一人者である[201]。このような方法のお蔭で、法学研究は実際からかけ離れることなく、それでいて実際の制約を受けないのである。

　当然のことながら、伝わっている文献は限りがあるため、これらはムキウス・スカエウォラの理論的貢献のすべてであることはあり得ないが、しかし、これらの貢献によるだけですでに、ムキウス・スカエウォラに従前の法学者の最高の評価をもたらすのである。中世法学者による、ムキウス・スカエウォラに対するこの上ない称賛はほうっておくとして、近現代の法学者による、ムキウス・スカエウォラに対する評価だけ述べと、Bruce Frier曰く、ムキウス・スカエウォラはローマの法律科学の父にして西洋法の伝統の父の基礎を築いた人物である、と[202]。『ローマ法学史』の著者であるフリッツ・シュルツは、ムキウス・スカエウォラは法の体系化の基礎を作った人物であると述べている[203]。言い換えれば、ムキウス・スカエウォラなくして、法典法は存在したのか、大陸法系ないしは西洋の法的伝統全体は形成され得たのか、いずれも一つの問題である。私は尋ねたい。すなわち、このムキウス・スカエウォラ以外に、西欧の法学者でこれほど高い評価を得たことのある人物は誰かいるであろうか、と。

三　クイントゥス・ムキウス・スカエウォラがローマ法の誠信原則の型を造る可能性

　上述のように、主観的誠信の起源にしろ、客観的誠信の起源にしろ、どちらもクイントゥス・ムキウス・スカエウォラに向かう。そのため、ムキウス・スカエウォラが主観的誠信と客観的誠信を統一した人物であるのか。あるいは、曰く、ムキウス・スカエウォラがローマ法における誠信原則の型を造った人物なのか。私は、そのような可能性が非常に高いと解している。理由は、以下の通りである。すなわち、

　1. ムキウス・スカエウォラは、ローマ共和国の高級世俗官職を務めたことがあり、加えて、宗教的官職である大祭司も務めていたのであるから、こうした俗界と神界をまたがった経歴は、宗教的性質を有する信を世俗的性質を有する誠信に転化するのに好都合であった。

　我々は、ムキウス・スカエウォラが大祭司の家に生まれたことを知っている。大祭司の職責の一つは、ローマの宗教を管理することである。ローマ人は多神教を信じており、信義の女神は、ローマ人達が信仰する神の一人であった。「信」は聖なる法であり、すなわち人間と神との間の関係を規律する法による、人間の行為に対する要求なのであって、背信は「神の平和」（Pax deorum）を破壊する行為であり、厳しく懲罰しなければならず、そうして初めて神の憤怒を静めることができるのである。そうであるから、大祭司の職責の一つは神との平和を維持することである。従って、ムキウス・スカエウォラは、「信」の教義について非常に熟知していたはずである。ムキウス・スカエウォラには、世俗の官職を務めていたとき（とりわけ裁判官を務めていたとき）、こういった面での知識をローマ人と外国人との間の関係に用い、さらにはローマ市民間の関係に用いて、これを世俗的性質を有する誠信に改造する可能性があったのであ

る[204]。

  2. ムキウス・スカエウォラは、法的意味がある人間の内心的活動、すなわち、故意、過失及び注意について研究しており、ムキウス・スカエウォラは注意の概念を使用した最初の人物であるとさえ考えられている[205]。

 この3種の心理活動は、いずれも、誠信と密接な関連がある。ある意味、主観的誠信は故意の欠如であり、客観的誠信は過失の欠如であって、注意は過失の回避であるから、従って、誠信の表れである、と言うことができる。とりわけ、ローマ法中の故意は通常、悪意の詐欺（dolus malus）と言われることを考慮しなければならない。そして、ローマ人の実践の中では、詐欺という用語を用いるのであれ、誠信という用語を用いるのであれ、同一の立法者の願いを表しているのであって、ときには、用語の選択の問題であるに過ぎない。例えば、ムキウス・スカエウォラが公布した《アジア属州告示》の中では、「このように締結された取決めを誠信により実施することができない」（Extra quam si ita negotium gestum est ut eo stari non opoeteat ex fide bona）という決まり文句を使用していた。そして、紀元前51年にシリア属州総督を務めたマルクス・ガルプルニウス・ビブルスMarcus Galpurnius Bibulusが公布した告示の中で使用されていたのは、「悪意の詐欺」という用語であった。キケロは自分の《チリチア属州告示》中でいずれの者を採用して原本を作るか比較考量したとき、ムキウス・スカエウォラを採用し、ビブルスを選ばなかった。その理由は当時の条件にあった。すなわち、もし悪意の詐欺を構成すれば、被告は破廉恥を言い渡され、所属する階級から追放されることになるのに対し、誠信の違反であればそのような結果にはならないのである。自己の告示が抑制することになるものが主として自己が所属する騎士階級メンバーであることを考えれば、そのメンバーは往々にして属州における、税を請け負う活

動に従事しており、この階級の利益を擁護するという考慮から、キケロは誠信型の告示を採用したのである[206]。こうした状況においては、「誠信」は悪意の詐欺の穏やかな書き方であると言っても問題がない。このような軟化には、キケロの階級的利己心が潜んでおり、誠信原則が世に出る過程での暗い一面をさらけ出してもいたのである。すなわち、ムキウス・スカエウォラが《アジア属州告示》の中で「誠信」という用語を用いたとき、キケロに類似する考慮があったのかどうかについて、知る者はいるのだろうか。

3. ムキウス・スカエウォラは、占有の分類について研究した。

　誠信占有と悪信占有は、この面における最も基本的な分類である。ローマの法学者は、占有を二分した。先ず、事実の角度から分類を行い、取得原因に基づいて、買受人の占有、贈与に基づく占有、遺贈に基づく占有、嫁資に対する占有、相続人の占有に分けた（D. 41, 2, 3, 21）[207]。このいくつかの占有原因は、取得時効における占有の原因であり、このことは、占有制度が取得時効制度から派生してきたものであるということを物語っている。次に、規範の角度から分類を行い、占有者が法的評価を受ける内心的状態に基づいて、誠信占有と悪信占有に分けた（D. 41, 2, 3, 22）[208]。上述の構成は、誠信占有と悪信占有の分類を取り除けば、極めて不完全なものとなり、事実を描写するだけで価値判断がない構造と化する。ムキウス・スカエウォラの学術的背景に対する我々の理解によれば、ムキウス・スカエウォラはそのようなことをする可能性はそれほどない。ムキウス・スカエウォラに関係する言論は、間接的に流布することはあるにしても、ムキウス・スカエウォラの名前で直接、流布することはない。前述のように、パウルスは、『クイントゥス・ムキウス評注』の第22巻（D. 22, 1, 45）の中で出している、果実で誠信占有者に褒賞を与えるという考えは、イタリアの学者であるアルベルタリオ Albertario の見解によれば、ムキウス・スカエウォラから出る

ものである[209]。

4. ムキウス・スカエウォラは、身をもって誠信を実行する事例を残した。

キケロは、『義務論』において、ムキウス・スカエウォラを「善人」（bonus vir）の模範として論じている。ここから、我々は、クイントゥス・ムキウス・スカエウォラは次のような誠信の行動をしていたことを知る。すなわち、――ムキウス・スカエウォラはある土地を買おうと思い、売り手に対して、変動しない価格【死価】を早く言うようにと頼んだ。売り手は、それを行なった。ムキウス・スカエウォラは、その土地に対する自分の評価はあなたのそれより高いと言い、売り手の値段より10万セステルティウを増額した[210]。ムキウス・スカエウォラは、買受人として、誠信原則により事を進めた。値段を掛け合うのではなく、値段を見て天秤棒〔を担ぐ苦労をするの〕ではなく、むしろ、手に入れた利益に十分、足りる代金を支払い、相手方のうっかり又は無経験を利用して私利を貪ることはしないのである。これは、ストア哲学が実施していた行為によるものであり、この哲学は、人間の感情及び欲望に対して理性が制御することによって、心が動かない状態に達するのが人間本性である、と考えている[211]。この事例は、義と利の選択を表しているのであり、ストア哲学は、「利を捨て義を取る」[5]を要求しているのである。

5. ムキウス・スカエウォラは、客観的誠信の立法の実践を残した。:《アジア属州告示》

この点はすでに述べたので、ここでは触れない。

6. ムキウス・スカエウォラは、弁証法を熟知していたため、そのことが統一的誠信原則を作り上げるための技術的支援を提供することができた。

前述のように、ムキウス・スカエウォラはギリシャの弁証法を用いた人物であった。ここでの弁証法は、永遠に発展する科学に関す

るものでは決してない。むしろ、問題を研究する一種の方法であり、総合（Synagoge）と区分（Diairesis）という二つの支系に分けるものである。前者を「上昇」と理解し、後者を「降下」と理解する者もいる[212]。後者は、対象を一定の方式に従って分類するものである。前者は、一個の逆の過程であり、分類した結果を体系に還元する過程である。この上昇・降下の過程において、一つの理論体系が構築される。こうした推理に従って、ムキウス・スカエウォラは、宗教的性質を有する概念である「信」から出発して、それを主観的誠信と客観的誠信という二つの支系に区別したのである。ムキウス・スカエウォラは異なる用語を用いて区分したわけではなく、bona fides〔という語〕を一体的に使用してはいるものの、この語は、ムキウス・スカエウォラが占有の分類をするのに用いるときに一つの意味となっており、また税務官の残虐行為を規制する《アジア属州告示》の中で用いるときも一つの意味となっている。この二つの意味を統合することで、ローマ法における誠信原則を作り上げたのである。

　7．ムキウス・スカエウォラが信じていたストア哲学は、ムキウス・スカエウォラが統一的誠信を作り上げるのに、哲学的基礎を提供した。

　ストア哲学は、エピクロス学派の快楽主義の幸福感に反対し、徳があればすなわち幸福である、と主張する。また、この学派が採用する禁欲主義は、人々がただ単に徳だけを求めることを鼓舞するための条件を作り出した[213]。そして、美徳とはすなわち誠実（Honestum）であり、ストア派はそれを唯一の善と考える[214]。ストア派の立場で考えれば、誠実は自然により生きることであり[215]、つまり美徳に従って生きることである[216]。キケロは、誠実は四つの美徳に体現されると考えている。すなわち、

　（1）適切に、慎重に真理を明らかにする。それ故、盲目的に行

動しないこと——之、知識の徳と言う。

（2）人間社会の維持のため、各人に各人のものを分配すること、忠実に契約を守ること——之、共通の社会生活の徳と言う。

（3）精神の偉大さ、崇高さ、不撓不屈さ——之、心の偉大さの徳と言う。

（4）あらゆる言行が分をわきまえていること——之、節制の徳と言う[217]。

　この四つの美徳の中で、最初のものは理論理性に属するのに対し、残りの3種類は実践理性に属する。とりわけ第二のものは、正義の徳であり、完全に法の徳である。ウルピアヌスの時代になると、この倫理規則は、ローマ法の三原則に取り入れられた。すなわち、「誠実に生きよ」、「他人を害するなかれ」、「各人に各人のものを分配せよ」がこれである（D. 1, 1, 10, 1）。これらが誠信原則の基礎なのである。主観的誠信であれ客観的誠信であれ、いずれも、「他人を害するなかれ」の戒律の表れである。両種の誠信を実行した効果は、また、どちらも、「各人に各人のものを分配せよ」である。客観的誠信は放埒さに対する抑制であり、それは節制の徳に合致する。主観的誠信は、多くの場合、弱者に対する援助であり、その実行は、誠信を有している者にとって、放埒な相手方の抑制でもある。従って、両種の誠信は、いずれも、ストア哲学の倫理観念を十分に表すものである。従って、主観的誠信がムキウス・スカエウォラによって確立された後、ストア哲学者であるマルクス・アウレリウス皇帝の手で、広範に使われ、そして拡張されたことは、何ら不思議なことではないのである。

　そればかりか、ストア哲学は世界主義の立場を採用し、属州民だけでなく外国人でさえ排斥することはせず、むしろ、彼らを自分達の兄弟姉妹と見て、自分達の資源を分かち合うことを許した。こうした立場もまた、ストア哲学が誠信原則を支援する支点なのであ

り、我々は、誠信原則は先ず最初に非ローマ人との関係の中で発展してきたものであるということを忘れてはならないのである。

　以上のことから、我々は完全に、次のことを信じる理由を持つことになる。すなわち、ムキウス・スカエウォラはストア哲学を基礎としてローマの誠信原則の理論化を実現し、同一の語句を用いて二つの領域の誠信を表出するということを具体化して、誠信原則を宗教的性質のある「信」から世俗的性質を持つ「誠信」へと変化させることを成し遂げ、それと同時に、この原則を、「過去」には渉外民事関係に適用していたのに「現在」は内国民事関係に適用するというような変化を成し遂げたのである。従って、ルイジ・ロンバルディがローマにおける誠信原則の確立時期をムキウス時代と定めたことは、実に理に適ったことである。当然のことながら、ムキウス・スカエウォラがこの作業を成し遂げる前に、2種類の誠信が探究不可能な時期にそれぞれ確立されている可能性はあるものの、しかし、両者は、かつては相互に関係なく、哲学という後ろ盾を欠き、宗教的性質を帯びていた可能性すらある。ムキウス・スカエウォラがこのすべてを変えたのである。従って、両種の誠信のそれぞれの誕生時期を考証しようと無駄骨を折るよりも、両者がムキウス・スカエウォラの手の中で新たな生命(いのち)を獲得した時期を考証するのである。我々が、後の世界に対して計り知れない影響を与えた誠信原則はこのような時期に誕生した、ということを宣言するのを妨げるものは何もない。

四　ローマ法の誠信原則を育んだ経済的条件

　私がムキウス・スカエウォラがローマ法の誠信原則を作り上げた人物であることを探ったのは、自分の考証癖を満足させるためではなく、むしろ、ローマ法の誠信原則が出現した時代背景を探ろうとしたからであり、それにより、誠信原則はどのような環境の中で育

まれたのかを説明しようとしたのである。スカエウォラ時代のローマの宗教的背景及び哲学的背景については、前に述べたが、その時代の経済的背景についてだけは未だ述べていないので、ここで補充しておきたい。

　ムキウス・スカエウォラが生存していた58年間（紀元前140-前82年）は、ローマの歴史上、商業時代かつ大拡張時代であった。商業時代は紀元前3世紀に始まり、紀元前2世紀に終わる。その時代、ローマは、農牧経済から商業経済への転換が完了し、伝統的な社会構造がかなりの程度、破壊され、新しい社会生活様式が出現した時期であった。ムキウス・スカエウォラは、このような時代に出生し、成長したのである。紀元前1世紀は、ローマ史上の大拡張時代である。スカエウォラが生きた58年の間に、ローマ人は二つの国を征服し、それにより二つの属州を築いた。それが、アジア（Asia、紀元前133年）と、ナルボを州都とするガッリア（Gallia Narbonensis、紀元前121年）である[218]。ここに至って、ローマは全部で九つの属州を有し（スカエウォラ出生前に設置していたシチリア、コルシカ・サルディニア、近スペイン、遠スペイン、マケドニア、エピルス、アフリカといった七つの属州が加わる。）、最終的に53となる属州数の17％近くを占めるに至り、まさに地中海帝国が形成されつつあった。これは一つの貿易共同体であり、イタリア商人が東方と西方の属州のそれぞれの隅で〔経済を〕活発にし始めた。主に、各属州で買い入れた製品をイタリアに輸入し、それと同時にイタリアから製品を輸出していた。全般的に入りが多く、出は少なかった[219]。当然のことながら、属州の人がローマ－イタリアに来て商売をしたり、あるいはその他の活動に従事することもまた、避けられないことであった。しかしながら、この帝国が採用したのは、宗主国としてのローマ－イタリアと植民地としての属州という二つの法域の構造であった。属州民はいわゆる外国人であり、市民法を適用することはできなかった。

こうした法は、厳格な方式を頼りに取引の安全を保障するもので、外国人がこれを用いることはできない。こうして、誠信が、ローマ人と外国人の取引において方式に取って代わる安全保障要素となった。それ故に、主観的誠信を肯認するププリキウス訴権は、外国人担当裁判官であるププリキウスがローマ人と外国人の取引を処理する中で打ち立てたものなのである。

　誠信の裁判は、属州という環境の中でどんどん生み出されていく。前述のように、クイントゥス・ムキウス・スカエウォラは、紀元前94年にアジア属州総督を務めているとき、告示の中で「誠信により」という抗弁を採用した。キケロは、紀元前51年、チリチア属州総督を務めているとき、自ら公布した告示の中で踏襲している。客観的誠信規則は、このようにして広まっていった可能性が非常に高い。従って、両種の誠信はいずれも、ローマの大幅な拡張が惹き起こした「国際貿易」（厳密に言えば、「州際貿易」と言うべきである。なぜなら、ここで言っている外国人は、別の国の人ではないからである。）の中で生み出されたと言っても、何の問題もないはずである。

第四章　誠信原則の大陸法系における歴史的発展の研究

第1節　中世法における誠信

　一　略述

　通常の意味での中世は5世紀から15世紀までの時代であり、ゲルマン民族が西ローマ帝国を攻め落としたことによりギリシャ・ローマの古典文化が転換した時期からヨーロッパのルネッサンスの間の時代である[1]。しかしながら、これは、議論を便利にするためのものであり、私はむしろこの語を、西ローマ帝国の滅亡から、18世紀になってヨーロッパが法典編纂運動を始める間の時期を指すものとして用いたい。この時期は、誠信原則の進化の重要な段階である。その中で、教会法と商人法が勃興し、ゲルマン法もまた新しい勢力として大陸法系の塑像作りに参与した。これらの法を研究する学者とローマ法を研究する学者は、それぞれ、法律問題に対して研究を行い、それぞれ特有の貢献をした。ローマ法における誠信は、主として訴訟の中で具体的に表されており、中世の法学者はこの制度の実体法化を成し遂げた。ローマ法では、主観的誠信と客観的誠信の区別は、未だ理論化の段階にまで高められておらず、中世の法学者であるヴェヒターとブルーンスがこの作業を完成させたのである。それから、二人は更に、民事の誠信と宗教の誠信の区別という

問題、主観的誠信の構成基準という問題、誠信と悪信の間の中間的状態という問題、誠信と裁判官の自由裁量権の関係という問題について、特に誠信の契約論的基礎の問題等について熱心に研究を行い、諸問題に対する研究の深化を大いに進めた。誠信の問題を道徳化しすぎる傾向はあるけれども、やはり私は、我々の現代の誠信理論はこの時期の相応する理論と一段と近く、ローマ法における相応する理論からはやや遠いと言いたいのである。以下、一般的誠信、主観的誠信、客観的誠信という三つの面に分けて、中世の法学者の研究成果を紹介する。

二　中世の法学者の、一般的誠信に関する論述

一般的誠信については、16世紀後半頃の法学者チェルソ・バルガッリ（Celso Bargagli）が誠信を神学上のもの、自然的なもの（哲学理論に関わるもの）、そして民事上のものという3種類に分類した[2]。これは、フェレイラのような現代の学者も依然として採用している分類である[3]。これら三者の関係は、行為基準がだんだん下がっていくというものであるはずである。神学上の規則は、当然に、世俗法又は市民法の規則と比べて、人に対して出す要求が高いはずである。「教会法は積極的な誠信を要求する。そのため、悪信が発生していないというだけでは足りない。」[4] この言葉は、少なくとも、教会法上の誠信は主観的領域において民事の誠信と同じではないということを示している。前者は積極的なものであり、「ある状態を備えていなければならない」という語句で表される。後者は消極的なものであり、「ある状態がないということが必要である」という語句で表される。なぜ異なるのかというと、市民法は争いを減らし、法律関係を安定させ、そしてそれを明確化させることを追求しているだけであるのに対し、教会法は人々を神の方へ、永遠の幸福の方へと引き上げることを意図しているからである[5]。周知のように、

第四章　誠信原則の大陸法系における歴史的発展の研究

中世の特徴は宗教生活が世俗生活に対して優先的地位にあったことであり、このことから、いずれの市民も信者であるから、これで法的規範と道徳規範、宗教規範の混合が起きていた。このため、1215年の第4期ラテラノ公会議は、「信仰に従わないことはすべて罪である」と規定した。このようにして、誠信は「罪のない状態」になったのである[6]。罪とは何なのか。ここでの「罪（sin）」は、世俗法の意味での罪（crime）ではなく、宗教に対する信仰に従って事を行わないという状態のことである。モーセが『旧約聖書』の中で提示した「十戒」[7]、イエスが『新約聖書』の中で提示した「山上の垂訓」[8]における規則に違反したならば、この意味での罪を構成する。これは一つの高い基準であり、それ故、教会法は市民法よりもはるかに容易に「罪」を惹き起こす。これは、前者は必然的に、外的行為だけでなく内的意思も根拠として、「罪」があるか否かを判断しているからである。なぜこのように言えるのかというと、教会法は誠信を良心と同列に扱ったからである[9]。それなら、良心とは何か。「それは、善に向かい悪を避けるという一般規則を具体的事情に従って妥当な特定規則という芸術に転化する」[10]。次のように言うこともできる、すなわち、「良心は、特定の個人に適用される道徳規則である」[11]。それ故、良心は主観性と個別性を有している。

いずれにしても、教会法における誠信理論は、ヨーロッパ大陸の世俗法に対して少なからぬ影響を及ぼした。例えば、《フランス民法典》の思想の根源の一であるポティエ（Robert-Josepf Pothier、1699-1772年）は、誠信の契約当事者の行為は「あなたの他人をあなた自身であるかの如く愛しなさい」[12]であるべきである、と解している。ポティエは、この高い基準を以て宗教規範を法に導き入れ、教会の地と市場の地を同列に扱う。このことは、人類の団結を維持するのに有利である。この基準を売買に具体的に適用すると、それは、買主に対して二つのことを要求することを意味する。すなわ

ち、第一に、詐欺を以て売主を誘い、売買させない、あるいは比較的安く売らせないこと、第二に、公正な価格より低い価格で購入しないこと[13]。この二つのことを行う者は、全く経済人ではない。

　教会法における誠信理論は、イギリス衡平法に対しても重大な影響を与えた。衡平裁判官が不合理なコモン・ロー制度を破壊するとき、一に良心に求め、二に誠信に求める。この二番目の武器を用いるとき、僧侶としてのこの裁判官は、教会法における誠信理論について熟知していた。そこで、彼らはこのようにして、ローマ教会法における誠信原則をイギリスにおいて制度化していったのである[14]。

　民事上の誠信について、私は中世における三つの定義を見付けた。

　第一の定義は、これを「言行一致であること、及び正義感から出る忠誠」と限界付ける[15]。この誠信の定義は、「言」と「行」の両面からスタートするもので、誠信に関するキケロの論述の面影が透けて見える[16]。実際に、誠信に関する中世の法学者の論述は、常にローマ人の論述の影響を強く受けている。

　第二の定義は、同じくローマ法のテキスト【文本】に基づいて、マリアノ・ソッツィーニ（Mariano Sozzini）がユスティニアヌスの『法学提要』1, 1, 3で提示されている法の三つの戒律からスタートして誠信原則について説き明かしている。すなわち、「公正に分配し、各人に、与えられるべき物を与える者、自然及び善良の意識に基づいて事を行い、自分でも、また他人を通じても、第三者を犠牲にするという方法で富を築かない者、これらの者は誠信について分かっているのである。」[17]この定義が列挙している第一の人は、「各人に、与えられるべき物を分け与えよ」という戒律を守り従っており、これは積極的誠信の戒律である。列挙されている第二の人は、「他人を害するなかれ」という戒律を守り従っているのであり、これは消極的誠信の戒律である。ソッツィーニはこのことから、ローマ法の史料を利用して二者を一にする誠信の定義を作り上げ、中世

の人々の、誠信に対する把握の仕方を完全に明らかにした。

　第三の定義は、レブッフス（Petrus Rebuffus）が『語句の標準的意味について』という書の中で提示したもので、更に操作可能なものである。すなわち、「いかなる詐欺又は虚構でではなく、むしろ忠誠と勤勉を以て事を行い、行わなければならない事を引き受ける者は、誠信に事を行う者であると言うことができる。」[18]この定義は、誠信を忠誠と勤勉の具有及び詐欺又は虚構の欠如と限界付け、正反両面からこの概念を明らかにしたものであって、一つの法的な、そしてまた非道徳哲学的な定義である。

　中世の法学者は、多くの領域において誠信について語っており、その中で主要なものは占有領域、家族法領域、法人法領域及び契約法領域である。当時の彼らには、客観的誠信と主観的誠信の二分はなかった。前に述べたように、この二分法は19世紀のドイツの法学者であるヴェヒターとブルーンスが作り出したものである[19]。以下、私は、やはり現代人の主客二分の枠組みを用いて誠信に関する彼らの論述を分けて述べることをお許し願いたい。

三　中世の法学者の、主観的誠信に関する論述

　ローマの法学者のように、中世の学者による主観的誠信についての論述は、中世の学者の客観的誠信についての論述よりもはるかに豊富であり、主として、取得時効の要件としての主観的誠信及び一方又は双方当事者の誠信の故に生じる擬制婚姻制度に集中している。〔以下、〕これを分けて述べることをお許し頂きたい。

（一）中世の法学者の、占有の誠信に関する論述

　我々が知っているように、占有の誠信は法と道徳の戦場であり、中国では道徳が法に勝利し、それ故、取得時効制度は長きに亘って採用できていない[20]。しかし、中世は道徳と宗教規範が強烈に法に向かって浸透していた時代であり、この制度が生存できるかどうか

は、一個の大きな問題となっていた。幸いにも、ローマ人が残したこの制度は生き残った。しかし、その要件及び効果は、「中世の精神」により大きく修正された。

　誠信の要件に対する修正は四つの面に分けられる。

　1. 誠信を構成する基準を高めた。

　注釈学派のアクルシウス（Acursius、1182-1263年）、アゾー（Azo Portius、1150-1230年）、ロゲリウス（Constantius Rogerius、?-1170年）、そして後期注釈学派のバルトルス（Bartolus da Sassoferraato、1313-1357年）、バルドゥス（Baldus de Ubaldis、1327-1400年）は、ローマ法のテキストを根拠に占有における誠信についての研究を行なった。彼らは誠信の理解において二つの見解に分かれた。第一の見解は「確信説」であり、誠信を他人を害していないという行為者の確信と理解する。アゾー、ロゲリウス、バルトルス、バルドゥスらはこの説を主張する。第二の見解は「不知説」で、誠信を他人の権利侵害を惹き起こすことについての行為者の不知と理解する。アルベリコ・デ・ロサテ（Alberico de Rosate）、バルブス（Johannes Balbus、1521-1565年）、ヴァスケス（Fernando Vasquez de Manchaca、1512-1569年）がこの説を主張する[21]。前に述べたように、ローマ人の主観的誠信はまさに不知又は錯誤であり、これは一個の消極的構成要件である。一部の中世の法学者は、これを、「確信」という積極的構成要件に改めて、その構成の難度を大いに高めたのである。

　2. ローマ法の占有者が占有開始時に誠信を備えていれば良いという要求を、全占有期間中、終始、誠信であり続けなければならないという要求に改めた。

　この変更は教会の権力【教権】の干渉を通じて成し遂げられた。教皇インノケンティウス三世（1161-1216年）は、Quoniam omne教令によってこの要求を規定した。

　3. 上記教令が同時に規定するすべての時効は、誠信を要件とす

る。

　これは、ローマ人が社会の財産を十分に利用するために、ある状況下で誠信を要求しなかった時効規定を矯正するためである。第一の変更は、「後に悪信となっても妨げない」という法諺を「後に悪信となれば妨げとなる」に変えたことである[22]。このことが一つの関連問題を惹き起こした。すなわち、時効完成後の占有者が悪意となったら、その者は目的物を返さなければならないのか、である。これは、神学者、教会法学者、そして市民法学者の間で激しい論争が行われた困難かつ古い問題である。時効制度は物の役割を十分に発揮させる【物尽其用】という公共政策と他人の物は返さなければならないという道徳的義務との矛盾を体現するものであるので、それ故、およそ占有者が誠信で時効が完成すれば物の所有権を取得するということを認める法学者は、時効完成後に生じた悪信の意味を否定する。これに対して、およそ誠信で完成した時効期間のこの効力を認めないと考えている学者は、終始、誠信であることを要求すると重ねて述べて、他人の財産を返さなければならないという要求を第一の地位に置くのである。しかしながら、これらの両極端な見解の他に、バルドゥスは折衷説を作り出した。バルドゥスは取得時効と消滅時効とを区別し、前者の場合には後発的悪信は原物を返還させるには至らず、後者の場合には法定の返還義務は消滅するが、公平に基づいて自然債務を発生させる[23]。これにより、法律の基準と道徳や宗教の基準とを調和させたのである。

　4. 誠信であることを、後の占有者に要求しただけでなく、第一占有者自身にも要求した[24]。

　これは厳しい要求である。我々が知るところでは、第一占有者は往々にして悪信であり、占有の目的物の譲渡が起きて誠信の後主が取得して初めて、時効の進行が可能になる。もし第一占有者も誠信であることを要求すれば、大部分の取得時効の案件は、時効が起き

なくなってしまう。

　しかしながら、中世のイデオロギーの誠信に対する高すぎる要求は、新しい制度の悪い見本の影響を受けた。12世紀のドイツ北部都市において、土地の物権変動は市政会の都市公簿に登記しなければならないという制度が生まれた。一時期の中断を経て、18世紀に、プロイセンとフランスの抵当法で全面的に広められ、ヨーロッパ大陸各国において急速に風靡し[25]、1825年の《モデナ・レッジョ・エミリア公国民法典》がこの制度を規定した[26]。不動産登記制度は地籍制度を基礎とするものであり、地籍は政府がすべての土地のために設けた書類である。それ故、土地登記制度が一定の期間、行き渡った後には、必然的に主観的誠信の構成は極めて困難となり、登記を経ずしては有効にならないという制限を受けるため、土地に関するすべての取引及びそれに呼応する権利帰属関係は、いずれも、公衆に対して公開している登記簿中に反映されており、上述の権利帰属関係について錯誤又は不知が起きる可能性は極めて僅かであった。まさしく、法律がひと度公布されれば不知を以て抗弁とすることはできないのと同様に、人々はまた、登記簿上の登記の存在について知らないことを以て自己の誠信の理由の証明とすることはできないのである。このように、誠信で土地の占有を取得している可能性は、それはないと言うことはできないにしても、それは極めて小さいと言うことができる。たとえそうであるとしても、権利者が誤って登記されることが発生するかもしれないということがあり、もし誤って登記された権利者が土地を占有して法定の時効期間に達した場合、その者の登記が10年内に消されずにいさえすれば、その者は目的物の所有権を取得する。これでは、時効制度の基点を占有の錯誤から登記の錯誤の方に変えたようである。未登記の土地の占有者に対しては、これとは反対の規則が適用され、その者は時効完成後に自分を土地所有者として登記することが許され

る[27]。このことから分かるように、中世に生まれた不動産登記制度は、取得時効制度の字句環境を非常に大きく変え、取得時効を登記取得時効に改編し、誠信の登場場所を小さくした。そして、このような結果は中世の時代精神に背くものである。

　取得時効完成後の効果に関して、ローマ法の規定は、占有者は目的物の所有権を取得するというものであり、これは他人を害するなかれという原則に反していたように思われ、中世の一部の法学者が反対するに至った。そこで、注釈学派のブルガルス（Bulgarus、?-1166年）は、長期時効の占有者は決して目的物の所有権を取得するのではなく、「所有権的効果（Effectus domini）」を取得するという理論を作り上げた。この説は教会法が採用するに至り、少なくとも16世紀より前の通説となった。「所有権的効果」は、「使用所有権（dominium utile）」ないしは「準所有権」と等しく、非所有者から誠信で物を取得したが、時効期間が未だ経過していないがために時効でその物を取得することができない者が置かれる状況である[28]。このような段取りを経て、他人を害するなかれの要求は所有権の取得の面で、少なくとも観念上は満足を得たのである。

　誠信と悪信の間に中間地帯はあるのか。これもまた、中世の法学者を悩ませた一つの問題である。スペインの法学者コヴァルヴィアス（Didacus Covarruvias、1512-1577年）は、そのような状態は存在すると主張し、アクルシウスもそう解している。しかしながら、このような中間状態をなぜ設定するのかについては主観説と客観説という二つの説がある。前者は、中間状態は占有者が自分は自主占有なのかそれとも他主占有なのかについて疑いがある状態であると考える。後者は、誠信・悪信を構成すると判断する法的属性に基づいてこれらの中間状態を確定する。禁止という性質の法に反するのは悪信であり、保護するという性質の法に反するのは誠信である。ある法が禁止もしていないし、また保護もしていないときに、それに反

すると中間状態となる[29]。どんな理由による中間状態であっても、占有者が取得時効を完成させることができるのかという問題が生じる。主観論者のこの問題に対する回答は、実に簡単である。すなわち、占有者が〔占有を〕開始する時、自己の法的状態についてこのような疑問があれば、教会法に基づくのであれ市民法に基づくのであれ、その占有者は時効により取得することができない、なぜなら占有開始の時に誠信を備えていなければならないということが非常に明確な一個の要求だからである[30]。アクルシウスの解するところによれば、もし占有者が初めに誠信を備え、後に疑いのある状態に入ったならば、時効は開始することができず、しかも時効の進行を止めることができない[31]。このような見解が、中間状態の問題を処理する通説となっている。客観論者もまた同様の処理をする。

　11世紀末及び12世紀には、ヨーロッパに数千の新しい都市や町が出現した[32]。これに伴い、都市法が形成され、その中の一部は一歩進んで取得時効制度を世俗化し、あるものはローマ法が規定した時効期間を短縮したどころか、またあるものは、占有者は誠信を備えていなければならないという要求を明示しなくなった。こうした改革について、それは犯罪を育成するものであると言う者もあれば、他方でそれを弁護して、法、道徳、そして公共の利益の要求を調和させることを目論む者もいる。バルドゥスはこのために契約論を出した。バルドゥスの解するところによれば、「都市法を制定した都市国家において、時効に関わるあらゆる法律は、契約及び合意の効力を有し」、その中に、当事者が悪信を有していてはならない合意が存在する。バルドゥスは、時効の基礎についてのこの見解は自分が発明したものであると考えており、現代の者も、これに対して肯定的態度をとっていて、この学説は都市法の時効制度をローマ法の相応する制度とは異なる基礎の上に打ち立てたものであると考えている[33]。私はこの説の意義は二つあると考えている。すなわ

ち、第一に、それは一つの人文主義的理論であり、悪信を神の戒律の違反に帰させるのではなく、むしろ社会成員の間で相互に取り決めた契約に違反したとする点である。第二に、それは2種類の誠信を統一するための良好な理論的基礎を提供した点であり、主観的誠信が欠如したからには社会契約に対する違反なのであり、客観的誠信が欠如したらなおのことそうなのである。実際に、この説は、私が出した、社会契約論を以て二つの誠信を統一する理論と期せずして一致するのである[34]。

　教会法と世俗法が誠信に対して異なる要求を有している以上、両者が衝突するときにどちらが優先するのかという問題が発生する。この問題に対しては、国が異なれば異なる処理がなされているようである。しかし、少なくとも17、18世紀の変わり目のドイツでは、ユストゥス・ベーマー（Justus Henning Böhmer、1674-1749年）は教会法の規則が優先すると解していた[35]。しかも、スペインの1265年の《七章律》は、占有者は終始、誠信を保持していなければ取得時効は成立しないという規定を取り込んだ[36]。これらはいずれも、中世の時代精神にぴったりと合う選択であった。

（二）中世の教会法の、婚姻の誠信に関する規定

　最初に説明しておかなければならないことは、前の第一目で見た中世法における主観的誠信についての議論は学説の視点を採用していたが、本目に入ってからは、資料の制約という理由から、私は立法の視点を採用する他ない。この視点はやはり、主観的誠信概念が中世に入って以降に遭遇した変化を我々が知る助けとなる。

　婚姻の誠信は擬制婚姻制度の中に存在する。これは、婚姻が無効と宣告された場合に、当事者の一方が誠信でこのような婚姻を締結したことを理由に、子女又は誠信であった者の利益のために婚姻取消の判決を遡及させず、将来に対してのみ効力を生じさせ制度である[37]。こうして、婚姻が無効と宣告された後も、婚姻は彼らに対し

て効力を維持する。当該制度は、中世教会法があまりにも厳格に適用された近親相姦の基準という環境の中で生まれた。

　ヨーロッパがキリスト教化するにつれて、近親相姦の禁忌はますます厳格となって行き渡ることになった。その目的の一は、貴族が内部での通婚により親族の勢力を拡大し、土地を大量に貴族の相続人の手中に集中させて、教会が土地を取得するのに影響を与えるのを防止することである。その目的の二は、裕福にして有力な男性の下に婦人が集中し、貧困層の男性が妻を見付けることができないという事態を防ぎ、女性を社会全体に行き渡らせることである[38]。そのために東方教会は、ローマの方法に基づいて計算された7親等以内の婚姻を禁止した。西方教会の規定は更に厳格で、教会法の方法に基づいて計算された7親等以内の婚姻を禁止したのであり[39]、この方法で算出された7親等というのは、ローマの方法に基づいて算出された13乃至14親等になり[40]、これは、法律上、血縁関係のある者相互間のすべての結婚を禁止するに等しい。しかも、この7親等には自然の血族だけでなく、教親族【教親】[41]と姻族も含んでいる。このような規定が施行されると、同じ村の人を探しての結婚は非常に困難である。そして、農村人口は、当時は依然として土地上に拘束されており、人口の流動性には限界があった。従って、人々は禁婚令に違反しない婚姻を見付けることは困難であった[42]。実際に、人々は広範囲にわたってこれらの禁婚規定に違反しており、近親相姦の婚姻を秘密裡に結ぶこともあった。ひとたびこれが発覚すれば、子女の法的地位の処理という問題が生まれた。こうして、硬直した規則に対して臨機応変に対処する必要が生じた。教会法学者は、マルクス・アウレリウス兄弟による勅答の遺産の基礎を引き継いで、もし婚姻の一方又は双方が誠信であるならば、子女には嫡出の地位が与えられると解した。後にこの規則は拡大され、婚姻の効力を誠信の近親相姦当事者に与え、それによって彼らの誠信に対す

る報いとした[43]。立法上は、《教会法典》第1137条が、このような婚姻における子女は嫡出子であることを承認している。教会法が婚姻は神聖な束縛であると考え、無効の婚姻は存在しない婚姻であると解され、それ故にこのような婚姻に何らかの効力があることを承認しておらず、またその婚姻が子女に対して何らかの効力を持つことを承認していないのであるけれども、しかし、慈しみのために、無辜の子女を保護し、この例外を設定したのである。これの意味するところは、父母の婚姻は無効と宣告されるが、それでもやはり子女は、婚姻状態を脱した父又は母に対して扶養料を要求することができるということである。彼らが死亡したときは、法定相続において、嫡出子の割合を受けることができるのであって、私生児として相続分が半分に減らされるというわけではない。誠信の婚姻当事者について言えば、婚姻解消後、元夫又は元妻は、やはり相手方に対して扶養料を主張することができる。概して言えば、合法的婚姻の効力の一部が、このような擬制的婚姻から生まれた子女及び誠信の配偶者の一方に対して、依然、開かれているのである。

　前に述べたように、ローマ法における婚姻の誠信は法についての不知を指していたが、中世の家族法における誠信は同じ意味なのか。イタリアの法学者であるジルダ・フェランド Gilda Ferrando の見解によれば、近親相姦の婚姻における誠信は、婚姻当事者が婚姻の無効原因を知らない状態である[44]。このような原因は何であるか。教会法では、少なくとも以下のような9項目の婚姻障害がある。すなわち、①法定婚姻年齢に達していない、②性的不能、③すでに有効な婚姻を結んでおり、かつこれらの婚姻が依然として存在している、④独身の宗教的誓いを立てたことがある場合、⑤誘拐、⑥重大な犯罪行為を行なった場合、⑦当事者間に血縁姻族関係や教親族関係のある場合、⑧当事者間に養子縁組関係のある場合、⑨当事者の一方が教職界における正級最上品を持つ教会人士等である場合、

である[45]。

164 　これらの婚姻障害はいずれも法律の規定から出ているもので、これらの違反は、当然のことながら法に対する不知から生じる可能性があるが、しかし、ここでの法の不知の範囲は極度に拡大された。言い換えれば、近親相姦の範囲をはるかに超過した［⑦と⑧だけがこうした問題であるに過ぎない。］。このようにして、家族法において主観的誠信を取り込む範囲も拡大した。この拡大により、主観的誠信の「不知」はますます真実みのあるものとなった。数百年間適用されていた、一定の親等内の血族相互間の婚姻を禁止する一つの規定について、人々はこれについて不知であるとは言いにくいが、しかし、自分が結婚しようとしている相手がかつて独身の宗教的誓いを立てていたということの不知は、十分、可能性があるのではなかろうか。それだけでなく、教会法の婚姻の誠信における不知も、明らかに事実を対象としたものがある。例えば、もし男が自分は陰萎であることを知っていて、それでも女子と結婚するのであれば、仮にその男が法律が陰萎者の結婚を禁止していることを知っているならば、彼は詐欺を構成する。仮にその男がその法律を知らなければ、彼は法の不知となるにすぎず、その男と結婚した可哀想な女子は、当然のことながら、事実に対する不知となる。近親相姦と法の不知の超越は、教会法における、ローマ法における婚姻の誠信概念についての発展の証人となっている。

　我々が知っているように、主観的誠信については、これまで、不知と錯誤という2種類の解釈があった。婚姻の中では、従来、錯誤に事欠かなかった。《教会法典》の規定を例にすれば、婚姻の相手方についての人の錯誤（第1097条）、婚姻の単一性、永久性、聖事の尊厳についての錯誤（第1098条）があり[46]、それらは、あるものは婚姻無効となり、あるものはそうならない。後者の種類の錯誤は、婚姻無効となることは起こり得ず、擬制的婚姻になることもない。

このことにより、こうした錯誤を擬制的婚姻をもたらす誠信に組み込むことは不必要である、となるかもしれない。当然のことながら、教会法が錯誤を誠信の要素と見なさないもっと重要な理由は、誠信はまさに「罪のない状態」であると教会法は理解しているということである[47]。もしかすると、錯誤は——少なくともその中のいくつかは——罪なのかもしれず、婚姻の単一性すらはっきりしない人について、その者は罪がないと言うことはできるのだろうか。いずれにしても、中世教会法の誠信観念が錯誤を排除したことは、主観的誠信の類型を限定縮小したのであり、それらの容赦可能性に対して等級を分けたのである。すなわち、不知は容赦可であり、錯誤は容赦不可である。

近親相姦の婚姻は、通常、第三者が暴露するものであり、この第三者は、血族関係の存在を証明する責任を負わなければならない。法律は、彼らが直接の証人でなければならないと要求している。換言すれば、伝来の証拠を手にしただけの者ではなく、しかも人数が足りていなければならず、最多で12人が要求されていた。婚姻が悪信であることを証明する責任をこのように厳格に設定したことは、教会が、すでに存在する近親相姦の婚姻を破壊することはそれを我慢することよりもひどいことであると考えていたからである。その結果、いわゆる近親相姦を理由に婚姻が効力を失うのは稀であった[48]。

過去の禁婚規定が人情味に欠けていて、行き渡らせるのが難しかったがために、1215年のラテラノ公会議は、教皇インノケンティウス三世の主宰の下で、禁婚の親族と範囲を4親等にまで減らした[49]。たとえそうなったとしても、教会法が発揚する婚姻の誠信制度と擬制婚姻制度は、依然、留められ、重要な民法典ではいずれにもある制度となった。例えば、1942年の《イタリア民法典》の中にこの制度がある。しかしここでは、誠信は推定され、その存在を

認めない者が反証を出さなければならない。しかもこの誠信は、終始、存在していることは求められておらず、婚姻締結の時に存在すればそれで足りる[50]。更に甚だしきは、この誠信は不知を包含しているばかりか、錯誤をも包含しているとする者もいる[51]。

(三) 中世の法学者の、法人の誠信に関する研究

現代社会では、法人は自然人と並ぶ民事主体となっているが、ローマ人が作り上げた誠信原則の時代には、基本的に自然人だけが民事主体と見なされたので、ローマ人達の誠信理論も自然人を参照するものとしているだけであった。法人制度が出現した後、法人は誠信の主体となるのかという問題が発生した。イタリアペルージャの法学者であるバルトルスは、最も早く教皇インノケンティウス四世（1185-1254年）の啓発を受けて、この問題の検討を開始した。教皇インノケンティウス四世は、都市の罪を一掃する問題について言論を発表したことがあった。我々が知っているように、ソドム人は淫を好み、一種の集団的犯罪を構成し、神は集団破滅というやり方でこれに懲罰を与えた[52]。逆に言えば、もしソドム人が罪を悔い、仮に彼らが10万人いたとすると、どれぐらいのソドム人が罪を悔いれば、ソドム人の罪を洗い清めることができるのか。この問題に対する教皇の回答は、私のような非専門家にとって探究する術はないが、バルトルスの回答は、もしかすると教皇の見解を反映しているかもしれない。すなわち、もし社団又は都市が悪信で他人の物を占有したとすれば、この悪信はいつ洗い清めることができるのか。バルトルスの回答はこうであった。すなわち、「始めから事情を知っているすべての社団構成員が死亡したとき」[53]である。この語から見てとれることは、バルトルスはすでに法人の悪信を認めており、逆に言えば、バルトルスは法人の誠信も認めていて、しかも一歩進めて法人の悪信を洗い落とす問題も検討していたのである。見たところ、法人の悪信はその構成員（構成員全員では決してない。）が

事情を知っていることにより構成され、そのような者達が存在しなくなったならば、法人の悪信もまた洗い落とされる、ということのようである。教皇の罪の洗い流し問題を類推するこの立場からは、バルトルスは、ソドム人の鶏奸にかかわったすべての人が死んでしまった後は、ソドム人の罪は洗い落とされると考えるのかもしれない。

　同じ問題について、中世オランダの法学者であるヨハネス・ヴォートJohannes Voet（1647-1713年）も、自己の見解を発表している。ヴォートの解するところよれば、同業者組合又はどのような社団も初めに非誠信で他人の物を取得したのであれば、その構成員がやったのであれ、その長（Praeposito）がやったのであれ、物の引渡しの時にその物が他人のものであることを知っていさえすれば、悪信を構成する。バルブスは自問する。すなわち、ある社団の中の個人が悪信であるときは、その社団の取得時効完成の可能性を害することができるのか。バルブスの回答は肯定的である。ヴァスケスも、同様の見解を主張している[54]。

　現代の会社制度は会社の構成員と管理層の分離を作った。この状況は法人の誠信の問題に対する挑戦である。もし会社の構成員がたとえ一人でも事情を知っていれば法人の悪信を構成すると考えるならば、厳しすぎると言わざるを得ない。管理者の誠信がまさに社団の誠信であると考えて構わないのであり、もし管理者が悪信であれば、たとえ社団のその他の構成員が皆、誠信であるとしても、社団は悪信なのである[55]。

　ついでに指摘しておくと、法人が主観的誠信を有する以上は、客観的誠信も有する可能性がある。会社の管理関係者の誠信行為はまさに法人の誠信行為であると解さなければならない。

（四）中世のゲルマン法が創設した誠信取得制度

　ゲルマン法は、ある面でローマ法中の時効制度における誠信要件

を導入し、別の面では、占有の公信力が取引の安全の中で有している保護作用をとらえ、これにより誠信取得制度を作り上げた。当該制度によれば、無権処分者が目的物を誠信の第三者に譲渡した場合において、原権利者が追奪したときは、取引の安全と誠信を保護するために、誠信の第三者は目的物の所有権を取得することができ、原権利者の損害は無権処分者が賠償する。取引の安全についてのこうした保護は、原権利者の所有権の安全を犠牲にすることを代償としているのであり、従って、この制度は、静的安全と動的安全の間で後者を選択しているということなのである[56]。誠信取得制度は、外観主義の先例を切り開いたのであり、誠信制度に対してゲルマン法が行なった貢献である[57]。

四　中世の法学者の、客観的誠信に関する論述

契約の誠信では、注釈学派のヴィヴィアーノ・トスコ（Viviano Tosco、13世紀）は、ユスティニアヌス《法典》4, 10, 4に記載されている、ディオクレティアヌスとマクシミアヌスが287年にリキニアに対して出した勅答の中の規定である「契約の中で誠信を考慮することは公平なことである（Bonam fidem in contractibus considerari, aequum est）[58]」に対して次のような注釈を加えている。すなわち、「すべての契約の中に誠信が存在し、誠信訴訟の中だけに存在するのではない。」[59] この言葉の重要な意義は二点ある。すなわち、

（1）それは、ローマ法における客観的誠信を一訴訟問題から一実体的問題へと転化した。もし我々が現在の自分がまさに実体的角度から誠信の問題を見つめているのに気付いたとすれば、我々はこの転換の意義をきっと感じるであろう。

（2）それは、誠信の契約を普遍化し、すべての契約を誠信の契約であると設定した。

バルドゥスは、教会法に基づいて、すべての契約は誠信の契約で

あると言う[60]。この言葉は、誠信の契約が普遍化した理由を説明している。ここでの誠信の契約は悪信の契約の対立概念では決してなく、むしろ厳格法の契約の対立概念であることに注意して欲しい。それは、当事者の文書や表示に基づいて確定したり解釈したりする一種の厳格な契約である。そして、誠信の契約の確定及び解釈は、公平と善良の要求に依拠しており、たとえ契約が約定されていなくても、裁判官は善良と公平に基づいた解釈を通じて当事者に義務を課すことができる。このように、誠信の契約もまた、裁判官の自由裁量権と結び付く。

他にも、誠信の契約と厳格法の契約の差異は、騙されたときの効果が異なる点にある。注釈学派の法学者は、詐欺を「原因的詐欺」と「副次的詐欺」に分けた。前者は、当事者が当該詐欺を受けなかったならば契約を締結しなかったであろう場合であり、後者は、当事者がたとえ当該詐欺を受けていても、契約を締結しないということにはならない場合である。詐欺についてのこのような区別に基づいて、15世紀初期のイタリアの法学者であるジャン・ピエトロ・デ・フェラリス（Gian Pietro de' Ferraris）は、原因的詐欺は誠信の契約の当然無効をもたらすが、厳格法の契約は詐欺の訴えに基づいて取り消し得るに過ぎないと主張している[61]。明らかに、誠信の契約は当事者に対して、一段と真剣に相手方と向き合うことを求めているのである。

中世に商人の法が生まれ、そして商人の裁判所が染かれたという物質的基礎の上で、法学者の客観的誠信についての研究は、「最大誠信」の概念と「商人の誠信」の概念に貢献した。ドイツの法学者にして、商事裁判所長を務めたことのあるガイル（Andreas Gail、1526-1587年）は、「商人の中では、最大の誠信の注意を尽くさなければならない」と述べている[62]。この言葉に含まれている意味は、商人らは実定法の規則に従うことをあまり重視するに及ばず、公平

の基準に基づいて事を行えば足ると言うのだ！ それは、無意識的に、誠信の級別という問題を提起した。悪信の他、誠信と悪信の灰色区域の他、たとえ誠信の領域の中でも多くの等級に分けられ、あるときは行為の誠信に対する要求が比較的低く、あるときはその要求が比較的高いのであって、ひいては最高度に至り、商人らの行為はとりもなおさずこの種のものに属する。この等級に達する商人は誠信の商人又は善良の商人である。どうなればそのようになることができるのか。15-16世紀の法学者であるジャソン・デル・マイノ（Giason del Maino、1435-1519年）は、「そのような商人は、法律と規則を遵守し、あら探しをすることなく、専門職としての素養を備え、機敏な計略を使って人を騙さない者であるべきである。」と述べている[63]。この言葉の「人を騙さない」の前で叙述されていることは、一つの典型的な理性人の人物像である。「人を騙さない」を付け加えることで、誠信の商人についての叙述となったのである。商人に対する誠信の要求は、通常人に対するそれよりも高く、この原則は、今日に至ってもアメリカの学者によって守られており、「商品を販売する商人について言えば、誠信は事実上の誠実を意味しているだけでなく、職業における合理的な公平取引の基準を遵守することも意味している。」と解されている[64]。他方、我が国では、商人というのは通常人よりも狡猾であるということを意味しており、この対比は意味深いものがある。

　だいたいにおいて言えば、中世の法学者が考える客観的誠信は、三つの行為基準を意味している。

　（1）言ったことは守る【说话算数】。これは、「信」の原義に基づいて得られる説明である。バルドゥスは「誠信とはすなわち法を守ることであり、とりわけ、大量の取引を行う者及び裸の簡単な約束と要式の口約束とを区別しない者に対して出される要求である。」と主張している[65]。裸の簡単な約束は、執行力のない合意であり、

自然債務に相当するものであって、自然債務を民事的債務と考えて履行する者は、誠信を行うことになるのである。意味深いことは、契約は守られなければならないPacta sunt servandaというラテン法諺は国際法に用いる場合の方が市民法に用いる場合よりも多いということであり、その現在における意味は、その本来の意味とは大きく異なっている。その本来の意味は、「たとえ法定の形式に合致しない合意であっても、これを誠実に守らなければならない」ということである。言い換えると、法律行為の形式上の欠陥を責任回避の口実として利用しないということであり、「君子の一言、金鉄の如し【君子一言、驷马难追】」という正しい身の振舞の原則を体現しているのであって、これぞまさしく、誠信が要求することについての早期の表現形式だったのである。

（2）他人を誤って導くことを以て、あるいは粗暴な取引条件を以て他人を犠牲にしない。

（3）誠実な人の行為基準に従って義務を履行する。たとえ負っていることが明示されていなくとも、例外とはならない[66]。

中世の誠信研究は、バルドゥスの手中に入ってようやく系統化されるに至った。その理論の成果は、アリストテレスとトマス・アクィナスの哲学の基礎上に築かれた。12世紀末、13世紀初めに、アリストテレスの『形而上学』、『自然学』、『政治学』及び『倫理学』がアラビア語からラテン語に翻訳され、西洋の学者が利用することができるようになった。このことは、一つの知力革命を起こし、誠信理論に対しても強い影響を与えた[67]。その著『ニコマコス倫理学』の中で、アリストテレスは、交換的正義と配分的正義の観念を提示し、そしてそれらを公正の表現形式に概括した。この他、公正と衡平を区別し、後者を前者より優れていると見なして、一種の法的矯正であるとした[68]。この理論は、教会作家のトマス・アクィナスが継承して発展させた。トマス・アクィナスは、交換的正義に基

づいて、ユスティニアヌス《法典》4, 44, 8及び4, 44, 15を根拠に公平価格理論を提示し、交換の参加者の受取りと支払いが相当であることを要求して、そうなっていなければ取引を取り消すことができる、とした[69]。バルドゥスは、アリストテレスの交換的正義の観念に依拠して、「誠信の契約の本質は衡平である」と主張する[70]。バルドゥスの貢献は、誠信の要求を制度化したことである。

（1）バルドゥスは、どのような契約であっても原因の理論が存在しなければならないと提示した[71]。原因は等価物であることが可能で、これは物質上の自利である。気概がある行為でもよく、これは精神上の自利であり、あるいは長い目で見たときの物質上の自利である。このことから、契約は自利の手段と理解され、この本質から外れた契約は不公平なものであって、それ故、誠信に違反し、無効である。このように、誠信という抽象的要求は、具体的な原因という制度に凝結される。それは、法律行為の合法性の一基準を確立することを目論んでおり、そして立法権と当事者の意思自治との間の均衡を追求しているのである[72]。

（2）バルドゥスは一般的公平と個別の公平とを区別する。前者は、いかなる者も他人を犠牲にして利益を得てはならないという原則であり、後者は、必要なときは法律の規定から離れて公正な結果に至るということである[73]。個別の公正は、必然的に、裁判官の自由裁量権を意味する。

（3）バルドゥスは誠信を類型化する。契約の誠信について言えば、バルドゥスは、契約が有効か否かを判断する誠信、及び当事者がどのような義務を負うべきなのか、そして彼らが履行したか否かを判断する誠信に分けることができると解している。この第二の誠信は、再度、2種に細分することができる。その第一は「欺罔の欠如」である。その第二は「当事者が自然的衡平及び法律に基づいて負うべき義務を遵守すること」であり[74]、言い換えると黙示の義務

第四章　誠信原則の大陸法系における歴史的発展の研究

である。ここまで来ると、バルドゥスは基本的に、誠信の各種の属性をすべて言い尽くしているということである。それ故、バルドゥスは後世の者に対して計り知れない影響を与えた。《フランス民法典》の特別な思想は、まさにジャン・ドマが承継した黙示の義務の観念に由来するのであり、ドマは、「特定の類型の合意の当事者は、すべての明示の規定を遵守しなければならないだけでなく、すべての衡平、法及び慣習が債務に対して課す結果も遵守しなければならない」と解している[75]。周知の如く、この理論が言っていることは、後に《フランス民法典》第1135条の規定となった。

五　小括

　我々が知っているように、ローマ法においては、誠信の問題は主として訴訟の問題であるが、現代民法においては、それは主として実体法の問題である。ローマ法においては、誠信は多神教における信義の女神と結び付いており、この義務を実践することとその女神を尊重することの関連が強調される[76]。現代民法においては、誠信原則は世俗化しているが、一部の人達は依然として、これについてキリスト教的解釈を行なっており、このとき、誠信は信義の女神と無関係となり、この義務を実践することは博愛であると解されている。ローマ法においては、最大誠信の概念は存在しないが、現代民法のこの面についての論述の中では、この概念についての議論は、尽きることがない[77]。ローマ法中の誠信と現代民法中の誠信は全く異なる様相を呈していると言うこともできる。〔では、〕両者間の差はどこから来るのか。それは中世の法学者（世俗法学者と教会法学者を含む。）の労作から来ているのであり、中世の法学者達は、ローマ法中の素朴な誠信制度を現代の制度体系やイデオロギーに合致する相応の制度に作り替え、このことによりこの制度の近代化を実現したのであって、この貢献は否定してはならない。長い間、人々は、

中世を「暗黒」と描写することに慣れてしまっており、このことは、この時代の知的営みに対する無知に基づいて下された結論である。もし我々にこの面での「知」が存在していたならば、我々は中世はそれほど暗黒ではないと言うであろう。人々は、教会法の消極性を議論することにも慣れてしまっており、実際に教会法は、ローマ法、商事法等と共に現代民法の起源の一を構成していて、本研究は少なくとも、教会法は誠信の問題において現代民法の起源の一つという役割を果たしたと人々に伝えることができる。

第2節　近代民法における誠信

一　誠信の要求と裁判官の自由裁量権の分離

　ヨーロッパ近代史上の法典編纂運動から《フランス民法典》の制定までは、誠信原則発展の近代民法の段階である。この時期の代表的な法典は《フランス民法典》である。誠信原則は、近代民法の段階に入った後に分裂させられた。当事者に対する誠信の要求は保持されたが、しかし裁判官の自由裁量権はほぼ剝奪され尽くした。

　第三階級が政権を取得した後は、法治国家が自己の政治的理想となった。彼らはかつて、封建的専横の苦しみをさんざん受けており、それ故、行き届いた法制を確立することについて、格別に重視していた。理性主義の思潮の影響下で、立法は理性の実現と見なされ、ほぼ、万能のものであると考えられていた。形而上学の哲学基調が、最終的体系を構築するという熱狂を惹き起こした。三権分立理論の勃興は、立法と司法の活動間の硬直的な区分けをもたらした。これらの要因が総合的に作用したことにより、近代国家は、森羅万象を網羅した法典の制定に力を尽くし、立法者は、法律の調節の手を社会生活の隅々まで伸ばそうと努めた。彼らの眼中では、法律の盲点は絶対に存在し得ないものであった。こうした絶対主義、

第四章　誠信原則の大陸法系における歴史的発展の研究

理性主義の思想の基礎上に、彼らは「決疑式」法典を構築したのである。こうした法典は書物が非常に多くなること【巻帙浩繁】を特色としており、ややもすると何千条、万にまでのぼる。例えば、1794年の《プロイセン一般ラント法》は1万9千余ヶ条あり、1832年の《ロシア法律集成》は4万2千余ヶ条、《フランス民法典》は2281ヶ条あった。その規定は、努めて詳細で、具体的で、至れり尽くせりのものであった。彼らが達成しようとした目標は、以下のことであった。すなわち、裁判官がどんなに複雑な状況に遭遇したとしても、字典を引くかのように、膨大な法典の中にあるあり合わせの解決案を検索することができる。それ故に、裁判官の活動は機械的性質を持つものと考えられた。ナポレオンが考えるところによれば、「法律を簡単な幾何法則に変えることは可能である。いかなる者であっても、字を読むことができ、そして二つの思想を一つに結び付けることができるのであれば、法律上の決定をすることができる。」[78]こうした決疑式法典は、別の角度から見れば、裁判官に対する不信任の産物であり、長年に亘る司法の専横の歴史が、裁判官の活動に対してできる限り制限を加える立法方式をもたらしたわけである。決疑式法典を通じて、裁判官が法律を濫用する可能性を取り除いているのである。それ故に、《フランス民法典》第5条は、裁判官が規則を作るというやり方で判決を下すことを明文で禁止した。プロイセンでは、フリードリッヒ大帝は、裁判官が法典に対していかなる解釈をなすことも禁止し、難解な事件に出会ったら、裁判官は法律の解釈と適用の問題を専門の法規委員会に提出して処理しなければならない。もし裁判官が法律に対して解釈を行えば、厳しい懲罰を受けたであろう[79]。フランスにおいては、革命後の裁判官は法律解釈権を有せず、法律の解釈は一つの専門的な上訴裁判所に移送し、そこが処理していた。「上訴裁判所の役割は、私人の争訟に対して法律を応用すること、あるいは事件の本質について意見

を述べることにあるのではなく、むしろ立法による規定の形式と原則が裁判所の側で起こすかもしれない破壊に遭わないように保護することにある。それは公民の裁判官なのではなく、むしろ法律の保護者であり、裁判官の監督者かつ検査官である。要するに、それは、裁判手続きの範囲の外かつ裁判手続きの外に置かれているのである。」[80] それ故、上訴裁判所は上訴事件を審理する機関では決してなく、むしろ専ら法律解釈を司る、立法機構に類似した組織であって、その存在は立法権が司法機関による侵害を受けないように保証することにある[81]。このような状況において、裁判官は解釈権すら問題とならず、更にその上をいく自由裁量権などはなおのこと論じようがないのである。たとえそうであるとしても、ローマ式の誠信の要求は、2種類の誠信の差異と共にやはり承継された。しかし、当事者の民事活動の指針となるという意義を有しているに過ぎない。客観的誠信について言えば、《フランス民法典》第1134条〔第3項〕、第1135条が誠信条項を規定している[1]：「契約は、誠信に基づいてこれを履行しなければならない。」、「契約は、その明示に発生する義務に従うだけでなく、契約の性質に基づいて発生する公平原則、慣習又は法律が与える義務に従う。」主観的誠信について言えば、第550条第1項が定めている：「占有者が所有権移転行為の瑕疵を知らず、そしてその所有権移転行為に基づいて所有者の資格で占有するときは、誠信の占有である。」立法者は、この2種の誠信の統一問題について考えていなかったようである。

二　誠信という用語の廃止、並びに客観的誠信及び主観的誠信の用語上の分裂

近代民法において、誠信原則は誠信の要求と裁判官の自由裁量権の分離を生じさせただけでなく、誠信という用語の廃止並びに客観的誠信と主観的誠信の用語上の分裂を惹き起こした。後者〔の

現象〕は、とりわけドイツ語圏（私はオランダ語を低地ドイツ語と見なしている。）において起こった。ドイツ語の法文化とローマ法は、大陸法系の創造者という栄誉を分かち合っており、それ故に、その制度は、ローマ法に対して往々にして融通を利かせたり、甚だしきに至っては補充まですることがある。しかしながら、ローマ法を継受する過程において、ドイツ語を使用する人々は、ラテン語の法律語彙を自分達の民族の語にして、外来語を排斥することに注意を払った[82]。それで、1811年の《オーストリア民法典》は、あっさりと誠信の表現を廃止した。

一般大衆が理解しにくい用語の使用を避けるという考慮から[83]、《オーストリア民法典》は「誠信」という抽象的表現を使わず、比較的具体的な語句を用いて誠信の各場合における意味を表している。客観的誠信について言えば、その第863条は、意思表示の解釈は、一般的に採用されている手ぶり、黙示行為並びに慣習及び慣例を考慮しなければならないという規定である。第897条は、遺言に附加する条件を調整する規範に対しても契約の条件を適用するという規定である。第1435条は、引き渡された財産の受取人は、引渡しの原因がなくなったときは当該財産を返還しなければならないという規定である。第1451条は、時効の定義についての規定である。第1501条は、当事者が訴えを提起していない、又は求めていない場合に、裁判所は職権で時効を確定させてはならないという規定である。それらの規定はいずれも Treu und Glauben という用詞を使用してはいないけれども、この法典の編者は書の末尾の「語句索引」の中で、これらの条文はいずれも Treu und Glaube についての規定であると明確にしている。主観的誠信について言えば、《オーストリア民法典》は、同じように「誠信」の用語を用いておらず、redlich（正直な、真面目な、誠実で信頼できる）〔という語〕がこれに取って代わった。それは、Bona fides という語の、物権法中の意思の道

徳化に対する法典起草者の理解を代表するものであった。この法典の編者は「語句索引」の中で、この語をguter Glaube〔善意〕と同列に扱っている[84]。

　ポーランドも類似のやり方を採用している。ポーランドで現在、適用されている1964年民法典には、誠信についての直接の規定は存在しない。しかし、社会共同生活の原則（zasady współżycia społecznego）を採用している。ポーランドの学説によれば、この原則は誠信原則と等価値である[85]。

　元々、誠信原則は定義するのが難しいものであり、別の方式を採用してこの原則を表すやり方は、問題をますます複雑にしている。

第3節　現代民法における誠信

一　誠信の要求と裁判官の自由裁量権の再結合

　《ドイツ民法典》（1896年）から今日に至る時期が、誠信原則が経験している現代民法の時期であり、その中の典型的民法典が1907年の《スイス民法典》である。この時期は、誠信原則が誠信の要求と自由裁量権の統一を取り戻した時期である。

　《スイス民法典》は、《フランス民法典》と比べると大きな特色がある。それは、立法が一切の社会関係を包含することは不可能であるということを承認し、法律を発展させかつ補充することにとって必要不可欠な、裁判官の役割を承認したのである。その第1条第2項は、「本法に相応する規定なきときは、裁判官は慣習に依拠すべし。慣習なきときは、自己が立法者であれば定める規則に依拠して裁判する。」と定めている。この規定は、《フランス民法典》第5条の規定と対照をなしており、裁判官による立法を公然と承認している。《スイス民法典》は、多くの問題において、明確で具体的な規定を作ることを避けている。その条文は意識的に不備があるよう

に規定されており、それ故、条文は一つの輪郭を描写しているに過ぎないことがよくある。この範囲内において、裁判官は、自分が適確である、合理的である、そして公正であると考える準則を用いて効果を発揮するのであって、裁判官による創造性のある司法活動のために広い空間を残したのである。このような不完全な条項に対する補充として、《スイス民法典》は広範囲に亘って一般条項を用いている。その第2条は、「なんぴとも、誠実に、信頼して、その権利を行使し、義務を履行しなければならない。」と規定する。ここでは、誠信原則を基本原則として規定したということであり、それは、現代の意味での誠信原則の確立を示している。それはもはや、債務者を制限する原則であるだけでなく、債権者と債務者が共に守らなければならない原則となっている。言い換えれば、それはもはや、義務を履行するときに守らなければならない原則であるだけでなく、権利を行使するときにも守らなければならない原則ともなっている。それはもはや、債権法に適用される一原則であるだけでなく、すべての民事法関係に拡大されて適用されており、民法の一基本原則になったのである。

二　誠信原則の普遍的確立

　《スイス民法典》中の誠信原則の規定は、現代社会の需要を満たすことができる一つの立法手段として、大陸法系各国が真似するものとなった。フランスにおいては、裁判官の解釈と司法活動を通じて、元々の誠信条項が基本原則の地位に上昇した。元々、誠信の規定がなかった《日本民法典》は、戦後の修正を経て、誠信原則を基本原則として法典の劈頭部分に規定した。やはり、誠信原則の適用を債権法に限定するやり方は、時代の流れに追いつかないものと考えられている。我が国の台湾区域の「最高法院」は、誠信原則を物権関係に適用することを拒絶したせいで、学者達の厳しい非難を浴

びた。学者達の考えるところによれば、誠信原則は債権法に源を発するとは言え、債権法だけを以て自己の適用範囲とするのではなく、裁判官は具体的法条の中から一般原則を引き出して、すべての法律関係に適用すべきである。誠信原則は債権法から引き出され、民法の全範囲に適用されなければならない[86]。〔こうした〕批判にさらされて、我が国台湾の「立法機関」は、万事を張り替えざるを得なかった。1982年に修正されたものが公布され、1983年1月1日に施行された「民法改正案」は、第148条に第2号「権利の行使、義務の履行は、誠実及び信用の方法に従って行わなければならない。」を増やした。これによって、債権法を越えた一般的誠信原則を確立したのである[87]。この他に、誠信原則は民法の基本原則であるだけでなく、その他のすべての法分野に適用される原則でもあると指摘する学者さえいる[88]。

三　誠信原則から派生するいくつかの派生原則

　大陸法系の各国は、誠信原則を確立することによって裁判官に能動的司法権を授与すると、裁判官は、その創造性のある司法活動を通じて、判例という形式により誠信原則の内容を具体化し、以て、誠信原則が法律の限界性を克服するという立法技術的意義を保つと同時に、誠信原則の少しばかり熟した使用を定着させて、把握可能な規則とした。大陸法系の各国においては、裁判官は誠信原則を根拠として、主に司法過程において、事情変更の原則、権利濫用禁止の原則を打ち立てた。今のところ、誠信原則はやはり、大陸法系国家が、いまにも老いんとする古典的法典法が、外部の変化している社会経済条件に通じるようにする窓口であり、新しい規則の不断の源泉である。誠信原則の機能について認識せずしては、百年前の社会と今日の社会が一つの法典を共用しているというこの不可思議な現象を理解する術はないのである。

四　ドイツ：両種の誠信を異なる用語で表すことを開始
（一）両種の誠信を明確に区別していなかった時代の状況

　周知のように、誠信原則はローマ人が打ち立てたものであるが、ローマ人は理論上、主観的誠信と客観的誠信とを区別しておらず、中世の法学者もまたそうであった。後世の者が、主観と客観の両面を分けて彼らの誠信学説を研究し[89]、〔これが〕現代人の枠組みで過去を整理する資料となっている。さらに、中世の法学者の研究もまた、主観的誠信を重とするものであった。両種の誠信を分けないということ、そして主観的誠信を以て重とするというやり方は、1869年より前のドイツまで続いた。サヴィニー、ヴィントシャイトの著作中に、両種の誠信に対する区別は全く存在せず、しかもこの両人もまた、主として主観的誠信の問題を研究している[90]。フランスにおいてもそうであって、1804年の《フランス民法典》第555条が主観的誠信を規定し（ある者が誠信で他人の土地上に建築し）、第1134条〔第3項〕が客観的誠信を規定した（契約は、誠信に基づいてこれを履行しなければならない。）のではあるが、しかし、当時の起草者であるログロンJ. A. Rogronの第555条についての注釈は、誠信を一つの解釈項目と見なして処理することさえしていない。第1134条についての注釈もまた、次のように簡単に述べているに過ぎない。すなわち、「人々が達する結論は、ローマ人の誠信の契約と厳格法の契約という古い区別は、今は廃止された。前者は、慣習と衡平を要求する契約を指し、後者は、厳格に契約に従って事を進めると約束する契約である。」[91]このような解釈は、客観的誠信を以てローマ人が規定した以上は、ローマ法の継承者としての私は規定しないわけにはいかないという感じを覚えさせ、《ドイツ民法典》第242条の注釈にかつて1500頁余りもあったという場面と対照をなしている〔7頁参照〕。現代のアルゼンチンの学者であるフェレイラも、次のような観察をするに至っている。すなわち、《フランス

民法典》は誠信の規定を有していたとしても、ジョルジョ・リペールGeorges Ripert（1880-1958年）といった著名な法学者によるこれらの規定に対する注釈は少なく[92]、「誠信は、立法者と裁判所が道徳規則を実定法に突き通すのに用いる手段の一つである。」と言っているだけである[93]。

　スペインの状況も大差はない。1889年の《民法典》第361条が主観的誠信を規定し（情を知らずに他人の土地上で栽培し）、第1258条が客観的誠信を規定した（契約当事者が負う義務は契約が規定しているものを限度とするのではなく、更に誠信に基づいて負うべき義務を負う。）のではあるが、注釈者の第361条についての注釈は、何が主観的誠信なのかについて全く気にも留めず、むしろ、栽培者はいつの時点で誠信を備えていなければならないのかについて気にかけており、その後で、誠信の添附者に対する特恵待遇について気にかけている[94]。第1258条についての注釈もいたって簡単であり、曰く、衡平と誠信は契約の精神である。誠信を衡平と同列に扱った後、その筆者は誠信を振り切って、専ら衡平について論じるようになり、曰く、それは自然的正義の礎である云々[95]。当然のことながら、《スペイン民法典》の公布はヴェヒターとブルーンスの論戦の後であるが、しかし、距離はそう離れていないのに、論戦の成果はこの法典の中に伝わらなかったようである。

（二）ドイツにおける、両種の誠信を分裂させるやり方の出現

　両種の誠信の二分法は、19世紀ドイツの法学者であるヴェヒター（Carl Georg von Wächter、1797-1880年）とブルーンス（Carl Georg Bruns、1816-1880年）が、ローマ法の取得時効制度における誠信の意味について討論した際に、やり方は妥当でなかったものの、けがの功名で提起されたものである[96]。1869年から1872年に、両者はローマ法の取得時効制度中に含まれていたbona fidesという語句の意味について論戦を行なった。その過程はこうである。すなわち、

第四章　誠信原則の大陸法系における歴史的発展の研究

——1869年、時にライプツィッヒ大学教授であったヴェヒターがライプツィッヒで『誠信——特に所有権の取得時効の場合について（Die bona fides, insbesondere bei der Ersitzung des Eigenthums）』という書を出版した。その中で、先人の陳腐なせりふを続けて、誠信は、自己の行為が他人を害するなかれということについての確信を意味し、これは通常、何らかの錯誤が惹き起こすものであると解している。ヴェヒターの見るところでは、錯誤は許すことができるものと許すことができないものに分けることができ、それらはいずれも誠信を構成し、現在の法律は前者の種類の錯誤が構成する誠信に法律効果を与えているだけであるが、しかしローマ法は決してそうではなく、2種類の錯誤が構成する誠信がいずれも時効の完成に至ることができる[97]。従って、取得時効における誠信は、当事者の心理状態であり、完全に一つの事実問題である。このような見解は、誠信の倫理的価値を否定するものであり、時にベルリン大学教授であったブルーンスの不満を買うことになった。1869年の暮れ、ブルーンスは一文を発表し、ヴェヒターの見解を、一点一点、批判した。その後、拡充していき、1872年、ベルリンで『取得時効における誠信の本質：理論的追録を含む実務的鑑定書（Das Wesen der bona fides bei der Ersitzung. Ein praktisches Gutachten nebst einem theoretischen Nachtrage）』という書を出版した。その中で、二つの誠信の概念が存在すると解している。一つは心理的意味での誠信であり、それは、なにがしかのことについての確信、意見を指す。いま一つは倫理的意味での誠信であり、それは、誠実、正当、品行方正な人物の注意深い行為を指していて、確信なのではなく、誠実にして道徳に適合した意識である。立法者は、どのような誠信を備えた人物に取得時効の効果を許すのかを選択することができる。心理的誠信を備えた者にその効果を許すのは、要求がやや低い。倫理的誠信を備えた者にのみ、その効果を許すのは、今度は要求がやや高い。もし

178

後者を選択するならば、大目に見ることができる錯誤の人が取得時効の効果を得ることができるということになる。ブルーンスは、ローマ人が採用したのは倫理的な誠信の概念であったと考える。fidesとbonusはそれ自体、まさに倫理的概念であり、前者は「信」の徳を指し、後者は「善」の意味である[98]。ブルーンスは続けて、誠信原則の分裂にとって決定的な意味を持つ一言を述べている。すなわち、ドイツ語について言えば、「信」（Glaube）はローマ人のbona fidesという語の意味を表すのに十分ではなく、「誠」（Treu）を使って初めてその意味を表すことができる。従って、bona fidesをguter Glaubeと訳すやり方は、概念が混淆するので避けるべきである[99]。この言外の意味は、ローマ人のbona fidesをTreu und Glaubenと訳すべきである、ということである。

　ヴェヒターとブルーンスの論戦のその他の内容を更に話す必要はない。上に紹介した両者の論戦内容は、主観的誠信と客観的誠信の境界分け【界分】がブルーンスから始まることを証明するのに十分である。ヴェヒターと比べると、ブルーンスが正しいことに疑いない。主観的誠信は決して単純な心理的事実ではなく、むしろ立法者による肯定的価値判断の成果であって、否定的な価値判断の成果である悪信（Mala fides）の反対概念である。立法者が誠信者に対して取得時効による取得を可能とするのは、誠信者に対する褒賞である。逆に、悪信者に取得時効の効果を認めないのは、悪信者に対する懲罰である。さらに、ブルーンスは、誠信が完全に心理的事実であるなどとは考えておらず、誠信は「品行方正な人物の注意深い行為」であるとまで述べたのであって、これは赤裸々に客観的誠信を表現しているのである！　これらは横に措くとして、fidesの前にある修飾語のbonus（善である）又はmalus（悪である）は、なおさら、誠信・悪信という用語が倫理学に対して従属する記号である。なぜなら、善悪は明らかに倫理学の枢軸概念であるからである。たとえ

そうであるとしても、現代人の研究[100]と比べると、ブルーンスの学説はまた、些か足りないところがある。

（1）ブルーンスは、誠信原則が誕生した時代にローマで流行していたストア哲学による、bonusとfidesという二つの語の関係についての理解に従っていないようである。〔その理解というのは、〕すなわち、前者を後者の修飾語と見なし、強める効果しかなく、両者は向かい合って独立していると見ることはなく、前者は「善人」の意味で、後者は「信」の意味であって、この二語が結合して「善人としての信」の意味である。その要求するところは、先ず、一人の善人になることであり、その後でようやく約束して信じなければならない【有諾必信】の規則を遵守するのである。どうなれば善人なのか。一つの行為が自分にとっても善いものであり、相手方にとっても善いものであれば、そのように行為する者は、まさしく善人である。このような理解のbona fidesに従えば、「誠」はbonusの中にあることになる。ブルーンスは、その言葉は意を伝えていないと思う必要はなく、別にTreuという新しい語を付け加えてローマ人の誠信観念を表現する必要はなかったのである。

（2）Glaubenの外にTreuを付け加え、前者から出るものは心理性だけであって、後者の行為性（「忠誠」は必ずや行為で表現すべきであり、忠誠の眼差しを含む。）を以て補充しようというブルーンスの考慮は、Treuはbonusに対する客観性の具体化であって、この全力を尽くす方向は正しいと認めるのに差し障りはない。しかし、ブルーンスは、ラテン語のfidesがドイツ語のGlaubenと完全には等価値ではないという事実を見落としてしまったようである。後者は完全に主観的なものであるが[101]、前者はそうではない。それは先ず、客観的なものであり、約束あるところ必ず守るという行為を意味する。キケロは、ストア哲学の見解に従い、この言葉を「その言うところを為す、これを信と言う」（Fiat quod dictum est,

179

appllellatam fidem）と解読した[102]。当然のことながら、fidesは主観的なものでもあり、「信じる」ことを指す[103]。そうであるからには、もしドイツの法学者が相変わらずbona fidesという語を用いるならば、それは同時に主観的誠信と客観的誠信の両者を指称することができ、この言葉の客観的な面をTreu und Glaubenと訳した後、一つの気まずさ【尴尬】を惹き起こす。すなわち、Treuはなるほど客観的なものであるが、しかしGlaubenは依然として主観的なものであり、新たな表現が引き連れてくる結果は一個の純粋な客観的誠信ではなく、むしろ客観的要素と主観的要素が混合した誠信である。こうした結果はおそらく造語者の本意ではないであろうが、2種類の方式に従い、最も善意でそれを解読することができる。すなわち、その一、善い行為は善い心理の結果であり、それ故に、客観的な「善い」は主観的な「善い」と断ち切ることはできず、両者を一つに結合することも正しい。その二、Treu und Glaubenという気まずい表現及び非理性的思考の産物は、歴史の伝承の結果である。蔡章麟先生の教えてくれるところによれば、古代ドイツでは、人々はよく、in Treu（誠実に）、mit Treu（誠実に）、bei Treu（誠実により）又はunter Treu（誠実の名の下で）という語を以て、取引の相手方に対して誓いを立てることを強制していた。後に、一段と信頼できることを求めるために、誠実の外にGlauben（信用）の語句を付け加え、「誠実・信用に」という語を以て誓いの言葉とし、契約上の義務の履行を確保する役割を果たした。後に、この誓いの言葉は、誠信原則を表すのに転用される[104]。ブルーンスには、「誠実・信用に」という誓いの言葉を持ってきてbona fidesと訳す可能性があった。もしそうであるとすれば、少しも理由を説明する必要はなかった。

いずれにしても、二人のカール・ゲオルグの論戦は、誠信原則の将来の発展にとって、計り知れない影響があった。ドイツでは、

第四章　誠信原則の大陸法系における歴史的発展の研究

bona fidesというラテン語を用いて漠然と各種類型の誠信を表現するやり方は徐々に放棄され、そして後に、追随国が相応の放棄をする際の模範を示したのである。ヴェヒターは、この論戦での著作の1869年版の中ではまだbona fidesという語を用いて主観的誠信を表現していたが、1870年版ではguter Glaubeという新しい術語を使ってそれを表現するようになった。人々は、異なる術語を使って2種類の誠信を表現することを始めた。主観的誠信はguter Glaubeで表現する。これはbona fidesの直訳である。客観的誠信はTreu und Glaubenで表現する。これはブルーンス以後のドイツの学者がbona fidesに対して客観的意味で解釈するときの翻訳である。ドイツ人の先進的な認識の推進を受けて、依然としてbona fidesの各現代民族の言語形態を用いて同時に二つの誠信を表現していた諸国もまた、主観的誠信と客観的誠信の概念を作らざるを得ず、それによって誠信の二つの形態を区別し、併せて二つの領域で機能する誠信を区別していくのである。ドイツとやり方が近いイタリアでは、領域をまたいで適用されるbuona fedeを保存すると同時に、correttezza（清廉）という新しい概念を作って特別に客観的誠信を表現するのに用いるという試みさえある[105]。術語の区別は、理論上の区別の外的特徴であり、後者の区別の達成は、誠信に対する人々の認識の深化を意味する。これは問題の積極的な面であるが、しかし消極的な面は、二つの誠信の分裂の道を開いた。甚だしきに至っては、客観的誠信研究のドイツにおける単独の大きな道を開いた。前に述べたように、ヴェヒター－ブルーンス論戦の前は、ドイツの誠信研究もまた主観的誠信を主とするものであったが、しかし論戦後は、研究の重点は客観的誠信に方向を変え、それにより、今日のドイツ人が理解する誠信原則はまさに客観的誠信の原則であり、主観的誠信は誠信原則の外延の外に排除されているという事態になっているのである。スイス人だけがこのような零落を不合理と

180

感じて、(客観的) 誠信原則と並立する善意原則を別に立てて、以てこれを救っている (詳細は後述)。

(三) 両種の誠信を分裂させる立法例
1. ドイツ

1896年の《ドイツ民法典》は、術語の使用の上では、主観的誠信と客観的誠信を分裂させた。そのよく知られた、債務の履行に関する第242条において、Treu und Glaubenという語で客観的誠信を表現し、同法が規定する占有における誠信の第932条において、「誠信」はguter Glaubeで表現されている[106]。《ドイツ民法典》は、主観的誠信と客観的誠信の違いは非常に大きいという現実に基づいており、異なる術語で両者を表現しているので、両者の統一性を証明するという悩みから一挙に抜け出すことを決定し、主観的誠信と客観的誠信は言葉の意味上だけでなく、術語上も両者の区別が明白となる【泾渭分明】仕組みを作り上げた。それだけでなく、ドイツの通説は、《民法典》第242条が含んでいる誠信原則には三つの機能があると解している。その一は義務の補充で、その二は権利の制限、その三が行為基礎の喪失である[107]。この三者はいずれも客観的誠信に関わるものであり、主観的誠信には関係しない。従って、ドイツの誠信原則についての学者の議論は客観的誠信を含んでいるだけであり、主観的誠信は別の問題と見なされている[108]。このように、誠信原則はドイツにおいて本当にびっこの状態にされたのである。しかしながら、風刺の意味合いを有していることは、《ドイツ民法典》のフランス語版は、依然、bonne foiでドイツ版におけるTreu und Glaubenを表現していることであり[109]、このやり方で表しているようである。フランス語におけるbonne foiは、ドイツ語におけるguter Glaubeの意味を表すことができし、ドイツ語におけるTreu und Glaubenの意味を表現することもでき、ますます包容性を備えるに至っている。

2. スイス

《スイス民法典》も、《ドイツ民法典》と同様に、異なる術語で客観的誠信と主観的誠信を表現しており、前者はTreu und Glaubenという語で表現し、後者はguter Glaubeという語で表現している。その上、第933条及びその後ろの数条の譲受け、取得、占有における主観的誠信についての規定を基本原則に高めており、第3条でもこれを規定していることから、なんと、一つの民法典の中に二つの誠信原則があるという奇観が切り開かれているのである[110]。しかしながら、興味深いことは、同じように政府当局の原文である《スイス民法典》イタリア語版が、2種の誠信についてbuona fedeという語で表示していることであり、guter Glaubeと表現するかそれともbuona fedeと表現するかは、一個の用語習慣の問題であるに過ぎず、本質的問題ではないのである。《スイス民法典》の起草者は、契約の誠信についての昇進は物権の誠信を取り消すことを意味すると意識していたが、しかし起草者は誠信原則に対してあまりに客観化した理解をしていたが故に、誠信原則が物権関係に適用可能であることを信じておらず、それがため物権関係における誠信に対しても一つの昇進をさせた。このことが惹き起こした問題というのはこうである。すなわち、第3条は完全に第2条第1項[111]の意義を帳消しにした。なぜなら、後者は基本原則として債権法の色彩を失わせてしまっていて、すべての民事関係に適用されるものとなっている——つまり、物権関係を含んだ誠信となっているからである。客観的誠信と主観的誠信についてのこのような平行的昇進は、前者は依然、契約の誠信であり、後者は依然、物権の誠信であって、両者は統一不可能であるということを物語っているに過ぎない。スイスの学界では、二つの誠信原則はそれぞれ独立したものなのかそれとも一つの原則の異なる支系なのかについて、かつて大論争があったが、最後には独立説が優勢となったとのことである[112]。

3. 満清時代の中国

1911年の《大清民律草案》は、術語の使用の上では、主観的誠信と客観的誠信を分裂させている。第2条は、権利の行使、義務の履行は、誠実及び信用の方法によると規定した。これは、客観的誠信についての規定である。第3条は、権利の効力についての善意は、悪意のないことが反証された場合を限度とし、善意と推定すると規定した[113]。これは、主観的誠信についての規定である。《大清民律草案》は、明らかに、両種の誠信に対して異なる術語を用いて表しているということが分かる。こうしたやり方には、ドイツ-スイスの色彩が充満しており、しかも現代中国にまで残っている。

4. 日本

1896年の《日本民法典》には、もともと誠信原則の定めはなかった。日本は、1937年、当時の偽の満州国に人を派遣して民法典を制定した。その中で、2種の誠信を分裂させる立場を採用した。その第2条は客観的誠信についての規定であり、「権利ノ行使及義務ノ履行ハ誠実ニ且信義ニ従ヒテ之ヲ為スコトヲ要ス」と定めた。その第189条〔第1項〕は主観的誠信についての規定であり、「占有者ハ所有ノ意思ヲ以テ善意、平穏且公然ニ占有ヲ為スモノト推定ス」と定めた[114]〔2〕。日本は後に、このような海外植民地での立法の実践を本土へ戻す。1947年、自国の民法典を改正する際、その第1条〔第2項〕に誠信原則を追加した。曰く、「権利ノ行使及ヒ義務ノ履行ハ信義ニ従ヒ誠実ニ之ヲ為スコトヲ要ス」。しかし、第162条を始めとする多くの条文では、「善意」という語で主観的誠信を表している[115]。

5. 韓国

1958年の《韓国民法典》は、術語の使用の上では、主観的誠信と客観的誠信を分裂させている。第2条が規定する客観的誠信は、「信義誠実」の術語で表しており、第249条が規定する主観的誠信

は、「善意」という術語を用いて表している[116]。

五　オランダ：客観的誠信の非誠信化
(一) 新《オランダ民法典》における客観的誠信の非誠信化とその理由

1992年の新《オランダ民法典》に至って、誠信原則の分化史は、第二の段階に入った。それは、客観的誠信の非誠信化という段階である。換言すれば、このときのオランダ人は誠信という術語を投げ捨て、「公平と合理」という術語を用いて客観的誠信を表現し始めたのである。ドイツ人がTreu und Glaubenという術語を使って客観的誠信を表したことは正確な翻訳を求めていたということであると言うとすれば、オランダ人が「公平と合理」という術語を用いて客観的誠信を表現したことは翻訳の桎梏を投げ捨て、解釈を求めたということである。しかしながら、オランダ人がこのようにやったことには一つの過程があり、そしてその理由があるのである。

オランダは元々、主観的誠信と客観的誠信の統一を堅持していた。1838年の旧《オランダ民法典》は、客観的誠信であれ主観的誠信であれ、goede trouw（bona fidesのオランダ語直訳）という語で表していた。この法典には誠信を規定する条文が24ヶ条あった（第150条、第151条、第153条、第586条、第587条、第589条、第604条、第630条、第631条、第659条、第1374条、第1377条、第1399条、第1420条、第1422条、第1669条、第1686条、第1687条、第1754条、第1855条、第1919条、第2000条、第2002条、第2003条）[117]。これらの条文の中には主観的誠信を規定しているものもあるし、客観的誠信を規定しているものもある。前者の例が無効の婚姻における非のない当事者の誠信であり、後者の例が契約関係の誠信である。しかし、1992年の新《オランダ民法典》は、異なる術語で異なる誠信を表している。goede trouwという語で依然、主観的誠信を表し、redelijkheid en billijkheid（直訳

すると「公平と合理」)という語で客観的誠信を表している[118]。goede trouwがやはりラテン語のbona fidesの翻訳であると言うとすれば、redelijkheid en billijkheidの語構成の方はbona fidesといかなる関係も持たない。この《民法典》の第三編第11条[119]、第87条、第105条、第118条（第119条、第121条）が主観的誠信を規定し、第二編第8条、第三編第12条[120]、第六編第2条[121]、第211条、第248条、第258条、第260条、第七編第865条が客観的誠信について規定している[122]。このように、新《オランダ民法典》も二つの誠信原則を有しており、一つは主観的誠信原則（第11条）であり、いま一つは客観的誠信原則に相当する公平合理原則（第12条）であって、この《民法典》特有の点は、後者は厳密に言うと誠信原則ではなくなっており、むしろ公平合理原則である点にある。一字一句を詮索して言えば、誠信原則はオランダにおいて別の意味でのびっこの状態に陥った。すなわち、主観的誠信という一脚だけが残っており、あたかもドイツにおいて客観的誠信という一脚だけが残っているかのようである。これは、研究者に対して、「誠信」という言葉遣いを使わない一つの原則を誠信原則と称することができるのかという問題をもたらした。我々が知るところでは、誠信原則それ自体は一つの法－哲学の伝統を意味しており、その名称を投げ捨てるならば、この原則はなくなってしまう。さもなければ、局面は収拾がつかないほど変わってしまうであろう。例えば、私の知っているところによれば、1929-1935年の《イラン民法典》は誠信原則を規定していないが、しかしこの民法典はイスラーム法の精神に基づいて定められており、公平・正義を追求する条項は甚だ多い。誠信という名称を投げ捨てていても、この民法典の中で誠信原則を探すならば、やはり少なからず探し当てることができるかもしれない。《唐律》の中でも探し当てることができると信じる。

　公平・合理という術語を採用して客観的誠信を表現するというオ

ランダ人のやり方に対しては、イタリアの学者であるアンナリータ・リッチAnnarita Ricciは二つの理由があると解している。その一、立法者は、オランダの立法経験が最も現代的であり、グローバル化時代における私法法典編纂の要求を最も満足させることができるということを証明しようと努めたのである。なぜなら、「合理性」というのは英米法が採用している概念であり、国際売買条約及びEU指令が採用している概念でもあって、これを採用して、大陸法的色彩が濃い誠信概念に取って代わることは、新しい共通法（ius commune novus）を作り上げるのに有利だからである。その二、誠信の概念を証明することは二つの評価基準と共存することが可能である。すなわち、公平の基準と合理の基準である。前者は道徳的性質のものであり、利益均衡の要求と比例原則の要求を満足させるのに適合している。後者は技術的性質のものであり、いかなる道徳も内包しておらず、清廉であることという義務を社会の団結という極端な要求から解放して、市場のニーズ及び財貨の自由な流通の必要を満足させるのに適合している[123]。一言で言えば、このようにやることの成否はどうであれ、オランダ人による客観的誠信の非誠信化処置は、二つの大きな法系を融合して世界法を作り上げるという彼らの素晴らしい願いを反映しているのである。

（二）新《オランダ民法典》モデルの伝播の有限性

オランダモデルを部分的に受け入れたのは、ロシアをトップとする〔旧〕ソ連加盟共和国にある（後に詳述）。それを完全に受け入れたのは、オランダ領アンティル、すなわちアルバ島、シント・マールテン島、キュラソー島、ボネール島、シント・ユースタティウス島、サバ島、そしてスリナムといった、元オランダの植民地にある。これらの国々の民法典は、基本的に新《オランダ民法典》を採用している。例えば、《オランダ領アンティル民法典》第三編第11条も、主観的誠信を規定し（有効要件としての誠信）、第六編第2条も、客観

的誠信を規定している（債権者及び債務者相互間で、合理公平の要求に従って権利を行使しなければならない。）[124]。

（三）新《オランダ民法典》が、誠信を公平合理と同列に扱うことについての批評

オランダ人の表題のようなやり方は、イタリアの学者による批判に見舞われた。著名な民法学者であるブスネッリ（Francesco Busnelli）の解するところによれば、ローマ法系の誠信及び公平概念と、英米法系の合理性概念とを一緒くたにすることは、大変、危険である。その一、このようにやることは、人々が契約に与えた誠信ルールの本来の意味を変えてしまう可能性がある。その二、誠信の概念を合理性の概念に置き換えることは曖昧さを帯び、誠信の概念を公平に置き換えることは、裁判官が実際上、法律の制約を受けないことになるが、裁判官の自由裁量権は本来、制限を受けるべきものである[125]。アンナリータ・リッチも、客観的誠信と合理性は同じものではなく、前者は清廉と忠誠に基づいて行為する義務であり、後者は人の行為の成果に対する評価であると考えている[126]。従って、後者を以て前者に取って代わるべきでない。

私は、上述の批評に理由がないわけではないと考えているが、更に3点補足したい。すなわち、

（1）公平合理は、通常、当事者間の関係の状況を描写するのに用いるものであり、当事者と社会の間の関係の状況を描写するのに用いるものではない。もし公平合理原則という表現を用いるならば、誠信原則が持つ、当事者の利益と社会の利益の間の均衡を維持するという機能は捨て去られてしまう[127]。

（2）民法の中には、もともと、公平原則があり、それは誠信原則と分業して、それぞれが異なる働きを受け持っている。もしオランダ人のやり方に従って客観的誠信原則を公平合理原則に改称するとすれば、それといままでの公平原則との関係は、どのように処理

第四章　誠信原則の大陸法系における歴史的発展の研究

するのか。

（3）誠信原則は、ストア哲学の克己精神と「義を取り利を捨てる【取义舍利】」という原則を体現するものであり、それが表しているものは、「内は聖人、外は国王【内圣外王】」という身の処し方であって、公平はその効果に過ぎない。公平は自ら望んで達することもできるし、強制的に達することもできる（例えば、法律の懲罰を恐れるが故）。公平を以て誠信に取って代えることは、一つの多面体を無理矢理、単面体に切り分けるのに等しく、犠牲になる情報が多すぎるのである。

これを説明するに、「正直な心、誠意【正心诚意】」が「行為は規則を超えない」と肩を並べる【并驾齐驱】などということがどうしてあるだろうか。前者はもっと高いレベルである。もしかすると、新《オランダ民法典》の起草者らは、誠信原則というこの怪獣[128]を降伏させるためにそれを公平合理原則に解釈したのかもしれない。言い換えれば、誠信原則の上に立ち籠めている曖昧性を取り去ろうと努め、相対的にそれほど曖昧ではない公平合理原則でこれに代えたのかもしれない。しかし、鏨(たがね)で七孔[3]を打つという間違いを犯し、むざむざと一つの混沌をもてあそんで、ほとんど死亡させたようなものであり[129]、また悲しからずや！　どうやら、誠信原則の曖昧性がまさにその生命力の根源のようである。その曖昧性を取り去ることは、それを墓に送るに等しい。

六　ロシア：伝統への回帰と新奇性受入れのはざまで
（一）ロシアモデルの樹立

表題が述べているとおり、ロシアモデルは伝統への回帰と新奇性受入れの折衷である。伝統への回帰というのは、統一的な術語を用いて2種類の誠信を表していることであり、新奇性受入れというのは、「公平と合理」という術語を用いて客観的誠信に取って代えて

表現していることである。このように結合した結果はこうである。すなわち、主観的誠信であれ客観的誠信であれ、どちらも「誠信」（добросовестность）という語で表現されるが、しかし客観的誠信を表現するときは、「誠信」と「公平合理」（справедливости и разумность）という二つの術語を結合使用し、後者を以て前者を補強あるいは解釈している。このようにして、主観的誠信が誠信原則の内包する範囲外で排斥されるという欠陥を克服したのであり、《スイス民法典》が関係問題を処理したモデルの痕跡を具有している。

　当然のことながら、このようなモデルは、新《オランダ民法典》の影響の結果である。この民法典は東欧の激変の直後に誕生した。激変後の元社会主義国家は、新民法典を制定して未来の社会の青写真を描き、あわせて自分達の〔社会〕転換を証明する必要に迫られた[130]。新《オランダ民法典》は、こうした理由から、更に新《オランダ民法典》の多くの面での優越性から、多くの新しい独立国家が民法典を制定するときの参考資料となり、新《オランダ民法典》の客観的誠信に対する処理モデルもまた参考にされた。最初にそれを参考にした国がロシアである。

　最初に述べておかなければならないことは、スターリンは中国人の誠信の度合いに対してこっぴどく嘲り罵っていたのだが〔76頁参照〕、ロシアの民事立法は確かに誠信原則を規定する伝統は欠乏しており、ソ連時代の二つの民法典（1922年のものと1964年のもの）はどちらも誠信原則の定めはない。従って、この国の誠信原則理論の研究も手薄であり、文献の積み重ねも少ない。「誠信」の2字が諸立法で見かけるようになるのは、東欧の激変後のことである。1994-2006年の《ロシア連邦民法典》第6条第2項は、「法律の類推をすることができないときは、当事者の権利及び義務は、民事立法の一般原則及び精神並びに誠信、合理及び公平の要求に基づいて確

定する。」と規定した[131]。第10条第3項は、「民事上の権利の保護はそれらの権利の実現が誠信及び合理的であるかどうかにかかると法律が定めるときは、民事法律関係の参加者の行為は合理的及び誠信であると推定する。」と定め[132]、第53条第3項は、「法律又は法人設立文書に基づき法人の名で行動する者は、代表する法人の利益のために誠信かつ合理的に行動しなければならず……」と規定している[133]。私が見るところ、以上の3ヶ条は誠信と合理公平原則を確立したのであり、その中の「誠信」は、客観的誠信を含んでいるだけでなく、主観的誠信をも含んでいる。これらと並んで、専ら主観的誠信について定める条文がある。第220条第1項は、「……新しい物の所有権は、誠信でかつ自己のために加工した者が取得する。」と定め[134]、第234条第1項は、「公民又は法人は、財産所有者でなくても、不動産については15年、その他の財産については5年、誠信、公然、連続して自己の財産として占有したときは、その財産に対する所有権を取得する。」とし[135]、第302条第1項は、「財産が物権譲渡人のところから有償取得したものである場合において、取得者が、自己に財産を譲渡した者がその財産を譲渡する権限を有していないことを知らなかったか、又は知ることができなかった（誠信取得者）……」と規定している[136]。以上のことから、上述の六つの使用法のうちの五つは誠信と合理性の併用であり、このやり方はオランダのやり方と基本的に一致しているということが分かる。「基本的に」と言っているのは、ロシア語は誠信を「合理」、「公平」と運用しているのに対し、オランダ語は「合理と公平」と表示しているため、ロシア語の方が繁雑であるという事情による。

(二) ロシアモデルの影響

　ロシアモデルは、以下のような、ロシアと緊密な文化的結び付きを持っている国に影響を与えた。すなわち、

1. カザフスタン

1994年の《カザフスタン民法典》は、誠信（добросовестность）、合理性（разумность）と公平（справедливости）原則を打ち立てた（第8条）[137]。

2. キルギス

1997年の《キルギス民法典》は、誠信（добросовестность）、合理性（разумность）と公平（справедливости）原則を打ち立てた（第5条、第9条）[138]。

3. ウズベキスタン

1997年の《ウズベキスタン民法典》は、誠信（добросовестность）、合理性（разумность）と公平（справедливости）原則を打ち立てた（第5条）[139]。

4. ベラルーシ

1998年の《ベラルーシ民法典》は、誠信（добросовестность）と合理性（разумность）原則を打ち立てた（第2条）[140]。ロシア等と比べると、「公平」の文字は除去されている。

5. タジキスタン

1999年の《タジキスタン民法典》は、ロシアモデルを踏襲し、その第10条は、合理性（Разумность）、公平（справедливости）及び誠信（добросовестность）原則を打ち立てた[141]。この国の独創的なところは、「誠信」を前に置くことから最後に置くことに改めた点である。

6. リトアニア

2000年の《リトアニア民法典》も、術語の使用の上では、公平（teisingumo）、合理性（protingumo）及び誠信（sąžiningumo）原則（第1.4条、第1.5条等）を打ち立てた[142]。この国もまた、「誠信」を後置している。

7. ウクライナ

2003年の《ウクライナ民法典》も、術語の使用上は、伝統的な要素とオランダ式の独創性を混合させて、公平（справедливість）、誠信（добросовісність）及び合理性（розумність）原則（第3条）を打ち立てた[143]。この国は中道を採用していて、「誠信」を真ん中に置いている。

七　ラテン法族諸国又は地域：統一的誠信原則の維持

二つの誠信を分裂させた立法例又は客観的誠信に対して別の名前を与えた立法例を比較すると、伝統的な方式に従って、二つの誠信を統一する立法例がはるかに多い。以下、私は、ラテン法族国家、ドイツ法族国家、〔旧〕ソ連グループ国家という三つの組に分けて、これの典型的な立法例を紹介する。

1．ラテン法族国家

それらの国家の位置が西欧であれ、アメリカ州であれ、アジアであれ、はたまたアフリカであれ、このような立法例の提供者である。以下、西欧、アメリカ州、アジア、アフリカの順に、各国の関係状況を紹介する。説明しておかなければならないことは、この部分はイギリスとアメリカが二つの誠信を処理している関係状況は考察していないということである。なぜなら、イギリスとアメリカは統一的にgood faithという術語を用いて二つの誠信を統一的に表現しているという事実ははっきりしている[144]のではあるが、これらはラテン法族国家に属していないからである。

（1）フランス[4]。《フランス民法典》は少なくとも14ヶ条で誠信を規定している。客観的誠信を規定している代表が第1134条であり、契約は誠信に基づいてこれを履行しなければならないと定めている〔第3項〕。主観的誠信を規定している代表が第555条であり、ある者が誠信で他人の土地上に建築、と定めている。両者の誠信は、いずれもbonne foiという語で表されている[145]。

（2）スペイン。《スペイン民法典》は少なくとも41ヶ条で誠信を規定している。客観的誠信を規定している代表が第7条であり、権利は誠信に行使しなければならないと定めている。主観的誠信を規定している代表が第451条であり、誠信の占有者は果実を取得することができると定めている。両者の誠信は、いずれも buena fe という語で表されている[146]。

（3）イタリア。《イタリア民法典》は少なくとも19ヶ条で誠信を規定している。客観的誠信を規定している代表が第1337条であり、当事者は契約の交渉及び締結の過程において誠信に従って行動しなければならないと定めている。主観的誠信を規定している代表が第535条であり、誤って自分が相続人であると思って遺産の占有を取得した者は誠信の占有者であると定めている。両者の誠信は、いずれも buona fede という語で表されている[147]。

（4）ポルトガル。《ポルトガル民法典》は少なくとも7ヶ条で誠信を規定している。客観的誠信を規定している代表が第227条であり、当事者は誠信により契約を結ばなければならないと定めている。主観的誠信を規定している代表が第2076条であり、ある者が誠信で遺産の財産を取得する旨を定めている。両者の誠信は、いずれも boa fé という語で表されている[148]。

以上が欧州諸国の立法例であり、次に紹介するのは主要なアメリカ州諸国又は地域の立法例である。すなわち、

（1）チリ。《チリ民法典》は少なくとも51ヶ所で誠信を規定している。第1546条が客観的誠信を定め（契約は誠信に従ってこれを履行しなければならない。）、第646条が主観的誠信を定めている（誠信で他人の財産を占有する）。両者の誠信は、いずれも buena fe という語で表されている[149]。

（2）アルゼンチン。《アルゼンチン民法典》は少なくとも216ヶ所で誠信を規定している（考察の対象は、当該民法典の正式な内容と

見なされている注釈を含む。)。第1198条が客観的誠信を定め(契約は誠信に従って履行しなければならない。)、第589条が主観的誠信を定めている(誠信で他人の財産を占有する)。両者の誠信は、いずれもbuena feという語で表されている[150]。

(3) ブラジル。《ブラジル新民法典》は少なくとも69ヶ所で誠信を規定している。第422条が客観的誠信を定め(当事者は誠信に従って契約を結び、そして履行しなければならない。)、第1201条が主観的誠信を定めている(瑕疵又は障害を知らずに財産を占有する)。両者の誠信は、いずれもboa féという語で表されている[151]。

(4) ペルー。《ペルー民法典》は少なくとも47ヶ条で誠信を規定している。第1362条が客観的誠信を定め(当事者は契約の交渉、締結、履行の過程において誠信に規則を遵守しなければならない。)、第665条が主観的誠信を定めている(誠信で取得)。両者の誠信は、いずれもbuena feという語で表されている[152]。

(5) メキシコ。《メキシコ民法典》は少なくとも59ヶ所で誠信を規定している。第1796条が客観的誠信を定め(更に債務者の誠信に従って履行しなければならない義務)、第798条が主観的誠信を定めている(誠信で他人の財産を占有する)。両者の誠信は、いずれもbuena feという語で表されている[153]。

(6) ハイチ。《ハイチ民法典》は少なくとも12ヶ所で誠信を規定している。第925条が客観的誠信を定め(債務は誠信に従って履行しなければならない。)、第455条が主観的誠信を定めている(財産が他者に属することを知らないで占有する)。両者の誠信は、いずれもbonne foiという語で表されている[154]。

(7) ケベック。《ケベック民法典》は少なくとも80ヶ所で誠信を規定している。第1375条が客観的誠信を定め(債務は誠信に従って設定し、履行し、消滅させなければならない。)、第99条が主観的誠信を定めている(誠信で他人の財産を占有する)。両者の誠信は、いずれも

bonne foi 又は good faith という語で表されている[155]。

（8）ルイジアナ。《ルイジアナ民法典》は、少なくとも67ヶ所で誠信を規定している。第1759条が客観的誠信を定め（債務と関係する事項においては、誠信が債権者及び債務者の行為を支配しなければならない。）、第486条が主観的誠信を定めている（誠信で他人の財産を占有する）。両者の誠は、いずれも good faith という語で表されている[156]。

以下、アジアの主要な非ドイツ系国家の立法例を紹介する。

フィリピン。《フィリピン民法典》は少なくとも80ヶ所で誠信を規定している。第19条が客観的誠信を定め（いかなる者も誠信に権利を行使し、義務を履行しなければならない。）、第396条が主観的誠信を定めている（誠信で他人の遺産を占有する）。両者の誠信は、いずれも good faith という語で表されている[157]。

以下、アフリカ諸国のこの面での立法例を紹介する。

（1）エジプト。《エジプト民法典》は少なくとも49ヶ所で誠信を規定している。第148条が客観的誠信を定め（契約は誠信に従って履行しなければならない。）、第121条が主観的誠信を定めている（物の品質について錯誤がある）。この法典の英訳本では、両者の誠信は、いずれも good faith という語で表されている[158]。

（2）リビア。《リビア民法典》は、第148条が客観的誠信を定め（契約は誠信に従って履行しなければならない。）、第121条が主観的誠信を定めている（物の品質について錯誤がある）。この法典の英訳本では、両者の誠信は、いずれも good faith という語で表されている[159]。

（3）アルジェリア。《アルジェリア民法典》は少なくとも53ヶ所で誠信を規定している。第107条が客観的誠信を定め（契約は誠信に従って履行しなければならない。）、第147条が主観的誠信を定めている（誠信で非債弁済を受領する）。この法典の仏訳本では、両者の誠信は、いずれも bonne foi という語で表されている[160]。

（4）エチオピア。《エチオピア民法典》は少なくとも82ヶ所で誠

信を規定している。第1713条が客観的誠信を定め（契約の内容には誠信の義務が含まれる。）、第315条が主観的誠信を定めている（相手方が成年に達しているかどうかについて錯誤がある）。この法典の英訳本では、両者の誠信は、いずれもgood faithという語で表されている[161]。

2．ドイツ系国家

人々を元気づけることがあり、それは、《ドイツ民法典》と《スイス民法典》の何人かの信徒は、両法典が採用した両者の誠信を分裂させるというやり方の後に続くなどということを行なっていないことである。それらは、1926年の《トルコ民法典》、1934年の《タイ民商法典》、そして1946年の《ギリシャ民法典》である。〔以下、〕これを分けて述べることをお許し頂きたい。

（1）トルコ。《トルコ民法典》第3条は客観的誠信を定め、第1023条は主観的誠信を定めている。両者はいずれもiyiniyetliという語で表されている[162]。

（2）タイ。《タイ民商法典》第5条は客観的誠信を定め[163]、第78条は主観的誠信を定めている[164]。両者はいずれもgood faithという語で表されている[165]。

（3）ギリシャ。《ギリシャ民法典》は、その第288条で客観的誠信を規定し、καλή πίστειという語で表されており、第1100条で主観的誠信を定めて、καλό πιστα という語で表されているが[166]、これはκαλή πίστειの形容詞であるに過ぎない。

3．〔旧〕ソ連グループ国家

ここで紹介する〔旧〕ソ連グループ国家は、両者の誠信の関係を処理するという面での立法例として、特別な意義を有している。理由一、もしラテン法族諸国が統一的な誠信という術語を維持しているのは伝統によるものであると言うとすれば、〔旧〕ソ連グループの国々は東欧の激変後に自分達の民法典を再び定めたのであるから、このことから、最新の理論的成果を吸収して改めて選択する機

会を獲得したのである。こうした条件の下で、もしそれらの国々が依然として統一的誠信原則を堅持したのであれば、これは、それらの国々が、誠信原則を分裂させること、あるいは客観的誠信の名称を変えるという誤った方針を排除したということの証明となり得る。理由二、これらの国々がロシアの影響を強く受けており、常にロシアの後について、ロシアが歩けば歩き、ロシアが走れば走る状態であるところ、現在、ロシアは両者の誠信を分裂させており、これらの国々はついて行っていないわけで、このことは、一層、有力な理由となるはずである。以上の理由から、もしドイツ、オランダ、ロシアが統一的誠信の否定について再考した結果であるならば、これらの国々は、如上の3ヶ国のやり方を否定することについて再々考をした結果であることは確実であり、換言すれば、これらの国々の選択の結果は、一層、深く掘り下げた理論的思考の結果であるはずである。

　これらの国々には、ラトビア、トルクメニスタン、アルメニア、アゼルバイジャン、モルドバ、エストニア、ジョージア、ルーマニア、チェコの9ヶ国がある。〔以下、〕これを分けて述べることをお許し頂きたい。

　（1）ラトビア。1992年に再び使われ始めた1938年の《ラトビア民法典》第1条は、権利の行使及び義務の履行は、いずれも誠信（labas ticibas）に従わなければならない、と定めている。これが客観的誠信についての規定であることは明らかである。第910条は、占有は誠信（labticigs）占有と悪信占有に分かれ……、と定めており、これが主観的誠信についての規定であることは明らかである。

　（2）トルクメニスタン。1999年の《トルクメニスタン民法典》は34ヶ所で誠信を規定しており（例えば、第98条第1項第3号）、すべてдобросовестностиという語で表されている[167]。

　（3）アルメニア。1999年の《アルメニア民法典》は百余ヶ所で

誠信を規定しており（例えば、客観的誠信についての第57条、主観的誠信についての第187条）、ほとんどすべてがдобросовестという語で表されている。例外は第57条であり、добросовестと規定するものの他、разумноと規定している[168]。立法者はいささか日和見であることが明らかである。

（4）アゼルバイジャン。2000年の《アゼルバイジャン民法典》は三十余ヶ所で誠信を規定しており、客観的誠信も主観的誠信も、добросовестという語で表されている[169]。

（5）モルドバ。2002年の《モルドバ民法典》は10ヶ所で誠信を規定しており（例えば、客観的誠信についての第9条、主観的誠信についての第9条）、すべてbună-Credinţăという語で表されている[170]。

（6）エストニア。2002年の《エストニア民法典》は13ヶ所で誠信を規定しており（例えば、客観的誠信についての第138条、主観的誠信についての第139条）、すべてHea usuという語で表されている[171]。

（7）ジョージア。2002年の《ジョージア民法典》は多くの箇所で誠信を規定しており、客観的誠信であれ（例えば、第8条の中のそれ）主観的誠信であれ（例えば、〔第〕1146条の中のそれ）、英訳本では、いずれもgood faithという語で表されている[172]。

（8）ルーマニア。2010年の新《ルーマニア民法典》は七十余ヶ所で誠信を規定しており、客観的誠信であれ主観的誠信であれ、いずれもbună-Credinţăという語で表されている[173]。

（9）チェコ。2011年の新《チェコ民法典》は4ヶ所で誠信を規定しており、客観的誠信であれ主観的誠信であれ、いずれもdobrá víraという語で表されている[174]。

八　小括

以上、述べてきたことをまとめると、ローマ人は、理論上は主観的誠信と客観的誠信とを分けていなかった。ヴェヒターとブルーン

スの論戦がこの境界分けを惹き起こし、そして異なる術語で両者を表現した。このことは、誠信に対する人類の認識の深化を意味しているが、しかしまた、両種の誠信の共通の基礎を探究することの放棄も伴っており、これは、元々は道徳が法律の中で体現していた誠信原則を非道徳化したことの消極的な結果である。これが、誠信原則の歴史的発展における第一の転換である。第二の転換は新《オランダ民法典》の中で起きた。その起草者は客観的誠信を「公平と合理」と表したのである。これはまさしく、客観的誠信を非誠信化したことになる。これを行なった人達の意図は、二つの大きな法系の調和をとって、共通の一般条項を作ることにあったのではあるが、しかし、新しい顔立ちの誠信原則は元からある公平原則といかに調和させるか、誠信原則の道徳的要求をいかに低下させたか等の問題を惹き起こした。幸いなことに、このような立場の影響は大きくなく、一部の〔旧〕ソ連グループ国家の範囲内といくつかのオランダの旧植民地国家の範囲内で行われていたり、変形が起きたりしているだけである。第三の転換は《ロシア連邦民法典》の中で起きた。その法典は、両種の誠信を一つの術語を用いて表しており、ドイツモデルに対する否定の否定となっている。しかも、客観的誠信を述べる際、「誠信」という術語を公平・合理という術語と並列させており、このような処理は独特のモデルをなしていて、一部の〔旧〕ソ連グループ国家に影響を与えている。もちろん、一つの術語を用いて両種の誠信を表すというやり方を維持する国が絶対多数を占めており、なかでも考察する意味を持っているのは、やはり、そのようにしている〔旧〕ソ連グループ国家である。東欧の激変後、少なくとも9の国の民法典で、一つの術語で両種の誠信を表しており、統一的誠信原則を維持している。それらの国々は、ドイツの両者の誠信の術語区別論にもオランダの客観的誠信の術語変更論にも追随しておらず、またそのような機会があったのに追随していないので

第四章　誠信原則の大陸法系における歴史的発展の研究

ある。このことは、これらの国々がドイツ人のやり方もオランダ人のやり方も模倣するに値しないと考えていることの証明である。

　前述の通り、三つのドイツ－スイスモデル追随国は両種の誠信の関係を処理するドイツモデルを採用していないが、しかし、《大清民律草案》から始まるのだが、我が国はドイツのこのモデルを継受し、「誠信」という語で客観的誠信を表し、「善意」という語で主観的誠信を表している。しかし、学説においては、実際には客観的誠信だけを誠信原則の内容としており、誠信原則の片面化ないしは跛行化を招いている。すなわち、名が基本原則である誠信原則が、債権法の局面、甚だしきに至っては契約法だけの局面を対象としているに過ぎない。民国時代はそうであったし、1949年以降の新中国でもやはりそうである。幸運なことに、誠信原則を除去するというオランダモデルは、未だ我が国に対していかなる影響ももたらしていない。一つの誠信という術語を使うロシアモデルは、なおもまだ我が国の学界が注意するものとはなっていない。私にため息をもらさせることは、中国民法典起草のために用意された三つの私的民法典草案の中で、私が主宰した《グリーン民法典草案【緑色民法典草案】》を除いて[175]、梁慧星教授主宰の草案であれ、王利明教授主宰の草案であれ、依然として誠信と善意の二分制を維持しており、百余年来の世界の学界と実務界が蓄積した経験に基づいて改善する策を出すということは行なっていないことである[176]。こうした状況は、我が国の学界の、誠信原則に対する研究が足りないことの証明である。本書は、これらの不足を補うことを目指している。このために、私は本書の研究成果に基づいて、我が国の未来の誠信原則を構築するために、最も優れたものと次に優れたものという二つの提案を出した。最も優れた案は、誠信と善意の二元制を放棄して、統一的誠信制に改めることである。言い換えると、これまでの「善意」をすべて「誠信」に改め、そして社会契約論を我が国の統一的誠信

原則の理論的基礎とするのである。しかし、上述の二元制は我が国で百余年、存在していることを考えると、皆は習慣となっており、にわかに変えることは、おそらく「親切心で猫背の人を治そうとしたら、治るどころか死んでしまった【好心治駝子治死人】」となるかもしれないので、やはり次善の提案を出しておく。すなわち、《スイス民法典》の先例を真似て、誠信原則の他に別に善意原則を立て、善意を主観的誠信と解釈するのである。こうすることで、誠信原則のあるべき内容を維持する。

第4節　公法諸部門への誠信原則の拡張

一　憲法への誠信原則の拡張

　20世紀の30年代初めから、誠信原則は公法への拡張を開始した。これについては、以下のような判決・立法・学説が証明してくれる。ドイツ行政裁判所1926年6月14日の判決は、「国は立法者及び法の監督者として、もし国民に特別の義務を課すときは、国民の私法関係においては、誠実信用の要求、すなわち正当な要求を相互に遵守する。しかも国が、国家公法関係上、個々の国民に対するときは、当該誠実信用原則がまた妥当する。」と解した[177]。ドイツのライヒ裁判所も、1931年のある判決の中で、誠実信用の原則は、すべての法分野にとって、しかも公法を含むいずこにおいても適用されなければならない、と述べている[178]。我が国台湾区域の「行政裁判所」1963年判字第345号判決は、「私法の規定が一般法理と表現しているものは、公法関係においてもまた適用可能であるべきである。当裁判所の近時の見解によれば、私法中の誠信公平原則は、公法上、その類推適用があるべきである。」と解している[179]。その「行政裁判所」の1981年判字第975号判決は、更に一歩進めて、「私法中の誠信公平原則は、公法上もその適用があるべきである。」と解

した[180]。1963年判決と比べて、この判決は、誠信原則が行政法に適用される類推の根拠を捨て去った。公法学者のラバントもまた、「誠実信用原則は、私法領域におけるのと同様に、公法領域も支配することができる。苟も誠実と善意がなかったならば、立憲制度は行き渡らせることが困難と思われる。誠実と善意は、一切の行政権（司法権、立法権も同様。）を行使する準則であり、同時にまたその限界である。」と述べている[181]。ここで、ラバントは誠信原則の、公法への拡張を具体化して、憲法にまで拡張するに至っている。最後に、1991年の《コロンビア憲法》第83条は、個人及び公共の当局の活動は、いずれも誠信の準則に合致していなければならず、前者が後者の前で行うすべての行為は、誠信を含むと推定する、と規定する[182]。この条項は、個人だけでなく、政府部門も誠信の主体と見なされ、しかも個人が政府の前で行うすべての活動が誠信であると推定して、政府と人民との間の関係を調和させることを試みている。こうして、誠信原則はついに憲法の中にまで書かれるに至り、〔しかも〕個人を制約するだけでなく、政府部門をも制約しているのである。イタリアは、誠信原則を憲法の中に書き込んだわけではないが、誠信原則は《イタリア憲法》第2条が規定する社会団結原則[183]の内容であると解釈されている[184]。

　この問題については、我が国の学者と外国の学者にはいずれも議論がある。〔以下、〕これを分けて述べることをお許し頂きたい。

　我が国の学者について言えば、ある論者の解するところによると、憲法における誠信原則は国家権力を行使する道徳を確立することを意味しており、これにより国家権力の行使を制約し、かつ規範に合うものにするのである。人の尊厳に対する尊重と人権に対する尊重により、国はその権力を行使する過程において、誠実信用にひとりひとりの公民に対応しなければならず、国家行為における誠実信用を保証しなければならない。このために、国家権力は法の安定

性の原則を遵守することが要求され、朝令暮改を行うことはできず、こうして一般大衆の信頼という利益が保証される[185]。またある論者の考えるところによれば、憲法上の誠信原則は、政府と人民との間の協力関係を意味しており、双方が誠信原則を遵守しなければならず、どちらであっても信頼に背けば責任を負わなければならない。このような意識は、主権者は非となり得ないという教条を打ち破ったのであり、政府もまた非となり得るということを意味している。従って、憲法上の誠信原則の確立は、必ずや有限政府理論、政府と人民の平等論を惹起するであろう[186]。更にまたある学者の指摘するところによれば、誠信原則は、憲法上の以下のような表現である。すなわち、その一、立法は公布しなければならず、そうして初めて効力が生じる。その二、一般的に法律は、過ぎ去ったことに遡及してはならない。その三、公共の利益に基づいて法律を改正又は廃止する必要があるときは、これにより損害を受ける者に対して賠償しなければならない[187]。憲法の誠信原則は、政府と人民の権利義務の相互性を基礎としており、公民時代の産物であって、このような時代になって初めて人々は、義務を負うだけで権利を享有しない、政府も権利を享有するだけで義務を負わない——それは君主国家の臣民という時代の状況である——のではなくなった、ということが容易に見て取れる。

　外国の学者について言えば、チリの学者であるホセ・アントニオ・ラミレス・アラジャスJosé Antonio Ramírez Arrayasの解するところでは、誠信原則は先ず、憲法解釈の原則なのであり、平等、大多数の人の精神と物質の共同福利の実現という要求に基づいて憲法を解釈することを要求する。それから、一個の行政原則であり、正義の枠組みの中で行政を行うことを要求するのであって、こうした正義こそまさに、共同福利、機会平等及び政府の行為の透明性なのである。最後に、一個の国家活動原則であり、国家機関の決定

で人々の既得の権利を保護することを要求する[188]。アルゼンチンの学者であるヘルマン・J・ビダルト・カンポスGerman J. Bidart Camposの考えるところでは、連邦制の条件下で、連邦忠誠原則と連邦誠信原則の構想があり、先ずそれは、連邦国家、連邦の成員及びその他の主体が自己の職権を行使するとき誠信に事を進めることを要求する。そして、立法機関が朝令暮改を行なってはならず、法律の予見可能性と安全性を害してはならないということを要求する[189]。確かに、連邦は婚姻のようなものであり、参加方に誠信がなければ、安寧の日々はなく、必ずや崩壊に至る。

二　行政法への誠信原則の拡張

　誠信原則は契約関係に源を発する。そうである以上、およそ契約が存在する場所はすべて誠信原則の適用がある。社会契約論の観点によれば、公民と政府の間に契約関係が存在し、それ故、行政関係に誠信原則が適用されなければならないのは当然である[190]。この原則に基づいて、誠信の政府を構築しなければならず、官民は互いに信じなければならない。しかも行政法は、民法のように、有限の規則によって無限の社会の現実に向き合わなければならないのであって、誠信原則を確立することは、処理する法の中に明文がない社会の現実にとって、どうしても必要である[191]。こうして、いくつかの国及び地区の行政法は誠信原則を自己の原則であると定めている。例えば、1996年の《韓国行政手続法》は、第4条第1項で、「行政機関が職務を執行するときは、誠実信用に基づいてこれを行わなければならない。」と規定している。1996年の《ポルトガル行政手続法》第6条第1項は、「行政活動中並びに行政活動のあらゆる手続き及び段階において、公共行政当局及び私人は、誠信の規則に従って事を行い、そして関係を築かなければならない。」と定めている。我が国台湾区域の2001年の「行政手続法」第8条は、行政行為は、

誠実信用のやり方でこれを行わなければならず、人民の正当な合理的な信頼を保護しなければならない、と規定している[192]。この条は《ドイツ民法典》第242条とどうしてこのようによく似ているのであろうか！　このことから、台湾のこの行政法の規定は、民法の類似の規定から借用してきたものであることが分かる。

　これらの立法を基礎として、西欧世界では、行政法における誠信原則についての研究の専門書も少なくない。メキシコの学者であるヘスス・ゴンサレス・ペレスJesús Gonzáles Pérezの『行政法における誠信の一般原則』（Principio general de la buena fe en el derecho administrativo, Civitas, 1984）、イタリアの学者であるフランチェスコ・マニャナーロFrancesco Manganaroの『誠信原則と公共行政活動』（Principio di buona fede e attività delle amministrazioni pubbliche, Edizione Scientifiche Italiane, 1995）、ブラジルの学者であるホセ・ギルエルメ・ジャコムッシJosé Guilherme Giacomuzziの『行政道徳と公共行政中の誠信——行政道徳の解釈学的内容』（Moralidade administrativa e a boa-fé da administração pública: o conteúdo dogmático da moralidade administrative, Malheiros Editores, 2002）といったものがある。

　行政法における誠信原則というのは、どんなふうに表されるのか。それが及ぶ行政機関の面に関して言えば、それは以下のような要求を表している。すなわち、

　（1）行政職権の運用は、公共の利益を擁護することを以て基本的な出発点及び最後の終着点としなければならない。

　（2）行政職権の運用は、相手方の権益に配慮しなければならない。

　（3）行政機関は、意思表示の真実性、正確性、全体性を保証しなければならない。

　（4）行政機関は、信用を厳守しなければならず、相手方の正当な信頼を保証しなければならない。

　（5）行政機関は、適時に行政職権を行使しなければならず、合

理的な期限を超えて職権を行使することは違法となる。
　(6) 行政機関が行使する職権は、公益と私益の均衡をはかることに注意しなければならず、行政が行う決定の公平性・合理性を保証しなければならない[193]。

　容易に見て取れることは、これらの行政の誠信行為が持つ特徴は、客観的誠信が多く、主観的誠信は少ないということである。しかし、やはり存在しているのであって、例えば、行政機関が期限を超えても職権を行使しないときは、爾後、行使してはならないという規則は、まさに行政行為の相手方を保護するための主観的誠信である。すなわち、私は誤ってあなたは行使しないと思っていたところ、今になってあなたは突然、行使して、私の信頼を損なったのだから、あなたは行使してはならない。

　では、行政法における誠信原則と民法における誠信原則には、どのような違いがあるのか。ある論者は、以下のような違いがあると考えている。すなわち、

　(1) 道徳の基礎が異なる。民法中の誠信原則が体現しているものは、個人の道徳であるが、行政法中の誠信原則が体現しているものは、政治倫理である。

　(2) 主観的誠信の行政法中の地位が一層、重要である。民法中の誠信原則は、主観的誠信と客観的誠信が双峰並び立っているのである。

　(3) 民法中の誠信原則は、平等者間の関係という基礎の上に築かれているが、行政法中の誠信原則は、不平等な者の間の関係の上に築かれている。

　(4) 行政法中の誠信原則は、公共の利益という基準を採用しているが、民法中の誠信原則は、私人の利益という基準を採用している。

　(5) 民法中の誠信原則は、立法機関が司法機関に立法を授権し

ているのに対し、行政法中の誠信原則は、そのような授権関係は存在せず、この原則を確立する機関とこの原則を適用する機関は一致している[194]。

このような比較をすることは貴重なことであるが、しかし、比較の結果には間違いが多い。例えば、ここでの論者は主観的誠信についての理解は間違いではないが、勤勉で真面目な心理状態である。また例を挙げると、ここでの論者は民法を平等者間の法であると思っているが、これは事実に全く合致しない。例えば、民法が日常的に規律対象としている父母と未成年子女の間の関係は平等ではない[195]。これらの誤りは、公法領域の誠信原則研究者が持っている民法中の誠信原則についての知識が実に不完全であるということを反映している。

以上が、中国の学者による、行政法中の誠信原則に対する認識である。次に紹介するのは、メキシコの学者のヘスス・ゴンサレス・ペレスが同じ問題に対して異なる認識を持っているということである。ペレスの解するところによれば、公共行政は管理者と被管理者という二つの世界によって構成され、前者は命令を行い、後者は従うのであり、両者の間には一つの障壁が存在する。ペレスの考えでは、誠信原則は、管理者と被管理者の間の関係を人道化させることができ、両者間の信頼を再建する一つの有効な手段である。それは管理者に対して要求するだけでなく、被管理者に対しても誠信に事を行うことを要求する。こうして、誠信原則の適用は、被管理者に対し改めて行政を信頼させるはずである。この原則は、被管理者にとっては、行政当局の不誠実な行為に対抗することのできる手段であるばかりか、この原則を用いて、自己に有利な解決を得る可能性のあるものなのである[196]。

ペレスは更に、誠信原則は比例原則と密接すると考える。いわゆる比例原則とは、国家権力の範囲と人民の自由との間の関係に関す

る原則であり、それの関心は、公民の権利を制限する法律が必要であるか否かという問題である[197]。もし必要限度を超えずに行政手段を以て人民の権利を制限するのであれば、当然、誠信であり、そうでなければ、悪信である。誠信原則は、政府機関に対して、公民の権利を制限するときは必要性に根差すことを要求するのであり、それ故に、これと比例原則は互いに関係しないということは決してないのである[198]。

　最後にペレスは、誠信原則の適用のためには二つの要件を満たさなければならないと解している。その一、法律上、重要な行為に適用しなければならない。その二、以下のような行為は誠信原則の要求に違反する。一つ目の要件は、誠信原則の適用範囲を制限するもので、ペレスはこの範囲があまりにも広くなるような主張はしていない。ペレスの見るところでは、要求に合致する行為として、以下のような類型がある。すなわち、

　（1）被管理者が行政機関に対して請願する行為
　（2）訴訟中の手続行為
　（3）確定的行政行為
　（4）過去の行為を改める行為
　（5）手続行為

二つ目の要件としては、以下のように表現されている。すなわち、

　（1）言行不一致（Venire contra factum proprium）
　（2）悪意による延期行為
　（3）形式的理由の故の無効宣告権を濫用すること
　（4）一部の履行、又は契約期限を変更する行為、等々

誠信原則に違反する行為については、あるものは無効と宣告され、あるものは行為の効力を保留することができるものの改めなければならず、またあるものは相手方が提出した抗弁を許可する[199]。

　誠信原則は、西欧国家の行政法の中で、準民法という特別な舞台

がある。しかし、我が国では、民法が国家所有権及び政府の購買行為を規律対象としており、西欧国家においては行政法が規律している。例えば、フランスには《国有財産法》(Code du domaine de l'Etat) があり、イタリアには《公契約法》がある。この二つの領域は民法と接している。民法の、この二つの領域についての規則に誠信原則の定めがあることは明らかであり、自ずと、行政法が規律するこの二つの領域にも誠信原則の定めがあるのである。

三　刑法への誠信原則の拡張

　ある論者は、社会契約論の刑法観に基づいて、刑罰権は、人民が政府に譲渡したものにして、自己の生命、自由、財産に的を絞った権力であり、政府は契約の誠信の要求に基づいてこれらの権力を行使しなければならない、と解している。このような誠信の表れは、次の通りである。すなわち、

　（1）罪刑法定主義においては、それは国が人民に対して、どのような者が罪になるか、どのような者が罪にならないのかについて行なった承諾を体現しており、事後法、曖昧な規定及び類推というやり方で刑法を執行しないことは、国が自己に対して誠実に守ると承諾したということである。

　（2）刑法における誠信は、国に対して適用されるだけではなく、犯罪者に対してもその適用がある。例えば、仮釈放された犯罪者は、誠信の要求に基づいて、二度と社会に危害を与えないという自己の承諾を遵守しなければならない。

　（3）刑法中のいくつかの罪名は、背信行為に打撃を与えるものである。例えば、詐欺、偽造といった犯罪であり、中でも背任罪【背信罪】がそうである。《ドイツ刑法》第266条第1項の規定によれば、背任は、「行為者が、法律、官庁の委任法律行為又は信任関係に基づいて負っている他人の財産上の利益を守る義務を濫用し、これに

より委託者の財産上の利益に損害を与える」行為である[200]。学説による解釈では、一部の学者は、この種の犯罪の客体を「信任に違反すること」と解釈しており、これはまた、行為者と本人との間の信任関係に違反して財産上の損害を惹き起こすことである。このような信任関係は委任関係を含んでおり、周知のように、これは伝統的な誠信関係である。我が国が2006年6月29日に打ち出した《刑法改正案（六）》は背任罪を規定し、上場企業利益損害背任罪【背信損害上市公司利益罪】と運用受託財産背任罪【背信运用受托财产罪】に分かれる。前者は、上場企業の取締役、監事、上級管理職が会社の忠実義務に違反し、又は上場企業の大株主若しくは実際の支配人が前述の者に対し、業務上の便宜を利用して上場企業が従事している法定の相応する行為を操ることを指示し、よって上場企業の利益に重大な損失を生ぜしめる行為である。後者は、商業銀行、証券取引所、先物取引所、証券会社、先物仲買会社、保険会社又はその他の金融機構が受託義務に違反して、ほしいままに顧客の資金又はその他の委託された財産若しくは信託財産を運用する行為にして、情状の重い行為である[201]。

（4）刑法における誠信原則は、裁判官が自由裁量権について運用するにあたっての規範となっている[202]。この他に、刑法における誠信原則は、容疑者が自首した場合と功績を立てた場合に法律は約束を守らなければならないという点で具体的に表されている[203]。これらの論述は、政府機関が対象であれ犯罪者が対象であれ、客観的誠信に関わっているだけである。実際、刑法の中にも主観的誠信は存在し、刑法における錯誤の問題がそれである。錯誤は、事実の錯誤と法律の錯誤に分かれる。大多数の先進国の刑法は、法律の錯誤が抗弁となる可能性を排除しているが、他方で事実の錯誤の方は抗弁事由として承認されている。例えば、行為者が森で猪狩りをしているとき、誤って人を獣だと思い、殺してしまったら、これは誠

信の殺人となり、行為者に殺人の故意はないから、その者に故意の殺人罪の責任を負わせてはならず、過失致死罪の責任を負わせるだけにしなければならない。概して言えば、行為者が自己の行為は合法性を備えていると確信しているのであれば、これを誠信と言い、行為者の反対の確信は悪信と言う。このような悪信は故意の代名詞である[204]。そして、故意は刑事責任を負う重要な根拠である。このことから、犯罪の成立における主観・客観結合原則は刑法中の誠信原則と接するのであり、行為者の誠信という主観的状態はその刑事責任を排除又は軽減することができるということが分かる。当然のことながら、故意という刑法概念も誠信原則の因子を含んでいる。

四　税法への誠信原則の拡張

　誠信原則の税法への拡張をこの原則の刑法への拡張の後に配列して論じることは、非常に合理的なことである。なぜなら、課税にしろ科刑にしろ、どちらも政府が人民に不利益を課する図式だからである。この種の不利益の賦課は避けられない以上、人々はそれが合理的なやり方によって行われることを望む。そこで、誠信原則が自分の舞台を持つことになった。まさにこうした理由から、スイス税法は明確に誠信原則を規定した。1944年3月14日の《スイス国税及び地方税法》第2条第1項は、「本法の規定は、誠実信用に則り、これを適用し、及び遵守しなければならない。」と定めている。1945年12月16日の州税法もまた、同じ趣旨の規定を置いている。1947年の《スイス租税基本法草案》第5条第1項は、「租税法は、誠信原則に則り、これを適用し、及び遵守し、租税法を解釈するときは、すべてのスイス国民の法的平等性を考慮しなければならない。」としている[205]。日本はこの面では些か保守的であり、誠信原則を税法に導入することは行われていないが、判決の中でこれが表されている。東京地方裁判所1965年5月26日判決は、租税法律主

義の適用される税務行政領域で信義誠実の原則を適用することができると解している[206][5]。

スイスの規定は明確に税法の誠信主体を徴税部門（これは「適用」という動詞の主語である。）と納税者（これは「遵守」という動詞の主語である。）と定めている。前者について言えば、その誠信は先ず、租税法律主義を遵守し、新しい税種をみだりに開設したり、みだりに税率を上げたりしないということを体現するものでなければならない。後者について言えば、その誠信は、誠実に納税し、納めるべき額を納め、税金をごまかすことがないということを体現するものでなければならない。

五　刑事訴訟法への誠信原則の拡張

ある論者の考えるところでは、刑事訴訟法における誠信原則は、公安司法機関、当事者及びその他の訴訟関係者が刑事事件を処理し、そして刑事訴訟を行うときに、公正、誠実及び善意を守り従わなければならないということを指す。なぜ刑事訴訟法の中で誠信原則を確立するのかというと、一つの重要な理由は、我が国の刑事訴訟法のモデルは職権主義から当事者主義と職権主義の結合モデルへの転換が起き、訴訟を主導する当事者に訴訟を濫用する機会がますます多く提供され、誠信原則を以てそれの規範としなければならないということである[207]。

以上のことから、刑事訴訟の誠信の主体は公安司法機関、当事者及びその他の訴訟関係者という三つの大きな種類があることが分かるが、この三者は刑事訴訟においてどのように誠信に行動するのか。

公安司法機関の執行者について言えば、彼らは誘惑的捜査をしてはならない。さらに一歩進んで言えば、一切の不法な証拠を排除しなければならず、証拠を開示し、そして司法の承諾を厳守しなければならない。このような承諾は、往々にして司法取引【辯訴交易】

において発生する。アメリカでは、司法取引の誠信性は確実な保障があり、司法機関が承諾を果たさなかったときは、訴訟の形勢は原状に復することができる。しかし、我が国のこの面での記録は悪く、典型的な例は李某事件である。その事件の二審において、李某は一審での強硬な態度を変え、自己の犯行を認めた。検察庁が承諾したことは、彼を釈放して家に帰し正月を迎えさせるというものだったところ、結局、実際の判決結果は懲役１年６月であった。これにより、李某は法廷で、自分が罪を認めたのはウソだったと大声で叫んだ。司法機関の誠信イメージの損害は大きいものがあった。こうして、犯罪界では、「自白するなら寛大に、牢に座りて穴が開く；反抗するなら厳重に、家に帰され春を寿ぐ【坦白从宽,牢底坐穿；抗拒从严,回家过年】」という言い回しが流行となった。これは実際上も、刑事司法の効率を低下させた[208]。

204　当事者について言えば、彼らは悪意で又は故意に訴権や訴訟上の権利を濫用してはならず、悪意で又は軽率に忌避の請求をしてはならない。また、立証の奇襲を行なってはならず、軽率に私訴を起こしてはならない。そして、虚偽の立証を行なってはならない[209]。

　その他の訴訟関係者には弁護士が含まれ、彼らは代理権を越えて訴訟行為を行なってはならず、当事者の商業上の秘密や個人のプライバシーを漏らしてはならない。容疑者や被告人に対しては、忠実義務を負う[210]。

　学者は、刑事訴訟法の中へ入れることのできる誠信原則の条文の起草さえしている。すなわち、「刑事訴訟において、当事者及びその代理人並びにその他の訴訟関係者は、法律の規定に従い、誠実信用の原則を守り、訴訟上の権利を行使し、そして訴訟上の義務を履行する。」と[211]。

　以上のことは、刑事訴訟における客観的誠信に及んだだけであるが、この領域にも主観的誠信は存在する。例えば、アメリカ証拠法

によれば、警察が誠信にして故意でなく違法に証拠を取得したときは、違法証拠排除法則は適用されない。ここでいう誠信は、警察が「自己の行為は現行法に合致していると信じ、かつこれを信じたことに合理的な根拠がある」ことを指す。この法則は、オーストラリアの証拠法によっても採用されている[212]。

六　民事訴訟法への誠信原則の拡張

　本書第三章で誠信原則の起源に戻って述べたように、誠信原則は誠信訴訟から生まれたのであり、従って、この原則は民事訴訟法を原籍とする。まさにこのような理由により、民事訴訟中の誠信原則に関する文献は、ことのほか山積している。国外について言えば、ドイツの学者であるコンラート・シュナイダーKonrad Schneiderは、早くも1903年に『民事訴訟における誠信と訴訟指揮についての論争——訴訟指揮の問題に対する回答』（Treu und Glauben im Civilprozesse und der Streit über die Prozessleitung: Ein Beitrag zur Beantwortung der Prozessleitungsfrage, Beck'sche Nördlingen, 1903）という小冊子を出版した。1998年には、ベルンハルト・フィスターBernhard Pfisterは『民事訴訟における誠信についての近時の判例』（Die neuere Rechtsprechung zu Treu und Glauben im Zivilprozeß, Frankfurt/Main u. a., 1998）という実務専門書を出版している。国内について言えば、我々はすでに、民事訴訟における誠信原則を研究した二篇の博士論文を有しており[213]、更に同様のテーマの専門書が一冊、存在する[214]。しかも、その他の公法部門においては誠信原則は多くは学説上の存在として具現しているのに、民事訴訟法上はこの原則は制定法の条文として具現している。例えば、1961年の《ポルトガル民事訴訟法》第456条第2項は、訴訟誠信原則を規定した[215]。1995年に改正された《ポルトガル民事訴訟法》は、この伝統を引き継いで、第266条A項で「当事者は、誠信に事を処理

し、及び前条に規定する協力義務を遵守しなければならない。」と規定した[216]。1998年の新しい《日本民事訴訟法》第2条は、「当事者は、信義に従い誠実に民事訴訟を追行しなければならない。」と規定している[217]。1999年の《マカオ民事訴訟法》第9条も、「当事者は、誠信原則を遵守しなければならない。当事者は、とりわけ、違法な請求を提出してはならず、また、真実と一致しない事実を陳述したり、明らかに手続きの進行を引き延ばす措置をとることを申請したり、及び前条の規定の協力を与えないことは行なってはならない。」と定めている[218]。この条文は、先ず、一般的な誠信の要求を規定し、その後で、いくつかの違法性のある訴訟上の誠信の行為を定めているのであって、虚もあれば実もあり、まさに緻密と言うべきである。《マカオ民事訴訟法》の、訴訟上の誠信原則に関する規定は、ポルトガル起源であると見ることができる。

　上に述べた二つの民事訴訟上の誠信原則の立法例は明確に、誠信原則は当事者の行為準則であると定めているのではあるが、しかし論者はこのように限定されることをどうしても望んでおらず、一般的に、民事訴訟の誠信は裁判官の誠信、当事者の誠信、弁護士の誠信という三つの面に分かれると解している。第一の誠信は、自由裁量権を濫用してはならない、判決等で不意打ちをしてはならないというように表現される。第二のものは、悪意で訴訟をでっち上げることの禁止、矛盾する訴訟行為の禁止（禁反言）、手続き上の権利の濫用の禁止、他人の訴訟の妨害の禁止というように表現される。最後のものは、職業道徳を堅守し、誠実・善意の心を身につけることと表現される[219]。こうした三つの誠信で事を進めていけば、訴訟は当然、一層、系統立ったものとなり、しかも効率の良いものとなる。

　当事者は誠信に訴訟しなければならないというのは、古くからの一個の問題であり、古代ローマには、こうした要求に対する反面的

説明があった。161年に出版されたガイウスの《法学提要》は、濫訴に対して次のような定義を下していた。すなわち、一方が訴訟の助けを借りて相手方を苦しめ、そして主として裁判官の過誤又は不正義を利用して事実に基づかないことを望むときは、濫訴となり、濫訴者は十分の一の罰金を負担する[220]。ローマ法の残滓を引き継いだ《イタリア民事訴訟法》第96条が、このテーマについて規定した。濫訴を、自己が罪を犯していることをよく知っている状況の下で、意地を張って争う目的で、訴訟を引き延ばすため、又は相手方を疲れさせるため、言い換えれば、最小限の慎重さが欠けていて、しかも自己の行為の結果について分かっている状況において、悪信又は重過失で提訴又は応訴する行為と定めている。法律は、そのような行為に対して、加重責任を規定した。すなわち、相手方に対して、客観的に正当性のない訴訟の当事者になることを余儀なくされたが故に生じたすべての損害を賠償する責任を課している[221]。イタリアにおいては、濫訴は一つの独立した不法行為を構成し、責任を負う者は、被害者の生物学的損害を賠償しなければならない。|1981年の《アルゼンチン民商訴訟法》第45条第1項も、これについて次のように規定している。すなわち、当事者の一方がその訴訟中の行為が濫訴又は悪意の訴訟であると宣告されたときは、裁判官は、敗訴した当事者若しくはその弁護士に対し罰金を、又は両者が共同して負担する罰金を科することができる。その額は、訴訟の目的の10乃至50%とする。訴訟の目的が金銭に見積もることができないときは、この罰金額は、5万ペソを超えてはならない。罰金額は、相手方当事者に有利なものでなければならない。罰金の請求が一方当事者によって出されたものであるときは、この請求を相手方当事者に伝えた後に、決定としなければならない[222]。|[6]この条文の特徴は、裁判官が事件の実体的問題について裁決を行なった後に、更に訴訟当事者が誠信であるか否かの裁決を要すること、誠信

でない者に対して罰金を科すこと、罰金額と訴訟の目的の額は連動していること、罰は当事者に及ぶだけでなく、弁護士にも及ぶことである。我が国に類似の規定がないことは実に惜しまれる。ないが故に、依然として濫訴者の天国なのである。

明らかに、今となっては、誠信訴訟という語に含まれている意味は、古代ローマの、名前を同じくするものとはるかにかけ離れたものとなっている。その言葉の当時の意味は自由裁量の裁判であり、その現在の意味はと言えば、道徳的に制約された裁判である。一方の誠信は他方の誠信ではないのである。誠信訴訟の意味の発展変化は、天地がひっくり返るぐらい心が高ぶり嘆くことである[7]と言える。

七　誠信原則の、国際公法における再現あるいは拡張

誠信原則は各法律部門の基本原則であるので、誠信原則はまた国際公法の基本原則でもあり、それ故に、どの国の決定も誠信原則の制約を受けなければならない[223]。従って、一連の国際公法文書では、いずれも明文で誠信原則を規定している。実際上、これはある種の先祖返りである。なぜなら、ローマ法における誠信は、最も早い時期には国際関係で生じていたからである。

（1）1945年の《国際連合憲章》第2条第2号は、「すべての加盟国は、加盟国の地位から生ずる権利及び利益を加盟国のすべてに保障するために、この憲章に従つて負つている義務を誠実に履行しなければならない。」と規定している[224]。ある学者の研究によれば、この条文中の誠信は、コロンビア代表団がサンフランシスコでの憲章制定会議において追加を求めたものであり、従って、それはラテンに由来する[225]。許光建先生の解釈に従えば、ここのところの誠信原則の意味は二つある。その一は、各国が自国の負っている国際的義務について解釈するとき、客観的にして、実事求是の姿勢を

とらねばならないこと。その二は、法律原則を適用するとき、各国は慣例と理性に従って自己に対して制約を加えなければならないこと[226]。国際法における誠信の主体について、マリオン・パニッツォン Marion Panizzon は、この原則は国連の各構成国を拘束するだけでなく、国連自身の各機構をも拘束すると解している[227]。こうしたことから考えると、国連の各機構もまた、言ったからには信を守る【言而有信】ということが当てはまらなければならない。

（2）1969年の《条約法に関するウィーン条約》第26条は、「効力を有するすべての条約は、当事国を拘束し、当事国は、これらの条約を誠実に履行しなければならない。」と規定し、第31条第1項は、「条約は、文脈によりかつその趣旨及び目的に照らして与えられる用語の通常の意味に従い、誠実に解釈するものとする。」と規定している[228]。この二つの規定における契約の誠信の味わいは濃く、前者は誠信に約束を履行することの要求、後者は誠信に契約を解釈することの要求の国際法化である。

（3）1982年の《国連総会平和的紛争解決マニラ宣言》第5項は、「国家は、誠実及び協力の精神をもって、交渉、審査、仲介、調停、仲裁裁判、司法的解決、地域的取極め又は機関の利用、その他周旋を含め、当事者が選ぶ平和的手段のいずれかの手段によって、その国際紛争の速やかかつ衡平な解決を求めなければならない[8]。このような解決を求めるとき、当事者は、紛争の状況及び性質に相応しいものとなるように、そのような平和的手段について合意しなければならない。」と規定し、第11項は、「国家は、紛争解決のために締結した合意のすべての事項を、国際法に調和するように、誠実に履行しなければならない。」と規定している[229]。第5項の規定の誠信は、誠意をもって協議することを指しており、協議の手順を濫用してはならないことは明らかである。第11項の規定は、条約が誠実に守られなければならないという古くからの原則を重ねて述べた

ものである。ある論者の解釈によれば、誠信を守る義務は、条約の条項中にそれとなく含まれている誠信の基準、条約に関して守らなければならない慣習法規則及び禁反言の慣習法規則の強調及び追随並びに衡平及び公正に繋がる誠信の概念とともに、国際公法の淵源として知られている[230]。

フランスの学者であるM・ヴァロリの見るところでは、誠信原則は国際法上、三つの重要な効力を発揮する。第一は、行為者は国際生活の範囲内で、誠信に行為すると常に推定される。第二に、それは、国家及びその他の国際法主体が負う法的義務の範囲を決定する一つの尺度を提供する。第三に、他の国際法主体の外部行為を情理に適って信じる国を保護する[231]。

国際公法上、よく知られた誠信原則適用事例として真っ先に挙げられるのは、フランスの1974年の核実験事件である。事件の内容はこうである。1966年から1972年の間、フランスは南太平洋における自国の植民地の領土上で大気圏核実験を繰り返し行なった。しかも、さらに何度か核実験を行う予定であった。汚染の脅威に鑑み、1973年5月9日、オーストラリアとニュージーランドは、それぞれ、フランスは国際法に違反しているとして国際司法裁判所に訴えを提起した。フランスは、一連の手続き上の争いをした後、ついに大気圏核実験はもはや実施しないと表明した。国際司法裁判所は直ちに、1974年12月20日、訴訟の却下を宣言した。フランスが挫折させられた重要な理由は、フランスが上述の核実験を実施する前、何度も、大気圏核実験は放棄すると宣言したことがあったという点であり、オーストラリアとニュージーランドは、誠信原則に基づいて、フランスは約束を果たすよう要求し、ついに勝利を収めたのである[232]。この事件での誠信は、言ったことは守らなければならないということの堅実な準則であるに過ぎない。

誠信原則を戦争法に適用することは、キケロが早くもその『義務

論』の中でこの問題を論じている。ローマの執政官であったマルクス・アティリウス・レグルス（Marcus Atilius Regulus）は、カルタゴ人によって捕虜にされ、捕虜となったカルタゴ人貴族を返還するようローマ元老院を説得すること、もしそれがうまくいかなければ、自らカルタゴに戻ることを誓った。その結果、レグルスはカルタゴに戻り、眠らせないという方法の拷問に遭い、死に至っている。キケロの考えるところによれば、敵と立てた誓いも、人々は守るべきである。これについて、従軍の祭司法と多くの共通法の適用が可能である[233]。しかしながら、キケロは、この誠信の対象を国家に限定しており、海賊に対してであれば、たとえ、かつて命を救ってもらうために金銭を支払うことを承諾したが守っていなかったとしても、詐欺を構成しないとする[234]。キケロ以降、バルタサール・アジャラBalthasar Ayala、アルベリコ・ゲンティーリAlberico Gentili、グロティウス、プーフェンドルフといった古典的作家はみな、国際法における誠信の問題を研究したことがあり、後世に対して積極的な影響を与えた[235]。

八　小括

　これまでに述べてきたことをまとめると、誠信原則は、現在、憲法、行政法、刑法、税法、刑事訴訟法、民事訴訟法、国際公法といった7の公法部門に入っていて、しかもそれらの原則となっているのであるから、このことはこの原則の普遍的価値を明らかにしている。以上の7の法部門のうち、いくつかの国及び地域の憲法、行政法、税法、民事訴訟法は、成文を以て誠信原則を確立している。刑法、刑事訴訟法における誠信原則の存在は、学説又は判例で現れているに過ぎない。国際法領域では、基本的立法文書は成文を以て誠信原則を確立しており、誠信原則は公法諸部門における成文法化の比率が高いと言うことができる。我々には、これらの成文法化が更

に多くの公法部門に行き渡ることを切望する理由があるのである。

　民法における誠信は主として横の誠信、すなわち民事活動当事者相互間の誠信であるのに対し、公法における誠信は主として縦の誠信、すなわち管理者又は統治者と被管理者又は被統治者の間の誠信であると言うとすれば、このような関係における誠信原則の確立は、統治関係の一定程度の平等化を意味している。言い換えれば、誠信原則が公法で確立される前の時代は、立法者は統治関係の不平等を肯定していたが故に、法律は統治者が誠信であることをはっきりと要求するものではなかったが、現在はと言えば、状況は次第に変化し、このことから、誠信は、一方向の要求から双方向の要求へと変化した。これは、社会の進歩の成果であり、このことから、統治関係は、相互性を有するように変化したのである。

　我々が注意を払うに値することは、人々はしばしば、社会契約論を以て、誠信原則が憲法、行政法、刑法、税法の中に存在しなければならない論拠を証明するものとする。この理論はまさに、統治関係平等化の理由である。社会契約論に照らせば、統治者は人民の代理人に過ぎないのであり、委任関係は平等者間の関係であって、しかも古い誠信関係である。それ故に、ひとたび社会契約が統治権の合法性の根拠となれば、誠信原則が一段と公法に向かって進んでいくのは時間の問題であるに過ぎない。

　読者が更に注意を払うに値することは、公法学者の中の誠信についての論説は、主観的誠信と客観的誠信の均衡がとれておらず、客観的誠信についてのものが多く、主観的誠信についてのものは少ないということである。これは、民法における、両者の誠信についての論説が基本的に均衡しているのと比べて、対照をなしている。実際、公法の中にも主観的誠信は存在する。例えば、刑法と行政法の中である。刑法における錯誤の問題と民法における錯誤の問題は、別に異なるところがない。従って、主観的誠信は刑法においても元

からあるものであると言うことは、言い過ぎではない。しかも、古代の国際法においては、早くも誠信原則が存在しており、誠信原則はこの領域にまで拡張したのだとは言い難いのである。

第五章　英米法系における誠信原則の研究

第1節　略述

　英米は、20世紀50年代頃に、現代的意味での誠信原則を確立した。英米においては、誠信原則は、一定の分裂を示しており、多数の著者が理解している誠信原則は、客観的誠信を含んでいるだけである。それ故、誠信の問題は、中国の初期の頃の状況のようであり、跛の形態となっている。主観的誠信は、一個の穏やかな領域である。先ず、英米両国の学者で、主観的誠信の起源の問題について議論する者はいない。次に、彼らの間で、このテーマについて何か見解の相違は存在しない。それに対し、客観的誠信は一個の新しい問題であると考えられており、多くの学者の注意を引きつけ、そしてそれについて様々な見解の相違が生じていて、それは外来のものであると解する者もおれば、それは本土のものであると解する者もいる。イギリスの学者のこの面での見解は、明らかにアメリカの学者と異なる。両国の学者の内部では、更に、以下において紹介する様々な見解の相違がある。

　局外者の方がよく見える【旁観者清】からなのかもしれないが、大陸の学者は誠信原則を定義することは難しいと、甚だしきに至っては定義できないと考えている[1]のに対し、英米の学者は、簡単に

その内容を概括することができている。すなわち、第一、言ったことは守る、第二、騙さず、公平に事を行う、第三、黙示の義務を負う[2]。ウンガー（Roberto M. Unger）の概括は、なお一層、簡潔である。すなわち、「誠信の基準は、人々に対して、その度ごとの具体的状況において、二つの相対立する原則の中間地帯を見つけることを要求する。一つの原則は、一人の者が自己の権利を行使するとき、他人の利益を無視することができると主張しても、反対の原則は、一人の者は、あたかもそれが自己の利益であるかの如く、他人の利益と正しく向き合わなければならない。」[3]このような概括を突きつけられると、我々には、自分は簡単な事をあまりにも複雑に見ているのではないかという疑念を抱く理由がありそうである。英米の学者が自己の法系の誠信原則に対して与えている定義もまた、とても平明で分かりやすい。すなわち、「イギリス法における誠信原則は、契約は守らなければならない〔原則〕と、その他の、明らかに誠実、公平及び合理の法的規則に直接、関わる基本原則から来ている。それは、正常に適用されている規則を補充するか、あるいは必要なときはその規則に取って代わる。それによって、共同体において優越的地位にある誠実、公平及び合理の基準がイギリス法においても優越的地位にあることを担保するのである。」[4]この定義は公平・合理を以て誠信を解釈しており、オランダ人が「公平・合理」を以て客観的誠信に取って代えたことを我々が理解するための理由を提供している。「誠信とはまさに公平な取引である」、「誠信は、誠実に、公平に契約当事者と相対（あい）するやり方であり、それは副詞として使用され、契約締結時であれ契約条項の履行時であれ、詐欺行為とか手段を選ばない行為とかを選択しないことを人々に要求する。」[5]これらの定義は、明らかに、大陸法における対応物ほど深遠で捉え難いわけではない。それらはおおかた、客観的誠信を叙述するのに限られ、主観的誠信を含んでおらず、ウンガーだけが両者を兼ねた一つ

の誠信及び両種の誠信の定義を下したのであって、ウンガーがこのようにするのは、ウンガーがブラジル人であるからなのかもしれない。

まさに主観的誠信と客観的誠信は英米においてこのように異なる対応を受けているので、論述の都合上、私は先ずイギリスとアメリカを一つの総体として、両国における主観的誠信の使用状況を紹介し、その後でこの両国における客観的誠信の使用状況を別々に紹介したい。

第2節　英米法系の主観的誠信

一　イギリス法における主観的誠信の表現

主観的誠信は、長い間、イギリス手形法、売買法及び信託法の中で存在していた。ハロルド・バーマンの見解によれば、誠信の動産買受人の権利は真正の所有者の権利よりも優先するという原則は、11世紀末期から13世紀初期にかけて形成された西欧商法の特徴の一つであるが、しかし、イギリスにおけるその原則の適用は、公開の市場で販売された物に限られていた[6]。こうした点から考えると、主観的誠信は、もしイギリス本土で自生していたものでないとするならば、国際貿易のルートを通じてイギリスに入って来たものである。それの適用は、主として以下の領域に及ぶ。すなわち、

（1）手形法。後者が誠信かつ有償で手形を取得したときは、その前者の権利に瑕疵があったとしても、その後者はこの手形を取得することができ、これにより取引の安全を保障する[7]。

（2）売買法。非所有者がある動産を誠信の買受人に譲渡したときは、後者は、公開の市場で購入したことを条件として、目的物の所有権を取得する。さもなければ、その後者は誠信であってもこのような取得をすることができず、真正の所有者は、その財産を取り

戻すか、あるいは譲渡により得たものの補償を請求することができる。更には、その後者が公開の市場で目的物を購入して取得した場合において、この物が贓物にして、かつ窃盗犯が起訴されそして有罪の判決が下されたときは、裁判所は窃盗犯に目的物を真正の所有者に返還するよう命じることができる。それ故、誠信の効果は、その他の国の大きさと比べて、イギリスは遠く及ばない。このことは、イギリス法は「自分が持っていないものを与えることができる者は誰もいない」という原則を励行しているので、真正の所有者の保護の方に非常に傾いているからである[8]。

（3）信託法。受託者が信託に違反して信託財産を譲渡し、譲受人が悪信かつ代金の支払いがまだであるときは、その者は推定的受託者として扱われ、元々の受託者と同じ条件により財産を保持する。これに反して、誠信の信託財産買受人は、目的物の完全な所有権を取得する。このことにより受益者の権益は打ち破られるが、財産移転の原則に厳格に従うことになる[9]。主観的誠信のこのような適用と財産売買法における適用には些か相違があり、ここでは、買受人が公開の市場から購入して取得した目的物ということを強調しておらず、むしろその誠信の心理状態とすでに対価を支払っているという事実が強調されており、このような処理はますます大陸法における動産の善意取得制度に接近する。

二 アメリカ法における主観的誠信の表現

アメリカにおいては、誠信の買受人の地位は、イギリスとあまり変わらない。財産が盗まれて誠信の買受人によって購入されたときは、真正の所有者の権利は影響を受けない。窃取者は目的物に対していかなる権利も有さず、また誠信の買受人に移転させるいかなる権利も有していないので、裁判所は誠信の買受人と真正の所有者との間で後者を保護することを選択している。アメリカ人は、このよ

うな処理は買受人が売主の権利の真実性を明確にすることを促すことになると考えている。これに対する例外的な処理は《統一商法典》第2-403条であり、次のように規定している。すなわち、「1. 商品の買主は、その売主が有していた、又は譲渡する権利があった一切の権利を取得するが、有限の利益の買主が、購入して得た利益の範囲内でのみ権利を取得する場合を除く。取消権を有している者は、代金を支払った誠信の買主に対して、完全な権利を移転することができる。商品が売買を原因として引き渡されたときは、買主は次のような場合であっても、このような権限を有する。(1) 売主が買主の身分の問題で騙されたとき、(2) 小切手で代価を支払ったがその小切手が後に現金化されないとき、(3) 当事者が協議して決めた取引が『現金売買』であったとき、又は (4) 引渡しが、刑法に基づき、窃盗と同様に懲罰を受けるべき詐欺によって得たものであるとき。2. このような商品を取引することを特に委託した商人が商品を占有していれば、正常な商業活動に従事している買主に対して委託者のすべての権利を移転する権限をその者に与えているのである。」[10] 本条第1項の意味は、もしある人が騙されて動産を他人に売却したならば、詐欺を行なった買主の権利は取り消され得るが、決して無効ではなく、それ故、売主は買主に対して訴訟を起こしてこの財産の取戻しができる。しかしながら、もしその買主がすでにその財産を誠信の譲受人に転売していたならば、そのときは真正の所有者はその回復の請求することはできず、売った者に対して賠償を請求することができるだけである[11]。第2項の意味は、イギリス法における、誠信の動産買受人に対する優先権の「公開の市場」という限定と些か類似している。同項が要求しているのは、

(1) 経営と委託物が同一商人に属し、その商人が、彼が持っていない所有権を譲渡する権利を有している場合。例えば、時計の修理もするし時計の販売もする時計修理工が、自分が修理し終えた顧

客の時計を別の人に売る場合。

（2）その商人が、正常な取引における買主（すなわち、その時計業者がご愛顧を賜っている人）に対して所有権を譲渡することができるに過ぎない。正常な取引ではない場合においては不可である。例えば、修理する顧客の時計を家に持ち帰った後、個人的に売却して友人や隣人に渡した場合、このときの買主はその時計の所有権を取得することができない[12]。反対の場合の買主は、物に「汚点」があるという理由では追奪を受けることはない。この両項の規定により、アメリカ法は真正の所有者を犠牲にすることを代償に、誠信の買主を保護し、主観的誠信の尊重を実現したのである。

三　英米法における主観的誠信の意味

以上のイギリス及びアメリカの適用例において、主観的誠信はどちらも「不知」の意味であり、すなわち、買主が目的物の不適格性を知らないという状態にあることである。すなわち、いわゆる「純粋な心と空の脳」法則（The Rule of Pure Heart and Empty Head）であり、できるだけ注意するよう買主に求めないということである。このような注意を要求する場合、こうした意味での誠信は、買主に権利を取得させるのに十分でない[13]。しかしながら、他の場合には、アメリカ法において、主観的誠信を「確信」と理解する実例がある。1954年、第83回国会の上院司法委員会の一つの分科会が公聴会【听证会】を開催し、「ある事件において誠信を抗弁として確立する」法案を提出した。その要旨は、関係者らが、何らかの法律を執行することについて責任を持つ組織の規則、命令、意見又は書面による陳述に基づいて行動し、そして誠信によりそれらを信頼したときは、自己の法律違反の行為に対して賠償責任又は刑事責任を負わないことができる、というものである[14]。この法案は、連邦穀物保険会社がメリルを訴えた事件（332 U.S. 380, 1947）に端を発する。メ

リル（Merill）というのは、アイダホ州の農民であり、1945年に、《連邦穀物保険法》に基づいて麦の苗の保険を申請した。メリルは現地の保険会社の職員に、自分は460ha、春小麦を蒔き、そのうち400haは冬小麦の作付け面積上に再度、蒔くと伝えた。職員は、メリルのすべての穀物が保険の対象となり得ると通知した。その後、保険会社はその保険の申請を受け入れた。そして、すべての穀物について保険証券を交付した。ところが、この年の夏、アイダホ州の多数の農民の作物が日照りで枯れた。損害の知らせを受けた保険会社は、支払いを拒絶した。理由は、駄目になった作付け面積は再び種が蒔かれていた、ということであった。メリルはこの決定に納得せず、保険会社を訴えた。被告は、関係する条例は、冬小麦の作付け面積上に再度、蒔かれた春小麦について保険の対象となることを許していないと抗弁した。裁判所は、メリルはこの条例を全く知らず、事実上、メリルは保険会社の職員によって誤って導かれ、冬小麦の作付け面積上に再度、蒔いた春小麦も保険に入ることができると信じてしまった、と考えた。陪審団はメリルに有利な決定を下し、アイダホ州の最高裁判所もメリルに有利な判決を下した。この事件は普遍的な意義があるので、第83回国会の上院司法委員会の一つの分科会は上記の法案を提出するに至ったのである[15]。この事例は、アメリカ人の、主観的誠信に対するもう一つの理解を証明しているだけでなく、アメリカ人は更に、このような誠信を公法の中に拡大適用していることをも証明している。

四　英米法における敵対的占有制度中の誠信要件の欠落に対する分析

ここに至って、読者は、奇妙に感じるかもしれない。すなわち、大陸法系国家においては、主観的誠信の主要な舞台は取得時効であり、主観的誠信はこの時効により取得するための一つの要件である

が、英米においては、主観的誠信の主要な活動領域がどうして動産の取得に変わったのか。英米法系に取得時効はないのか。もしあるとして、主観的誠信はその構成要件ではないのか。

　文献が我々に教えてくれるところによれば、英米に取得時効制度は存在する。イギリスについて言えば、1833年から始まり、許された人々がこの制度を利用して地役権や不動産所有権を取得している。1939年からは動産所有権の取得にも用いられている。不動産に適用される時効期間は12年である[16]。イギリス法を継受したアメリカ法の中にも同様の制度があり、「敵対的占有による取得（acquisition by adverse possession）」と呼ばれている[17]。この取得時効の四つの構成要件はそれぞれ、

　（1）占有者が実際に財産を占有し、個人的に専有する占有権を取得すること

　（2）占有が公開かつ周知であること

　（3）占有が敵対的であること

　（4）占有が法定期間、継続すること[18]

　大陸法系の多くの国家の取得時効制度とは異なり、要件の中に誠信要件は含まれていない。このように際立った相違を見た私は、一言述べたい気持ちに強く駆られる。当然のことながら、良い面から言えば、英米法系は法と道徳の分離に比較的、注意を払っており、このこともまた、この法系が長期に亘って誠信原則を排斥してきた理由の一つである[19]。悪い面については、この法系は、人間性の基準に対する設定が常に大陸法系より低いようである[20]。法の経済的分析の角度から見れば、英米法系は資源の使用の効率を非常に強調する色彩を備えている。いずれにしても、英米の「取得時効」制度は誠信の要件を含んでおらず、両大法系の主観的誠信の適用領域は非常に異なるに至っている。

第五章　英米法系における誠信原則の研究

第3節　イギリス法における客観的誠信

　客観的誠信の起源は、イギリスにおいて多年、議論が錯綜している問題であり、「継受説」と「本土説」がある。前者は、イギリス法の中には元々、誠信原則は存在せず、現在、この原則があるのは大陸法の相応する制度を継受した結果であると考える。後者は、イギリス法に元々、誠信原則があったと考える。〔以下、〕これを分けて述べることをお許し頂きたい【容分述之】。

　「継受説」が最初に直面するのは、なぜイギリス法の中に誠信原則が存在しなかったのかという問題であり、この説を主張している論者は次々と、この問題に対する自己の解答を出している。すなわち、

　理由その一、制度の相違。大陸法系の民法典はいずれも、一つの閉じられた体系をなすと考えられており、ローマ民法のすべての規則を含んでいて、裁判官に与えられた役割は法による裁判であり、法律を発展させてはならない。しかしながら、静止した法典と発展する社会の現実との矛盾の故に、裁判官はまた、法律を発展させざるを得ないが、制度設計上、裁判官にこの機能はない。それ故、解釈という名目でこの作業に携わるしかない。こうして、誠信原則のような一般条項が、裁判官が携わるこの「非法活動」の掩体（えんたい）となった。それに反して、イギリスの裁判官は制度設計上、能動的地位が与えられており、法律を発展させることは基本的な職務であって、それ故、法に明文のない状況においても、裁判官は自己の創造的活動を解釈という名目を借りて実施する必要がない。こうして、誠信原則のような口実は裁判官にとって不要となる。これにより、誠信原則は、立法上、法律の規定と社会の現実との間の緊張関係の減圧バルブとして設立されていないのである[21]。

理由その二、文化の上での相違。経験主義哲学の伝統の故に、イギリス人は一般原則、体系に対して懐疑的態度をとっており、個別事例により問題を解決しているに過ぎず、誠信原則はその一般性の故に排斥される[22]。

理由その三、法律の確定性に対する追求。誠信原則のような一般条項は、必ずや法律の不確定性を増加させ、このことはイギリス法の精神に合わない[23]。

理由その四、法と道徳を分けることに対する追求。誠信原則が導入するのは一つの道徳の基準であり、それを採用することは、法と道徳の境目を曖昧にするであろう[24]。誠信原則の本質は、自利の追求の制限である。これはストア哲学の精神であって、イギリス人は功利主義に従っており、快楽は善であることを肯定する。これはエピクロス哲学の快楽主義を引き継ぐものであり、それ故に、イギリス人はおしなべて自利を追求しない契約は契約ではないと考えており[25]、こうした理由から、「家長が見守る式の」誠信を契約法の外に押しのける[26]。特にイギリス人は、誠信で交渉という観念を受け入れることができない。なぜならば、交渉している当事者の対立的地位と誠信は、主観的価値論と衝突し、イギリス人はみな自己の利益を追求する権利があり、目的物の価値が各当事者にとって異なるときは、当事者はそれについて誤って述べることさえしなければそれで良いからである[27]。そのために、かつて、「買主に注意させよ」原則（Caveat emptor）が行われていた。

理由その五、契約自由に対する尊重。誠信原則による、契約の実体的内容に対する干渉は、契約自由の原則に対する侵害であり、契約法が当事者の自我調整のためにのみ提供する、一つの、計算可能な枠組みという観念、及び当事者が自ら明示的に同意した条項のみを受けるという約束の観念に違反する[28]。

理由その六、イギリスには、各種の具体的な状況において誠信原

第五章　英米法系における誠信原則の研究

則に代わる制度が存在すること。例えば、ドイツ法では誠信原則を用いて解決する事情変更の問題は、イギリス法では契約の挫折の理論を用いて解決される。なんとも言い表せない、多くの使い道のある誠信原則を築くよりも、契約の挫折の理論の方が明晰で単一であることが多い[29]。それから、禁反言原則もまた、大陸法系における誠信原則のいくつかの機能を担うことができる。それ故、イギリス法は誠信原則という手段に訴えることを拒絶しているということが、ときには、その力量を示している。法律が自己の関係規則を、一層明晰で、一層緻密な専門用語で表すことは、当然のことながら、力量があるということの表れなのである。

　「継受説」が誠信原則は外来のものであることを認めるからには、では、それの継受はいかにして行われたのか。ある者は、国をまたぐ法がそれを導き入れたのだと考える。ここでの「国をまたぐ法【跨国法】」というのは、その適用範囲が一国に止まらない法を指す。例えば、教会法や商人法である。周知のように、イギリスの衡平裁判所は、良心に基づいて判決を下すのに長けているが、良心は、誠信という要求における一つの便利なレッテルを貼ることであるに過ぎず、僧侶としての衡平裁判官が教会法中の誠信理論について十分、熟知しており、そこで、彼らはローマ教会法中の誠信原則をイギリスにおいて制度化した[30]。この他に、14世紀以来、誠信を重んじる商人法が多くの地方裁判所によって適用され、多くの訴訟当事者を引きつけ、訴訟当事者達は普通裁判所から離れて、ここで紛争を解決した。それ故、誠信原則は普及することができた[31]。こうした面で、スコットランド人のマンスフィールド卿【勲爵】（1705-1793年）は、特に触れる価値がある。ここでマンスフィールド卿がスコットランド人であるということに触れるのは、スコットランドは特に大陸法の影響を受けている英語圏地区だからである。1766年、マンスフィールド卿は、ある保険の事件（Carter v. Boehm）につい

ての裁判で、誠信原則を取り入れた。この事件の事案は次のようなものであった。すなわち、インドネシアのスマトラにある、英国東インド会社が建造したMarlborough要塞の総督であったCarterは、自分の要塞が敵からの攻略を免れるためにBoehmの保険に加入した。Carterは、要塞は原住民から防御するためのものであり、ヨーロッパ人を対象としたものでないが、しかしフランス人がこの要塞を攻撃してくる可能性が大いにあることを知っていた。案の定、フランス人がこの要塞を攻略したので、Carterは直ちにBoehmに対して損害賠償を請求したところ、これを拒絶されたので、そこで裁判所に訴えた。マンスフィールド判事は、Carterは誠信義務を負わなければならず、保険者に対し重要な事実に至るリスクについて告知しなければならないと解した。マンスフィールド判事曰く、「保険とはすなわち、射倖契約である。推測された事故の偶発の確率という特殊事実を拠り所にしており、主として本件では被保険者のみが知っていた。本件において、保険者は被保険者の陳述を信頼し、保険者に対して本件で問題となる事情は存在していないと誤って考えさせるために、自分（被保険者）が知っている事実を隠していた被保険者を信じていた。こうした基礎の上で、保険者はリスクについて評価を行い、リスクは存在しないと考えてしまったのである。実際に、被保険者は本件で問題となる事情を隠しており、これは詐欺であって、それ故に、保険は単純に無効である。このような秘匿が錯誤により発生したかもしれないのだとしても、また被保険者に騙す意思がなかったとしても、契約はやはり無効である。なぜなら、保険者が実際に引き受けたリスクは、保険者が契約締結時に理解し、評価して、引き受けようとしたリスクと全く異なるものだからである。もし保険者が事実を隠していたら、保険はやはり同じく無効である。例えば、保険者が一隻の船舶の保険を引き受けるが、しかし保険者は密かに、その船は事故に遭うことなくすでに港

第五章　英米法系における誠信原則の研究

に着いていることを知っていた。こうした状況下では、被保険者は保険者に対して保険料を返還するよう請求する訴えを提起することができる。この原則は、あらゆる契約及び取引に適用される。誠信に基づき、どちらの当事者も、自己が密かに知っている事情を隠したままでいてはならず、そして、相手方の不知ないしは誤ってその状態であると思っていることから取引を得てはならない。」[32]マンスフィールド卿はまた、誠信を「あらゆる契約及び取引に適用可能な指導原則」と述べている[33]。その結果、この判例が切り開いた方向に沿って、イギリスは、1906年の《海上保険法》第17条で、「海上保険契約は、最大の誠信上に築かれる契約であり、いずれか一方が最大の誠信を遵守しなかったときは、その相手方は契約の無効を宣告することができる。」と規定した。この条項はマンスフィールド法則と称されていて、イギリス海上保険法中の誠信原則の表れである。ここでの誠信は客観的誠信であり、それが要求しているのは、必要な情報を告知して、相手方の不知の利用を完全に禁止することである。

　当然のことながら、イギリス法中の誠信は大陸法の民法の著作の翻訳を通じて導入されたものだ、と解する者もいる。ポティエ（Robert-Joseph Pothier, 1699-1772年）の『債法論』は1806年に、『売買契約論』は1839年にそれぞれ英語に訳され、イギリスで広く浸透し、その見解は裁判官によってしばしば引用されている。ドマの『自然法秩序における民法』は1722年と1739年に、プーフェンドルフの『自然法と万民法』は1710年に、サヴィニーの『現代ローマ法体系』第1巻は1867年にそれぞれ英語に翻訳された。これらの著作ではいずれも、誠信の問題まで議論の対象となっている[34]。当然のことながら、これは、イギリスにとって、大陸法系式の誠信原則の第一次継受であるに過ぎず、国際的共同体の立法権の近時における確立がこうした面での第二次継受を惹き起こした。イ

ギリスがEUに加盟したことにより、イギリスは、EU委員会の指令を受け入れ、かつそれを国内法に転化するという義務を負うことになった。例えば、1993年の消費者契約中の不公正条項に関する指令第3条が誠信規定を有していたところ、この指令はほとんどそのまま、イギリスの1994年の同名の条例となった。1986年の商事代理人に関する指令第3条及び第4条はそれぞれ、代理人及び本人が誠信で事を行う義務を規定していたところ、この指令は1993年にイギリスの《商事代理人条例》となった。このような過程を経て、EU構成国の多数を占める大陸法国家が協議して定めた誠信制度が、イギリスの制度にもなったわけである。このことは、実定法の角度から問題を見ていることになるが、理論法の角度から見るとすれば、法統一の運動がヨーロッパ大陸の誠信原則をイギリスに対してまで手本として示す役割を果たしたのであった。《ヨーロッパ契約法原則》第1:106条は、契約を解釈し補充する誠信原則を規定した。《国際商事契約通則》第1.7条も、同様の原則を規定した。今まさに計画中の《ヨーロッパ民法典》も、必然的に誠信原則の問題に及んでいる。これらはいずれもイギリス法に対して影響を与えるはずである。もちろん、法学研究者のイギリス海峡をまたぐ移動もまた、誠信原則の伝搬に有利であった。EU委員会は、先ずエラスムス（Erasmus）計画によって、それからソクラテス計画によって、法科の学生による構成国の範囲内での移動を増加させた。このことによって、誠信原則を含んでいる法観念の流動が推し進められた[35]。こうして、大陸法系式の誠信制度をイギリス人が熟知するようになったのである。

「本土説」は、次のように考える。すなわち、誠信原則と誠信規則は同じではなく、イギリスには前者は存在しないのに対して、後者はイギリスに元々あるものであり、個別の事例という方法で発展してきた、不公平な問題を解決する一連の規則であって、誠信原則

第五章　英米法系における誠信原則の研究

と同様の機能を担うものであった、と。先ず、悪信に対する厳格な懲罰制度である。悪信の行為、例えば、嘘を言うとか、不法な圧力を用いるとか、相手方の虚弱さを利用するとか、信頼を濫用する等は、いずれも契約を取り消す原因となる。第二に、ある種別の契約当事者に対して最大の誠信のやり方を備えていることを要求する。例えば、海上保険契約の加入者に対してこのような要求をすること。最後に、賠償が実際の損害を超過する罰金条項について強制執行することができないとする規定である。それらは当事者間の公平を実現するという目的を成就させる。それ故、誠信原則がなくても、イギリス法と、この原則を用いている法との相違は、想像していた程、大きくはない[36]。特に、少なくない大陸法系国家において、客観的誠信を誠信以外の専門用語を用いて表すようになった後は、ますます本土説の理由が見て取れる。イタリアの「清廉」はイギリスの公正な競争（Fair play）でないのか。オランダの「公平と合理」は、英語の中で、なおさら多くの対応物がある。このことから次のように言うことができる。すなわち、人類構成員の調和のとれた共存という必要に基づいて、実質的な誠信の規則は普遍的に存在しているものであり、我々は、ある一法域に形式的意義の誠信原則がないことを理由にその文明を低いと見ることはできない、と。

　実際上、「継受説」と「本土説」の差異も、思っている程、大きくない。なぜなら、両説は、イギリスにはかつて大陸法系の意義での誠信原則は存在しなかったという点で、意見の相違は全くないからである。しかも、「本土説」が言及する具体的な誠信規則は、大陸法系から来た可能性を排除したりもしない。例えば、「最大の誠信」の概念は商人法から来ており、この種の法はある程度はイギリスにとって外来のものである。従って、誠信制度はイギリスにおいては基本的に一個の舶来品なのであり、これがおおかたの人が主張する見解なのである。

第4節　アメリカ法における客観的誠信

一　アメリカ法の、客観的誠信の継受

イギリス人の客観的誠信の起源についての論争とは異なり、アメリカ人は、それは20世紀の50年代にカール・ルウェリン（Karl Llewellyn, 1893-1962年）によってドイツから導入されたものであると解することで一致している[37]。1928-1929年、コロンビア大学法学部の商法の教授であったルウェリンが、ドイツの著名な法学者であるヘルマン・カントロヴィッチの招請を受けてライプツィッヒ大学法学部で1年間、授業を行なった。その場所で、アメリカ法を紹介する独文著作の《判例法》を出版し、そしてマックス・ウェーバーとオイゲン・エーリッヒの社会法学の影響を受け、帰国後、アメリカのリアリズム法学派の創始者の一人となった。1931年から1932年まで、ルウェリンはライプツィッヒ大学に戻り、法社会学を教え、その場所で独文の《法、法生活と社会》を出版した[38]。ルウェリンは、アメリカに戻った後、全国統一州法委員会議長であるウィリアム・A・シュナーダー（William A. Schnader）と協力して、この委員会が、一つの統一商法典を以て古きなにがしかの統一法に取って代わり、これを現代化させるという考えを受け入れるよう説得した。こうして、1937年から1952年まで、ルウェリンは、15年という時間を費やして、《統一商法典》の制定を主宰した。1952年に、この現代的な商法典が出版され、その400の条文のうち、五十余ヶ所で誠信に触れており、特にそれに触れているのは、その中の第1-201条、第1-203条、第2-103条、そして第2-403条である。第1-203条は、「いずれの契約又は本法の範囲内の義務は、それらを誠信に履行又は実行【執行】する義務を課す。」と規定する。ここでの「いずれの契約」というのは、実際上、商法典が規定する商

事契約、例えば、商品売買契約、信用状と手形の合意等を含んでいるが、その他の契約、例えば、建築契約、土地売買契約、不動産抵当契約、保険契約等は含まない[39]。従って、誠信の適用範囲は限りがある。誠信とは何なのかについて、第1-201条（19）は、これを「関係する行為又は取引における事実上の誠実」と定義している。第2-103条はこれを「事実上の誠実及びその業種における、公正な取引に関する合理的な商業基準を守ること」と定義している。この二つの定義は異なっており、学者の解釈によれば、前者が言っている「事実上の誠実」は、一に他人を誤って導き、これを奇貨として利益を得ることがないということを指し、二に言ったことは守るを指している。それと、分かち合い原則、利他主義あるいは取引の相手の利益への配慮とは些かも関係がない。ある誠実な人もまた、公正でない取引を無理強いすることがあり得る。そのため、誠実は、古典的な個人主義及び意思自治の原則と最も結び付く一つの美徳である[40]。それ故に、後者は「公正な取引の合理的な商業基準を守ること」という客観的要素を増やしたのであり、それが意味しているのは、ある種の分かち合いの義務、利他の義務である[41]。ファーンスウォースの見るところでは、このような増加は実質的なものであり、「公正な取引」〔という語〕が誠信が契約の履行面で要求するすべてを表しているので、それが出現したことによって、誠信は、購入と関係する主観的領域の中に戻って行くことができた[42]。我々が先に見たとおり、後者のような誠信の定義は、新《オランダ民法典》に対して影響を与えた。

　同じような、判例法を成文法化するという願望により、1932年にアメリカ法学会は、《契約法再述》を出版した。その中には誠信についての規定は何もない。1979年、《再述》の第2版が世に出たとき、ハーバード大学教授であるロバート・ブラウチャー（Robert Braucher）が関与して、第205条を追加し、「いずれの契約も、その

各方面の多数の者に対し、契約の履行又は実行中における誠信及び公平な取引の義務を課す。」と規定した。ここでの「契約の履行又は実行中における誠信」の中の「誠信」は、当事者が「協議して決めた共通の目的に忠実で、他方当事者の正当な期待を満足させ、〔そして〕共同体の品行方正で公平・合理の基準に反する各種の類型の悪信行為を排除する」ものを意味する。「履行」の意味は言わずと明らかである。「実行」は、当事者が契約をめぐって主張や抗弁を出したり、和解や訴訟の活動をすることで、反対の活動は、例えば、虚構の論争、自己の理解に違反する解釈を主張すること、又は事実の偽造、他方の差し迫っている状態を利用し、恐喝まがいで契約を変更すること等である[43]。それ故、いわゆる「実行の誠信」は、「紛争解決の誠信」という意味である。ここでの「いずれの契約」は、《統一商法典》中の同じ表現とは意味が異なり、「法律が規律対象としているあらゆる契約」を指す。《再述》は商事契約に適用されるだけでなく、あらゆるその他の契約に適用されるので、そこで、この表現がアメリカ契約法における普遍的誠信原則を確立したのであり、その後はそれが広い範囲で適用されている。1980年以前には、アメリカの公表された判決の中に、誠信原則を解釈したものが350あった。1980年の後、十何年かでこうした面の判決は、六百余りに増えている[44]。

二　アメリカ法における客観的誠信の特徴

　誠信原則はアメリカにおいて制定法という根拠があるので、この問題の焦点は、制定法の規定をいかに解釈するかになった。学者達は、一つの共通認識を作り上げた。例えば、原則として、誠信原則の排除は、交渉段階あるいは契約前段階に適用される。これは、アメリカ法においては、その他の制度が誠信原則と同様の役割を果たすからである。「原則として」と言っているのは、誠信原

第五章　英米法系における誠信原則の研究

則が交渉過程に適用されることを証明する若干の特例があるからである。以下の二つのケースがよく分析の対象となる。最初のケースは、Obde v. Schlemeyer ［Wash. 2d 449, 353 P. 2d 672（1960）］である。その中で、売主はその家がシロアリの被害を受けていることを知っていたが、いかなる駆除措置も講じておらず、シロアリの痕跡のある場所にふたをして、そこから生じた、損傷のある場所を修理しただけだった。買主は家のシロアリ状況を尋ねることなく、また売主から家の状態について担保を出させることもしなかった。裁判所は、買主は詐欺を受けたのであり、その受けた損害について賠償を得る権利を有していると判断した[45]。被告の知っていて言わないというのが、嘘を言うことであると認められたのである。その次が、イェール大学法学部教授であるアントニー・T・クロンマン（Anthony T. Kronman）が仮定として設定したケースである。すなわち、Aは石油ガスが豊富な不動産を有していたが、しかし、Aはこれについて知らなかった。Bはよく訓練された地質学者であった。Bはこの不動産を調査したとき、鉱物資源を発見した。彼は自分が知った情況を漏らさないように、この地区の農地の価額をもって、Aからこの不動産を買った。Aは同意した。後に、Aは、Bがこの財産について知っていた情況を伝えなかったので詐欺に間違いないことを理由に契約を解除しようと試みた。クロンマンはパレード主義により次のように考えた。法律は事実を知っていた買主が情報を伝えることを要求していない。少なくとも、彼らが綿密に調査して情報を得る場合もそうである[46]。しかし、ファーンスウォーズはBの行為は交渉の誠信に違反していると考えた[47]。チャールズ・フリート（Charles Fried）も同じ見解である[48]。このことから分かるように、少なくとも学説上は、アメリカの誠信原則の適用範囲は拡大している。

三　客観的誠信の意味に関するアメリカの学者の論争

通常、契約履行段階と紛争解決段階に関連する誠信をどう理解すべきかについて、学者は議論百出しており、主に三派の学説に分けられる。

（一）黙示条項説

この説は、コロンビア大学法学院のアレン・ファーンスウォース（Allen Farnsworth）の見解である。ファーンスウォースは1961年、《シカゴ法律評論》で発表した《誠信履行と＜統一商法典＞による商業合理性》という文章の中で、誠信履行の義務は黙示条項の源泉である、という観点を提示した。この黙示条項は、当事者が契約締結時に落としてしまった事情の権利義務分配問題を解決するためのものである。誠信原則の適用の際に、先ず、裁判所は契約解釈を通じて当事者の実際の意図を求め、自己の正義感により契約に落ちてしまった事情があるかどうかを確定する。もしその結論が肯定ならば、当該原則はこの遺漏の故に自由裁量権を得る当事者に誠信で事を行うことを要求する。そして、落ちた事情のために補充条項を提供する[49]。例えば、ある作者と出版社が契約を結んだ。前者は後者に一つの小説を書いてあげて、後者は原稿を受け取って気に入れば出版しようという内容である。この事案において、「気に入る」は主観性が強い条項である。もし出版社が原稿を受け取った後、気に入らず原稿を返却すれば、出版社は誠信なのか。悪信である場合でも、出版社は小説の出来の悪さが理由ではなく、作者が出版社に受け入れられない政治的観点を持っていたことが理由で原稿を返却したのだとすれば、「気に入らない」は政治的観点の不一致が持つ敵意の口実を隠している。従って、気に入らないの基準は当事者が定めを落としている場合の一つである。このとき、誠信が出版社に課す補充義務は、出版社が気に入らない箇所を具体的に指摘して、出版社が気に入るように小説の作者が改めるようにするということで

ある。もし出版社がそうしないなら、それは違約となり、気に入るという条件は不存在となる。このような手続きを通じて、出版社の自由裁量権は制限される[50]。これは積極的な角度から出た、誠信についての論述である。この簡単に見える理論は、実際上一つの巧みな角度から誠信原則を把握している。一方当事者に超過的に義務を課すことは、彼の権利を制限することである。当然のことながら、同時に相手方の権利を拡張している。これらすべてのことは裁判官の手はずによるもので、誠信原則のいくつかの要素の一つも落ちていない。この冷たそうな理論は実は一回の理論革命の成果である。それは、英米の伝統である自由主義的古典契約理論にぶつかった。その理論は先ず、絶対主義の認識論に基づいて意思自治を主張し、次に性悪論に基づいて契約が当事者自利の道具であると主張する。しかし、意思自治は、当事者が契約進行中に発生する可能性のあるすべての事項を予想でき、かつこれらを条項で規定することができるということを前提としており、これは彼らの認識能力を超え、言語表現能力を超えることである。それ故、契約進行中の多くの事項は、それらが発生した後になってようやく対処できるのであり、訴訟の場合、これを処理する者は裁判所であって当事者ではない。処理者は誠信原則を道具として用い、それが当事者の契約の黙示条項だとすれば、訴訟が起きたとき、それは裁判官に当事者のために補充契約を結んてあげて、新たに権利、義務と責任を分配することを授権する。こうして、「裁判所は当事者のために契約を結ばない」という英米の法原則及び他の形式としての意思自治原則が破られたのである。当然のことながら、裁判所がそうするときに考えたことは、契約の自利道具性ではなく、分かち合いや、利他の原則であり、当事者間の関係の実の様だけでなく、この関係のあるべき様も考えている。このため、当事者は自らが明確に承諾した義務を負うだけでなく、外部から課された義務も負うべきである。こうして、

社会の団結を維持するのである[51]。

ファーンスウォースのこの誠信原則理論は、アメリカの裁判所によって引用され、オーストラリアの裁判所の判決にさえ影響を与えた[52]。

(二)「排除者説」(Theory of Excluder)

この説は、コーネル大学法学部のロバート・サマーズの見解である。サマーズは1968年の《バージニア法律評論》で発表した《一般契約法における「誠信」と〈統一商法典〉における販売条項》の中でこの学説を提示した。サマーズは次のように考える。すなわち、誠信条項に積極的な意味はなく、具体的な情況による排除者の役割を果たし、悪信履行と見なされるべき不当な行為を排除する。観察により、裁判官は通常、誠信とは何かを説明せず、誠信は何を含まないかを説明する。それ故、裁判官は排除の意味において、「誠信」のフレーズを使う。例えば、裁判官は売主が目的物の瑕疵を隠す悪信行為を非難するとき、裁判官は重要な事実を完全に明らかにすることについての誠信の要求を出す。裁判官は請負商が公然と駆引権を濫用して強迫により契約価格をつり上げることを非難するとき、駆引権濫用を根絶することについての誠信の要求を出す、等々である[53]。裁判官によって排除された誠信でない行為としては以下のようなものがある。すなわち、取引回避の精神、注意不足と懈怠、故意による不完全な履行、条項指定権と様式条項確定権の濫用、他方当事者の履行の妨害、又はこれに対する協力を提供しないこと等。サマーズは限定的に誠信原則を適用することも主張する。先ず、他の代替手段がないことを証明しなければならず、次に、誠信の要求を採用する充分な積極的理由の存在を証明して、そうしてようやく、この原則が適用可能となる。このようにして、この原則の副作用を防止しているのである[54]。

ファーンスウォースの研究と比べて、サマーズは消極的な角度か

ら誠信原則を研究している。サマーズの研究方法は、裁判所による誠信のフレーズの用い方を観察して誠信原則の「活きた法」の形態を帰納したことである。積極的な面から見れば、この方法は、大きく言えばアメリカ人の実証主義精神を表し、小さく言えばアメリカ人が法律の活動を重視していることを表している。消極的な面から見れば、この方法は矛盾しているように見える。なぜならば、一面では、アメリカの学者は誠信原則は外来のものであって、アメリカにおいてはその歴史は短く、通用例は少ないことを認めているのに、ところが、サマーズは、オギャーオギャーと泣いて乳を求めていたアメリカの裁判官の経験から誠信の意味を総括したのであるから、これは「木によりて魚を求む」ではあるまいか。この矛盾についての最も善意の解釈はこうである。すなわち、上述の誠信原則に合致しない行為はいずれも普通法の中で既にあった規制対象であり、誠信原則の導入は、ただそれらに概括的な名称を与えたに過ぎない。しかも、誠信はなにがしかの不良の行為を根絶することを要求するだけでなく、協力行為といった積極的な行為も要求しており、これを不良の行為についての断絶と理解するのは些か狭すぎよう。

　サマーズのこの見解は、一部のアメリカの裁判所によって採用された[55]。最も取り上げるに値することは、《契約法再述》第2版における誠信履行義務に関する評注もサマーズの見解を採用して、悪信行為を列挙したリストで誠信行為とは何かを説明したことである。そこには、悪信の折衝、取引における重要な事実を表に出さないこと、不当な顧客の獲得、将来の買主が売主がその物を取得する計画を破壊すること、目的物に満足していないふりをして和解で価格を下げること等が含まれている[56]。

（三）自由裁量権制限説

　この説はアイオワ大学法学部のスティーブン・バートン（Steven

Burton)が主張しているものである。《ハーバード法律評論》(1980年)に発表した《違約と誠信履行の普通法的義務》という文章の中でこの説を提示した。バートンは、《統一商法典》の評注者が誠信履行と悪信履行を区分する有効な基準を確立してないことに不満を述べる。「排除者」説が裁判所に当事者の意図を実行させずに、当事者が協議して決めた条項を実行不可にするか、あるいは契約締結時にまとまった協議内容と相容れない義務を課すことを非難する。従って、バートンは多くの人の期待に基づいて自ら誠信の基準を確立しようとする。バートンは、誠信は一方当事者が契約から受ける自由裁量権を行使するのを制限するものであると考える。それ故、悪信はこうした自由裁量権を利用して、契約締結過程において既に喪失した他方当事者の合理的期待が確定する機会を新たに摑むことである[57]。誠信を確定させるときに、バートンは二つの事実を考慮することができると解している。第一は、自由裁量権を行使する当事者の行動目的は何かであり、第二は、当該目的が双方当事者の合理的期待の範囲内であるかどうかである。前者は行動を採る当事者の意図に触れており、主観的なものである。後者は当事者が契約を結ぶ時の期待であり、客観的なことである。もし前者が後者に符合していれば当事者は誠信で、さもなければ、悪信である[58]。この観点は契約を当事者が自発的に一時、自由を失った状態と理解しており、各種の具体的な条項が束縛の荒縄で、誠信が一本の抽象的な大きな綱である。当事者は互いにこれら大小様々な荒縄の束縛を受けることを承諾して、この承諾を実践すれば誠信である。この承諾に違反して、こっそりと、ある荒縄を解き、「ほっと胸を撫で下ろす」ことをすれば、悪信である。それ故に、バートンが理解する誠信は、とどのつまり、俗言の「说话要算数〔あとのことを考えてものを言わなければならない〕」であり、典雅な言葉で言えば「契約は守られなければならない（Pacta sunt servanda）」である。ただ、バート

ンは、この格言の効力を契約履行の面に制限した。この理論は主として契約の事実から一方当事者に履行面での自由裁量権を与える事案から抽出したものであり、故に、終始、一方当事者を自由裁量権の行使者と考え、他方当事者を従属者と考えている。しかし、多くの誠信履行の事件はそうではなく、何らかの方法で一方に履行の自由裁量権を与えない。この理論は片面性を表しているからである。しかも、それは、期待の合理性という一般基準を十分に分析しておらず、サマーズの主張には可操作性があることを知らないのである[59]。そうであるにしても、この見解もアメリカの一部の裁判所によって採用された。

　以上の黙示条項説、排除者説及び自由裁量権制限説は、相互に批評しあい、相互に補充しあい、アメリカにおいてそれぞれあるいは一緒になって裁判所の判決に影響を与えた。あるときには、裁判所はこれら三者の対立する性質をはっきりさせないで、同時に三説を引いたこともあり、それ故、一緒になって影響を与える奇異な現象も起きた。

四　アメリカ法における誠信原則の適用に際する若干の問題

　アメリカにおける誠信原則の適用の実践の中で、今も依然として、以下の問題が存在する。すなわち、

　1．誠信の基準は、完全に主観的なものなのか、それとも客観的要素をも有しているのか。

　たとえ誠信を履行する領域であっても、アメリカ人は主観的誠信と客観的誠信を区別する。前者は、当事者が誠実に自分が合理的行為の中にいることを信じることであり、後者は、その業種における合理的基準を守ったことである[60]。ここにおいて、主観的誠信は依然として「確信」の意味であるが、しかし、物権法の外で適用されている。それと客観的誠信の区別は、アメリカでは特別の意義があ

る。なぜなら、客観的誠信を構成するか否かの判断は、手続き上、陪審団が行うものだからである[61]。ファーンスウォースの解するところによれば、誠信の主観的要素の存在は争う余地がなく、それは誠信概念の、誠信買主制度における発展段階が残した遺産である。それは、当事者に対して誠実な判断を行うことを要求するものであり、その者の自己の利益から出た判断は、この主観的要素を十分、満たす。契約法は当事者に利他的に行動することを要求しているわけではない。

2. 誠信履行の義務は、独立した訴因を創設することができるのか。

この問題については、《統一商法典》の常設編纂委員会は、1994年に、この法典の第1-203条の正式な注釈に対して補足を行なっていて、誠信は直接、当事者の合理的期待に気を配るだけで、第1-203条はその他の訴因事実の事情がないのに訴因を提供するものではないと考えている。このように、誠信履行の義務は訴状の作成途中において、いかなる意味も持たない。この措置は、誠信原則は、裁判所が契約を締結、履行、実行するときの商業的背景の下でこれらの契約を解釈することを指導する働きを持っているに過ぎないということを意味しているのであって、独立して違反され得る公平・合理の義務を創設することはない[62]。

3. 誠信履行の義務は、契約の明示の条項に優先するのか[63]。

これは、裁判所が誠信原則に基づいて、当事者が約定した義務を改めたり補充することができるのか、という一個の問題であり、あるいは裁判所が自由主義の契約理論を打ち破って、当事者のために補充的契約を結ぶことができるのか、という問題と言える。アメリカの裁判所は、この問題に対して、異なる回答を出しており、あるものは肯定説を主張し、またあるものは否定説を主張している。アメリカ契約法の変革の大きな流れから見て、肯定説を支持する裁判

所が日増しに増えており、これもまた、正義を実現するという彼らの使命に一層、合致しているのである。

第5節　小括

　これまでに述べてきたことをまとめると、古典的な英米法は、法と道徳の分離を強調するので、それ故に、人に関する基準【人性标准】の設定は比較的低かった。しかも、これまでずっと、裁判官に十分な自由裁量権を与えてきたのであり、この二つの特性は、英米法が道徳性の強い一般的誠信原則を採用することを妨げてきた。しかしながら、国際的往来が強まるにつれて、英米の契約観の変化が起き、大陸法系の一般的誠信原則がついに英米法の中に導入された。英米固有の、かつて誠信原則の働きをしていた制度と結び付いて、英米法系の独特の誠信制度を作り上げた。これにより、英米の誠信制度は、大陸法の影響を受けた要素もあるし、また本土の資源の要素もある。この法系の誠信制度の独特な点は、先ず、それが裁判官に自由裁量権を与えていることの意義が明らかでない点である。その次に、物権法中の誠信と契約法中の誠信の分裂及び契約法中の誠信の限縮化にある——民法体系がないので、民法の基本原則という問題は存在せず、そのため、多くの場合に、契約の履行と紛争の解決の過程に適用されるだけの一原則に限縮されている。これは、アメリカにおいて特にそうである。しかも、アメリカにおいては、誠信原則は商事化されていて、公平な取引との結び付きと共にある。英米の法学者は、自分達の経験主義の思考のやり方に基づいて、誠信原則に対していくつかの独特の思考を行なっている。それは、大陸法系の法学者に対し啓発させるものである。実際に、新《オランダ民法典》の制定者は、啓発されたところが少なくない。英米法がかつて誠信原則を排斥したという経験もまた、大陸法系の

人々がこの原則に潜在する危険、とりわけそれと意思自治の原則との矛盾を見る助けとなっている。それにより、ますます客観的にこの原則を取り扱うことができるのである。そうであるにしても、英米での誠信原則の受け入れは、この原則の全地球的普遍性を完全に証明した。現在、我々は、誠信原則は大陸法系が法律の限界性の問題を解決するための独特な仕組みであると言うことはできなくなったのである。

第六章　中国における誠信原則の実務の研究

第1節　誠信原則の立法実務の研究

一　我が国の主要民事単行法における誠信原則の分布と存在形態

　我が国には、今のところ民法典は存在しないが、しかし、民法典全体の内容を包括する一連の単行法が制定されている。年代順にひとつひとつ挙げていくと、1980年の《婚姻法》、1982年の《商標法》、1984年の《専利法【专利法】》、1985年の《相続法》、1986年の《民法通則》、1990年の《著作権法》、1991年の《養子法【收养法】》、1995年の《担保法》、1997年の《共同経営企業法【合伙企业法】》、1999年の《契約法》、2007年の《物権法》、2009年の《不法行為法》、2010年の《渉外民事関係法律適用法》である。この13の法律の中で、形式は異なるものの、誠信原則を規定しているのは六つだけであり、《商標法》、《民法通則》、《担保法》、《共同経営企業法》、《契約法》、そして《物権法》である。それに対して、《婚姻法》、《専利法》、《相続法》、《著作権法》、《養子縁組法》、《不法行為法》、《渉外民事関係法律適用法》には誠信の規定は存在しない。以下、誠信原則を規定している六つの法律について、それぞれ考察する。

（一）《商標法》

　｛2013｝年に改正された《商標法》｛第7条は、「商標の登録申請

及び使用は、誠実信用の原則を遵守しなければならない。」と規定する。この条文は、商標法上の客観的誠信原則を確立したものである。[1]。第16条第1項は、「商標中に商品の地理的標示があり、その商品が当該標示が標示する地域から産出される物でなく、公衆を誤らせるものであるときは、商標登録することができず、使用は禁止する。ただし、商標登録を善意で取得したときは、有効とする。」と規定している。この条項が言っていることは、公言している原産地から産出していない商品の生産者が自己の生産物の原産地についてでたらめなことを言っているときは、原則として商標登録することができず、禁止されるが、「善意」で登録商標を取得した場合を除く、ということである。例えば、紹興産ではない醸造酒の生産者が自己の生産物の商標中に「紹興」という文字を含めていた場合に、もし「善意」であるならば、この登録商標は有効である。こうした規定は、主として歴史上、持ち越されてきた問題を解決するためのものであり、適用される商品は僅かである。

(二)《民法通則》

《民法通則》第4条は、「民事活動は、……誠実信用の原則に従わなければならない。」と定めている。これは、誠信原則を当事者が行う民事活動の行為準則に設定する規定である。そこには、身分活動と財産活動、契約法と物権法がそれぞれ定める誠信原則の適用範囲の区別は存在しない。《民法通則》を民法総則と理解することができるならば、この条が規定している誠信原則は、上述の13の民事単行法に適用されるべきで、とりわけ婚姻家族関係及び遺産相続関係に適用されるべきである。しかしながら、《民法通則》は善意についていかなる定めもしておらず、このことから、次のような問題が生じている。すなわち、もしある民事単行法が善意について規定したならば、それは《民法通則》が定める誠信原則の表れなのか、それともこの法律が独立した善意原則を打ち立てた証拠なのか、と

いう問題である。

　（三）《担保法》
　《担保法》第3条は、「担保活動は、……誠実信用の原則に従わなければならない。」と規定している。その他の場所には客観的誠信又は主観的誠信についての規定は一切存在しない。もしこれが客観的誠信についての規定であるとすれば、この法律は主観的誠信を規定していないことになる。

　（四）《共同経営企業法》
　《共同経営企業法》第5条は、「共同経営の協議の妥結、共同経営企業の設立は、……誠実信用の原則に従わなければならない。」と定めている。これは、客観的誠信についての規定でなければならない。というのは、後の第25条が主観的誠信に関わっているからである。その条文曰く、「共同経営者が共同経営企業中の財産の自己の持ち分を担保に供したときは、その他の共同経営者の全員の同意を得なければならない。その他の共同経営者の全員の同意を得ていないときは、その行為は無効とする。これにより善意の第三者に損害を生じさせたときは、行為者は、法律に従い、賠償する責任を負う。」この条文中の「善意」は明らかに不知を指しており、それは、担保に供した共同経営者がその他の共同経営者の同意を得ずにその者の共同経営財産を担保に供したということを知らず、そしてその担保を受け取った者の心理状態である。この者は、そのような不知の故に法律上の優遇を受け、もしその者が「知っていた」ならば、その損害について賠償を受けることはできなくなる。このように、《共同経営企業法》は客観的誠信と主観的誠信のどちらも規定している。

　（五）《契約法》
　《契約法》には誠信原則に関わる条文が七つあり、それらは第6条、第42条、第60条、第92条、第125条、第47条、第48条である。

それらは二つのグループに分けることができ、第47条と第48条が主観的誠信についての規定であり、その他の関係条文は客観的誠信についての規定である。〔以下、〕これを分けて述べることをお許し頂きたい。

　《契約法》第6条は、「当事者は、権利の行使、義務の履行の際は、誠実信用の原則に従わなければならない。」という一般規定であり、《民法通則》第4条を契約法において具体化したものである。第42条、第60条、第92条という3ヶ条は、契約という生命体の歴史の角度から、契約締結段階における誠信、契約履行段階における誠信及び契約終了後の誠信についてそれぞれ規定している。最初のものは、当事者は悪信で契約を締結してはならず、他方当事者をからかってはならないということを要求している。二番目のものは、当事者は厳格に約束を果たし、付随的義務を負うことを要求している。最後のものは、当事者は契約の履行が終わった後に予後的契約上の義務を履行することを要求している。最後に、第125条は、誠実信用を契約の解釈の規則に置いている。解釈者は当事者であると規定するのであれ、裁判官であると規定するのであれ、いずれにせよ、当事者双方の利益のバランスをとるというやり方に従って契約を解釈しなければならない。このような手はずにより、《契約法》は誠信を契約という生命体の歴史において終始、貫徹することを要求しており、誠信の契約世界を築くよう努めている。《契約法》中の一般的誠信、契約締結時の誠信、契約履行中の誠信、契約終了後の誠信、そして解釈における誠信──いずれも客観的誠信であって、当事者に対して合理・公正のやり方で事を行うことを要求しているのは明らかである。

　それに対し、《契約法》第47条と第48条は主観的誠信についての規定であり、立法者は「善意」という表現を採用した。この両条が述べていることは、制限行為能力者又は無権代理人若しくは代理権

を超えて代理行為を行なった者と契約を結んだ者の主観的状態である——相手方の行為能力の不足又は代理権の欠如を知らなかったが故に、法律はその者の利益を保護するのである。第47条〔第2項〕は、法定代理人がその相手方が関わった取引を追認する前は、その〔善意の〕相手方は取消権を有すると規定している。第48条〔第2項〕は、本人がその相手方が関わった取引を追認する前は、その〔善意の〕相手方は取消権を有すると規定している。

このように、《契約法》の中では両種の誠信の併存という構造が形成されている。両種の誠信を区別する国にとっては、これは何ら不思議なことではないが、しかし、統一的誠信制度を採用している国にとっては、用語の転換という問題が発生する。この問題がどのように解決されているか見よう。《契約法》が英語に翻訳されるとき、採用された方法は、客観的誠信はgood faithで表し、主観的誠信は同じ意味のラテン語であるbona fidesで表すというものだった[1]。《契約法》がイタリア語に翻訳されるとき、客観的誠信は当然、buona fedeと翻訳され、第47条と第48条中の「善意」もまた、buona fedeと訳されている[2]。こうして、中国において未だ実現していないこと、しかも立法者と一部の学者が実現を望んでいない、客観的誠信と主観的誠信の統一すら、翻訳を通じて、英語世界と新ラテン語世界において実現したのである。実にこれは、大いに溜飲が下がることではないか！

(六)《物権法》

《物権法》には主観的誠信を規定した条文が八つあり（「善意」という表現を採用している。）、それらは第24条、第106条、第108条、第129条、第158条、第188条、第189条、第243条である。それぞれ、善意の第三者について述べるもの（第24条、第129条、第158条、第188条、第189条）、善意取得者（善意の譲受人を含む。）について述べるもの（第106条、第108条）、そして善意占有者について述べるもの

（第243条）の3種である。最初の者は、対価を払って物権を取得し、かつその権利について有効な公示を行なった者であり[3]、物権の登記制度における概念である。二番目の者は、無権処分について情を知らずに対価を支払った者であり、誠信取得制度（通常、善意取得制度と呼ばれる。）における概念である。最後の者は、情を知らずに他人の財産を占有し、その後、所有者によって排除された者であり、占有制度における概念である。三者とも、自己の「善意」に基づいて有利な法的処遇を受ける。最初の者は、自己の法的地位が対抗されないと表現され[4]、二番目の者は、無権処分者が処分した財産を取得すると表され、最後の者は、財産の維持費用の求償権と表される。これに対して、悪信の占有者は、自己の占有する財産のためにこのような費用を支出したのだとしても、これの償還の請求はできない。

　もちろん、《不正競争防止法【反不正当竞争法】》第2条、《労働法》第3条、《労働契約法》第3条、《保険法》第5条、《消費者保護法【消费者权益保护法】》第4条、《就業促進法》第39条、《証券法》第4条、《手形法》第10条、《税関事務担保条例》第3条、《宝くじ管理条例》第3条、《外貨管理条例》第29条、《先物取引管理条例》第3条、《商業フランチャイズ経営管理条例》第4条も、誠信原則を規定している。《海商法》第13条、《民間航空法》第16条、《治安管理処罰法》第89条、《農村土地請負法》第38条、《個人単独資本企業法》第19条等も、善意の第三者について規定し、その者の利益を保護することを強調している。その他に、《手形法》第12条、《信託法》第12条第2項、《商標法》第16条も、善意についての規定である。これらの法律がこのような者に与えている処遇は《物権法》と同じであり、しかもこれらの法律は民事単行法には属さない。それ故、それらの規定については、本章では、議論を保留する。

二　我が国の民事単行法における誠信規定についての分析

　以上のことから分かるように、誠信原則の基本原則としての属性は、我が国において、比較的十分に表されている。13の民事単行法のうち6の法律が誠信原則又は誠信の問題を規定しており、半分近くを占めている。このことは、肯定する価値がある。

　それと同時に見ることができることは、我が国は、依然として、誠信と善意の二分制を実施しており、統一的誠信原則を樹立していないことである。我が国の《共同経営企業法》と《契約法》が同時に客観的誠信と主観的誠信を含んでいると言うとすれば、《物権法》は主観的誠信又は善意の一人天下【一统天下】に属する。このような段取りは、誠信原則を物権法のところで立ち止まらせる。このように、誠信原則が基本原則の名を有するとは言え、その実はないのである。なぜなら、基本原則というものは、民法を終始貫いて初めて、名実相伴う【名副其实】からである。このような怪奇現象に対しては、統一的誠信原則を樹立して、「善意」を「誠信」と改称することによってこれを解決するか、あるいは誠信原則と並行する善意原則を設立してこれを解決するかであるが、しかし我が国では、立法上、善意原則は置かれておらず、少数の学者がこの原則の設立を訴えかけているに過ぎない[5]。

　ところで、「善意」であるが、それを規定している各民事単行法において、またそれを規定している箇所は僅かである民事単行法においてすら、そこに含まれている意味は一致していない。あるものは一定の行為を意味し、あるものは一定の内心状態を意味する。例えば、《物権法》の中には3種類の善意が規定されており、善意占有者の善意はその占有が無権限であることを知らないという主観的状態であると一般に認められているが[6]、その他の二つの善意は、客観説と主観説という2種の解釈がある。善意の第三者の善意について、客観説は、「善意は背信のない行為であるので、抵当に入っ

ているという事実を知る人も善意の第三者である」と主張する。このような善意の解釈は、効率と取引安全の保障のためである[7]。注意しなければならないことは、ここでの背信というのは、内部の信任関係があるということで、例えば他人の財産の管理を頼まれた者、会社財産の保全義務を担当する会社高級管理者等である。その身分がなければ、明確な権利の瑕疵がある物を思い切って受け取る行為は善意の基準に達しない。主観説は、ここでの善意は、係争物が抵当に入っていることを「知るすべがない」あるいは「知るべきではない」ことと解している。もし客観説を採れば、「善意」の二文字が持つ倫理道徳的色彩と正義の性質を抹殺することになる。なぜならば、先に公布された《担保法》で同様の事態の第三者に善意の要求はなく、後の《物権法》にはその要求があるからである[8]。善意取得者の善意について、多くの学者は主観的状態外的徴表説を採っている。いわゆる主観的状態というのは、取得者や譲受人は相手方の無権処分の事実を知らないことを意味する。ところが、その主観的状態は発見しにくく、何らかの外的徴表で証明しなければならない。外的徴表というのは、目的物の価格（価格が安いほど疑わしい。）、無権処分者と取得者との関係、取引環境（公開であるほど正常である。）等のことである。こうして、善意は、主観・客観相結合する状態となる[9]。このような現象を総合的に見れば、我が国の法律の中の「善意」が客観化する趨勢とも言える。すなわち、次第次第に別の種類の客観的誠信になり、これにより主観的誠信と客観的誠信との限界が曖昧になってきていると言えるのである。

ところが、先進国の誠信原則立法に比べて、我が国の誠信原則についての立法には、なおも以下の問題が存在する。すなわち、

1. 民法典がないが故に、規定の重複が多い。

例えば、《民法通則》、《担保法》、《共同経営企業法》、《契約法》いずれも誠信原則を規定する。もし民法典を制定すれば、民法総則

で誠信原則を規定し、この効力が《担保法》、《共同経営企業法》、《契約法》等の領域を含み、立法面の簡潔さを実現できる。

2. 一部の民事単行法中に誠信問題についての規定があるが、完全ではない。

例えば、前述のように ｛2001年の｝《商標法》は地理標識登録を誠信で取得する問題を規定していたが、残念ながら、他の面でそういう規定はない[10]。従って、商標資源を占領する行為[11]、商標領域における不正競争行為[12]、姓名と似ている発音を登録する商標等[13]、いずれも誠信原則の名で制約できない。立法の面で不足がある以上、我が国の裁判所は、商標判例実務において法律に含まれない問題を誠信原則を用いて解決せざるを得ない[14]。そうであるからには、学者はむしろ誠信原則を《商標法》の総則に入れた方が良いと解していた[15]。｛この提案は、ついに2013年の商標法の中で、採用されるに至った。前述のように、その第7条は、「商標の登録申請及び使用は、誠実信用の原則を遵守しなければならない。」と規定した。｝[2]

3. 多くの誠信原則を規定すべき民事単行法が未だこの原則を規定していない。

この問題についての論述は長くなるので、以下の専門的な節で説明する。

二　我が国の、誠信原則規定がない七つの民事単行法に誠信原則を補充する必要性

我が国の現行の体系では単行法が民法典の代わりになっているが、誠信原則を規定すべきである単行法には、未だこの原則が規定されていない。それは、《婚姻法》、《著作権法》、《養子縁組法》、《専利法》、《相続法》、《不法行為法》、そして《渉外民事関係法律適用法》である。これらの法律は、外国の立法・学説では、往々にして誠信

原則を規定している。以下、私は、比較法の角度から、それらの法律に誠信原則を規定する必要性を論証する。

（一） 婚姻法

婚姻法は、誠信を強く要求する領域である。それが人身関係であろうと財産関係であろうと、変わらない。

家庭の人身関係について言えば、我が国の《婚姻法》第4条は、夫婦は互いに忠実義務、例えば配偶者以外の者と性交しない義務等を規定し、夫婦人身関係における誠信原則を体現している。キリスト教の結婚式を行なったら、分かれず捨てないという誓いを交わすことは誠信の要求するところである。面白いのは、宗教的な結婚の誓いが世俗的な結婚式にも推し進められていることである。例えば、西寧市城北区民政局が勧めている結婚の誓いは、「私たちは自由意志により夫婦になります。今日から、共に法律が授ける婚姻の責任と義務を負います。親孝行をし、子女を教育し、尊敬と愛情を互いに与え、寛容と理解を忘れずに、一生愛し続けます！ これからは、順境であれ逆境であれ、裕福時であれ困窮時であれ、健康時であれ疾病時であれ、若き時であれ年老いた時であれ、私たちは風雪を共にし、苦楽を共にし、今日の誓いを守り、終生の伴侶となります。」[16]である。このような世俗的な結婚の誓いは宗教的な結婚の誓いと異ならない。キケロ曰く、言ったことを行うことが信であり、このような結婚の誓いを守ることは、当然に誠信原則の要求するところである。

国外では、婚姻法における誠信の問題は、無効婚姻制度に最も集中しており、この点について、フランスの学者リカルド・ガラルドRicardo Gallardoの『比較法的視野での婚姻無効宣告の役割と効力：歴史と批判の研究（Le rôle et les effets de la bonne foi dans l'annulation du mariage en droit comparé: étude historique et critique, Paris, Recueil Sirey, 1952)』及びイタリアの学者アレッサンドロ・アルビ

セッティAlessandro Albisettiの『教会法における擬制婚姻の研究——暴力と誠信（Contributo allo studio del matrimonio putativo in diritto canonico, violenza e buona fede, Milano, Giuffrè 1980）』がある。誠信で無効な婚姻を締結した当事者を保護するために、擬制婚姻制度を確立させ、無効な婚姻の一方又は双方の誠信の当事者及びこの婚姻から生まれた子女に婚姻の効力を与えるのである。この効力は、扶養請求権の成立、嫡出子の身分の獲得等を含む。こうして、誠信は無効な婚姻を有効にはしないが誠信の当事者に有利な解決をもたらす。

婚姻の誠信の反対は婚姻の悪信で、これは、婚姻締結日にすでに存在している障碍を承認し、婚姻相手をからかうことである[17]。《アルゼンチン民法典》第222条によれば、悪信の一方は以下の結果を負う。

（1）誠信の一方に扶養費用を請求できない。

（2）誠信の一方は、悪信の一方への婚姻贈与を撤回することができる。

（3）誠信の一方は、夫婦の婚前及び婚後に取得若しくは生産した財産を留保し、融合した共同財産の清算を選び、又は事実上の共同経営のように、夫婦それぞれの持ち分を確定しかつ財産を比例分割することを請求することができる[18]。

この他に、婚姻存続期間に配偶者の一方が誠信で他方の死亡の宣告を請求した後に再婚した場合、死亡が宣告された者が帰ってきたときの、後婚の効力という問題がある。2000年に効力が生じた新《ルーマニア民法典》第293条第2項によれば、夫は相手の死亡を宣告した後、再婚した場合、その後たとえ宣告が取消されたとしても、夫の死亡宣告の請求が誠信でなされたのであれば、新たな婚姻は有効であり、前婚が後婚締結の日に失効する[19]。この条項は、死亡宣告を請求する夫の誠信によって後婚の効力を判断することになる。反対解釈をすれば、もし夫が悪信であれば、換言すれば、自

分の配偶者が死亡していないことを知っていながら死亡宣告を請求したならば、後婚は無効であり、重婚にすらなる。中国において類似の事例がある。すなわち、杨永平は王梅と結婚した後ずっと日本に留学していて、王梅は夫が生きていることを知りながら死亡宣告を請求し、別人と再婚した。杨永平は帰国後、自分が「死亡」していることを知り、王梅が重婚していることを告訴した。裁判所は、王梅にその罪が成立し、後婚は無効であるとの判決を下した[20]。

　家庭の財産関係について言えば、誠信の問題は主として夫婦財産制で現れる[21]。この制度の内部関係については、夫婦共同財産を実行するときに財産の取得を誠信で相手へ告知し、ヘソクリを隠さないことである[22]。この制度の外部関係は夫婦財産の公示上で現れ、これについては、新《ルーマニア民法典》が比較的、完璧な立法例を提供している。その第313条第3項は、「夫婦財産制の公示手続きをしないときは、誠信の第三者に対して、妻は法定共同財産制を採用したものとする。」と規定している[23]。これに呼応して、第331条は、「夫婦財産制を選択するか又は秘密文書で夫婦財産制を変更したときは、法定公示手続きをしないと、夫婦間で有効であっても、誠信の第三者に対抗することができない。」と規定している[24]。法定財産制以外に、夫婦は別産制等の約定財産制を採用できるが、この約定は公示しないと外の者は相手の夫婦が法定財産制を採用していると信じる理由がある。すなわち、夫婦間の約定財産制は誠信の第三者に対抗できないのである。当然のことながら、夫婦財産制の変更も公示しなければならず、さもなければ、取引安全のために誠信の第三者に対抗できない。それだけでなく、新《ルーマニア民法典》第338条は、「夫婦財産協議が無効とされたときは、その夫婦間には法定共同財産制を適用する。ただし、誠信の第三者が取得した権利を害することはできない」旨を規定する[25]。本条の内容は、前述の第313条第3項及び第331条と関係しており、同じ問題の異

なる面に関わることなのである。すなわち、夫婦は約定財産制を採用し、それを公示したが、何らかの理由により約定財産制が無効になる場合、誠信の第三者が約定財産制によって夫婦と取引を行い財産を取得することは、約定財産制の無効に影響されないようになる。当然のことながら、この第三者が悪信であれば話は別である。最後に、新《ルーマニア民法典》第345条第4項は、共有財産の利益についての範囲で、損害を伴う法律行為につき、取引に参加しなかった夫は他方配偶者の上述の損害を請求できるが、誠信の第三者が取得した権利を害することはできない、と規定している[26]。この条項の言いたいことは、法定共同財産制を採用する夫婦での妻が共有財産にとって不利な法律行為をする場合、夫はその取引の当事者ではないが、妻が負う利益損失を、法律行為を取消す方法も含めて主張できるが、誠信の第三者の権利を害することはできない、というものである。

　新《ルーマニア民法典》の以上の4ヶ条は、夫婦財産関係が外の者にとっては私的な仕組みで、外の者との経済的関係の範囲で公示により秘密性を除去し、以て取引の安全をはかるものである。公示がなければ、誠信の第三者の利益を害することができない。

　残念なことは、中国の《婚姻法》には、夫婦の人身関係であろうと財産関係であろうと、上述の規定に相当する誠信規定がないことである。人身関係については、2001年の改正で婚姻無効と婚姻取消制度（第10条、第11条）を追加し、重婚、近親婚、不適齢婚、結婚禁止患者等の婚姻は無効で、強迫による婚姻は取り消されることを規定したが、誠信の婚姻者への保護は規定されず、学者に非難されているところである[27]。

　財産関係について言えば、中国の《婚姻法》は法定財産制及び当事者が選択する約定財産制を規定したが（第17条、第19条）、しかし誠信の第三者への影響については直接的な規定はない。これは残念

なことである。

　(二)《著作権法》

　《著作権法》について言えば、我が国の学説は誠信原則を採用するべきであると解している。例えば、創作する本人のみが作者になるのは誠信原則の要求である。合理的使用制度も、誠信原則によって当事者の利益と社会の利益とのバランスを維持する制度である。当然のことながら、違法にコピーしないことも誠信原則の要求で、アメリカもイタリアも明確に法律で作品全体をコピーすることを禁止しており、イタリアの法律は、多くても一冊の本の15％しかコピーすることができないと定めている[28]。しかし、その国の人でその規定を遵守する人数は外国人より少なく、《著作権法》上の誠信の程度が異なるとも言える。このような差異は、ソフトの買い方にも現れる。その国の人は一本のソフトを買って皆と共に使用する上に、海賊版を使用することもある。ヨーロッパ人のよくあるやり方は自分でソフトを買って自ら使用することである。コピーしてもソフトを共に使用しても、著作権者はコントロールし難く、購入者の自覚によるしかないのである。出版社と作者との関係において、誠信原則も適用できる。例えば、印税制を採用する場合、作者は出版社の印刷数量を調べにくく、出版社の誠信の説明によるしかない。出版社が実際より少ない数量を作者へ報告しても、作者はなす術がない。ここから書票制度が生まれ、民国の時代に中国でも行われており、今のイタリア等の多くの国で行われている。その内容は出版社が販売するすべての本に作者が署名する方法であり、販売数量を作者が明確にして印税を取得する。作者の署名がない本は、当然のことながら、「海賊版」である。

　(三)《養子縁組法》

　養子縁組は濫用されやすい制度である。この制度の目的は、もともとは自然的方法で子供ができない夫婦の心残りを補うためのもの

である。その濫用は、その目的を無視してこの制度を利用することである。例えば、将来、息子の嫁にするために子供のときから女子を引き取ることである。古ローマ時代に、引き取る行為で詐欺行為は更に多く、養子縁組によって国籍[29]、階級が変わったり[30]、財貨を収奪するのである[31]。従って、誠信原則は養子縁組において重要な地位を占め、引き取られた人の人身関係と財産関係の結果を支配するだけでなく、引き取られる人の財産管理も支配される[32]。我が国でも、養子縁組制度を濫用する問題があり、これらの濫用でなぶり者にされる対象は未成年の子供で、引き取るとき養親の誠信を要求するべきである。国際養子縁組では、そのようになっている。

(四)《専利法》

《専利法》について言えば、専利権の取得、行使、喪失といったいくつかの面で誠信が要求されている。取得の面については、専利の審査階段で、申告の技術を審査しやすくするために請求者は専利の技術を公にする義務があるが、秘密が漏れる恐れがあるとの理由で説明書の重要な技術内容を省略、虚構し、誠信原則の要求に違反する者もいる[33]。専利権の行使階段では、専利権者は専利権を誠信に行使しなければならず、言い換えれば、この権利を濫用してはならず、この技術で他者を侵害しないようにし、社会への損害を発生させないようにしなければならない。専利の喪失については、同一の無効請求者は同じ無効請求を繰り返し提出できず、専利権者の時間、精力、金銭を浪費させてはならない。最後に、禁反言の原則も誠信原則の表れであり、専利権者は専利を請求するとき、保護を限定、放棄する声明をすれば、将来、再び保護範囲に入れることはできない[34]。

(五)《相続法》

我が国の立法と文献の中で、《相続法》の中に誠信の規定又は文字は見つからないが、《相続法》は誠信から無縁の領域ではない。

立法の面では、新《ルーマニア民法典》における相続及び慷慨行為編（第四編）の中の三つの条文（第960条、第1026条、第1058条）で誠信を規定し、それぞれ、相続人が相続権を取り除かれた後に、これらの決定が、取引して財産を取得する誠信の第三者へ与える影響、贈与を取消した場合の誠信の第三者へ与える影響、占有者の誠信状態が相手の遺贈物の果実の取得へ与える影響等の問題に関わる。これらの規定はいずれも、契約法と物権法における誠信規定の相続法への投射であり、相続の参加者の誠信問題には関係なく、従って、これらの規定が優秀だとは言えない。アルゼンチンの学説はこの欠点を訂正し、エドゥアルド・A・サンノーニ Eduardo A. Zannoni の解するところでは、誠信原則が死因相続法に適用されることは誠信原則を相続関係主体の権利行使の対象にすると理解するべきで、厳格に言えば、それは権利の行使を制限する基準である。この理解によれば、誠信の文字がない相続法の条文も誠信原則の体現である[35]。例えば、第3331条は、相続を受けるか放棄するかを決定していない者が他の共同相続人の持っている遺産を隠したり、盗んだりすると相続を受けたとみなされる[36]。第3405条では、遺産目録を書く相続人が遺産を隠したり、遺産目録で遺産を省略すると、書く権利がなくなる[37]。こうした状況における誠信原則は、いずれも消極的な形で現れ、悪信者への制裁となる。こうした思考によれば、相続不配制度も誠信原則の体現である。当然のことながら、誠信原則が肯定的な形で現れるときもあり、それは、誠信原則が遺言の解釈基準となるときである[38]。誠信の遺言解釈規定の効果は、当然のことながら、遺言の効力を救い、当事者の利益のバランスを維持することである。

（六）《不法行為法》

《不法行為法》について言えば、不法行為法は、大陸法系国家においては、債権法の一部分であるため、債権法の一般原則に従う。

例えばギリシャのような国では、その民法典第288条が誠信原則を規定しており、「債務者は、誠信の要求に基づき、そして取引慣習によって責任を履行する義務を有する。」と規定している[39]。当然、この原則は不法行為責任の債務にも適用される。確かに、大陸法系の立法史上、不法行為法は制定法が少なく、判例が多い。主として、裁判官に依存して立法が発展してきた領域である。裁判官がその使命を担うとき、とりわけ誠信原則に頼ることとなる。この原則は、裁判官へ立法を授権して、これにより、具体的な規定の欠点を補うのである。

消極的な面から見れば、不法行為法も誠信の要素を満たす領域である。先ず、前に述べたように、誠信は過失の概念の反対語であると考える者もいるが、誠信者は故意又は過失が欠けているのである。その他に、ある不法行為は注意義務違反であり、注意義務を履行することは一定の類型の主観的誠信の内容である[40]。当然、損害賠償を主張するとき、損害の真の金額を申告し、偽ったりみだりに報告しないことも、誠信原則の要求するところである。不法行為法領域の誠信は、消極的な形で出現し、あらゆる不法行為が他人を害するなかれという原則の違反になることは、容易に見て取れることである[41]。この原則は誠信原則の消極面の表れでなければならない。

(七)《渉外民事関係法律適用法》

《渉外民事関係法律適用法》について言えば、これは国内民事関係を国外で投影するものである。この論理に従えば、もし国内民法に誠信原則が必要ならば、《渉外民事関係法律適用法》にも誠信原則が必要である。従って、早い段階から、国際私法における誠信を研究した著作、すなわちスイスの学者ピエール・カラー Pierre Karrerの『国際私法における動産の誠信取得』(Der Fahrniserwerb kraft guten Glaubens im internationalen Privatrecht, Zürich, Polygraphischer Verlag, 1968) がある。

ピエール・カラーがその推論に学説を提供し、2010年の新《ルーマニア民法典》が立法例を提供した。その国際私法編（第七編）における二つの条文が誠信原則を規定した。第2579条と第2615条がそれである。〔以下、〕これを分けて述べることをお許し願いたい。

　同法第2579条：（1）国家法律によって当事者が無能力、制限行為能力者と判定されるが、彼らの行為は当然に無効と認められず、行為を行なった地の法律により完全な行為能力と判定されると、誠信の相手にとってその行為の効力は無効ではない。この規則は、家族、相続、不動産の譲渡の法律行為には適用されない。（2）この他、自然人に関する準拠法により代理資格がないことについては、法律行為の行為地の法律によりこの資格があると信じた誠信の第三者に対抗することができない。ただし、当事者がその行為を直接、行い、かつその国の中で署名した場合に限る[42]。

　第2615条：（1）盗まれた若しくは輸出された財産を追奪するときは、元の所有者は、財産が盗まれた若しくは輸出された国における法律を選ぶことができ、又はこれらの財産を追奪するときの国の法律を選ぶことができる。（2）盗まれた又は輸出された国における法律に誠信の第三者の占有者を保護する規定がないときは、占有者はその財産が追奪されるときの国の法が与える保護を求めることができる。（3）前二項の規定は、盗まれた又は輸出された文化遺産にも適用できる[43]。

　同法第2579条は、内国の行為能力制度の域外効力問題に及んでおり、この効力は内国において実施する家族、相続、不動産譲渡等の域外法律行為の中でしか許されない。なぜなら、これらの行為は極めて民族性を有しているか、極めて重要だからであり、取引の安全を害しても、行為者の行為能力をおろそかにできないのである。しかし、他の領域で、行為能力は外観主義、行為地主義を採用している。行為者が見るところでは行為能力があり、相手方のこの確信

によっての取引は、事後に内国行為者が不利だと考えて自分が行為無能力、制限行為能力と主張し取引の取消を請求すると、誠信の相手方の利益は当然、害されるので、裁判所は行為者が行為地法によって十分な行為能力を有すると明確にすると取消の請求を棄却でき、これにより、取引の安全を守っている。

　我が国において、新《ルーマニア民法典》第2579条の規定と類似する事例及び立法規定がある。1997年、21歳のオランダ人のマークは中国に旅行に来て、景勝地で地元民とカメラを地元の服装と交換した。友人が「その取引は割に合わない」と言い、マークが交換の取消を請求し、地元人に断られた後、自分が23歳の成年年齢に達していない（オランダ法ではそうである。）ことを理由に、取引は無効であるとして、裁判所へ訴えを提起した[44]。しかしながら、我が国の法律では、マークの訴えは勝つことができない。なぜなら、最高人民法院の《关于贯彻执行〈中华人民共和国民法通则〉若干问题的意见（试行）》第180条は、「外国人が我が国で民事活動をするとき、本国法律によれば民事行為無能力と判定されるが中国の法律によれば民事行為能力があると判定されるときは、民事行為能力があると認定されるべきである。」と規定しているからである。この条文の中に誠信の文字はないものの、実際上は、誠信の相手方を保護する意味が含まれている。

　第2615条は異なる時期での法律における衝突を処理する。すなわち、不法に取得された財産を追奪するときの、同じ国家における異なる時期の法律が衝突する場合の法律の選択問題、誠信の第三者の占有者を守る選択基準を処理する。第一の時期の法律は財産が盗まれた又は輸出されたときにおける法律である。第二の時期の法律はこれらの財産を追奪するときにおける法律である。財産所有者はこの二つの法律を選択することができるが、誠信の第三者の利益を侵害しないようにという制限がある。私の理解では、これらの者

は、合法的な手続きを通して贓物を取得する人物であるので、「第三者」と呼ばれるのである。この者は、自己が占有しているものが贓物であることを知らないので、従ってその者は「誠信」なのである。換言すれば、この者は盗賊又は不法に輸出した本人ではない。これらの者は「第二者【第二方】」であるに過ぎないので、誠信ではない。もし贓物の元の所有者が、財産が盗まれた又は輸出されたときの法律を選ぶと、これらの法律は誠信の第三者の占有者を保護する規定を含んでおらず、これらの者は、贓物が追奪されるときの法律を適用することを請求することができる。なぜなら、これらの法律は、通常、誠信占有者を保護する規定を有するからである。しかしながら、問題のその他の面は、原所有者が選択した法律を適用しなければならず、従って、誠信の第三者である占有者による法律の選択は「部分的」であるに過ぎないと言える。第3項は、この条が国をまたがる文物の追奪にも適用できると説明しているが、文物の略奪国にどんな利益も与えることはできない。イギリスもそう、フランスもそう、どちらも「第二者」であり、しかも誠信ではない。これらの国家は、自分たちの博物館内の多くの宝物は奪ってきたものであるということを知っているのである。

　国際私法における誠信に関して、アルゼンチンの学者であるアリシア・M・ペルヒーニ・サネッティ Alicia M. Perugini Zanetti は、判例法を研究した。一人の男が二人の妻を有していて、男の死亡後に二人の女が同時に年金を請求した事件である。詳細は、次の通りである。すなわち、――ある男が、1946年9月5日に甲女とアルゼンチンで結婚し、この婚姻は1950年3月16日に夫の落ち度により別居となった。1949年8月11日、この男はウルグアイで乙女と結婚した。1971年10月6日、この男が死亡したため、乙女は未亡人として死者の年金を1982年1月まで受け取った。1980年1月18日、甲女もまた死者の未亡人として年金を請求し、断られた後、自分の

権利を主張して行政訴訟を提起した。1982年5月4日、ブエノスアイレス最高裁判所は、二人の女が年金を同じように享受するという判決を下した。甲女については、甲女は後の別居判決を知らないことが理由であり、乙女については、乙女は誠信であるが故に、そしてまたその婚姻の障害を知らないが故である。厳格法によれば、男と甲女との別居は男と乙女との婚姻の障害となり、こうして、この男と乙女の婚姻は無効とするべきで、乙女は男の年金を享受する権利はないはずであるが、しかしそのような処理をすれば、誠信を損なう。男と乙女との婚姻は、1940年の《モンテビデオ国際私法条約》により調整され、その第13条は、「婚姻を締結する当事者の能力、婚姻行為の形式、存在及び効力は、婚姻締結地の法律により調整される。」と規定している[45]。以上のことから、男の第二婚姻の効力の準拠法はウルグアイ法である。かくして、準拠法たる《ウルグアイ民法典》第208条は、擬制婚姻（matrimonio putativo）の効力を認めている。すなわち、無効の婚姻は、法律に規定する形式で締結したときは、有効な婚姻と同様の民事的効力を生じ、子女に対してだけでなく、誠信で締結した、婚姻の錯誤に対して正当な理由のある配偶者に対しても、同様である。しかし、これらの民事的効力は、配偶者双方の誠信を欠くときは、終止する[46]。それ故、乙女と男との婚姻は無効であるが、乙女が誠信であるという理由で、擬制婚姻の効力により、男の年金の請求権を取得することができる。

　この判決を通じて、準拠法が誠信を承認していれば、必然的に国際私法が誠信を承認するに至ることを知ることができる。

四　小括

　ここに至って、以下のような小括をすることができよう。すなわち、

1.　我が国民事法における誠信規定は、一度、整理して、混乱を

解消する必要がある。

　混乱は先ず、誠信規定の置き方が自由気儘だということである。例えば、《担保法》は善意の第三者制度を規定しておらず、第三者制度のみを規定しているが、それに対し《物権法》は善意の第三者制度を規定しており、矛盾と混乱を惹き起こしている。《担保法》〔1995年10月1日施行〕は《物権法》〔2007年10月1日施行〕が公布されたのに廃止されていないという状況下では、特にそうである。次に、誠信と善意の並立に現れる。整理の方法は二つある。すなわち、

　（1）民法典を制定し、法典編纂を通じてそれぞれの民事単行法を統合し、一つの誠信原則を確立する。そして、それを基点として各編の誠信規則を、調和をとりながら設立し、誠信と善意の並立を解消させて、すべての「善意」を「誠信」に改称する。昨今、善意が日増しに客観化しているという条件下では、このような統合は、ますます実施しやすいと言うべきである。

　（2）同時進行方式により、各民事単行法中の誠信規定を、調和をとりながら計画する。これは、立法機関が民法典制定を放棄するという条件下で選択可能な案である。こうした枠組みの下では、先ずどの単行法で誠信原則を規定する必要があるかを確定し、その後で関係の単行法を改正し、誠信原則を書き入れ、単行法でこの原則を規定することを防止する。規定のない混乱の局面があっても、民事領域に誠信は必要ないという誤解を防止する。次に、「善意」の語を「誠信」の語に書き換えることを考え、誠信原則を名実相伴うようにする。当然のことながら、善意原則を別に立法することも考え得る選択肢であり、こうした選択は現実に妥協するという一面がある。しかし、そのコストは大きいことが予想される。誠信原則が人々の心に深く入り込んでいて、更には善意原則がその領域を分割し、多くの理論の構築と宣伝が必要となるので、それをする必要は

ない。

2. 我が国の一部の民事立法の行き過ぎた簡略化は、誠信規定の漏れを惹き起こした。例えば、《婚姻法》、《相続法》がこれである。

外国の立法例を比較することで以下のことが分かる。すなわち、婚姻法における誠信規定は夫婦の約定財産制が第三者の法的状態への影響を公示しているかどうかに集中し、相続法における誠信規定は死因贈与の撤回等が第三者の権利へ影響するのか、そして遺産占有者の主観的状態が果実の帰属へ影響するのかに集中している。しかしながら、我が国で、《婚姻法》における夫婦財産制の対外的効力についての規定は極めて簡単で、ただ第19条第3項にあるに過ぎず[47]、規範の効果は夫婦の約定財産制を知っている第三者に対しても有効であるということで、逆に推論すると、不知の第三者に対しては無効であるが、このような誠信の第三者の保護を、明文で明確に規定することは見られない。我が国の《相続法》には、死因贈与についての規定がなく、遺贈についての規定があるだけで（第16条第3項）、根本的に遺産制度はなく、これは誠信規定を根拠のないもの【无源之水，无本之木】にしてしまう。そして、我が国の実際生活において、夫婦約定財産制は存在しないわけではなく、死因贈与も遺産占有も存在しないわけではない。従って、同時進行方式で各民事単行法において誠信原則を規定するきっかけを利用して、関係の名義貸し制度の規定を完全なものにし、又はか細くすることに差し障りない。これにより、おおざっぱなものを良しとしていた時代に残っていた痕跡を取り除くのである。

3. 誠信原則は多くの民事単行法において積極的な方式で現れるが、少数の民事単行法においては消極的な方式で現れる。

それは《相続法》と《不法行為法》にある。たとえ外国の立法例において、これらの法律に誠信原則を規定するものが少ないとしても、それは誠信原則を排除することを意味するものではない。誠信

原則は、これらの単行法の中では、権利を濫用してはならないとか、注意義務等の制度の名で存在しているのである。このことから、誠信原則の表現形式は少なくとも積極面と消極面という二つの面があると言うことができる。

第 2 節　誠信原則の司法実務の研究

一　我が国の裁判所の判決書中における、誠信原則の一般的使用状況

2012年1月26日、北大法宝が集めている事例及び裁判文書について、アモイ大学図書館の端末から、「誠実信用【诚实信用】」と「善意【善意】」をキーワードとして全文検索を行なった。検索する時間的範囲を2011年1月1日から2011年12月31日までに限定し、誠実信用という文字を含む、民商法分野の1,267篇の判決書を入手することができた。「善意」〔という文字〕を含むものは、393篇であった。これらすべてにざっと目を通したところ、我が国の裁判所が誠信原則を適用するときの状況としては以下のような類型があると総括することができる。すなわち、

（一）宣言的使用

よく知られているように、裁判所の判決書は、事実の陳述の部分と裁判所が判断した部分という二つの部分に分けられ、第二の部分は、「当院の解するところによれば【本院认为】」という言葉で始まることが多い。多くの判決書は、この冒頭語の後で、誠信原則を援用して始まる。例えば、上海市闸北区人民法院が審理した「某某ネットワーク通信有限会社上海市代表所と周某某との電信サービス契約事件」〔（2011）闸民一（民）初字第5069号〕は、「当院の解するところによれば」の後に、次のように言う。すなわち、誠実信用の法律原則を発揚するために、法により契約当事者の合法的な権益を保

護し、《契約法》第60条、第107条、第109条、第251条、第263条、及び《担保法》第6条、第19条、第21条の規定に従い、以下のように判決す……。義馬市人民法院が判決を下した「王某某・魯某某と河南某某建設工程有限会社・義煤集団某某工程有限責任会社との請負契約紛争事件」［（2011）义民初字第360号］も大体同じである。それだけでなく、上海の裁判所では、このような、流行しているとも言える、誠信原則を含む判決書で、次のような決まった言い回しを使っている。すなわち、「当院の解するところによれば、民事活動は自由意思・公平・等価有償・誠実信用の原則に従うべきであり、……」[48]。このように用いられている誠信原則は、行為規則でもなければ、裁判規則でもなく、更には裁判官が作った法的根拠でもなければ、何ら実際の意義を持つものでもない。判決書中のこのような、誠信原則についての内容を取り去っても、内容の完全さには何ら影響しないと言うことができる。従って、これは誠信原則に対する不適当な運用である。このような運用が高い比率で存在していることは、残念なことである。

（二）規則を解釈するものとしての運用

1. 裁判所は、誠信原則を解釈規則の形式とする。

解釈規則は法律解釈規則と契約解釈規則に分けられる。考察対象となった裁判所の判決書において、誠信原則がこうした2種類の解釈規則となっている実例がある。先ず、法律解釈規則とされた実例を見よう。长沙市中级人民法院が審理した周某某と劉某某の売買契約紛争上訴事件［（2011）长中民二终字第3469号］がこれである。その中で一審の裁判所の判断を引用して曰く、当院の解するところによれば、実質的公平と誠信原則により、訴訟時効制度を適用する場合において、債権者に有利となる又は不利となる2種類の理解をすることが可能であるときは、債権者に有利となる理解を重んじるべきである。裁判所は、こうして、債権者にとって有利な解釈をした。

誠信原則を契約解釈規則とした実例として、上海市浦东区人民法院が審理した某某と某某会社の建物賃貸借契約紛争事件〔(2011)浦民一(民)初字第30735号〕がある。その中で裁判所は、当院の解するところによれば、契約には「乙は、甲の同意という前提の下で、優先的に継続して賃借する権利がある」等の内容の約定があったが、契約の各条項を総合的に見れば、しかも誠実信用原則と結び付けて解釈を行えば、原告の優先的賃借権を行使できるかどうかは被告が同意しているか否かによって決まると理解すべきでない。我々が知っているように、《契約法》第230条は、賃借人は賃借している住居につき優先的購入権を有すると規定しており、法律は賃借人の優先的賃借継続権を定めてはいないものの、優先的購入と優先的賃借継続は、いずれも、法律関係の連続性及び賃借人の居住の安全を保護するためであるから、両者の趣旨は一致している。従って、裁判所はこれの類推に基づいて当事者の契約の約定に関与して、強権的に賃借人に優先的賃借継続権を与えることで、公平の目的を達成する。

2. 裁判所は、誠信原則を契約解釈規則の形態とする。

(1) 当事者の権利を制限する。この例は、上海市第二中級人民法院が審理した「李某某共同経営協議紛争事件」〔(2010)沪二中民四(商)終字第1298号〕である。これは、二審の判決であり、その判決書は、一審の裁判所が誠信原則により契約を解釈して当事者の権利を制限した過程に触れる。その事案は、李某某と某某会社は「提携協議書」に署名したところ、その中で、李某某の賃金を支払う他、毎月2,000元を李某某の工場内外の交際事務費用として引き出し入れる【提列】、との約定があった。訴訟の中で、当事者双方は、「引き出し入れる」という語の意味について争いが発生した。李某某は、「引き出し入れる」という語は毎月、某某会社が李某某に2,000元を支払わねばならないという意味であると主張したのに対し、某

某会社は、「引き出し入れる」というのは毎月支払わなければならないということではなく、証拠書類を審査照合した後に立替費用の清算をすることであると解していた。原審裁判所の解するところによれば、当事者間に契約条項の理解に争いがあるときは、契約が用いている語句、契約に関係する条項、契約の目的、取引上の慣習及び誠実信用原則を総合的に理解して、当該条項の真の意味を確定させるべきである。これにより得られる解釈結果は、「提携協議書」中の「毎月2,000人民元を引き出し入れる」との約定は予算準備金と理解すべきであり、実際に発生した交際費用が2,000元の金額内であれば立替費用の清算をすることができ、双方が2005年5月1日の提携から2007年5月31日の清算完了まで、李某某はこの期間に某某会社に対して当該交際費の支払いを要求したことを証明する証拠はないので、毎月2,000元の交際費も李某某と某某会社間の提携の慣習ではないと言える。こうした解釈により、「引き出し入れる」は「立替費用の清算をする【報銷】」と同じとされ、李某某の権利は限定された。しかし、2,000元は交際費であって報酬ではない以上、実際に交際し支払って初めて立替清算をするべきであり、さもなければ報酬となってしまうのであるから、公平の目的は達成したのである。

（2）当事者の義務を制限する。この例は二つある。一つは、長沙市中級人民法院が審理した「湖南長沙某某乳業有限会社と某某国際貿易（北京）有限会社との売買契約紛争上訴事件」〔(2011) 長中民二終字第2949号〕である。裁判所曰く、契約法の規定に基づいて当事者が約定の違約金が高過ぎ、適度に減らすことを主張したところ、裁判所は、実際の損失を基礎とすべきで、契約の履行状況、当事者の過失の程度、及び予見された利益等の要素を総合考慮し、公平原則及び誠信原則に基づいて考量して判決を下すべきである、とした。当事者が約定した違約金が損害の30％を超えるときは、一般

的に、「発生した損害よりも高過ぎる」と認定することができ、本件において、某某会社が違約金を主張するとき、某某会社の違約により生じた損害の状況を提出しないならば、公平原則により適度に違約金を減らすべきである、と。いま一つは、上海市松江区人民法院が審理した「周某某らと陳某との建物売買契約紛争事件」〔(2010)松民一（民）初字第5182号〕である。裁判所曰く、本院は公平及び誠信原則に基づいて、原告の過失の程度、契約の予見された利益等の要素を総合的に考慮して、契約解除に対する賠償金の計算は、法律によって比例的に調整し、総額の10％により計算する、と。被告が主張していた5万元の損害賠償請求訴訟に至っては、裁判所の計算により、原告が支払わなければならない賠償金は、すでに当該損害を補うに足りており、被告が更に主張する当該部分の損害については、当院は支持しない、とした。

（3）当事者の義務を広げる。この例も二つある。一つは、広東省広州市中級人民法院が審理した「許某某と広州市某某酒類経営部運送契約紛争上訴事件」〔(2010)穂中法民二終字第2310号〕である。裁判所曰く、契約法の関係規定に基づき、契約の当事者は契約の履行に付随する義務についても契約締結上の過失責任を負い、更に、あらゆる面で履行する義務を負わなければならないのが原則である。《契約法》第60条〔第1項〕が定める「あらゆる面で【全面】義務を履行する」における「あらゆる面で」という語は誠信を含んでおり、契約の性質、目的、取引上の慣習に基づき、通知や協力等をする義務を含む〔同条第2項参照〕。本件において、運送人が履行しなければならなかった義務は、通知だけでなく協力でもあった。運送人は、失った貨物について未だに相手方への通知もしておらず、警察への通報もしていないから、最も基本的な契約法の原則に違反していたのである。いま一つは、上海市第一中級人民法院が審理した「上海某某会社売買契約紛争事件」〔(2010)滬一中民四

（商）終字第2379号〕である。そこにおいては、原審裁判所の考えでは、ケーブル会社と某某会社との間の売買契約は法により成立している。しかしながら、某某会社の解するところでは、双方が争っている売買関係は成立しているとしても、訴訟時効〔中国において、日本の消滅時効に相当する制度のこと〕を過ぎている。これに対して、争われている契約は代金を支払う時期について約定をしていないと考えられるから、実質的公平及び誠信原則に基づき、ケーブル会社が某某会社に対し商品を交付した後、代金支払いの時期について約定されていない状況下では、ケーブル会社は某某会社に対していつでも履行を請求することができ、目下のところケーブル会社は某某会社の支払いを求めて訴えを提起しているのだから、しかも訴訟時効は過ぎていないのだから、某某会社は代金を支払うべきである、と解さないわけにはいかない。この判決の中で、裁判所は、支払時期の約定がない以上、訴訟時効の起算点はなく、ケーブル会社はこのことから、いつでも某某会社の履行を求めることができ、これが誠信原則に合致すると考えたのである。意義深いことは、裁判所は実質的公平原則と誠信原則を並列にしていることであり、このことから、心の中で考えている誠信原則は実質的公平を追求することだと考えることができる。

（三）法律の欠缺を補充するための適用

この面での裁判例としては、上海市黄浦区人民法院が審理した「ハネウェル【霍尼韦尔】国際会社と上海蓋里特【盖里特】タービン増圧機システム有限会社等の商標専用権侵害、不当競争紛争事件」〔（2009）黄民三（知）初字第73号〕である。原告のハネウェル国際会社は、被告の蓋里特タービン増圧機及び関連製品の経営業務と、同業競争の関係にあった。原告が使っていた二つの商標は、いずれも被告の蓋里特社よりも先に、企業名称について使用していた。そして、「蓋里特〔ガリト〕」と原告の「Garrett【盖瑞特】」の

商標は、類似しており、民衆の混乱・誤認を惹き起こしかねない。裁判所の考えるところでは、被告の蓋里特社は、原告の商標の良好な評判に取り入って、関係する民衆に二つの経営主体間に特定の関係があるとの連想を起こさせ、商品の出所を誤認させる故意があり、その行為は誠信、公平競争原則に違反し、原告に対する不当競争を構成する。この判決は誠信原則を用いて、我が国の法律が他人の商標を流用して自分の企業名称とする現象に対して規定を欠くとの漏れを補充したのである。実際には、《商標法》（第52条第1項第1号）と《不当競争防止法》（第5条第1項第1号）が他人の商標を盗用して自分の製品の商標とすることについて規定するが、しかし、他人の商標を流用して自分の企業名称とする場合については規定しておらず、誠信原則を用いて、この欠缺を補充することは、実にこの原則を正しく用いたことになるのである。

（四）一般条項へ逃げるための適用

裁判例一：張掖市甘州区人民法院が審理した「張某一と張某二の民間貸借紛争事件」〔（2011）甘民初字第3467号〕。裁判所曰く、当院の解するところによれば……被告の張某二は原告の張某一から3万元を現金で借り、そして原告に対し借用証書を提供し、双方が真の意思表示をして、民間貸借の法律関係が成立した。原告、被告の双方が借入期限を約定し、被告は期限が到来した時、返済を拒否した。この行為は、公民の、民事活動において誠信を遵守しなければならないという原則に違反しており、債務を全額返済するという民事上の責任を負うべきである。本件において、張某二は借金を返済しなかったので、裁判所は、張某二は《契約法》第206条に違反したと言えば足りたのに、誠信原則違反を言ったのである。このようなやり方は手間を省いており、裁判官が法条についてあまり通じていなくても誠信原則に依拠して判決を下すことができ、およそ裁判官が不当と考える当事者の行為を誠信原則違反と認定して処理すること

が可能となる。

　裁判例二：淅川県人民法院が審理した「阮某某と楊某某の売買契約紛争事件」〔(2011)淅民商初字第47号〕。裁判所曰く、当院の解するところによれば、被告は原告が経営するガソリンスタンドで給油し、双方が事実上の売買契約関係を形成した。原告は被告にガソリンを提供したところ、被告は直ちにガソリン代を支払うべきはずが、借用証書を差し出し、原告が同意したので、双方が金銭の貸借について合意に達した。被告は、原告が被告に対し権利を主張した時、借金を返済することになっていたが、被告は、原告が被告に対し権利を主張した時に直ちに支払うことができず、原告は訴訟を提起した。被告は出廷して応訴することもせず、返済もしなかった。被告の行為は、我が国の民事活動において遵守しなければならない誠信原則に違反し、本件の全責任を負わなければならない。本件において、原告と被告の間の関係は売買から貸借関係に変わったのであり、裁判所は《契約法》第206条を引用して処理すれば足り、そもそも誠信原則を持ち出す必要はない。

　裁判例三：上海市黄浦区人民法院が審理した「胥某某と季某の売買契約紛争事件」〔(2011)黄民一（民）初字第2106号〕。裁判所曰く、当院の解するところによれば、民事活動は誠信原則を遵守しなければならないところ、被告の季某は、原告から品物を購入した後、直ちに代金支払い義務を履行しなければならない……。本件において、被告は物品を購入したのに代金を払っておらず、《契約法》第159条に違反している。裁判所はその条文を引用して処理すれば足り、誠信原則を引用する必要はない。

二　主観的誠信の裁判例とその分析
（一）適用される事案の類型
1. 善意取得制度型

250

これは、善意の概念を最も多く使っている類型である。一般的には、共有者の一人が家屋を売却し、他の共有者が売買の無効を主張したとき、裁判所が取引の安全を保護するために、善意の買受人の買受行為を有効にするのである。

　裁判例一：重慶市忠県人民法院が審理した「王某と何某某らの契約無効確認紛争事件」〔（2011）忠法民初字第01709号〕。この事件において、訴訟で争われている家屋は原告である王某の所有であるところ、被告の何某某が家屋所有者の同意を得ないでほしいままに被告の毛某某と家屋売買合意書に署名した。王某がその事実に気付いた後、売主である何某某と買受人の毛某某を相手取って訴訟を提起し、売買契約の無効確認を求めた。ところが、被告の毛某某は、何某某が当該家屋を販売するときに原告の母の手許から土地使用権証を持って来たことは、明らかに原告の許可をもらっている、と主張した。しかし、裁判所は、この主張には証明する証拠がないと解した。すなわち、被告の何某某が該家屋を売却したこと、そして被告の何某某が原告の母の手中から土地使用権証を取得してきたことを知るに至ったとしても、それは、原告が被告の何某某に該家屋を売却する権限を与えたということにならない。それ故、被告の何某某が、被告の毛某某との該家屋売買合意書に署名した後に、該家屋の処分権を取得していないのであるから、何某某の真の意図は、その財産を無権処分することによって利益を得ることである。と同時に、農村宅地【宅基地】使用権取得資格の法律制限についての規定により、村外の村民は当該村の宅地使用権を取得することができず、被告の毛某某は抜山鎮抜山村集体経済組織の構成員ではないので、該宅地を享有する権利を有さない。被告の何某某による該家屋の売却と被告の毛某某の行為により、被告の毛某某が宅地を享有するという事態を惹き起こし、宅地の享有主体が特定化されているということに違反した。故に、二人の被告が2009年に署名した「家

屋売買合意書」は無効であり、毛某某による該家屋の買受について、善意取得は成立しない。

裁判例二：湖南省长沙市中級人民法院が審理した「李某と黄某らの贈与契約紛争上訴事件」〔（2010）长中民二終字第2704号〕。この事案では、李某と黄某は夫婦であり、両者は1994年10月4日、一ヶ所にある不動産を取得したが、黄某が李某の同意を得ずに該不動産を父方のいとこである黄甲に贈与した。黄某には、本件不動産の贈与は李某の同意を得ていることを証明する証拠がなく、そして黄甲にも、黄某の行為は夫婦双方の共同の意思表示であるということを信じる理由が黄甲にあったということを証明する証拠がない。それ故、一審は、黄某の贈与行為は無権処分行為であり、その贈与行為は無効であると認定した。黄某は、李某との離婚訴訟において李某は本件不動産の権利を放棄したが、この訴訟は李某の取り下げにより終結したのである、と弁解した。裁判所は、黄甲は、黄某の父方のいとことして、黄某と李某の夫婦関係が緊張関係にあることを熟知していたのに黄某の贈与を受けたのであり、黄甲が善意であるか疑問を提起することができると解し、黄甲の善意取得は成立しないと判決した。

裁判例三：北京市第二中級人民法院が審理した「劉某某と李某らの抵当権設定契約紛争上訴事件」〔（2011）二中民終字第18710号〕。この事件では、劉某某と李某は夫婦であり、一ヶ所にある家屋を共有していたが、不動産所有権登記証【产权证】上は李某の名前しか書かれていなかった。そして、李某はこの家屋に抵当権を設定し、劉某某は裁判所を通じて該抵当権の合法性について疑問を提起した。裁判所の解するところでは、本件家屋の不動産所有権登記証には該家屋の所有権者は李某であることがはっきりと記載されており、不動産所有権登記証の「共有者」の欄は空欄となっている。家屋所有権登記証の記載内容は対外的な公示の効力を有し、従って、本件家

屋が夫婦の共同財産であるか否かを問わず、これを以て、当該内容を信頼した善意の第三者に対抗することはできない。本件において、中関村担保会社が、抵当権を設定する家屋の不動産所有権登記証に対して審査を行い、合理的な注意義務を尽くしていたのであるから、本件抵当権設定契約は有効である。ここで注意するに値することは、先ず、本判決文中で使用されている「善意」という語は、コロンビア法学界で流行している「過失を免れる誠信」の意味だということであり、次に、本判決は善意取得の対象を抵当権にまで広げたことである。

2. 会社法律制度型

この種の類型で出てくる問題は、会社の内部規定及び会社と他の会社との内部協議は善意の第三者に対抗することができないという問題である。裁判例として、長沙市中級人民法院が審理した「王某某と湖南某建設有限会社の民間貸借紛争上訴事件」〔(2011) 長中民二終字第2180号〕がある。この事件では、某建設会社と柳某某が「内部請負責任書」に署名した。そこでは、「柳某某は、いかなる形式であれ、勝手に某建設会社プロジェクト部の名義で借財の契約書等に署名することはできない。もし結んだ場合、このことから生じる一切の法的責任は柳某某が負担する。」と定められていた。しかし、当該約定は某建設会社と柳某某との間の内部の約定であり、第三者である王某某に対しては拘束力を有しない。裁判所は、某建設会社はこれを以て、善意の第三者である王某某に対抗する理由とはならないと判断した。

3. 代理法律制度型

この種の類型は、無権代理の場合の善意の第三者の保護である。裁判例として、北京市第二中級人民法院が審理した「北京某某人材サービスセンターと北京某某不動産開発有限会社の委任契約紛争上訴事件」〔(2011) 二中民終字第17300号〕がある。この事件では、某某

不動産会社の社長が会社を代表して某某サービスセンターとある契約を締結したが、その者は、偽の会社印章を用いており、しかもその契約は会社の利益になっていなかったので、会社がそれを否認するに至った。しかし、裁判所は、某某サービスセンターは、善意の契約の相手方として、某某不動産会社の公印の真偽について知る術がないから、某某不動産会社の社長の代表行為は表見代理を構成し、契約は法律に従って成立するとした。

4. 商標法律制度型

裁判例として、上海市黄浦区人民法院が審理した「雅培糖尿病護理会社と、上海和亭商貿有限会社、上海和祥医療器械有限会社、上海西河医療器械有限会社の商業専用権帰属紛争事件」〔(2010)黄民三(知)初字第371号〕がある。この事件では、被告の西河会社と香港雅培会社が「小売り【分銷】合意書」を締結した。その中で、「利舒坦」という中国語の商標権の帰属についての明確な取り決めはなかったものの、小売商が小売り区域内で販売する製品上で使用が指定されているか、又はその製品に関連する商標、版権、商品名と製品の名称について、並びに、合意書の終了時に小売商は香港雅培会社及びその関連会社の商標の使用を完全に停止すること、更に、いかなる方式であれ、当該製品と関連するその他の語句、標識、マーク、記号又は名称を使用してはならないこと、当該商標と類似し、そして混同され易いいかなる商標、版権、商品名又は製品名を使用してはならないこと、小売商が香港雅培会社の商標を当該製品と関連するその他の製品に用いることができないこと等が、明確に約定されていた。しかしながら、「小売り合意書」の履行が終わった後に、西河会社は、和祥会社が登録した「利舒坦」という中国語の商標を譲り受けた。裁判所は、この行為は善意によるものではなく、悪意によるものであって、他人の利益を害することを知って、その行為をなしたのであると判断した。

5. 手形法律制度型

　裁判例一：上海市青浦区人民法院が審理した「某会社と上海Ａ自動車部品製造有限会社の手形請求権紛争事件」〔（2011）青民二（商）初字第986号〕。この事件では、原告は、被告との売買関係に基づいて手形を取得したが、被告の銀行口座の残高不足により、不渡りとなった。原告が裁判所に訴えた。裁判所は、原告は商品を提供した後に、争いとなっている手形を取得しており、すでにそれの対価を支払っているので、それ故、この者は善意の手形所持人であり、被告は、発行した手形の金額により、原告に支払うべき責任を負うと判断した。指摘するに値することは、この判決において、「善意」というのは、不知の状態ではなく、対価を支払った行為であるという点である。

　裁判例二：北京市第二中級人民法院が審理した「北京某某投資有限会社と王某某の手形利益返還請求権紛争上訴事件」〔（2011）二中民終字第14725号〕。この事件では、王某某は、支払ったことにより、北京某某投資有限会社から手形を取得したが、規定の期限内に支払いの提示をしなかった。《手形法》の規定により、王某某は、手形の権利の時効が過ぎたので、手形上の権利を失った。その後、王某某は、北京某某投資有限会社に対し手形に記載された金額の支払いを請求したが、拒絶された。裁判所の解するところによれば、王某某は手形に記載された金額について依然として民事的権利を享有し、某某会社に対して、支払われていない手形金額に相当する利益の返還を請求することができる。王某某が所持している手形の合法性に至っては、裁判所は、王某某は裁判所に対して、その取得した手形の出所、事由を説明することができ、本件において存在している証拠は、王某某が非合法的手段で又は悪意により該手形を取得したと疑うことはできないので、このような状況下では王某某は善意で、合法的に手形を取得したと認定すべきである、と判断した。前

の裁判例と同じように、この事例においても、善意は心理状態ではなく、手段の合法性を指している。

(二) 考察対象となった判決書が反映している、裁判所の「善意」という語についての理解

　私が考察した裁判所の判決書において、当事者の陳述が援用されたものがある。その中には、「善意」という語を用いたものがある。私は、「善意」のこのような使用については考察しておらず、ただ、裁判所によるこの語の使用について考察したに過ぎないのである。というのは、前者のような使用は非法的性質を有している可能性があるからで、後者のような使用ならば、訓練を受けた裁判官の手によるものであり、それは法的性質を有しているはずだからである。

　1. 確信説

　裁判例一：遼寧省瀋陽市中級人民法院が審理した「瀋陽某某畜業発展有限会社等と董某の株主権譲渡紛争上訴事件」〔(2011) 瀋中民四終字第13号〕。この事件では、黄某某は、瀋陽某某畜業発展有限会社の当時の法定代表者であり、かつ唯一の株主であって、董某と株主権譲渡についての契約を締結した。その後、瀋陽某某畜業発展有限会社が黄某某の行為を認めなかったため、董某は裁判所に訴訟を提起した。裁判所は、董某は、黄某某が行なった民事法律行為は会社を代表して行なったものであることについて信じる理由があり、また、黄某某も董某が善意ではないことを構成するに足る証拠を裁判所に提出していないと判断し、それ故に、某某会社は95万元を返還する責任があるという董某の請求を支持した。本判決書において、裁判所は、全く逆の二つの面から董某の善意を説明している。すなわち、一方で、董某は「信じる理由がある」と説明し、他方で、黄某某は董某が善意でないことの証明する証拠を提出していないと説明しているのである。

　裁判例二：江蘇省徐州市中級人民法院が審理した「江蘇某某建設

集団有限会社と顔某某らの売買契約紛争上訴事件」〔(2011) 徐商終字第0174号〕。この事件において、裁判所は、顔廷勇は善意の相手方として、荷受人【收货人】は某某会社を代理する権限を有していることを信じる理由があり、某某会社は陳某の表見代理行為に対して責任を負わなければならない、すなわち、顔某某に対し145,200元の商品代金を支払う責任を負わねばならない、とした。某某会社は責任を負った後、法により行為者に対して償還請求できる。本判決書においても、裁判所は、善意を「信じる理由がある」と理解している。意味深いことは、「善意」を「確信」と理解した二つの裁判所の判決は、どちらも代理関係を処理するものであったことである。

2. 信頼説

これについての裁判例として、重庆市石柱土家族自治県人民法院が審理した「馬某一と馬某二らの家屋売買契約紛争事件」〔(2011) 石法民初字第1391号〕がある。私は、「信頼」は「確信」の別の言い方であると考えている。重庆市石柱土家族自治県人民法院の上述の判決書は、こうした意味で「善意」という語を用いており、単独で一つの類型として分析したいと考える。その判決書において、裁判所は、先に理論について説明する。曰く、表見代理とは、善意の相手方が、代理された本人の行為により、無権代理人は代理権を有すると信じるに足るものであったために、その信頼に基づいて、善意の相手方は無権代理人と取引を行なっているのであって、このことにより生じた法的結果は代理された本人によって引き受けられる性質の代理である、と。その後で事案について説明する。すなわち、馬某一家の対外的事務は田某某が責任をもって処理するという慣例に鑑み、客観的に、馬某二は田某某に代理権があると信じるに足る状況にさせた。それ故、田某某が馬某一の名で馬某二と家屋の売買契約を締結したことは、表見代理の法的特徴を備えた。最後に、「善意」の問題を誠信の問題に上昇させる。曰く、社会の誠信を守り、

取引の安全を確保するため、……以下の通り、判決する。……

3. 不知説

これについての裁判例として、怀化市中級人民法院が審理した「遼寧某某鉄合金集団有限会社と呉某兵らの株主権確認紛争上訴事件」〔(2011) 怀中民二終字第140号〕がある。本件において、呉某兵、呉某躍、梁某順は、偽造署名により株券を呉某軍に譲渡することを呉某軍から委託された。三人は、遼寧某某鉄合金集団有限会社が署名は偽造であることを知るか、又は署名の偽造に関わったことを証明する証拠を持っていなかった。遼寧某某鉄合金集団有限会社は、辰渓県某某バナジウム業有限責任会社に対して実際に投資を行い、出資検証報告書、会社定款修正案、「株主決議」、「株主譲渡協議」及び「株主総会決議」に基づき、法に従って株主権変更の商業登記手続きを行い、会社の株主権を取得した。裁判所は、これは善意取得であると認定した。この判決書の「善意」が事情を知らないことを指しているのは明らかである。

4. 客観的行為説

この説の立場の判決書は、善意を一種の心理状態とは考えず、客観的な行為と理解している。

裁判例一：上海市青浦区人民法院が審理した「常州市某粉末機械有限会社と上海某自動車部品製造有限会社の有価証券請求紛争事件」〔(2011) 青民二 (商) 初字第882号〕。この事件において、裁判所は、次のように述べた。すなわち、小切手とは、振出人が振出し、当座預金業務を委託された銀行又はその他の金融機関が、当該小切手が呈示されたときに確定金額を受取人又は所持人に一覧払いをする有価証券である。原告は、有価証券を取得して相当する対価も支払ったため、善意の所持人である。現在、被告が振り出した小切手は、当座預金残高不足のため、引受がなされていないので、被告は、振り出した小切手の金額につき、原告に対して支払う責任を負わなけ

ればならない。この判決書において、「善意」の意味は正当に取得して対価を支払ったことであることは明らかである。

裁判例二：河南省南陽市中級人民法院が審理した「南陽市宛城区棗林事務所社区居民委員会某某一組と趙申華らの賃貸借契約紛争上訴事件」〔（2011）南民二終字第341号〕。この事件において、裁判所は次のように述べた。すなわち、「控訴人も、賃借人である趙某某が契約締結の時に、悪意の虚偽表示、詐欺等の事実があったことの証明ができない。それ故に、趙某某は善意の契約相手である。」と。この判決書において、「善意」が悪意の虚偽表示や詐欺行為の欠如であることは明らかである。

5.「善意」という語の専門用語ではない使い方

中国語の中で、「善意」という言葉は、それ自体、法律用語ではない使い方がある。例えば、「釈出善意〔実際の行為で行為者の友好感情を証明する〕」という使い方であり、このような用法は、裁判所の判決書の中にもある。

裁判例一：北京市第二中級人民法院が審理した「某某（北京）酒業有限会社と孫某某の売買契約紛争上訴事件」〔（2011）二中民終字第16947号〕。この事件において、某某会社は、いつも李某某と鄭某某が代表して、小売りの手はずについて孫某某と連絡をとっていた。李某某が退職した後、某某会社は、会社が李某某の退職という状況を孫某某に伝えたことを証明することができていない。裁判所は、孫某某は、李某某が署名した職務行為の効力を善意で信頼することができた、と解した。これにより、某某会社は李某某、鄭某某が署名して確認した行為に対して相応の責任を負わねばならない。当該判決書における「善意」が「信頼する理由がある」という意味であることは、明らかである。

裁判例二：新疆維吾尓自治区烏魯木斉市中級人民法院が審理した「裴某某と彭某某らの家屋売買契約紛争上訴事件」〔（2010）烏中民四

終字第740号]。この事件において、裴某某は家屋を彭某某らに売却したが、不動産所有権登記証には裴某某の名前しかなかった。代金支払い及び家屋引渡しの手続きが終了した後に、裴某某の妻である徐某某は、彭某某と裴某某が締結した家屋売買契約が無効であることの確認を求めて、訴えを提起した。裁判所の解するところによれば、彭某某が裴某某と家屋売買契約を締結した時、購入する家屋に裴某某以外に所有者がいるか否かを知ることができず、裴某某もまた、彭某某が契約締結の時に、自分が処分するのは共有財産であるということを知っていたと証明する証拠を有していないから、彭某某には真に善意で家屋を購入する意図があった。明らかにこれは、善意取得の事件であり、「善意」という語を、彭某某らの取得行為を描写するのに用いている。しかし、取引の双方の意図を描写するのに用いられており、「善意」という語の通常の使用からはずれていると言わざるを得ない。ここでの「善意」は、「人の心を害さない」という意味である。

(三) 裁判所による、主観的誠信の者に対する褒賞

主観的誠信の者は、法律による褒賞を手に入れる。《物権法》第243条は、これについて次のように規定する。「不動産又は動産が占有者によって占有されているとき、権利者は原物及びその果実の返還を請求することができる。但し、善意の占有者が当該不動産又は動産の保存のために支出した必要費を償還しなければならない。」従って、裁判所はこうするしかなく、この規定を実行するしかない。

当然のことながら、裁判所がよく使う褒賞は、対抗できないということであり、すべての善意取得の事件において、この褒賞が交付されている。善意の買主が目的物にその他の共有者がいることを知らず、かつ目的物の権利状況について必要な注意を尽くして調査をしたが故に、法律は、その取引がその他の自称権利者によって破壊されない地位を与えたのである。そして、このような者の利益の保

護は、譲渡人との訴訟によって解決する。

三　客観的誠信の裁判例とその分析
（一）客観的誠信を、前言が変動しないことと理解する例

裁判例一：衡陽市中級人民法院が審理した「広州鉄路（集団）会社と劉元清らの生命権紛争上訴事件」〔（2011）衡中法民一終字第142号〕。この事件において、裁判所は、控訴人と被控訴人が事故処理について合意に達した以上は、誠実信用原則に基づき、被控訴人は前言を翻すことはできない、とした。

裁判例二：上海市第一中級人民法院が審理した「張某と某某会社の仲介契約紛争上訴事件」〔（2010）沪一中民二（民）終字第4284号〕。この事件において、張某は、仲介契約に基づき、某某会社の業務を行なっていた。双方が署名した「コミッション【佣金】確認書」の中で約定しているコミッション徴収基準は、上海市物価局の「沪价商（2003）036号」の規定と一致していなかったため、某某会社は、これを理由に、料金の支払いを拒絶した。そこで、張某は裁判所に訴えを提起した。裁判所の解するところによれば、民事活動は、自発、公平、等価有償、誠信の原則に従わなければならず〔民法通則第4条参照〕、適法に成立した契約は当事者双方にとって法律と同様の拘束力を有している。上海市物価局の「沪价商（2003）036号」の規定は部門の規則に属し、法規が定めている強制条項ではなく、某某会社は約定通り履行しなければならない。仮に張某の徴収基準が関連する規則に違反していたとしても、それは、関連する行政主管部門が審査して、処罰すべきものである。

裁判例三：长寿区人民法院が審理した「王某と余某の民間貸借紛争事件」〔（2011）长法民初字第03445号〕。その中で裁判所曰く、原告の王某は、約定通り被告の余某に貸付金を渡したが、被告の余某は、約定通りに借入金の元本と利息を返済せず、誠信原則に違反したが

故に、被告は返済義務と債務不履行責任を負わなければならない、と。

(二) 客観的誠信を、不履行の欠如と理解する例

これについての裁判例として、上海市第二中級人民法院が審理した「徐甲、銭某某の建物売買契約紛争事件」〔(2011)沪二中民二(民)終字第1973号〕がある。その中で裁判所曰く、当院の解するところによれば、当事者の権利の行使、義務の履行は、誠信原則に従わなければならない。1999年、徐甲が勤務先に住宅分配【福利分房】の申請をしたとき、当時の政策に基づき、徐甲はその当時の住居の状況に関する資料を提供する必要があったため、徐甲と銭某某は、1999年に、係争家屋が所有者が李某某である所有権家屋に変更されていることを知った。その後、十余年もの間、徐甲と銭某某は、このことについて異議を申し立てることはしなかった。今になって、徐甲、銭某某が係争家屋の売買契約の無効確認を求めるのは、事実の根拠が不足しており、当院はその控訴理由を受け入れることはできない。

(三) 客観的誠信を、詐欺の欠如と理解する例

裁判例一:淅川県人民法院が審理した「張某某と劉某某の売買契約紛争事件」〔(2011)淅民商初字第59号〕。その中で裁判所曰く、当院の解するところによれば、被告の劉某某は詐欺的手段を講じて、売買を行なった車両の真の廃棄日時を隠していたので、原告の張某某は、真の意思に反する状況下で契約を締結するに至った。このことは、民事活動において守るべき誠信原則に違反している。

裁判例二:上海市第二中級人民法院が審理した「上海某某照明音響器材有限会社の売買契約紛争事件」〔(2011)沪二中民一(民)終字第175号〕。その中で裁判所曰く、我が国の関係法規により、製品又はその包装上の標識は真実でなければならず、標識上、中国語で明記された製品の名称、生産工場名及び工場所在地が記載されていな

ければならない。しかしながら、現場検証により以下の事実が認定された。すなわち、某某会社が提供したFUNCTION-ONEというブランドの関連製品は上述の規定に合致しておらず、さらにその会社は立証期限までに上述の製品の合法的な仕入れ先について証明することができなかった。原審は、以上をまとめて、某某会社の販売行為は誠信原則に違反し、詐欺を構成すると判断した。

（四）客観的誠信を、口実を設けての債務不履行の欠如と理解する例

これに関する裁判例として、广东省广州市中級人民法院が審理した「黄某某らと広州市某某賃貸サービス有限会社の賃貸借契約紛争上訴事件」［（2010）穂中法民五終字第3499号］がある。この事件において、某某会社は、費用を納める通知の中で、黄某某、陳某の一日の賃貸料を多く計算した。しかし、余分に計算された賃貸料の金額は少なく、しかも黄某某も陳某も創高会社に3,120元の借金、720元の総合サービス料を負っていた。ところが、黄某某、陳某は、賃貸料が余分に計算されたため、賃貸料の支払いを拒否した。裁判所は、黄某某、陳某が返済していない借金額は、某某会社が余分に計算した賃貸料の金額よりもはるかに大きいので、前者の抗弁は明らかに公平を失い、誠信原則にも違反するため、原告の請求を支持しないとした。

（五）客観的誠信を、受託者が義務の履行を回避することと理解する例

これについての裁判例として、北京市第二中級人民法院が審理した「呉某某と北京某某不動産経営有限会社の仲介サービス契約紛争上訴事件」［（2011）二中民終字第17301号］がある。その中で裁判所曰く、呉某某は、経営会社が提供した本件不動産に対する見学サービスを受け、顧客確認書に署名した。呉某某は顧客確認書の中で承諾した義務を履行すべきで、すなわち、経営会社を越えて家屋所有者

とこっそり取引すべきでない。しかも誠実信用原則により、この義務は、呉某某は自己あるいは関係者名義で家屋所有者とこっそり取引してはならないという意味も含むと解釈されるべきである。

（六）客観的誠信を、告知義務を負うことと理解する例

裁判例一：張掖市甘州区人民法院が審理した「殷某某と某保険株式有限会社張掖支店との保険契約紛争事件」〔（2011）甘民初字第2284号〕。その中で裁判所曰く、保険契約の最大誠信原則に基づき、保険契約者の体の具合に関する情況を保険者に事実の通りに告知すべきである。しかし、保険契約の特殊性のため、契約を締結する時、保険者は保険契約者より、専門的知識と情報について優位にある。また、保険契約は典型的な追随性と格式性の特徴があるため、ある問題について、もし保険者が明確に説明しなければ、一般的な被保険者は理解できない。それ故、告知義務の履行方式について、我が国の《保険法》は、質問応答の方式を採用し、すなわち、保険契約者が告知する問題は、保険者に質問された範囲に限られている。保険者が保険契約者に質問しなかった場合、保険契約者に対して告知義務の違反を理由にして責任を負うと要求することは、民法の公平原則に違反する。判決書において、意義深いことは、一方で、誠信原則に基づき、保険契約者に告知義務の履行を要求し、他方で、公平原則に基づき、この告知義務の履行方式を制限したことである。実際には、書式のある契約に対してその作成者に不利な解釈がなされた。

裁判例二：上海市第二中級人民法院が審理した「某某会社の建物売買契約紛争事件」〔（2011）沪二中民二（民）終字第2066号〕。その中で裁判所曰く、某某会社が明確に祝某某に告知しなかったため、誠信原則に違反した、と。

(七) 客観的誠信を、書式契約の作成者が契約を解釈する義務を負うことと理解する例

これについての裁判例として、張掖市甘州区人民法院が審理した「王某某と某人寿保険株式有限会社張掖中心支店との人身保険契約紛争事件」[(2011) 甘民初字第658号] がある。その中で裁判所曰く、被告は、保険業に従事しているため、保険業務をよく知り、保険契約の条項にも精通している。かつ提供した契約は書式契約で、保険契約者及び被保険者とする原告は一般的に専門知識について限度があり、保険業務と保険契約の条項はよく分からないため、法律は、保険者に、保険契約を締結する時、最大誠信原則に従い、保険契約の条項を説明し、保険契約者に契約の内容を正しく理解させることを求めている。

(八) 客観的誠信を、合理的期間内に義務を履行することと理解する例

これについての裁判例として、山東省青島市中級人民法院が審理した「中国某某財産保険株式有限会社平度支店と徐某某らの保険契約紛争上訴事件」[(2011) 青民四商終字第79号] がある。その中で裁判所曰く、保険契約は最大誠信契約であり、保険法が査定期限について明確かつ具体的な規定を有していないことは、保険者への保険金給付を遅らせる正当な理由にならない。これにより、上訴人は2年を超える期間、支払いを拒否する決定をなしたことは、明らかに「直ちに査定しない」に該当し、法律に基づいて保険金を支払うだけでなく、保険者又は受益者がこれにより受けた損害を賠償すべきである。

四　小括

(一) 主観的誠信実務研究のまとめ

北京法宝で収集した2011年の「善意」に言及している実例から

見れば、主観的誠信は、我が国では善意取得制度、会社法、代理法、商標法、手形法等の領域で使われている。これらはすべて財産法であり、主観的誠信に関連し、ある程度でそれらはすべて取引の安全の問題に関連していて、それ故に、主観的誠信は我が国の司法の実践の中でほとんどが財産法だけに適用されていると言って、いかなる問題も存在しないと言える。「ほとんどが【基本上】」と言うのは、主観的誠信はやはり、いやいやながらも家族法、夫婦の代理の場合に入ってくるからである。そのため、主観的誠信は、我が国の司法の実践の中では、ほとんどが取引の安全を保護することに奉仕していると言うことも、何の問題もない。

　裁判所の、「善意」という語の理解から考えると、確信説、信頼説、不知説、客観的行為説の4説があるが、ただ錯誤説だけはない。これは我が国の主観的誠信制度が主に取引安全を保護しているという現状と関係があり、それには弱者を保護するという目的はない。確信、信頼、不知を基礎とする主観的誠信は統一されやすく、錯誤を基礎とする主観的誠信は個別化を求める。従って、我が国の司法の実践の中の主観的誠信制度は評価される主体の個別性を体現していないと言って何の問題もない。

　裁判所の、「善意」という語の使用から見れば、外来因子と本土因子が織りなす状況が存在する。法律用語としての「善意」は一つの外来語であり、このような意味でのこの語は、私が考察した判決書の中で最も多く使われていた。しかし、我が国の固有の文化の中には、「他人が善行をするのを助ける【与人為善】」という意味での「善意」もあり、私の考察した判決書の中でも多く使われていた。

　最も興味深いことは、我が国の司法の実践の中で、元々は心理状態である「善意」を客観的行為とする趨勢があり、これは主観的誠信が客観化する趨勢の表現かもしれない。なぜなら、心理状態は観察されにくく、この心理状態によって惹き起こされた行為によって

逆から推論するしかないからである。こうして、主観的誠信の本性はますます証拠規則の要求に屈することになる。

当然のことながら、主観的誠信制度が適用された五つの領域において、この種の誠信の客観性の重要さは異なる。考察した事例から見て、手形法の領域で使われた主観的誠信の概念は最も客観性があり、関係する事例は評価される当事者の心理を全く考慮することなく、ただその行為だけを観察していた。善意取得制度がこれに次ぎ、裁判所はこの制度を用いるとき、一方では譲受人の心理状態を観察し、また一方ではその者が権利の源を調査したかどうかを観察している。

(二) 客観的誠信実務研究のまとめ

上述の研究から見れば、我が国の裁判所は消極・積極の2種類の意味で客観的誠信の概念を用いており、前者は誠信をある種の悪行の欠如と理解して、消極的誠信と言え、他人を害するなかれの戒律を体現している。後者は誠信をある良い行為を具えていなければならないものと理解し、積極的誠信と言え、汝の隣人を愛せの戒律を体現している。2種類の使用はそれぞれ半分を占め、従って、サマーズの誠信原則は排除器であるとの説は正しいとは言えない。これは、悪行でないことが良行であるという周延性の二分は存在しないということを意味する。換言すれば、悪行でないことがすべての場合に行為者の良行を証明しておらず、ある場合には、一定の、他を益する行為（私はここで「利他行為」という語を使わない。）があって初めて良行となることができる。誠信原則に含まれるすべての劣行と良行を列挙することは不可能である。なぜなら、これは開放的、発展的体系だからである。こうした開放性、発展性がまさに、誠信原則の力のありかなのである。

上述の客観的誠信の事例は財産関係に関連するだけであり、そのため、我が国の客観的誠信の財産性は誰の目から見ても明らかであ

る。2011年の範囲内ではあるが、我が国の人身関係法は未だ誠信原則が適用された事例はなく、これは不合理である。実際上、誠信原則を民法全体の基本原則であると言っておきながら、それを財産法の基本原則に縮限しているのである。

　国外における客観的誠信の適用の経験において、客観的誠信には、矯正性適用と補充性適用という二つの類型がある。前者は、裁判官が誠信原則を用いて悪法を矯正することを指し、後者は、裁判官が誠信原則を用いて法律の欠缺を補充することを指す。上述の我が国の客観的誠信原則を適用している裁判例から見れば、これらの裁判例は、誠信原則の当事者の行為準則機能に偏重している点を除けば、誠信原則の欠缺補充機能を適度に用いている。こうした裁判例として二つ挙げることができよう。すなわち、上海市浦東区人民法院が審理した某某と某某会社の建物賃貸借契約紛争事件〔(2011)浦民一（民）初字第30735号〕〔246頁以下参照〕と上海市黄浦区人民法院が審理した「ハネウェル国際会社と上海蓋里特タービン増圧機システム有限会社等の商標専用権侵害、不当競争紛争事件」〔248頁以下参照〕がそれである。しかしながら、誠信原則が持つ、裁判官に悪法を矯正することを授権するという機能には注意が払われていない。そのため、矯正性の裁判例は一つもなかった。この点が、我が国の裁判所が今後、改めねばならない点である。

　周知のように、ドイツの裁判官は、誠信原則を利用して事情変更制度を打ち立てた。しかしながら、上述のように、我が国において客観的誠信を用いている裁判例には、なにがしかの制度を創設した痕跡がない。これまた、我が国の裁判官が今後、努力を要する点である。

　我が国の裁判所は公示的に、そして一般条項への逃避のために誠信原則を用いている場合が少なくない。それは、実質的意義が何もないことであり、このようなことをする裁判官には誠信原則が何の

ためのものなのかについての正確な理解が欠けているということを表明しているに等しい。これも、我が国の裁判官が、今後、避けなければならない点である。

第七章　民法基本原則が法律の限界性を克服する機能の研究（上）

第1節　法律の限界性

一　法律の技術性という特徴

　それの基本的作用について言えば、成文法は人間の本性という弱点を防止する道具であるに過ぎず、その技術性という特徴は、それに基づいて設計されているということである。成文法は、法律を守る者【守法者】を規制するだけでなく、同時に立法者自身と司法者を規制する一体的尺度である。成文法という条件の下、法律は、法律執行者【執法者】と法律を守る者に共に知らされるものであり、法律を守る者は、法律執行の客体であると同時に、法律執行者を監督する主体である。それ故、成文法の形式は、立法者と司法者が人民の監督の下で立法と司法を行い、立法のきまぐれと司法の専横を防ぎ、癲癇を起こす可能性のある暴れ馬におもがいをかぶせたものなのである。従って、実際の意義について論じれば、成文法は先ず、立法者と司法者を規制するために設計されたものである。彼らは権力を握る社会階層であり、権力を濫用する条件は十分にあるので、私情にとらわれて不正をはたらく。そのため、成文法は先ず、権力行使者に対する不信任を物質化した形式であり、それは、権力掌握

者の様々な私欲、社会関係の利益、機嫌の変動等の不規則な要因を、超えてはならない範囲に制限するのである。成文法が出現して以降の立法思想は、全体的であれ部分的であれ、この根本的な前提の上に基礎を築かないものはない。19世紀の思想家が提起した法治国家というスローガンは、すべてがこの前提を基礎とするものである。ロックの以下の言葉は、上述の論断の証左となり得る。すなわち、「政府が有しているすべての権力は、社会の幸福をはかるものであるに過ぎない以上、それ故にこそ、政府は専横であったり思い通りに行なったりしてはならないので、すでに定められており、かつ公布された法律に基づいて行使しなければならない。このようにして、人民は自分達の責任を知ることができ、しかも法律の限度で安全・確実なのであって、統治者達もまた彼らにとって相応しい範囲内に制限されるのである。」[1]上述の背景を理解しなかったら、成文法の技術性という特徴を理解できないのである。

　マルクスは、「法律は肯定的（sicher）で、明確で、普遍的な規範である。この規範の中の自由という存在は、普遍的で、理論的で、個々人の勝手気ままに関わらないという性質を有している。法典はまさしく、人民の自由のバイブルである。」と指摘している[2]。ここで、19世紀の法学者としてのマルクスは、我々のために、法律が持つ技術上の特徴と法律の、自由に対する意義を指摘してくれているのである。マルクスが言うところの法律の肯定性（Sicherheit）は、確定性と訳されている。ドイツ語のsicherには、確定的な、肯定的な、といった意味の項目があるが、肯定性と訳すことは理解しがたい。なぜならば、多くの法律は、否定の方式で規定しているからである。この他にも、現代の学者は一般的に明確性を確定性の当然の内容としている[3]。それ故に、マルクスの上述の論述を現代の言葉に改めて述べると、次のようになる。すなわち、法律はすわなち普遍性、確定性を有する行為規範である。これが、法律の技術性

という特徴についての科学的描写である[4]。

いわゆる普遍性とは、立法が持つ、具体人の具体的行為を対象としない属性であり、言い換えれば、普遍性は、立法者が制定する規則は原則としてすべての人のすべての行為に適用されなければならないことを要求する。これは先ず、複雑に込み入った社会関係の中から高度に抽象し、個別の社会関係の特殊性を捨て去り、そして同類の社会関係の一般的共通性を表現することを法律に要請する。言い換えれば、法律は一般的に社会関係に対して類を作る調整又は規範的調整を行うだけであり、個別の調整を行うわけではない。普遍性が成立する哲学的根拠は、以下の点にある。すなわち、どのような事物においても、具体の中に一般が存在し、異相の中に共通相が存在する。事物の一般性と共通相は、普遍性が存在する基礎である。その次に、法律が想定している適用対象は特定の個人や関連事件ではなく、一般的な人や事件であることを要請する。ルソーが考える法律の二つの特徴のうちの一は、まさに対象の普遍性であり、「すなわち法律は共同体の臣民と抽象的行為のことを考えるだけであり、個々人や個別の行為のことは絶対に考えない」[5]。実際に、国家は、ひとりひとりのために立法をすることはできない。さもなければ、法律は具体的命令に変わってしまうであろう。具体的命令の適用対象は特定の個人であるのに対し、法律の適用対象は不特定の一般人である。具体的命令は一回適用されるだけであるが、法律は何回も適用され得る[6]。普遍性は法律の本質的要件であるか、又は法治国家に欠くべからざる要件である。法律の普遍性が、最低限の自由、平等、安全を保障しているのであり、併せて公正な競争と法律の予見可能性を可能としているのである。適用される規範の客体に特有の特徴を取り除いて普遍化を実現した後になってようやく、公民に対して平等に全体の法律を適用できるし、競争の中で平等規則の制約を受けることでやっと競争の安全を保障できるので[7]、

立法者及び司法者が任意に、ある一社会階層又はある一個人に対し偏って恩恵を与えたり、又は苛酷に扱ったりするのを防止することで、法律上の平等を実現し、公民規則の中の自由を保障するのである。「社会の統治者らは、普遍的に適用される法律を用いるという制約が課されて統治を行うので、個々の公民を選び出して特別な処置を講ずることはできない。法律は統治者と被統治者の間の障壁であり、個々人が政治権力を有している者の敵対的蔑視を受けないことを保障している」。「法治は、一つの理想として、公民の中で差別的待遇を与える範囲を制限する普遍的規則を用いて国家の管理を実現することを要請し、あるいは普遍的規則を用いて特別な秩序を制限し、しかもその正当性を実証することを要請する」。これらは普遍性の積極的意義であり、マルクスが言うところの、「個々人の勝手気ままに関わらない」とか、規範の中の普遍的な自由という存在とかの意味は、まさにここにある。

　法律の確定性は、法律が一定の行為と一定の結果の間の安定した因果関係を規定して、人間の一定の行為モデルを固定化、法律化したということを意味している。法律はそのお蔭で予見可能性を持ち、人々は行為をする前に自己の行為に対する法律の態度を予測することができ、それによって法律に基づいて、利に向かい害を避けるように自己の行為を設計することができる。法律がもし確定性を失ったら、人々は自己の行為の法的結果を予測することができなくなり、やりようがなくなって困るのである【无所适从】。確定性を実現するために、法律は社会生活の各方面の行為規則をできる限り含むものでなければならない。それにより、人々はすべてのことについて一定程度、守り従うのである。「法治を一つの憲法原則として承認するとき、公民に対してどのようなやり方をとるかを要求する前に、事前にこのことからどのような法的結果を生じさせることになるかを知ることができなければならない。」[8] 同時に、法律の規

定は明確でなければならず、不明確な規定をできる限り排除しなければならない。これは、法律の予見可能性はその明確性を前提としているからである。さもなければ、法律は、規定はあれど、曖昧でどちらにもとれるということになり、人々は、法律の意図を確定的に把握することができないが故に、やりようがなくなって困る状態に陥って、安全を手に入れることはできないであろう。確定性は更に、法律は朝令暮改であってはならない一つの規則体系であることを意味している。ひとたび、法律が権利義務関係の構想を設定したならば、それに対して絶えず修正したり、変革したりすることをできる限り避けなければならない。さもなければ、法律の権威性は失われ、人々は、法律が絶えず変化するが故に、これに対して疑いの目で見るようになって、法律は信用を喪失するであろう。アリストテレスが指摘するところによれば、「安易に法律を変え、別に新法を制定するというやり方は、実は法律の根本的性質を弱めるやり方である」、「一般的に言えば、安易に法律を変えるという習慣こそ悪業であり、それ故、改革の益するところが大きくないときは、法律の適用者であれ統治者であれ、我々はやはり、こうした欠点を我慢することを以て妙とする」[9]。なぜなら、「もし安易にあれやこれやの法制に対して何度もあれやこれやの改廃を行うならば、民衆の法遵守の習性は必然的に削減され、そして法律の威信もまた、それにつれて弱められる」からである[10]。これはすなわち法律の安定性に関する、誠にもっともな名言である。

　技術上の観点から見れば、普遍性と確定性は、法律を、区別することなく、すべての人のすべての行為の安定的な規矩準縄にするものであり、一種の無私無欲の客観的尺度にし、それによって人々に効率、安全等の価値を獲得させるものである。こうした特徴の設計は、人間性の欠点に対する深い懸念から来ている。法律は普遍性により、ある人・ある事のために適用されることはなく、司法過程は

疑いなく単純化されるが故に効率という価値を手に入れ、加えて、私情に囚われて法律を濫用したり、あの手この手を使って悪事を働いたりする【上下其手】可能性を取り除いたのである。法律はそれぞれの行為類型を設計し、そのうえ、それぞれの行為の結果を予告している。このような行為の結果の予見可能性のお蔭で、人々は法律に由来する突然起きる打撃について心配する必要がなく安全を手に入れることができるし、法律執行者は一時の気まぐれで危害をもたらす術がないのである。しかしながら、事物の性質は常にこのようなものであり、どのような価値の獲得も同時に何らかの価値の喪失を意味し、法律はまさに、こうした価値を獲得するために代価を支払ったのであり、その限界性はまさしく上述の価値から生まれるのである。

二 法律の限界性

いわゆる法律の限界性【法律的局限性】とは、法律は、人間味という弱点【人性弱点】を防止する道具であるという特質に基づいて、その積極的価値を取得すると同時に不可避的に支払わなければならない代価のことを指す。つまり、法律は、その技術上の特徴の故に完全にその目的を実現することができない状況のことである。法律は、以下のような限界性を持っている。

1. 不合目的性

法律の普遍性という特徴の故に、法律は、その適用対象の一般性には注意を払うが、その特殊性は軽視する。しかしながら、一般的な状況に適用されることが正義をもたらす法律が、個別の状況に適用されるという結果は、すなわち、不公正なものである可能性がある。一種の社会関係を任意に考察することで、次から次へと現れる【層出不窮】個別状況を発見することができる。いかなる事物関係においても、一般性、共通の姿【共相】が存在するという面を除

いて、個別性と異相【殊相】は、相変わらず現実の存在である。事物の一般性、共通の姿、そして法律の普遍性は、容易に溶け合い、結び付きが強い【水乳交融】ものである。他方で、事物の個別性、異相はと言えば、普遍性の妥協不可能な対立物である。前者のような状況においては、法律の適用は、すべてその目的の通りであり、正義を実現する道具である。後者のような状況においては、法律の適用は、その目的との離反が発生し、正義の敵となる。それ故、法律はしばしば、一般的正義を獲得すると同時に個別的正義を失う。エピクロスは、次のような点を見ていた。すなわち、「少しばかり具体的に法律を適用するとき、法律は、ある人にとって不利で、正しくないものであるが、別の人にとっては有利で、正しいものであるのであって、法律は同じでも条件により悪法に変わることがある。」[11]法律の目的としての正義は、一種の、理想の社会秩序状態を指し、その中のうち、財産並びにその他の利益及び負担は公平な割り当てを獲得することができる。それ故、正義はまさに、参与者が各その所を得る【各得其所】分配方式であって、立法と司法は、正当に利益又は不利益を分配する過程である。正義を実現することができない法律は、すなわち悪法なのであり、もし法律が一般的正義は保証することができ、個別の正義は保証することができないならば、それは少なくとも不完全なものである。法律が持つ、時に応じて適用することができないという性格は、有名なプロクルステスの寝台に非常に似ている[12]。いかなる事実も、この寝台と一致していなければならず、長すぎる者は切って短くされ、短すぎる者は引っ張って長く伸ばされる。事実と法律が一致しない場合、法律は悪徳旅店の強盗に変わる。これは、普遍性の消極的な面である。プラトンは、『政治家』の中で、法律の普遍性と具体的事物の個別性との矛盾について、鋭い指摘をしている。すなわち、「法律は、あらゆる人を束縛すると同時に各人にとっても真に最も有利な命令を出す

ことは絶対にできない。法律は、いかなるときも、完全に正確に社会の各構成員に対して善徳とは何か、正しいこととは何かの規定を作ることはできない。人間の個性の差異、人々の行為の多様性、あらゆる人間の事務の止むことのない変化は、どのような手法であれ、いかなるときであれ、あらゆる問題に絶対的に適用可能な規則を制定することを不可能にする。」[13]「法律は永遠に一つに定まることを求める」ので、「まるでかたくなで無知の暴君のように、どのような違反もあることは許さず、その意味は、あるいはそれに対して問いただすことは難しく、たとえ情勢が多少、変化したとしても、最初に命令したものよりも良い方法を他の人が採用することを許さない。」[14]上述の普遍的規則は、個別の状況のときに、自身の目的に違反して非正義をもたらすかもしれない状況に適用される。これを法律の不合目的性と称することができる。

2. 不周延性

　法律の確定性の第一の要求は、法律は可能な限り多くの規則を提供すべきである、言い換えれば、法律はその規律している社会生活に対して最大の包含面を有しているべきである、ということである。法治国家においては、国家活動はいずれも、法律によって規定され、そして法律秩序の制約を受ける。それと同時に、団体であるかあるいは個人の法的地位であるかに関わりなく（特に、生命、自由、財産）、成文法が保障をしている[15]。人民の生命、財産は、「凝固した知恵」（法律を指す。アリストテレスの言葉）に依託されているのであり、たとえ最も賢明な統治者であるとしても、そのような統治者に依託されているのではない。これは、人々の一切の行為が法に従うことができるということを要求しており、法律の範囲内で自由を獲得するのである。この非常に大きな任務は、立法者にとっては、苦難に満ち溢れたものである。立法者は、一切の起こり得る状況を予見することができ、そしてこのことを根拠に人々のために行為の計

画を設定するスーパーマンではない。立法者が全力を尽くしたとしても、やはり法律の中には、欠缺や死角が夜空の星のように散らばって残るであろう。こうした意味で、いかなる法律も、穴だらけ傷だらけ【千疮百孔】なのである。立法というものは、真理を探求する一つの認識活動であり、人の認識能力の非至上的性質を有する制約を必ず受ける。人間の思惟はその本性、能力及び可能性に基づいて、無限に発展する客観世界を認識することができ、それ故、ある程度の至上性を有しているのだとしても、しかし、どの個人も、またそれ故にどの世代の者も、客観的事物及びその本質がさらけ出す程度、社会の歴史（生産状況、科学技術の状況）の実行レベル、主観的条件（個人的経験、受けた教育の程度、立場や見解、及び思考方法）並びに生命の有限性等の各面の条件の制約を受けるので、その思惟は非至上的なのである。ある時期のある人にとっては、絶対的真理に到達することができず、真理の認識は永遠に一つの過程である[16]。それ故、「絶対多数の立法の歴史は、立法機関は裁判官が遭遇する可能性のある問題を予見することはできないということを明らかにしている。」[17]それ故に、アリストテレスに次のような言葉がある。すなわち、「完全に成文の法律に基づいて統治されている政体が最も優れた政体であるというわけではない。法律はいくつかの通則を定めることができるだけであるので、余すところなく完備することはできず、一切の細則を規定することはできず、すべての問題を含めていたら、一都市国家の事務は非常に複雑にして常に目まぐるしく変化し、絶対に法律は即座にこうした需要に適応することはできない。」[18]このような、立法者の認識能力の非至上性がもたらす法律は、すべての社会関係の状況を包含することはできない。これを法律の不周延【周延】性と称することができる。

3. 曖昧性

法律の確定性の第二の要求は、法律は可能な限り明確であるべき

である、ということである。そうであることで当事者が正確に立法の意図を把握し、それによって正確に法律を根拠に自己の行為を計画することになる。ベッカリーアは明晰に指摘している。すなわち、「もし法律を解釈することがある種の弊害であると言うとすれば、人々にこのような解釈を行うよう促す法律の不明瞭さもまたある種の弊害であることは明らかである。なぜなら、前者は後者の結果だからである。もし法律が人民の分からない言葉で書かれていたら、こうした弊害はますます大きくなるであろう。なぜなら、人民が自分たちの自己の行為の結果について分からなければ、法律を解釈する少数の者に頼って法律を解釈しなければならないからである。このように、本来は、公共のそして一般の法律であるのに、私有のそして特殊の法律に変わってしまう。」ベッカリーアは一歩進めて、法律の曖昧性が惹き起こす可能性のある弊害についても分析している。法律の不明瞭さの故に、必然的に、法律の精神に基づいて事件について判決してしまうということが起きる。「法律の精神は、裁判官の論理性の強弱にかかっており、裁判官の消化の善し悪しにかかっており、裁判官の精力が満ち溢れているか否かにかかっており、裁判官の弱点にかかっており、裁判官の被害者との関係にかかっており、人々の変化しやすい頭脳の中におけるそれぞれの事物のイメージを変えることができる、極めて小さな原因にかかっている。まさにこうした理由により、事件が異なる裁判所の処理を経たとき、公民の命運は異なるのであり、不幸な人は裁判官の誤った論断、あるいは一時の不機嫌の犠牲者となる。なぜなら、裁判官が、彼の頭脳の中の曖昧な概念から出した当てにならない結論を、公正な解釈と思ってしまうからである。まさにこうした理由により、同一の裁判所が、同一の犯罪行為について、異なる時期に、異なる刑罰を言い渡す可能性がある。なぜなら、それは、確実不変の法律の語句を根拠とするものではなく、むしろ人を惑わす、目まぐるしく

変化する解釈を行うことを許しているからである。」[19]ベッカリーアによる、法律の曖昧性の有害な一面についての分析は、確かにもっともであるが、しかし、立法が明確性を実現することには多くの困難が存在する。

　（1）法律を伝達する媒体としての言葉それ自体に限界性が存在する。言葉は、無限の客体世界における有限の符号の世界である。「世界における事物は、それらを描写するのに用いる語句よりもはるかに多い」[20]。語句の有限性の故に、しばしば、多くの客体が一つの語句から外面に現れたもの【表徴】にならざるを得ず、このことにより、言葉は非常に大きな別義性【歧義性】を備えることとなり、「字の意味は言葉の使用過程の中で表される」[21]という局面を惹き起こす。人々の認識構造、個人の経験と利益が異なるために、往々にして、目的があろうとなかろうと、同一の語句について異なる理解を持つ。このことは、言葉の別義性を増幅させる。客体間の際限なく豊富なわずかな相違について、言葉は、精確なやり方でそれらをひとつひとつ表現する力を持たない。ロック曰く、「我々がこのように形成された抽象観念を言葉を用いて固定するとき、我々は、誤る危険を有している。言葉は事物の正確な絵であると見なしてはならず、それらは何らかの観念の任意に規定された符号に過ぎず、歴史的偶然性により選択された符号であるに過ぎないから、いつでも変化する可能性を有している。」[22]郑玉波もまたこの点について考えるに至っており、次のように指摘している。すなわち、「文字は意味を表現する手段であるものの、所詮は一種の符号であり、その意義は、社会における客観的観念がこれを定めなければならない。従って、法条において明らかな文字が、はたして立法者の主観的意図を表しているか否かは、当然に、立法者が左右できるものではない。してみると、立法者がたとえ万能であるとしても、その意図は文字に頼ってこれを表す必要があるが故に、またその形勢が

余すところなく現れることは困難であるので、成文法が欠缺なきことあり得ず、しかして万能ならざること明らかなりや。」[23)]この他にも、ただ心で会得するのみで言葉では表し難い多くの綿密な客体運動過程について、言葉は沈黙を保つ他ない。多くの場合、立法者は、諸々の曖昧な言葉という手段を頼みに、ただ心で会得するのみの立法者意図を表すしかない。それ故、言葉それ自体について言えば、それは、法律を制定する、他に選択のない不完全な一つの道具に過ぎない。法律は、適用過程において解釈を行うことを必要とし、そうすることによってそれを一段とはっきりさせる。すべては言葉のこうした特性によるものである。

（2）客体の運動の連続性とそれらの間の類属形態の不鮮明性は、立法者が、精確な語句でそれらの截然とした形態と類属の境界を定めることを困難にし、多くの曖昧な言葉に求めざるを得ない。曖昧な客体に対し、曖昧な言葉の形式で、これを把握せざるを得ないのである。立法の中に曖昧な言葉が現れるときは、一般的に言って、法律の明確性を損なっている。

（3）立法技術の誤りの故に、立法者の用語とその本意が合わず、立法の意図と法律の文言が表していることの離反を招くことがある。このことから法律の曖昧さが生じ、甚だしきは錯誤となる。上述の要因が、法律が当事者の行為の明確な指針とはなり難いという状況を惹き起こす。これを法律の曖昧性と称することができる。

4. 取り残され性

法律の確定性の第三の要求は、法律は相対的安定を保持すべきである、ということである。安定性は、法律の権威を守るという必要を除いて、その他の要素の影響を受ける。法律を改正することは、手続き性の極めて強い立法活動である。その過程は長くしかも複雑であり、敏感な立法者はいるにしても、敏捷な立法者はいない。法律は、既存の利益関係を肯定する道具であるに過ぎない。「社会に

第七章　民法基本原則が法律の限界性を克服する機能の研究（上）

おいて支配的地位を占めているあの一部の人の利益は、いつも、現状を法律が神聖化するものと見なしている。しかも、慣習と伝統による現状の各種制約を法律を用いて固定する」[24]。それ故に、一方で、既存の利益関係を肯定する道具としての法律を改正するたびに、決まって既得利益者の強硬な反対に遭う。こうした要素は、法律の安定性が保守性に転化する可能性を含んでいる。また一方で、法律が規律している社会生活は、変動して定まらないものである。メイン曰く、「社会の必要と社会の意見は、いつも、多かれ少なかれ、法律の前を行っている。我々はそれらの間にある裂け目の接合場所に非常に接近することはできるが、永遠に存在する趨勢は、この裂け目を再び開くことである。法律は安定しているものであるが、我々が語る社会は前進するものである。人民の幸福が大きかろうと小さかろうと、完全に、裂け目が小さくなる速度にかかっている。」[25] それ故、社会が建設されたばかりの時期においてのみ、法律は完全に論理に合致することができる[26]。このような、法律とその社会生活条件が、程度はともかくずれる現象は、法律の取り残され性【滞后性】と称することができる。

　上述のような、法律の不合目的性、不周延性、曖昧性、取り残され性という限界性は、法律が持つ、言葉を以て伝達媒体とする行為規範であるということに内在する特徴に源を発する。法律は機能の系統として、その効用の正常な発揮は、内外両面の要素の影響を受ける。他国から移植された法典は、継受国の文化環境と合わないが故にその効用が減少する可能性がある。制定後に誰一人知らない法律は、空文となる可能性がある。これらは法律の効力の発揮を制約する外的要素であり、法律内部から来る、その効用の正常な発揮を妨げる要素だけを、私達は法律の限界性と称する。

三　法律の価値選択の二律背反

　以上のことから見れば、法的価値選択は極めて苦難に満ちたものである。効率と安全を損なわないように配慮すれば、個別の公正と周延性がこれがために犠牲になることが免れない。もし個別の公正を法の最も重要な価値として選択すれば、法は普遍的規範という意義を失い、具体的命令になり下がり、効率の問題が顕在化するであろう。もし周延性の問題を優先的に考慮するならば、人類の認識能力に対して、現実にそぐわない要求を出しているに等しく、しかもとてつもなく大きい法典は、ますます大きくなるという慣性を備え、かつますます改めにくくなる。法律が取り残されるという性質はまた、一つの突出した矛盾となろう。法律の限界性の問題は、法律が全身でいくつかの職で兼職し、これらの職責が相互に衝突している状況で起きている[27]。

　（1）その発生と重要な作用について論じれば、法律は、人間らしさの欠点を防備するという職責を有しており、それ故、法律は先ず、安全を提供しなければならず、法律を運用する中で可能な限り人的要素を排除しなければならない。

　（2）法律は社会分配の職責を有している。法治国家においては、利益であれ不利益であれ、その分配は法律を根拠として行われる。法律はもともと、人間味という弱点の発生原因を防止するために普遍的に設計されているので、毎回の分配が公平であることを保証することはできない。しかしながら、人道主義は、少数の人が犠牲品となることを許さない。毎回の分配の公平性を追求することに対して、法律は、その活動の中で、危険な人的要素を引き入れないわけにはいかない。なぜなら、法律が為すことができないことを人だけが為すことができるのであって、事物の間の各種の僅かで精妙な違いを推し量り、併せて適切な判断を下すことができるからである。

　（3）法律は社会の変化に適応する職責を有している。これは、

ちょうど、法律は相対的に停滞するという特性と矛盾している。この職責はまた、危険な人的要素を法律の運用過程の中へ引き入れることを要求する。法律は自ら調節して、前進する社会生活との整合を実現することはできないので、法律の人を作って初めて、新しい社会の要求を法律の中へ補充していくことができる。それ故、法律は、人間味という弱点を防備する道具としての特性に基づいて、人を警戒しなければならない。同時にまた、人を頼みとしないわけにはいかない。一方で、安全を追求しなければならず、また他方で、安全を一部分、犠牲にして、弾力性を手に入れないわけにはいかない。これこそが、法律の限界性と法律の価値選択の二律背反の背景である。法律の限界性の問題を解決するかぎは、人をどのように防止するか、そしてどの程度で人を引き入れるかにある。そうすることによって、法律の安全、正義、弾力性といった諸価値の調和をとることになる。成文法が登場して以降というもの、法律の限界性の克服という問題は、法哲学の、ゴルトバッハ予測[1]〔のような難問〕となり、古往今来の無数の法学者を引きつけ、それぞれが自己の知恵を傾注して、解決方法を探求してきたのである。

　本質から見れば、法律の限界性をいかにして克服するのかの問題は、実際には、一個の、法律をどのように認識すべきかという問題である。法律は、いくつかの規則が堆積したものに過ぎないのか。それとも、司法活動を法律それ自体の内容と見るべきなのか。換言すれば、完全な法制を実現しようと欲すれば、厳密厳格な規則に頼るしかないのか。それとも、理性の判断力を備えた司法者の活動に頼るべきなのか。それ故、歴史上、法律の限界性をいかにして克服するかの問題について行われた様々な検討は、例外なく、法（厳格規則）と人（自由裁量）という二つの要素の関係の問題をめぐって繰り広げられてきた。歴史上、提出された様々な解決構想は、概ね、2種類ある。すなわち、第一は、この2種類の要素についてそれぞ

れを極端に強調することであり、絶対的自由裁量主義と絶対的厳格規則主義と称することができる。第二は、この二つの要素を結合する方に行くことであり、民法基本原則の解決構想はこちらに属する。

第2節　絶対的自由裁量主義

一　成文法出現前の状況

　絶対的自由裁量主義とは、法のない司法であり、すなわち人治である。西洋であれ東洋であれ、社会発展の比較的早い段階では、いずれも、絶対的自由裁量主義が実施されていた。ギリシャでは、紀元前8世紀に、成文法の段階に入り、リュクルゴス、ミリクス、カエンダスが、次々と立法者として現れた。その中では、紀元前621年のドラコンの立法が、比較的、典型的なものである。ドラコンの立法前は、アテナイに成文法は存在せず、人々相互間の関係の調整及び事件の審理の唯一の根拠——それは慣習法であった。慣習法は、秘密のものであり、かつ非公開のものであった。氏族及び貴族は、常に権威に基づき、意のままに慣習法を解釈し、利用し、貴族を庇護して平民を迫害していたため、平民達は、貴族の独断専行に立ち向かうために、次々に成文法の制定を要求した。貴族が譲歩させられて、執政官であるドラコンの立法改革と成文法の制定が訪れた[28]。古代ローマの成文法の公開経過もギルシャのそれと同様であった。古代ローマにおいて、成文法が制定される前は、慣習法が行われていた。慣習法は不文法であり、観念性を持つものであったため、内容が不確定的で、伸縮自在なものであった。このような特徴は、司法制度が立ち後れている時代に、往々にして、法の適用が不精確という事態を招いた[29]。そして、慣習法は、僧侶と貴族に独占され、法学の伝授も密かに行われていた。平民は、上級官吏が自分達が独占して握っていた慣習法を利用して立法や司法権を濫用

第七章　民法基本原則が法律の限界性を克服する機能の研究（上）

していることに、大いに不満を持っており、文字を用いて慣習法を記載し、そうすることにより自己の合法的権益を保護することを要求した。紀元前303年、フラウェイウスは、民事訴訟手続きと法律の開廷、閉廷期日について説明する一篇の論文を発表した[30]。これは、貴族による法律の独占に対する最初の挑戦であった。紀元前462年、護民官ガイウス・ハルサは、「いっときの苦労をしておけば後は楽になる【一労永逸】ということで、このような、なんの拘束もなく、ほしいままにでたらめな行動をすることを強く禁ずるために」、成文法を制定して執政官の権力を制限することを要求した。すなわち、「執政官が自己の勝手気ままを法律とすることを固く禁ずる」。これが貴族達の恐慌を惹き起こし、平民と貴族の間の数回に及ぶ流血の衝突を招いた。何年かの闘争を経て、貴族に譲歩を余儀なくさせ、《十二表法》が制定された[31]。通説によると、中国の成文法の公布は、鄭の国の子産が作った刑書が始まりであり[32][2]、同じように、激しい階級闘争が伴っていた。成文法公布前は、統治者は「皆、事ニ臨ミテ刑ヲ制シ、法ヲ設クルニ預カラズ」。このような局面は、奴隷主である貴族に対して、言を以て法に代えることができ、やりたい放題に罪と非罪を逆にすることを、おおっぴらに唆（そそのか）すものであった。紀元前536年、鄭の国の執政（宰相）であった子産が刑書を作り、「刑書ヲ鼎ニ鋳テ」、「以テ国ノ常法トス」。この行為は、新興の地主階級が自己が取得した経済的、政治的権益を守るという願望に一致する。しかし、奴隷主である貴族がみだりに刑罰を科する司法上の特権に対して攻撃すれば、彼らの激しい非難と抵抗に遭う。激しい闘争を経て、成文法の公布というやり方は、ようやく強固なものとなった。「事ニ臨ミテ刑ヲ制ス」が「法ニヨリテ事ヲ断ズ」に取って代わったのである[33]。以上のことから分かるように、成文法の公布を標識とする、絶対的自由裁量主義の終焉は、いずれも階級闘争の結果である。上述の国家においては、成文

法公布前は、統治者はみな、秘密にして公にしない非成文法の独占を盾に彼らの司法上の特権を守ってきた。それにより、彼らの政治的・経済的特権を守り、法律を「勇猛、測リ知レズ」、「民ヲシテ常ニ畏レヲ抱カシム」ものにさせてきた。法律の内容が何であるか、このような内容の法律がどのようにして実施されたのかについては、統治者の気ままさに任されていた。こうした、無法の限りの「法律」は、疑いなく、支配階級に対して、正常な社会生活が必要とする最小限の安心感を保つことを失わしめた。こうして、安心感を手に入れるために成文法の公布を目指す闘いが勃発し、そして勝利を収めたのであった。これは権力階層の、世界的範囲での、一つの大敗北であり、彼らがかつて有していた気ままな行為の報いとして、彼らは、このときから、永遠に、疑われる立場に打ち込まれた。分権学説の萌芽は、実際に、ここで誕生した。これもまた、被統治階層の、世界的範囲での、一つの巨大な勝利であり、このときから、人民は、法律の中に求める安全を理の当然のことと見なし、人間社会は、このときから、非常に大きな前進をし始めた。しかし、こうした勝利の論理的結末は、権力行使者の手足をできる限り縛ってしまうという立法思想を惹起せしめた。その消極的な影響を、私達は以後の歴史の章節の中に見ることができる。成文法を公布する意義は、被治者の不逞及び統治者のわがままを拘束する属性を法律に与え、ある程度の法治になることである。しかし、成文法が公布されたことで、法律の限界性という問題の序幕が開かれた。成文法は人間味というの弱点を防止する手段として現れたので、法律が執行される場合に、人という要素だけがあり、規則という要素がないとき、法律の限界性という問題は存在しようがないのである。

二　古代の絶対的自由裁量主義

連邦党の人は、もし人間が天使ならば、法律は必要ないと言う[34]。

第七章　民法基本原則が法律の限界性を克服する機能の研究（上）

法律は人間味という悪を防止する手段であるため、同時代のルソーは、「法律は少なければ重宝がられ、多すぎれば政治の腐敗の証明である。」と述べた[35]。故に、成文法の公布は、実に統治者の信頼を失う結果である。仮に統治者が信頼できる賢人であれば、公正で自分の階級の利益に目もくれず、適切にすべての社会関係を処理でき、人治——絶対的自由裁量——を採用するのは最善の選択である（もし人間が信頼できるという命題が成り立つのであれば）。少なくとも、人治にとっては法律の限界性は存在しない。プラトンは、そのような考え方で法律の限界性を見ていた。プラトンの早期の思想においては、人治を断固として主張し、哲学者に国王をやらせることを提示した。プラトンから見ると、人治は最善のものである（first best）。プラトンの考えでは法律は原則的に抽象的で、極めて簡単な観念から構成され、簡単な原則はどうしても複雑な状況を解決できず、立法者は「様々な状況に対して法律を制定し、かつその法律をすべての人にとって適切なものにするということはできない」[36]。そのため、「最も良い方法は、法律に最高権威を与えることではなく、統治の芸術を精通して才能のある人に最高権威を与えることである」[37]。プラトンは続けて言う、「法律は、剛性があり、政治家が統治を行う手足を束縛する。逆に、政治家は、その知識によって統治を行い、臨時応変に必要な措置を講ずることができるため、その統治は、変化した状況に適応し、特別な必要を満足させることができる。」[38]プラトンは、比喩を通じて法治の急所に命中させた——すなわち惰性である。プラトン曰く、「仮に、ある医者が外国に行く予定で、長い間その患者に会うことができないため、患者が利用している処方をその学生又は患者にあげた。しかし、その医者は予定日の前に帰国し、気候の変化によって他の治療法を採用すれば更に効果的であったとする。法治の一般的状況によれば、その医者の新たな治療法が処方に記入されていないがため採用できない

ということになり、これは明らかに不合理である。安定性は法律の基本的な特徴であるが、他の角度から見れば、突発的状況への対応を拒否する惰性である」[39]。我が国の古代思想家である張耒もまた、プラトンと同じ結論を得ている。すなわち、「天下の案件は尽きないが、刑法で統治するには限界がある。天下の官吏に限られた法律を使わせて無限の案件を治めさせるのは、自分の意見を出す余裕がない。法の知だけで天下を統治するのは実情から離れる。従って、先王が統治するとき、権利を人に属させ、法には任せず、法が人から出るもので人が法から出るようにはしなかった。」[40] プラトン、張耒の極端な自由裁量主義の主張は、法律の限界性を克服する可能性に対する悲観的な認識によるものである。二人は、法律に対する基本的な信念を失って、法治を否定する道を歩んできた。二人は、自由裁量が代表する個別の公正、速さ、融通と厳格規則が代表する安全、一般正義の価値を比較して、前者を選んだ。言うまでもなく、二人の選択は誤っていた。なぜなら、二人の立論の前提——人は信頼できるという命題は不確実だからである。プラトンは、晩年になって性悪論と法治に転じざるを得なかった。人治は、統治者が賢人であることを前提とする。「もしある人が理性と神の恩恵によって自分の行為を指導するなら、法律で自分の行為を支配する必要はない」、「しかし、今そういう人は見つけられず、存在していても非常に少ない」。「人間の本性は、永遠に貪婪及び利己に傾いており、苦難を逃避し、快楽を求め、いかなる理性もない。人々は、これらのことを優先して考え、それから公正と善徳を考える」ので、そのため、「第二の最善の選択をしなければならず、これこそが法律と秩序である」[41]。明らかに、プラトンは、人治を偏愛しており、法治を第二の良い選択（second best）として評価していた。人治は最も優れた方策である。法治は、次位であるが現実的な方策である。

三　近現代における絶対的自由裁量主義

　近現代の西欧世界において、絶対的自由主義が復活する傾向があった。法律の限界性の認識に基づき、エーリッヒ、カントロヴィッチ、パウンド、フランク、ルウェリンらは、絶対的自由主義を主張し、「裁判官は法を司る術はなく、裁判官は立法するのである」というスローガンさえ提示する。そして、絶対的厳格規則主義が裁判官を論理の機械とし、法律を欠陥のないものとする法実証主義の方法を批判して、法律は社会生活の発展に追いつけず、制定されると同時に時代後れのものと化すと悲観的に考えていた。サヴィニーは、法律と社会生活の接続が断たれた時間の計算単位を時間まで計算し、「法律は制定及び公布されたときから、次第に時代との関連を失っていく」と指摘した[42]。法律は永遠に社会生活のあらゆる面を総括することはできず、開始のときから片面的である。そのため、「人々は、法律に失望しただけではなく、法律は管理において不要とすることを望んでいた」[43]。「司法を新たな道徳観念及び変化し社会の政治条件に適応させるため、時には、程度はともかく法律のない司法を採用する必要がある」[44]。このような場合に、立法はせいぜい「付属の役割」があるだけである。パウンドが法律を判決するときの参考とすると言えば、フランクは更に極端である。法律は永遠に不確定的であり、その理由は、法律は人間関係の最も複雑な面に対処しており、法律の前では、混乱して変化が測れない人生となるからと、考えていた。比較的、静態的な社会においても、人々は、すべての起こり得る訴訟を予測でき、かつそれを解決でき、あらゆる事項が含まれ、永遠に変わらない規則を作ることはできない。現代において、こうした凍結した法律制度は言うまでもない。人間関係が毎日変わっていくとき、永遠に変わらない法律関係は存在し得ず、流動的で、弾性のある、又は限度が確定された法律制度であって初めて、そのような人間関係に適応できる。さもなけ

れば、社会は拘束されてしまうだろう。フランクは、確定性を求める法律観を嘲嗤い、流行っていた法律の確定性に対する要求に満足できない理由は、その要求が実際の可能性及び必要を超えるものを追求し、明らかに実際の必要によることではなく、その根源は、決して現実にではなく、ある真実ではないものに対する渇望にあり、神話の中にだけ存在しているものに対する追求にあったからである[45]。従って、フランクは、裁判官の判決だけが法律を確定することができ、判決だけが本当の法律であると考えていた。ルウェリンは更に一歩進めて、裁判官の行為こそが法の中心であると考えていた[46]。こうした考え方は、西洋の司法に大きな影響をもたらした。ルネ・ダヴィドは次のように述べている。すなわち、「国家の法規は増えすぎるので、執行するのは極めて難しく、無効にさえなった。今日、これらの法規を超越し、多くの領域で我々は古の明智を復活し、『人治』が法治より優れていることを認めた。後者は、我々の行為に模範を提供できるが、すべての場合に明確な解決方法を与えてくれるわけではないので、総括的な言葉で、公平が再び流行した。こうした総括的な言葉によって契約を締結する人に、誠信的な行為をするようにと、個人に過ちを犯してはいけないと戒め、政府部門には権力の濫用をしてはならないと要求した。法律は常に裁判官に、受理した事件を最も公平な方法で処理する権限を与える。」[47] 上述の作者は、法律の限界性について、透徹した正しい分析を行なったが、提示した解決方法は極めて危険であった。絶対的自由裁量を実行するが故に、裁判官に絶対的な権力を与え、疑いなく司法独断のドアを開けた。絶対的な権力は、絶対的な腐敗を惹き起こす。しかも、もし判決が完全に裁判官の個性次第となれば、裁判官の個性が千差万別である状況下では、統一的な法治は実現し難い。

第3節　絶対的厳格規則主義

一　絶対的厳格規則主義の立法における実践

　絶対的厳格規則主義は、司法過程の中から裁判官の自由裁量要素を完全に排除しようとする立法方式である。19世紀のヨーロッパ大陸は、ほとんど、絶対的厳格規則主義の時代にあった。この時期、ヨーロッパ大陸法系各国は、相次いで法典を制定し、歴史家が言うところの法典編纂運動を作り上げた。著名な法典として、《プロイセン一般ラント法》（1794年、1万9千余条）、《ロシア法律集成》（1832年、4万2千余条）、《フランス民法典》（1804年、2,281条）、《ドイツ民法典》（1897年、2,385条）がある。上述の法典の膨大な数の条文は、我々を驚愕させる。先ず、現代の西欧法学者が、それらの中の一つ又は全体に対して行なっている評論を見よう。すなわち、「《プロイセン一般ラント法》――これは、およそ出現する可能性のあるあらゆる問題に答えようとしており、しかもこうすることにより、法律を解釈するという方法で裁判官が立法を行うすべての可能性を否定している」[48]。「各種の特殊にして僅かな実情に対して、各種の具体的、実際的解決方法を列記しようと試みており、その最終目的は、裁判官のために、すべてが揃った一つの事件処理根拠を有効に提供しようとするものである。そうすることで、裁判官は、いかなる事件を審理するときでも思うが儘に【得心応手】法律や経典を引用する[3]ことができるようにしているのであり、同時にまた、裁判官が法律に対していかなる解釈もすることを禁止している」[49]。「ローマ－ゲルマン法系各国の法は、構造が緻密な一つの総体であり、閉じられた体系であって、いかなる種類の問題であっても、少なくとも理論上は、現にある法律規範の解釈を通じて解決に至ることができ、しかも解決すべきである」[50]。これら

の論述は、19世紀大陸法系諸法典が堅持していた厳格規則主義の立場を明るみに出している。権力量の保存の法則【守恒定律】によれば、法律の規定の詳しさの程度と裁判官の自由裁量権は反比例する。法律に置かれている規定が多くなって、詳細になればなるほど、法律が裁判官に残す自由裁量権は小さくなる。これに反し、法律の規定が簡略であればあるほど、法律が裁判官に残す自由裁量権は大きくなる。それ故、上述の著者らが19世紀ヨーロッパ大陸の諸法典に対して行なった評論をたとえ見なかったとしても、これらの法典が持つ膨大な条文の数を見るだけで、我々は、立法者は裁判官の自由裁量権を制限するという主張を採用したと解することができる。パウンドが指摘するところによれば、「19世紀の法学者は、かつて、司法の中から人的要素を排除しようと試みた。彼らは、法律の適用の中でのあらゆる個人的要素を排除しようと努力した。彼らは、厳密な論理に基づいて機械的に作られ、そして実施される閉じられた法規体系を信じていた。彼らが見るところでは、この閉じられた法規体系の起源や適用の中に人による創造性という要素を承認すること、〔更には、〕この閉じられた法規体系を組織的に組み立て、確立する制度の中に人による創造性という要素を承認することは、全く適切なことではなかった」[51]。このような厳格規則主義の立法という条件の下では、「大陸法系の裁判過程において現れてくる画面は、一種の、典型的な機械式活動という操作図であって、裁判官は専門職の書記官に酷似しており、特殊な事件を除いて、裁判官は法廷に出席し、訴訟で争われている各種の事実を解決するために、現存の法律規定の中から一見して分かる法律効果を探し求めるだけである。裁判官の作用もまた、この正しい法律条項を探し、その条項と事実を結び付け、そして法律条項と事実を結び付ける中で自動的に生じる解決方法に対して法的意義を与えるという点にあるに過ぎない」[52]。「裁判官の形象は、まさ

に、立法者が設計して作り上げた機械の操作者であり、裁判官自体の役割もまた機械的性質のものである」[53]。明らかに、19世紀大陸法系の立法者は、詳細で周到な厳格規則を用いて、司法の中から自由裁量的要素を絶対的に排除することを望んでいた。近代的意義での法典法は、先ず自由裁量の可能性を排除する手段として登場したのである。当時、何故このような立法方式を採ったのかを解釈したければ、経済、政治、イデオロギー等の要素によって構成される19世紀法典法の社会的基礎の中から理由を探さなければならない。

二　絶対的厳格規則主義の経済的基礎

19世紀はまさに、資本主義の生産様式が形成され、そして発展した世紀であり、この生産様式が法律に対して自己の要求を出してきた。マックス・ウェーバーの解するところでは、資本主義企業の特徴と先決条件は、企業家による生産手段の占有、市場の自由、合理的な技術、合理的な法律、自由労働、そして経済生活の商業化である[54]。いわゆる合理的法律とは、行為の結果を予測することが可能な法律であり、換言すれば、安心感のある法律である。「法律は常に、厳格な規則と凝り固まって不変の機械プロセスを通じて、経済活動を妨げるのであるけれども、法律は基本的には、経済活動に対して、予見可能な強制的性質あるいは維持的性質という保障的措置を提供した。綿密な形式を以て、合理的な経済予算を保証している」[55]。「資本主義形式の工業組織が合理的に運用されるためには、予測可能な判断と管理に頼らなければならないが、古代ギリシャ都市国家時代、あるいはアジアの宗法制国家及びスチュアート朝の西方諸国においては、この条件は満足されなかった。王室の『虚偽の公正』及びその加恩赦免は、経済生活の予測計算に対して、無限のトラブルを与えていた。」[56] フランスの歴史記載の中に、「王室の財産が売却されて、直ちに回収され、販売不可と思われる状況があら

ゆるところに見られた。契約が破棄され、取得した権利が認められない。危機になる都度、国家の債権者が犠牲となり、国家が民衆に信用されなくなった。」という記載がある[57]。実際、18世紀のフランス市政の一つの顕著な特徴は、市政が遵守している規則が極端に不安定ということであった。法律は朝令暮改で、時には再利用、時には廃止、時には内容追加、時には内容削除、とよく変わっていた[58]。法律のこのような変更は突然、民衆の状況と財産を混乱させ、彼らを頼りにならない地位に置いた[59]。税収については、税額がよく変わり、百姓は来年いくら払うのかが予想不可能であった[60]。そのため、当時のフランス人の政府との関係は偶然性に満ちていた。彼らが自分の資本で政府の公債を買っても、決められた時期に利息をもらうことは望めない。彼らが政府のために軍艦を造り、道路を造り、政府の士兵に服や物を提供しても、立て替えた金銭が償還される保証がはなく、まるで冒険貸借金のようであった。一部財産を国に委託した者は、契約法が破壊されたことに我慢できなくても、破壊者はまさにすべての債務者の中で契約法を最も尊重すべき国家という債務者である[61]。「専制国家において、法律は君主の意志に過ぎない。……これは法律ではなく、公正無私でもないが、賢明で、正確で、公正な法律である。……これは抵抗できない権力であり、無意識的にそして規律なく人々に打撃を与え、これは猛烈な暴風雨であり、出会ったすべてを破壊し壊滅させる。」[62]従って、封建専制国家の法律の最大の特徴は安全性不足であり、この特徴は資本主義経済発展の致命的障碍である。「資本主義はこのような法律的基礎の上では運行できず、必要なのは機械のような頼れる法律である。」[63]そのため、早くもフランス革命前に、民衆は法律の安全性に対して要求を出した。「旧王朝制度下で、民衆が『神により私たちが高等法院の道理をうけるのを免れますように』と叫び、彼らが堅固な基礎の上に作った全王国一致の道理を要求し、法律の

条文を解釈する幅広い自由度を通じて法律の堅苦しさを和らげる必要があるものの、裁判官は依然、法律の奴隷にならなければならない」と[64]。周知のように、法律自体が統治者のわがままを限定するものであり、このわがままが「法外拷問」又は「法外恩恵」のどちらの方式で現れるとしても、法律に安全価値を与える確定性を破壊し、法律の効果と一定行為との因果関係の予見可能性を不可能にして、資本主義企業の運営を阻害する。資本主義経済の基礎には確定性のある法律が必要であるだけでなく、この確定性が与える安全ができるかぎり大きくなることを求め、法律規則が多く、かつ詳しくなればなるほど、裁判官の自由裁量権は小さくなり、法律は一層、安全性を持つことになる。

同時に、資本主義国家の経済史から見ると、司法の干渉は常に経済への国家の干渉の重要な形式で、この面において、アメリカには顕著な例証がある。アメリカの最高裁判所は憲法の解釈を通じて経済生活の方向を左右することが多く、この干渉は司法の自由裁量権を行使することを通じて行う。そのため、司法の自由裁量権を認めるのは、国家の干渉の可能性を認めることである。19世紀の自由資本主義の時代に、フランス、オーストリア、イタリア、ドイツといった諸国の民法典は、私法自治を指導的思想として、個人の私的財産と個人の契約自由を強調し、個人の権利が国家によって侵害されないことを保障した。「私法の分野では、政府の唯一の役割は、私権を認め、私権の実現を保障することであった。……従って、国家の社会生活と経済生活の中の政府干渉を極力、排除すべきである。」[65] そのため、厳格規則主義の法典法には国家が司法手段で経済生活に干渉することを防止する考慮もある。独占段階になると、資本主義経済が発展する過程で現れた現実社会との調和という要求を満足させるために、私法の中の原則（例えば、誠信原則）で法の空白状態を埋めなければならず、これが、私法中の個人主義を集団主

義に傾かせ、権利本位を義務本位に傾かせ、弾性規則の運用が、国家干渉を特徴とする経済法あるいは社会法の萌芽となった[66]。このことから、資本主義発展の各段階において、国家干渉に対して異なる態度をとり、この差は必然的に立法が裁判官の自由裁量権を認めるかどうかに反映していたことが分かる。そのため、ある程度は、19世紀に厳格規則主義を採用したヨーロッパ大陸諸法典は、自由資本主義経済の基礎の産物と言える。

三　絶対的厳格規則主義の政治的基礎

　三権分立理論は、19世紀に、現実の政治体制となったもので、当時、存在していた極端な厳格規則主義立法方式の政治的基礎を構成していた。このような、人は信じることができないという性悪論の命題を基礎とする理論は、各種権力の掌握者が権力が堕落することによる権力濫用になると見なす。ここで私は、この問題について、ロベスピエールの多くの著述を引用し説明するつもりである。なぜなら、ロベスピエールの著述は法学者と裁判官からなる《フランス民法典》起草委員達の思想を特に支配していたからである[67]。ロベスピエールの指摘するところによれば、「事物の本性はこうである。すなわち、いかなる道義のある生物でも、いかなる機関でも、いかなる者でも自分の意志があり、彼らが大きな権力を握ると、特にこの権力が、確立された秩序や法律を回復させ続けるその上の権力に服従しないとき、自分の意志が統治の地位に達することに力を尽くし続ける。」[68]「人間に生まれつきある弱点のため、大きすぎる権力を与えられた固定集団が、傲慢、不遜及び専制の態度に染まる可能性がある。」[69]そのため、立法、司法と行政の3種の権力の間に一定の抑制・均衡の機能を設ける必要があり、そうして、権力の運用者が異なるものとなるのを防止して、立法と司法の二つの権力が相互に僭越な行動をできなくする。フランスについて述べれば、裁

第七章　民法基本原則が法律の限界性を克服する機能の研究（上）

判官の二つの面での歴史記述はその権限を制限することは極めて必要であることを証明している。

一つの面について言えば、封建社会では、司法は極めて暗黒であり、販売や相続が可能な裁判官の職位は、裁判官が私利を謀る手段であった。モンテスキューはこのような職位を相続して、職務に就いた10年後に他人に売っている[70]。ルイ十四世の時期に、フーケは自分の高等裁判所検事総長の職位を140万フランの価格で他人に売った。フランスは世界中で賄賂をもらって官爵を授ける国であり、これは長い間の借金で首が回らなくなった政府の深刻な欠点と重大な不幸であるとヴォルテールは評論した[71]。訴訟は糾問式で、神明による裁判が横行し、司法決闘が理非を決する合法的な手段であった[72]。拷問して自白させることと司法手段での宗教的迫害が横行していた。魔女狩りについて言えば、ヨーロッパ大陸における自白と告発は、法律に従って、正式な手段での拷問によって行われたのであり、ほとんどの被告人が自白した。200年の間に、ヨーロッパ全体でこの災難によって死んだ人数は75万人以上に達した[73]。このすべての野蛮行為において、裁判官が極めて不名誉な役割を演じた。「裁判所による混乱と不公平で、司法界はこの王国の最も腐敗した部分となり、革命が滅ぼす対象にもなった。」[74]

もう一方の面について言えば、革命前には、フランスの裁判官には少なくない「脱線」行為があった。彼らは伝統的な大陸法系司法の仕事モデルから脱線し、イギリスの裁判官の活動の真似をしていた。彼らは創造的に地方の慣習を解釈したり創設したりし、彼ら自身の「先例拘束原則」を発展させることすらして、中央政府の法律に対抗した。法廷が間接的に立法権に参与し、法廷は管轄範囲内で強制的性質のある行政規則制度を制定する権限を有していたので、時には行政機構に反対し、大声で政府の措置を非難するとともに、政府に指示命令を出した。普通の裁判官は彼らが住んでいる都市や

町で治安法令を制定する[75]。そのため、伝統的な大陸法の立場から見ると、彼らは法律の創造と適用を明確に区別できなくなっている。革命前ですら、フランスの裁判官のこのような伝統から外れる行為は、国王が国土を統一することと、開明と進歩で作った立法改革を実行する試みを挫折させてきた。封建時代の裁判所は新法の適用を拒絶し、新法に対抗する立場から新法を解釈し、あるいは官吏が新法を実施する試みを阻害していた。モンテスキューが提示した三権分立の主張は、この現実に対する対策と見られる。モンテスキューから見ると、上記の局面を防止するためには、先ず三権分立を実行してから、本気で司法制度を改革し、裁判所が自覚的に立法機関が創造した法律を適用し、行政管理の職責を担う政府官吏の活動に干渉しないことを保証するのである[76]。

　上記の裁判官の歴史記述に基づいて、歴史が資本主義時代に入っても、民衆の裁判官に対する信頼感は生じにくく、司法の専横という痛ましい記憶は民衆に安全価値が何よりも重要だと思わせたため、安全価値の傾向ある法典法と罪刑法定主義がこの選択論理的結果として現れた。「理性の力を信じる第三階級は法律生活を疑う司法特権階級の指摘から解放することに極力図る。」[77]裁判官の職能が規則を創立してはならず、立法機関が提供した法律を厳格に実施するだけだというのは時代の合意になった。「モンテスキューが『権力が剥奪された』裁判官を描くとき、彼は裁判官達を『喉舌』のような役割に限定しようとした。」[78]モンテスキューと同じように、ルソーもまた《フランス民法典》の思想の一つの出所である[79]。ルソーは「立法者は機械を造る技師であり、この機械を運用するのが官吏である」と考え[80]、裁判官が立法に手を出す可能性を断固として否定した。従って、共和7年の《民法典草案》は、「法律の条文が明確であれば、法律精神を尊重することを言い訳として、法律条文の適用から逃避してはならない。特に合法的禁令から逃避するため

に、普遍性と強制的性質のある規定の代わりに、独断的に例外を導入することは許されない。」と明確に規定した[81]。この裁判官の権力を制限するのを主旨とする規定の精神は、《フランス民法典》第5条がより簡潔で直接な方式で踏襲する。「裁判官は審査処理している事件に対して、一般規則を確立する方式で判決してはならない」と規定している。これは裁判官立法に対する明確な否定である。「立法者の権力しか法律を解釈できないのでなければ、別種の権力は最終的に法律になり、しかも自分の意志を立法者の意志の上に置くものである」と考えられる。フランスの立法は、一方的厳格規則のスタイルを採用して、裁判官に法律を解釈する可能性を残さない。「立法権が一般的な規則を規定するだけで、これら規則を応用するのは裁判所であり、法律は空っぽな公式になり、法律の効力は完全に裁判官や再審判の権力を与えた機関で転じられる」からである[82]。「刑事裁判官は立法者ではないので、刑事法律を解釈する権力がない。」[83] もう一方で、万が一法律を解釈する必要がある場合、裁判官が法律を解釈するのを許さず、関連法律を専門な上訴法廷に差し出して解釈してもらうのである。この機構は上訴した事件を審査処理するのではなく、法律を専門に解釈する立法機関のような組織であり、この組織の存在する意味は立法権が司法機関に侵害されることを防止するだけである。プロイセンの状況もそうである。フリードリヒ二世は、裁判官の法典に対するどんな解釈も禁止して、疑わしい案件の場合、裁判官は、法律を解釈と適用する問題を専門の法規委員会に差し出し、処理してもらわなければならないのである。裁判官は法律に対して解釈すれば、厳しい罰を受ける[84]。このように裁判官に対して防備と腐心するのは、「裁判官がどうになろうが、彼らはしょせん人間であり、賢明な立法者は決して裁判官を抽象的あるいは公正無私な人物だと思わず、裁判官が私人とする存在は彼らの社会存在と混合しているからである。賢明な立法者

は、裁判官より一層詳細に監督する必要ある人はいない。権勢による誇りがもっとも人間の弱点を触発させるものだからということを知っている」からである[85]。裁判官に自由裁量権を与える一切の規定に対して、フランス革命の監督と《フランス民法典》の一つの思想の出所であるロベスピエールは極力反対した。フランスの刑事訴訟草案は下記を規定した。「刑事法廷の裁判長は無断で彼が真実を発見するに有利なことだと思ったすべてのことをやることが可能であり、彼の誇りや良心が真実を発見するように促すと法律が指定した。」これに対して、ロベスピエールは「法律が漠然に裁判官に無限な権力を与えて、彼がこの目的に達するためのすべて有利なことだと思ったことをやれるのを許し、法律は人の誇りや良心でその神聖権力のかわりにする。法律はその一番の天職が逆に、常に自分の権力を濫用する人々のわがままと野心を制止することだと思わないようになった。法律はわれわれの刑事法廷裁判長にすべて貪婪な要求に有利な、すべての間違いを覆い隠す、すべて権力濫用のために弁護する明確な条文を一回提供した」と否定した[86]。厳格に分権学説に従って制定した民法典（共和7年の民法典草案かもしれない）に対して、ロベスピエールは「民法典は……裁判所専制の範囲を大きく縮めた」と満足げに評論した[87]。

　民法典の制限対象は裁判官だけでなく、法学者も含まれる。ベッカリーアが述べたように、法律があいまいかつ分かりにくい言葉で書かれたら、公共的かつ一般的から私有かつ特殊になる[88]。法学者は民衆が彼らの顔色をうかがいながら行う法律の独占者になる。しかも、彼らは十分なチャンスを持って、法律のこの風格を利用して、自分の意志をこっそり法律に登録し、法律を解釈することを通じて知らず知らずのうちに法律を改造する。このような危険を防止するために、《フランス民法典》は、簡単な、技巧なく、分かりやすく、《聖書》のように簡明な文体で書かれ、法律の専門化、技術化、複

第七章　民法基本原則が法律の限界性を克服する機能の研究（上）

雑化の現象を破棄するとともに、法学家の作用を破棄することで、弁護士や裁判官に教えを請わなくても、公民が法律を読める。確かに司法過程は危険な人の要素で染まりやすいが、法律に対する学術研究の過程も同じである。どんな解釈でも法律条文に対する一種の改竄になりそうだからである。そのため、ナポレオンは彼の先駆者ユスティニアヌスのように法学者が《民法大全》に対して解釈するのを禁止し、法学者が公開的に彼の名を冠する法典に対する解説を発表するのも禁止することで、不安全な要素が入るもう一つの道をせき止めた。

　この問題について、《ドイツ民法典》と《フランス民法典》を区別して扱うべきであり、両者の立場は近いけれども、《ドイツ民法典》を起草した人達は法学者の役割を排除することが可能な国家が存在しているのを信じていないのである。そのため、彼らが起草した条文は、分かりやすくなるのを求めず、科学性と専門性を求めた[89]。法律条文は専門家が読むために書かれたものであり、普通の人々が読めるように書かれたものではないのである。両者の区別を証明する証拠はもう一つある。《ドイツ民法典》第一次草案の第1項では「法律が規定していないことは、他の規定に準じて類推し適用すべきで、他の規定もないのは、法律の精神が取得する原則を適用すべきである。」と規定した[90]。これは裁判官に十分な自由裁量権と法律補充権を与え、前に述べた《フランス民法典》第5条の規定に逆行して、《スイス民法典》第1条第2項とそっくりである[91]。正式に公布するとき、これをなしにした。《ドイツ民法典》が起草される長い過程で、立法者が自由裁量主義と厳格規則主義の間の廊下で、自由裁量主義が一度、上になるが、厳格規則主義との戦いに最終的に敗北したということが分かる[92]。しかし、この戦いは結局、自由裁量主義が《ドイツ民法典》に痕跡を残した。裁判官に自由裁量権をはっきりと与えないが、「総合性ある言葉で決めた条項

417

は《ドイツ民法典》に分布したことがあり、これらの条項が国内力強い経済発展と外に対する帝国主義の冒険環境に制定され、特に裁判官の創造性を励ました。義務を果たす時に誠実信用の条項と一般の慣例（条理に近似したもの）で行為を考える尺度、及び善良風習に違反する一切の行為が合法的な行為と認めない観点は、裁判所が政策制定の立法許可をあきらかに表明する。以上の一般的な条項は、人に強い印象を与える当館契約のデータベースを建立することを励ます。この戦いが確認した先例は、正式的な拘束力がないが、幅広く論じられ、真似をする。」[93]これらは《ドイツ民法典》を、裁判官が法律を創造するのを鮮明に禁止するのが代表とする19世紀の厳格規則主義の法典とし、裁判官が法律を創造するのを鮮明に励ます《スイス民法典》が代表とする20世紀の厳格規則と自由裁量が結び付けた法典の間の過度期とした。裁判官に自由裁量権を与えべきかどうかとのかぎとなる質問に曖昧な沈黙をしているからであるが、実は、曖昧な規定の方式で裁判官に自由裁量権を与えるのに黙示した。以上から見ると、19世紀の厳格規則主義の民法典は、各種の政治歴史の条件による厳格的な分権学説の直接な産物であることが分かる。

四　絶対的厳格規則主義の哲学的基礎

裁判官の自由裁量活動に対しては、そのような厳しい制限がなされる。もし失敗しなければ、いくつかの前提を満足する必要がある。すなわち、

（1）立法者が超人的な予見能力を備えている。

（2）上記の前提と結び付くことだが、法律の正義性の問題は立法において迅速に、すべて解決し、裁判官は司法において正義かどうかの心配はいらない。身分の低い裁判官に対しては必ず超人的な立法者で、彼らの権力はこちらが消えたかと思うと、あちらで生じ

るという関係である。

　（3）社会生活が相対的に静止する。さもなければ、たとえ法典は社会生活と一時的に整合できるが、迅速に前進している社会生活と離れる。

　要するに、法典が提供する厳格規則の十分性と適用性は必ず自由裁量を余計なことにする。今日の目から見ると、このような考えは大胆過ぎる。しかし、19世紀の人たちはこの問題に対しては自信満々であった。《フランス民法典》の制定者達は「自分が全て予見できる」と思った。というのは、彼らは「裁判官は必ず法律の条文で裁判しなければならない」と要求した。そして、彼らは「裁判官が立ち向かう訴訟問題はもはやあらかじめ教えておきたい」、「彼らが提出した規則は合理で変更する必要はない」と考えた[94]。《フランス民法典》第4条の規定は立法者が自信を持っていた証拠となる。すなわち、「裁判官は法律が規定していない又は明確にしていないことを言い訳にして裁判しない場合は、裁判拒否罪によって追訴する。」法典の起草者は自分が制定した法典は完備していると思い、こういう規定を大胆に作ったのである。さもなければ、裁判官を第5条に新規を創造するべからず及び法律は明確に規定しておかなければ裁判を拒否するという境地に立つ。これに比べ、中国古代の立法者はずっと自信に乏しかった。《唐律》の制定者はこの厖大な法典は予測できないことを全て含むのは無理だと知っており、最後に空白の規定を制定した。それは「してはいけないことをした場合は、四十回打つ。重大な悪い結果を起こした場合は、八十回打つ。」[95] これは刑法の制約性を克服する雑則の起源である。

　イギリスの学者アンソニー・アルノーは、「立法に対する依頼と夢中は啓蒙思想の産物で、この現象はベンサムとナポレオンに培われ、ドイツ人に養われる。その理由はヴィクトリア朝の楽観主義と科学に対する信念で、『人間はあらゆることの支配者』という人文

主義と極度の理性主義である」と正確に指摘した[96]。この論調は、19世紀に極端な厳格規則主義立法の仕方の哲学的な原因である。哲学というのは時代精神を具体的に表すもので、ある時代の人々の根本的な世界観である。哲学はあらゆる具体的な領域の人間たちの思想方法の基本的な考えになる。「人は自らいやかどうかは別として、常にこの時代の思想界の大軍の一部になった。」[97]「法学は常に、哲学や政治など他の方面にあらわした観念や趨勢を法において反映しただけである……各国は法学者に頼って法的に新たな哲学と政治思想を反映し、新しい法律を作る。」[98] ところが、ある時代の哲学の基本的な趨勢はこの時代にふさわしい生産力、科学技術の発展水準によって精神領域での反映でしかない。従って、生産力と科学技術の発展水準及びこれを通じて生じた主流の哲学思想は、我々が19世紀の厳格規則主義立法の仕方の哲学の原因を考察するときに注意を払う二つの面である。

19世紀の哲学は、ルネッサンス以来の生産力と科学技術の巨大の成果のもとに築かれた。この時期は人類の歴史における生産力、科学技術と学術との発展の最良の時期の一つである（他の二つの時期は古代ギリシアと現代）。生産力についてはルネッサンスから19世紀まで、人類の自然を征服する能力は十分に証明された。新大陸が発見され、植民地は開拓され、貿易と商業は十分拡大され、富は倍増した。マルクスは「ブルジョアジーが百年足らずで創造した生産力は、過去のあらゆる時代に創造したすべての生産力よりずっと多い。自然力の征服、機械の採用、化学の農業と工業領域における応用、汽船の走行、電報の使用、全大陸の開墾、河川の通航、まるで魔術のように地下から呼び出した大量の人口。過去のどの時代がこういう生産力が労働社会に潜伏すると予測できるか」と叙述した[99]。科学領域があげた成果は更に嘱目される。人間の観念は中世の来世と世界終末の関心から現世の関心へと変わっていった。そし

て、世界は知ることができると確認し、人類の幸福は自然の奥義の認識とコントロールすることをもとに築かれた。それ故に、科学研究への熱情は盛り上がり、宗教の仮面を被るたくさんの謎がこの熱情によって次々と解けた。地質構造理論、エネルギー保存と転換の法則と進化論（残念ながら、社会科学に対する作用は相当長い時間を経ってからあらわれる。）、この三つの発見は徹底的に中世が残した宗教観を動揺させ、知識階級に科学主義の世界観を確立してくれた。かつてユダヤ文化と古代バビロン文化を中心にした神秘主義は、科学主義を強調するギリシャ精神に取って代わられた。常に科学の風潮を先導し、かつ第一に不確定性を拒否する数学は十分の発展を遂げた。ニュートンとライプニッツは異なる方法を使って微分学を発明した。さらに前者は二項定理を確立し、方程式の理論を多く提唱した。そしてアルファベットと記号を使い始め、数学を活用して月球運動の理論を創立した。これに基づいて月の軌道の図表を記述し、そして、これによって月の恒星間の位置を予測した[100]。デカルトは座標と流数法を創造した。更に弁証的思惟を数学に導入して変数という概念を取り入れた。残念ながら、微分学の弁証法の哲学的な背景は一般人には理解されていないが、ただ微分方程式は現象からある時の状態（最初の状態）で以後の任意な状態を断定できることをこの理論の魅力に対して莫大な崇拝と迷信を生み出した。人々はすべての自然現象は微分方程式で表せると考えただけでなく、更には全ての自然現象を表せる方程式を求める幻想を持ち、ラプラスの決定論によって宇宙の全景図を描写した。そのため、経典の数学は物事を理想化して孤立し、客観的なモデルを考えずに、ただ特定の仮説によれば厳密性と精確性が両立する結論を導き出すという人を魅了する特徴で、絶対に不確定性を排除し、曖昧な形而上学の認識論と全ての偶然性を否定する機械論を育てて活性化させた[101]。物理学（特に静力学）、宇宙進化論、化学、生物学な

どの学問は大きな進展をみせた。メンデレーエフは元素の周期表を発見した。これらすべての成果の中で、私は特にニュートンの貢献を強調したいと思う。彼が提唱したニュートン力学と万有引力法則はヨーロッパの知識階級に、特にフランスの百科全書派の哲学者の思想に巨大な影響を及ぼした。ニュートン思想の継承者の哲学はヨーロッパ大陸諸国の法典の哲学の基礎になった。従って、ニュートンの賢さは彼を歴史上珍しく自分の名前で名付け、自分の思想であの時代を支配する人物になった。「ニュートンは天文現象を日常の慣れっこになる機械論のもとに収める。」「彼の理論は天体運行を解釈する面で驚かせる成功を成し遂げ、世界の画面に不思議な秩序と協和を与え、美感の面に人を満足させる。」[102] 上述の生産力と科学技術という点での飛躍的な発展は19世紀の人々を思想の面において楽観的な精神を満たさせた。「これは幻想を失う時代ではなく、彼らは理性を通してあらゆる物事を認識でき、あらゆる問題を解決できると自信に満ちた態度で断言した。」[103] 自然科学が得た飛躍的な発展と誰の目にも明らかな成果は、当時のヨーロッパの知識階級に大きな影響を及ぼした。ヨーロッパの思想界は次第にこういう傾向になった。それは理性は科学に等しく、現実をコントロールでき、進歩を遂げるのは科学より他にない。科学は理性の唯一の印と検証であった。人々は、人類のすべての、人文科学も含む精神活動（人文科学も含める）が自然科学をモデルとすると、それこそ厳密性と科学性を持ち、同じ発展と進歩が取れる[104]。ダ・ヴィンチ曰く、「およそ数学が使えず、そして数学に関連する学科も使えない領域は確定の知識はない。」[105] マルクスまでこういう時代精神に染み込まれた。マルクスは「あらゆる科学は数学を運用したうえで、完璧の状態を達成する」と指摘した[106]。上述の自然科学の水準と時代精神を背景のもとに、フランス人デカルトを始祖とした合理主義哲学が誕生した。こうし

た哲学は19世紀の法典編纂事業の哲学的基礎になった。19世紀の「狂熱の理性主義はフランスの法典の編纂に決定的な影響を及ぼした。」[107]「本来、西洋諸国の法典は理性主義を信奉する社会のために制定されたが、法典の抽象的な構造はデカルト主義の思想の産物である。」[108]

　デカルトは近代哲学の始祖と認定され、デカルトが確立した科学主義を特徴として合理主義哲学は中世のスコラ哲学の反動で、その思想はヨーロッパの思想界を200年支配した[109]。デカルトの哲学はニュートン科学の成果に影響された。デカルトが創立した哲学体系は、マルブランシュ、スピノザとライプニッツ等によって大きな思想の流れを集め、18世紀にフランスの唯物論の思想の源泉になった。根本的なことを言えば、理性主義は理性を吹聴し、科学的精神を主張し、人類が自然を支配する武器を鍛造する。それは以下の特徴がある。すなわち、——

1. 絶対主義の認識論

　絶対主義は間違った真理観で、一面的に真理の絶対性を誇張して真理の相対性を否定し、認識の発展を否定し、真理は過程ということを否定し、人々はいきなり絶対的真理を探究しつくせると考える[110]。こうした絶対主義的認識論はほぼすべての理性主義者の思想の中に染み込んだ。理性主義者は初めから知識の普遍性と必然性と絶対的精確さに対しての追求を重視する[111]。デカルトは「数的処理の演繹法に従えば、いくつかの簡単で明らかな公理から、厳密な推理を通して確定で有効な認識が得られる」と指摘した[112]。ライプニッツからすると、「思想は普遍的に立法を制定し、明らかに示したより広い宇宙は物事を永遠にする可能性がある。それはあらゆる経験の前にあの経験に相応しい根本的な条件を決定できる。科学の問題であれ、道徳の問題であれ、宗教の問題であれ、すべての問題は本質的に我々の選択の影響を受け入れる。」また、彼は法学

は数学、論理学、形而上学、倫理学、神学と同じ、必然の真理に属すると考えた。これらの学問の特徴は理性そのもので真理性を確定でき、具体的な外界の存在を参考にする必要はない。実際には、一般的に言うと、それらは存在にかかわらない[113]。事実において、「科学が大きく進展するたびに、新たな領域は自然法則のもとに置かれるたびに、人類の心は必ず新しい方法の力を大げさに言い、即座に宇宙を完璧に機械的な解釈をする」と考える[114]。有名な決定論学者、ナポレオンと同じ時代のラプラスは「宇宙の各質量の瞬間フォルマントと速度さえ分かれば、思慮深い人は過去と未来を計算できる」[115]と指摘した。ニュートンのフランスの門弟、18世紀にフランスの啓蒙思想家エルヴェシウスは、「精神世界は自然界と同じく、神はただ唯一の原則をあらゆる存在したものに置くに過ぎない。いま存在し、将来の存在するものはただ必然の発展でしかない」と指摘した[116]。エルヴェシウスからすると、全宇宙の物質の組み合わせの形式は尽きることができるらしく、人間は物事に対しての認識は絶対で究極で、つまり絶対的真理を把握する[117]。同じ時代のドルバックは、「自然界にはただ自然な原因と結果でしかない。自然界ですべての運動は不変の自然法則に従う。我々は自然作用の法則を判断と認識でき、未知の法則を発見できる。せめて類推を通してそれを判断できる」と指摘した[118]。上述の人類の認識能力に対して狂熱の自信を持つため、18世紀に百科全書派は物理と機械の原理で世界に最後の解釈をする日は間近となったと思った[119]。要するに、《フランス民法典》の思想の源を提供する哲学者はみな機械論の見地に制限され、人間の認識能力は無限であり、かつ有限でもあることは分からない。人間の認識は絶対的真理であるばかりか相対的真理でもある。彼らはニュートンの科学を機械論的哲学にした。このような哲学によれば、理論上は過去と未来は計算でき、人類はまさに必然性に支配される機械になった。

上述の絶対主義の真理観は、立法があらゆる社会関係を尽くせる思想の傾向を招いた。かつてボダンには大きな理想があった。それはあらゆる著名な国家の法律を比較してから総合し、最善の一種をまとめ、どこでも通用できる法学の体系を創立する[120]。立法者は「理性の力を利用するだけで、人々は理想の法律体系を発見できる。故に、多種多様な自然法の規則と原則を系統的に計算しようとするのはごく自然なことである。そして、一部の法典に収めようとする」と考えた[121]。理性を頼りにする彼らは、法律の調節の手を社会生活の隅々まで伸ばそうと考え、詳しくて漏れがなく、かつ至れり尽くせりの規定を求める。彼の達成したい目標は裁判官がどれほど複雑な状況にぶつかっても、莫大な法典の中で辞書を引くようにあり合わせの解決方法を検索できる。そのため、このような法典は「決疑式法典」と称する。彼らからすると、人類の認識能力の制約性は存在せず、しかも存在するはずがない。

2. 人文システムと自然システムの区別の抹殺

　理性主義者は哲学も含めて全ての自然科学化を企てる。従って、デカルトは人の体は機械、心の本質は理性と思いつつ、想像、意志、感情と感などの数学の法則で把握できないものを間違いと見なし、そして、この消極的なものを排除すると考えた。これは一般の理性主義者の共通点である。実際には、デカルトの考えによって神は偉大な数学者であり、高名なエンジニアでもある。人間を含む、彼が創造したあらゆる存在するものは機械である[122]。当時、物理学は巨大な成功を取り、物理用語で表すものがますます多くなるにつれ、人々は物理学方法を信用する一方であった。あらゆる存在するものは完全に物理と機械的な角度で解釈できると信じていた[123]。エネルギー保存の法則を生物現象に用いると、人々は自惚れが強くなる。彼らは生物体の全ての活動は物理であれ、生理であれ、心理であれ、分子運動の形と機械的あるいは化学的エネルギーを通して

解釈できると考えた[124]。ヘッケルは「有機の世界と無機の世界は一致する。炭素の化学的性質は生命活動のただ一つの原因である。私たちはいま自然界の一元論の見地を完全に認める。すなわち全宇宙、人類も含め、奇妙な統一体として永久に変わらない法則に支配される。この純粋な一元論は根本かつ安定していることは私は力を尽くして説明した。我々は宇宙は同じ進化原理の万能の法則に支配されると認めたうえは、単一の最高級の法則を提出せざるをえない。すなわち、全てを含む『物質の法則』あるいは質量とエネルギー保存の法則と連合の法則である」と指摘した[125]。18世紀中期と末、フランスの百科全書派は一層進んでいた。彼らはニュートン動力学に基づいて自分の哲学を創立し、人（肉体と魂）はただ機械でしかないと考えた[126]。これらのニュートンのフランスの門弟は、ニュートン体系の説明は実に大きな機械で、すべての基本的な要素は理解された。従って、人の体と魂は打ち勝てない性質と機械の必然性のため、この機械の一部になった[127]。啓蒙思想家のラ・メトリは、これを証明するために、さらに『人間機械論』を書いた。ヴォルテールはニュートンの崇拝者である。彼はニュートンの葬式を出てニュートンの思想を広く宣伝した。一通の手紙の中で、彼は「ニュートンは人類の思想をこれまで至らない大胆な真理を推し進めた」と褒めた[128]。彼は人が自然の支配から逃げられないことを証明するには、『無知な哲学者』という本の中で「もし全自然界、全ての惑星は永久に変わらない法則に支配されるが、ある小動物、五尺ぐらい、これらの法則を無視してやりたい放題のことをするなんて、それはおかしい」と書いた[129]。ヴォルテールは自然法則の意味、人生の意味、心霊の本質と自由意志の本質などの問題を軽視した。しかし、当時フランス人はニュートン宇宙論に対しての哲学的と宗教的な意味の流行った見方を生き生きと示した。

　上述の簡単に人の活動原則を自然法則にまとめる哲学は、人文科

学と自然科学の区別を抹殺し、厳格規則主義の立法のもう一つの哲学的基礎になった。人の活動はただ自然に支配される以上、自然法則は自然現象の繰り返し性を前提とするとあらゆる未来の現象を推測でき（メンデレーエフは自分で発見した元素の周期表を利用して未知の12種類の元素を推算した。）、それなら、人類のマスターした数少ない自然法則によれば、人類の未来のあらゆる可能性の活動を推測するのは論理的に言えば成立できる。これは立法者が法典の含む能力に対しての高い自信の由来である。自然界には法則のない活動は存在しないので、これによって類推すると、人類は法則のない活動があるはずがない。立法者は人類の活動の規律が最高の認識能力を持つのを前提として、裁判中に釣り合う必要がない。なぜなら、釣り合いは法則のない現象に対する処理にすぎないからである。完全に必然性によって支配される人文システムの中に、釣り合いは完全に余計なもので、裁判官は裁判中に正義を心配する必要がないことは完全に可能である。オースティンが提出した「悪法も法なり」というスローガンは司法を指した。こういう悪名高いスローガンはオースティンが悪法に偏ることは証明できなく、オースティンの著書に正義を求める気持ちがあふれているからである。ただオースティンは正義の問題を立法の段階において解決する自信があることを証明できるだけである。従って、裁判中に法律は悪法になる可能性がほぼゼロであることを信じ、法の安全性と確定性を維持するため、こういうスローガンを提出したのである。出現するはずがないと信じたので、名誉毀損のリスクを冒してこのスローガンを提出した。それ故に、オースティンの「悪法も法なり」というスローガンは自然界と人類の必然性を支配する立法者の能力に対する狂信にすぎない。必然性の人文システムの中に、裁判官は機械として存在できる。「大陸法系における裁判官は機械である」という断言は、以前、私は比喩として取り扱った。ところが、哲学史を根拠に分析すると、

これは比喩ではなく、一種の現実で、心がこもっている確信である。裁判官が機械の役割を演じ続ける前提は当事者はみな機械のように規律のある活動をする。「人は機械である」という哲学はこの前提を提供した。従って、裁判官と当事者、この2台の機械が結合して整合し、自然法則に従って秩序立って少しの乱れもなく運転するということは、なんという調和の場面であろう。

3. 幾何学の地位を持ち上げる

近代の理性主義者は常に自分が科学的方法に熱中すると標榜し、特に幾何学的方法である。西ヨーロッパ大陸の科学者と哲学者の伝統は数的処理を認識の王と見なす[130]。我々が忘れてはいけないことはデカルトは偉大な哲学者であり、すばらしい数学者でもあって、科学史におけるデカルトの最も大きな成果は数学と言われていることである。デカルトは代数の方法で幾何学の問題を解決する方法を発見した。それは解析幾何学である。いまの人々はまだ直角座標系をデカルトと名付ける。デカルトは手本となる幾何学の数的処理の厳密性に没頭し、自然科学に対して特に物理学が得た成果に心から感服した。デカルトは数的処理の演繹法に従えば、いくつかの簡単で明らかな公理から、厳密な推理を通して確定で有効な認識が得られると考えた[131]。科学という大家族の中で、幾何学を含む数学は唯一のこういうタイプの科学である。すなわち、どのような客観的な事実にも直接にかかわる必要がなく、自分自身の論理で運営できる。こういう特性は数学に抵抗できない莫大な魅力を与える。「ギリシャ精神の最も成功した産物は幾何学という演繹科学である。」[132]西洋文化の主流的なギリシャ気質と似合っている。そして、またこの気質の結果になった。その発展は知識の永続性の進歩を物語る。ルネッサンス以降の思想の潮流はギリシャ精神に遡る。それ故に、理性主義者の知識に対する普遍性と絶対精確性の追求は、幾何学を利用して実現した。数学で天文現象を成功に解釈する

のは人々にこういう信念を持たせた。すなわち、世界は数学の法則で建てた巨大な機械で、世界の法則と数学を把握すれば、世界のマスターになれる[133]。当時の自然科学は数学と力学だけが十分に発展したため、人々は世界が永久に変わらない機械と見る傾向になった。従って、理性主義者は幾何学を世界という機械をコントロールする最も頼もしい方法に持ち上げた。理性主義者たちが信奉した神は高名な幾何学者とエンジニアと構想され、世間万物に数学法則に従って機械運動をさせる。理性が神に取って代わるときに幾何学法則は最高の方法になった。故に、理性主義者スピノザの重要な哲学著書『倫理学』は幾何学の方法を用いて完成した。すなわち、先に定義と公理を確認してから命題を結論づけるという方法である。実は、前提の原則と一般準則を確認してから一般的な結論を出す方法は、ほぼすべての理性主義者が使う方法である[134]。こうした方法は民法典の中に総則を設立することに至った。

　こうした幾何学の地位を持ち上げる哲学の傾向は、19世紀の立法に大きな影響を与えた。《フランス民法典》の雑多な定義、筋道の立った条文、論理厳密性から幾何学法則を使ったあとを見るのは難しいことではない。幾何学は具体的なものに関わらなく、自身の論理で多くの結論を推論演繹できる魅力は、この方法を利用する立法者が自分の認識能力と予見能力への自信を持たせた。立法者はまたこの方法を通して法典を明晰で厳密に制定する目標に達することは可能であると考えた。《フランス民法典》を名付けたナポレオンは砲兵士官を受け持ったことがる。幾何学は彼にとって不可欠な知識である。実は、ナポレオンは一度将軍になるか幾何学者になるかと揺れたことがある。彼は「法律を簡単な幾何学法則に転換することは可能で、文字が読めかつ両者を結びつけられる人は誰でも法律にとって裁決できる」と指摘した[135]。この言葉は幾何学法則は立法者に対する影響、当時の人々の、司法の簡単性と立法者の認識能

力の至上性に対する見地を反映した。幾何学の演繹法は大陸法系の司法を三段論法で演繹するようになった。いかなる事件でも、たとえそれがどれほど特別であっても、少なくとも理論的に一つの法条から演繹して得た多くの結果から解決方法を見つける。「あるラテン語の諺によると、大陸法系を使う国において、法学者は成文法によって彼らの観点を支持できないと、恥ずかしく思うべきである。」[136] これはまさに上述の状況を反映した。従って、演繹法の中に、法律の周延の問題は存在しないのである。

4. 形而上学的思想方法

ルネッサンスから19世紀に至るまでに、自然科学が手に入れた地質構造理論、進化論、そして化学元素周期表の発見等の成果が、世界を一つの絶えず発展する運動の過程と考える弁証法哲学を打ち立てる思想材料に完全になり得るとは言っても、歴史の絶えず繰り返す不幸は、次の点にある。すなわち、自然科学の成果の哲学的意義は、決まって、かなり遅れて発見されるものであり、哲学が法学に伝導するのにさらにかなりの時間差が生じるという点である。それ故、19世紀（特に前半）ヨーロッパ大陸の人々は、依然として、一種の形而上学の世界観を持っていた。世界を、静止しているもの、不変のものと見なし、各科学を切り離して研究を行なったのである。これは、当時の社会発展が比較的静止していたという現実の反映であり、哲学の体系の構造を決定していた。デカルトの理性主義哲学は、明らかに、森羅万象を網羅する傾向を示している。それは、存在論【本体論】の形式を採っていて、認識論の問題に焦点を定めており、その上、倫理学の内容を含んでもいる。理性主義者であるライプニッツの哲学体系もまた然りである。こうした哲学体系の最後の代表が、ヘーゲル哲学である。ヘーゲルもまた、森羅万象を網羅する体系を打ち立てた。このような哲学体系は、現代において見つけることはできない。現代哲学者にとっては、彼らの哲学は

古代哲学と同じく「無限」を対象とするが、彼らの哲学は無限の内容を含んでいるとは考えていないのである[137]。

　森羅万象を網羅する体系は、現代の流動的で、加速度的に発展する社会生活と矛盾するということが分かる。上述のことは、際限なく豊富で、発展している現実を、一つの大きな、しかし最後には有限な思考の枠内の形而上学的思想方法の中に閉じこめている。19世紀ヨーロッパ大陸の諸法典において、最も完璧に体現した。それらはことごとく、森羅万象を網羅し、とてつもなく大きな体系を打ち立てるということを特徴としていた。森羅万象を網羅する体系の成立は、次の二つの条件に依存する。すなわち、

（1）認識主体が至上の認識能力を備えており、感性の雑多の中から、何一つ遺漏なく真理を発見し、理性の観念系統を作り上げることができる。

（2）現実は不変のものであり、ひとたび観念系統によって覆い被せられたならば、凝結して動かなくなる。

　この二つの条件を放り出せば、森羅万象を網羅する体系はいかなるものも打ち立てる術はない。19世紀の人々は、まさに、この二つの条件への確信に基づいて、すべて包括している体系を打ち立てた。これは、確かに、一つの体系の時代であり、エンゲルスは、このことについて、次のように叙述し、かつ皮肉っている。すなわち、「『体系を作り出すこと』、それは当代ドイツにおいて個別の現象ではなく、近年来、ドイツにおいて、天体進化学、自然科学、政治学、経済学等の体系が、雨後の竹の子のように伸びてきたのである。最も劣った哲学博士は、大学生ですら、動かないならともかく、動く以上は少なくとも、一つの完全な体系を作り出さなければならない。」[138]

　以上、述べたことをまとめると、19世紀の絶対的厳格規則主義の法典法は、当時の、〔①〕絶対主義的認識論、〔②〕自然科学的方

法を用いて人文科学に向き合うこと、〔③〕幾何学的方法と形而上学を重視するという世界観を特徴とする理性主義哲学の基礎の上に打ち立てられたものであった。

五　絶対的厳格規則主義に対する初歩的な批判

　絶対的厳格規則主義の不合理性は、すでに、それを捨て去るという20世紀の立法実践によって証明されている。しかしながら、それが繰り広げられたことに対する全面的な批判は、あまりにも困難なことであるし、しかも時期尚早である。私は、後に資料を少しばかり引用して、この問題をしっかり展開することとしたい。ここでは、その形而上学思考方法に対してエンゲルスが展開した初歩的な批判についての一話を流用するだけにしておきたい。

　森羅万象を網羅する体系を打ち立て、そして自己が終局的真理の表れであるが故に更に発展する可能性及び必要性はないと公言することを試みるという面で、絶対的厳格規則主義の法典法とヘーゲルの哲学体系は異なるところがなく、この種の法典法は同時期におけるヘーゲルの類型の哲学の立法上の投影である、と言うことには全くもって理由がある。それ故、エンゲルスの、ヘーゲル体系に対する批判は、法典法は妥当であるということを用いていた。「ヘーゲルの体系は、……どんな良薬を投じても治しようがない【不可救药】内在的矛盾を含んでいる。ある面では、それは、歴史的観点を基本的前提としており、これはすなわち、人類の歴史を一つの発展過程と見なしている。この過程は、基本に照らして言えば、いわゆる絶対真理を発見することを通じて、その知恵の頂点に達することはできない。しかしながら、その一方で、それはまた、自分はこの絶対真理の内容のすべてであると、頑なに言っている」。「森羅万象を網羅し、最終的に完成する、自然と歴史に関する認識の体系は、弁証法的思考の基本的規則と矛盾する」[139)]。このため、ヘーゲルの体系

が最終的に流産することとなったのと同様に、絶対的厳格規則主義の法典法もまた、運命で決定づけられていたかのごとく、流産することとなった。その後に法典法に対して行われた改革は、この点を物語っている。

第4節　厳格規則と自由裁量の結合

一　厳格規則と自由裁量を相互に結合せよという主張の登場

　絶対的自由裁量主義は、人々に安全を失わせ、そして法治の統一を破壊した。他方で、絶対的厳格規則主義もまた法律を硬直化させ、社会生活の必要を満足させることができない。そうして、個別の正義を犠牲にした。それ故、人々は、これらの両種の極端な主張から抜け出さざるを得ず、厳格規則と自由裁量を相互に結合するという道を探し求めた。アリストテレスが最も早くにこの面の考えを提起し、師であるプラトンの人治の主張を批判した。プラトンはかつてこう考えた。すなわち、「『善の本体』が人と人間性を生み出すのであるから、人間性は善であることである。」[140] 人間性の根本が善であることの確信は、プラトンが早期の思想の中で、実際に、人治の絶対的自由裁量主義の理由の一つであると主張していたことである。確かに、もし人が天使だったら、法律など全く必要にならない。しかしながら、人は決して天使などではないところ、性善説を基礎とする絶対的自由裁量主義を打ち破ろうと思ったら、人は天使ではないことを証明しなければならない。それ故、アリストテレスのプラトンに対する批判は、人間性論から始まっている。人間性論上、アリストテレスは、理性と獣性が混合した人間性説を主張している。アリストテレスは先ず、次のように考える。すなわち、人の本性は理性にあり、人は理性を用いて自己の行為を支配し、自己の欲望を抑制し、行為を道徳に合致させることができる、と。「人に

ついては、理性に合致する生こそ、最も良く、最も愉快なことである。なぜなら、理性はいかなるその他のものよりも人の本性だからである。」[141]しかし、人は、理性の支配を完全には受けない。理性の対立物としての感情もまた、よく、人の行為を左右する。「人は、たとえ聡明で叡智あるものであるにしても、しかし人は感情を有しており、そのため、不公正、不平等が生じる可能性があり、政治を堕落させる。」[142]なぜならば、人間性の中には自分本位という一面があり、「誰もが自己を愛していて、自己愛は生まれつき備わっているものである」[143]からである。このことから分かるように、アリストテレスの主張していることは、「半分は天使、半分は野獣」という人間性論であり、アリストテレスの思想の中には理性主義の一面もあれば、非理性主義の一面もあるのである。まさに人間性の中に感情があるという一面が理由となるからこそ、法治が実行されなければならない。法律は「感情のない知恵」であるが故に、法律は人治ではなし得ない公正という特徴を有している。そして、もし人治を実行すれば、「一個人に統治させることになり、これは政治の中に獣性の要素が紛れ込むことになる」[144]。「最も良い人々（才徳のある人物【賢良】）であっても熱意を持ってしまうことは免れず、このことは、往々にして、執政の際に偏向を惹き起こす。法律はまさに、一切の情欲の影響を避ける神祇[(4)]と理智の表れである」[145]。「およそ感情の要素に頼らずして事を治める統治者は、総じて、感情にまかせて事に当たる【感情用事】人々と比べて優れているのであり、法律はまさしく感情のないものである」[146]から、それ故に、「法律は最も優れた統治者なのである」[147]。

　法律に感情がないわけは、それは衆人又は衆人の経験を経て、周到かつ慎重に考慮した後に制定したものだからであり、感情は個人を左右することはできても、多数人を左右することは困難だからである。それ故、衆人の意見は、一人又は少数人の意見と比べて、一

層の正確性を有している。なぜならば、衆人は少数人よりも腐敗しにくいからである。「政治の中に獣性の要素が紛れ込む」人治と比べると、法治を実行することには、以下のような利点がある。すなわち、

（1）法律には感情がなく、私情にとらわれることなく、公正性を有している。

（2）法律は話すことなく、人間のように口から出任せを言って、今日はこう言い、明日はああ言うということがなく、それ故、安定性を有している。

（3）法律は規範という形式に助けを借りており、特に、文字という形式に助けを借りて表現されたもので、明確性を有している[148]。

　第一点が述べていることは、法律の普遍性である。第二点及び第三点が述べていることは、法律の確定性である。まさしく法律の二つの技術的特徴であって、この二つの特徴は、アリストテレスの論理によれば、これまた人間の獣性という一面に的を定めて設計されたものである。ここまで文章を書き進めてきて、私は、議論から離れて、アリストテレスに対する崇敬の念を表しないわけにはいかない。現代人の思考のすべての問題は、アリストテレスが考えていたことの外部に見つけ出すことは困難である。それ故、どのようなものであれ、ほとんどの現代の思想は、アリストテレスの深くて広い体系の中に、自己の萌芽を見出すことができる。アリストテレスは、法律は人間性の弱点を防止する道具であるという思想をあれほどまでに早くに提示していた。我々は、ここでもまた、アリストテレスよりも一歩遅れているのである。

　プラトン人治論のもう一つの哲学的根拠は、個別の中に一般を含め、特殊【殊相】の中に普遍【共相】を含めるというイデア説である。プラトンは現象世界とイデア世界との二つの世界を設定した。

プラトンから見ると、地上の物事は、天上のイデアのこの世での射影であり、事物種類の数だけイデアがあるはずで、更にイデアの数は具体的な事物より多いのである[149]。ここでは、イデアを概念や範疇と理解してはならない。なぜなら、概念や範疇は客体に対して抽象的に総括する意味があり、個別の中の一般、特殊の中の普遍であるものだからである。しかし、プラトンのイデアと現象の関係に、前者は後者に対する抽象と総括ではなく、後者と一つずつ対応するだけである。それで、イデア説は自然法思想の最初の源流として、革命性の意味があるけれども、個別の中に一般、特殊の中に普遍が存在するのを否定した。法律観の場合には、そのロジックの結論は必ずや類の調整や基準の調整の可能性を否定して、個別調整しか認めない。言い換えれば、基準調整という根本的特性ある法律は存在する必要がなく、具体的な命令だけが存在する必要があるのである。具体的な物事はいつも個別的だから、完全に時や事によりする人治だけがそれに対する調整の適切な方式である。これこそが、プラトンが法治を否定し、人治を主張する主な理論の礎石である。だからこそプラトンは、「人々の間と彼らの行為の差異、及び人事中の無限にして規則のない活動は、一つの普遍且単純な規則が存在するのを許さず、しかも、千変万化を対応する原則を制定する技術は何一つもない」と考えた[150]。だからこそプラトンは、「法律は堅苦しくて且固定的で、変っている状況に適応できず、特殊事例毎に応用できない」と解したのである[151]。アリストテレスはプラトンのイデア説を批判して、哲学史上、最初的に一般と個別を結合する努力をしたのである。アリストテレスは、「一方で、個物を認めて、すなわち具体的な感官対象の実在性であり、もう一方で、普遍や観念が第二性質の実在と認識した。」[152]アリストテレスはイデア説に反駁して曰く、「いわゆるイデアを具体的な物事が形成した原因とするというのは、質問を研究する複雑性を増やす……イデアの数は

物事の数よりはるかに多く、具体的なものごとに、同じ名前のある、かつ独立存在する一つイデアが相応するだけでなく、同時に他の多くのイデアが必要である。例えば、一人の人間にとって、『人』というイデアが要るだけでなく、太いあるいは痩せている、高いあるいは低い、黄色人種あるいは白人などの多くのイデアが必要である。それで、イデアについての仮説が困難を解決するどころか、困難を増やしているのである」と[153]。彼が客体に対して総括する範疇を確立することを通じて、イデアを客観的な物事の本質とする説明の代わりにすると主張し、しかもこのような範疇を10個確立した。彼の範疇論は個別具体的な物事を対象として、一つの範疇システムが具体的な物事の多方面の存在に対する全面的な論理規定をすることを図る[154]。アリストテレスから見ると、プラトンの一番主たる誤りは、個別と一般を切り離したことである。彼は、一般を否定すれば、普遍は知識が存在するわけがないと考えた。個別と特殊の中に、一般と普遍が存在しているのである[155]。一般と普遍の承認というこの哲学の基礎を確立すると、法治の承認が必然のことであり、法治はその主流について言えば、物事が存在している一般性と普遍の特徴を利用して、効率をもたらす規範調整あるいは類の調整を実行することである。そのため、我々は、アリストテレスの一般と個別の関係に関する論述の中に、厳格規則主義が成立する理論的可能性を見るのである。

　しかしながら、アリストテレスは、無条件に法治又は厳格規則主義を主張しているわけではない。アリストテレスの考える法治は、「二通りの意味を含むものでなければならない。すなわち、すでに成立している法律が普遍的な服従を獲得し、そして、皆が服従する法律もまた、それ自体が良好に制定された法律であらねばならない」[156]。それ故、良好な法律は、法治の基本的な前提である。しかしながら、事物の一般性と普遍に基づいて成立し得る法治は、事物

の個別性と特殊に直面したとき、困惑が百出するであろう。法律はそれがために悪法となるが、このような現象は、アリストテレスの理論体系によって受け入れられ得るものである。アリストテレスは、何か普遍的で、絶対的で、永久不変の善というものが存在するとは全く考えていない。〔むしろ〕アリストテレスは、「一般は個別の中に存在し、善それ自体は個別の具体的な善の中に存在するに過ぎない。善は異なる対象、異なる関係、異なる条件、異なる時・場所にあり、その現れ方も異なる」と考える[157]。まさに個別性が一般性の中で頭を出していることがよくあるが故に、法律を各の具体的な場合に良法にするために、アリストテレスは、プラトンの方に一歩近づかざるを得ず、「完全に成文法によって統治されている政体は、最も優れた政体ではない」ことを認めるのである。「その理由は、法律は少しばかりの通則を決めることができるだけであり、余すところなくすべてを整えることはできず、つまり一切の細則を規定して、あらゆる問題を中に含めることはできないからである。そして、一つの都市国家の事務はまた、非常に複雑にして、しかも常に目まぐるしく変化するものである。法律は、適時にこの需要に適応することはできない。従って、個人に、理智に基づいて、法律の改正と補充を含む国家事務を処理させなければならず、それは法律の改正及び補充を含んでいる。『人』は依然として効力のあるものであり、完全に否定するべきではない、ということが分かる」[158]。ここに我々は自由裁量主義成立の理論的可能性を見る。法治の中で、人は依然として効果がある。法治は必ず一定の人治の行為で補充しなければならない。これがアリストテレスの結論である。一般性と普遍の王国の中で、厳格規則主義の花は争って満開になることができ、個別と特殊の王国の中で、自由裁量主義の花もしおれているべきではない。アリストテレスの知恵は、まさに、物事の性質によって移転する厳格規則主義と自由裁量主義の共存条件を確定した

点にある。アリストテレスは厳格規則と自由裁量の結合に基づいて衡平法の主張を提出した。司法のとき、法律の規則正しい普通性と剛性は一部の事件の中で正義でないことを招くが、衡平法という方法を使って解決することができる。アリストテレスは衡平法を「法律がとても原則のため具体的に具体的な問題を解決することはできないときに、法律に対して行う一種の補正である」と定義する。法律が考慮するのは多数の事件であり、また、典型的で一般的な状況である。しかしながら、法律は特殊な情況に対して説明することができず、独特な事件の中でいつも公正なことにならない。もしこのような状況があったら、裁判官は法律の字面の意味に背離することができて、立法者の立場からこの情況に対してどのように処理するのか考えることができる。そして、このような推測した立法者意図によって判決をする[159]。ここで注意しなければならない。この言葉は、《ドイツ民法典》第一次草案第1条、《スイス民法典》第1条第2項の規定といかにかくのごとく似ていることか！　これらの条文が出現する2000年以上も前に、我々は、それらの前兆を聞いていたのである。しかしながら、人間に獣性という一面がある以上は、事物の個別性と特殊に気を付けるために、ここでもまた、このような獣性という一面を法的活動過程の中に引き入れてしまうというリスクが出てこざるを得ない。では、その起こり得る危害をどのようにして防ぐのか。アリストテレスは、その解決方法を出している。アリストテレスの考えるところでは、具体的な法律規範が実施されるときに状況に基づいて変えることができるとしても、法の精神、法の原則は、いかなる状況においても変えることはできず、これを遵守及び実施しなければならない[160]。これをもって、危険な人間の要素を引き入れるが故に法治が崩壊するのを防ぐのである。

　衡平法により法律の限界性に対処するというアリストテレスの構想は、大きな影響を与え、ローマ法と英米法においてそのスタイル

が実行されるに至った。

二　ローマ法モデル

　《十二表法》の公布（紀元前451年）からユスティニアヌスの法典編纂（西暦533年完成）まで、ローマ法の時間的長さは約1,000年にもなるので、ローマ法の、厳格規則と自由裁量という二つの要素の釣り合いをとるモデルについて、一言で概括して説明することは不可能である。しかし、厳格規則と自由裁量という二つの要素の比重が異なっていることを根拠としてローマ法について期間を分けることで、我々の分析は、一つの確かな基点を取得する。一般に、始まりのときから紀元前4世紀までのローマ法は、厳格法の段階にあり、形式主義、硬直性、不変性等の絶対的厳格規則主義の特徴を有していた。ガイウスが挙げる一つの例は、このことを説明するのにうってつけである。その時代に、ある人がブドウのつるが切られたことを理由に訴えを起こしたとすれば、その者は敗訴したであろう。なぜなら、《十二表法》の中で規定されているのは「違法に他人の樹木が切り倒されたときは、樹木ごとに25アスの罰金たるべし」（第八表第11条）であるところ、原告が訴えを起こしたときに述べていたことは、ブドウのつるが切られたことだったからである[161]。厳格規則主義の厳格さは、「樹木」と「ブドウのつる」の間の属種関係[5]すら否定していたのである。更に、この時期の訴訟は厳格な形式主義原則を採用しており、当事者は所定の形式を厳格に遵守しなければならなかった。措辞、挙動、方式、いずれも規定に合致していなければならず、一つでも誤れば、敗訴となった[162]。アウグストゥスから西暦3世紀初頭までの古典時代、ローマ法は衡平法と自然法の段階にあって、以下のような特徴、すなわち、法と道徳の一致性を強調し、本質を重視して、形式だけを重視するのではなく、法の精神に注意を払うのであってその文言にではない、等々の特徴

を有していた[163]。この時期に、ローマ法は、厳格規則と自由裁量の結合を実現し、そして、このような状況がユスティニアヌスの法典編纂まで続いたのである。

衡平法の時代に、ローマ法は、厳格規則と自由裁量の結合を通して、法律の限界性をいかにして克服したのか。〔ここで〕説明しなければならないことは、ローマ人は極めて保守的であり、氏族組織の伝統意識を保持し続け、一国一民族としての法的伝統は揺らぐことはなく、それ故、変更することはできないものであると考えていたことである。ローマは「永遠の都市」であるので、都市国家としての法もまた必然的に「永遠」のものであり、従って、「永遠の法もまた、同じく変更不可のもの」であった[164]。そのため、ローマの歴史上、旧法を一変させて、新たに作り替えた例を見つけることは困難である。ユスティニアヌスの法典編纂ですら、過去に別れを告げたわけではなく、むしろ千年以上もの間のローマ法に対して整理を行なっただけであり、創造したことの比率は大きくない。しかしながら、ローマ法は、このような保守的思想が基礎にあるが故に、社会の生活関係をうまく規律することができなかった。政治の面から見れば、ローマは、王政、共和政、帝政専権、そして帝政分権の4時期を経験した。経済の面から見れば、ローマは、農業経済と商業経済という二つの段階を経験しており、長い長い歴史の中で、このような大きな事変を経験してきたのに、敗北したことはないのである。その理由は、ひそかにローマ法を前へ前へと進化することを推し進めた一つのメカニズムがあり続けたことにあり、そのメカニズムは、社会生活の新しい要素に対する、法の抵抗力を取り除き、起こり得る強烈な革命を除去させて、少しばかりの改良を行なった。こうしたメカニズムこそ、ローマ法における独特な法の淵源の体制なのである。

ローマ法における法の淵源の体制は、多元化が特徴であり、慣習、

告示、元老院議決、民会議決、法律、皇帝の勅答、法学者の解答という7種類がある[165]。これは、ローマには7種類の立法主体が存在するということを意味している。慣習は社会共同の行為の産物であり、社会生活の動きに最も近く、これを法の淵源とすることにより、法律の取り残され現象を克服するために十分な条件を提供した。異なる立法主体の中に、階級利益における対立があり（例えば、民会と元老院）、それらの各の決定がいずれも法律の地位を取得することで、法律の階級対立という性質を軽減させた。異なる主体が異なる角度から法律を制定することで、法律の不周延性を取り除く可能性を生じさせた。ローマ法における法律の限界性の問題で、もっと重要なことは、告示（後に皇帝の勅答）と法学者の解答を頼りに解決することであり、従って、この二つの法の淵源がローマ法に対して時間とともに進歩していくという機能を実現したということは特に強調しなければならない。

（一）裁判官の告示による自由裁量の要素

告示は、主として、裁判官が就任するときに公布する施政綱領である。ローマでは、裁判官が初めて置かれたのは紀元前366年であり、行政、軍事的業務を除いて、ローマ市民間の訴訟事件を管理していたので、内国人裁判官とも称される。後に、社会の発展と経済の往来の必要に合わせるため、紀元前242年に外国人担当裁判官が置かれた。外国人担当裁判官の設置は、市民法の不足を補って、万民法を発展させることにとって、決定的な役割を果たした。それ故に、そのことは、ローマ法の発展の一道標と言い得る。従って、ローマの法学者であるマルキアヌス曰く、「裁判官法は、ローマ法の生命の音である」(D. 1, 1, 8)と。このような効果は、裁判官法が、形式主義で、硬直化していて、融通が利かない部分である旧市民法を取り除き、地中海沿岸各国の優れた慣習法を吸収して、その個人の公平な正義の観念、法的精神に基づいて、条文ではなく、衡平の

手法を用いて裁判を行うからこそ、達成されたのである[166]。まさにこうした衡平の手法の利用と外国の合理的な立法例の吸収、これこそが、ひたすら信奉し続けている長い年月を経た《十二表法》を源とするという条件下で、ローマ法が随時、対応することを可能にし、そして満足した社会生活がローマ法に対して出してくる新たな要求が、それを絶えず進化させ、世界的な法の鏡に発展させたのである。各種の資料に基づいて総合的に見れば、裁判官の衡平についての活動は、主として、ローマ法を農業社会の法から商業社会の法へと転化させることに尽力していた。いくつかの例を挙げて、この点を説明したい。

1. 裁判官が拡大訴権を創設して、債権譲渡を許した。

農業経済という基礎の上で生まれた市民法は、債権債務というものは特定人間の関係であり、当該特定人の人身及び信頼に附従することは明らかであるから、従来より債権譲渡は認められないと考えてきた。もし債権者がその権利を譲渡したならば、市民法によれば、訴権は随伴して移転することはなく、譲受人は債務者を訴える権利を持たない。しかしながら、ローマの社会経済が発展し、市場経済の構成要素が増加するにつれて、このような固着した債権関係は、徐々に、複雑な社会経済の需要に適応できなくなった。裁判官は、ついに、正式な訴権を利用して、その通常の適用範囲を拡大し、法律が未だ予見しておらず補充的救済が必要な事件に及ぼした。そして、拡大訴権を創設し、書面による書式の内容に相応する変更を加え、裁判官が裁判を行うときに譲受人を真正の債権者と見ることを指示して、拡大訴権を根拠に、債務者に対して訴えを起こすことができるようになった。現代でこれとかなり類似のものとしては、立法の性質を持つ拡張解釈の方式であり、経済生活の中で早急に解決を必要とする問題を解決したのである[167]。

2. 裁判官がセルウィウス訴権と準セルウィウス訴権を創設して、

抵当制度を打ち立てた。

　現代民法中の抵当権制度は、ローマに始まるものではなく、ギリシャを起源とする。ローマ法中の抵当権制度は、裁判官が古くからあった質権制度を改造して発展してきたものである。ローマ法中の質権は、先ず、信託質権から始まった。それは、質権設定者【出質人】に対し、質物の所有権を質権者に移転することを求めるが、質物の占有は保留する。のちに、それでは欠点が存在する故に、物の質権が取って代わった。質権者は、これにより、質物を占有する権利を取得するが、質物に対して所有権は有さない。しかしながら、これにより質権設定者の種々の不便が惹き起こされた。土地を賃貸している場合において、賃借人【承租人】は賃料を支払う担保として農具を引き渡さなければならない。しかし、農具を引き渡したら、賃借人は耕作する術がない。紀元前65年に法務官であったセルウィウス・スルヴィキウス・ルフス（紀元前106年頃‐前43年）は、ついに、一つの訴権を創設し、融通を利かせた方法を採用して、農具を引き渡さないで抵当を設定することを許した。もし期日に債務が完済されなかったら、抵当権者はその物に対する訴訟を提起して、担保として提供した物を差し押さえることができる。抵当権を保護するこの訴権は、ついに、セルウィウス訴権と呼ばれるに至った。これに続いて準セルウィウス訴権を創設し、これにより、その他の債権者が質物又は抵当物について訴訟を起こす場合に類推適用された。こうして、所有権や占有を移転しない抵当権制度が形成され、経済生活の需要を満足させた[168]。

　3．裁判官が血族の地位を高めた。

　宗族【宗親】は、市民法上の家庭の基礎を構成する。この家庭には、家父と、家父の権力の下にあるすべての自由人が含まれる。それは、以下のような者である。

　（1）主母。家父の妻であり、夫権を有する婚姻の故に、家夫の

権力下に置かれる。娘と同等に扱われる。もし夫権のない婚姻であれば、その者は依然として母家に隷属する。

（2）家子と家女。家父が合法的婚姻関係で出生した子女、又は家父が養育している子女である。

（3）夫権に帰順する〔者の〕妻（孫女と同等に扱われる。）。

（4）孫子女。息子の実子又は家父が養育している子、孫子の、夫権に帰順する妻。

　以上のこれらの人々は、家父の宗族であり、彼ら相互間には宗族関係がある。ひとたび家父が彼らを家父権の外に置いて彼らが家から脱すれば、彼らは宗族であることをやめ、それによって一切の相続権を喪失するし、後見や保佐を受ける負担も免れる。早期のローマ市民法が保っていたこのような宗族制度は、父系氏族社会の痕跡が残留したものであり、血族を排斥し、母系の親族にとって不利となる。血族は血統における関係であり、主要なものは母系の親族であって、宗族関係を脱した父系の親族も含まれる。共和政末期から（紀元前1世紀）、氏族制度は次第になくなってゆき、旧時の家の基礎に動揺が生じ、血族の法的地位は改善され始めた。裁判官は最も早くに血族は相続と後見において一定の地位があること、彼ら相互間にも扶養義務があることを認めた。すぐ後に元老院が、最後には皇帝が、この承認を行なった。544年、ユスティニアヌスは宗族を廃止し、この時から、ローマ法上の家は、ようやく、完全に血族関係の基礎の上に築かれるようになった[169]。

　例えば、市民法によれば、家父権から解放された子女は、いかなる相続権も持たず、自権相続人ではなかった。なぜなら、彼らはもはや家父の権力の下にはなく、宗族ではないからである。しかも、《十二表法》によれば、彼らは、遺産を相続するその他のいかなる根拠も有していない。しかしながら、彼らが家父の血族であることに変わりなく、そのため、裁判官は、もともと自然・公正の道の上

にいて、「子女に与える」遺産占有権を彼らに与えて、彼らの他に自権相続人がいるかどうかを問わず、家父死亡の時に彼らがその者の権力下にいたのと全く同じ状態にした170)。遺産占有制度は、このように、裁判官が創設したのであって、その目的は、不合理な古法を修正することにあった。

　要するに、共和政期には、法律は、ローマ人の法令の宝庫の中で優越的地位を全く占めておらず、ローマ人の法的生活の中でかなり制限のある範囲に及んでいたに過ぎなかった。ローマ人はその非常に珍奇な司法組織を頼みとして、訴訟手続きを法の進歩の計り知れない原動力としていた171)。この過程の中では、裁判官が決定的な役割を果たしていたのであり、このことにより、ローマ法を自由裁量主義の判例法とし、この時期のローマ法を現在の英米法に極めて似通ったものにしていた。ルネ・ダヴィドは指摘している。「西暦2世紀に、ガイウスが著名な著作『法学提要』を書いたとき、ローマ法もまた判例法であった」172)。「古代ローマ法の最も早い時期には、法律もまた、実質的には手続法であった。そこでは、訴訟の方式がこの上もない重要性を有していた」173)と。エーリッヒは、更に、イギリスの裁判官をローマの裁判官になぞらえている174)。しかし、帝政期に至って、事態は一変する。西暦130年、法学者であるサルウェイウス・ユリアヌスは、アドリアヌス皇帝の委託に基づいて、継続的に有効である当初の裁判官告示を集めて統一的で簡明な法典にした。こうして《永久告示》が編まれ、アドリアヌス皇帝の認可を経て、この告示は帝国法律の基礎の一となった。これに対して追加をするのが、皇帝だけが有する権力であり、当初の裁判官の司法職権は制約を受けていた。「法務官（judices）」と呼ばれる委任官吏が新しい法廷を構成し、法務官は、皇帝が任命した市長官（市首長）の監督を受ける175)。これにより、裁判官の衡平の立法権が剥奪され、その権力はことごとく皇帝に移される。これにより、告示

は、ローマ法の前進を推進する重要な力としての役割を停止するに至り、同じような役割は、勅令が受け持つというように変わった。ローマ法は司法経験主義あるいは司法至上から立法至上に変わったのである。司法は最も直接に社会生活に近いので、このような変化は、理論的に見れば、ローマ法を硬直化に陥らせていることになる。しかしながら、実際には、そのような結果は発生していない。これはすなわち、勅令は極めて敏捷な立法形式であるが故に、それは一般的に、まさに司法の中で出される新しい問題のために出されるからである。命令と法律という性質を兼ね備え、そして両者の利を兼ねているので、それは、すでにある法律に対してもその適用範囲を拡大若しくは制限したり、又は直接、旧法に取って代わって、別に新しい規範を立てたりしていた。それ故、それもまた、一種の、自由裁量主義の衡平の性質を持った立法形式であり、告示に取って代わって、ローマ法の前進を推進する役割を継続的に果たしていたのである。いくつかの例を挙げて、この点を説明したい。

(二) 勅令の自由裁量の要素

1. 勅令が代理制度を打ち立てた。

ローマ市民は人の代理をしてはならない。これが、市民法上の一大定理である。多くのローマ法の著作の中で、我々は代理制度に関する論述を見つけられない。ローマ法の中では、家父が完全な行為能力を有し、法律行為を行うことができるだけで、その他の者はことごとくこの能力を有しなかった。ローマが小都市であるという地理的条件と農業経済という経済的条件の下では、人々に不便を強いることはなかったであろう。ところが、ローマがヨーロッパ・アジア・アフリカといった三大陸にまたがる大帝国となり、経済が商業化して以後は、事務は夥しい量となり、旅程は遠く隔たり、家父が何事も自らこなすことは困難となった。時代が代理制度を呼んでいた。代理制度もまた、呼ぶ声に応えて出てきた。先ず、万民法の行

為上で、事務管理人を通じてこれを行なった。サルウェイルス皇帝は、勅令により、自由人を通じて占有を行うことができ、効力は家父に帰属すると規定した[176]。

2. 勅令が遺言の方式を簡略化した。

ローマ市民法の遺言の方式は極めて複雑であり、銅衡式遺言を定めたときは、7人の証人が現場で立ち会い、所定の決まり文句を述べ、所定の儀式を履践することを要求しており、そうしてようやく遺言が有効に成立するのであった。これは極めて大きな不便をもたらした。帝政時代に至り、人々は往々にして長距離の旅行に行くようになり、途中では厳格な方式化された遺言を行うのが困難となって、もろもろのことを言い残す簡易な遺言を要求するしかなかった。ルキウス・ルントゥルスがアフリカで臨終を迎えるとき、遺言であることの立証を経た小帳簿を言い残したところ、アウグストゥス皇帝の認可をもらった。このことから簡略化遺言方式の風が吹いた[177]。

以上のことから分かるように、ローマ法の異なる段階において、告示と勅令はそれぞれ、重要な自由裁量の要素であり、市民法の厳格規則の硬直性を大いに緩和させた。これ以外のものとして、法学者の解答もまた、同じような重要な役割を果たしていた。ローマ法の衡平法や自然法の段階では、特にサルウェイルス朝において、法学者の役割の故に、帝国の立法は、どの時代と比べても、一層、人情にかなっていた。この時期の大法学者、例えばパピニアヌス、ウルピアヌス、パウルスといった人々は、彼らが賛成する人道主義思想を自由に展開することができた。すなわち、法律はすべての者に対して平等であり、すべての人の生命を保護する責任があり、特に弱者と貧者を保護するという思想である。ローマ法は、それ故に、最後に一度、自己の最も崇高にして最も輝かしい一面を示したのである[178]。このような効果に達した神秘は、ローマ法学者が自己の

立法権を利用して厳格規則主義を捨て去り、法律に対して極めて自由裁量主義的な解釈を行なった点にある。ローマの著名な法学者は、次のような名言を残している。「ローマ法学の最盛期、およそ法律を解釈する者は、文字に拘ることなく、法律の精神を重んじた。」[179] これは、当時の法学者の仕事のやり方についての記録である。彼らは、このことから、市民法の多くの弊害を矯正し、法律を時代に即して進歩させようとしたのである。「古い法律と新しい社会政治状況との間に矛盾が出現したまさにこのとき、新しい解釈を用いて、古い法律を新しい状況に適用できるようにすべきなのである。」[180] いくつかの例を挙げて、この点を説明したい。

（三）法学者の解答の自由裁量の要素

1. 法学者の解釈が家子を自権者とした。

《十二表法》第四表第2b条は、家父は3回、息子を売却することを禁ずると規定している。家父が3回、息子を売却するや、その家父はその子に対する家父権を喪失する。この規定の目的は、随意家子売却罪に対する懲罰にある。しかしながら、ローマの発展が商業経済の時期に達した後は、家父が民事主体として需要をまかないきれないというただそれだけの理由により、経済生活は行為能力を有する者の範囲の拡大を要求した。しかしながら、市民法によれば、家父がこの世に生存している限り、家子は自主権を手に入れる術がない。ローマの早期の法学者は、一つの巧妙な解決方法を考えついた。すなわち、《十二表法》の規定を曲解し、家父が3回、息子を売却した以上は、家父権を喪失し、息子に自主権を与えたければ、連続して3回、息子をある友人に仮装で売り、その後にその友人がその子に自由を与えるのである。このようにやることについて、人々は、ことのほか尊重されている《十二表法》の原条文の一文字たりとも変更を加えていない。むしろ、巧妙な解釈によって、その原意と相反するような目的を達成し、経済生活の必要を満足させた

のである[181]。

2. 法学者の解釈により、一定の状況の下で皇庫財産を時効取得できるようになった。

ローマ古法は、皇庫財産は時効を以てこれを取得することはできないと規定していた。しかし、パピニアヌスの解釈によれば、皇庫が相続人なき遺産についての報告を未だ受け取っていない間に、誠信でこの財産に属する一部を買い受けた者は、時効によりこれを取得することができる。その後、ピウス皇帝の勅答並びにサルウェイルス及びアントニヌス皇帝の勅答が、上述のパピニアヌスの解釈を採用した[182]。

以上のことから分かるように、ユスティニアヌスの《法典》編纂の前は、ローマ法は、その独特な法源体制に基づき、つまり主として告示、勅令、そして法学者の解答という三つの方法を拠り所として、一つの共通の目的を達成した。すなわち、旧法規範に変更を加えるまでもなく、いわんや旧法の形式に些かも触れないという条件下でさえも、そのときにすでに変化しており、かつ今まさに迅速に変化している経済生活という条件に基づいて、多くの需要に対して調整し司法的に保護するという社会関係及び社会現象は、弾力的で簡便な原則を用いて司法の裁判実務を指導するだけで、あるいは新しい勅令を公布するだけで、あるいはまた、社会生活の要求に合致する解釈を法律に対して施すことで司法活動に影響を与えるだけで、旧法の不足を補うことができ、そればかりかローマ法の発展を推進し、新しい要素を旧法の形式の中へひそかに浸透させ、ローマ法のありさまをひそかに変えていった[183]。こうして、ローマ法の保守性と弾力性【灵活性】の統一、そして確定性と適応性【适应性】の統一が成し遂げられたのである。法律の限界性をこのように処理する、厳格規則と自由裁量の結合というモデルと英米法は、極めて似通っており、大きな合理性を備えている。このことの故に、ロー

マ法は、このように長い時間的隔たりとこのように大きな歴史的隔たりの中で、終始、社会生活に対する適応関係を保持し、保守主義という外観の下で、不断に進化を遂げ、成熟、合理化の傾向にあったのである。

大いに興味深いことは、法典編纂はいつも絶対的厳格規則主義と結び付いていることであり、大陸法系の歴史の中での2回の大規模な法典編纂——ユスティニアヌスの法典編纂と19世紀のヨーロッパ大陸諸国の法典編纂——の現実は、上述の結論をすべて証明している。このことは、私に、一定の意味での法典法と絶対的厳格規則主義とを同列に扱うことを容易にさせる。あるいは、立法者の熱狂的な自信、及びその効果としての法律の退化を同列に扱う、と言える。ユスティニアヌスの法典編纂によって、ローマ法は、その体系の中の弾力性又は適応性の要素を失い、絶対的厳格規則主義モデルへと発展変化した。このような方向の努力はユスティニアヌスの前の時代にとっくに始まっていたと言うべきである。アドリアヌス皇帝が命じ、ユリアヌスが公布した《永久告示》は、裁判官による衡平の立法権を剥奪し、ローマ法における生命の音を圧殺した。しかし、幸いにも、敏捷で弾力的な勅令が同じような役割を引き受け、ローマ法を継続的に発展させた。西暦426年、テオドシウス二世は《援用法》を公布し、明文で、パピニアヌス、ガイウス、ウルピアヌス、パウルス、モデスティアヌスの五大法学者の解釈のみが法的効力を有するとした。これは、ローマ法のもう一つの水源の流水を断ったことになる。《援用法》公布の日、それはローマ法学停滞の時でもあり、以前、かの法学が繁栄していた局面もまた、もはや存在しなくなったのである[184]。ユスティニアヌスは、その先駆者が行なったすべてのことを更に徹底的に行なっているに過ぎない。ユスティニアヌスの法典編纂の趣旨は、森羅万象を網羅する法典を制定し、厳格規則によって自由裁量の要素を排除し、裁判官のために

すべての問題に対する解答を提供して、法の淵源の一元化を実現することにあった。この挙の有害な結果は、ユスティニアヌスが生きていたときにすでに表れていた。ユスティニアヌスが編纂した《市民法大全》は、《法学提要》、《学説彙纂》、《法典》、そして《新律》という四つの部分を含んでおり、前三者は比較的早い時期に現れたものであった。それらが完成した後、ユスティニアヌスは、自分が全力を傾けて編纂したこの三つの法律文書は既存の社会関係を余すところなく包み込むことができており、新しい立法は、差し当たり、必要ないと考えていた。それ故、司法の中で、ユスティニアヌスは、ユスティニアヌスが組織して編纂したこの三つの法律文書を参考にすることを許しただけであり、ユスティニアヌスが編纂した法典に対していかなる評注を施すことも禁止し、法律に混乱が生じないようにしていた。しかしながら、優れている部分に対して、解釈性の高い評注を行うことは除外されていた。ユスティニアヌスは、「法律という太い縄によって覆われていない取引」が現れる可能性があることを認めていたのではあるけれども、そして、将来、《新律》の編纂が必要となることをほのめかしてすらいたのに、裁判官が自由裁量をもってこれを解決することを許していなかった。むしろ、裁判官は、こうした問題を皇帝に報告して解決しなければならなかったのである[185]。ナポレオンがおよそ1200年後に、これらのすべての措置をほぼ繰り返した。偉大な法典編纂者というものは総じて似ているものであり、彼らの法典は結末も似ているのである。ユスティニアヌスは、法典編纂を主宰しているとき、一時、この挙を通じてローマ法を固定化でき、一度の難事で長く楽をすることができる【一労永逸】と考えていた。しかしながら、現実生活の発展は、彼のこのような静止した眼差しは誤りであることを証明する。社会生活が発展変化の中にあるだけで、新しい立法で調整することが必要となる。こうした状況に直面して、ユスティニアヌスは、

法典編纂が完成した後に、以前の考え方を変えないわけにはいかなくなり、法典の不足を補充する道を探求し続けた。そしてついに、168の勅令を公布して、私法と関連する古い法律制度を改善した。その死後に、法学者が集成を公布し、実施した。それが、《新律》になったのである。それ故に、ユスティニアヌスの絶対的厳格規則主義は、その試みの開始後ほどなくして自ら苦い結果をなめることとなった。

　歴史から見て、ローマ法は、厳格法－衡平法－厳格法という周期的発展を経てきた。ローマ法モデルの変遷史は、我々に以下のことを教えてくれる。すなわち、自由裁量主義を適度に取り入れるとき、ローマ法は隆盛をきわめ、自由裁量主義を排除するとき、ローマ法は没落する。ローマ法が占める、現代世界の法体系という林の中での崇高な地位は、その衡平法の段階での発展が打ち立てたものなのであって、これは、争いの余地のない事実である。第二次厳格法がローマ法の衰退を惹き起こしたが、しかし、19世紀のヨーロッパ大陸諸国が折あしく継受したのは、第二次厳格法時代のローマ法であった。これは、歴史の不幸である。ラテン民族の衡平法の伝統は、自分達の子孫が継承することはできず、むしろ、ゲルマン民族の後裔が継承したのである。

三　英米法系モデル

　英米法系はイギリスが発祥地であり、しかも英米両国は、法の根本的な面において異なるところがない。それ故、英米法の一般的問題に論及するときは、イギリスの状況を説明すれば足りる。イギリス人は「世に隔たられ、文化や知識の注入が遅いわりに、古の知識が長期に亘って世界の中心になっていたローマが集めたのと同じくらい豊かである」[186]。それ故、アリストテレスの衡平法の思想は努めて吸収する古代文化の一部としてまちがいなくイギリスに影響を

与え、今も発展を続けている。ボーデンハイマーは、イギリスに貢献するエクイティをアリストテレスなりの長期に存在する法律の問題という難病を治す薬と称える[187]。これはまさにイギリスのエクイティとアリストテレスの理論の歴史との関係を示している。

(一) 法律の目的が合わないという問題を克服するための試み──イギリスのエクイティの誕生

イギリスの普通法は、訴えを中心とし、この体制の下で、当事者がどの状況で訴えを通じて法廷の救済を得られるのかが、徐々に法律の核心問題となっていた。イギリスの早期の制度に従えば、権力を守りたい当事者が訴え開始の命令状を根拠にすると規定されている。これは大法官が国王の名で下した命令であり、被告人がその指示を従い、及び命令を拒否するとき、法廷で答弁する義務を持つ、県治安裁判官で執行する国王命令状である。12世紀中期、ある種の定型化した開始命令状が現れた。当時、王室の法廷と地方を司る権力者の法廷が共存しているという状況で、開始命令状の増加は前者の管理権力による後者の侵略を意味し、地方権力者がそれに強く反対していた。国会の中で彼らを代表するものが1258年の《オックスフォード条例》を制定した。大法官の国会の許可抜きで政事慣例という形で新しい開始命令状を発行する権限を禁じた。その禁令への不満が1285年の《第二ウエストミンスター条例》の生成をもたらした。その条例はこう述べている。「もしある事件が命令状を得られた場合、同一の法律で同様な救済を与える同じような事件が命令状が得られていないときは、類推原則で命令状を与えることを許可する。」[188]それは実際に「同様な状況は必ず同様な処理」という原則を基にして、さらに新しい令状を打ち出して、王室法廷の管理と救済の範囲を広げた。ただし、条例の実効性は限られていた。なぜなら、この条例で救済を得た事件は少数の事件である。14世紀頃、法廷の態度は12-13世紀に比べてさらに控え目になった。元

第七章　民法基本原則が法律の限界性を克服する機能の研究（上）

にある原則を遵守するために、大法官が調印した新しい令状であろうと、認めるのは困難である。そのせいで、大法官が簡単に令状を出さないようにした。こうなると、令状の形が明らかに固定化され、実質的な司法拒否でも起こったことがある。権力に相応な令状が備えず、つまり保護されていないため、多い権力が法律の保護を得られない局面に落ち込んだ。

　危うい局面を乗り越えるために、権力を持ちながら、相応な令状がないため救済を得られないものらが「公平」、「正義」の源である国王に願い出た。彼らが考えるところによれば、司法上に問題があることで、正当な救済要求が拒まれるようになった。「天帝の博愛と慈悲を探るために」、私達はこうやって国王に救済を請けるのである。このような請願書が日々多くなり、遂に国王が大裁判官にこの種の案件を処理する命令を下した。これに応じて、僧侶たちをメンバーにするエクイティ法廷を設立し、一般的法律の煩雑な手続きに拒まれた案件の当事者が司法救済を得られるようになった。エクイティ法廷の設立が重大な出来事として、歴史に刻まれている。ローマ法の中に外事裁判官を設置すると同じ意義を持っている。「ある比較法学者はかつてこう述べた、もし英国はエクイティ法廷を設置しなかったら、今の大陸法系は普通法系とあまり変わらないものになっていたのである。」[189] 令状のない事件に司法救済を与えることはつまり、普通法での手続きの煩わしさがそれなりに減っていたのである。従って、英国でのエクイティは、まず煩雑な法律手続きを緩和するために生まれたものとみられる。

　実際に事件を審理するときは、エクイティ法廷が道徳法廷というイメージで活動を行う。言い換えれば、大法官が各種の事件を審理するときに、厳しい規則でではなく、事件の具体的正義性で判決を下す、これは「非法律性裁判」である。ジョン・サルドーは彼の書いた著作《卓上の雑談》でこう述べた、「普通法には尺度がある、

一方で、エクイティでは大裁判官の足の大きさで測る。」[190)]これは、エクイティ法院が審理活動を行うときの特徴を鮮明に表した。実体から見れば、エクイティは極めて自由裁量主義に近いものである。大法官の位は僧侶、特に国王懺悔師である僧侶たちが務めることに関係がある。彼らが天使と見られ、防ぐ必要がないと思われるかもしれない。エクイティ法院がエクイティを基にして活動を取り込み、徐々に法律規範化、系統化、技術化を実現した。しかし、自然な正義、最大限の公平という指導理論が終始に変わらなかった。表に道徳の色が強まったのだが、裁判官の自由裁量権が広く認められているのも事実である[191)]。ここからしてみると、エクイティは確かに一般的法律の厳しさを減る役として努めている。以上をまとめれば、すなわちエクイティの誕生によって、一般的法律とエクイティを内容にした二つの法令作成システムを作った。これはローマ法律の中にある市民法と裁判官法の二元法令作成システムと似たものである。人間の要素で規則の要素の不足を補う、一般的法律の厳しさを効果強く緩和しながら、公平な方向に発展することを促した。法律間が相容れない性質を克服するという目標に一歩踏み出したのである。

(二) 確定と弾力の統一[192)]

　一般的な考え方では、英米法を使用する国々も法律の確定性を認めている、法律が可能な限りで民衆がすでに持っている権力と義務を知らせて、人々が行動する前に、この行動がどのような法的問題をもたらすのか、事前に十分な考慮をさせる。しかし、「確定」された範囲には一定の制限がある。これはすなわち、「確定」は必ず可能でなければならないことで、それに「確定」は幾つかの重要な法律原則の一つに過ぎず、他の法律原則に衝突するときもある。「確定」はとかく、変通が利かないを意味しがちだ。すでに「確定」された法律で状況の変化した、あるいは特殊な事件を解決するとき

に困難が生じる。英米法では、確定性が弾力性に対立する法律原則の一つとして存在し、お互いを制限するのである。これに比べると、大陸法には、「確定」が最も大事な法律原則とされている、弾力性はただ裁判官が自らで法律を作ることを防ぐための複雑なプロセスにある幾つかの問題を解決するため、たまに使うものに過ぎないのである。以上をまとめて見ると、大陸法は法の確定性のために弾力性を捨てた一方で、英米法は確定性と弾力性を両方同じ程度で見ているのである[193]。

英米法系モデルでは、マクロ的視点から見れば、法律の確定性と弾力性は、それぞれ判例法と制定法で責任を持って果たしている。しかし、細かく探ると、判例法と制定法もまた広い視点から見た印象と正反対の効果を持っている。判例法と制定法が各レベルで果たす機能が、法律の確定性と弾力性を調和する二重調和システムを構成した。

マクロ的視点から見ると、判例法が法律の確定性を載せるものと思われていなから、制定法が法律の変通性を保つ役として務めている。まず、判例法に集中してみよう。これは法律で実の問題を解決する過程で生み出され、先例に従うという原則で適用されている法律である。13世紀まで遡ると、裁判官はすでに昔の判例を引用して判決理由を述べるようになっていた。16世紀に至って、判例は一般の裁判所が審判をする証拠として援用されるのは慣例になった。19世紀に、現代の意義での先例で審判を制限するという原則が普通法で確立されたのである。その原則に沿うと、下級裁判所が上級裁判所での判例に制限されている。ただし、同級裁判所の判例には制限されていない。この状況で、裁判所が事件を審理するとき、以前での同じまたは似たような事件の判例も考え範囲に含まなければならなくなり、同じような事件は必ず同じく処理する。同時に、上級の裁判所の判決が下されたならば、そこに含まれた法律原

則は最も普遍的な制限力であり、下級の裁判所及び上級の裁判所自身もこれを遵守し、適用しなければならないのである。この方法を通じて、判例法が法律の確定性を守るための堅い礎を見つけて、より強くなった。判例法を決定する原則の多い一部は、今でも具体的な事件を分析し出たという特性があり、したがって、あらゆる状況に覆えるとは言い難い。ルネ・ダヴィドの考えでは、英国法でのlegal ruleは完全に大陸での「法規範」の直訳であるのに、精確さに欠けている。legal ruleは、「具体的な事件を解決するために提出したものであって、高いレベルでは適用しない、こうでなければ英国法はきっとひどく歪めて、理論を根拠にする法律になるであろう。」[194] 英米法においては、「誰であろうと、自分が犯した過ちで利益を得たりするのは許さない」[195] のような言葉がまさか法律の原則の一つになったとは、大陸法の角度から見れば、このような原則の適用範囲がさすがに狭過ぎるのである。しかし、判例法の適用範囲が狭い故に、この中に含んだ意味がより精確になり、解釈の余地が小さく、法律の明確性を保証し、英米法に厳明の規則を持つ一面を添えた。

　制定法について言えば、制定法とは、改革するのに最も直接なすべであり、法律を今の社会ともう一度結びつけるという大役を果たしている。英国での歴史上で制定法が数多く作られた時代もあるが、数が少ない時期もある、制定法が盛んな時代は、改革精神の旺盛に伴うものが多い。最盛期とも呼ばれる時代は三つある。すなわち、一が中央集権化の封建国家の始まりの時期、つまりウィリアム一世からエドワード一世までにあたり、いわゆるノルマン朝と古代王朝の時期である。二は教派的な革命時期、つまり封建国家から現代資本主義へと切り変わるトート王朝の時期である。三はフランス革命が中心となる自由民権運動の時代、工業革命時代である19世紀前半、及び自由放任主義型経済から独占主義型経済へと転換す

ることが特徴となっていた19世紀後半から現代に至るまでの時代である[196]。この三つの時期以外では、立法の妨げが少なく、法律の変化は主に判例法で一歩一歩実現させている。歴史の発展から見れば、制定法が法律の弾力性を守るのに判例法が変えることができない役割がある、後者には法律の弾力性を守る作用もあるが、大規模な法律変革には、その作用が小さい。時々、判例法が先例及びそれを元にした原則を尊重すると言う原則の不適切強調によって、より保守的、頑固的になったのである。「判例への尊重を強いられることこそ、司法成果が逆に法律を縛る縄になった原因である。」[197]「権威のある判例規則が法律の安全性を守る角度から考慮されているが、人々が不公平への恐怖に先手を取られた。」[198]それ故、1966年7月26日、英国の上議員会はやむをえずに先例を遵守するという原則を条件付きで放棄し、法律の一部の確定性を犠牲に、もっと具体的な正義と弾力性に引き換えたのである。民衆への宣告はこうである、すなわち、「上議員会での貴族たち……先例への拘りは特殊な状況で、不公平をもたらす可能性があり、健康的な法律発展への妨げにもなりかねない。従って、彼らはこうアドバイスした、今ある慣例を改正する、本院がすでに判決した事件の法律効力を認めながら、今、又は未来で起きる事件がもし正確なら、前にある同じが似た事件の判決慣例に背くことを許可する。」[199]判例法に比べると、制定法が古い規則に囚われず、いつでも国家機関で作り上げ、改正及び廃除が可能である。そのため、制定法が英国での次々の法律改革で、法律価値を守る重要な手段となっている。

　細かく分析すると、判例法と制定法は普段、人からのイメージと違った役を演じている。先ず判例法に注目しよう、判例法が法律の弾力性に与える作用は次の三つの面がある。すなわち、

　（1）英米法理論では、裁判官の役割が法律の設定ではなく、すでにある法律原則を発見、宣告及び適用すると唱えられている。

18世紀のブラックストンは権威のある《英国法解釈》で、「判決が下った事件の法律原則を守るのは裁判官の義務である。」[200]ロディエもまた、「イギリスでの純学説の理論に沿うと、裁判所が法律を制定する役割があるというのは始めからないのである、裁判官はただ、すでに存在する普通法を多くの人々に知らせているのである。」[201]英米の裁判官が立法権があるという間違いが未だに流行っている。しかし、新しい状況が出てくると、裁判官がこの状況に適用する法律原則を指摘する権力と義務が付いている。英国での判例法がそれほど膨大な、規則正しい体系を持つのも、この途絶えずに新たな法律原則を発見し、宣告する過程で徐々に発展してきたからである。故に、英米法は大陸法と同じく、裁判官が法律を設定する権力を認めない。しかし、新しい状況を対応するために、裁判官が法律を設定する権力も要求されている。もしすでにある判例が新たに起こった状況に対応する規則を提供することができないのであれば、裁判官が新しい法律を設定しなければならないのである。新しい状況への対応のために、裁判官が新しい規則を作ると要求する判例法が実際に、裁判官の法律創設権を認めた（これは法律発見権や法律宣告権と呼ばれるケースもあるが）、これもまた、判例法に社会発展に適するための必要な能力を与えたのである。

　（2）判例法は個別の事件で生み出され、それを解決するために特化した法律である。裁判官があらゆる状況をまとめる原則への創立を出来るだけ避けている。それはつまり、判例法は過去に向かっている法であり、大陸での成文法のような未来に向かっている法律ではないのである。

　換言すれば、判例法が未来に発生しかねないあらゆる状況を事前に規則を立てるという旨が存在しない。判例法はただの昔の経験と知恵の積み物にすぎない。あるいは、法律の周延的性質の存在が事実上、判例法に認めたのである。こうやって設置したのであれば、

客観的に、英米裁判官が過去と未来への架け橋という役になる。彼らが昔にある知恵や経験を未来での現実と繋げようとすると、かなりの創造力が必要である。これが法律の設立を第一にする体制と違って、司法を第一にする体制である。この体制の下であれば、裁判官が法律設定者の下僕という卑屈な役から解放された、法律のシステム中に果たす役割が、設定者以上、少なくとも同じである。この体制が裁判官に与えた権能で、法律を変わりつつある社会に適し、法律の不周延的性質を償うようになった。実際に、裁判での自由裁量権が英米裁判官が初めから持っている権力である。彼らが事件の事実に基づき、審判することができる。真の公平を実現するのためであれば、法律の拘りから抜け出すこともできる。法律を解釈しつつ、社会の変化に沿えるようにもできるのである。それ故、具体的な事件の対応と公平公正間の矛盾という法律上の困難を合理的に解決するのは、裁判官が自らで着手すべき問題となる。もしある事件が法律の適用に関わるとしても、英米での裁判官が事件の事実に沿えて適用する法律を調整する権力も持っている。もし制定された法律が事件に適しないのであれば、裁判官が原則に基づき、法律条文を少々改正し、事件の実情に相応しい法律にすることもできる。メインの言った道理、裁判官が擬制とエクイティ、この二つの道で法律を調整することができる。司法第一の英米法系では、裁判官はエクイティを扱う。法文の作成を第一にする大陸法系では、その権力が法律を作ることに用いられている貴重なものである[202]。英米の裁判官がエクイティ――その与えられた権力を使いこなしているのも世に知られた事実である。

（3）判例法で作り出す法律は条文化されていないため、様々な識別技術が必要である。

　裁判官が判例にある法律原則を使う及び適用するとき、必ず判例の中にある主な事実と特殊な事実、判決理由と判決傍論などを見分

け、故に裁判官が審判するとき、一定の解釈の余地があり、このことにより強い自由裁量権を獲得した。

　以上に述べた三つの面から見て、判例法が具体的な事件を審判する過程の中に限りのある弾力性を持っている。英米裁判官に自由裁量主義の一面をもたせている。社会生活が緩やかに前へ進んでいる状態で、法律を上手く社会の変化に対応できるようにした。しかし、社会変化のペースが速まって、変化の幅も広くなるとき、その弾力性が無力になり、やがて制定法での弾力性に替わらなければならないのである。

　制定法について言えば、それは、ミクロの視点では、これが法律の確定性の実行者である。判例法での影響と制約で、制定法の地位が二の次にされている。それにいつも判例法での解釈方法と規則で法律を解釈し作るため、まとまって上に、ロジェのある規範体系にはならなかった、なる必要もなかった。つまり、そうやって作り出した条文が成文法典に比べて指導範囲が狭い代わりに、より高い精確性を手に入れた。加えて、制定法での規定が裁判所で厳しい字面解釈をした後にしか完全に法律体系に入れないので、条文の意味がより狭く、逆にいうとより精確になり、法律の確定性と安全価値を守った。

　以上から見れば、イギリス法は一定の条件で判例法と制定法に別々の機能を果せ、法律の確定性と弾力性間の調和を保証する複雑なシステムを完成した。そこにある素晴らしい点はすべてを予見し、まとまった法律設定法を取らず、規則の要素と人間の要素を結びつけて、確定と変通、その両方を兼ねて、法律を一定の条件で発展を持続させ、社会生活に適するところにある。同時に一定の条件での法律変化を排除せず、法律をこのひたすら前に進んでいる時代に適しようにする。その現実こそメインが提出した法律が状況によって変化するシステムがあるという理論を育てたのである。

(三) 英米法系モデルの経験主義の基礎

　英米は、自由資本主義という経済基盤と三権分立という政治体制等、多くの面でヨーロッパ大陸と同じである。ではなぜ大陸とまるで別の法律システムが発展してきたのだろうか。啓蒙運動時代、理性主義という嵐がヨーロッパ大陸で盛んであったと同時に、英米にまで影響を与えたのである。イギリスでは、ベーコン、ベンサムといった人たちが法典編成計画を提出したことがある。米国では、同じ計画がフェルトによってニューヨークで提出された。ではなぜこの計画がヨーロッパ大陸でのように成功と実現を得られなかったのか。その疑問に解答するには、私たちが経済決定論という固い考えから抜け出して、政治要素という決定的な性質すらも二の次にし、哲学の影響を十分に探らなければない。

　厳格規則と自由裁量の結合を求める英米法系モデルと、19世紀に、ヨーロッパ大陸で盛んだった極端な規則主義を唱える法典法との大きな違いは哲学にある。大陸法系が理性主義という礎で築き上げられたとすれば、英米法系は経験主義を基にして発展してきた。「大陸法と英国法の対立は12世紀から始まった」[203]。これは、大陸理性主義と英国経験主義の対立と、時期的にほぼ同じである。文芸復興の後、中世のスコラ哲学を基にし、大陸と英国で別々の道に沿って哲学が発展してきたのである。イギリスは、ベーコン、ホッブス、ロック、ヒューム等の人物を代表にした経験主義学派を形成した。その学派は、色々な面で大陸での理性主義と異なるものである。理性主義に比べて、経験主義の特徴は四つある。

1. 認識論での懐疑主義、ひいては認識不可知論

　大陸理性主義の中にある絶対主義での認識論に反し、自分の考えが英語を使う国々の主流哲学の礎を定めたと、偉そうに思っている思想家たちが、人類の認識能力に謹む態度を取らず、楽観的な理性主義認識論に批判の声を浴びせた。ベーコン（1561-1626年）は、理

性より経験に頼る哲学者である。彼は思弁というトリックを極端に厭う。だから彼はいつも警戒している、理性が経験から離れて自ら飛んで行くということを。ベーコンはこう述べた。すなわち、「理性に翼を付けたと言って、それを縛らず自由に飛ぶのはうまくいかない。」[204)]ベーコンは人間の認識過程という複雑な、険しい一面を正確に認識した。彼は次のように考えた。人間の心の中には色々な幻想と偏見が木のように、深くまで根を伸びている。これがいわゆる「仮想」というものである。そのせいで、人の心が自然の本当の姿を見極めないようにされ、真理にたどり着くことができなくなった。彼が分析した人の心を邪魔した仮想は四つある。すなわち、一は種族仮想、すなわち人間にある全ての本性を客観的な自然界に付け加えて、主観主義をもたらす。二は穴の仮想、つまり人間が物事を観察するとき、必ずや自分の性格、好み、受けた教育、居る環境の影響を受ける。この数々が認識主体を縛る「穴」を構成した。物事の本来の姿が見えずに、人が偏見に陥る。三は市場仮想、つまり人との日常交際に、編み出した、あるいは乱れた言葉を使い、相手に勘違いをする、市場で販売者が本物を偽って混乱を呼ぶように。四は劇場仮想、考えずに人やものを尊ぶもので、もたらした間違いである[205)]。以上の四つの仮想が生まれてから、人が持っている弱点である、間の認識能力に制限をつけた。このような仮想が人の判断を邪魔しないために、経験をベースにして再認識にしなければならない。直接な経験こそが唯一頼もしい認識方法である。一方で、理性は頼もしくない。試験の繰り返しを通じてのみ、仮想を排除し、真理にたどり着くことができる。

　ホッブス（1588-1679年）もまた理性主義と対立していた経験主義者である。ホッブスはデカルトと直接に弁論したことがあり、デカルトの天賦観念論を批判した。一般的な理性主義者はみな、人の心の中にはある生まれながらにして恵まれた観念があると信じてい

る。例えば天帝の観念、永遠に存在する不変な本質の観念、幾何学定理など、人間の認識過程はだだ天賦観念に沿って展開するだけである。それ故、ライプニッツが人の心を「文様が刻まれた大理石」と例えたのもそういうわけだ。ここの「文様」は天賦観念である。理性主義をベースにする大陸法も天賦観念説を基に、演繹の法律思考法を作り出した。だが、ホッブスは恵まれた観念が存在するとは考えず、人間のすべての知識が感覚で得たと信じている。彼が人間が感覚で物事の本性に関する知識を得られると認めたが、感覚から提供された物事に関する数々の性質は、別々の運動過程が私たちの感覚器官に与えた結果で、物事の中に存しないとも解している、彼が認識論では不可知論の傾向があると見られる[206]。ロック（1632-1704年）は更にデカルトの理性主義に反対している。ロックは、人間が物事の実在的本質を掴む能力を持っていない、ただ名義の本質を掴んだに過ぎないと考える。それは、

（1）人間の感覚器官は物体内部にある細かい組織と運動を把握できない。

（2）人間は物事の間にある広い繋がりと影響を把握できない[207]。

　私たちが物事の実在的本質にたどり着くことができないのであれば、私たちの認識は名義の本質で止まるしかない。物事の実在的本質を私たちは知らない。従って、その一見簡単な観念の間に何か必然的な繋がりがあるかないかさえも分からない。因果性についても、私たちのできることは、ただ似たような物が色々な試験でどのような結果が出てくるのを測るだけで、確定的知識を得ることはできない。ある原因が必ずかつ普遍的にある結果を導き出すと断言できないのである。我々は物事の実在的本質を把握できず、観念の間にある必然的な関係も発見できないので、実体の面では、我々は確実的かつ一般的なテーマを作れないのである[208]。このような不可知的な認識論が法律の頼りである一定の行為と一定の結果間の因果

関係を設定する考えの礎を否定し、普遍的な法律を作る可能性も否定したのである。哲学の歴史では、ヒューム（1711-1776年）が不可知論者として、ロックよりもっと名の知られた人物である。彼は、経験主義の立場に基づき、人間の意識感覚を除き、すべては不可知であると信じている。「私たちの外部にある感覚器官と内部にある心の感覚によっても得られない全てのものが、観念を押し付けることは断じて許さない。」[209) 人間が操れる知識の範囲が心の中の感覚に限る、外部というのは、ただの意識感覚の組み合わせに過ぎない。従って、「私達が集中力を我が身から外し、想像力を空の外、宇宙の果てまで飛び出せるように必死だったが、実は今で踏み出そうとした一歩は、前の一歩と同じく、人間である自分を超えることができない。それに自分の範囲の狭い意識感覚に通じるしか、いかなる存在も想像できないのである」[210)。彼にしてみれば、因果関係が自然に定めたルールではなく、ある習慣なのである。因果関係が蓋然性がある、故に、「私達の意識感覚という存在、あるいはそのもの性質によって、外界から断ち切れぬ、どんどん押し寄せてきた対象の存在を因果関係で正確に推断されないのである」[211)。以上に述べたヒュームの不可知論は、未来を予見し、あらかじめ規則を作る可能性を一切否定したのである。

　「哲学者が握った抽象的概念が法律家の手中に落ちると、具体的な内容に恵まれることになる。」[212) 人間に備わった認識能力を疑っていた哲学の雰囲気の中に、英米法系の中にある判例法が未来のあらゆる可能性に予見的な規定を定めない傾向が示された。一方で、大陸法系の法典法が人類の認識能力を誇り、未来のあらゆる出来事を予見的な規定を設置し、法律の安全価値を持つ法律の設置方式を保障した。そのような考え方は英語を使う国々にとっては非常に受け入れがたいことである。フェルトの法典編纂計画への強烈的な反対者であるカーター（1827-1905年）は、次のように述べていた。「科

学はただ事実を整理し調整する術であり、実際にある具体的な事件を判決することこそが事実である。つまり存在を得た後、分類や整理が許される。例えば、判決を下した後でそれを分類し整理することである。だから、法律科学に未来の法律規則を作らせるのは、論理上では無理である。すなわち、博物学者が未知の世界での動物を分類できないように、法律家や法典編成者も未知の世界での人間行為を分類し、法律を設置することはできない。」213) ここでは、カーターがただ法律的な言葉でヒュームなどの感覚以外では不可知であるという思想を述べただけである。英語を使う国々の民の心に植え込んだその思想に通じ、カーターがフェルトの企みを打ち潰した。その企みは未来での人類行為に規則を与える法典を編成することであった。カーターの話で論証するのは少々の不十分さを感じるので、そのために他の証拠も出そう。ハロルド・バーマンは、米国はなぜあらゆるものを含む法典を編成しないのかという問題を語るとき、こう述べた。「人類の思考能力と文字で物事を論じる能力はその広い社会で起こした複雑なシチュエーションに詳しい規則を立てることができない。」214) 認識論の原因で、広い視点から見れば、理性主義を従う大陸法は未来へ向かうものである一方、経験主義、歴史主義を基にする英米法が過去に向かうものと見られる215)。

2. 帰納法という法律の思考法

周知のように、思考方法上は、大陸での哲学と法学が演繹法を支持する一方で、英米にある哲学と法学が帰納法を推薦している。帰納法への強調が経験主義を構成する重要な一部であり、またこれに導かれた必然的な結果である。感覚に与えられた事実にしか信じず、人類の認識能力が疑わしいという態度を持つ、従って、演繹法を前提にする、普遍的命題は頼りになるということを疑うのもまた必然的である。ベーコンは、帰納論理という論理学での新たな段階に登った一人である。ベーコンの考えによると、演繹の基本的方法

である三段論法がとかく証明されていない公理や意味不明な言葉でテーマを作り、研究を始めるがちで、極めて頼りがいのないものである。逆に、帰納法は科学試験、経験や事実をベースにし、偽った現象から避けるやそれを排除することに適する方法であり、唯一正確な科学方法である。彼がアリストテレスの作った演繹法に挑み、彼が書いた《道具論》という著作に自分の系統的に述べる帰納法——《新たな道具》で反論をしたのである[216]。

　ベーコンが解するところでは、正確に帰納するには、必ず試験の基礎上に三つの手順を加えなけらばならない。いわゆる「三表法」である。初めの表は「本質を集める表」で、それに与えた任務は正面から来た例証を集め及び記入することである。すなわちある性質が与えられたとき、もう一つの現象もそれに伴って出て来た例証のことである。次は「異なる点を集める表」で、これの任務は研究対象に反する例証を集め及び記入することである。三つ目は「レベル表」で、これの目的は、与えられた対象が違う程度で現れるとき、もう一つの現象もそれを合わせる程度で現す例証を収集及び記入することである。「三表法」を通じて、物事の内部まで進入し、その間の因果関係を探ることができる。しかし、帰納法に確立された原則や公理では、頼りがいに欠けていて、一般的テーマという形で提出された原則や公理の頼りがいが、新しい実験と例証でチェックしなけらばならない。その原則や公理が自身に沿って出た特殊な事例の範囲の中、すなわちすでに知られた物事の範囲内では確定されたものだが、それを超えると不確定になる。原則や公理の普遍的な形が人間をすでに理解した物事の範囲から離脱させることができるが、人間を事実から離れた幻想に陥ることも可能であり、だから、新しい実験と例証が不可欠である[217]。こうした慎んだ帰納法こそが、人々を助け、真理や認識を探索し、物事を支配する。ベーコンの帰納法は英米の思想界に受け入れられて、ヒュームとミル、ホ

イールといった哲学者まで、それを尊重している[218]。

　帰納法は真理にたどり着くもう一つの道を切り開いた。その帰納法がなぜ成立するのに成功を遂げたのは、その思考法が「科学は主に経験的であることを認めたことにある。科学は所詮、観察と実験に頼るがちで、中世紀のスコラ哲学のように権威に頼るだけで、一つの哲学体系を受け入れ、その体系に沿って社会ルールを決めつけることが出来っこないのである」[219]。帰納法の前提も一人一人の独特さを認めることにある。人々は異なる性質を持っているから、すべての人間を括る判断をするとき、慎重を尽くさなければならない。その思想は大陸での理性主義が人間を自然の法則で動く等しい機器にする思考法とまるで違う。帰納法に沿うと、必ず「人類がした一つ一つの行為が全て独特の事件である」、「すべてが同じ二つの出来事があるのはあり得ない」と思われる[220]。演繹法は人間行為の共同性を前提にする。従って、論理上は必ず規範的な調整を唱え、司法個別化を否定する傾向がある。つまり、厳しい規則を実行し、一般的正義を求めるのは避けられない結果である。その一方、帰納法が人間のした行為が異なるという点を前提にする。従って、その思考法が生まれてから自由裁量と司法個別化を強調し、全ての事件が正義に裁けるという目標を持つ傾向があるのである。普遍的命題の頼りがいへの疑いによって、厳格規則の中の「規則」が作りにくく、認め難いものになる。英語を使う国々の哲学背景を考慮すれば、そこ完備なエクイティ法律体系が発展してきたのもおかしいことではない。パウンドはこう指摘する。すなわち、「ただ適用な法律を重ねて使いこなし、個別化された傾向を排除するだけである。その個別化された傾向が果たして財産の獲得と取引の安全を脅したが、それに応じて一つの複雑なかつ細かい個別化システムが法律制度によって作り出されてきた。従って、英米法の適用は少なくとも7種のパワーで個別化されていた。すなわ

ち、(1) 裁判所がエクイティ法を使うときの自由裁量権、(2) 各種の法律基準、(3) 陪審団が情報をまとめて裁定する権限、(4) 司法適用の自由、(5) 刑罰を個別の犯罪に適用する手段、(6) 下級裁判所の非正式な司法手段、(7) 行政法廷、がそれである。」[221] 彼のその言葉は、英米法系が唱えた個別的なかつ正義の司法観念の具体的な形を述べているに過ぎない。理論上、我々は、権威のあるボーデンハイマーの哲学体系の中で、個別的な公平が法律の非正式的な淵源として存在していることを見ることができる。ボーデンハイマー曰く、「一つの訴訟事件の中で、時々、怪しい特徴のついた事実が出てくる。その種の事実はすでにある規則で裁判を下すことも適用できなければ、早めに定めた判決と比較するのも妥当なことでもない。このような事情の中では、正義を遂げるために、狭い範囲内ですでに確定された規則に背き、あるいは規則の範囲を広げるために解釈し、公平公正に当該事件を裁く。」[222] 本質から言えば、帰納法が個別化から一般化にたどり着くものである一方、演繹法はそれと全く逆の道を歩むものである。英米での判例法が個別の事件に導かれて法律の規則を作り、そしてその規則を他の個別的事件に使うので、それ故、その規則の誕生は個別的であり、使うときに各種の弁別技術の運用また同じ状況に同じ処理をすることに、個別化も含んでいる。なお、帰納法の思考方式は英米法に他の影響を与え、中にある司法経験主義をもたらした。「司法経験主義は常に、慎重に、時によって創造的な帰納法でひとつひとつの事件を処理する、それがだんだんと現れた抽象的な観念の産物では断じてない。その帰納法が創造的な法律科学を排除せず、常に外部から新しいものを受け入れて、類推の方法でこのものを発展させる。あるいはその新しいものを常にある法律の考え方と組み、一際斬新な考え方を作り出す。その新しい考え方はある観念によってだんだんと現れた結果ではなく、人々が具体的な状況を目指して、努め出した結果で

あり、その斬新な考え方が具体的な解決法に適し導く。その後ろに、他の人々も帰納を試み、より広く適用された制度さえも作り出した。毎回それをくり返すとき、我々は一つの観念が実現していることを言っているが、実は観念が事件が発生した後でのみ整理することができ、はっきりと作用を果たすものである。人々がなにがしかの要求に応じるための創造的な行為には通じない。」[223]それ故、司法経験主義の精神は、観念が事実の後でのみ生み出せるものであり、前ではなく、観念がいっぱいの帰納を試みた結果であり、演繹の結果ではない、という点にある。しかしながら、帰納法は事物の独特性を強調しすぎて、そこにある一般性への注意が足りない。それが今後、英米法を研究する理論家達の課題となる。

帰納法について論じるとき、私は、意外にも、人生論に当たる問題を発見した。英米法が裁判官にそれほど大きな司法自由裁量権を与えることは、人間性により積極的な態度を示しているのか。実際はそうでもない。英米では、経験主義の主な支持者であるホッブス、ロック、ヒュームが、人間性は悪とも主張する。ただ一つの例外はベーコンで、ベーコンは、人間が善悪二つの傾向があるとの論を主張している[224]。「人は人にとって狼のようなものである」というホッブスの名言は、人間性は悪という考え方の高度なまとめである。性悪説を礎にする三権分立理論は、フランスで誕生したのではなく、イギリスである（もしその思想の源をポリュビオスにまで遡らなければ）。フランスの現実はイギリスでの理論と現実のコピーに過ぎない。では、なぜ英米はそれにも拘わらず裁判官にこれほど大きな力を与えるのか。それを機に英米では三権分立は存在しないと断言できるのか。その問題に答えるには、英米での裁判官がどうやって現れ、どのような地位を持つかはっきりさせないといけないし、しかも理論と現実の異なる点も注意を要する。例えば、アメリカでは、連邦裁判所と三分の一の州での裁判官が政治リーダーに指定さ

れる（つまりアメリカの大統領、または各州の長官）。その上に、法律設置部門の中の一院の同意を得なければならない。米国にある三分の二の州では、裁判官が民主投票で選出される。その裁判官を生み出す厳しい制度によって、彼らの品質に明らかな欠点がないと保証される。なお、裁判官に高い給料を出し、一生採用をすることで、私的な欲望で公平公正の思考と判決を妨げることがないようになった。裁判官が生活条件面で心配する必要がないとき、彼らは正義のために力を尽くすことができる。米国での裁判官は文官ではなく、彼らが全て他の事業で目覚ましい成功を得て裁判官になった。裁判官の高い地位によって、彼らにとっては、裁判官として務めるのは金ではなく、誇りを得るためである。それが大陸法系の下で働いた裁判官の文官地位とは異なるのである。かなりの程度で、裁判官としての尊厳、責任感と彼らの知恵、自分をコントロールで司法の公正を守っている[225]。当然、これらの要素は内部から裁判官に冷静さを保つための手段であるが、外部からの制限も不可欠である。アメリカ人が裁判官に判決理由を公表させるのは、彼らの独断の行為を防ぐための第一バリヤーである。なぜなら、そのような判決理由を詳しく書かれた文書は必ずや民衆の審査と批評に浴びるからであり[226]、裁判官の権利が濫用したか否かは民衆が厳しく監督し、そのようなことが発生し得ないと保証している。なお、裁判官がエクイティ裁量権を使うとき、始終、訴訟審査に縛られている[227]。それ故、制度の設計上から見ると、英米法では、裁判官に善を促すことで道徳問題を解決させ、金と地位で、悪をする必要のない環境を与え、または外部からの制度で制約することでその問題を解決しているのである。裁判官から悪をする必要と術を奪っている。性悪説を礎にする西洋法律文化の特徴は、人間性が悪といっても、人間の使用を放棄することがない、道徳教育で人間を悪から善に変わることもしない。その代わりに、厳しい制度でその悪を一定の範囲内に

制限するのである。たとえ人間がすべて悪といっても、制度に通じ、我々がいい人にならなければならなくなる。以上で西洋法律文化の重要な一面が概括される。英米では三権分立が存在するのかという問題については、私はこう答える。三権分立が理想の形であり、制度設計者の理想と価値観を代表するものである。それ故、正統な英米法律家はみなこう伝える、彼らの国家では、裁判官が新しい法律を設置する権力がないと。そうは言っても、彼処の法律家がこっそりとその権力を使うことの妨げにはならない、それこそが現実のモデルである。現実と理想の間に距離がないと、この世界は簡単すぎるではないか。

3. 進化論的法律観

英米においては、進化論の種となる哲学が大陸よりずっと早くに芽生えていた。進化論は経験主義の必然的な産物である。ダーウィン（1809-1882年）は経験主義の道に沿って観察し、大量な素材を集めて、一切の生物が環境によって、低級から高級に変わりつつ、あるいは滅亡するという結論を出した。だが、進化論が成立すれば、当然に経験主義の内容になって、その理論の礎を強める。進化論はイギリスでは長い歴史を持っている。ダーウィンの理論が出される前に、ヘルベルト・スペンサー（1820-1903年）はすでに一つの完全で具体的な進化論学説を唱えていた[228]。彼は、メインの法律が変わりつつあるという歴史主義的考えを唱えるのに大きな影響を与えた。エラスムス・ダーウィン（チャーリー・ダーウィンの祖父、1731-1802年）、ラマルク（1744-1829年）、メイケル（1781-1833年）、サントレイル（1772-1844年）、チェンポス（1802-1883年）も生物進化論を提出したことがある[229]。ホレイス（1823-1913年）はダーウィンとほぼ同じ時に進化論を出した。その進化論が一人ではなく、多くの人も提出したのはつまり、進化論が英国民族の精神の特徴に噛み合っていたからである。進化論が自然現象への解釈の成功が、人間の

思想を生物学の階段に導いた。「物理学の定理への類推、星の運動への類推は、当時では滅多に知られていない生物学の定理への類推に取って代わられた。有機体の進化、有機体及び『超有機体』の類推、生存のための戦い、又は生きるのは強者のみであるという社会現象等が、生物社会学及び生物学の階段に止まる社会法理学の特徴となった。」[230] 19世紀末、進化論によって、人間は人類社会に対する考えを深刻に変えたばかりか、究極の目的論までも打ち壊した。今の国家でも、将来にあるユートピアでも究極の目的があるとは限らない。政治制度は生物のごとく、環境に適応しなければならず、その両方も変化しつつある。社会福祉のために、それは一歩一歩、前に進まなければならない[231]。パウンドは一層深く進化論の法と法学への影響を指摘した。すなわち、「我々はこう言える、ダーウィンがあの時代の人々に大量の単語を作り上げた上に、類推の方法も教え、思考のともしびを点け、彼のした貢献によりラプラスが初代の社会学研究者へ貢献した。」[232]「今日、法律が『進化しつつある』という概念が英米法律思想の中に深くまで潜んでいる。深すぎて、多くの法律家はそれが例えだとは思わなくなる。」[233] それ故、もし19世紀の大陸での絶対主義形而上学の法律観はラプラスの決定論の産物であると言うとすれば、英米での進化論の法律観はダーウィン学説による産物である。

進化論の法律観は、三つの要素を含んでいた。すなわち、

（1）法律を一定の環境で決まる産物として扱う。

（2）その環境は発展している。故に、法律も発展をし続けている。

（3）法律を一挙に作り上げたものとは考えず、歴史の産物であるとする。それ故に、法律の変化を強調することは過去と断ち切ることではない。

進化論の法律観から見れば、法律と文明は相対的であり、しかも、法律は一定の時間、地域の文明とは相対的で、すべての文明に適用

される一般的な法律制度と法律規則は存在しない[234]。ロジャー・コッテレルが指摘するところでは、「人間は社会的要素を抜きにして、法律を分析することができない。そうなると、法律の特徴や、法律と他の社会的現象との関係や、社会の複雑性も理解し得なくなり、法律が社会生活の中の一部であることも理解し得なくなるのである。」[235] ロジャー・コッテレルの考えからすると、経験主義を基にした法学理論の根本は、法律の性質を理解するためには、法律学説と法律制度両方を系統的に、経験主義的に分析して、法律制度とともにある社会環境に同程度の分析を加えることである。当代の法律は膨大な、ずっと変化していたネットワークであって、その中には立法規則、司法判決、命令、行政法規、権力及び自由裁量権がある。それ故に、そのすべてを分析すると、必ずや何かに縛られて、全面的にまではなれないのである。実質上から見ると、法律が社会環境に反応するものである。社会の状態は水のごとく、流れつつあるものである。法律もそれに応じて調整し、時によって前もって調整しなければならない[236]。このような進化論説の影響で現れた法律が環境に生み出され、環境に作用される観念が、社会学の法律観の種を培っている。

　社会の変動が止まらず、法律もそれに応じて変動を止めずにいる。それ故、「法律をある固定的な規範として扱わず、それを一つの変化し、発展するものとして考えなければならない。つまり、法律は過程を持つもので、静的ではなく、動的なものである」[237]。「法律秩序は、一つの秩序化された過程である」[238]。それは大陸法系の伝統的観念とは異なる。その伝統的な観念は、「法律を固定的なものとして扱い、それはすでに確定された規範と枠組みであると信じていて、一度もそれを問題と認識し、解決する過程と思われていない。」[239] しかしながら、メインの述べた通り、「社会の需要と意見は常に法律の変化より早く、前を歩いている。私たちがその問題点に

極めて近くまで着けるが、それを治すことはできない。一度治しても、再びその問題が発生するのである。」[240] それは社会前進のスピードがいつも法律より速いからである。「各種の法律規範が、法律に現れても、判例に現れても、避けずに固まったものとなり、生活に遅れる。」[241] それはいつも裁判官を両方も難しくなる所まで、追い詰める。一方で、裁判官は法律の確定性を守るために、極めて慎重な態度で法律原則を発展しなければならない。他方では、法律を大胆に創造し、社会の正義を実現する[242]。それ故、法律には二つの動き方がある。一は下から上への運動で、圧力を生み出し、変革を促す。二は上から下への運動で、結束を強め、穏やかな社会を目指す[243]。裁判官はいつもその二つの圧力を抱えている。では、どの道に沿って法律と社会生活の間の裂け目を直し、裁判官にその窮屈から逃げ出せるのか。それは、創造的司法という途のみである。アメリカの有名な裁判官カドゥーゾ（1870-1938年）が四つの裂け目を直す方法を提示した――それも英米裁判官がしょっちゅう用いる方法である――それは全て裁判官に新しい原則を作り出し、あるいは賢く旧原則を利用する。すなわち、

（1）法則の指導力で論理的推理をする。それは類推規則または哲学的方法と呼ばれる。

（2）歴史の発展状態に沿って処理する。それは進化論的方法と呼ばれる。

（3）社会の慣習に沿って処理する。それは伝統的方法と呼ばれる。

（4）公正、社会風紀と福祉の幾つかの道に沿って、すなわち現在の習俗道徳で処理する。それは社会学的方法と呼ばれる[244]。

その幾つかの方法が全て裁判官に創造的な司法権力を要求する。同じ裁判官であるハロン・ストーン（1872-1946年）もまた、こう述べた。「法律は人間に必要とされている人文的制度である。法律は目的ではなく、それを通じて目的を達成する手段であって、その地

を管理する政府が関心を持つ社会利益又は経済利益を管理、保護するためにそれを設けた。法律を合理的に調整し、社会と経済の需要を変えるしか、その目的が果たせない。」[245] なぜなら、「法律を杓子定規に実行すると正義と背くことがある。私たちの原則はどんなときでも、民衆の尊重を得られるので、それを実現するためには、弾力性を持つ法律を実行しなければならない。それは対処する状況が様々であるからである。もしいつもと変わらず法律を一筋に貫くと、必ずや私たちが窮屈な局面に追い詰められ、時によって極めて不公平の現象を作りかねない。」[246] それ故、規則の創造と実用間の厳しい限界を打ち毀す必要がある。多くの場合、両者の間に明らかな限界はない。規則を構成する本当の内容は必ず先例又は法律に与えられた規範の言葉で決まるとは限らず、その規範が司法システムで遭遇した運命が決めるのである[247]。従って、法律の動的性質はそれが法律を設置する過程と司法の過程間の接点ということからしか現れない。司法を行うときに、価値観、社会規範、団体活動や個人に配った仕事という幾つかの面で標準内容を調節し続けるしか、変革と固定のパワーバランスを保てないのである[248]。この過程では、司法技術が重要な意義を持っている。司法推理はとても重要な道具である。それを使えば、人々が日常の法律実行で変化と現状を守るために調整することができる。つまり、その道具を使えば、古い法律規則と法律制度が新たな需要を満たすことが人間にとって可能となる。外部の破壊と既存法律の歪みを最大限、制限し、法律を日々変化しつつある社会に適することができる[249]。メインの述べた擬制とエクイティーというこの二つの法律の対応方式が、ここで述べた法律推理に含まれる。

　以上のことから分かるように、進化論の影響で、英米法は先ず静的な法律観を打ち壊し、法律がそれに適し、変化すべくまた環境による産物であるという観念を発展させた。その上で、法律の環境の

発展のスピードが法律の発展のスピードより速いという観念も発展してきた。その両者の間の裂け目を直すために、裁判官が創造的司法を行わないといけないという司法能動主義の観念を作り出し、英米法はより強く法律の弾力性を強調する特性を示した。

　もし法律がそれがある環境に背いたら、それを解決するためには相応な立法又は創造的司法という二つの方法がある。法律を作るのは言うまでもなくその問題を解決する最も簡単な方法であるが、ではなぜ、英米法は創造的司法という手を選んだのか。それを解釈するためには、進化論の影響にまで遡らなければならない。進化論から見れば、あらゆる事物が歴史の中から生み出されるもので、突然現れる事物は存在しない。それ故、発展は過去と別れることを意味せず、すでにある事物の合理性を受け継ぎ、不合理な所を捨てるものである。「立法は法律を通じて政治の意志が社会の変遷に影響を与える最も明らかな方法である。」[250] しかし、それは唯一の方法ではなく、最も普遍的な方法でもない。なぜなら、立法（法典の制定も含め）は普通、過去と別れることを意味するので、もし新たな法律が発表されたら、すでにある法律規定は全て排除され、法律の発展に新たな始まりを与えるからである[251]。そのような方法は革命の好きなフランス人の精神特性にぴったりかもしれないが、進化論を信じ、それの改良に励む英米人の精神特性には水と油で、イギリス人はフランス人より伝統的要素に傾くからである[252]。イギリスでは、他の国と同じく資産階級革命が起こったこともあるが、革命の前後の法律は少なくとも表面から見れば、区別はつかない。フランスでの様子と違う。そこでは大規模な立法運動が起こったことがある。英米人から見れば、厳格規則主義の法典を制定することは、実質的には固まった、確定されたまた総合的な原則で法律の発展特性を否定するものである[253]。血と涙の時代では、社会と技術に要求され、立法の必要があるかもしれないが、一般的な状況では、彼ら

第七章　民法基本原則が法律の限界性を克服する機能の研究（上）

がだんだん前に進む法律発展方式に信じる。従って、彼らはより強く裏で変わる慣習法を唱え、コモンローを慣習法と見なしている。彼らから見れば、「法律は、つまり進化の現象で、今ある様々な変化に縛られ、歴史の中にしか理解を得られないものである」。「法律が常に源に頼る一方で、延々と成長する習慣的整体である」。「法典編纂は私法の自らの発展を阻止した——これは、その真の発展方式である——当然、立法者は法典を制定することも可能だが、国民の正義の基準は法典で書かれた規則より強く、規則外で自分の進むべき道を探すものである。もし法律が慣習だとしたら、立法者はそれを勝手に扱うべきではない。代わりに、できるだけ手を加えず、断じてそれを法典に記すことをしない。慣習がどんどん成長して行く状態では、そのまますべてを堅苦しい規則の中に嵌め当てるのは、必ずやその成長の妨げになる。」[254] そのせいで、17世紀のイングランドでは、首席大法官であったコークは、制定法を「凶猛な暴君」と比喩した。19世紀でも、ニューハンプシャーの首席裁判官は、「法典は愚かな発明である」と叱った。彼らは法廷でしか事件に相応しい判決を下せない。法廷で不適合な法律を除き、改造し、人々に喜ばしい結果を与えられるものだと考えている[255]。ベンサムの大陸式法典を編纂しようとの提案が散々拒まれるのも、ベンサムがイギリスで生まれながらも、フランス人的な頭を持っていたからである。フェルトとカーターの法典編纂問題についての論戦は、法律の根本的本質、強いて言えばコモンローの性質の弾力性と成長性について異なる意見を持ったから起こったもので、結果は当然、伝統的進化論の勝ちである。カーターにとっては、法律科学は法典編纂を無意味にする経験主義方法に見える。彼から見れば、法律は生きるもの、そして永遠に成長して行く科学である。それと法律の自然のそして正常の成長を妨げる企みを立てることとは、水と油である[256]。もしも、立法や法典編纂が歴史にあるものと現在にあるもの

の間に境界を作ることであるとすれば、進化論はそれとは逆に次のように解している。すなわち、「文明はこうやって発展してきた、つまり既に存在する文明の中に新たな文明の種を発見し、新観念が古い観念を取り替えしているうちに、旧文明から新たなの価値観を見つけ出してきた。そのため、法律の歴史にある創造的要素を認めざるをえず、そして古い要素を勝手に拒むことを控えるようにする」[257]。それ故、私たちが全ての問題を一回で解決できる方法を見つけ出す考えは諦めるしかない、その代わり、建築物の観点から出発し、問題を考える。法律という建築物は人間が自分の欲望を満たすために作り上げたもので、その後、人類が繰り返してそれを修理し調整する。範囲を広げ、日々膨らんでいる人間の欲望と変わりつつある社会のファッションに適そうとする[258]。立法ではなく、司法技術でも、古い要素と新たな要素に架け橋を作れる、他の道を切り出す必要がないのである。ルナの観点によると、法律は変化する社会に適応させることができる。故に、自分の形式は構成を変える必要がない。もし法律の役が根本的に変わったとしても、法律という概念を昔のままに保つことができる[259]。そのような効果を出すには、解釈という方法が使える。解釈というのは、立法者の意図を察することではない。ドゥオーキンの考えでは、法律の解釈は新教徒に匹敵する態度が必要である。法律は教徒の聖典ではない、法規や憲法を定めた者たちの「最初の目的」が永遠に変わらず、最高の解釈を求めることではない。逆に、法律が公衆に尊ばれ、信頼されるときに、どのような法律を信頼すべきか、今はどのような原則が必要なのかをしっかりと考えることで、法律に最善の解釈を与えられるのである[260]。それ故に、解釈は類推と法律の運用で法律を発展する[261]。これはつまり、裁判官が立法者の法律に発展を与える任務を分けてもらったのである。だから、法律が規則を設置するだけではなく、それはただ法律にある一部に過ぎない。司法も同

第七章　民法基本原則が法律の限界性を克服する機能の研究（上）

じく極めて大事な部分である。それには法律を裏で移し変える役目がある。こうやって、現代の英米法の中の法律概念は、極めて私たちの「法律秩序」の概念に似るようになる。そのような法律が何を規定したのかを重視せず、その規定が特定の状態での合理性をどうやって実現するのかを大事に考えるのである。英米人は裁判官の裏で規則をちょっぴりと調整する行為が好きである。英国の有名な裁判官であるラドクリフ（1899-1977年）が言うには、「法律の発展は発見が難しければ難しいほど、人々はそれを尊重するものである。」[262] 以上のことから分かるように、進化論の影響の下、裁判官の能動的活動を通じて、英米では一種の歴史主義的法律方法が発展したのである。

　英米の有名な法学書類の中には、アメリカで名誉を誇る裁判官であるホームズ（1841-1935年）の言った一言が繰り返し引用され、名言として扱われている。ここでは、その一言を私に使わせていただき、英米にある経験主義法律観念のまとめとしたい。1887年に出版された《コモンロー》のまえがきで、ホームズは次のように記した。「法律の命は論理ではなく、経験である。人々に支配する法規を確定するときに感じた時間の必然性、流行っている道徳理論と政治理論、社会政策で認められた、あるいは無意識の直感的知識と裁判官が民とともに持つ偏見が、演繹推理に比べてはるかに役に立つ。法律に通じてその国の長年に渡る発展歴史が現れる。私たちがそれを単なる数学教科書の中の定理みたいなものとして扱うことはできないのである。」[263] ここで、ホームズは、大陸法と比べて、英米法の経験主義的特性を明らかにした。大陸法では、法律の命は確かに論理である。単語から見れば、ロゴス（Logos）には理性の意味も含まれているし[264]、論理も確かに理性による産物である。それ故、ここでの論理を理性として理解することにしよう。三段論法が論理体系の中に特殊な地位を持って、ロジックとほぼ同じ意味を

持つ単語となった。理性主義も三段論法もちょうど大陸法系の特徴を示すものである。パウンドも大陸法の中の論理的要素に自分なりの意見を述べた。「19世紀の分析法学者達はすべての法律・律令が一種の論理によって作り上げられたもので、内容もその論理とぴったりあてはまっていると述べた。彼らは、自らの分析で、その論理にたどり着くことができると信じ、一つの法律を実行する過程で起こり得る全てのことをできるだけ解釈できる方策を作り上げ、そして、その方策の論理と一致していない部分に評判を与えた。それは一種の法律の性質を保ちながら、法律の変化に順序良く進められる道を与える方法であり、その方法が科学で、一度重要な役目を果たすときがあったのである。」[265] しかしながら、その方策の根本的な欠陥は、一致していない部分を排除することにあったので、その方策を適用するためには、論理での譲歩をしなければならない、したがって、特殊事件の不合理的な解決が一般的正義を保つための代価と考えられた。それに、その方策が周りの環境と離れた自在のものであり、その状況での法律が環境に制約せず、独立的また静止的に存在するものと考えられた。なお、「論理を運用し推理するのは法学研究に貫くもので、直感と悟りが人間の認識過程の中には極めて重要な役目があるが、それが完全に推理に捨てられることもまた事実である。」[266] 経験主義法律観から見れば、「論理は法律の発展に役立つ唯一の力ではない。それが過大評価されるのは、人間の幻想によって生み出された確定的な、また穏やかなことへの渇きを満たしたからである。だが、確定は幻であり、安心で生きるのは人間の定めでもないのである。」[267]「法律はいつでも、おおむね、当時、便利と考えたものであり、人があれやこれやと経験したものが法律になっていて、法律を判断する基準がその法律が生み出せる効果がどの程度にたどり着けるかのことなのである。」[268] 法律は論理と教条主義的方法に従い、物事を解釈し、他の事実と関連することので

きる完全的な原則と観念だが、時々、法律が社会からの様々な不規則的な要素に影響されるものであり、また歴史の産物でもある。人間はそれをうまく把握することができない。裁判所が事件を一つ解決したあとでのみ、私たちがその事件に関する法律が何なのかを知ることができるのである。それ故、その前に、法律はただ裁判所に実際のすべきことの預言を提供する役に過ぎない[269]。少なくとも実際の生活の中には、法律が抽象的な論理に見られる以外に、主に社会体験として扱われるのである[270]。もしただ論理という視点から法律を研究し適用するならば、法学が「機械法学」になりかねない。経験主義の思想に応じ、行動に通じて法律を研究し、本中の法律より、生活に役立つ法律に専心する。法律を適用する過程の重要性を強調し、代わりに、法律規則の論理の運用を重視せず、行動を通じて法律を発見し創立する。彼らはこう考える、「人類の進歩は一見公正に見える先輩に証明された推理で実現するのではなく、試みと誤りの繰り返しという険しい過程の中で得たものである」[271]。パウンドはホームズの学生であり、経験主義の法律観の発揮者でもある。彼から見れば、裁判所または審理するもの達の経験が法律を構成する原理の源である。経験が裁判官が社会の環境から得た印象であり、つまり「法律は知識と経験の集めである」[272]。社会の発展は法律より速いが故に、社会生活の中の全ては、法律が覆いかけられない。裁判官が法律に縛られるわけにはいかず、創造的な司法運動で、社会の歩幅に追いつくべきだ。「裁判所には、裁判に必要な法律を改造する責任がある」[273]。

　しかしながら、ホームズは法律が経験だと言っているのではない。法律の命が経験に基づくものだと言っていたが、法律に含む論理は一応認めている。だから彼はこうも述べていた、「私は裁判官が法律を設置することを認めている。そして彼はそうするべきだと信じている。だが、それをするには、法律の裂け目を直すときにし

か許されない。彼らの権力はこうやって厳しく縛られているのである」[274]。彼は裁判官の法律の設置権力に範囲を設けることで、自由裁量と厳格規則を統一することができたのである。

以上に述べたホームズの名言は、鋭く英米法の精神をまとめることができ、大陸法と英米法間の対立が論理と経験の間の対立であることを私たちに披露した。厳格規則と、厳格規則と自由裁量の結合——その二つの方策の対立は、理性と経験の対立に基づくものである。今後、大陸法系で起こる様々な変革は、全て経験主義と関係があり、英米法の変革もまた、論理という要素と関係があるのである。

(四) 演繹法への接近——英米法の法律モデルに関する理論

法のモデルとは、簡素化され、または抽象化された法という社会現象の形、人間が法律が何なのか、あるいはどんな要素で構成されたのかを説明するために使う概念である[275]。英米の法律モデルについての理論では、最も討論すべきものが二つがある——パウンドの法令−技術−理想モデル理論とドゥオーキンの規則−原則−政策モデル理論である。それらは英米法が演繹法から何を得たのかを反映している。

パウンドは法律を一つの秩序として考えている。そこには法令、技術と理想の三つの成分が含まれていて、成分の間には、権威の持つ法令が権威を持つ伝統的思想に基づき、あるいはそれを背景となり、また権威の持つ技術でそれを発展し運用する、という関係がある。

律令の中には規則、原則、概念と基準が含まれている。規則とは一つの確定的な、具体的な法律結果に一つの確定的な、具体的な事実状態を持つ法令を与えることである。原則とは、法律を推理するのに権威の持つ出発点である、事前になんの確定的な、具体的な事実状態も仮定せず、確定的な、具体的な法律結果も与えていないが、法律推理をするときには必ずそれを使うものである。法律概念

とは、色々な状況を受け入れ、法律で確定された範疇である。例えば、信託、共同経営等。様々な原則と範疇は私たちにできるだけ規則の少ない状況で働き、そして今での法律に記されていない新たな状況を対応できるようにした。基準とは、法律に定めた行動の範囲である。その範囲に超えないのなら、人間が自分のした行為で起こした一切の損害は、法律上の責任も一切取らないことを許すものである。例えば、「相当な注意」という基準である。基準は法律に行為のルールとして、弾力性を持たせ、個別の事件にも適用できるようにし、法律の普遍性による損害を減らそうとするものである[276]。

いわゆる技術成分とは、法律の規定、概念を解釈し、適用する方法で、また権威の持つ資料の中に特殊の事件を審理するときに基づく法律を探す方法である。技術はまさに英米法系と大陸法系を区別するもっともな要素である。英米法系では、一つの制定法が規定範囲内のあらゆる事件に一つの規則を与えるが、それを類推する基礎を与えず、裁判所での判例に頼る。大陸法系では、法律の条文は裁判官が推理するときに使う直接的な道具である[277]。理想とは、判官が未来に向かい、法律規則を探り、解釈し、事件に使う方策である。立法者が法律を作るときにそれに導かれ、法律学者達が創造的方法を練るときもそれに指導されている[278]。理想は、最終的に一定の時間と地域での社会秩序の模様としてまとめることができる。その社会秩序は何か、社会をコントロールする目的は何なのかといった法律伝統である。理想は法令を解釈し、適用するときの背景であり、特殊の事件の中には決定的な意義があるのである[279]。

パウンドと同じく、ドゥオーキンもまた、法律がただの規則ではなく、原則と政策も含まれると解している。だから、彼の考えている法のモデルは規則、原則と政策三つの成分が含まれているのである。彼に呼ばれた政策というものは、「あるルールである、それに

規定された実現しなければならない目標は、一般的に言うと、社会の経済、政治あるいは社会特徴にある幾つの問題を改善することに関わる。」彼が称えた原則とは、「遵守すべきルールであり、それをこう定義するのは、今に必要とされている経済、政治あるいは社会の状態を促し、守るためではなく、それが正義、公平の要求、あるいは他の道徳方面の要求であるからである」[280]。ドゥオーキンの考えでは、法律がただの規則としてみるのが甘く、規則以外の原則と政策にも十分に重視すべきである。裁判官が事件を処理するときには、いろんな方面で考慮する権利を持っている。完全に法典に記された条文に限定する必要がなく、論理や道徳での色々な原理も事件に用いるべきである。腕のある裁判官は、文に記された規則を研究する以外に、人間の権力を尊重する社会をベースに考慮すると、もっとも正しい判決が下せるのである。ドゥオーキンはこうした観点から出発し、規則は確定されたなもので、司法の過程では時には法律の効力があり、時にはないのである。代わりに、原則と政策こそが弾力性を持つもので、原則と政策を除けば、必ず「複雑な事件に酷い法律が出てくる」という結果をもたらし、そうしなければ、「複雑な事件に偉大な裁判官が出てくる」という結果を出せる[281]。

パウンドとドゥオーキンは、各自の法律モデル理論の中で、別々な点から出発し、同じ法律規則以外の成分を提出した。彼らは原則という法律成分を提出し、原則が推理の根本的な出発点として、司法過程の中に果たす役目を検討した。その現象がいろんな面で意義がある。例えば、両者は「法律は法律だ」という実証主義理論への反発を表し、そして法の上に据わる理想、あるいは自然法の作用を強調した。だが、司法技術の面から見れば、それらの意味が別面に当たる。

1. 両者は英米法の思考方式が演繹法へと接近することを示した。過去の経験や知識が積もっても、未来の出来事を予測できない。

経験主義の帰納法が測りかねる未来の社会現象に規則を設定することはできない。司法手続きが当事者の訴えでしか、発動できないものなので、裁判所が事件を審理することで偶然出あった事件以外の広い社会活動にルールを設置することもできない。こうやって制定した規則は必ずや全面的ではないのである。社会活動で起こり得るすべての事件を対応できるように、裁判所はあらゆるものをまとめる原則を確立する必要があり、あらゆる事件でその原則の演繹と推理で解決法を見つけ出すわけである。それ故、原則を確立することは、つまり英米法が過去に向かうものという制限を克服し、未来に向かうという性質を備えさせるためだからである。以上で述べた法律のモデルでは、もし規則が過去に積もった経験だと言うのなら、原則は未来に法律を設置するためのものであると言える。規則と原則が一つの法律のモデルの下で共存し、帰納と演義、経験と論理間の調和を反映した。そういう意味では、英米法はもう一歩、大陸法へと近づいていく。パウンドの言う通り、原則はなんら確定的な、具体的な事実状態を仮定せず、確定的な、具体的な法律結果も与えない。それはつまり、原則が抽象化であり、物事の中身を減らすことで外部に伸びる範囲を広げた。「抽象はつまり、具体的な物や事の中である備えた性質を単独的に選び出し、その性質にあるすべての経験や知識を同じ性質の持つ他の物事に用いるということである」。「もし、人間が抽象化する能力が備えていないのなら、理論を作ることもできず、経験でひと・つひと・つの物事や現象を理解するしかない」[282]。それ故、抽象化での原則はつまり物事の中に備わる同じ性質や一般的性質である。これは、原則が法律のモデルの中に姿を現したのは、理性が経験を超えていることを説明している。

2. 原則、政策や理想も、それらの範疇はあくまでも法律の変通性を増やすために提出されたものである。

　それらが司法の中の概念主義、条文主義を克服することを助け、

法律を社会の変化しつつ需要と色々な事件に適しようとし、新たな事件も複雑な事件もなおさらである[283)]。原則が法律の適応性を高めたのである。アイダホ・マックウェリは次のように指摘している。すなわち、「法典は活力を持つべきものであり、それを用いる社会の変化とともに成長しなければならない。法律と社会のこの関係、あるいはお互いに頼って生きる現象が法典を編成するときに使う物事をまとめる一般的な原則の方法で強めたのである。法典にある重要な条文の言葉使いは、例えばアメリカ憲法第5条、第14条修正案の中の『正当手続き条項』は古い原則に新たな内容を注ぐのである。従って、解釈の過程は法律を用いて変更と革新の目的を果たし、表面が変わるような直接的法律改正過程を避けることができる。」[284)]それ故、物事をまとめる原則を確立するのは裁判官の立法補充権と個別事件のエクイティ権の間接的な承認である。それが、英米の法律学者は理想の様子と現実の様子が長期的に背くことに耐えかねて、相応な理論を作り、現実を合理化させたいことを表明した。ボーデンハイマーがこの点を説明している。「未来に発生することのために事前に設けた法律は必ずや完璧まではいっておらず、紛れることもよくあるので、それ故に、司法部門は一度も自分を基本的な職能範囲に制限することなく、今の法律を論証し補う、それが裁判官に作られた法と呼ばれた法律によって実現したのである。」[285)]原則とは、裁判官に合法的に法律を作る権限を与える法律である。

3．なぜ英米法の中にある法律の弾力性を強調する法律モデル理論がアメリカで誕生したのか。それはアメリカの社会の変遷スピードが他の国と比べるともっと速いからである。従って、アメリカ人はイギリス人より法律の弾力性を強調するものとなった。

日本の学者の観察によると、19世紀末に確立された現行イギリス法中の判例法理論は明らかに法律の確定性をベースにする形式を

第七章　民法基本原則が法律の限界性を克服する機能の研究（上）

取った。その中には多少流動的な要素があるのだが、主な任務はやはり法律の確定性を守ることに置いた。イギリスと比べると、アメリカの判例法理論は、18世紀のイギリスのような相当に緩和的な形式を取った。それに、20世紀に入ると、裁判官が法律の可変性を強調する傾向が強くなった。学者の作った学説の中でも判例の拘束力に疑うという態度が明らかになった。ニューリアリズムの法律理論によって出された法律の確定性はあくまでも「錯覚」だという理論が、そういう傾向にもっともな影響を与えた。その現象の根本的な原因は、イギリスと比べて、アメリカの社会変化の方が激しいからである。イギリス人のクトハトの考えによれば、今、アメリカの判例法はイギリスと似ているが、実は大陸の判例法理論（すなわち、先例の原則に従わない判例法理論である——作者による）に近づいているのである[286]。こうした現象は必ずや相応な理論で説明しなければならない。パウンドとドゥオーキンの法モデル理論も、その需要に応じて生み出されたものである。二人は明らかに原則に頼る理論で先例に頼る理論を取り替えようとしたのである。

　ここまでの研究で、本章でようやく「原則」という単語が現れた。それは明らかに法理の弾力性を強めるために設置した機能であり、社会の激変による産物でもある。それは、演繹法の優越性と英米法がその優越性を吸収したことを反映しているのである。

第八章　民法基本原則が法律の限界性を克服する機能の研究（下）

第1節　20世紀の大陸法系モデル

　前述のように、ユスティニアヌスの法典編纂がローマ法における厳格規則と自由裁量が結合している体制を中断させ、絶対的厳格規則主義の伝統を打ち立てた。この点は、紛れもなく、19世紀に制定された大多数の大陸法系法典が継承しているものである。それ故、アリストテレスの衡平法思想は英米法の中で生き延びているに過ぎず、大陸法系の中では、それは忘れ去られている。しかしながら、歴史の論理は必ずや自己のために道を切り開くものである。19世紀後半頃、大陸法系では、自由裁量主義の要素を取り入れるという変化が生じた。この変化は、多くの面の要素の変化に影響されてのものである。

一　大陸法系における経済基盤の変化

　絶対的厳格規則主義という閉鎖的法典法に向けた最も力のある巨大な衝撃力は、経済に由来する。19世紀後半頃、ヨーロッパ大陸諸国の経済は、産業革命【工業革命】、都市化、高度危険源の出現、会社化と独占化といった一連の変化を経験した。

（一）産業革命

産業革命は、機械生産をもって手工業生産に取って代わった生産方式の技術革命である。19世紀上半期、フランス、ドイツ、スイス等の大陸国家では、相次いで、綿紡織業の機械化、蒸気機関の発明と運用、そして鉄道建設を内容とする技術革命が始まった。産業革命は発展を成し遂げたり、あるいはまさに勢いよく発展させた。19世紀半ばに至って、それぞれの主要な大陸国家は、程度は異なるが、それぞれの近代工業部門を打ち立てた[1]。

フランスについて言えば、大革命が封建的障害を取り除き、革命以後、19世紀の70年代前まで、資本主義工業生産の大発展を惹き起こし、産業革命はほぼ終わりを見た。1820年のフランスは、蒸気機関は39台しかなかったが、1848年には5,212台に達した。19世紀の50年代から60年代まで、フランスの重工業は、特に迅速に発展した。20年間で、石炭と鉄の生産量は3倍になり、それぞれ、1,346万トン、138万トンに達した。鋼の生産量は8倍になり、国民所得は2倍になった。工業総生産額は3倍になり、120億フランに達した[2]。19世紀が始まってからの75年の間に、《フランス民法典》の改正はほとんどなかったが、まさにこのような経済の激しい変化に相対して、《フランス民法典》は変革の道を歩み出した[3]。19世紀の最後の30年で、フランスの工業は94％増加し、そのうちの重工業の発展は特に速く、石炭と鉄の生産量はいずれも2倍以上に増え、鋼の生産量はと言えば、16倍に増えている[4]。

ドイツについて言えば、それは後発的資本主義国家であり、19世紀中葉以前、その経済発展の水準は、イギリス等の先進資本主義国家よりもはるかに後れを取っていた。19世紀後半期の迅速な発展を経て、ドイツの工業は、相次いで、フランスやイギリスに追いつき、そして追い抜いた。ヨーロッパで第一の工業強国となったのである[5]。それ故、《ドイツ民法典》と《フランス民法典》の制定

の経済的条件は同じではない。前者は産業革命後に、後者は産業革命前に制定されている。この区別は両者の立法様式に影響を与えている。ドイツの産業革命は三つの段階を経てきた。19世紀の30年代から40年代までが初期の段階に属する。1848年のブルジョア革命の後、50年代から60年代までの全期間は、決定的な意義を有する段階であり、工業の増大と工場式大工業が現れた時期である。1871年のドイツ帝国建国後、産業革命は、後期の段階、すなわち完成段階に入る[6]。《ドイツ民法典》はまさにこの段階で制定されたわけである。1850年から1870年まで、ドイツの石炭生産量は、670万トンから3,400万トンに増えており、計算すると5.1倍になっている。銑鉄の生産量は、21万トンから139万トンに増えており、6.9倍になっている。鋼の生産量は、5,900トンから17万トンに増えており、29倍近くになっている。1870年、ドイツは、世界の工業総生産額における割合が13.2％に達しており、フランスを上回っている。19世紀の70年代から第一次世界大戦直前まで、ドイツの工業は、一段と発展した。この期間、ドイツの工業は5.7倍になり、工業の発展速度は、イギリス、フランス両国を上回っていた。1870年から1913年までの間に、ドイツの生産手段の生産は7.5倍に上昇し、石炭の生産量は3,400万トンから27,730万トンに増加しており、これは8.2倍である。銑鉄の生産量は139万トンから1,931万トンに増加しており、これは13.9倍である。鋼の生産量は17万トンから1,833万トンに増加しており、これは108倍である。1913年、ドイツは、世界の工業総生産額における割合が15.7％に達しており、これはアメリカに次いで第二位である[7]。味気ない数字ではあるが、これらの数字から、ドイツ社会に起きた巨大な変化を想像することができる。

　蒸気機関が人力や畜力に取って代わることが一つの革命であると言うとすれば、電動機が蒸気機関に取って代わることは別のもっ

と有意義な革命である。レーニンが指摘するところによれば、「電気工業は、最新の技術成果を最も代表することのできるものであり、19世紀末、20世紀初頭の資本主義の一工業部門である。それは、アメリカとドイツという二つの最も先進的な新興資本主義国において最も発達した。」[8] 1866年、ドイツ人のシーメンスが初めての自発式発電機の開発に成功し、1878年には電動機も発明する[9]。1895年から1910年まで、ドイツの電機生産額は、7,800万マルクから36,800万マルクに増えており、5.7倍に増えている。ドイツの電気工業総生産額は、1891年から1913年までの22年間で29倍に増えているのである。それ故、《ドイツ民法典》は産業革命期の蒸気機関時代に制定されたと言うとすれば、その適用は、工業化の時代及び電気化の時代に行われたのであって、20世紀初頭に至ってドイツが工業化を実現し、電気化がちょうど迅速に実現しているさなかのことであった[10]。

　スイスはかつて貧しい国であり、人々は、外国の傭兵になることに頼って生計を立てていた。しかしながら、19世紀の50年代から60年代までの間に、スイス経済は封建的束縛から抜け出し、かなりの繁栄の時期に入り、工業が迅速に成長し始めた。1847年から1848年以降、蒸気機関を広範に使用することが始まった[11]。19世紀の90年代末から20世紀初頭まで、スイスの大工業は迅速に発展した。観光業を通じて獲得した資金の蓄積、そして国際貿易に巻き込まれたことが、スイスの大工業の迅速な成長を促進した。1906年、スイスは144の発電所を共有しており、年当たりの発電能力は154万kWであった[12]。それ故、《スイス民法典》は、工業化、電気化の基礎の上で制定されたものである。

（二）都市化

　産業革命の必然の結果として、ヨーロッパ大陸諸国は19世紀中葉から都市化が始まった。これは、都市の人口の急激な増加と農村

人口の減少と言い表すことができる。フランスについて言えば、《フランス民法典》制定時のこの国は、依然として農業国であり、農民の国家であった。農村人口が全住民中に占めていた割合は、イギリスよりも高かった。1815年のイギリスでは、100人中28人が、人口が5,000人を超える小さな市に住んでいた。1870年には、100人中57人が、人口が1万人を超える小さな市に住んでいた。それに対し、フランスのそれに相応する数字は14人と21人である。1840年から1845年までの関連する統計資料が明らかにするところによれば、その時、63の行政区域があり、3,200万人の人口がいて、50人を超える労働者がいる企業は3,200しかなく、10人以上の企業で働いている労働者は100万人しかいなかった[13]。ところが、産業革命後の19世紀末には、フランスの労働者は330万人に達している[14]。都市人口の増加は、パリを例とすることができる。1800年、この都市には54.7万人いるだけだったのに、1850年には105.3万人、1875年には225万人、1900年には271.4万人に達している[15]。1926年、フランスの工業人口は、初めて農業人口を上回った[16]。《フランス民法典》は農民の国家のために制定されたものであると言うとすれば、100年後には、都市人口の国家に直面していたのである。

ドイツについて論じるならば、1895年、ドイツの労働者とその家族は3,500万人に達しており、全国の総人口の67％を占めていた[17]。ベルリンを例にすれば、1850年の人口は41.9万人だけだったが、1875年には104.5万人に増え、1900年には189万人に急増し、1920年には402.5万人に達している[18]。スイスの都市化もまた速い。1910年には、農村人口は1870年と比べてほぼ半分に減っている。1870年の農業人口は46.25％を占めていたが、1910年には28.53％を占めているに過ぎない。1870年の工業人口は41.7％を占めており、1910年には47.78％を占め、他に11.45％の商業人口がいる[19]。ドイツ、スイスの民法典は、いずれも都市化された国家のために制定さ

れたものだったのである。

（三）高度危険源の出現

　産業革命の重要な内容は、交通輸送手段の革命である。1870年から1913年までの間に、交通運送業が近代化を成し遂げ、根本的に変貌を遂げた。主として、鉄道網の普及と蒸気船が木造船に取って代わったのである。1831年、フランスは、長さ39 kmの最初の鉄道を建設し始める。1848年には鉄道の総距離は1,931 kmに達している。1870年、フランスでは各主要鉄道幹線が基本的に完成し、鉄道の総距離は17,924 kmに達した。1913年、第一次世界大戦の直前には、フランスの鉄道は42,826 kmになっていた。これと並行して、1862年に内燃機関の建造を始める。1889年には、気化器が発明される。ガソリンエンジンの生産は、このことにより可能となった。その後、計算し難い工場主が、年々、近代化された自動車を製造していった。1898年、第一回モーター・ショーがパリで開かれた[20]。1900年のフランスの自家用車の保有台数は3,000台であったが、1905年には2.2万台、1910年には5.4万台、1913年には9.1万台に達している[21]。《フランス民法典》は水力の臼、風車、馬車の時代に制定されたと言うとすれば、その適用は、汽車と自動車の時代なのである。

　1835年、ドイツは長さ8 kmの最初の鉄道を敷設する。1848年、鉄道路線は2,500 kmの長さに達している。1870年には、18,876 kmにまで増加している。鉄道貨物輸送量は28.1倍に増加している。1871年から1914年までに、ドイツの鉄道路線は6.2万kmに増えている[22]。1913年、ドイツの自家用車〔数〕はすでに5万台に達していた[23]。1882年、スイスには、イタリアからスイスを貫いてドイツに至る聖ゴッドハード鉄道があった。1906年には、シンプロントンネルを通ってパリとミラノを繋ぐ鉄道路線が敷設された[24]。

　1890年頃、最初の飛行機が飛び、1909年に飛行機がドーバー海

峡を越え、1912年には飛行機が地中海を越えた[25]。

（四）会社化と独占

産業革命が育んだ大工業は、新しい企業組織を要求する。会社と独占の組織はこのような要求の論理的結果として現れた。民法典が法人制度を認めていないフランスでは、商法典が会社を規定した。ナポレオンが1800年に作ったフランス銀行は、株式有限会社である[26]。1857年には、六つの大会社がフランスの大部分の鉄道路線を支配していた。1830年には、有価証券の総額は、1815年の15億フランから43.5億フランに増え、1850年には、89.8億フランに増えている。これらの数字から、会社化の発展過程を窺い知ることができる。1906年には、紡織工業中の大企業に、この部門の労働者総数の52％が集中しており、製紙業とゴム工業はと言えば55％である[27]。ドイツの工業が増大した19世紀50年代から60年代までの間、プロイセンだけで、資本総額が24億マルクに達する295の株式会社が創設されている。電気工業においては、1883年に最初の株式会社が作られた——ドイツ・エジソン実用電気会社である。1896年には、株式会社は39社に増えている。1811年に設立されたクルップ社は、石炭採掘、冶金、機械及び武器弾薬の生産を一つに結び付けた大型コンツェルンであり、1913年には従業員は8万人であった[28]。1865年、ドイツにおいて初めて、カルテルのような独占組織が出現した。そのすぐ後、ほどなくして、シンジケートが現れ、また少し後にコンツェルンも現れた[29]。1907年には、企業総数の91％を占める297万の小規模企業は蒸気力と電力の7％を占めていただけであったのに対し、企業総数の0.9％に過ぎない3万の大企業は蒸気力と電力の4分の3を占めていた。そのうちの586の非常に大きな企業は、蒸気力と電力のほぼ3分の1を保有していた。1911年、カルテルの数は、550～600に達していた[30]。《フランス民法典》は自然人のために制定されたものであると言うとすれば、

その適用は、法人資本主義の時代と独占資本主義の時代においてなのである。

二　大陸法系の政治体制の変化

19世紀上半期、権力分立の学説があがめられ、憲法制定及び政治運営の模範とされていた。ところが、この合唱には、初めから批判の雑音が伴っていた。批判者の解するところによれば、三権分立（三権の区別、分離、独立）は実際には不可能であり、それは、「純理論的空想の遊戯」、「自然法学の変種」、「政治学的三位一体の神秘化」でしかない。これを有害概念であるとして廃止することを目論む者もいた[31]。20世紀以降、三権分立の概念は、ますます様々な面からの極めて鋭い非難を受けた。民主を名義とする非難もあれば、効果を口実とする非難もあった。例えば、アメリカにおいては、興味深いことに、憲法の施行が三権相互の間の「制約とバランス」を生み出し、三つの機関のいずれも何事も為すことができない状態が出現した。ウィルソンは非難して曰く、三権分立ではなく、連邦議会の優位、更にはどこかの委員会の優位、そして更に一歩進めて優位を大統領の手中に移すことである。ファシストと共産主義者は、異なる立場から三権分立の理論に向けて攻撃を始めた。彼らは、根本的に、権力を分散すべきであるというこうした主張を拒絶し、そして政府の権力を社会革命に尽力している変革の政権党の手中に集中させるべきであるという立場を堅持していた[32]。

理論上、ベンサム以来、権力分立の抑制作用に対して反対を表示し、これは実際には通用しないし、またやりようがないと考えられている。ベンサムの解するところによれば、「もし善のために権力を行使するのならば、この権力を分割しなければならない理由としてどんなものがあるのだろうか。もし悪のために権力を行使するのならば、この権力を依然として保持しなければな

らないのだろうか。」アラン・スミスは、その著『憲政制度の興亡』の中で、現代の大工業が惹き起こした深刻な不均衡について重点的に深い論評を行い、長年誉め称えられてきた三権分立制度はまもなく消滅すると公言している[33]。ラスキは議院内閣制の実際の状況に着眼し、ブラックストーンの故に神聖化された、モンテスキュー派によるイギリスにおける立法と行政の二者の関係の見解は誤ったものであると解して、この、理論と実際の食い違いという問題に対して研究を行なった。ケルゼンは純粋法学の立場から出発し、存在するのは三つの権力なのではなく、むしろ「創設」と「適用」という二種類の国家機能であると指摘している[34]。ケルゼンの指摘するところによれば、「規範の等級体系において、基本的規範は法律を創設するだけであり、法律を実施するわけではない。他の極端な個別の規範は、どのような新しい規範をも創設しない。基本的規範と最終の個別の規範を除いて、すべての法規範は法律を実施するものであり、また法律を創設するものでもある。比較的高い規範は、いくつかの専門的な『枠組み』を創設することができ、それにより法律を適用する組織が自由裁量権を享有する。それ故、立法者と裁判官には質的区別は全くなく、量的に異なる点があるに過ぎない。比較的高い規範は、裁判官について言えば、裁判官が行動することのできる範囲内での一つの『枠組み』であるに過ぎない。こうなると、法律の執行機関は同時に立法機関でもあり、このことは、法律の創設と法律の執行との間の厳格な境をなしにしているのである。」[35] ケルゼンはここで、立法と司法の明確な境を打ち破るという主張を通じて、三権分立理論を否定した。マーシャルは、その著『憲法理論』の中で、分権概念は補い難い欠陥に直面していると解しており、しかもこれらの欠陥の要点を分析したのである[36]。

実際の政治活動上、資本主義が独占段階に入って以降、資本の集

中は国家権力の集中を要求したところ、議会は人が多くて見解も多く【人多嘴雑】、国家権力の集中にとって阻害要因となった。国家権力を掌握する独占資産階級は、権力を集中させるという彼らの欲求を、人員が議会よりもはるかに少ない行政首脳部門に託している。こうして、行政権力の不断の拡大は、西欧国家における権力の運用の必然的な成り行きとなった。アメリカの大統領であれ、イギリスの首相であれ、あるいはその他の西欧国家の行政の長であれ、各種のやり方で行政権力を拡大することができる。三権分立制は、西欧国家において完全にその機能を喪失していないとは言え、計り知れない打撃と深刻な破壊を被ったのである[37)]。

マルバーク（1861-1935年）が1931年に出版した『法律──一般意志の表れ』の中で行なった研究によれば、フランス第三共和制（1870-1940年）における議院内閣制の現実の中で見られたのは三権分立ではなくて、むしろ権力と権威の集合統治であり、権力の階級制度であって、立法機関が最高権力を握っていた[38)]。この議論は、19世紀から20世紀への変わり目の70年間におけるフランス政治の現実を反映している。第四共和制（1945-1958年）の分権体制は政局の動揺を招いたこととその他の理由から、これに取って代わった第五共和国憲法の核心は、他でもなく権力を大統領に集中させることであり、内閣制を半大統領制に改めることであった。議会の役割は非常に小さくなり、実際には大統領が権力の中心となって、広範な立法権と行政権を有している[39)]。ドイツにおいては、ワイマール共和国（1919-1933年）時代とヒトラー政権時代が、行政機関が優位を占める「行政国家」であった。

表面から見ているのではあっても、こうした説明は、行政機関と立法機関の新たな関係を反映しているに過ぎず、行政立法の膨張による議会の立法権に対する蚕食を表している。すなわち、いわゆる委任立法である。ドノー委員会が提供している報告書によれば、以

第八章　民法基本原則が法律の限界性を克服する機能の研究（下）

下の六つの理由により、委任立法は現代国家にとって避けられない現象となっている。すなわち、

（1）議会の議案審議の時間は、膨大な数の法案を処理するのに十分でないこと

（2）審議するテーマがあまりにも技術化していること

（3）予測不可能な偶発的事件

（4）立法機能の柔軟性という問題

（5）立法機関に不足している試行の経験が困難を惹き起こしていること

（6）緊急権の問題に関連して、行政機関に緊急立法権を与える必要があること[40]

しかし、行政権と立法権の混淆は三権分立体制の破綻を意味し、司法権が立法権を蚕食する活動空間を残した。大陸法系の各民法典はこのような政治理論及び政治実践の基礎の上で適用されており、裁判官による法創造という結果は容易に推察することができる。行政権が立法権を侵犯するように促す上述の六つの理由の故に、すべて同時に、司法権が立法権を侵犯する理由と見なすことができるということ、これは誰の目にも明らかなことである。

三　大陸法系の国家哲学の変化

まさにヨーロッパ大陸の経済・政治面での変革の時期と同じ時期である19世紀下半期から20世紀初頭に、理性主義の発展は深刻な危機に遭遇した。これはフランス啓蒙運動の理想が水泡に帰した結果である。周知のように、フランスの1789年のブルジョア革命は、まさに啓蒙運動という理想の旗印の下で予備討議され、準備され、達成されたものである。しかし、フランス革命過程中の階級虐殺という血なまぐさい事実は、啓蒙思想家を「一切の現実のことの上にあぐらをかく唯一の法廷」と信奉した——理性——満々たる非理性

に変化したのである。ルソーの社会契約論は、ジャコバン派独裁の「恐怖時代」に、達成を見た。フランス革命後に打ち立てられた「理性国家」——資産階級国家——がその本質上、備えている階級対立、抑圧及び搾取は、自由、平等、博愛の原則に対する無情の嘲笑となり、ヴォルテール、ディドロらが讃えていた「永遠の理性」を、そしてこの理性の上に打ち立てていた「永遠の世界」を徹底的に粉砕した。これはいずれも、人々に、啓蒙思想家が唱えている「意見で支配された世界」の正しさを疑い、知識界に人間社会は果たして一般的な「合理性」の礎があるのだろうかの考えを促した[41]。それを機に、非理性主義思潮が盛り始めたのである。デカルトからヘーゲルまでの哲学は、いずれも人間の認識能力と道徳の実践能力を至高の地位に置いた。人々は認識主体と道徳実践主体という資格のみで己の存在価値を示す。ここでは人は、人格化された論理範疇と道徳規範である。理性主義は人の集中力を外部世界のコントロールに導き、理性の精神の道に沿い、道具、技術、自然科学を標識として、人間の自然支配能力をかつてないほどに発達させた。人間自身がコントロールしている社会組織、経済組織、政治組織の形と国家機関も日々厳密化されている。これと同時に、人間自身の精神生活と心の中にある要求は軽視された。現代非理性主義者ができる限り人間の主体としての個別性とやり直し不可能性を重視し、人間の心理にある非理性成分、例えば意志、情緒、直感、本能等を首位に置きながら、非理性的な心理要素が人間の認識活動と行為の決定的な役割を果たしていることも強調している[42]。非理性主義というのは、人間が理性を捨てて生きるのではなく、理性の限界性を示しているに過ぎず、人間の本質を理性と見なすことはできないというものである。人間というものは、ただの理性の持ち主ではなく、全て理性に支配されないものである。人の数々の判断と行為、特に人生として最も基本的な判断と行為は、とかく意志、感情、欲望等の「非理性

的」なもので左右されがちである。理性は推理であり、推理は前提が必要である。前提を選ぶのは、理性に頼るのではできない。理性は根本的な問題で二律背反に陥るのは避けられず、自然に人々は感情、欲望といった非理性的なもの、あるいは経験、習慣、習俗等の先入観で最も根本的な原則を選ぶものである[43]。一言で言えば、非理性主義は主観性、自由意志と個体性を強調するものである。非理性主義は西洋伝統哲学に背き、現代西洋哲学の一大支系になっている。もし伝統哲学において主導的地位を占めているのが絶対性、必然性、普遍性、抽象性、本質性及び確定性であるとすれば、現代西洋哲学の主導的地位は相対性、蓋然性、特殊性、具体性、確率性及び曖昧性である[44]。この中で特に注意すべき点は、法律確定性の根拠である一般的確定性の現代での運命である。第二次世界大戦の間、数学家リーコックはユーモラスに指摘した。科学は、哲学、神学と共に、ある葬式に参加した、この葬式は確定性の死であったと[45]。確かに、確定性の時代は過ぎ去ったのである。

　200年に亘り、ヨーロッパ大陸を支配していた伝統理性主義に反発の旗を掲げたのはカント（1724-1804年）である。カントは、初めて17世紀から18世紀まで理性主義、経験主義との揉み合いの経験をまとめ、理性主義と経験主義を合流させるのに最善を尽くし、近代認識論の中にある主体と客体、感性と理性を統一し、新たな道を切り開いた。そのお蔭で、カントは近代認識発展史上、特殊な地位に辿り着いた[46]。青年カントは理性主義者であるヴォルフの影響を受けた。後者は理性主義を極端に支持する者で、哲学的方法や数学的方法と同じく、経験で得た事実は数学の演繹でも同じく得られる、感覚から得た全ての知識を否定する[47]。それ故、青年のカントも同じ理性主義者である。1775年、カントはドイツ語に訳されたヒュームの本を読み、ヒューム不可知論に驚いた。その本の独断論の謎の夢から起こされた[48]。独断論というのは、カントの話からす

れば、ヴォルフ哲学のように人間認識能力の限界、可能性を検討せず、独断に理性認識の確定性を認め、感性認識を否定する哲学である[49]。同時に、カントはヒュームのように人間認識能力の可能性を検討せずに理性認識の確実性を否定し、感性認識を頼れる哲学として扱うのは経験論、懐疑論と言っている。カントの解するところによれば、自分の哲学は上記の二つと違っていた。カントの目的は人間の認識能力を深くまで探り、認識の由来、範囲と可能性を研究することであった。カントは認識能力、感性、知性、理性の由来と限界をはっきりさせることのみで、この世を正しく認識できると主張している。この種の人間認識能力への批判を中心にする哲学は、批判哲学と言われている。従って、カント哲学を生み出した霊感の源は大陸理性主義とイギリスの経験主義の合流を示しており、大陸法と英米法の同化が、カントの手中から生まれ始めている。

　先ず、カントは不可知論者である。カントの認識論の中で、認識の客体に自在の物と現象世界が含まれいる。認識は感性、知性と理性三つの段階がある。自在の物は感覚の源である自然界、または理性で理解することができない超感性の対象、つまり、「形而上学」の対象である。例えば、神、魂、意志である。同時に実行上に最善を尽くし、しかし実現不可能な理想、目標である。また現像は、私達の感覚器官が客観的な物事で起こした表的感覚である。カントからしてみれば、知識は二つの箇所から得られる。その一つは感覚器官が外物の刺激に得た感覚経験、もう一つはもとから理性に付いていた認識能力である。前者はカント認識論中の経験主義成分と言ってもいい。後者はカント認識論中の理性主義成分と言っていいだろう。しかしこれは、ライプニッツの「心は刺青のある大理石」という理論と違っていた。カントに定義された人間の生まれながら持つ認識能力は、人心の中に元々ある時間と空間、この二つの直観形式と量、質、関係、様式に関わり、因果性も含んでいた12の範疇で

ある。カントは時空観念を客観的な産物として扱えず、人間の心の中に備わると信じていた。カントは範疇を「純概念」と呼ぶ。それは感性対象から来るのではなく、一切の経験成分も含まれず、生まれながら人の脳中にあるものである。ここでは、カントは完全に先験論に陥った。しかしこの理論が、ヒュームが一度人間の認識を完全に感性範囲中に制限された不利の局面を打ち開け、人間が感性を超える認識能力を持つ可能性を提供した。

感性というのは、経験で感性的、直観的な知識を得る先天的な認識能力、あるいは直観形式を指す。感性の認識過程の中で、自在な物が人間の感覚器官に刺激して感覚を生み出す。それはただ混乱した心理状態に過ぎないが、時空、範疇等先天的直観形式の整理で、一定の感性対象となり、普遍性と必然性を持つ直観的感性知識に構成した。こんな知識で整理した経験材料は「現象世界」でしか効かない、「自在な物」と関係なく、「自在な物」に関わる一切の性質も映さなければ、「自在な物」の規範にもなれないのである。ここで、少なくともカントは、認識が経験から始まり、経験から離れてはいけないと認めたのである。

知性というのは、感性対象に基づき、思考を加えて、繋がりもなく、特殊の感性対象を一つ一つまとめて、規律のある自然科学知識的な先天認識能力に育つものである。知性の認識階段で、人は生まれてから心の中に備えた範疇で孤独な、本来なら何の繋がりもない感性対象に思考を加え、まとめながらそれらと繋がる、感性対象の間に関係と規律性を与えた。カントは自分に霊感に与えたヒュームの因果律の客観性と必然性を否定する考えを批判し、懐疑論の中に科学を救うと決意した。カントの考えによれば、確かに感性的な経験事実の中で一般的な必然関係は見つからない。しかし、「知性」の中には先天的に普遍性と必然性両方を同時に付いた範疇——因果性を持っている。人々はその先天的な因果性範疇を用いて対象を思

考すると、二つの事件にある経験事実を結べることができ、因果関係の判断を下し、知識に普遍性と必然性を与える。すなわち、知識範疇は自然に法を作り、自然科学に構成する。カントのその観点に沿うと、人間の認識過程は試みの繰り返しの中に、現実の経験をまとめて、物事の客観的発展規律の過程を反映するのではなく、逆に客観的な物事に規律の過程を強化し、宣告するという主観主義の認識である。しかし、カントのその考えは、ある程度、経験主義が理性主義の能動性を略するという局限を乗り切った。カントは見えた、認識をただの感性的範囲に止めるのは愚かである、感性認識で提供することができない普遍性と必然性は、理性認識、すなわち「知性」で提供することができる。しかしながら、カントの言う「知性」は、自然に法を作るある自然で、「自在な物」、あるいは人間の感覚経験に独立した客観物質世界ではなく、人間の感覚経験で構成られた「現象世界」である。それ故、知性の認識段階で、カントは「自在な物」が不可知であると主張している。「現象世界」だけは可知である。

　理性というのは、人間が生まれながら持つ絶対的、また無条件な知識を得る能力である。すなわち、「現象世界」を超え、「自在な物」を把握する能力である。カントから見れば、人々は「感性」と「知性」で手に入れた知識は普遍性と必然性を有しているが、とかく条件付き、相対的になりがちである。例を挙げよう。「知性」が因果性範疇を経験対象に運用したらばこのような事が見られる、経験対象間に据えた因果関係に果てがないのである、甲が乙の原因であり、乙は丙の原因になっていて、丙は丁の原因で、というように、こうやって追い詰めたら果てが見えなくなる。逆に、甲は自分なりの原因がある、この原因も他の原因で支えられている、こうやって探るのも同じく果てしないのではあるまいか。すなわち、「現象世界」の中に、すべては条件付きで、相対的であること、絶対的な「第

一原因」（原因のない原因）はないのであり、絶対的な「最終結果」（結果のない結果）もないのである。ただし、人の心の中には相対的、また条件のある知識を、絶対的な、条件抜きの知識に取りまとめる自然傾向が潜んでいる。いわゆる「理性」である。理性の概念——「理念」が無条件な、また絶対完全なあるものを求めてある、それは経験物事の範疇だが、経験の中で何の一つの物事もそれを完璧に備えていないのである。カントの考えによれば、「理性」は自らに絶対的、また無条件な知識を求める任務を付けたが、その広大な任務を遂行するのは無理である。それは「理性」が求める絶対的な、無条件な相手は「現像世界」で存在しないのである。「理性」がそうするのは、実際に経験を脳裡に投げつけ、「現像世界」を超えて「自在な物」を把握することと同じなのである。理性が「自在な物」を把握したいならば、自らが他のアクセスがないため、「知性」の範疇に助けを求めるしかない。それは砂漠で魚を探すのと同じである。もし人間の備えた「理性」が「知性」の範疇で「世界」の観念を規定するのであれば、解決不能の矛盾（二律背反）に陥りかねない。このことから見れば、人間の認識能力は限りのあることが明確であり、「現象」だけが認識でき、「自在な物」は認識できないのである。「理性」が自分の提出した任務を完成できない、「世界」それ自体というのは一体、何だろうか、理論上でも知りようのないものである[50]。

　哲学者の抽象的思弁は、凡人から戯言と嘲られることが多い。しかし、その凡人に理解しにくい戯言こそが根本的に一つの体制の根基を揺らすものである。哲学者の本棚は常に嵐を孕んでいる。彼らは筆で紙の上に未来の嵐を育て、旧体制の墓を掘り続ける。簡単に分かることで、カントは「現象世界」が知り可能と認めた。それにこの可知性が人間の感覚経験に限られていない。そのお蔭で、経験主義の手中に握った、経験を超える未来に法を作る可能性が救われ

た。すなわち、少なくとも法典法の立法形式は保留することができるのである。ヒュームに比べれば、カントは可知論者である。ということは、カントは大陸の理性主義伝統を完全放棄することがないのである。同時に、カントは「自在な物」の可知性を否定する。それで一挙に全ての絶対真理を把握するルートが断ち切られ、理性主義を礎にする《フランス民法典》のような絶対的厳格規則主義の立法形式は握り潰されたのである。カントの認識論で、未来のあらゆる人間行為を予測し、規制を作る法典法時代が葬られた。それ故、ラプラスと比べれば、カントもまた不可知論者である。《フランス民法典》が鮮明的に裁判官の立法を否定するのとは裏腹に、《ドイツ民法典》はそれに対し、曖昧な沈黙を続けている。その認識論の理由はカントの思想まで遡る。しかし、カントの認識論によると、知性の範囲内、先検証の範疇が感覚経験外の物事に法を作ることができる。その理論の論理に沿うと、一定の手法で未来の未確定の社会関係を法で規制することができるのであって、自然に英米法系の経験主義法律体制を超えて哲学的根拠を提供したのである。曖昧性と弾力性を持つ民法基本原則で未来の不確定の人間行為を規制する、その思想がカントの認識論に現れていたのである。カントが鋭く一人の命の有限性と社会発展の無限性の間に生み出された矛盾という難題を避けて、先検証の範疇を不死の人間全体の象徴として、世界を無限に続く能力を操らせ、感性の局限性と理性の絶対的本質を把握する要求間の矛盾を乗り切った。経験主義と理性主義を結び付けて、認識の主体性を強調し、20世紀の、人が経験以外の物事を認識する能力を持ちなから、全ての絶対的真理を把握することができないことを認める法典法に認識論の条件を備えたのである。

　カントは弁証論者でもある。カントが1755年に出版した《自然通史と天体理論》の中で、ニュートンを代表にした宇宙不変説を強く批判し、また、宇宙が運動発展の過程であるという星雲仮説を

作った。それに対して、エンゲルスは良く評価している。「いままで全ての天体が回る星雲団に生み出されたというカントが作った仮説は、コペルニクスの次に、天文学で最も大きい成果を得た。時間に自然界の歴史が一切刻まれていないという観念が初めて揺れた……その形而上学の思考方式にぴったりとした観念に、カントが切り口を開いた」[51]。「カントが自分の科学研究を始めたばかりに、ニュートンの穏やかな、一度押してから永遠にそのままになる太陽系を歴史の過程にしていた」[52]。「カントの発見の中に、一切の継続する進歩の起点が含まれている。もし地球が時間とともに成長してきたとしたら、地質、地理、気候の状況と地球で生きる植物と動物も同じく、時間に育ったものである。空間で近い歴史を持つだけではなく、時間上でも、相次いだ歴史を共有している」[53]。カントの宇宙理論に含まれた弁証法思想が、19世紀初め、ニュートンの思想に基づく大陸法系諸法典の形而上学の基礎をぶち壊し、法律の変遷性と流動性を認めるのに伏線を埋めたのである。

とりあえず、カントの批判哲学は確かに旧制度を強く批判したもので、伝統大陸法系法典法の絶対主義、及び形而上学の哲学基礎を滅ぼす武器が揃った。後は誰かに武器を与えるのみである。

大陸法系の変革を催す他の一つの理論的武器は、フランス人のベルクソン（1859-1941年）の生命哲学から来た。世紀が変わる時代に生きている人々は、ある変革の緊迫感に追い詰められる。無論、ベルクソンも例外ではなかった。ベルクソンは19世紀末、20世紀上半期、フランス、ドイツ等の国々で流行っていた生命哲学の代表人物である。生命哲学では、伝統哲学は固まった、静止的、表面的なものしか把握できない、実在な生身の生き物を把握できないのである。それは命はいつも変化と発展の過程中にあり、そこでは一切相対静止なものが存在しないからである。命を把握するために、その命を深くまで探らなければならない。それは非理性の直感でしかで

きないものである。ベルクソンは19世紀以来、科学の新発展と機械の自然観念が今この発展の矛盾を説明できないを持って、機械論を批判した。当時、物理学とともに、生物学、生理学等生命に関する学科及び歴史と社会の学科も速やかに発展を遂げた。この種の学科の研究対象は明らかに流動、変化と発展の特性を持つもので、故にベルクソンはそれらの学科を「生けるものに関する研究」と呼ぶ。明らかに、それらを物理学と数学に扱う機械論で研究と解釈することにとらわれることはできない。これらの学科の発展で、機械論の欠点と錯誤が晒され、新たな科学研究方法が提出された。ベルクソンはこう考える。機械論にある主な欠点が機械の因果制約性を絶対化され、世界の発展と更新を断ろうとする。機械論の因果制約原則に沿うと、結果は必ず何らかの原因で惹き起こされ、一定の原因も必ず一定の結果を導き出す。その因果制約性が精確な数学公式でも表すことができる。その中にあるひとつひとつの事件も、全て他の事件で解釈でき、つまり、世界が最初からすべてを提供したのである。もし世界に存在する最初の原因、又は因果制約性の総合が知られたら、他のすべてが推理で導き出せる。そうなると、この世の発展と更新はもはや不可能で、存在するのはただの事件の流れ、因果交代性に過ぎない。あらゆる自発的な、機械の因果制約性で説明不能なものを排除するのは当然である。ベルクソンからしてみれば、生物界全体、特に人間は、明らかに「自発性」という特徴を備えている、機械論に否定されるのも当然である[55]。ベルクソンの機械論に対する批判は、明らかにそれを弁証の世界観で取り替える考えであって、ベルクソンが作り出した「生けるものに関する科学」理論で、自由法学派の「生ける法」理論が予見されていた。

　ベルクソンは延々に続く時間理論で予見性は不可能であると論証した。ベルクソンの使った延々に続くという語が普段、使われている時間と区別される。物理学での時間が、位置の連続性「設置」で

ある。例えば、進行中の惑星が一つまた一つの位置を放棄し、あるいは一つまた一つの位置を占拠する、人々はその位置の序列を時間と呼ぶ。その時間に対し、ベルクソンは空間化された時間は本物の時間ではないと認識する。本物の時間とは、意識の存在方式であり、過去を抱え、未来に向かう衝突である。つまり、本物の時間とは連続的、質的な変化の過程であり、連続的な総合創造の過程である。時間は元に戻れない。なぜなら、それを述べるのは不可能で、繰り返すのもなおさらだ、時間は無数な環節で重なったものである。どの環節を除いても、時間の連続性を破壊することになる。こうなると述べるべき時間帯がバラバラになり、もうその時間帯ではないのである。ベルクソンが唱える時間が重複不可能の過程だという結論が一切の決定論、目的論と古典自由論の存在空間を否定した。すべての決定論者が時間を重複可能な過程と見なし、将来のことが過去にあったことの再現、または重複と思い込んだ。それ故、過去に発生したことを知れば、将来の出来事も予測できる、過去と将来が必然的に繋がる。目的論はただの反転された決定論に過ぎない。過去に発生したことが将来の兆し、必ず将来の目的に定められる。しかし、絶対的厳格規則主義の法典法がその決定論を基にして作られたのである。この法典法の作者は信じている、立法者は今の時間点で、過去の人間行為を分析し、未来にある全ての人間行為を予測できる。ベルクソンはこの種の法典法の礎を破壊した。自由論にとっては、ベルクソンの時間理論もまた、不吉な兆しとみられる。自由論はこう考える。人間が将来と向き合うときに、可能性が存在し、選択するのは許されるが、しかし、人間が発生すべきことを選ぶ時点で、未発生な出来事を事前に生み出したと言っても過言ではない。あるいはもうすぐ発生する事が意識の中に発生した出来事の重複なのである。ベルクソンの考えに沿うと、かなり不可能なことである[56]。ベルクソンはカントと同じく、彼らの理論が直接に《フ

ランス民法典》の主任改造者にして、《スイス民法典》の思想の提供者の一人であるジェニーに影響を与えた。

　以上をまとめると、19世紀後半から20世紀初頭まで、経済、政治、哲学等の新しい要素の拡張はすでに大陸法系諸法典が基にした社会的条件を変更した。新要素が旧式法典にとっては受け入れ難いのはもはや事実で、現実が法典法の改造を呼びかけている。「法典の編纂が民のために役立つ法律を固定的な、不変なものにすることはできない。それは法律の命が無限に続けられるものだからである。経済、社会、又は哲学上の変革の数々は、必ずや法典の原則を改訂するのを促すのである。」[57]

第2節　大陸法系における立法－司法関係の変化

一　概念法学の勃興

　大陸法系は19世紀後半頃から20世紀への変わり目の時期に入って変革の十分条件を備えたのではあるけれども、変革が到来する前に、あろうことか絶対的厳格規則主義の法典法が滅亡前に元気を取り戻した。大陸法系の歴史上、制定法に対する崇拝が支配した時期が現れた。これは、概念法学の勃興と表現できる。このことは、法典編纂期の狂信的な理性主義が法典適用期に広がった結果である。

　概念法学は、法律をその社会的環境からかけ離れた現象と見たのであり、手段としての法律を目的と見なし、金科玉条としての法条を唯一の研究対象としたのである。注釈を得意とし、形式を偏重する理論は、これを利用していわゆる概念を形成する。法の原理及びその社会的基礎に対して些かも関心を持たないので、必然的に、立法者は万能、立法者に過ち無し、法律に些かも漏れは無しを認めることになる。この学派の立場から見れば、社会生活の進歩及び変遷は法律の発展と関係がない。このことから、次のような事態を惹き

起こした。すなわち、私法の面では、立法者の負担が重くなりすぎたきらいがあり、公法の面では、経験的、現実的国家の崇拝を招いて、国家万能を深く信じることとなった。概念法学は、法学を、法律は何であるかを問うだけで、法律は何であるべきかを問わない無価値的学問にしたのである[58]。総括すると、概念法学には以下のような特徴がある。すなわち、

（1）成文法を排他的に重視し、制定法以外にその他の法の淵源があることを認めない。

（2）法秩序には論理的完全性があることをひたすら肯定する。

「概念法学は、次のような一つの仮説から出発している。すなわち、実在する法制度は『無欠缺』的なものであって、適切な論理的分析を通して、実存している実在の法制度の中から正しい判決を得ることができる。」[59]

（3）形式論理的操作を偏重し、司法が法を作ることに対して否定する。立法者万能ということに対する確信の故に、立法者と司法者の権力の盛衰法則の下で、概念法学の別の面は、必然的に絶対的厳格規則主義となり、それ故、概念法学は、法律解釈は純然たる認識活動であって、創造的活動ではないと考える[60]。

産業革命前に制定された《フランス民法典》は、大陸法系において最も古い法典であり、この歴史的地位の故に、フランスは、概念法学が最も早く現れた国家となった。《フランス民法典》が公布された後、その民法典を褒めそやすうねりが形成された。メニエの解するところによれば、「民法典を遵守することは、普遍的な道徳準則となるであろう。」ビク・ド・プレモナは民法典を「聖なる契約証書」と称し、「敬虔な尊重を受けなければならない」とした。ポルタリスは、「民法典は後の世まで残る秩序の表れ」と解した。このような、「法律の偶像化」と称される思潮は、19世紀いっぱい途切れることなく高まり続け、そうして法学者達に至っては、法律

の条文に注を施すことのみを行い、「注釈学派」という称号が冠されるようになった[61]。現代のフランスの法学者であるヘンリー・レヴィ・ブリュールは、このような現象について論評して曰く、「立法者は、自己によって成し遂げられた巨大にして斬新なプロジェクトの故に陶酔し、各方面からの称賛の声にのぼせ上がってしまった（今日の視点で見れば、彼らはこのように馬鹿正直にそんな称賛を信じていたなんて、間違いなく些か幼稚である。）。そのため、彼らは、裁判官が直面するあらゆる訴訟上の問題は、立法者が予め解答を裁判官に提示している、と考える。彼らは、自ら提示した規則は合理的で、変えることはできないものである、と考えるのである。このことから、彼らは本当に歴史学の観点が欠けているだけでなく、社会学の精神もまた不足していたということが分かる。しかし、ポルタリスは例外であり、ポルタリスは『民法典序文』という一文の中でこう書いている。すなわち、『法は時代とともに進んでいくものである。なぜなら、厳格に言えば、人々が法を創造することはないからである』。」[62] ポルタリスは人民にこう告げている。すなわち、民法典建造という、革命前の法と法思想の上において、この法典の規定は、まさに、「多種の原因が生み出した結果」という原則ないしは格言が最も良く表れたものである、と。法学者と裁判官達がそれを運用し、そして発展させてきた[63]。しかしながら、ポルタリスの少しばかりの頭脳明晰さは、法典崇拝に対する盲目的熱意の中に完全に埋没していた。

　概念法学は、フランスの裁判官による、ある一時期の機械的司法理論の根拠であった。《フランス民法典》公布後の数十年に、多くのフランスの裁判官は、依然として、頑なに「歴史的変遷は法典の解釈や適用と些かも関係しない」という虚妄の信条を励行していた[64]。しかし、物きわまれば必ず反すのであって、裁判官の役割を機械のたぐいにしてしまうことの真意は、厳格な法治を実行するた

めであるところ、機械的司法は、必ずや、法律をいつも悪法にするので、それ故、法治はこうした条件の下で「物治」に変貌し、法律は、死物と化す。「国家の政治は法治を実施することはできず、逆に、ややもすると、死物の法を以て精神活動を有する生物（人）を統治する一般的にいうところの物治、に陥ってしまう。」[65]林紀東は、このような法治を形式的統治と呼び、その特徴は法律を絶対のものと見なして、法律の手続き面、形式面においてあれこれと大騒ぎをし、その実質的内容はどういうものであるのかについて問わないことである、とした[66]。このような現象の有害な結果は、枚挙にいとまがなく、その大きなものを選んで言えば、それは少なくとも、無政府主義的思潮の一つの原因となった。一切の法律の廃止を要求する無政府主義者が法律を嫌悪しているのは、法律は悪法の護符であると彼らは考えているからである[67]。こうした理由から、概念法学の下での法律は厳格法であった。

　このような現実は、幾人かの法学者の大きな不満を惹き起こした。イェーリング（1818-1892年）は、上述の現象を概念法学と称した。イェーリングの名著『ローマ法の精神』、『法における目的』の中で、概念法学は抽象的な概念の遊戯を行い、論理を盲信して、現実生活に対する法律の任務を忘れてしまっていることを諷刺している[68]。

　長い、西洋の法思想史の潮流の中で、概念法学は、三段階の中間部分に位置する。その前の、全体を抽象的に把握する段階では、人々は思弁的に、全体としての法律の一般的本質についてしっかり検討していた。これはまさに、同時期の哲学の漠然と世界の一般的本質を把握するというやり方と一致する。その後の、法律の適用過程を研究する段階では、この時期の人々は、法律が規定しているものは何かだけに関心を持ったのではなくて、更に、それはどのように実現するのかにも関心を持った。19世紀下半期及び20世紀に、

法学の主流となったのは、例外なくすべて、法律の適用過程を研究討議する法学であり、それらはいずれも、広義の社会法学と称することができる。概念法学は、西洋の法思想史における第二の段階に位置し、すなわち、法規範それ自身に対して認識する段階であった。大規模な立法の必要及び立法活動の成果は人々が把握するのを理解する必要であるので、人々は法律に対する実証的研究に移ってゆく。マクロに対して了解したと自ら認めた後に、細部について了解する番になる。法学史上のこの時期は、まさに、哲学史上、人々が各種の学科を分けて実証研究を行なった時期と一致する。その時期というのは、哲学上も法学上も、実証主義的思潮が現れた時期である。すなわち、研究の中で観察を基礎とするのであって、そして、思弁と推理を基礎として法律について思考するという方法又は態度ではないということを強調したのである。法実証主義は、自分には、法律を認知することと法律の意味を解釈することという任務があるとしか考えない。法律を認知するという面では、実証主義の基本的観点はこうである。すなわち、法律は、文化的社会から出ていて、統治する地位を占めている政治的権威の規則又は規範であり、当該政治的権威から出ている法律でありさえすれば拘束力を有する。法律が道徳の手続きの影響をどんなに受けているにしても、結局は自ずと足りているものである。すなわちそれは、法律と道徳は必然的結び付きはないということである。法律の意味を解釈するという面では、実証主義が法律の意味を堅持するということは、実在する法律の規定の中からのみ引き出す、又は導き出すことができるということであって、正義とか道徳等の主観的価値判断の中から引き出すことは絶対にできないということである[69]。実証主義の立場から見れば、科学的知識は経験という資料から生まれることができるに過ぎず、価値判断や善悪の区別等の問題は、一般的な実地検証の結果によって測定することは不可能である。それらは主観的色彩

を帯びており、人々の頭の中で存在しているに過ぎず、科学的方法に基づいて分析することはできない。従って、いずれも非科学的なものなのである。こうして、事実と価値は厳格に区別された。彼らは、科学は価値観念から抜け出るべきであると考えたのである[70]。

　法実証主義は、概念法学を含む分析法学を鋳造した。分析法学は、法は主権者の命令であると考える。法は、実定法【実在法】を除いて、他に法はない。法学者の任務は、既存の法律制度に対して分析を加えることだけであり、司法者は、論理的方法を用いて実定法を適用することができるに過ぎない。道徳の善悪は立法者の範囲に属する事柄であり、司法者はそれを考慮することはしない。法律が正義、道徳に背く可能性があっても、法律は法律である。司法者は、法律は何であるかを問うだけで、法律は何であるべきかを問わない[71]。実証主義は、人々の、法律に対する技術性の面での認識を推し進めた。それの影響下の概念法学は、様々な消極的効果を有してはいたものの、しかしそれによって人々は、制定法それ自体に対して確実に認識するに至った。それ故、それは、人類が成し遂げた、法律に対する全面的認識に対して不可能なあるいは不足している一つの段階である。

　古典的自然法理論は、概念法学が勃興する中で、無視することのできない役割を果たしている。自然法は、元々は、革命の理論である。いわゆる自然法は、〔①〕理性を用いて発見され、人間の権利及び社会正義に関係する、〔②〕実定法より高いところにあって普遍的に適用されると考えられている、一連の価値体系である[72]。それ故、自然法の根源は、実定法の上にいる監督者を強調するところにあり、法律の価値、すなわち法律はどのような命題であるべきかを強調するところにある。それは、プラトンの理念説を起源とする。プラトンの解するところによれば、およそ、若干の個体は共通の名前を有しており、それらは一つの共通の「理念」又は「形式」

を有している。例えば、幾何学における円の上には、一つの理念の円の存在があり、具体的な円には、理念に合致する一つの円はない。それらは理念の円の不完全な模本であるに過ぎない。理念の円は、一つの客観的標準であって、現実の円を評価し、そして批判するのに用いられる。それは同時にまた、行動の標準である。この絶対的客観的標準があって初めて、人々は不完全なところを是正する行動をとる可能性が生まれる。こうした理念と現実の関係は、自然法と実定法の関係を解釈するのに用いられる。それは、実定法が自然法に従わなければならないことを意味している。自然法は永久不変の、客観的な正義の標準であり、すべての実定法は、自然法の模本であるに過ぎず、いずれも正義に合致しないところがあるのである。そして、自然法は絶え間なく実定法を判定しており、ますます正義に合致するようにさせ、理性の要求を十分に体現している[73]。キケロは、自然法と実定法のこのような関係を雄弁に論証した。キケロ曰く、「自然法は、すべての人定法を評価する唯一の標準である。法律の目的は国家の統一の擁護と人民の安全及び幸福のためであるので、およそ各国の制定する法律がこのような目的に合致するときに、『真正の法律』となる。しかし、国家及び執政者が制定する法律がときに『真正の法律』でないならば、それは、ある種の特権的必要の故に制定した、少数者の利益にとって有利にして大多数の者の利益を損なう法律である。『真正の法律』と正義とは同義語である。」[74]それ故、自然法理論の原義は、永遠に到達不可能にしてまた追求しなければならない法律の完全性を追求することにあり、すなわち現実に対する批判を強調することにある。このような意味での自然法理論がなかったならば、フランスの《人権と公民権の宣言》の中で、人民は暴政に抵抗する蜂起権を有すると書くことはできなかったし、自然法と実定法との間の障壁を貫通する衡平法思想が現れることもなかった。なぜなら、衡平法は、自然法を用いて不

完全な実定法に取って代わるに過ぎないからである。「もし唯一の法が成文法であるならば、人権を用いて、国家の暴虐にいかにして反対することができるのか。」[75]それ故、自然法が西欧の法学における、源は遠く、流れは長い伝統として、長い歴史の過程の中で数多の支系が出現したのではあるけれども、それらの共通点は以下の点にある。すなわち、人間の社会生活に適用される行為規則は国家又は政府が制定した法律に限定されるということは決してなく、これ以外にも、性質が一層、普遍的な行為規範はすべての人に適用されるのであって、ある一人の人に、又はある時間及び空間内のある社会にのみ適用されるのではない、と解しているのである。この種の、人間の行為規範は、いかなる者も新しく制定するということはなく、理性を備えた者の基本的需要に基づいて存在しているのであり、そのような者らの理性を頼みにしていれば、気付いたり認識したりすることができるのである[76]。

しかしながら、啓蒙運動後に生まれた、グロチウスとスタイル(Stair)[77]の学説を代表とする古典的自然法は、自然法の革命の意義から離れていき、これをある種の「現実的にして合理的な」理論に改造した。それは、人間の理性を以て立論の基礎とし、人々はこれを以て、客観的に存在している自然法を発見し、古(いにしえ)より不変の成文法典へと演繹して、各民族の固有の歴史と社会状況を軽視する。このような、啓蒙時代の自然法理論は、ヨーロッパ大陸各国が編纂及び適用した法典の思想の基礎の一つである[78]。古典的自然法論者の見るところでは、人間の本性【人性】は絶対に変わるものではなく、およそ人であれば、自ずと、人のための道徳がそこにあり、従って、「人間の本性」の特質を発見することができさえすれば、すべての法の最も安定した基礎を建設することができた[79]。古典的自然法と進化論は相反する【背道而馳】ということを見ることができるのである。

（1）それは、自然法は永久不変のものであり、従って、自然法を法典化した実定法もまた永久不変のものであると考えている。これは形而上学に陥っており、自然法の批判、そして批判する中で発展を追求するという本質に背いていた。

（2）それは、自然法をどこでも適用できる【放之四海而皆准】ものと見ている。これは、自然法を一定の社会経済環境と関係ないものとしてしまっている。つまり、思うがままに【独往独来】空を行く天馬【天马行空】としてしまっているのである。それは、特定の時間・空間という条件の下での社会生活を反映するものではなく、むしろ一般的な人間生活という条件を反映するものである。それ故、特定の社会的基礎が持つ、それに対する作用や影響を必ずや排斥するのであり、概念法学による概念天国は、まさにこうして築くことができるのである。

《ドイツ民法典》はまさに、このような古典的自然法の所産であり、グロチウスとスタイル以降のパンデクテン法学派の成果である。「グロチウスとスタイルは、自然法学者でもありローマ法学者でもあった。両者の時代には、ローマ法が早い時期から内在的に備えている、普遍化と理性化への発展という持続的趨勢が、自然法という形態で高潮に達した。その内容は、最後の非理性的要素とローマ的要素を取り除いたローマ法であるに過ぎない。このような自然法という用語法がローマ法の成分から来ていることは、かくの通りの多さであって、そのため、その概念は、まるで品詞のように、普遍的に逃れることはできず、有効であり、あらゆる時間及び場所の考慮と関係がない。サヴィニーを代表とする19世紀初期の歴史法学派の法学者が、ドイツの平民が過度に理性化した自然法と接するのを阻止して汚染されないようにしていたときですら、彼らが述べていた法律の一般的構造及び原則が自然法とどれぐらい大きな相違があったのか、見出されない。事実上、彼らは、15世紀後半か

ら始まり19世紀に終結する、偉大なパンデクテン法学派の著作で完成した、ローマ法をいちだんと系統化する過程を続けていた。この過程は、《ドイツ民法典》の中に、最後の結末を見つけたのであった。」[80]そして、《ドイツ民法典》第一次草案の主幹であるウィントシャイトの『パンデクテン法』（1906年第9版）が、この種の著作の中での最も影響のあるものであった[81]。ヨーロッパ大陸国家の立法慣例からいけば、民法典は一冊の法学の名著を基礎として、その著者が参与して起草するのであり、ウィントシャイトの古典的自然法の風格の著作がどれだけ《ドイツ民法典》に影響を与えたかを推察することができる。

　古典的自然法はまた、理性主義と結び付く。これにより生み出された相応する立法理論は、理性の努力を通じさえすれば、法学者達は、一つの、最高の立法の知恵として裁判官が機械的に適用する完全無欠の法典を作り出すことができるのである。論を述べる者の立場から見れば、あらゆる要求は、理性が独力で成し遂げることができるのであり、唯一のなすべきことは、国内最強の有力な理性を動員することであって、この理性を用いることにより、一つの完璧な法典を獲得し、比較的弱い理性しか持っていない人臣を法典の内容に服させるのである[82]。古典的自然法は、人の理性を過度に重く見たが故に、国家の成文法は立法者の万能の理性が作り出した「完結し、しかも自ずと満ち足りる金科玉条」であると考えるという事態を惹き起こし、法典を適用するときの現象としての概念法学の出現を促したのであった。

　厳格な自然法という基準によって考えをめぐらせば、古典的自然法にはパラドックス【悖論】が存在する。真の意味での自然法理論は、一つの、発展と創造の理論として現れたものであるので、法律の安定性と法律の変化を考慮してこの問題中の変化成分のバランスをとることを旨としているところ、他方で古典的自然法は、自分は

すべての時代に適用される唯一の、理性の鍵を発見し、そして人間の法律制定者を永遠に指導することのできる社会憲章、法憲章、及び政治憲章を新しく制定したと断定する[83]。それ故、古典的自然法のパラドックスは、一方で法を、ある種の客観的に存在しているものに対する表現であり、表現と表現されるものは一致していなければならないと考え、また一方で、この表現は無欠缺的なものである——その理由は、理性の力の大きさは、この無欠缺的な表現過程を成し遂げるのに足るからである——と解する、という点にある。もしも、人は完全に客体を表現することができないということを認めるのであれば、あるいは客体は一個の発展変化の過程であることを認めるのであれば、そのような表現形式は、客体の発展を表現するのにつれて発展しなければならない。しかしながら、古典的自然法はこの点を認めず、絶対主義と形而上学の基礎の上でパラドックスに陥った。自然法は元々、「法律の法理学発展の巨大な力」である[84]のに対して、古典的自然法は、自分を現行制度の常(とこ)しえに残るという性質のための弁護者【辩护士】にする。それ故、その破滅的運命は、まさしく必至のものとなったのである。「実証主義法学は、古より法がもっと高い正義の観念に訴えるという現象を説明することができないが故に、自然法が周期的に復興するよう促している。」[85] シュタムラーの変動的自然法理論は、自然法の原義を回復させ、それによって古典的自然法の矛盾を克服した。そのため、自然法は最後には古典的自然法を葬り去ったのである。

　概念法学の存在は、やはりその経済的及び政治的原因がある。19世紀上半期は、まさにヨーロッパの主要な国々の経済が大発展する前の潜伏期であった。19世紀の70年代前は、フランスは依然、農業社会の段階にあり、法典に対して十分な圧力をかけるだけの社会の変遷は起こっていなかった。それ故、19世紀が始まって75年間は、《フランス民法典》とその社会経済的条件は基本的に適合して

おり、従って、根本的に新しくする【改弦更張】必要はほとんどなかった[86]。エールマンの研究は、結論として、次のように指摘している。すなわち、「19世紀上半期には、保守的なフランスの司法機構は、法典の厳粛な語句を堅守することに大いに満足していた。彼らが事件を処理する方法もまた、フランス経済の緩慢な発展に完全に適合していた」と[87]。フランスの裁判官のこのような保守的な態度は、やはり彼らがかつて革命の対象としていた経験と関係がある。すなわち、「革命前のフランスの裁判所の経験は、フランスの裁判官達を小心翼々にさせた。」[88] そのため、概念法学の勃興は、法律の安全という価値を極端に強調したことが原因である。サヴィニーの語を借りてこうした心境を叙述するとすれば、「人々は新しい法典を待ち望んでいた。新しい法典が出来上がった後は、精確にして機械のような司法を保証することができ、裁判官を自己の観点を実行することから自由にすることができるので、それにより彼らは一字一句、法典を適用することになる。」[89] 立法機関が、森羅万象を網羅した、論理的に厳密な、明晰ではっきりした法律を制定することを人々が望んでいた理由は、法律の解釈を不必要とするためであった。もし法律を解釈する必要があるならば、裁判官の唯一の任務は、立法者が条文の中に明示した、あるいはそこに込めた「真意」を探求することだけである[90]。

二　自由裁量主義の諸流派

大いに興味深いことは、19世紀末期と20世紀に生まれたほとんどすべての法学思想の流派は、いずれも自由裁量主義を主張し、機械的司法に反対していたことである。換言すれば、それは概念法学に対立するものである。しかも、19世紀初頭に法典編纂が出現してからは、ほとんどすべての法思想が、多かれ少なかれ、法典法に対する見方と関係がある。絶対的厳格規則主義に反対する諸流派に

ついては、目的法学、歴史法学、自由法学、利益法学、新カント主義法学、価値法学、現実主義法学（以上、いずれも広義の社会法学と呼ぶことができる。）という長いリストを列記することができる。その発生時期が、それらは一個の、動揺していて不安定な時代と社会の産物であって、絶対的厳格規則主義に適した、比較的静止した時代が過ぎ去ったということを物語っている。私は本節の中で大陸法系の立法－司法関係の変化について検討するだけであるので、英米で生まれた価値法学と現実主義法学については論じるつもりはない。私は大陸法における自由裁量主義のいくつかの流派について論じなければならないところ、それらの中には、法典編纂に反対する論戦の中で直接、生まれたものもあれば、法典法という条件の下でいかにして法典法の厳格性を克服するかを考える中で生まれたものもある。

（一）目的法学

　この流派の創始者は、イェーリング（1818-1892年）である。イェーリングはかつて、概念法学の潮流に追随していた。そのため、イェーリングはかつて、法律は社会から独立した制度であり、論理構成に基づく法律概念さえ理解すれば、思弁的方法の助けを借りることで、新たに出現するどのような問題であっても解決することができると信じていた。法律は神聖不可侵のものであり、別のものによっては全く代替され得ないのである。しかしながら、イェーリングの、概念法学に対する信仰は深くなく、しかも時間も短かった。コント（1798-1857年）以来の社会学理論は、イェーリングが概念法学から抜け出す力の一となった。イェーリングは、概念法学者達は法学というこの科学の、偏狭で杓子定規な範囲の中に限定しており、社会生活の実際から遠く離れていると感じたのである。そこで、イェーリングは、「法を孤立した地位から運び出し、そして法を生活という奔流の中に入れる」ことを主張した。まさにこのとき

第八章　民法基本原則が法律の限界性を克服する機能の研究（下）

から、イェーリングは、自ら進んで、しかも余力を残すことなく全力で【不遺余力】、社会学の観点を用いて法学の問題を研究したので、イェーリングは西欧法思想史上、社会学的方法を以て法を研究した最初の人物となった[91]。もう一つの力は、イェーリングのローマ法研究から来ている。イェーリングは、ローマ法の精神を研究することに深く入り込んでいった。ローマ法の進化とローマ法学の本質に対する思考により、イェーリングは、自分が概念法学と名付けるものに対してますます嫌悪感を持つようになった。ローマ法の研究によって、イェーリングは、ローマ法の知恵は概念についての論理の抽出〔作業〕の上に築かれることは決してなく、概念を鋳造することは目的を実践することに役立つということを認識するのである。ローマ法研究を通じて、イェーリングは、法の最高の要求は社会の目的に役立つことであると強烈に意識するようになった[92]。この他にも、進化論がイェーリングに大きな影響を与えた。19世紀の70年代から80年代は、進化論が人々を興奮させた全盛期であり、世界全体が進化論に方向を変えていた。進化論、及び進化論の影響の故に絶対論の主張を否定するような哲学理論は、イェーリングの、形而上学への忠誠を弱めた。イェーリングの解するところによれば、法史は目的を有するものであり、法のなにがしかの目的は別の同様の欠くことができない目的から生み出され、このことはまるで、ダーウィン主義理論に基づいて、何らかの動物の種類が別の種から発展して来るかのようである。これは、新たに発見された、拒絶することのできない法則であるが、しかし、この法則の前では人々は消極的な受動を保つことしかできない、と言っているわけではない。もっとはっきり言えば、法学者として、常に不断に闘い、意識的に人々の目的を探索しなければならない[93]。

　それ故、イェーリングの概念法学批判の基本は、法それ自体を目的とすることに反対する点にあり、法は一定の目的を実現する手段

であって、このことが法律を概念法学の中にある金科玉条の玉座の上から引っ張り降ろし、それを常に批判を受ける地位に置き、批判の基準は、法律が人の目的を実現できるかどうかである。法の目的は法それ自体にはなく、むしろ一定の社会経済的必要にあり、この理論はイェーリングが行なった法哲学に対するひときわ優れた貢献なのである。これを利用して、法は、思うがままに空(くう)を行く天馬という歴史を中断した。そして、社会生活の一部分と見なされ、社会生活に役立つように要求される。イェーリングの解するところによれば、「目的はすべての法の創造者であり、いずれの規則であれ、その発生はある目的を源とし、すなわち、ある事実上の動機を源とする」ので、いわゆる目的とは、まさに人間の自覚した行為の目的である[94]。更にイェーリングは、法の目標は個人原則と社会原則の間で形成されるある種の均衡であり、個人の存在は自身のためでもあり、社会のためでもあるのであって、法は「個人と社会の間ですでに確立された共同関係」と見なされなければならない、と考える。このような共同関係の目標は、共同の文化という目的を共同で実現する点にあり、個人の労働——肉体労働であれ、頭脳労働であれ——ができる限り他者にとって有益になるようにする。それによって、間接的に自己にとって有益となり、すべての力を人類のために奉仕するのである[95]。こうしてイェーリングは、「法は強制を以て社会の目的を保障する体系と見る」、「法は外部からの強制、すなわち国家権力を以て保証する、広義の生活条件の総和である」と解するのである[96]。まさに社会の中に多種の衝突する利益が存在しているが故に、イェーリングは、個人の自由を制御する問題を、抽象的で、すべてを包括した【无所不包】一つの公式を用いて解決しようとするいかなる方法に対しても、否定を与えている[97]。このことは、司法は機械的なものではあり得ないということ、そして衡平の性質を持つものであるべきだということを認めたに等しい。イェー

リングの時代、ドイツはまだ民法典を制定していなかった。それ故、《ドイツ民法典》の適用方式上の態度を通じてイェーリングの思想を観察することはできない。しかし、イェーリングのローマ法の適用上の観点を通じてその思想を観察することは可能である。当時、普通法として広範に亘ってドイツで適用されていたローマ法について、イェーリングは「ローマ法を通ってローマ法を超える」というよく知られたスローガンを提示した[98]。法の確定性を守るために、ローマ法を通らなければならない。法の弾力性を守るために、ローマ法を超えなければならない。このスローガンは、後の《フランス民法典》改造者によって受け継がれ、「民法典を通り、民法典を超える」という形式に改まって現れた。

　イェーリングは、法律の内容は無限に変化することができるだけでなく、必ず無限に変化しなければならないものであるとの見解を変えることはなかった。目的は相対的基準であり、従って、法律は時代の要求と文明化の程度によりその規則を調整し、それによって変化する人の条件に合わせなければならない。それ故、イェーリングは、法律を何らかの永久にそして普遍的に有効な内容の古典的自然法観念と見なすことに必ずや反対であったろう。イェーリング曰く、「法律は常に同様の観念でなければならず、すべての病人に対して同様の処方箋を出すという観念が聡明であるということと比べものにならない。」しかしながら、もし法律が強制の性質を有するものであるならば、それはどのようにして個人の利益の追求と調和させることができるのか。イェーリングの回答はこうである。すなわち、すべての法律の標準の基礎は、何の疑いもなく人でなければならない[99]。ここでイェーリングは、自由裁量主義に向かう。「イェーリングは、最も弾力性に優れた法律技術を準備し、そうすることで、新たに変化する法的問題を満足させようとした。」[100]一つの法則性ある現象として、およそ法を一定の社会条件と結び付け

る学者は、自発的に自由裁量主義へと向かう。イェーリングはまさにそうであった。これに反して、あの、法を独立した自由なものと見て、規則の背後にある社会的圧力に対して見て見ぬふりをする【視而不見】学者は、往々にして厳格規則主義の道を歩む。

(二) 歴史法学

イェーリングの目的法学は、法に対する一般的認識に関わっていたに過ぎないのに対して、歴史法学は法典編纂に反対したことの直接の所産である。ナポレオンの敗北とフランス統治下からの解放のすぐ後に、愛国主義のうねりと国家統一の激しい感情が、1814年の打ち砕かれたドイツという大地を一掃した。これが切っ掛けとなって、ハイデルベルク大学ローマ法教授のティボー(1722-1840年)は、『ドイツのために統一的民法典を制定する重要性について』という小冊子を執筆し、2～4年以内にドイツ全土のために主要な法領域について法典編纂を行うことを熱く提唱した。このティボーの小冊子は、即座にサヴィニー(1779-1861年)の「現代の立法と法理学の使命について」という著名な論文となって反響を惹き起こした。サヴィニーの解するところによれば、適切な法典は、時代とともに発展変化する【与時倶進】法律の真の基本原則の上にある有機的体系を打ち立てるものでなければならない。これらの原則についての徹底した理解は、法典編纂を行う不可欠の前提条件である。しかし、サヴィニーは、その同時代人の中に、原則というものに対するこのような精通が欠乏していると考える。そして、サヴィニーの時代に行われる法典編纂は、これらの原則に対する誤った理解が永久化して有害無益となることを心配し、それ故にサヴィニーは、同時代人に対して、先ずはこれらの基本原則の歴史的進化を研究し、その後で法典編纂に取り掛かるよう促した。

同時に、サヴィニーは、このチャンスを利用して、自身の一般的な法律観を提示し、その小冊子を歴史学派の基本憲章に変えた。サ

第八章　民法基本原則が法律の限界性を克服する機能の研究（下）

ヴィニーの理論には、二つの最も突出した特徴がある。すなわち、

（1）法は言語と同様、人民の共通の意識の表れであり、それ故、法は本質的に慣習である。

（2）こうした共通の意識と共に、法は、「内部の、黙々と操作している権力」が鞭で追い立てる下で、有機的に、時が経つにつれ移り変わり、そして成長する。それ故、法は、恒常的な変化に制限を受ける進化現象であって、その歴史の範囲内において初めて正しく理解されるしかない。

ティボーとサヴィニーの小書は、当時のドイツの学術界において、多方面にわたる論戦を惹き起こし、最終的にサヴィニー方が優勢となった。こうして、ドイツの法典編纂は、何十年も遅れることになった[101]。従って、歴史法学派は、ドイツの大学を半世紀近く支配したということである[102]。

サヴィニーが主導した歴史法学派は、もっと広範な歴史主義思潮の一支系であるに過ぎない。「歴史主義」という言葉は、ドイツの思想家ヘルダー（1744-1803年）が一番最初に提示したものである。歴史主義は一つの哲学であり、また一つの歴史の研究手法でもある。一つの哲学の歴史主義として、人間世界の一切のことは時の流れの一部分であり、歴史の一部分であると考えるのである。歴史主義は、永遠の価値の存在と啓蒙運動の自然法則の思想を否定する。そして、すべての文化現象は現実世界の創造力の所産であり、この創造力は自ずと歴史又は生活であり得ると考える。歴史の創造力は終始、運動しているので、どの歴史時代も自己の価値体系を有している。歴史主義は、人間の行為は意識的活動である点を強調しており、歴史現象はかなりの程度、自由な心が創造するものと考えるので、それが法則性のある機械的過程であると考えることはできない。どの時代も自己の明確な個性を有し、そのため、普遍的な原則を用いて、歴史現象を理解したり、あるいは判断したりすることは

できない。歴史主義は目的論的歴史観に反対する。一つの歴史理論として、歴史主義は、人文世界の歴史関係の基礎の上で、歴史現象を解釈し、ひとつひとつの現象の独特性を強調する。歴史主義は、人が歴史過程の中でその人の世界を形成する異なった方式を尊重する。それは、過去と現在の各種の異なる文化を、歴史が生じる特殊な力の創造性の様々な表れと見る。個人はその者の時代環境に属し、人間の行為はその当時、機能を発揮していた価値体系に基づいてのみ判断しなければならない、と考えるのである[103]。それ故、歴史主義は進化論と極めて似通っており、それは事物を一定の環境下での歴史過程において発展した産物であると見なし、そして一定の時代の独特な性格を強調することを見て取ることは容易である。こうした思想方式は、一挙に手に入れてしまう、永久不変の、どのような場所でも適用できる古典的自然法の思想方式と相容れることはできないし、また理性主義とも相容れない。フランス革命はあのような非現実的な目標すべてを実現しておらず、部分的成果で満足せざるを得ないので、ヨーロッパ全体が理性主義の前提に反対するある種の傾向を形成した。特にイギリスとドイツでは、非歴史的な理性主義に反対する運動が、かなりの勢力を得た。イギリス人はフランス革命の度が過ぎた行為を非難し、伝統と徐々に進行するという価値を強調して、フランス人の、政治・法制度に対する軽率な変更に反対し、更に、歴史、慣習、宗教が社会行動の真の指針であると考えて、歴史と伝統に基づく保守思想が強調と宣伝を得た。法と法哲学の領域では、これは、法の歴史と伝統を強調することを意味し、自然法を確立するというあのような純理論的企図に反対した。この時期は、法律を形成する力に対する科学的研究が、法律の理想的性質、意図及び社会的目的に対して理性的に探求することに取って代わり始めた[104]。サヴィニーの歴史法学理論は、このような普遍的思潮のドイツでの影響を反映したものであった。サヴィニーの

第八章　民法基本原則が法律の限界性を克服する機能の研究（下）

解するところによれば、各の世代と時代の有機的結び付きは否定しようがないことであり、各の時代の間で発展を見出すほかなく、絶対的終結、又は絶対的開始を見ることはできない[105]。これが、法典という立法方式に反対する意図を明確に宣言したものなのである。それ故、ドイツの歴史法学派と英米法は、基本的に同じ思想的基礎を有しているのであり、そのことにより必然的にドイツ法は英米法的精神へと、言い換えれば、自由裁量主義へと歩み寄ることになったのである。

　サヴィニーの歴史法学派は理性主義と古典的自然法の鋭い対立物であり、後者は法典編纂を行うという主な思想の前提であることは明らかである。啓蒙時代の思想家は、人の理性に助けを求めさえすれば、法規則を見つけることができ、法典を制定することができると考えていた。歴史法学派はと言えば、法規を嫌う。そして、非理性的で、遙か遠い過去の伝統の中に根を下ろす、ほとんど神秘的とも言える「民族精神」という概念を強調する。古典的自然法——基本的に革命の理論として、未来に向いている。他方で、歴史法学——これは、ある種の、革命に反対する理論として、過去に向いている[106]。サヴィニーは自然法の存在を否定し、同時に成文法が立法者の創造物であることも否定した。サヴィニーは、自然法は一つの、拠り所とするに足りない、超経験的、先験的仮定であり、根本的に法の淵源と見ることはできない、と考える。そして、人定法の形成もまた立法の結果ではなく、むしろ、立法者の活動範囲の外で形成されたものであり、従って、理性主義の立法の観点、すなわち、人類の普遍的理性を通じて人類に普遍的に適用される法典を制定するというこうした観点は、完全に「幻想」であり、「荒唐無稽なもの」であるとする[107]。

　自由裁量主義は法典法の限界性を論証しなければならないとの主張について、サヴィニーは次のように指摘している。すなわち、「法

典は唯一の法律的権威と見なさなければならないが、実際には、起こり得るひとつひとつの事件に対してなす判決を含んでいなければならないということが想像できる。人々は常に、仮に経験に基づいて、特殊の事件を理解することができ、しかも便利に徹底的に理解するならば、法典の相応する規定を根拠に各の事件に対して判決を出すことができると考えている。しかしながら、真剣に判例を研究したことのある者であれば誰でも、一目ですぐ分かるのであり、こうしたやり方は必ずや失敗する。何となれば、千変万化する実際の状況は、確実に、制限しようがないものだからである。実際に、あらゆる新しい法典の中では、こうした資料の完全性を取得しようとの企図はすべて幻想であるとして放棄されており、しかも、それに代替するいかなるものも見出されない。」[108]ここでサヴィニーは、法典の不周延性を指摘する。サヴィニー曰く、「もし法典がこのような芸術と釣り合いが取れない時期に編纂されるならば、以下に述べる欠点は避けようがない。すなわち、表面上、司法は、法典が規定することを求めるが、実際上は、法典以外の、真の制御権に代わるもので規定するのである。起草者は、絶えず相互に交錯したり矛盾したりする各種の特殊な判決にまで注意を払っていない。実践を通じて初めて、ゆっくりと明らかにすることができるのであって、司法が良好でない状況下ではますます悪くなることさえある。」[109]ここでサヴィニーは、法律の不合目的性を証明した。サヴィニーは、このことから、優れた法典の要素は、それを行う資格がある時代はほとんど存在しないことを証明している。「森羅万象を網羅する立法制度を確立せんと欲する各種の企図は、現有する不確定性を増加させるだけで、しかも、救うことの困難を増加させるであろう。」[110]しかし、法典がなかったらどうするのか。サヴィニーはこの問題を提出し、法学者と裁判官の自由裁量権でこの問題を解決することを主張している。サヴィニーの考えでは、法の発展は三つの

段階により構成される。第一段階では、法は直接、民族の共通意識の中に存在し、慣習法と表現される。第二段階では、法は法学者の意識の中で体現され、学術法【学术法】が現れる。第三段階でようやく法典編纂について語ることができる。学術法の段階では、法は二重性を有しており、一つは民族生活の一部分であり、いま一つは法学者の手中にある一つの特殊な科学である[111]。「文明が進歩するにつれて、その他の面で依然として、公共のものが特定の階級に適合するように変わってゆき、法学者はますます、こうした異なる階級であるかのように変わってゆく。法律は、その言葉を完全なものにした。あたかも、それが以前、社会の意識の中に存在していたかのように。現在、それは法学者に引き渡したので、法学者達はこの部門で社会を代表している。」「法律はもはや人民の法律ではなく、むしろ法学者の法律になった。」[112]サヴィニーが法典編纂に反対したのは、法律の発展を学術法の段階に留まらせ、そうすることで法学者が社会生活上の自由裁量権を左右することを保障しようとしたからであって、法典編纂は法学者の手足を束縛するからである。サヴィニーを研究している学者は、鋭い指摘をしている。すなわち、「サヴィニーによる、法律科学者優位の重視は、法理学への関心よりもはるかに勝っている。サヴィニーが、法学者の手に基づく法律の発展についての論文を書いたとき、サヴィニーは自分とその学術界の同業者のために立法権を主張していたのであって、こうした動機はその同世代人の注意から逃れることはできなかった。ティボーの解するところによれば、サヴィニーは『自己権力の衝動を備えており』、フォイエルバッハはサヴィニーを『軍事科学者』と比較している。これらの人物の故に、戦争の必要性は弁護を手に入れた。さもなくば、軍事科学もまた消えてしまうからである。」[113]たとえそうであっても、サヴィニーは、法律科学、すなわち「法理」のために、後世の法典の中で、法の淵源という一地位を奪い取った。我

が国の台湾地区の「民法典」第1条と《タイ民商法典》第14条の中にある「法理」は、サヴィニーが称する「法律科学」である。しかも、《ドイツ民法典》の学者法的スタイルに影響を与え、ジェニーの「自由な科学研究」に対して、法の淵源の理論としても、影響を及ぼした。

　裁判官の自由裁量権の問題について、サヴィニーは次のように述べる。すなわち、「人を満足させることができない現象で最も否認しようがないことは、裁判官は機械的に条文を使うことに拘泥する他なく、条文に対し解釈を加えることを許されていないことである。もしもこれが一つの面の極端であると解するならば、では、もう一方の極端は、裁判官がひとつひとつの事件に対して関連する法律の条文を見つけ出さなければならないということである。」[114] それ故、サヴィニーは機械的司法に反対し、「裁判官は、もはや一種の工具としてということはなく、むしろ自由にして崇高な使命を担っている」と主張する[115]。サヴィニーの考えでは、「最近出された、法学部と裁判所間の自由な連絡という提案は、理論と実践を結び付ける最も良いやり方である」[116]。このようなやり方を通じて、法学者が裁判官に影響を与え、裁判官も自由裁量という精神で司法に影響を与えるのである。

　法典編纂に反対し、自由裁量主義を主張したサヴィニーの思想は、大西洋を越えてアメリカに飛び、数十年後、サヴィニー－ティボー式の論戦がカーター－フェルトの論戦の中で、ほとんどそのままの形でもう一度、演じられた。そして、《ニューヨーク民法典草案》が挫折するに至り、普通法地域の法典編纂を試みた者が手痛い打撃を受けた。しかし、野火は燃え尽きたわけではなく、春風が吹いてまた火をおこした。《ニューヨーク民法典草案》がニューヨーク州で挫折しても、それは後に、カリフォルニア、モンタナ、サウスダコタ、ノースダコタ、アイダホ、グアム等の法域で採用された。

このことは、法典編纂思想の生命力を証明している。更に、1952年にできた《統一商法典》は、これらの生命力並びに大陸式の法典思想及びアメリカ思想の合流の可能性を一段と証明している。

（三）自由法学

自由法学の登場は、法典編纂が竣工したということである。それは、フランスとドイツにおいて、出現した理由は異なっていた。フランスにおいては、老いんとする法典を現代の社会生活の要求にどのように合わせるか〔という問題〕が自由法学を出現させた。それに対し、ドイツにおいては、民法総則の中の抽象的原則をどのように適用するか〔という問題〕が自由法学を出現させた。

先にフランスの状況に言及させてほしい。19世紀末、《フランス民法典》は「百歳の老人」に近づいていた。法典の老化と社会生活の飛躍的な勢いでの発展が同時に進行すれば、民法典の隙間は、加速度的に発展する社会生活の衝撃の下で、日増しにさらけ出され、改革は必ず通らなければならない道である。法律を変革するという要求が拒み得ないものであるとは言え、こうした要求を無視すれば、社会の発展が生み出す新鮮な要素は、窒息する危険がある。しかしながら、改革者はしばらくは伝統主義者の強大な抵抗に打ち勝つのが難しい。法典が立法技術上の傑作である場合には、この抵抗はますます大きくなる。裁判官の能動性が極めて制限される客観的状況を考慮すれば、併せて、法律が日常的にすっかり入れ替わる【脱胎換骨】改造が良策ではないことを考慮するならば、彼らは秘密の形式を採用してその改革の要求を満足させるしかない。その方式は、大陸法系の用語で「解釈」と言う。すなわち、現にある法律の条文をそのまま残しておくという前提で、その実際の内容を変更するのである。彼らの解釈が法典の制定者をきっと驚愕させるような場合であっても、彼らは心の底から固く誓って【信誓旦旦】保証する。すわなち、我々は法典に対し、いかなる新しい内容も付け加

えていないのであって、我々が行なったことは、元の条文の題目における意味を発見したに過ぎない、と。自分の実際の目的を実現するために、彼らは、立法者をスーパーマンにして、一切合切はその予測の形象から出ていないとせざるを得ない。アロンはこの点について次のように描写している。すなわち、「すべての証拠が以下のことを説明しているようである。つまり、最古の時代の司法の機能は、現存する法律を発見することをその主たる目的とする（ゲルマン人は裁判官を、法を探す人と称していた――作者による注）と考えられていた。西欧世界においては、至る所で、このような『法律を発見すること』に関する様々な記録が、そして法律を発見することを専門職とする公認の専門家についての様々な記録が存在する。解釈の過程の中でさえ、新しい成分を採用した（このこともまた、しばしば必然的なことである）。こうした状況において、実際には、単純な公布から創設の時代へと入った。このときですら、相変わらず、このような改革は、発見しただけに過ぎないとの装いをされた。まさに、イギリスの裁判官が実質上は、新しい成分を法律の中へ入れているのに、相変わらず、可能な限りそれらを現存の先例を根拠とすると述べているかのようである。」[117]ルネ・ダヴィドは、これについて例を挙げて説明している。すなわち、――《フランス民法典》の中に無過失不法行為責任の規定は存在しないが、しかし、民法典に対する、曲解にも近い最も大胆な解釈を通じて、フランスの裁判所は、一つの新しい原則を作り上げている。つまり、甲が後見しているか、又は管理している人又は物が乙に対して損害を与えたときは、無過失でも不法行為責任が発生するという原則である。実務において、フランスの裁判所は、新しい方法と精神を以て法典の規定を解釈するという面で、傑出した貢献をしたのであり、議会が手を貸すのは常に例外的場合である。不法行為法の、この極めて複雑にして重要な領域は、依然として民法典の五ヶ条が余すところなく包み込

んでいるものである。しかも、その中の四ヶ条は短い文章で、1804年以降、全く変わっていない[118]。不法行為法が対象としている問題と社会の日常生活との結び付きは極めて緊密であるので、工業化の打撃は最も大きく、法典の条文を現代社会の要求と一致させるために、フランスの裁判官もまた、普通法の裁判官のように、創造の精神を備えないわけにはいかない。法典の精神についての広範にわたる解釈と絶え間ない先例の創作を通じて、フランスの裁判官達は、法典の字面の意味について考えることなく、賠償責任を認める判決を下すことができた。適用可能な新しい方法が出現したのは、時がたってからのことである[119]。第二帝政統治下において、凄まじい工業化とますます活気に溢れた発展がやってきたとき、司法の創造力は、古い規定に新しい内容を与えたのである。裁判官の努力は法学者の助力を手に入れた。これらの学者は、法律の社会学的尺度を発見し、そして、後のアメリカのリアリズム学派と似た結論を得た。不法行為法の発展は、法律が裁判官を通じて発展し現代化を実現するということのために、極めて良い例証を提供した。《フランス民法典》中の五つの簡単な条項は、ある種の、まさに拡大中の工業社会の需要と適応しない方式でこの領域を調整しているのであり、このことにより大量の裁判官立法を招き、そしてこのような立法はまた、往々にして、解釈という名で行われたのである[120]。

　いま一つの穏やかな改革方式は、法の淵源を多元化することである。すなわち、法典が法の正式な淵源であることを承認する他に、慣習、権威ある学説、更には判例すら法律の補充的淵源であることを承認して、これにより、法律の包含する面を拡大するのである。フランスでは、法典編纂前は、慣習が法の重要な淵源であり、立法運動後、法典が唯一の法の淵源となった。しかしながら、法典が老化するにつれて、慣習の法の淵源たる地位は再び回復し、現代のフランスの学者はと言えば、「法律の第一次的淵源たる地位を慣習法

に譲る。なぜなら、この法の淵源は、広範性、概括性、そして現実性すら有しているからである」。「法は一つの凝固したシステムでは全くなく、しかも、変化するという固有の属性を有している」ので、「絶えず変化の中にある。これはつまり、絶え間なく変化する社会関係の、打破するという性質も創造するという性質も有するというこの働きを一つの適当な語を用いて表現しなければならないとすれば、『慣習法』という語でこの派生義【引申义】を表しても決して行き過ぎではないということである。こうした広範な意味で、慣習法は暗に新しい法律を制定しているのであり、これは法の規則の生命力であって、その使用範囲は際限がない。慣習法は法の各種の淵源の一種であるということは決してなく、それは法の唯一の淵源であると言っても些かも大袈裟ではない」[121]。学説の地位に至っては、日本の学者は次のように見ている。すなわち、――フランスでは、《フランス民法典》に対して注釈を行なった膨大な注釈書が、司法の中で非常に重要な役割を果たしている。実際上、これは、理性主義によって破壊された伝統を回復しているに過ぎない。学説は、大陸においては一貫して、重要性が高い。大陸は学説を重視するという伝統は、法史上、古代ローマ法にまで遡ることができる。近代ローマ法でも、大学で教鞭をとっている法学者も、司法の中で重要な役割を果たしている。「アゾーの書を読まずして、法廷へ入るべからず」、「注釈が分からずに法廷へ来ても役に立たず」等の法諺は、中世から16世紀までユスティニアヌスの《民法大全》に対して行なってきた注釈、すなわち学説がいかに重視されたかということを物語っている[122]。判例は、大陸法において法律上の拘束力がないものの、事実上、重要な意義を有しているのであり、これは、否認しようのない事実である。法典が老化するにつれ、判例の司法における重要性もまた、絶えず高まっている[123]。今日、フランスであれドイツであれ、法の広大な領域は、実際上、裁判所の判決の

第八章 民法基本原則が法律の限界性を克服する機能の研究（下）

結果であることを誰も否定しない[124]。

　何の疑いもないことは、社会生活の圧力の下で生まれた上述の現実がフランスの法律制度設計者の初志に大きく反しており、伝統主義者の不満を招いたことである。一つの論戦が、一人の裁判官に対する評価により惹き起こされ、それが直接、フランスの自由法学の誕生を促進するに至った。

　マニオ裁判官（1848-1926年）は、元シャトーーディエリ裁判所長であり、マニオの判決は偉大な人道主義精神に充ち満ちており、世人はこれを誉め称えて「優秀判事」の称号を授けていた。しかしながら、マニオが下した判決の中には、法律の条文から確実に遠く離れたものが多く存在することは認めなければならない。まさにこれらの判決の故に、司法主観主義に関する大激論が巻き起こった[125]。マニオ裁判官のやり方は、しだいに「マニオ現象」と呼ばれるようになった。フランソワ・ジェニーは、「判決の短い行程——マニオ現象——」という専門論文を書いて、この討論に参戦した[126]。1902年、ジェニーが編集する『季刊民法』創刊号において、ジェニーはトップにエスマンの「判例が法源として果たす役割について」という一文を載せた[127]。

　ジェニー（1861-1959年）は、フランスの自由法学の主な代表であり、ナンシー大学の教授で、『季刊民法』や『週刊法律』等の書物の編集者を担当したこともあって、司法についての造詣がとても深かった。かつて《ポーランド民法典》の編纂作業に参加し、そして《スイス民法典》の債権編に対して啓発的な意見を提出したこともあった[128]。まさにジェニーは、前の文に書かれているフランスの司法の現状をまとめて、そして合理化しようと努力して、《フランス民法典》の改革に対して創造的な貢献をした人物なのである。「フランスは本来、判例法で法律を発展させてはいけないと考えていた。それを変えたのはジェニーがしている仕事の成果——法律を

解釈することについて注釈法学派が目的論の方を重視する法律に譲歩したことである。だから、司法判決で法律を発展させることは全く新しい動きというわけではないが、それを受け入れた人もいるということは事実である。」[129]

　法典に対して解釈を行う裁判所の判決が大幅に増加することで、フランスの法学者は他の国の学者よりも早く、無限に変化している問題の前では、ただ自給自足の判決規則だけ利用するのは必ず失敗することを鮮明に感じていた。特に工業化がフランスや他の国での発展とともに、その状況をもっと複雑にした。ジェニーのこの「抽象の網」と言われる現状への攻撃が最も大きく、かつ最も成功したものであった[130]。しかしそれは、たくさんの先駆者たちのお蔭でもある。サレイユ（1855-1912年）とリペール（1880-1958年）はこのような先駆者である。

　確定性を堅持し分析方法を通じて得た客観性を主張しながら、サレイユはこの推理的なやり方に理性的な方法で補った。すなわち、法典に対してもっと全面的な普遍的な態度でいくことである。こうした態度は衡平と実践的必要である。そこで、サレイユは法律が自然科学の性質であることを主張していた。この理論がジェニーの更に開放的な独立社会学の方法を示した。サレイユはフランス式の優雅で自分の理論の特徴を「民法典を超えて、しかし民法典を通じて」と語りながら、ジェニーの理論の特徴を「民法典を通じて、民法典を超えて」と語り、二人の違いをはっきりさせた。

　リペールは古代と現代の自然法理論の強大な好敵手であった。完全に純粋に実定法を基にしている法律の権威の明確な独立と道徳論——法律で判決できず、手につかない場合、あるいはとても曖昧な場合の裁判長を干渉し、立法者が守るべき規則を構造するときの活動にも介入するとリペールは強調した。民法の債権法にも彼はこうした干渉を主張した。このような場合、干渉は、例えば、善良な風

俗や当事者間の利益のバランス等の規則の中での表現は監督力の一種である。裁判所の介入は、事情変更条項、権利の濫用の禁止等の原則を通じて行われる。リペールは、道徳義務の法律での認可を現代の民事義務の三つの最高の原則と理解した。すなわち、

（1）他人の利益を害しない義務

（2）不当な手段で得た利益を返す義務

（3）隣人を助ける義務

全体から見ると、技術上の需要として、リペールは法律の要求と道徳の規則を区別し、法律規則に基づいて初めて、道徳の規則は必要な精確さを見つけられると考えた[131]。

ジェニーは先駆者たちの思想を吸収して発揮した。1898年、ジェニーは『私法実定法の解釈方法と淵源』を出版し、一世紀にあたる法律の経験の中で、民法典とフランスの法律の中での他の法典の中で法学者、特に裁判長の位置がどうなっているかを研究した。当時、分析法理学がフランスでは全盛の時期であり、法典の条項すべてを総合する法の完全な論理に基づき、分析法理学から見ると、厳格な論理原則に基づいて解釈を行うのが法学者の任務である。ジェニーはフランスの法律は法典の司法解釈での発展を見て、分析法理学に強力的な挑戦をした。ジェニーは民法典への司法解釈のほうが昔からずっと創造性がある活動であると意識した。当時、流行っていた成文法を法律の惟一の淵源にする考えと異なり、ジェニーは三つの淵源を付け加えた。すなわちそれは、一に慣習、二に裁判所の判決と学説によってできた権威と伝統、三に自由な科学研究である。

法律の法典化と理性化の熱の中で、慣習はいつも無視されていると、ジェニーは考えていた。裁判長による法律の発展と法学者の教学は法典が決定した原則を大幅に発展させて、実際に、それを修正した。しかし、すべてをあわせて考えてみれば、様々な解決方法の間のどちらを選ぶのかを裁判長に任せるという難しい問題がまだ存

在していた。この問題を解決に導くのは、「自由な科学研究」であった。これは法律規則を管理している以下の三点、すなわち、意思自治、公共秩序と利益、働突な私人利益の間のバランスを正当にとること、という三つの原則を基にしなければならない。

ジェニーは、自由な科学研究の任務は裁判長が自分自身を利益が働突する方の立場において問題の解決方法を得ることを導くことであると考えていた。ジェニーが指摘するところによれば、「当事者たちの間の協議の有効性について根拠が足りない場合の事件では、必ずあらゆる利益で均衡の原則で裁判所を誘導して、裁判所の行為の権威性という規則を育てることを必要とする……当事者たちの各々の力を正義の天秤に掛けて図ることを通じて、ある社会の標準でもっと大事な方だと証明した方に優勢を与えて一定の均衡を得る」と[132]。これは実は、裁判長にただ法律の条文だけに従って問題を解決することではなく、法典の規定を超えて裁判長としての自由裁量権を充分に行使して、社会での様々な衝突する利益関係を裁決することを求めていた。

ジェニーが、裁判官に対して、立法者が適用しようとした同様の原則に基づいて、法典の条項と伝統的な解釈方法では裁判官に明瞭な構想を与えないという問題を解決することを要求した思想が、1907年の《スイス民法典》に収録され、著名な条文になった[133]。それ故、ジェニーは、《スイス民法典》第1条の現代思想の根源であり、ジェニーはほぼアリストテレスと同様の結論を手に入れたのである。

この社会の流れの力と法律がそこから身を抜けないという衝突、この現代のあらゆる大陸法学者の前に置かれた問題から始めて、ジェニーは後期の著作である『私法の実定法の科学と技術』（4巻、1914-1924年）の中で完全な法哲学を論述した。この書の中で、ジェニーは、法律を思想と意志、知識と行為の間の分類区分に適用した。

第八章　民法基本原則が法律の限界性を克服する機能の研究（下）

それ故に、科学と技術という二つの範囲を有することになった。科学の現実は、法律のために社会的資料を提供している現実の客観的知識である。このような資料は特定しているので、法学者はそれを変えることはできない。法学者はこうした資料に対して特別な技術を使う。この技術は、法学者の創造性ある活動の範囲である。その技術が純粋及び実践理性、思想及び意志間の区別に適用されることから考えれば、このような区別はカント式である。ジェニーは、現代社会学の潮流と新しい哲学の連合という異なる基礎を導いた。上述の連合を公認した領袖はアンリ・ベルクソンである。ベルクソンは知識の硬い所を補う創造的な直観の重要性を強調した。彼らが生活している所属部門において生活を観察することは、カテゴリー上、因果関係上、それらの必要性を分析することではない。従って、知力は、もっと深く、もっと大きな生活意識なのであり、生活意識の中からそれ自体を行動に転化することを惹き起こすが、概念分析の緊迫感を満足させるものではない[134]。以上のことから分かるように、ジェニーの能動的な司法思想は、工業化社会、カント哲学、そしてベルクソン哲学、この三つから生まれたのである。

　ジェニーの解するところでは、法学者は特定の資料の塑像を作り、それによりその資料と社会生活の需要とを一致させるのであり、法律の過程の各段階において創造活動が存在し、かつ存在しなければならない。しかし、当然のことながら、裁判官の活動の余地は、立法者のそれと比べると、小さいものであるはずである。しかしながら、法律が常識に違反する場合、あるいは法律が公然の不正義を意味している場合には、ジェニーは、このような極端な場合に実定法から離れることに完全には反対しない。ジェニーのフランス人的革命気質は、ジェニーが古典的自然法の廃墟において、自然法は実定法を監督する一段、高い規則であるという原義を回復させた。それ故、立法権を公然と濫用する場合には、一切を顧みない極

端な武装蜂起を行うべきであり、以て専制暴君の鎮圧を防ぎ止めるべきである。換言すれば、極端な状況においては、自然法は合法的に謀反を起こすのである。違法を罰するそれより高い権威が欠ける場合には、実定法への反逆は革命であり、自然法は再び、こうした革命のために倫理的合法性を提供する[135)]。まるで、自然法がかつて、フランス人民がルイ十六世を打ち倒す革命行動のために、このような合法性を提供したときのようである。ここにおいて、ジェニーは、すべての社会と政治構造を対象として、自然法の古い弦を奏で、自然法を根拠とする衡平法思想を提示して、いくつかの原則の最高性と神聖性のために証明をしたのである。

　以上がジェニーの思想における「民法典を超えて」の面である。ジェニーの思想のもう一面は「民法典を通じて」である。ジェニーは、法律制定時の立法者の意思や意図を考慮せずに、社会関係が変化したということだけを口実に、「自由に」成文法を解釈することに反対していた。ジェニーはこのような考えを守っていた。すなわち、立法者の立法時の意図に基づいて（文理的解釈及び歴史的解釈）、当時、存在していた社会の需要と社会関係に基づいて（社会学的解釈）、成文法を解釈しなければならない。ジェニーの解するところでは、法の淵源は法の内容を包み込むことはできず、決まって一定の自由裁量権を裁判官に残しておく必要があり、それにより裁判官は創造性ある精神活動を行うことができる。しかし、このような権力の行使は、裁判官個人の制御されない任意性を根拠とすることはできず、むしろ客観的原則を根拠としなければならない。法律制定時の立法者の意思や意図を尊重するために、ジェニーは、成文法の類推適用は許されないと考える。状況に変化が起きて法律の規定がもはや意味がなくなったとき、結論を出さなければならず、当該法律はもはや適用されないことを確認して、その他の法、例えば慣習とか学説や判例を適用する。もしこれらが依然として使用するに足

第八章　民法基本原則が法律の限界性を克服する機能の研究（下）

りないならば、裁判官は自由な科学研究に基づいて問題を解決しなければならず、自由な科学研究の中で正義と平等の基本原則を発見するのである。このとき、法学者の意思は自由に運動することができ、法律が予定した目的の指導を受けるだけである[136]。ここにおいて、ジェニーは明らかに、《フランス民法典》の、制定法を唯一の淵源とする体制を打ち破った。あたかもローマ法と同様の多元的な法の淵源体制を確認したのである。

「民法典を通じて」はすなわち、法律の確定性を守るためであり、これはまさしく「民法典を超えて」が法律の弾力性を守るためであるのと同様である。確定性と安全のために、ジェニーは、人々が裁判官政府を打ち立てることは主張しない。ジェニーは、裁判官の提議は事実上、裁判官達が解決しなければならない事件のみに限られ、裁判官の自由な探索は立法それ自体の言わば補充に過ぎない、と考えているのである[137]。それ故、ジェニーは、裁判官を、立法者の欠くことのできない助手と称しているに過ぎない。法の諸々の淵源の中で、ジェニーは、以下のような厳格な順序を終始、強調していた。すなわち、立法、権威及び伝統である。この順序の中で、立法は、あらゆる法の淵源の形式的首位にあった[138]。

ジェニーは大陸法系の進化の歴史上、非常に重要な革命的な人物である一方、中国では軽蔑されてしまった。ジェニーの法的理論は、19世紀と20世紀の変わり目にフランス司法の現実の総括であり、20世紀大陸法系の立法－司法関係モデルの理論の基礎を築くものであった。同時に、ジェニーのいた時代のフランス司法の現実の理論化説明は、更に古い体制の最後の合理性をぐらつかせた。この仕事は、ジェニーが一人で完成したわけではないものの、ジェニーの意義が大きかった。世紀の変わり目に何人ものフランス人が古い体制を揺らすために貢献した。アンリ・カピタン、オリオ、ジュルガンとデュギーがいずれもこの光栄なリストに入られた。カ

ピタン（1865-1937年）は教育事業に従事した生涯の中で、裁判法が法の極めて重要な淵源であると考えていた。カピタンは、法について詳説する数多の文章を書いた。当時の立法者に対して、確かに、ある種の肯定的な影響を発揮した。カピタンとデュギー、ジェニー、オリオ、マセル・プラニオルと同様、極端な個人主義、自然地方主義及び立法万能主義の崩壊に対して、拍車をかける役割を果たした。そして、事実上、現代フランス私法に対する基礎を固めた[139]。オリオ（1856-1929年）は、その名前を以て命名される著名な制度理論を提起した。オリオは、制度というものは一種の客観的現実や一種の特殊な社会的均衡の産物及び法的準則の源泉であると考える。この定義に基づき、オリオは、意志論による、法の発生原因について行う各種解釈を排除し、原動力という因子を法の領域に導入した。なぜならば、制度があることによって法が安定したものとなり得るのであるけれども、こうした安定さは決して変化を排除しないからである。一つの制度が持続することができるかどうかは、当該制度が絶えず社会生活の新たな条件に適応できるかどうかにかかっている[140]。「まさしく、ジュルガン（1858-1917年）の大きな功績であるのだが、法は一つの永久不変の、ほとんど神聖とも言えるものであると見なされることは、もはやない。ジュルガンは、法は社会の群体と同様、可変的で多様なものであり、多かれ少なかれ、社会の群体の意思を完全に表すものであることを指摘した。これは、当時においては、斬新な考えであった。」[141]デュギー（1859-1928年）は、実証主義のメンツにより、客観的な法と実定法を区別するという自然法理論を打ち出した。客観的な法は、人間が一定の社会生活の中で遵守しなければならない一種の行為規則のことを指しており、実定法は法律規則を示す形式と理解され得るに過ぎない。立法者は法を創造するのではなく、法を確認するに過ぎない。むしろ、実定的な法もまたこのような規則に適合する範囲内で人に無理

第八章　民法基本原則が法律の限界性を克服する機能の研究（下）

に押しつけるものであるに過ぎないのである。この二つの法の関係において、客観的な法は最高級の法であり、自身の強制力を備えている。実定法それ自体は、拘束力を備えていない。それは、客観的な法が承認し、支援し、そして客観的な法に合致する要求を獲得するという状況下においてのみ、拘束力を有しそして遵守しなければならないものである。実定法がもし客観的な法の後ろ盾がなかったならば、それは無効である[142]。これらの理論で、社会の変遷の法律に対する圧力を強調しないものはない。従って、法律の流動性を強調しているものであり、故に自由裁量主義に賛成しているのである。

　ドイツとオーストリアを含むドイツ語世界について言えば、自由法学が直面したのは、古い法典が青春を取り戻す問題ではなく、むしろ若い法典の中にある弾性条項が意味しているのは何かという問題であった。1900年に《ドイツ民法典》が施行されたわけだが、その総則部分は多くの抽象的原則を含んでおり、それらの原則を適用するときには複雑な解釈問題及び裁判官の役割問題が発生した。自由法学から、伝統的ないわゆる概念論的、形式主義的法学の観点に反対して、裁判官には一定の条件下で、法の適用に対し、なにがしかの自由裁量権があると主張したのである[143]。

　オーストリア人であるエーリッヒ（1862-1922年）を代表の一人とするドイツ語世界の自由法学の主要な考えは、次のように概括することができる。すなわち、成文の法規が唯一の法の淵源であるという見解に反対し、社会の現実の中にある「生ける法」と「自由法」の役割を重視して、裁判官の自由裁量権を拡大することを主張し、裁判官が正義の原則と慣習を根拠に自由に法規則を作ることを許す、というものである[144]。エーリッヒは、先ず、法実証主義が法律を重んじて、社会を軽んじる傾向に対し、激しく不満を表明した。そして、「法実証主義の方法は法秩序の無欠缺性を認めることで、

裁判官の仕事は論理操作だけに限られており、そこには政策的、評価的なことは存在しない。更に、裁判官の、国家官僚としての地位が日増しに強まっていることも併せ考慮すると、裁判官は、ある種の、社会の適切ではない非難又は適切ではない称賛の地位に置かれている。こうして、司法の『無社会性』が最高潮に達している。」と考える。ここで言われている「論理操作」というのは、機械のことであり、もとからある法的やり方を杓子定規に墨守することである。そこで言われている「無社会性」は、社会の実際的状況の変化を無視することである[145]。それ故、エーリッヒが主張していることは、社会の変遷が法に対して与える圧力と、裁判官はこの圧力に対して能動的な反応をしなければならないということであって、この圧力を無視することではない。エーリッヒの解するところによれば、「現在であれ過去であれ、法発展の重心は立法にはなく、法学にもなく、司法の判決にあるのでもない。むしろ、社会それ自体にあるのである。」歴史上、法は国家より早く出現した。現代において、国家が制定し、かつ執行する法律——法律の条文もまた、法の中の小さな一部分であるに過ぎない。法律の条文と相対するのが、「生ける法」であり、この「生ける法」は、人間の組織（商会、教会、学校、労働組合）の「内在的秩序」である。それらは実際の社会生活を支配しており、人間の行為の真の決定要素である。「生ける法」は、原始的な法形式であるばかりか、今日に至っても依然として基本的な法形式である。それは、法律の条文の最も豊かな根源である。「生ける法」は、司法の決定、商業文書、社会組織の秩序及び人々の日常行動の中に存在し、注意深く観察することで総括することができるのである。

　「生ける法」が最も基本的な法形式で、実際の社会を制御する役割を果たすものであるからには、これは、裁判官が、制定法でカバーされない領域において「自由な判決の方法」を用いて「生ける

法」を発見し、そしてそれを目の前の事件に適用することができ、また更に適用すべきである、ということを意味する。エーリッヒは次のように公言した。すなわち、このようにやることが裁判官の専横を惹き起こすことはなく、むしろ裁判官の責任を強め、裁判官の智慧と才能を裁判過程の中で存分に発揮させることになり、従って裁判官の選抜に際して一層、高い要求を出す、と[146]。このことからエーリッヒは、「自由に法を発見する運動」を起こすことを試み、『自由法の発見と自由法学』(1903年) という著作を書いている。なぜ自由に法を創造しなければならないのか。成文法だけに頼るのでは十分ではなく、どの法律も社会生活の発展に追いつくことはできず、いつであっても制定した規則は本質的にすべて整っているわけではなく、制定するや否や即座に遅れてゆくからである。法律は、社会生活のそれぞれの面を永遠に総括することはできず、始まるや否や一面的となる。たとえ最も安定した学説、そして最も有力な立法であっても、ひとたび現実生活という暗礁に出会ったら、犠牲となってしまうであろう[147]。ここに至って、エーリッヒは成文法の様々な限界性を指摘した。それにより、自由裁量主義という結論を得たのである。自由裁量主義が発生する最終的理由は、変化する社会の、法規則に対する圧力を認める点にあることは、容易に見てとれる。エーリッヒは法の社会的基礎を強調したので、ヨーロッパ法社会学の父と称されている。

　自由法学を代表するもう一人の人物であるカントロヴィッチ (1877-1940年) はドイツ人である。カントロヴィッチは、そのとき、ヨーロッパ大陸に盛行していた概念法学は「自動販売機」だと鋭く皮肉った。すなわち、裁判官が事実をこの機械に投げ込んで、得られた結果が判決である、と。裁判官の能動的地位を強調するために、カントロヴィッチは法律を「外部行為を規定するもの、それの適用は裁判官によって進める規則の総和である」と定義した。それ

と同時に、カントロヴィッチは法を「正式法」と「自由法」に分けた。自由法は慣習、法律解釈、判例理由、法学家の権威の論述を含めて、それらも法の源である。従って、正式法の空白において、裁判官が自由法に助けを求めざるを得なかった。彼が自由法運動を唱える目的は、自由法の形成、発見、適用を促進するところにあって、裁判官の職能は有り合わせの法律を適用することに限らず、法規則も創造すべきである。当然のことながら、このような法規則を創造する活動は正式法の盲点が現れる限りで行われるべきである[148]。カントロヴィッチは、法典の権威を最小の限度までに減らしたが、裁判官の人格の活動範囲を広げるべきであると強く主張して、法学を法条概念の桎梏から解放すべきであると主張した。法条が万能、概念が万能だと見なすと、裁判官は自動的な機械になる。世の中の数々の物事はすべてが法典に網羅され得なければ、法律の欠陥があることは不可避である。機器としての裁判官は、それらの残りを守るだけで、補充を与えられない。しかし、裁判官の自由人格は極致にまで発揮すれば、必ず無法の状態に戻る。理想的な裁判官は得がたい上に、社会生活はだんだん複雑化して、賢い裁判官がいても、それの取扱いを困らさずにはおかない。しかし、自由法学はむしろ、法典を廃止して、裁判官の自由な人格を信頼した。彼らは、法典の不可避の内在的欠陥は、裁判官の自由に法律を発見するところに依頼して補い与えるだけで、法典論理の自足に依頼してはいけないとみた[149]。明らかに、自由法学の論理は、モンテスキューの三権分立の予防線を押し破って、裁判官にただ裁判権を享有させるのみならず、法律を補充して、法律を変更する権力をも享有させたのである[150]。

　伝統の圧力のもとで、制度の崩れを免れるために、自由法学者も自由に一定の限度があることを認めざるを得ず、そのためさまざまなルートを探して自由を縛り、それによって、法律の確定的な客観

保障を求めた。この目的を達しようと、彼らはさまざまな象徴的な概念を使って、例えば、利益の均衡、価値判断、法律情感、事理など、その理論の建設性を増加することと、その破壊性を減らすことのために過ぎなかった[151]。しかし、この理論は、客観的に見れば、ナチの統治時期における司法権の専横に理論的根拠を作ったので、多方面からの非難を受け、第二次世界大戦後は鳴りを潜め、姿を消した[152]。

(四) 利益法学

利益法学は、イェーリングの目的法学の余りものであり、その主要な概念はイェーリングから生まれたものである。その代表的人物はドイツ人のヘック（1858-1943年）で、《ドイツ民法典》が世に出てすぐの20世紀20年代から30年代までの間に出現し、主にドイツに影響を及ぼした。概念法学は、《ドイツ民法典》が世に出た後もっと盛んになり、支配的地位を占める法学になった。しかし、事実から見られるのは、法典は漏れがないのではなく、社会が速やかに発展することはますますそのような漏れを多くさせた。その時代は、裁判官と法学者に対して法典に創造性ある解釈をする要求を提出し、これによって利益法学運動が現れた。「利益法学」と題する講演において、ヘックは、次のような利益法学の綱領を述べた。すなわち、「利益法学という新しい運動は、こうした認識を基礎とし、裁判官は論理構造を頼りにするだけでは満足に生活の要求を処理できない。立法者は利益を保護し、相互競争する生活の利益のバランスをとらなければならない。しかし、立法者は、生活のさまざまな方面に注意し全体で徹底的にそれを調整できず、それからそれぞれの事件において、論理大前提に適切な限界を作り出させている。裁判官が、論理力学の法則に従って運転する法律の自動販売機ではない状況においてこそ、立法者は自分自身の意図を実現でき、生活の要求を満足させることができる。たとえ立法者がまだ明確に規定し

ていないときだとしても、思想アシスタントとして立法者に協力し、語句と命令を注意するだけではなく、立法者の意図を考慮して関係がある利益を検査することと、法の価値を表現することもしなければならない裁判官には、法も生活も必要である。法律科学の任務は、法と、関係する生活環境を調査して研究することを通し、適切な規定を準備し、裁判官が順調に自分の任務をなしとげることに協力することである。このような状況において、法律科学はそれを法の推理の幻で隠すではなく、適切な規範の方法が発現することを公に声明するべきである。これによって、論理至上は、生活を検査することと評価することを至上に変えるのである。」[153]これと同時に、ヘックは、利益法学の起点としての一つの真理が、法のひとつひとつの命令は一つの利益の衝突を決定し、法は対立利益の闘争から生まれ、利益のバランスをとることは法の最優先の任務であるということを指摘した。

　ひとつひとつの法秩序は欠陥と空白があってこそ、現在の法の規則に基づいて論理を通して満足させる決定を推論し得ることは、いつでも可能ではない。そのために、裁判官が規則の目的をうまく発現し、創造性的で合理的な解釈において相互衝突の利益のバランスをとることは必要である。それ故、彼らは法の解釈に十分な関心を与え、概念あるいは語句を厳格に限ることではない解釈方法を提唱し、しかも、民法や行政法などの分野において自由裁量権が存在することを許し、よりよく利益のバランスをとることである。しかしながら、刑法分野において、罪刑法定主義は公認の原則であるから、裁判官には量刑の幅上で選択を行うことのみが許される[154]。

　このことから見ることができることは、利益法学は、法律の限界性に対する認識に基づいて自由裁量主義を主張する流派であり、根本の方面において自由法学とは完全に一致しており、僅かな細部の分岐があるだけである。《ドイツ民法典》における原則の解釈の問

題については、それらは裁判官が自由裁量健を有する根拠であると利益法学は考えているが、しかし、自由法学とその自由裁量権の大きさにおいては分岐が生じる。裁判官はもとより成文法を忠実にするべきであるが、規定が曖昧模糊のときには、正義感に応じて判決を下せる、と自由法学派は考える。それに対して、利益法学派は、法律は立法者が相互衝突の利益を解決するために制定する規則であるから、裁判官はただ法律の条文の字句に注意すべきであるのみならず、立法者の意図も掌握すべきであり、自由法学派の、裁判官が正義感に応じて判決を下す権利を持つという主張に反対する[155]。従って、利益法学は自由法学に比べ、法律の安全価値も兼ね、立法者の意図に対して尊重を保持する。

(五) 新カント主義法学

ウェーバー（1864-1920年）は、法学の新カント主義学派と哲学の新カント主義学派に同時に属した。ウェーバーが所属した哲学学派の重要な特徴の一つは、哲学の根本の問題は存在の問題ではなく、どう存在するかの問題であると考えるものであり、言い換えると、世界に価値を直面させる問題である。この理論に沿って、彼らは世界を自然と文化（社会）という二つの部分に分け、しかもこの違う分野を研究するために截然たる差がある方法を規定したことである。それはすなわち、自然科学が恒常的で抽象的な普遍性、つまり法則というものを研究し、使うのは記述的な様式化の方法であり、文化科学が諸行無常的で、具体的な特殊性すなわち不可重複性を説明し、使うのは理解的な表意化の方法である。前者は感じられる科学世界であり、知性に頼ってそれを把握し、後者は感じられない価値世界であり、理性に頼ってそれを把握することである。文化科学と自然科学は違いつつも、決して形而上学ではなく、経験におけるものである。それによって、新カント主義は自然科学の量子化と精密化の方法、さらに技術が発展する合理性を承認し、かつまた文化

科学を形而上学と違う経験側に保たせた[156]。それから見出されるのは、新カント主義は人文体系と自然体系の区別を協調してから、人文科学と自然科学方法の区別に協調し、これがウェーバーの思想中の一つの重要な前提を構成し、そのため、彼は形式合理性と実質合理性を区別する法律観を形成できた。形式合理性が無価値判断でありながら、実質合理性は価値判断であるというものである。人文科学の特徴のために、ウェーバーは実際の動機と境地中の無限の複雑性と多変性を終始協調し、歴史が独特的で、不可再現な偶然の事件から構成するどこまでも続く長河と見なした。社会現実が千変万化のために、一般科学の法則の客体になれず、ある確定的な方法で分類もできなくて、「閉鎖的な概念体系」というもので包容もあり得ない[157]。こうした思想の中には、法律の限界性の観念と概念法学に対する嫌悪がある。

ウェーバーには、一種の秩序の効力の外部が一種の可能性で保障してあげれば、――この可能性は専門社会の組織が行為者に施行する強制（物質的なあるいは精神的な）だというものである――各種の社会行為をこの秩序の要求に沿わせて、あるいは違反者に罰を与えるのであり、それで、この秩序が法律というものとなる[158]。ウェーバーのこの法律の定義から見られるのは、彼はただ法律を規則にするだけではなく、規則が実施した結果――秩序である。法律は実施の過程を含むからこそ、法律を命令性の成分と伝統性の成分の合わさったものになるのである。前者が立法者の創造でありながら、後者は経験の産物である。大陸法とイギリス法の違いは二つの成分の割合にあるだけである。大陸法においては命令性の成分が多いから、制定法と言われるのであり、イギリス法においては伝統性が多いから、慣習法と言われるのである。古代ローマにおいて、伝統性の成分は、法学者が法廷に起こる実際の訴訟から、提出する様々な問題を解答する経験中において、生み出されたものである。現代に

おいて、それは裁判官の判決経験と記録がある司法問題を解決する原則の中から、生み出すものである[159]。法律の二種成分に対する区分において、ウェーバーは大陸法の中に伝統性の成分が存在するのを特に肯定し、ただ制定法を法の唯一の源にするだけではないと表明して、秩序と言われる法律の形成の中において司法活動の作用を承認した。彼がいた時代の大陸法は、一種の新しい思想であり、彼の自由裁量規則の作用に対する認識に伏線を張るのである。

ウェーバーは、近代資本主義の法律とそれの経済基礎の間の密接な関係に終始、注目し、経済行為の結果の精確な予測可能性に対する資本主義経済の要求は、形式主義の法律の発生を惹き起こすことである。形式主義の法律は資本主義経済の適応に対して、合理性が生じることである。この合理性は以下の意味がある。すなわち、

（1）行為は法規によって支配され、個人の権利と義務は普遍的で、そして実証されている原則に決定されている。これは必ず絶対で、合法の秩序の裁決と判定をキャンセルして、またこれらの判定を特殊の場合に合わされても、規定の実証できる原則で判決をするのではない合法性を確認しても、非理性だと見される。実際に、これは、法律がなるべく多くの普遍的な規則を提供して、個別的正義を排斥して、人々が安全性を獲得するのである。

（2）法律は体系化されなければならない。法律関係の体系化は一切の分析して出来た法律判断の統合が徴表していて、これらの法律判断は統合の仕方において、論理がはっきりして、内在的一致で、少なくとも理論的には非常に厳密な法則体系を構成することである。明らかに、論理的には、一切の推察され得る実際の状況はその中において含まれなければならず、それらの状況の適用結果としての秩序は有効な保証が貧しくないようにする。これも安全性の要求を強調するのである。

（3）法律の方法は論理分析の意義に基づく。これは、司法者の

起こり得るわがままに対する防犯である。

（4）司法過程は理智によってコントロールされる。

（5）司法と立法の間で区別して、すなわち一般法則を制定するとそれらの法則を実際の状況に運用するこの二つの違う方面を区別して、司法の任務を一般の法則を特殊状況の具体的な事実に応用することに限られる。

このような合理性がある法律がもたらす効果は、こうである。すなわち、――司法の形式主義は法律体系が技術合理性の機器のように運行できるようにさせて、個人と群体がこの体系において、相対の最大限の自由を獲得するのを保証し、そしてその人々の行為の法律結果を予見する可能性を極大に高めて、手続きはこれから固定で超越できない「ゲームのルール」に限る特殊タイプの平和競争になるのである。逆に、普遍性の法則において実際の事務に対して判決するのではなく、実行裁判官の「特定の場合における公正の意義」に対する理解において判決すれば、このような非形式主義の立法と司法方式が流行る地区は、経済の計算可能性は必ず障害に会う[160]。ウェーバーのこの論述は、まったく《フランス民法典》の立法の技術タイプと価値観の指向に対する素晴らしい解釈であり、その形式主義の特徴を述べて、資本主義経済の秩序を維持するために個別的主義に対して犠牲にする欠陥を掲示したのである。

しかしながら、形式主義的合理性の法律のアンチテーゼは実質合理性の法律である。事実の質がある形式合理性は、違う事実の間での因果関係に関する判断である。形式合理性は主に手段と手続きの計算可能性にまとめさせて、一種の客観的な合理性でありながら、実質合理性は大体目的と結果の価値に属して、ある種の主観的合理性である[161]。言ってみれば、形式合理性は手段で目的に代わって、すべての人に利益があるかのような規則を、実際に、一定の階層あるいは個人だけに利益を得させて、実質合理性は博愛と「世界は兄

第八章　民法基本原則が法律の限界性を克服する機能の研究（下）

弟はみな兄弟だ」式の道徳理想に属して、社会の全体の構成員に対して同じ程度の供給と満足をすることと、人に対して、権利と義務、財産と分配の実質の平均や平等をすることを要求する。実質合理性と形式合理性は相いれなく、形式合理性は実質合理性を保証することを意味しているのではない。形式合理性と実質合理性の緊張対立、すなわち計算可能性や効益や非人間性を一方にする価値と博愛や平等や兄弟友愛を一方にする価値の対立であり、実は一般的正義と個別的正義の対立であり、それらの間の衝突と対立は、現代の社会生活が板挟みの選択の立場に直面する根源である。合理性の立場から社会の実在を見て、形式合理性を主張すれば、必ず実質非理性の結果を引き出し、逆に、実質合理性を堅持すれば、必ず形式非理性の結果を引き出して、これは現代人を生活に対して選択するときに、立往生する境地に陥らせる[162]。ここにおいて、ウェーバーは、広い社会背景の中に法律の限界性の問題に接触できて、それは法律の一般的正義性や個別的正義性の矛盾問題と、安全や個別的正義の矛盾問題ということである。

　ウェーバーの観点によれば、自由裁量規則は、往々にして、実質合理的な法律形式を形式合理的な法律形式より高くさせる手段である。いわゆる自由裁量規則は、立法や行政や審判をするときに、「不確定な規定」や「任意の標準」や一般条項を採用することである。法治原則は政府官員の行為が明確な規則の制約を受けるべきだと要求し、できるだけ公民の権利、自由と義務を明確する。ところが、自由裁量規則は、政府官員が政策を施行するときの動作の変通性と柔軟性の重要な意義を強調し、法律規則の機械的適用を注意するだけではない。法律分析の内在的論理構造は法律を通じて実現する特定な政治目標、社会の功利あるいは道徳価値の要求に服従するのである[163]。こうした自由裁量規則の存在はまた人文システムの極端な複雑性のため、それは人間の精緻な尺度の、法律のこわばった尺

度に対する補充であり、それは裁判官に運用させなければならず、その活動の結晶は法律の中の伝統性成分である。

では、個別的正義の判定は一体何を準拠にするのか。シュタムラーは社会理想の概念を提示した。法律は人類の社会生活の秩序を建てる必要な方法であるため、社会の理想も法律の理想と言われ、それは北極星のようなものであり、航海者がそれに依拠して方向を見分け、具体的な法律規則の適用を指導する指針である。まるで自身のように他人を愛する社会の理想を内容にする誠信原則は、このような指針であるとシュタムラーは述べたのである。行為規則の適用が社会の理想に合えば、それは正義に合って、社会の理想は自由意志がある個人ごとの共通の生活である。彼の心の中の正義法も、理想的な社会の生活に合う法則である。実定法は正義に向かって推進する強制の力でありながら、必ずしも正義に合わない[164]。ここでは、シュタムラーは自然法に向かって行って、法律の性質を人間がそれにする価値の判断に属させたのである。

以上のことから分かることは、19世紀と20世紀の変わり目において、ウェーバーは自由資本主義の時期の法律の発生条件とこれから形成する特徴を分析し、現代社会におけるそれの矛盾を指摘して、自由裁量規則で法律の形式合理性と実質合理性を統一する思想を提示し、ここから自由裁量主義に向かって行ったということである。

381 　シュタムラー（1856-1938年）は、新カント主義法学のもう一人の代表的人物で、実証主義法学と歴史法学のドイツにおける統治地位を破ろうと努め、しかも新カント主義法学でそれに取って代わり、その理論は20世紀初期でのドイツなどの国に巨大な影響をもたらした[165]。シュタムラーの「自然法は変われる内容がなければならない」という主張は20世紀の西方法学者らのスローガンになって、自然法学の復興に拍車をかけた[166]。

第八章　民法基本原則が法律の限界性を克服する機能の研究（下）

　自然システムと人文システムを別々に取り扱う科学観に基づいて、シュタムラーは、様々な社会現象の中においては存在せず、それ故にその因果法則が必然性と見られるというものを掲示し得なく、社会の生活現像がただ人々の自覚の意識と期待の上であるだけで分析されると考えていた。だからこそ、社会現像の一つとしての法律も、全然何の必然的なものを表さず、法律の基本的な意義は、人々の願意によって実現すべきものを規定するということによる[167]。ここでは、シュタムラーは、価値問題を法律に引き込んで、法律が一定の理想的なモデルに沿って作ることを要求し、法実証主義の制定法に対する盲目的な崇拝を打破した。

　正義は法律の第一の価値である。価値を法律に引き込むことを基礎として、シュタムラーの正義観が発展してきた。シュタムラーは、一般的正義の存在を認めておいて、理論の任務は普遍な原理を発見すること、つまり、人間の生活の合理性を発見することを考えていた。それで、法律理論を建設すれば、普遍的な適当な原理の存在があるということを認めなければならず、法律の基礎もここによることになる[168]。従って、歴史法学はただ法律を民族精神の産物にすることと、法律の個別性だけを承認しながらも、法律の普遍性を承認しない主張に対して、シュタムラーは批判的な態度を保ち、《ドイツ民法典》を制定する主張の擁護者になった。しかし、一般的正義には限界があり、永久を決める絶対な道理ではなく、ある時期内の相対的な道理であり、従って、法律の実施に注意すべきで以て公平を求める。「法律の条文は機械的すぎてはいけなく、私たちは法律を制定する際に、将来実施するとき、きっと思いがけない状況がたくさんあると考えなければならず、この思いがけない状況を注意しておくべきで、実施のときに、困難が発生しないで公平に達することをさせる。」[169]シュタムラーは民法典の支持者でありながらも、法典が未来の全部を見込まれる幻想を明らかに放棄した代わ

りに、「実施するとき、きっと思いがけない状況がたくさんある」と認めたということであり、これは法典法に関する一種斬新な思路である。それは法典を捨てて「無法で司法する」と主張しないと同時に、法典は閉鎖的であり、裁判官を「足枷をかけて踊らせる」とも主張しない。それでは、法典の不周延性をどう解決するのか。カントの門徒として、シュタムラーは、人間のなにがしかの先験的な認識の範囲と形式が彼らの現像に対する認識知覚を構成したと確信し、そして、この範囲と形式は人間が観察を通して獲得しえないものである。これによって、彼は、人の頭脳の中にこのような純粋な思惟が存在し、それらが、人は歴史の中の法律のある具体的で多変的な表現形式だという条件において、独立的に法律の概念を理解することができると考えていた[170]。この純粋な思惟形式の立法における表現は法律の概念を曖昧にすることであり、これは、本当に《ドイツ民法典》の中に大量に存在する弾力条項の機能に対する絶妙な説明である。かくして、一定の立法の技術手段を通して、法典の不周延性の問題を解決でき、また、法典の普遍性と、それを将来の予想外の事件に適用する際に、公平を実現しなければならない要求の間の矛盾も解決できたのである。

　古典自然法の自然法を永遠に変わらないものと見る学説に焦点を絞れば、シュタムラーは、「内容が変わる自然法」、「日進月歩の自然法」という斬新な思想を提示したということは、世紀の変わり目に、社会の流動性の増強の法律観の上の必然的な反映であり、自然法の思想史上の大突破である。これまでの自然法理論は自然法すべてを固定不変で、どこにおかれても正しいことにして、最も激進的な自然法理論も、自然法の批判の下に、実定法は発展変化するべきだとされるぐらいまでやり遂げただけである。その反面、シュタムラーは、実定法の根拠としての自然法は変わるとし、ここに、形而上学の思想の方法がきちんと埋められたということで、弁証的な思

想の方法が自然法の分野に確立した。これによって、物事は普遍性と適当性のある以外に、また、時間性と空間性も含まれて、時代が社会に合う理想に従わなければならず、時代社会の需要の制約を受けなければならない。ある物事に対して、その物の普遍性と適当性を決める原理を求めるときには、時代社会の需要に沿わなければならない[171]。だから、「変動的な自然法」は必ず、具体正義に対する追求を意味していて、シュタムラーからすれば、誠信原則はこのような変動内容がある自然法である[172]。法律は自然法を元にするから、そして自然法の内容も変わって、法律もだんだん改良するべきである。だから、「法律の内容は生長していて、時間と場所が変化し、風俗状態もそれによって違っていき、民衆たちの法律の思想の味方も変わっていく」[173]。これによって、シュタムラーは、古典自然法の形而上学の基礎を破砕した後、法律の変遷性と過程性を認めた。彼の法律が生長しているという論点と、英米の法学者の思想は違いがなく、この二つは進化論の基礎の上に統一できた。法律の生長を実現するために、不可避的に人の役割を認め、裁判官の能動的司法を認めなければならない。

　すべての道はローマに通ず。目的法学、歴史法学、自由法学、利益法学、新カント主義法学等の、19世紀と20世紀の変わり目にヨーロッパ大陸で流行した法学の流派は、構想や重点の置き方は異なるものの、例外なく自由裁量主義の方向に向かうものである。こうした思想的条件の下で生み出された法典は、厳格規則主義の存在理由を見つけることはなかった。

三　誠信原則の勃興

　舞台を建て、幕を開け、始まりの歌がすでに奏でている。準備を重ね待ち続けて、ようやく主役の登場に臨んだ。今の主役は極めて有利な地位にある。もしフランス人が古き法典の改造を「発見」と

解釈などの技術に希望を託すことしかできないのであれば、新法典は回り道も行かず、直接にフランス人が長年やっていた、ドイツ人が始めたばかりのある事が法律に適うと認めたのである。昔の失敗は今の経験になるものである。それ故、法典の制定が今の時代に近ければ近いほど、過去に戦った先輩達の経験を使えるようになり、法律を設置する技術はもっと完璧になる。経済や政治、哲学など法外要素の変化を法の変化として反映する。20世紀の最初の民法典——1907年の《スイス民法典》こそ、そのメリットをすべて得た新世紀の主役である、それが19世紀と20世紀での大陸法の間に時代の証として刻まれており、20世紀の人々が19世紀と比べて現実的、知恵を持ちながら目も覚めていることを証明する。

　《フランス民法典》や《ドイツ民法典》などが団体作品として編み出されたのとは違い、《スイス民法典》は個人で作られた作品である。それ故、《スイス民法典》の起草者であるオイゲン・フーバー（1849-1923年）がどんな人生を歩んできたのかが、《スイス民法典》の法律設置技術スタイルへの理解に重大な意義を持つのである。1849年7月13日、フーバーはチューリッヒ近くのポツダム－ハイムで生まれ、医者の子である。幼い頃に作家となる夢を持ちながらも、法律の道を選んでしまった。1868年、チューリッヒ大学法学部に入学し、1872年3月9日に博士の学位を得た。卒業後、フーバーは新聞に関する仕事を継続的にやり、《チューリッヒ新聞》の編集から記者、主編まで務めてきた（1876年）。1877年、フーバーは予審裁判官とワイバンザル－ルダ州の警察局長に任命された。その種の司法的な仕事は彼の法律観念に大きな影響を与えた。実務的な仕事をこなしている間、フーバーはずっと学院生涯を満喫している。博士の学位を得た次の年、フーバーはすでに私講師として、チューリッヒ大学で法史を教えている。私講師は給料無しの仕事だから、それはフーバーが実務的な仕事をやらざるをえない理由で

第八章　民法基本原則が法律の限界性を克服する機能の研究（下）

あったのかもしれない。1880年から1888年にかけて、フーバーはバーセル大学で仕事をし、まずは編制外教授として、次はスイス民法、スイス法史とスイス公法のポストの編制内教授あるいは正教授として務めていた。そのうち（1882年）、《スイス法雑誌》の編集者になり、1884年、スイス法学者協会の一つの委員会を組織し、スイス各州の民法について完全な研究を行なった。1888年から1892年にかけて、ドイツのハーラー大学に務め、ここは利益法学の代表人物であるヘックの縄張りであり、シュタムラーもこの大学で活動したことがある。ここで明らかに彼は利益法学と新カント主義法学の影響を直接に受けたのである[174]。1892年、スイスの国内法律知識の豊かさ、必要な実務経験、法の道徳的価値への確信、記者や編集者としての素養（それは簡素な読みやすい法典の制定には必要的である。）、強い意志と体力など全てを持つフーバーがスイス連邦委員会に呼び返されて、《スイス民法典》の起草に着手した（1899年に大体、完成した。）。同時に、ベルン政府はフーバーのためにベルン大学でスイス民法のポストを用意し、フーバーは1922年の定年までここで働いていた。1923年4月23日に世を去った。1902年には、フーバーは国民議会代表に選ばれた。そのことはフーバーに国会の前で草案を弁護する都合を合わせるために用意した出来事かもしれない。実際、フーバーは、議会において草案のドイツ語報告人として、役割を果たしていた[175]。

　フーバーは《スイス民法典》のために20年働いた。フーバーがその仕事を始めたときは、スイスは1881年に自分の《債権法典》を持っていた。連邦制の国家として、連邦は1874年までようやく全国統一の債務法を制定する権力を持つようになった。それ故、彼に託された仕事は完全たる民法典の起草ではなく、人と家庭法、物権法と相続法の三編を含む部分的な民法典である（それらは民族特色と道徳観念を表す傾向の強い部分である。）。フーバーがその仕事を引き

受けたとき、連邦はまだ全国に適用する民法典を制定する権力を持っていなかった。1898年、フーバーが《民法典草案第一稿》を仕上げたとき、ようやく憲法の改正を通じてその権力を手に入れ、フーバーの仕事が予定の効果を発揮すると保障したのである。

　教授としてのフーバーは作品豊かな作家であった。長年に亘る教学生涯の中で、フーバーは主に以下のドイツ語著作を書いていた。《スイス相続法——高地連邦からドイツ帝国に変わる過程にそれが得た発展》(1872年)、これが彼の博士論文である。《ベルン既婚夫婦共同財産の歴史基礎》(1884年)、《スイス私法制度と歴史》(4冊、1886-1893年)、《ドイツ物権法中の占有の意味》(1894年)、《《スイス民法典》学者提案解説》(1902年)、《地上工作物の所有権》(1902年)、《証明を経た原理》(1910年)、《立法の実現について論ず》(1910年)、《スイス物権法》(1914年)、《法と法の実現》(1921年)、《権利の絶対性について論ず》(1922年)、それ以外に論文が山ほどある[176)]。数え切れない著作が鏡のように、彼の苦労してきた人生を映し出している。その中の《スイス私法制度と歴史》は、1884年に法学者協会の頼みに応じ、連邦からの協力で書いたので、スイスの25の州の民法をまとめて語るものである。それは民法典を作るために事前にすべき仕事だった。なぜなら、スイスもフーバーも、まもなく誕生する民法典は時空の背景も持っていない「理性」の産物になるわけにはいかない、また外国のモデルを丸写しするつもりもないと考えていた。彼らは、統一された《スイス民法典》は必ずや各州の既存私的法律を根拠にしなければならないと信じ、そのためにはそれらをまとめることは最優先事項である。当然、各州の民法が連邦民法典に与える影響の大きさはそれぞれである。フーバーを育てた州の《チューリッヒ私法典》は後者に与える影響はどの州の私法よりも著しく大きい。サヴィニーの学生であるガイルの思想がその法典に魂を持たせ、その法典の作者であるブロチリも長時間ドイツで滞在

第八章　民法基本原則が法律の限界性を克服する機能の研究（下）

し勉強したことがある。フーバーが自分の特殊な地位を利用し、そのドイツ歴史法学派とパンデクテン学派理論が混ざった私法典にそれほどの光栄を持たせることもあり得る。

　先に述べた著作目録から見れば、フーバーは民法の具体的制度だけではなく、法哲学まで深い研究をしたことがある。1899年に《スイス民法典》の起草を完成した後、フーバーは《立法の実現について論ず》、《法と法の実現》、《権利の絶対性について論ず》という三部の法哲学の著作を書いていて、自分が起草した民法典の哲学的意義を明らかにしようとした。特にその中の《法と法の実現》は、深く新カント主義の傾向を持ち、理性、善良と正義を求める光が輝いていた[177]。フーバーは次のように考えていた。すなわち、立法者として、理性主義の観念に反対すべきである。デカルトが知恵のある立法者たちを何もない平原でものを作る理念を生み出せるエンジニアに例えたのは理屈であって、またルソーの唱えた人間性とあらゆる制度を変えられ、一つの新世界を建て替えられる立法者[178]もそうである。なぜなら、法律は抽象的な理性の中で勝手に引っ張り出されたものではなく、経験の産物であり、それに管理された民の特定条件に適わせる必要がある。この問題について、フーバーはモンテスキューと歴史学派が唱えた法は特定環境と歴史伝統の産物であるという考え方に傾いている。すなわち、立法は過去と別れることではなく、逆に、「将来は過去の続きである」。彼はジェニーの成文法は限界があるという考え方も受け入れる。フリードマンは次のように解する。ジェニーの考え方が直接に《スイス民法典》第1条の規定に影響を与えたと。これは成文法と裁判官の間の関係に関する規定で、この問題については、成文法が一民族の生活中の有限な役割を過大評価するのはいけないと、フーバーは主張していた。なぜなら、成文法には必ず漏れがあり、法の宣告に根本的な作用を果たす裁判所では、慣例と判例によってその穴を塞ぐことができるわ

けである。フーバーは道徳の役割を強めた。それは法の第一要素だとフーバーは考える。立法者たちの果たすべき役割は公衆の道徳基準の維持と上昇である。その道徳は法のできないことまでもできるのである。誠信原則こそがその種の道徳の表現である[179]。

いずれにしても、フーバーが起草したのは20世紀最初の民法典である。その初めに、フーバーはヨーロッパ大陸の国々の自由裁量主義者の心を満足させ、その人たちの住んでいる国では直接に辿り着けない目標を外国で果たしたことで喜ばせる条項を書いた。すなわち、

　　第1条第2項　もし本法に相応な規定がないときは、裁判官は慣例を参考にすべきであり、慣例がないときは、自分が立法者として定めた規則に従って裁判を行う。
　　第2条　いずれの者も、誠実、信用で、権利を行使し、義務を履行しなければならない。

この条項に対し、ジェニーは喜んで論評した。すなわち、「もしかするとこれは近代における立法者が初めて[180]普遍的な言い方で裁判官が彼にとってなくてはならない助手であるということを認めたのである。」[181]フーバーは第1条を提出した立法理由についてこう述べていた。「諸国同士の交流は個人的な交流のごとき重要であり、故に国内での立法は中国の万里の長城のように外国の立法例を拒むべきではない。」[182]ここから見ると、《スイス民法典》第1条の本意は裁判官を立法者にして外国の立法例を引き入れ、法の欠缺を補充することである。これはスイス法がドイツ法やフランス法、イタリア法の間にある断ち切れぬ繋がりに関係がある。他国での詳しい規定が《スイス民法典》の簡略さを補う、これは国際主義的な方法である。今に至ってもドイツでは本国の法律に相応な規定が乏しい状況で、共通法の一般的原則の使用、すなわち解決法がまだ不明確な法律制度に所属する法律群体に通用する原則を適用することが

第八章　民法基本原則が法律の限界性を克服する機能の研究（下）

許されると主張する人がいる[183]。こうすると、裁判官の自由裁量権がどの国の法律を補充法にし、またどのように共通法の原則を確定するかを範囲としたのである。しかし、「《スイス民法典》第1条第2項はこのような仮説に一つの規定を置いた。つまり、裁判官が立法者としてしか仕事をできないときのように行動をとるべきであって、そのために彼は伝統と判例を参考にするべきである」[184]。これは、《スイス民法典》の規定をアリストテレスのエクイティ法理論と完全に一致させるものである。適用の面から見れば、上記の規定は具体的な文字として書かれておらず、法律補充権を使うために、時々、裁判官が人為的なやり方で規定の中の欠缺を見つけることさえ起こったことがあるが、一般的に言うとその権力がたまにしか使わないものである。その規定がスイス法に与えた影響が小さかったのは、ジェニーが唱えた「自由な科学研究」が「現秩序の完全無欠を尊重する」という教条の前提の下で行われていたからである。しかしながら、理論に嵌る法学者はそれに深い興味を持っていた[185]。大多数の外国法学者はその法典を賞賛し、夢中になる数も少なくない、ドイツでは即時に《ドイツ民法典》を廃止し、《スイス民法典》に変わる声も出た[186]。何しろ、これは大陸法系が初めて正式に、色鮮やかに裁判官の立法権を認めたのである。故に、《スイス民法典》の冒頭部分の規定の理論的意義は、実際に果たす作用より大きかったのである。

　《スイス民法典》第1条、第2条の理論的意義は、大陸法系の歴史の中で初めて人間という要素を司法過程に引き入れ、規則の不足を補い、初めて民法基本原則によって法律の限界性に対処するモデルを採用したことにある。それは民法基本原則が初めて法典法の中に確立された証拠として、民法基本原則が20世紀の事情であることを証明している。《スイス民法典》第1条、第2条は一つのものであり、共に大陸法系におけるあらゆる民法基本原則の源である誠信原

則を確立した。第1条で諸法律の源の適用順を規定することで、裁判官に法律補充権を与えたのは明らかである。それは法源に関する規定である。第2条は当事者の行為準則である。「誠実信用」という霞んだ概念を使ったことで、目を瞑るという形で裁判官に大きな自由裁量権を授けたのである。以上から見ると、民法基本原則に含まれた全ての要素が、《スイス民法典》の第1条と第2条の中に現れた。これは大陸法系で最も歴史的意義を持つ革新である。

　偉大な創造者の後ろには必ずや追いつく者が多くいる。科学研究では新たな道を切り開ける者は僅かで、他の人はその道に沿って研究をし、できるだけ多くの人に知らせることしかできなかった。ホワイトハイは述べていた、西洋哲学史ではプラトンとカント二人だけが本物の哲学者と言え、他の者はただその後で彼らが切り開いた道に浅い足跡を残したに過ぎない。その話を使って近代の立法史を説明すれば、《フランス民法典》と《スイス民法典》だけがモデル創立者の地位に認められ、他の法典はそれらの後の真似をする偽物に過ぎなかった。著名な《ドイツ民法典》でさえ、所詮19世紀の終わりを代表するもので、20世紀の始まりにはなれず[187]、あくまでも19世紀と20世紀の間の結び役に過ぎない。《フランス民法典》を真似する人が大勢いるように、《スイス民法典》も好かれている。人に真似されることは天才の証である。《スイス民法典》はこの光栄を手に入れた。私の知る限り、《スイス民法典》を真似したのは、《トルコ民法典》、1945年の《イタリア民法典》（第12条第2項は次のように規定している。「明確に争いを解決できる規定がひとつもない場合、それに似る状況や似る領域の規則で再確認する。もし疑問がある場合、国家法制の一般的原則で確定する」と。）、1985年の《オランダ民法典》（第1条は各種の法律の源の重要性にランク付けをする。すなわち、法律、慣習、衡平、ここでの慣習と衡平は任意法規を無視してもよいと特に規定されている。……すなわち、裁判官にそれらの問題を解決させるということである。)[188]、我が

第八章　民法基本原則が法律の限界性を克服する機能の研究（下）

国の台湾地区の「民法典」、《タイ民商法典》である。その一方で、フランスやドイツでは、その新たな立法－司法関係モデルを「見つけて」、元の法典の条文を変えずにいた。民法基本原則問題の本質は立法－司法機関の間の関係問題である。《スイス民法典》がその問題についての処理モデルを広く取り入れ、従って、20世紀の大陸法系の立法－司法機関の関係モデルはすでに19世紀のものとは異なっていたのである。

　では、そのモデルの転換は結局、何を意味するのか。

　1. 法律の限界性がようやく立法者によって認識された。

　そのことのために歴史の本をひもとくときに私たちは気付いた。法律の限界性を認識するためには、こんな長い時間を経たなければならない、これはどれほどびっくりすることであろうか[189]。概念法学に率いられ、立法者が万能であることを信じ切っていたせいで、法律の漏れを認めず、従って、法律の制定だけが法律の唯一の源であると認められ、《フランス民法典》と《ドイツ民法典》も程度は異なるもののその設計に基づいている。哲学での認識論から絶対主義へお別れするにしたがって、自由裁量主義と諸流派はどれも法律が完璧であるという概念を捨て、それに工業化された複雑な社会生活が事実上、法律が完璧ではないことを証明した。法律はすでに発生し又はもうすぐ発生しうるすべての民事関係を含むことが不可能だということを立法者はようやく認識した。こんな速いスピードで発展している時代では、辞書の編纂でも新しい物事の増長に遅れ、その状況で、一回の立法を行うならどうなるかはいうまでもない。例えば、財産の流転関係を反映する債権法では、明らかな不周延性を持ち、あらゆる民事流転関係に相応しい契約を提供することは不可能なので、このような関係を無名契約の範疇に放っておくしかない。法律に明確な規定が確かにある典型契約でも、規則に任意性があるため、当事者は自分の契約で変更を加えることができる。

法律の規定はただ当事者の契約に不足があるときにそれを補う役割に過ぎない。それらの状況に基づけば、立法者は誠実信用という弾性条項で法律の不周延性を克服するしかない。当事者に誠実清廉の要求をし、非典型契約の活動を設立し、また自分の契約に通じて法律の任意規定を変更する活動に範囲を設けて、社会の利益が当事者の契約によって損害をもたらさないように保証する。そして、法源の多様化を認め、慣習と裁判官の立法で法規定の不足を補うしかない。

同時に、法律は安定性を持つものであり、静止的な法律条文と変わりつつある社会生活の間に生えた矛盾は避けられないものである。前者で後者を覆うのは極めて難しい。しかし、頻繁に法律を変えるのも得策ではない。立法技術で受け入れられる方法の一つが法典の中に弾性条項を置くことである。誠実信用のような弾性条項には確定的な含みや外延がなく、需要や状況に応じて、変化を唱えることができ、より広い解釈をすることで法律は社会生活の変化に追いつくことができるようになった。弾性条項によって、裁判官が事件に価値判断をするとき、裁判官の個人的な感情ではなく、社会に存在し感知される客観的法規範と公平公正の観念に頼らなければならない。それを通じて、裁判官に良いタイミングで法律の外の新たな価値観を引き入させ、事件の衡平を考慮した上で判決を下すことを可能にした。それらが概念、また意志であり、故に範囲が明確になっていない、あるいはただ原則に設けられた概括的な規定で、それらはすべて裁判官が価値評価をこなすことで具体化されてから相応しい役割を果たせる規定である[190]。故に、それらが具体化が必要な法規定である。それ故、具体化が必要な法規定が法典の中に設定されたことで、法律の外延は開放的になり、法律以外の新たな価値を引き入れられ、法律の不周延性と停滞性を有効に克服し、法律の限界性を乗り越えられる素晴らしい立法手段が誕生した。

2. 大陸法系が公開的に裁判官の立法を認め、従って立法機関と司法機関の二つの立法システムが生み出された。

法律はすべて完璧とは言えないと認識したので、人間という要素で規則の要素の不足を補い、法律に一定の柔軟性、司法活動にそれなりの能動性を持たせて、完璧にまではまだ遠い法律を補充し発展することをできるようにする。逆に立法と司法の間に無理やり区切りをつけるならば、法律の発展の機会をうばうだけである。一定の範囲内に裁判官の衡平権と立法補充権を認めるのは、法の目的を実現するために必要なことである。

《スイス民法典》第1条、第2条は裁判官に権限を授ける規定であり、裁判官に適当なときに法律以外の価値観念を引用する権限を与えることで個別の衡平を考慮できるようになった。すなわち、《スイス民法典》はひたすら確定性を求めるのをやめたのである。なお、《スイス民法典》は他の条文にもわざと不完全の規定を置き、常に一つのフレームを描き、その範囲内で裁判官が解した適切な、合理的なまた公正的な準則で役目を果たしている[191]。それ故、それらの条文はただ基礎を築いた。概念法学のようにそれらを一つの封鎖的な、完璧な規則体系と見るより、《スイス民法典》はそれらを「一つの、精密程度の異なる、解釈者に補充を求める枠」と考える[192]。こうして、「裁判官が具体的事件の立法者となった」[193]。言い換えれば、議会は一般的な立法者で、裁判官は個別な立法者であり、後者の立法権は議会が定めた枠の中で使いこなすことである。ドイツの学者のゲルマンとガイルは次のように考えている。すなわち、法律が明文で一般条項を規定するのは立法者が法律設計上のやむをえずの行動の徴表であり、立法者は法律規範の不完全な状態を予見し、曖昧で概括的な概念や一般条項で外的な枠をはめ、それらが法律の明文で裁判官に権限を授け、補充すべき法律の空白であり、あるいはそれらの空白を知ることである[194]。それ故、《スイ

ス民法典》はこれから封鎖的とは裏腹に、開放的になった。その規範の範囲は法典の条文と裁判官の行動を観察することで確定することができるのである。そのような立法技術の運用で、大陸法系が再びアリストテレスのエクイティ思想、ローマ法に戻ったことは明らかとなった。元の大陸法系の裁判官の機械のような役割は時代とともに去っていき、彼らは補充立法権を手に入れた。すなわち個別事件に対し立法機関の権限を尊重する上での立法権である。その権限は受動的消極的な性質を有しているのである。受動的というのは、そのような立法権は法律問題について争い、司法救済を求めるときでしか作用を発揮できない。立法機関のように積極的に当時の状況を察し、速やかに立法活動を行うことはできない。また消極的というのは、裁判官の法律の不足を補う権限はただ法律問題について争い、現行の有効な制定法ではすでに改善し調整することができないときだけ使えるということで、立法の欠缺を補うのである[195]。裁判官は補充立法権を用いるため、広義の立法者となった。立法者は、法律政策の研究成果に基づき、すべての社会生活環境に注意して観察し、かつ具体的な実在、個人、一部の社会メンバー及び社会メンバー全員のすべての需要を兼ねて、それらが人類の実存の中にある各々の目的や価値、秩序の中に占める地位を研究し、文化の協同生活という理想に基づいて完璧な法律を作るべきである。裁判官は、法律解釈の性質と任務を認識し、機械のように動く態度を捨てることによって法律の言葉に拘らず、法律が文明を発展する機能の実質的な内容を力を尽くして実現すべきで、法律が不完全なときはなおさら、広義の立法者として、立法者と同様な注意を払い、慎重に法律の実質的な公平を探って、それを適用しまた実行すべきである。このようにすることで、やっと、法治が柔軟性を備え、文明を促す正真正銘の法治となるのである[196]。しかし、裁判官の立法は裁判官のわがままを法律とするわけではない。《スイス民法典》

第1条第2項で裁判官の補充立法権を規定したことについて、第3項で次のように規定した。こうするとき、裁判官は公認の学説と伝統にも注意を払うべきである（これはジェニー式の規定である。）。それ故、「《スイス民法典》第1条は裁判官が彼の主観的な感情で目の前の具体的な事件の公正を判断することを許さない。許したのは法律の空白を補充することである。裁判官は一つの普遍的な規則で具体的な事件を判決しなければならない。その普遍的な規則を見つけ出すためには、『公認の学説と伝統』に注意を払わなければならない」[197]。それ故、裁判官の立法は相対的である。「裁判官の果たす役割は新しい解決法を探るのではなく、周囲の団体やグループの意志に合う解決法を見つけ出すことである。故に、ある人達に批判される裁判官の作った間違った法令はとっくに存在していたのである」[198]。それ故、裁判官が客観的法令を見つけ、それを制定法に織り込むというのは、裁判官の立法より適切である。こうしないと、裁判官が自由な科学研究を通じて確立した規則は社会に受け入れられず、真の効力の持つ、人間性の弱点を防ぐ成文法を保てないのである。

　3．立法者はようやく法律が一定の目的を実現する術であり、目的そのものではないということを認識した。

　19世紀ヨーロッパ大陸での絶対的厳格規則主義は、規則の権威を守ることに専念し、法律を目的と見なし、それの普遍性と確定性を守るために一切の変更も許されなかった。実証主義的立場をとるにしたがって、価値問題が計りにくい消極物となって法律活動から排除され、司法の中に無理をして実情を法律規則に嵌め当てるケースをもたらし、個別的正義は犠牲品となってしまい、法律は時代から断ち切られ、道徳が法律に与えた影響も排除して、厳格法となってしまった。誠信原則の確立によって法律活動に人的要素を加え、法律が個別的正義を実現できないとき、あるいは時代後れになった

とき、裁判官に調整する権限を授けた。誠実信用は元々、道徳の要求であるが、それを法律にまで引き上げてすべての人間に遵守するようにと伝えることは、すなわち道徳は法律に浸透しているのである。人間の要素を加えると必然的に道徳の要素も共に加わる。法律活動の中で人間の使命は法律の外に存在する客観法を見つけ出すことで、道徳は無論そのような客観法の一つである。それ故、人間の要素を加えると必ずや法律の源の多様化を要求する。その時に道徳は法律の源の補充の一つとして法律の中に入った。上記の現象は法律が厳格規則から衡平的な規則に進化しつつあること、また道徳の要素が法律化されるときの普遍的な規律を反映している。規則を使う過程で個別的正義の価値を認識したとき、人間は法律の目的となった。法律はあくまでも正義を実現する道具であり、もしその目的から外れたら、調整すべきである。厳格法は実際に多数の者を目的にする。しかし、それが安全を極めて強調することで非人間化され、最後に自らが目的となった。それとは逆に、衡平法はひとりひとりを目的とし、確実に人間を中心とする性質を備えている。法律は人間に対する最も基本的な要求である。それだけを頼りにすると、理想的な社会秩序を維持し難い。人間により高い要求をする道徳で補うことで、ようやく理想的な社会秩序が実現できる。もし人々が上記の観念を認識できるなら、衡平が現実となり、道徳の要素は必ず法律の中に加わり、法律の強制力が授けられ、法律の適用は価値評価に制限される。次のように言うことができる。すなわち、誠信原則は衡平法であり、法律化された道徳である。従来の自然法はすべて道徳を内容とした。故にヘドマンは、誠信原則が諸立法に姿を現したことは、「自然法（正義法）が実定法に勝った」ことであると述べたのである[199]。

4. それは、理性主義と経験主義の合流を意味する。

明らかに、誠信原則の確立を通じて、立法者は未来に起こり得る

一切の社会現象を予測し、規則を制定するのを諦めた。これは狂熱的な理性主義認識論を拒むことである。その代わり、認識論では立法者が一層、現実的で保守的な態度を持ち始めている。しかし、誠信原則が法典法の中に姿を現したことは、立法者が完全に未来の立法をするという大陸法の伝統を放棄することではなかった。なぜかといえば、今でも立法者が認識できる未来での出来事に相応な確定的な規定を作り、法典法の安全性を重視する利点を生かしているのである。そのような規定は裁判官の衡平に制限されつつも、英米法のようにひたすら過去と向き合い、帰納法で事件をひとつひとつ解決することにはなっていない。それ故、大陸法の中の演繹法は今に至っても保留されているのである。未来に予測し難い社会関係に対して、立法者が相変わらず曖昧規定で規制し、未来にそれらの問題を解決するときに伴う、どの面の価値を重視するかの問題への関心を表した。これは、カントの認識論の先験範疇理論の応用であって、それを使うことで未来に起こる繁雑な現象を一定の形に整えることも可能となる。従って、誠信原則は法典中の、変動する外の世界に繋がる橋となった。それを通じて裁判官が法典の欠缺と流動的な社会生活の堺に視点を置き、社会生活の中で生きている規則を発見してまとめることができるようになった。裁判官が個別事件を処理するときにこの方法を使うのだから、彼が使うのは帰納法である。それ故、「誠信原則は法源であり、実定法と共に成長し、誠信原則は法を補う基準となった。しかし、現代国家は法治国であり、誠信原則で処理された事件は、必ずや実定法に成り替わる」[200]。ドイツの裁判所は、誠信原則に基づき事情変更原則を創設し、それを成文化したとの事実が、上記の結論を証明している。大陸法系においては、誠信原則は新規則が湧き出る源である。それが新しい立法に材料と意見を提供しているのである。

　それ故、もし立法者によって制定された確定的な規則が演繹法の

根拠となるのだとしたら、誠信原則は帰納法の根拠となり、従って20世紀の大陸法系法典は演繹法と帰納法の統一となり、理性主義と経験主義の統一となり、可知論と不可知論の統一となる。その通り、何孝元は、誠信原則を論理の方法の反対である経験的方法と見なし、それに芸術性が付いているとの考えである。何孝元は次のように述べている。「科学の方法は論理であり、芸術の方法は実践である。科学の目的は普遍の真理を求めることであって、原因を見つけるためには物事の成り行きをきちんと把握する必要がある。それを把握する方法は、論理の運用に限る。芸術の目的は美を求めることであり、個性を表すことで特定の目的にたどり着く。故に個別の事物で実践的に検証すべきであり、ここにおいては論理の方法を使う余地がない。誠信原則は調和的、具体的、個別的な方法である故、実践的に検証すべきである。」[201] これは極めて筋の通った分析である。

5. これは、大陸法系が新しい法モデルを確立したことを意味する。

大陸法系に属する国々は法典の中に基本原則の技術成分を増設し、人間の要素を法律の運用過程に加えるにしたがって、基本原則が規則に効く規則となり、現代民法の法的概念、法条、法律規範と基本原則を含む構成が完成した。20世紀前の全ての法典の構成には、法的概念、法条、法律規範しか含まず、基本原則の成分は存在しない。このような、基本原則が存在しない法モデルは規則モデルと呼ばれることもある。それは法律を間違って解釈したことから始まり、「法律の運行は人が司るという法の主体要素」を否定し[202]、同時に、法律の適用が一定の理想的な目標に従うもので、それを実現するには人間が法律を引き続き調整しなければという現代人から見ると常識に近い命題を否定してしまった。規則モデル論は法典を一度発動したら永遠に動く永久運動器、舵を操る者がいなくても

まっすぐ目的地に到着できる船舶と見なし、航路上に潜む波や障害物は舵を操る者でしか回避できないこともわきまえなかった。とりあえず、法の運用から人間の要素を除き、長く続くはずの法典の運用を全て立法者の最初の押しと方向の定めに賭けたのであった。

　20世紀に基本原則を設立した法典の根本的な違いは、それが法活動に人的要素を加えたことであり、それを通じて法典が永久運動器から人－機械（法典）システムへと変わったことである。民法基本原則の不確定性や衡平という性質が裁判官に自由裁量権という司法の権限を授け、裁判官に法律の目的を基に、具体的な法的概念、法条、法律規範の適用に関与する権限、斬新な要素を活動している法律に補充する権限も授けて、彼らの手で法典の中の各成分の整体化、適用の合目的化、体系の開放化を実現し、法典システムが外界との交流を可能とし、また新たなメッセージで内部調整を行うことで、航路上に潜む波や障害物を回避することができ、時代と共に成長して行き、最終的に法律の目的を実現するのである。それは、一種の斬新な法モデルである。

　6．法律が工業化された複雑な社会生活への適応を反映すると共に、司法ルートで行われる国家関与に頼りになる証拠を提供した。

　20世紀に入った後、工業化が急速に膨らんでいる。それに伴う副産品も著しく増加した。経済危機、独占化、様々な利益の奪い合いが惹き起こした世界大戦、環境汚染、交通事故、女性の権利運動、消費者運動等で、西欧社会に溜まる各種の矛盾が一段と激しくなり、従って社会生活に不安をもたらした。様々な衝突が激しくなることで社会の利益の危機を起こす恐れを防ぐために、法律が権力本位から社会本位にならざるをえなくなる。それを通じて誠信原則の当事者利益と社会利益を協調する能力が強化されたのである。曖昧規定が生み出した司法裁量権はいつも国家関与の形になっていて、従って誠信原則の適用範囲は大きく広げられ、それは西洋社会で個

人の権利を制限し、社会福祉を促し、社会と経済基礎を強める掛け替えのない素晴らしい宝物となった。ドイツの裁判所は、誠信原則により、第一次世界大戦後の、経済の崩壊、通貨の膨張と金の値下げで生み出された極めて重大な経済と社会問題、また第二次世界大戦後に、ドイツの東地域の喪失と通貨改革で起こる問題を解決した。現在のドイツの裁判所は、なお公然と《ドイツ民法典》第242条（誠信条項）を使いこなして、一般的な商業条項の内容を統制し、一方の責任を排除し、又は制限するあらゆる標準的条項は、通常その行為に参加する当事者の利益に照らし不公平なときは、誠信原則違反で無効となる。このように、《ドイツ民法典》第242条の一般条項は、契約法に、変化した社会的態度と道徳的態度を馴染ませるのに絶妙な方法となった。これがなかったならば、《ドイツ民法典》の中にある堅苦しい、緻密な条文は、社会変化の圧力の中で爆発したはずである。一般条項は、そのような爆発を防ぐ安全弁の役割を果たしているのである[203]。以上のことから、民法基本原則としての誠信原則には、独占資本主義社会の矛盾を緩和し、法律に一層強い流動性を持たせる効果があることが分かる。ともあれ、大陸法系は誠信原則を広く確立したことで、それが民法基本原則として法律の限界性を処理するモデルをようやく確立させたのである。

四　大陸法系の立法－司法関係の現状

　民法基本原則問題の核心は立法機関と司法機関の間の立法権分属にあるため、誠信原則の大陸法系での幅広い確立は、大陸法系での立法－司法関係に大きな変化をもたらした。
　フランスについて論じれば、20世紀における裁判官の司法権はすでに幅広く立法権の中に浸透していた。今日、フランスの法律の大部分は、時代のニーズから外れた古めかしい法律から裁判に通じて作り出したものである。古い法典の規定には尊重する態度を保っ

ているが、実際にはそれらはすでに裁判官が事件に対処する真の根拠ではなくなっている。法典があらゆる事件に絶好な解決法を与えられるという幻想は、一世紀に亘る裁判立法の発展につれて、日々、破滅に向かって歩んでいく。周知のように、今日のフランスで効力を持つ法規の大部分は判例集から出たもので、《ナポレオン法典》からではない。フランスにおいては、旧法典の権威は社会と経済の進歩を阻碍するため、すでに大きな程度で削られていた。立法機関から裁判所に実質的な権限移転すら起きていた（ないし権限の、立法機関から行政機関への移転）。立法至高という考え方はすでに揺れている。裁判所の、立法機関の行為の合憲性を審査する権限及び法律を解釈する権限で、厳格な分権原則がどんどん壊されていく。裁判官の法律を解釈するプロセスはかなり司法的になり、裁判の作用もどんどん大きくなっていく。人々は、分権原則の強調は激しすぎると考えている。力を尽くして裁判官の法創造に反対するというやり方は無謀であり、最終的には社会に捨てられる。法の確定を求めるのはもはや切り株の周りで兎がぶつかるのを待つぐらい実際的ではないことになり、意味をなくしているのである。膨大繁雑で、堅苦しい立法機関は、社会からの要求を満たすことができなくなる。立法機関が明確かつ系統的な法律を作ることで、一切の発生し得る状況に対応するようになると試したが、立法活動は常に著しく変化する社会に追い抜かれているのである[204]。最も古い絶対的厳格規則主義の《フランス民法典》の今の時代における状況はこうなのである。もし昔の立法者が天国でそれを見たら、きっと心を痛めたことであろう。しかし、現代のフランス人はそのように考えていない。「今になって、既存の規範の適用や個別化と創造規範を区別するだけではだめであることはすでに多くに人々によって認められている。もしそうでないのなら、きっとあらゆる制度の中の政治と法律生活の現実を軽視しているのである。『裁判官は法律の執行者に過ぎな

い』と考える観念とあらゆる争いは一種類の解決法しかないと解する見解は、『継受民法』のようなものだと言われていたことがある[205]。ルネ・ダヴィドは次のように指摘した。すなわち、《フランス民法典》が編纂された後、フランスでの判例は法律条文の応用に限られたことなど一度もなく、19世紀の中で、それが法の発展に対してした貢献はあまり世間に知られていない。19世紀以降、新しい社会の条件がその面においてもっと大胆な主動的精神を要求したとき、それがした貢献を無視できなくなったのである」[206]。1904年、《フランス民法典》の誕生百周年に際し、フランス破棄院の院長であるバロ・ポプレはそのために催された記念会で発表した重要な講演の中で、次のように指摘した。判例が学説によりその思想を受け入れられる前に、通常は「民法典を通じて、民法典を超えて」前へ進むのであり、昔の人たちのように、「ローマ法を通じて、ローマ法を超えて」進む。彼も次のように述べていた。「条文が命令の形で、何のぼやけたところもなく、明確的な場合、裁判官はそれに服従し遵守すべきである……しかし、条文にはぼやけたところがあり、その意味と範囲に疑義が存在し、また同じ条文で比べるとき、一定の程度での内容に矛盾、あるいは制限、あるいは逆に広がりがあり、私の考えでは、そのときに裁判官は最も広い解釈権を握っても良いのである。なぜかといえば、彼は100年前に法典の作者がある条文を制定するときにどのように考えたのかを延々に討論する必要がないからで、そのとき彼のすべきことは自問することである。もし今日その作者たちが同じ条文を制定するとしたら、彼らの考えはどうなるのか。一世紀以来フランスが思想、風俗慣習、法制、社会と経済状況等、各方面での変化も彼は考えの中に入れないといけない。正義と理性からの圧力で、私たちは人情に傾き、法律条文を現代生活の現実と要求に適応させせざるをえなくなるのである。」[207]これはまさに裁判官の立法宣言のようなものであり、当時の現

実を反映しながらも、未来のこの面における発展の可能性をあらかじめ示したのである。

　歴史は、ジェニーの次の判断を証明した。法令が公布されて比較的長い時間が経つと、当該法令の条文はだんだんと元の制定者から離れ、自らで生き続いていく。その条文は元の制定者によって与えられた性質を失い、また別の性質を備える[208]。原因を突き止めようとする企みはすべて曲解行為である。なぜなら、それは社会の新しい需要に適応する状況でのみ活力を保てるからである。それについて、フランスの裁判官は回避できない責任を抱えている。彼らは19世紀初めの頃の法典の中で20世紀後半に必要とされる解決法を合理的に提出しなければならないのである[209]。裁判官は常に二つの義務に挟まれる。一つは法律を必ず実行すること、もう一つは躊躇なく公正に現時点の要求に応じる判決を下さなければならないことである。彼らはやむをえず常に法律条文に新たな意義を与え続けていて、またその種の新しい意義は明らかに原立法者に与えられたのと異なり、区別されている[210]。その方法で、19世紀以来、フランスは異なった政治制度をいくつか経験したのだが、民法典には大した変化はなく、変化と言えるものは法律条文を実行する指導思想においてであったに過ぎない[211]。デュギーは《フランス民法典》の中に実質的に発生した変化について分析し、次のように述べている。法律行為は当事者に関わる問題から、社会そのものに関わる問題へと徐々に変わってきた、不法行為の概念にすでに無過失責任が引用され、財産の概念が使用、収益など絶対権の面において制限を受けてきた。いまもまた新しい、昔の概念を踏まえたら認識しかねる法律領域が次々と出てきた。例えば公用事業と大衆の関係、及び団体契約を基礎にする労働関係等である[212]。その全ては、フランスの裁判官がすりかえて法律を解読した結果である。

　ドイツについて論じれば、第一次世界大戦後、ドイツの共和政の

期間、いつも保守的な司法機構が政治秩序を破壊するという結果をもたらした。20世紀初頭の10年間、自由主義を信じ切るドイツ法学者は形式主義を法廷から追い出し、「何にも縛られずに法律を発見する」という方法の採用を推進した[213]。20世紀の20年代、激しい争いの後、ドイツの裁判官が最終的に法律の確定性を害することを代価に、きっぱりと裁判自由裁量権を選んだ。イタリア、フランスやドイツの裁判官が自由法学派によって提示された理論をともに遵守していき、その上、ともに更に自由の、「弾力的な」法律の一般的規定を運用することを弁解してきた。しかしながら、イタリアの裁判官は確定的な伝統法律観念に近づくとすぐに止まり、あるいは限りのある「裁判自由裁量権」を行使したが、ドイツの裁判官はと言えば一層、法の確定的原則を捨てたのである[214]。もしフランスが裁判官立法の面において昔の誇りのある革命史を振り返るために革命から生み出された伝統的思想を軽々と放棄しないように慎重にしているのならば、ドイツはいかなる伝統思想という重みも抱えていない[215]。それ故、ドイツの裁判官の方が大胆であり、その面ではすでにフランスを超えたと言っても過言ではない、少なくともある法分野では、それの発展が判例によって決められている[216]。ドイツでは、裁判所の法実証主義への裏切りは最高レベルの法律の前でも後ずさりしない。ドイツ連邦通常裁判所と憲法裁判所は一連の判決の中で次のように宣告した。憲法は基本法の条文に限っておらず、「立法者が成文規範の中で具体化していない普遍的原則」でも構成されており、もう一面では立法者を縛る超成文法も存在する[217]。言い換えれば、そのような自然法の考えを踏まえれば、裁判官は成文憲法の他に憲法規則を探ることもでき、裁判官の持つ立法権はもはや天辺に達したのである。

　裁判官の能動的司法の故に、《ドイツ民法典》の全般的な枠組みを維持するのは裁判所の仕事となった。裁判所は法典の原文を現代

の要求に適応させるとともに、生命力を保つ任務は、その法典が常に誤解されるのと同じように注意を払う必要がある。結果的に、《ドイツ民法典》のすべての章節は《フランス民法典》と同じく、すべては裁判所の判決の鮮やかさで覆われ、人々が法律の条文を読んだところで、その条文に含まれる意味は明確に発見し難い。ドイツの裁判所は、主として、法典の中の一般条項で法律を発展させているのである[218]。

オランダでは、1838年の民法典はいろんな問題においてすでに時代後れで、私法の中で漏れを惹き起こした。往々にして判例で直そうとしている。その発展過程の最も有力な例証は民事責任法であり、そのほぼ全ては裁判所によって作られたものである。それと同じく、別の面においては、裁判所は法典と20世紀の急速な社会進歩の間の隔たりを解いた[219]。裁判官の立法は法の淵源の複雑化をもたらし、旧法典、特別法、判例という多元的な法の淵源体制を組成した。従って、1985年の新《オランダ民法典》は衡平を法の淵源と定めたのである[220]。

我が国の台湾地域では、「最高裁判所」の判例と「司法院」の解釈例は司法の中で重要な役割を果たしている。正式に出版されている《六法全書》には、一般的に判例と解釈例がついていて、判例と解釈例はまとめて弁解と呼ばれ、事実上、法の淵源の役割を果たしている。通説によれば、判例は法律上、拘束力がないが、しかし事実上の拘束力がある[221]。学説は次のように解している。すなわち、「処理している個別事件に対しても、実際に裁判は法律を補充する役割を果たしている。当該裁判の中での法律の見方は、補充すべき法律の漏れを即時に補うが、一度苦労すれば後で楽できるというものではない。当該裁判を終えた者は、あくまでも法律の漏れの存在を確定し、また処理した事件に法律の補充をしただけである。他の類似する事件には、その者もただ法律の漏れを補う意見を提供した

に過ぎないのである。」[222]実際に、我が国の台湾地域の裁判官とドイツの裁判官のやっていることは同じで、異なる点は言い方に過ぎず、彼らは恥ずかしげに裁判官の立法権を認めただけである。

　明らかに、司法の創造力と原則の安定性を調和させるという点では、各国のやり方に本質的な違いはない。しかしながら、大陸法系に属する国と地域における裁判官は典型的に自分を、法典及び法典を補充する制定法の技術面における解釈者と見なしているが、実質的な司法独立とイギリスの裁判官のように独立を保つ必要のない「神に授けられた」権威の基礎（例えば、ヨーロッパ大陸の民法法系では司法先例の具体的原則は存在していない。）によって、大陸法系の国々と地域における裁判官はかなりの自由を持って原則を改革し、「立法機関と真のパートナーシップ関係となる」のである[223]。

　以上のことから分かるように、20世紀の大陸法系モデルはすでに19世紀の伝統的モデルから背き始めている。大陸法系の歴史をベースに発展してきた法律活動モデルと各国の立法や司法の実践の中で採った制度の間の隔たりは、すでに大陸法系の国々や地域から夥しい注目を集めてきた。数少ない著作や言論はその距離を覆い隠そうとしていたが、一方ではみずからの実際の行動で伝統的な法律活動モデルに抗う法学者、立法者や裁判官の数が急速に上昇してきた。現在、立法は常に正しいという信念はすでに基礎から揺らぎ始め、司法の法律活動の中で果たす作用はどんどんと伸びてきている。伝統的な法律活動に関する観念が昔のような権威を失ったことが明らかとなったが、新たな、また一層、合理的で、一層、厳密な法律活動観念が出現しそれに替わるまでは、それがなお一定の地位を占め、また残存する法律活動モデルとして残されているのである。数多くの法学者もその基本的モデルにはいくつかの欠点が確かにあると認めたが、しかし、やはりその一モデルを完璧にまで補い修復する方が新しいモデルを作り出すより費やす力ははるかに小さ

い[224]）。従って、大陸法系の旧モデルの形式上の残留は、ただ歴史の慣性に過ぎない。事実が次のことが証明できる。英米法の厳格規則と自由裁量を結合させて法律の限界性を処理するモデルはより実際的、有効的であって、大陸法系モデルの相反的特性によってそれが英米法に歩み寄る他なくなり、20世紀の新たな民法基本原則を通じて法律の限界性を処理するモデルを形成したのである。その過程で、交代現象が重要な作用を発揮した。「比較法は、どの研究よりも制度が社会の需要に属するという関係を証明できる。その豊富な原則から次のような現象が見られる。すなわち、一条の法規あるいは一種の制度は社会の思想や経済の発展で必要となったとき、それがある独立した形で認められるというわけではなく、その種の思想あるいはそのような発展は避けられずに昔のそれと変わり、歪んだ一種あるいは幾つかの別の制度に覆い隠された状態で現われなければならない。言い換えれば、有機的な推進力が立法技術の拒む力より強いのである。」[225]ロディエはその現象を交代現象と名づけた。その現象を踏まえ、大陸法系が民法基本原則で法律の限界性を処理するモデルは、あくまでもローマ法モデルと英米法系モデルの歪んだ表見の形なのである。一種の合理的な制度は、常に避けられずに、屈せずに、あるいは早くとも遅くとも、あれこれの形式の中で自分の合理性の力をアピールするものであり、それも繰り返し歴史が証明してきたことなのである。

　しかしながら、自由裁量と厳格規則の併立を承認することは、いくつかの伝統的な価値観に対して挑戦をすることとなった。

（1）三権分立で安全を守る体制は少なくとも部分的に突き破られた。法律の創造と法律の適用の間にはもはや明白な区切りが存在せず、恐ろしい人間の要素が大量に法律の運用過程に入り込み、柔軟性を求める一方で、安全性を大量に犠牲にした。それ故、ゾーム（Rudolph Sohm）教授は《ドイツ民法典》第二次草案を評価する

ときに次のように述べた。すなわち、「誠信原則のドイツの実務界における作用は諸刃の剣の如きものである。もし良いように使いこなすと、必ずや法律生活上、公平正義の雨に恵まれ、潤うことであろう。その一方で、もし誤った方向でそれを使うとすれば、そのときは必ずや法律の秩序を乱す凶策となる。」[226] それ故に、どの手を使って裁判官が自由裁量権を濫用しないようにするのかが今の最も解決すべき問題として迫ってきた。なお、裁判所で社会経済の政策を制定するのはいくつかの限界性が存在する。その中で最も厳しいことは裁判所は自ら下した決定の効果を監視し検査することができないことである。人はとかく次の理由で司法能動主義の正確性を証明する。民主的立法機構は常にオーバーロードのような状態であるため、速やかに裁判所が処理する具体的問題に対処し難いのである。しかし、事実上、原則として西洋の裁判所は裁判所に出された事件、または事件の中で生じた問題にしか決定をすることができないので、それを前提とすれば、裁判所の管理における役割は受動的なものであり、積極的な方法を採りにくく、従ってそこから作られた政策もまた「こまごました」ものであろう。それに裁判所は自ら下した決定の社会における効果の反響に関心をもち、下した判決で政策を調整することもまたできかねるのである[227]。

（2）裁判官が文字として明確に書かれた法律のない状況で自由裁量権を使って作した判決は、実際に法律を作ったに等しい。その事実は、社会は選挙で多数人に奉仕し、責任を取る人たちを生み出し、それらの者が統治するという原則に背いている。なぜなら、裁判官の大部分は選挙でえらばれた者ではなく、立法者のように選挙民に責任を負うこともない。選挙民の一票は直接に立法者に影響を与えるが、裁判官への影響は微々たるものに過ぎず、実際にその状態では、裁判所は民衆から直接に監督され難い状態に置いているのである。

（3）もし裁判官が自由裁量権を使って一つの判決を出したとしたら、実際に当事者の地位に影響する法律は訴えの前に制定されたのではなく、訴えの途中で裁判官が制定したことになる。その事実は過去に法律が遡るのを禁じ、現在有効な法律を民衆が遵守するという根本原則を反しているのである。それを根拠とし、ドゥオーキンは裁判官に強い自由裁量権を授けることに反対している[228]。なぜなら、法律の秩序の要求に応じ、裁判官が事件に主観的評価を下すのは極めて危険なことであり、最も良い策は事前に個人に自ら遵守すべき法律規範やそれを背いたときにもたらされる影響を知らせることだからである[229]。逆に、もし裁判所が訴えというチャンスを利用し政策を制定し、新たな規則で彼らの頼りである、また彼らが守る権利の根拠となる法律状態を覆すならば、人々に、裁判所のこのやり方は当事者にとって極めて不公平ではないかとの考えを惹き起こしかねない。今世紀から、その問題は争いに満ちた「将来適用規則」理論を引き出した。その観点を踏まえ、司法機関が制定した規則を将来、有効とし、訴えの当事者の権利を既存の法律規則で確認することで、法律の確定性と安全性を保つのである[230]。

（4）法律の明確性は、確定性の要求の一つである。民法基本原則が曖昧な規定である以上、その存在自体がやむをえない状況で法律の安全性価値を犠牲にするものである。たとえそれを代価として大いなる弾力性を得たとしてもである。その中の用語、例えば誠実信用、公序良俗などはすべて不確定的な概念であって、他の規範は概念の不確定性を機に実際に発生する作用を果たしている。他の規範には多くのチャンスがあるため、法律の一部の客観性を中和するのである。法律には溢れるほど多くの価値的要素がある故、客観化できかねるもので、ハイレベルな科学化までの道のりはまだはるかに長い[231]。そのせいで次のように述べた人がいる。どこかに制限を受けていない自由裁量権が存在するのであれば、そこにはもはや

法治は存在しない[232]。一方では、以上に述べた現象を弁護する人もいる。すなわちそれを実質的な法治、積極的な法治、機動的な法治、19世紀と異なる形式的な法治であると称えたのである[233]。

　以上に述べた困難の力は、実に抵抗し難い。それらが法律の安全性価値と弾力性価値の相克関係を反映すると同時に、今の西欧社会が使う法治概念は19世紀の社会条件を基礎にしたもので、20世紀に揺さぶられた社会変遷の衝撃で、すでに完膚なきまで叩き潰され、ボロボロとなった。西欧の法治理論は元々、19世紀の環境で生み出されたもので、敢えてそれを20世紀の全く異なる社会生活にあてはめたものであり、両者の間に激しい衝突がなかったとしたら、それこそが予想外の出来事なのである。法治は狼狽えた状態に堕ちたとしても、人間が治めるよりはるかにましなのである。まさしくアリストテレスの言う通り、人間が治めることは政治の中に獣性の要素を引き入れることである。この世で最も危ない動物は人間である。それ故、法治は決して諦めることではないのである。問題はただ21世紀の社会はもっと新しい、弾性のある法治理論を求めているに過ぎない。現代において生活を営んでいる人々は、すでに21世紀に入っている。今はまさに古きものを送別し、新たなものを迎える黄金の時期である。私は21世紀を条件とする新たな法治理論の誕生を期待する。その新たな法治理論は、完璧な理想主義を求めるという考え方を捨て、その代わりにもっと現実的な立場を取るべきである。なぜかと言うと、法律の価値の選択は極めて難しいことで、ある価値を手に入れることは、すなわち他の価値を失うことを意味するからである。あらゆる最優良な方策は、理論の意義上、安い褒め言葉しか得られず、現実に拒まれている、一歩下がってより現実的な方策である。理想主義者はとかく人を引き込む理想的なスローガンで人類に災難をもたらしがちである。ホルドリン（1770-1843年）の次の発言はもっともである。すなわち、「一つの国

を地獄と変えたものは、常に人がそれを天国と変えようとしたものであった。」人は誰でも欠陥を有している。欠陥の抱える人たちで何の欠陥もない世界を築く、その考え方自体に欠陥があるのかもしれない。それ故、現実主義者には何の綺麗言葉もないが、しかし彼らは確実に、人類に進歩と福祉を与えているのである。

第九章　民法基本原則の、法的な構成－機能モデルの中での働き

第1節　法律の諸価値とその衝突

一　法律の諸価値
（一）価値の意味

　現代的法典は、科学研究の成果である。法典（Codex）の原義は「樹幹」であり、後にそこから「木板」という派生義が生じ、更にそこから「蠟で覆った木板」の派生義が生じた。——これが紙の発明前に書写に用いられた材料である。それ故、語源から見ると、「法典」というのは、古代においては、ある木板上に書かれた各種規定を集めたものであり[1]、その中の各規定間の繋がりは、論理関係に基づいているというより、共通の書写材料に基づいていると言った方がよい。それ故、古代法典は無秩序で積み上げられた多くの規則だと言ってよく、少なくともある程度はそうである。この考証は次の事実で証明できる。すなわち、ソロンの法律はバスルス柱廊内に立った16枚の白い木板で公布された[2]。ローマの《十二表法》が書写された「表」も木板であって、後に侵攻したガリア人がつけた大火の中で焼き払われた。それ故に、古代法典と慣習法が比較的、似ているのは、その出所と時間が同じではない慣習法の正式集だから

である。しかし、現代法典にはどんな自発性の要素もなく、深く十分に考えて主体的に制定した産物である。個別の事情を除き、それらは出所と年代が異なる法律の「総体」を構成することはできず、一致した系統的な一つの総体を構成している[3]。これらは各種のテーマにより、いろいろな規則を系統的に編纂した法律文書である。

現代法典の学術的研究成果という性質の故に、法典を制定する前に、立法者は、未来法典が提出する各種の要求について綿密に考えなければならず、それによって計画案を決めてゆく。法典は、人が作ったものとして、ひとたび制定したら、人から独立してゆき、人と主客関係を形成する。人はすべての客体の利用者であり、客体は人の需要を満足させる属性があるかどうかが、人と客体の価値関係を構成する。マルクスの述べるところによれば、「『価値』、この普遍的な概念は、人々が必要とする外界物に満足しているという関係から生じたものであり」[4]、「人々が利用するものは、人の需要の関係に対する物的属性を表しており」、「物の作用と人を楽しませる等の属性を表していて」、「実は、物は人のために存在することを示している」[5]。マルクスの話を概括すれば、価値という概念は、客体が主体の需要を満足させる属性と定めることができる。法典は、人が作った客体として、自ずと人の存在と価値的関係があって、これは人の需要を満足すればするほど、価値がある。これと逆のものは、零価値又はマイナス価値である。

（二）人の、法律に対する5種の価値の要求

立法技術から見えば、人は法律に対して5種の価値の要求がある。

1. 正義

正義については、いろいろな定義がある。アングラーズの《哲学辞典》では、正義には次のような意味がある。

（1）公平、正当

（2）正しい処理、受け取るべき賞罰

（3）正直、公正原則又は正当判断中の正確性及び中立公平
（4）ある社会の美徳（理想、価値及び原則）の体現
（5）個人の権利と他人（社会、公衆、政府又は個人）の権利の調和のとれた関係を打ち建てること[6]。

パウンドの解するところによれば、正義は「ある関係の調整と行為の手はずを意味しており、これは生活物資と、ある物を持っていることやある事をするという各種の要求を満足させる手段で、最少の障害と浪費条件の下でできるだけ彼を満足させるものである」と[7]。ロールズの指摘によれば、「正義の主な問題は社会の基本構成であり、更に正確に言えば、社会の主な制度が基本的な権利と義務を分配し、社会の共同で起こる利益の区分の方法を決めることである」[8]。

ボーデンハイマーは次のように自身の正義観を述べている。すなわち、「もし最も広くて最も一般的な術語で正義について議論するとすれば、人々はこう言うかもしれない、正義が関心を持っていることはどのようにしてあるグループの秩序又は社会の制度をその基本目的を実現する任務に適合させるか、……個人の合理的必要と要求を満足させるか、同時に生産の進歩と社会内の凝集性の程度を促進させるか、——これぞ文明社会生活方法を維持するのに必要なことであり、まさしく正義の目標である。」[9]

以上の正義に関する各種の定義を見渡すと、正義の道徳的意味は横に描くという前提で、我々は正義の基本的法的意味を概括するのは難しくない。

（1）正義は一種の分配の方式であり、利益であれ不利益であれ、もし分配の方式が正当であれば、分配の参加者にそれぞれが得るところを得させることができれば、それは正義である。

（2）正義は正当な分配を通じて達する、ある理想的な社会秩序状態である。

それ故、正義には手段と目的の二重性があり、正義の分配は理想的な社会秩序に達する手段であって、理想の社会秩序は正義が正しく達することを目指す目標である。法律は正義の体現であり、司法手続きは正当に利益又は不利益を分配する過程であって、正義は法律の最も重要な価値である。それ故に、中国であれ西洋の言語の中であれ、法は正義の同義語である。立法と司法の目的は、すなわち正義の実現を促進することであり、正義を実現しない法律はその本質から離反する悪法である。

正義は、一般的正義と個別的正義に分けられる。普遍性ある法律の条項は典型的な状況についての一般的な規定である。換言すれば、法律規範はそれぞれの社会関係を捨てざるを得ず、抽象的一般的な人、社会生活の中の典型的な場合、事件及び関係を対象として類型を作り、規律する。一般的な場合、それの適用は公平を招くことができる。それ故、事物の共通点に基づいて成立した法律条項は一般的正義を体現する。実際に、一般的正義は多数又はすべての人にその得るところを分配するという結果となる。しかし、具体的な状況はいつも典型的ではなく、典型的な状況から見てその変種がたくさんある。もしこれに典型的状況と同じ法律規定を適用すれば、必ずや「足を削って靴に合わせる」あるいは「足を伸ばして靴に合わせる」ことをしなければならず、不公平を招く。事物が特殊性を持つ現実は裁判官が具体的な事件を処理するとき、一般的な規定について多少、融通を利かせることを要求して、個別的正義を実現する。従って、個別的正義は少数者がその得るところを得るという結果を可能にすることである。少数者の分配の妥当性の追求を通じて、最終的にすべての人の公平な分配を招く。一般的正義は事物の共通性が決めた法律規定の適用中の広範な妥当性であり、個別的正義は事物の個性が決めた法律適用中の特別事件に対する具体的妥当性である。衡平は一般的正義と個別的正義の橋渡しの役をする。い

わゆる衡平とは、裁判官が個別の事件の具体的な状況により普遍性のある法律を適用することである。換言すれば、法律の普遍性を以て事物の個別性に譲歩し、法律の時代後れ又は特殊な状況であるが故に不適当にして不公平に利益又は不利益を分配することを避けるのである。衡平を通じてこそ、一般的正義と個別的正義、法律の目的と法律の具体的な実施過程は統一できる。一般的正義を強調するだけでは、多数者は正義の裁判の獲得者になっても、少数者は一般的正義の犠牲者になるであろう。一般的正義だけを保障する法律は厳格法であり、古代法典の多くはこの類いのものであった。近世に至って、法律の厳格性は衡平法によって緩和された。現代法典は人道主義に基づくと同時に個別的正義を強調し、法律規範を状況ごとにそれぞれ適用する必要性を強調して、できるだけ事件ごとに正当に、合理的に解決するよう努力している。

　以上のことから分かるように、正義は、法典が各具体的規定中で正義を体現することを要求するだけではなく、法典が一定のメカニズムを設定して個別的正義の実現を保障することも要求する。

2. 安全

　安全は、法律が各種行為の法的結果についてはっきりと公表し、法律に予見可能性をもたせ、人々に行為をする前に法律の自己の行為に対する態度を予測できて、法律の突然の打撃を心配する必要をなくし、そうして権力階層の人間性という弱点から防御する役をするものである。法律は、人の生命・自由、財産を与えたり、奪ったりすることに関して、法律が安全を提供するかどうかは、人々が安定的社会生活を享有するかどうかにとって至って重要なことである。法律に予見可能性をもたせる手段は三つある。すなわち、

　（1）法律は人々にできるだけ多くの拠り所となる規則を提供するべきで、拠り所となる規則がないことにより漠然としてうろたえる局面を避けるべきである。

（2）法律規定ははっきりさせるべきで、相互矛盾又は曖昧でどっちつかずであることはできない。明確性が前提だからである。

（3）法律は相対的に安定していなければならず、朝令暮改であってはならない。これは、立法者は比較的、成熟し、安定した社会関係を選択して規定することを要求し、そして将来、起こり得る、法的意味がある社会関係についての高度の予見能力を備えていることが求められる。

人民が法律から安全を受けるかどうかは、一つの国が法治を実行するか、それとも人治を実行するかについての重要な基準である。人の心理活動と行為は、利益、意欲等の要素の影響を受けて変化し、安全をもたらす統治手段ではない。しかし、法律は、確定した規矩準縄であり、安全をもたらすことのできる統治手段である。安全に関しては、法治が人治より優れているのが特徴である。

3. 効率

効率は、司法活動中の時間の節約のことをいう。効率は司法手続きの問題に属するけれども、立法者はこれについて何もしないわけではない。立法者が制定する法律に普遍性があればあるほど、司法活動の効率があがる。普遍性のある法律は社会関係について類の調整を行う。すなわち、同類の社会関係は構成成分の個性を捨てて、共通性を取り、一体として法律を適用する。同類の社会関係における個別成員の個性を捨てたので、司法機関は人により、事により判断する必要がない。そして、司法手続きは簡略化でき、効率を生み出す。法律は効率という価値のために普遍性を採用することで、人や事による適用、一回だけ適用される具体的な命令と区別される。法律の適用対象はすべての人又は不特定の大量の人であり、何度も適用することが可能である。効率と対立するのは個別化であり、法律規定が個別化されればされるほど複雑になり、これの適用も効率に欠ける。

4. 弾力

　弾力は、法律が、絶え間なく発展する社会生活条件に追随し、これと協調を保つべきであるというものである。マルクス主義法律観は法と法律を区別する。法は内容であり、立法者がいるところの物質的生活条件を指し、客観法と呼ばれる。法律は形式であり、立法者の利益に浸透しこれの物質的生活条件の意志形式を反映するもので、主観法と呼ばれる。法と法律の関係は、形式と内容が互いに一致し、主観と客観が一致すべき関係である[10]。マルクスはこの関係について次のように分析した。すなわち、「立法者は自身を自然科学者と見なすべきであり、彼は法律を作るのではなく、法律を発明するのでもない。彼は精神関係の内在規律を有意識的現行法の中で表現するのであり、もし立法者が自身の臆測で事物の本質を代替すれば、我々は彼の極端なわがままを非難するべきである。」[11]それ故、主観法が客観法を違反すれば、自身の論理に背くことになる。一つの社会の客観法――すなわち当該社会の物質的生活条件――は、不断の変化の中にあって、そのうちの最も基本的な要素――すなわち経済的基礎――の発展は常に法律の前で進んでいる。それ故、客観法は常に流動的なのである。しかし、法律は過去に制定され、現在に適用され、将来の人間の行為規範の計画を立てることである。法律の本質的特徴がそれの安定性を決めるので、相対的に停滞している主観法と本質的に流動的な客観法は遊離を免れない。弾力性のある法律はこの衝突をうまく解決することができる。弾力性のない法律、すなわち弾力のきかない法律は各種の弊害を生じさせる。法律は一定の社会生活条件の上部構造であり、社会生活条件を反映して、社会生活条件に奉仕すべきものである。社会生活条件に変更があれば、法律にも相応の変更があるべきで、それにより、主観法と客観法の一致を保持するのである。

　ところが、立法者には一般に彼らが制定する法典は永遠に適用さ

れて欲しいという願望があって、制定した法典を短期間で改正するつもりはない。激し過ぎる仕方で過度に法典を改正すると、法律の安全という価値は害される。立法者が法典中に比較的、安定した社会関係のみを規定すれば、このような立法技術上の先見性は、法典の不断の改正を避けることができる。しかも、伝統偏重社会において、法典を改正すれば、伝統主義者の強力な抵抗に遭い、特に法典が立法技術の傑作であるときは、なおさらである[12]。伝統に対する尊重と立法技術の運用は、法典を長寿にさせる。アメリカ憲法は225年、適用され、《フランス民法典》は208年、適用され、《ドイツ民法典》は112年、適用されていて、いずれも寿命は長い。しかも、立法機関の業務の手続きは緩慢であることも考慮しなければならない。イギリスを例にとると、《全国初等教育制度法》は1813年から開始して、1890年に正式に公布され、77年かかっている。1912年に離婚問題法の制定に着手して、1939年になって部分的に法律が正式に可決され、27年かかっている。わが国の民法は1954年に起草を始め、32年かかって《民法通則》が1986年に可決された。《刑法》と《刑事訴訟法》は1956年に起草を始め、24年かかって1980年に可決された。もし上述の法律の立法手続きが政治のせいで遅れたと言えても、政治の要素を排除しても、立法手続きは速いとは言えない。1979年以降、それぞれの法律は起草から可決まで、一般的に3～5年かかっている[13]。このことから、法律の弾力性問題は完全に法律改正、法律廃棄、法律更新の手段で解決し難く、法律の内部から解決しなければならないことが分かる。

5. 簡潔

簡潔とはすなわち、煩雑な立法方式を避けて、法律規定の節約を実現しなければならないということである。法律は簡潔であればあるほど理解しやすく、把握しやすく、運用もしやすく、従って、実効性も高まる。法律の簡潔という価値を強調することは、立法機関

の業務の効率をあげることに繋がる。

二　法律の諸価値の相互の関係

　法律の5種の価値の要求は互いに補充し合うことによって結果が一層良くなるという事情がある。効率と簡潔は一致する。法律規定は普遍性があればあるほど、条文の数がそれだけ減少する。ルネ・ダヴィドの指摘するところによれば、「法律規範の作者は、法学者であれ立法者であれ、遠くまで歩いて行って細部まで規定することはすべきでない。なぜならば、実践中に現れるすべての千変万化の状況を彼は予見できないからである。」「ローマ－ゲルマン法系各国は、法律規範が裁判官に一定の自由の余地を残しているのは妥当であり、その任務はただ裁判官のために『範囲』を確定して、裁判官に『指示』を出すことで、この優位を占める法律規範の概念は、これらの国家の法律規範の数が他の法律規範の概括性より低く、具体的な状況の細部を考えることが多くの国家より少ない、と解している。」[14] 正義と弾力も一致するところがある。法律の弾力性を追求するのは個別的正義を実現するために他ならず、法律が時勢の変更で具体的な生活事実と合わないようにしないためである。しかし、多くの場合、法律の5種の価値要求は相互に矛盾し、一方に気を取られると他方がおろそかになってしまう。

　安全と弾力の矛盾。安全は、法律が相対的な安定を保持するのを要求し、法律に確定性を持たせて、弾力の価値を満足させるために、法律は不確定な規定を設立して裁判官に法律を新たに解釈し補充することを授権して、法律がそれにより時代の波に乗るようにしなければならない。しかし、法律のこのような不確定な規定では人々が精確に自身の行為の結果を計算できず、それ故に法律の安全性に影響する。

　安全と個別的正義の矛盾。安全の獲得そのものは正義の要求であ

るが、しかし、一定の状況で安全は正義との矛盾を発生させる可能性がある。個別的正義を実現するために、法律の普遍性について、特殊な事件の具体的な状況により融通を利かして適用することを規定しなければならない。換言すれば、「法外拷問」又は「法外恩恵」式の業務を行うことである。こうした、人により判断する状況は法律の予見可能性に影響を及ぼし、法律の安全という価値を害する。法律の適用が当事者以外の人の予見と異なる結果が出ることで、彼らに法律の確定性を疑わせるからである。

効率と安全の矛盾。効率を実現するために、法律は普遍性がある一般的な規定だけを提供し、一般以外のすべての状況についてひとつひとつ行為規則を提供することはできない。そのため、人々は、これから行おうとする行為について法律がその結果を示していないということを発見する。しかも、法律の普遍性は、法律に一般から個別までの過程に適用させる。「法律は普遍的であり、法律によって確定された事件は単一であるべきで、単一の現象を普遍的な現象に帰納しなければならず、それには判断が必要となる。」[15) 個別から一般までの推理過程は人の要素を取り入れることを免れない。これと似て、普遍性の規定は条文の数を減少させるものの、法律規定の具体性が下降するに伴って、法律の抽象性が高まり、法律の解釈の任務が自然と増加し、法律の実施過程において裁判官に与える自由裁量の余地も増加する。人の要素の増加は、人は規則より相対的に不確定性があるので、法律の安全性に影響を及ぼす。

効率と個別的正義の矛盾。効率という価値のある規範の一般的な人、一般的な事件の普遍性は、法律の本質的要件又は法治国の欠かすことのできない要件である。これの積極的な意義は、最低限度の自由、平等、安全を保障できることであり、そして、公平な競争と法律の予見可能性を可能にすることである。普遍化が規範客体が受ける特有の特徴を落した後に、平等、安全に競争することができ、

司法者が情実にとらわれて法をまげ、あれやこれやといんちきをすることを心配する必要がなく、執行者と守法者の間に安全な障壁を築き、各種の差別を防止する。しかしながら、普遍性規定は典型的状況に適用されれば正義を導くが、特殊な状況に適用されれば非正義を導いて、従って、一般的正義を実現すると同時に、個別的正義を犠牲にする。

　安全と簡潔の矛盾。一方で、人々を事あるごとに遵守させるため、安全は立法者にできるだけ多くの規則を制定することを要求する。こうして必然的に大著の法典を招いて、簡潔の価値を犠牲にする。他方で、成文法はただ権力階層のわがままを防ぐ道具であるに過ぎず、法律規定は詳密であればあるほど権力行使者の制限は大きくなる。法律規定が簡単であればあるほど権力行使者の制限は少なくなる。法律規定の詳しさと裁判官の自由裁量権の大小は反比例し、この法則は上述の二つの要素間の関数関係を概括する。それ故、法律が簡潔に向かって一歩を踏み出すや、人民の安全は少しばかり失われる。簡潔が極致に達すると、「無法司法」と同じになり、すなわちそれは人治であり、すべての法律をひと言で簡略化するなら、およそ正しいことは私たちすべてが堅持し、およそ間違ったことは私たちすべてが反対する、となる。このように、人民は、少しも隠さない権力行使者にあり得るわがままの前に暴露される。

　弾力と正義の矛盾。弾力は法律を運用する中で判断力ある人の要素を導入するよう要求する。しかし、人は自身の弱点により、法律を濫用して正義を破壊する可能性がある。

　法律の諸価値の相克性がこれらの関係の主流であることは明らかである。法律の諸価値の中で、もしその中の一つの価値が完全に実現すれば、他の価値は一定程度、犠牲又は否定となることは免れず、人を満足させる、法典内の5種の価値の比例関係についての絶対的な基準は探し難い。これについて、これを「千古以来の一大難題」

410

と言う者もあり[16]、「この問題はとこしえのもので、永遠に解決不可能」と考える者もいる[17]。法律の諸価値の矛盾、概括すれば、主要な面は安全（極端に至れば、一本調子、厳しさ、硬直になる。）と弾力（極端に至れば人治になる。）の矛盾である。換言すれば、この二つの価値の衝突は、いかにして、法律の相対的不融通性及び停滞性を社会生活の複雑性、流動性と調和させるかの問題である。その根本は司法過程において人の要素を導入するか否か、そしてどの程度、導入するかである。すべての立法思想史と立法史は、この問題をめぐって展開してきたのである[18]。

三　従来の思考

法律の諸価値間の矛盾の解決は、理論的に見れば、法哲学の重大な研究課題で、実践的に見れば、立法技術に関する重要な問題である。これにつき、歴代の法学者は「偏一説」と「同時考慮説」を主張してきた。説明しなければならないことは、法律が関わる正義、安全、効率、弾力、簡潔という五つの価値は、私の概括によるものであり、従来の思考はこの五つの価値と相互関係のすべてに関わってきたのではなく、ただそのいくつかと関わっていたに過ぎないということである。それ以外に、従来の論者の中で、ラートブルフ（1878-1949年）だけは法律の正義、安全、弾力の三つの価値の関係を考えているが、他の者は他の問題を考えるときに法律の諸価値の関係を問うているに過ぎない。そのため、彼らの理論については派生的に分析するだけとする。

（一）偏一説

偏一説の一つは弾力性を法律の第一の価値とする。ジェファーソン（1743-1826年）がこの主張者である。フランス革命が勃発した時（1789年）、ジェファーソンは「地球の用益権は生きている者に属する」という理論に基づき、定期的に法律を変更することを提案し

た。ジェファーソンは死亡率の表を調べ、一世代の年数（19年）を計算して、どの世代の者も天賦の人権を持っていることを理由に自分の憲法と法律を次の世代の者に押し付けることはできないと解した[19]。それ故、永遠の憲法と法律を制定できる社会は一つもない。なぜなら、生きている世代が地球に対する用益権を行使する中で地球を管理するからである。死者は地球に対していかなる権力も持たないのに、彼らが制定した憲法と法律は地球の用益権者を押さえつける。「《ヴァージニア憲法》は、作られてから今に至るまで40年、経過している。この時間は、我々に以下のことを教えてくれる。すなわち、この40年の間に、当時の成人の3分の2はこの世を去っている。残る3分の1は、もし望みがあればの話だが、今日の成人の多数を構成する別の3分の2の人々に、自分達の意志に従え、自分達の制定した法律に従えと要求する権力はないのではあるまいか。……地球と地球上のすべてのものは、世代の交代で現在の居住者に属する。彼らこそが自分が関心を持っていることを指導する権力があり、関係の法律を宣告する権力がある。」[20]そこで、ジェファーソンはあらゆる憲法と法律の自然有効期限は19年を超えてはならないと主張する。憲法と法律の有効期限を伸ばせば、これらの実施が頼りにするのは強制力であって、正義ではない。法律の拘束力は人々の同意から生まれるのであり、それぞれの世代がそれぞれの新たな同意を作るはずである。ひとつひとつの法律規則の同意がこのような更新をするのなら、関連する法律規則は強制力の負担にはならないだろう。

　表面的に見れば、ジェファーソンの19年おきに法律を更新するという主張は、法律の拘束を受ける者の同意を通じて初めて有効となるという立論を基礎としているが、深く分析すれば、ジェファーソンが実際に強調するのは法律はその客観的な環境と調和を保つべきであるということであったということが分かる。各世代が直面す

る環境は異なるので、これが各世代の人の問題に対する見方の違いを決め、いわゆる「世代ギャップ」を形成する。そこで、古い環境の中で生まれた法律は、新しい環境の中で成長する新しい世代の同意を獲得して初めて、これと新しい環境とが調和することを証明できる。これは、法律は、絶えず発展、変化していく社会生活条件に追随しなければならないという問題であり、そこでジェファーソンが実際に強調したのは法律の弾力性という価値であった。法律は変化する環境と調和していなければならないというジェファーソンの要求は疑いなく正しいが、しかし急進的すぎたので、実施は困難である。ジェファーソンは立法至上という道を選び、法律が発展する中での司法過程の役割を無視した。しかも、人々は古き良き法典を極めて懐しむ。立法に相当の予見性があれば、19年前に制定した法典は19年後の社会、ないしはもっと遠い未来の社会に適用できるわけで、長生きのアメリカ憲法がこの問題を証明する好例である。そこで、ジェファーソンの定期的に法律を更新する主張はアメリカでも受け入れられなかった。その理由は、ジェファーソンの立法至上の提案がアメリカの司法至上の伝統に合わなかったからであり、そして、弾力性という価値に対する極度の強調が法律の安全という価値を犠牲にしすぎたからである。

　偏一説のもう一つは法律の他の価値を安全に従属させる。ドイツの法学者ラートブルフがこの主張の代表である。ラートブルフは、法律の正義、弾力、安全をそれぞれ正義の観念、便利性の観念、法律確定性の観念と呼ぶ。ラートブルフの見方によれば、上述の三つの観念が相互に条件となり、同時に相互に矛盾となる。例えば、ある法律規則を制定するとき、正義は普遍性を求めるが、便利性は具体的な状況に基づいて具体的に処理することを求める。また、法律確定性の観念は確定的で、安定的な法律を求めるが、正義と便利性は法律が迅速に新しい社会と経済状況に適応することを求める。上

第九章　民法基本原則の、法的な構成−機能モデルの中での働き

述の三つの観念の中の一つが完全に実現すれば、必ずや一定程度、残る二つの観念を犠牲にするか、否定することになる。そして、法律中のこの三つの要素の比例関係を人が満足できるぐらい確定してくれる絶対的基準は存在しない。第二次世界大戦前、ラートブルフは、これらの原則が調和できない衝突を発生させるとき、法律確定性が優先されるべきであり、その理由は法律観点の衝突を終わらせることは正義、便利性で決定するよりも重要であるからだと考えていた[21]。ラートブルフは法律の各価値を同時に考慮する良い方法を見つけることなく、簡単な方法で法律の安全という価値を第一位とした。ラートブルフ本人が考えていたことは、人民の安全を守り、個別的正義性を有しない判決の発生を払わざるを得ない代価とすることであったが、しかしラートブルフが思いもよらなかったことは、法律の安全性の強調が極端になったとき、これが反対の方向に転じたことである。正義が捨てられた後、法律は理想の指導を失って、安全を目指す法律が人民に対する最も安全ではない法律となった。それは、法律の社会生活からの離反が極めて深刻化したとき、確定性を持つ法律は悪法になったからである。しかも、統治者が法律の確定性を利用して改革を阻んだとき、その状況は更にひどくなる。そこで、ラートブルフの理論において、論理的に「悪法も法なり」という結論を容易に導き出す。この理論の哲学的な基礎は、なおもヘーゲルの「存在するものは現実的であり、現実的なものは合埋的である」という命題の影響を受けている。ナチス時代の巨人な社会変動と第二次世界大戦後のドイツファシズムの破綻後に、ラートブルフは以前、主張した理論を修正する。ラートブルフは、法実証主義はドイツがナチス政権の暴行に対抗する力をなくし、完全に、非正義の法律を正義に移譲しなければならないと考えた。しかし、ラートブルフは一定の程度の条件を付加する。それは、「実定法が正義に違反して耐えられない程度に至り、法律規則が『非法の

法律』になって、そしてこれによって正義に従うことになるのでない限り、さもなくば規則が非正義であり、かつ公共の福祉と矛盾するときに、実定法規則を優位に考えねばならない。なぜなら、正式に公布し、国家権力に支えられているからである。」[22] ラートブルフのこの思想の変化は、ラートブルフが偏一説から正義と安全を同時に考慮する主張に切り替えたことを表している。この変化から、時代条件の違いが法律の諸価値の、異なる優先順序を決めるという結論を導き出す。古臭い形式や方法にこだわって、弾力が利かない時代に、法律の安全性は極めて重要である。これに対し、変革の時代には、法律の弾力性の価値が第一位に置かれる。法律の安全性を強調することは、既存の秩序のための合理性の弁護とされる可能性がある。法律の正義の価値を強調することは、既存の法律に対する批評の態度を表す。そのため、正義を尊ぶ自然法は常に革命者の理論的な武器になる。このような条件の変化に基づいて、同じ論者がある時代には安全を法律の第一の価値とするが、別の時代には正義を法律の第一の価値とするかもしれない。

　法学者は己の著作で彼が法律の諸価値間の関係を処理する見解を表し、これに対し立法者は彼の立法文書でこの問題に対する己の立場を表す。罪刑法定主義は安全の価値に向かう偏一説の表現形式であり、これは国家の刑事立法者が刑法の安全の価値を極度に強調しているということであり、刑法は犯罪と刑罰を明確に規定する必要があり、人々に自分の行為の法律効果を予見させて、刑罰権の濫用を防止し、これによって公民の個人的権利の安全を守る。他方で、刑法は社会発展によって生じる新型犯罪（例えば、ハイジャック、パソコン犯罪）の情勢に適していなければならず、弾力性を保つことによって最大限に犯罪を抑えるのである。刑法の安全の価値と弾力性の価値は、こうして矛盾が生じる。個人的権利を本位とする法律システムは安全の価値で罪刑法定主義を選び、社会が迅速に新型犯罪

を処理できないことを代価として個人的権利を十分に守っている。刑法のような、人々の生命と自由に関わる法分野においては、安全の価値を至上に見ることは当たり前のことであろう。刑法の、非正常の社会関係を規律するという特徴は、基本的に罪刑法定に達するかもしれない。それは、どうせ犯罪のような反社会行為は有限だからである。個人的権利と社会の利益を同時に考慮する法律制度の中で安全性と弾力性を調和させ、罪刑法定主義と厳格な制限を受ける類推制度とを同時に採る。また、世界各国で、一定の権力機関に刑に処された者を赦免する権力を与えており、彼らの犯罪は成立したという前提の下で、特殊状況下で許される犯罪者に刑罰を受けることを免除し、以て刑罰の実施が非正義的な結果となることを回避している。これは、憲法の中にある恩赦という名で安全と個別の正義の価値を統一する衡平の制度である。法分野の性質の違いは法律価値の選択の違いを決める。刑法が非正常の社会関係を規律する特徴は法定主義に行き着き、あるいは基本的に行き着くが、他方で、民法の正常な社会関係を規律するという特徴は、無限に広い規律範囲に直面したとき法定主義を不可能にし、従って、民法は弾力性を強調する。刑法が安全に重きを置くことと民法が弾力性に重きを置くことは、法律を変化しやすくする基本原則がなぜ民法の中にあって、刑法の中にないのかという問題を解釈でき、また一部の国家では公法の法典化に反対はないが、私法の法典化には激しく反対されるという現象を解釈することができる。目下、我が国では、刑法改正時に基本原則を設立することを提案する者がいる。基本原則の曖昧性と刑法の明確性の要求は激しく対抗するので、これは危険な提案である[23]。

（二）同時考慮説

ジェファーソンとラートブルフの論点は次のような観念に基づく。すなわち、法律の諸価値の中で一つの価値を配慮することは、

必然的にその他の各価値を犠牲にすることになる。これが絶対的な思考方式である。なぜなら、法律の一つの価値を考慮するときに、他の価値を考慮することは不可能ではないことは容易に分かるからである。そこで、法律の諸価値を同時に考慮する道が見つかるはずであり、同時考慮説が登場する。

メイン（1822-1888年）が提示した法律応変構造理論は同時考慮説の傑作である。メインは、法律と社会を調和させる媒介は擬制、衡平及び立法の三つがあると考える[24]。いわゆる法律の擬制は、覆い隠すことを表す、又は法律規定に変化が発生した事実を覆い隠すことを目的とする仮定で用いられる。擬制を行うとき、法律の文字は変わらないが、その実際の運用に変化が起きる。擬制の性質を持つ条文の特徴は、「立法者が処理する事件類型とその類型の法条が処理する類型をよく知っており、その法律事実は、法律上、重要な点では異なるが、この二つの事件類型に擬制を通じて同じ法律効果を与えるのである。更に言えば、擬制を通じて異なる事件類型を同じと見なし、同じ処理をするということである。」[25]換言すれば、擬制というのは、新しい指導思想で、古い指導思想を基礎として制定された法律の条文を適用することであり、又はある意味、擬制は法律の条文に対する歪曲した解釈であると言い得る。メインは、擬制は特に社会の新時代に適しており、それは、改良が欠けないようにという願望を満足させ、同時に、終始、存在する、変更に対する迷信のような嫌悪に触れることがないからだと考える。社会が進歩してある段階に達すると、これらは法律の厳格性を克服する最も価値ある、便宜的な方法である。メインのこうした思想は、資本主義社会に入ったイギリスが資本主義の新しい中身を封建時代の法律という古い枠にうまく入れたという現実を反映している。知らず知らずのうちに法律を修正する擬制は、現有の法律に対する尊重であるので、安全を考慮しているし、また、現有の法律を移り変わる社会条

件に適応させるので、弾力性をも考慮している。

　メインの見るところでは、衡平は現有の民法と同時に存在しているなにがしかの規定であり、これが各の原則の基礎の上で、そしてこれらの原則が持つ至上の神聖性の故に、なんと民法に代替できるとする。これらの権力がこれらの原則の特殊の上面に築かれ、これらの原則はすべての法律が遵守すべきものである。この議論は、実定法の上に自然法を納め、後者は衡平権の運用の根拠となり、これが法律の中の原則と表現される、と説明するに他ならない。衡平と擬制の区別は、前者が法律に対する介入が公開的で、明白であるが、後者は隠避的な形式でするという点にある。衡平を通じて、安全を破壊しない条件として法律の正義の価値を考慮する。メインの理論によれば、法律と社会生活の矛盾が耐えられない程度にまで達しなければ、法律の安全性が主たる矛盾となる。擬制と衡平を通じて先ず安全を保障し、これを条件として弾力性と正義を考慮する。しかしながら、この矛盾が耐えられない程度に達するときは弾力性が主たる矛盾となり、立法は法律とその社会生活条件を調和させる直接的な道具となり、新法を作ることによって過去の旧法に取って代わり、これによって新しい周期を開始させる必要がある。そこで、法律と社会を調和させる三つの媒介の中で、立法が最後の絶対手段であり、これを前にしたとき、法律は常に社会生活の変化に追随し、緩慢な進化過程にある。

　メインの法律応変構造理論の貴さは、法律の漸変と突変を区別することにあり、法律と社会生活の矛盾の尖鋭の程度によって、法律の価値の焦点を確定し、異なる構造で法律の漸変と突変を決め、司法手段と立法手段で別々にこれを解決するのである。この理論は法律の諸価値を絶対的に相克のものとは見ておらず、それらの一定の条件下での包容力を承認し、これで新しい考え方を生み出している。これは、法律とその社会生活条件を調和させる問題を解決する

のは立法者だけでなく、司法者でも多くのことをなし得るのであり、それ故、立法は法律の諸価値の衝突を解決する唯一の手段ではないことを教えてくれる。メインの提示した、擬制、衡平で法律価値衝突を解決する具体的な提案は、啓発的な意義がある。

　ある理論の実際の意義が提出者の初志に合わない可能性はあり、一人の人が一つの非常に具体的な事務を処理する過程に偉大な理論の礎を築く可能性もあり、この具体的な事務処理過程に含まれる豊富な意義を深く解釈することによって、後の人がその具体的事務処理過程の題目における意義であるべき系統的な理論を導き出すことができる。ハミルトン（1757-1804年）が提示した暗に含む権力がこのような現象の一例である。いわゆる暗に含む権力というのは、ハミルトンがアメリカ憲法の問題を処理するときに最初に使った術語であり、連邦政府のある権力が憲法の中で明確に規定されていないものの、憲法が規定したその他の権力間の関係から導き出される権力である。アメリカ建国の初期、ハミルトンが出した国家銀行の設立という提案は各方面の反対を浴びる。反対者は、憲法の中で政府が国家銀行を設立する権力について規定がなく、この提案は違憲であると考えた。そこで、ハミルトンは、暗に含む権力を提示し、自分の提案を弁護した。ハミルトンの考えでは、憲法は連邦政府に税金の徴収、公債の発行、貨幣の管理、ビジネスの統一的調整等の権力を授けているのであるから、ここに、銀行の設立という権力も含まれており、国家銀行は上述の委託された権力を行使するのに必要な手段であるので、国家銀行がなければ連邦政府は上述の委託された権力を行使できない、と[26]。

　ハミルトンが暗に含む権力という概念を提示したとき、成功を焦る目的を持っていたとしても、客観的に見れば確かにハミルトンは法律の諸価値間の矛盾を解決する方法を作り出した。暗に含む権力という理論の論理によれば、簡潔な要求により、法律は極めて具体

的かつ詳細に規定する必要はなくなる。なぜなら、既存の規定の間の論理関係から、新しく、暗に含んだ規定を導き出すことができるからである。こうすれば法律のいかなる既存の規定を変えることなく、これによって法律の安全の価値の中で法律の安定性の一面を強調することができる。しかし、法律規定の間は関係のない集まりではなく、有機的な関連を持つ系統であり、系統の力によって、有限の規定間の関係の中で、多くの明文では見られないが、必然的に含んでいる内容を導き出すことができる。ドイツの法学者であるゾーム教授（1841-1917年）は、一つの法規はこれが含む結果を発展させることを通じて作り出され、また、この法規があらかじめ仮定していた普遍的原則を実現することを通じて実際に効力を生じるが、この二つの方法のうち重要なのは後者であり、既定の法条を通じて我々は法律があらかじめ要求していたのは何かを知ることができ、これらの法条は純粋な科学的方法を通じて豊富なものとなり発展すると指摘する[27]。従って、法律の規定は明文化されたものに限られず、この暗に含む規定を承認することは法律の必然的な部分であり、少ない法条で最大限の働きを発揮させ、法律に簡潔性と弾力性に与える。条文解釈を通じて法律の中に含む意図を絶えず発見することで、社会生活の新しい需要を満たすのである。

　暗に含む権力の確立は、法律にとって担体となる言語が持つ「言葉の意味が通らない」の限界性を利用するものである。言葉とその言葉が表現する事物は、完全に一致することはできず、事物の多くの特徴を表すことはできない。イギリスの哲学者ポランニー（1891-1976年）がこれを説明している。「人が表現できるものより人が知っているものの方がはるかに多い。語と符号から構成される陳述、論理的推理、数学の演算、図式描写は結局、心で理解しているという基礎の上で初めて理解され、表現される。従って、曖昧ではっきりしない心で理解した知識は、明晰で表現可能な言い伝えの知識よ

り根源的なものである。」[28]しかも、我々は言葉で事物を表現するとき、事物の大量の特徴を落としたり、なおざりにしたりし、我々は各言葉が定義する世界を広く拡大しても、境界の外にいつも、包含されない項目がある[29]。そのため、法律は立法者が内心で法律中に包含するべきと確認したものを包含するのかもしれない。しかし、言語の限界性の故に明確に表示されていない内容、法律解釈者の主たる任務はこうした隠れた内容を発掘することであり、解釈の任務はある未完成の創造的意義を探すこと、すなわち新たにその基礎となる思想系列を構成することである[30]。しかし、これは立法者が受動的に法律の中に暗に含む規定を留めたに過ぎない。法律中で用いられる語が曖昧であればあるほど、含む面はますます大きくなり、解釈の余地も大きくなって、解釈を通じて得られる暗に含む規定も多くなる。その理由は、曖昧概念はすべて具体的な事物と直接に指し示す関係がなく、それが含む範囲も開放的であり、権威ある機関を通じて確定化できるに過ぎないからである。それ故、法律中で曖昧規定を用いると、法律の長さを大量に節約できるけれども、だからと言って社会生活の規制を放棄することはない。なぜなら、必要な関係規定は曖昧規定から容易に演繹できるからである。法律中に曖昧規定を置くのは、立法者が主動的に法律中に暗に含む規定を残したのである。アメリカ憲法が18世紀末に世に出てから、225年間で27の修正案が増えただけで、アメリカ最高裁判所が憲法についてなした具体的憲法規範の効力の解釈は数千巻の上がある[31]。これはまさしく、能動的に暗に含む規定を利用した模範事例である。アメリカ憲法中の曖昧規定である「正当手続条項」、「州際貿易条項」は、アメリカ最高裁判所の無尽蔵な暗に含む規定の出所になり、225年の適用史において、これを用いて社会発展に伴う大量の新しい問題を解決し、アメリカ憲法に長寿を維持させた。パウンドは、社会化の解釈がアメリカ憲法の長寿の理由だと説明した。パウンド

の指摘によれば、アメリカ憲法はアメリカ革命後に制定されたもので、今日まで長い時間が経っているが、内容に変更はない。しかし、事実上、この憲法の制定時における、あらゆる環境、あらゆる政治現象、あらゆる民衆生活の要求は、現在の同様の要素と異なっていることを認めないわけにはいかない。しかし、この成文の憲法を改正するのは必ずや多くの困難がある。しかも、社会は毎日、新しい環境、新しい経済状況が発生していて、すべてを修正の方法で対応することは、事実上できない。従って、唯一の救済方法は既存の法律に対する社会化解釈でこれを発展させることである。社会化解釈というのは、できている法律を新しい環境の中に入れて運用することである[32]。これは、成文法に対して常に改正する必要はなく、暗に含む規定に対して解釈を行うことで、その進化を実現することができると説明しているに他ならない。

このことから分かるように、法律の中に暗に含む規則を導き出すことのできる曖昧規定を置くことは一つの立法技術であり、それは法律の正義、簡潔、弾力の価値を保障することができ、法律の安全の価値が要求する法律の安定性も保障することができる。しかし、これは、法律の曖昧性と法律の明確性は明らかに相克するので、法律の安全の価値中の明確性の要求に対して損害となる。ハミルトンの暗に含む権力概念は法律の発展と正当な適用を法律の解釈者に望みを託するので、これも立法機関だけを法律の諸価値の協調者とはしない理論であり、法律の適用者に法律を発展させる重要な使命を与える。この点で、メインの理論と一致する。

四　従来の思考に対する評論

偏一論者は法律の諸価値の関係を対立させすぎて考えており、このような極端な思想方法は取るに足りない。ジェファーソンは、1789年のフランス革命の嵐の中、フランスの医師リチャード・ゲ

ウム博士の啓発を受けて、「地球の用益権は生きている者に属する」という命題を基礎とする法律急変の理論を提示したが、これは当時のヨーロッパの現実の反映である。当時、ヨーロッパの財産法は大々的に人権を侵害しており、「生きている人の主権」は廃止され、暴力革命が唯一の救済方法になった。ジェファーソンの見解は外国の状況に対して出した議論であるが、しかし、ジェファーソンはアメリカもこの主張を実行するべきだと考えた[33]。明らかにこの見解は疾風怒涛革命式のフランスの道の反映である。フランス革命の計画者の一人であるヴォルテール（1694-1778年）は人々にこう呼びかけた。「良い法律を要求するか？　すでにあるすべてを焼き払い、新しいものを制定しよう。」[34]徹底的に旧いものを取り除き、新しいものをゆき渡らせる、当時のフランスの思惟方式であり、それがなんとフランスに居留していたアメリカ人の心に深く入っていた。この思惟方式は漸進式変更の可能性を断固として拒否した。これに呼応して、法律を改善する手段を立法だけに託した。これは分権学説の基礎上で生まれた「立法至上」理論の論理の結果である。そうだとしても、ジェファーソンの、法律が不断に発展変化する社会生活条件に追随し、これへの適応を保持しなければならないと強調する見解、そしてラートブルフの、法律の安全性を強調する見解は、まだ我々が取り入れることのできる合理的な思想の核心を残している。特にラートブルフの見解を刑法領域に適用するとき、その意味は一層、重要である。

　同時考慮論者は極端を避けて、法律の諸価値の折衷調和を主張し、その思想を完成させる立法技術手段を設計した点は、偏一論者より一段優れている。一つの法典が、一定の度合いで法律の各価値を同時に考慮して、それらの間の矛盾を最低限度に減少させるならば、何を好んでそれをしようとしないのか。こうした効果が出るならば、それは法典の最優良化に達する。メインの見解の精華は、弾

第九章　民法基本原則の、法的な構成－機能モデルの中での働き

力を求める法律の漸進的な変化と突発的な変化の二つの方式を指摘したことにある。ジェファーソンが法律の突発的な変化しか見ていなかった思惟方式と対照的である。ジェファーソンの論点が疾風怒涛式のフランス革命の反映と言うならば、メインの見解はイギリス革命の特性の反映である。イギリス革命には軟弱性、緩慢性、開化性の特性がある。イギリスでは、多くの封建主義的形式が留保されたが、しかし、これらの形式は実質的には変化した[35]。それ故、イギリスの革命の道は改良の道であり、このマクロ的現象は必ずやミクロ的法律現象に影響する。メインの見解は改良を常態とし、革命を例外として、法律は司法手段を通じてゆっくりと進化できることを認める。このような、司法活動に対する重視は、イギリスの法活動の重心が司法（司法至上と言ってもいい。）にあるという現実を反映している。メインは、法律は判決－慣習法－法典の順番でゆっくりと進化すると考える。法典が出現すれば、法律の自発的発展は中止を告げ、以後は法律のすべての面の発展は変化する社会と硬化する法典の間の裂け目を補うためのものである[36]。これは漸進的な変化と突発的な変化が結合する周期である。この周期がひとまわりしたとき、硬化する法典と変化する社会の間の裂け目を補うため、また一つの、判決－慣習法－法典という新しい周期が始まる。判決と慣習法では裂け目を補う目的を達し難いときに、法典を突発的に定めるという変化が起きる[37]。こうした理論は、法律の漸進的な変化と突発的な変化の弁証法的関係を十分に表している。特に注意するに値することは、メインが法律の原則が法律の漸進的な変化の過程の中で果たす役割は裁判官に一定の価値観念に基づいて既存の規則の適用の中で調整を加えることを授権することであると指摘したことである。ハミルトンの暗に含む権力の概念は、法律の曖昧規定で法律の諸価値の関係を調和させる貴い思想を包含し、解釈が法律を発展させ補充する手段であることの合理性を確認した。この理論は、

アメリカ憲法の安定性の理由の解釈と見ることができる。要するに、同時考慮論を概括すると、我々は擬制、衡平、解釈、立法等の法律の諸価値の衝突を調和させる構造を得ることができる。

ジェファーソンを代表とする偏一説とメインを代表とする同時考慮説の対立は、革命と改良（ただし、例外的な革命を排除しない。）の対立であり、立法至上と司法至上の対立である。両者の対比から、司法過程の創造的性質を否定すれば、必然的に立法至上の立場となり、激しい方式で法律のある一つの価値を実現することだけを強調し、他を顧みなくなり、逆に、司法過程の創造性を認めれば、必然的に司法至上の立場を採って、法律の各価値を同時に考慮していることが分かる。それ故、司法者の地位の問題が両者の分岐点となる。メインの、衡平権を行使して擬制する裁判官であれ、ハミルトンの曖昧規定の解釈者であれ、能動的な人が司法過程に入ってくるのである。ここに至って我々は、このような人の要素を入れれば、法律の諸価値の相克性が減少し、逆に、この相克性が強くなると、ある価値だけを見るという結果になってしまうということが分かる。

しかしながら、同時考慮論者は法典内部に法律の諸価値の物質的担い手を探さない。立法技術の角度から問題を考慮して、法律の諸価値を法律構成のあるパーツの上に負荷して、それの機能となり、それによって法典の構成の設計の上に、法律の諸価値の衝突の解決を求めるのである。

第2節　法の諸価値を同時に考慮する方法：
　　　　　法的構成－機能モデル

一　序言

法の諸価値の関係における主流が相克性の条件と表現している下で、法典の最優良化をいかにして実現するのか。法全体をなにがし

第九章 民法基本原則の、法的な構成－機能モデルの中での働き

かの価値の方に進ませるいかなる考慮も、この問題を永遠に解決することはできず、法典をそれぞれの特質を備えた部分に分解しなければならず、それぞれ、法の何らかの価値の方に進ませる。こうしてようやく、法の諸価値の相克性を緩めることができる。従って、問題のキーポイントは、法典の合理的構成を探し求めることにあり、法の諸価値をそれぞれ一定のパーツ【元件】のところで形を与えることにより、それぞれのパーツが、ある一つの価値の物質的担い手となり、各パーツの機能を発揮させることを通じて、法の諸価値を実現するのである。これと同時に、整理再編機能を備えたパーツを確立し、各特定のパーツ間で発生する可能性のある矛盾を調和させることにより、それぞれのパーツは、真に一つの全体の構成分子となるのであり、各自が思い思いに戦い、相互に矛盾するのでなければ、システムの機能は発揮することができる。それ故、法の諸価値の矛盾を思弁領域から実践領域に引き入れると、それは一個の立法技術の問題に変化する。私の見るところでは、いわゆる立法技術とは、法の諸価値間の矛盾を調和させる技術であるに過ぎない。立法技術を用いることは、必然的に、抽象的な形態で存在する法の諸価値を法典の物質的構成パーツ上に割り当てなければならない。各パーツ間の相互のはまり合いと相互の制約の関係を通じて、法典の構成－機能システムを組み立てるのである。「システムの各要素は、構成を通じて、一個のシステム全体にまとめ上げられる。構成が合理的となればなるほど、システムの各部分間の相互作用は調和がとれるようになり、システムは、全体において、最優良に達することができる。」[38)] 一定の機能の獲得は、一定の構成の設計にかかっている。我々が求めている機能は法の諸価値の調和であり、この目的を達成するための手段は、法の各価値を法典内の各パーツに割り振って担ってもらうことである。いわゆる構成【結构】とは、「システム【系统】の内部からシステムの全体的性質を描写するこ

とである」[39]。いわゆる機能【功能】とは、「システムの外部からシステムの全体的性質を描写することである」[40]。それ故、構成はシステム内部のパーツの設計方式について分析することであり、機能はこのような設計によって生み出される効果が人に与える印象である。民法のシステムについて言えば、構成は民法の各パーツの設計方式であり、機能は、まさにそのように設計された民法のパーツが生み出す価値である。構成はシステムのパーツの組織方式であり、パーツはひとたびシステムに入ると、もはや独立した存在ではなくなり、全体の一部分であるに過ぎなくなって、システム全体の性質を決定するだけでなく、またその性質に束縛されもする。機能は、構成の運動する中での表現形式として、システム全体との関係もまた、そうである。それ故、民法のシステムの構成の合理的設計がひとたび成し遂げられるや、それは全体性を備え、内部の衝突を取り除くことができて、民法の正義という目的を実現することができる。

現代の法典は、疑いなく、多くの法律規定によって組成される、一定の目的を持ったシステムである。その構成は、分析を通じて追求することができ、その機能は、その構成の運動の表現形式であるに過ぎない。それ故、我々は、現代の法典に対する分析結果を法律の構成－機能モデルと言うことができる。

二　現代民法典の構成

法律の構成－機能モデル理論は法哲学の研究成果であり、普遍的な指導意義があり、法律の構成－機能モデルを運用することを通じて、込み入った法律規定を分解し、それを互いに関連する要素に抽象化し、それで法律を分析して、私たちが法律の各組成要素を理解すること及び、能動的に運用することを助けてくれるものである。私は、現代民法典の中に、法的概念、法条、法律規範、基本原則を構成素子とする構成－機能モデルがあると考える。

（一）法的概念

　法的概念は、各種の法律現象の共通の特徴に対して総括し、抽象化した後に形成される、権威性ある法律範疇を指している。法的概念の出現は、人間の思惟能力の進化の結果である。客観的事物の一般的本質的な特徴を反映する法的概念は、記述あるいは規範の対象の特徴を尽きるぐらい列挙されるが、これは概念の設計者がその対象のすべての重要な特徴を完全に掌握しているという意味ではなく、むしろ、何らかの目的性の考慮から、その設計者がその対象に対して認知した特徴について取捨し、保留した特徴をこの概念が成立し得る十分条件と必要条件に設定して、その余の特徴をすべて重要ではないと見るということである。そのため、法的概念の形成過程には編纂性があり、つまり、それが反映する事物の属性に対して取捨するということである。同時に、法的概念は価値判断性があり、それは、それ自体がそれの反映する対象に対する肯定と否定を体現しているということである[41]。

　法人概念を例にしよう。この概念自体は、立法者が選択する法人の特徴を、万遍なく列挙している。すなわち、

　（1）法により成立すること
　（2）必要な財産又は経費があること
　（3）自己の名称、組織機構及び場所があること
　（4）独立して民事責任を負うことができること

　これらの特徴をすべて揃える経済実体は法人であり、言い換えれば、それらの特徴の一つでも欠くなら法人ではない。同時に、この概念は、立法者が法人制度に対してこのような価値判断要素を承認していることを含んでおり、すなわち、法人制度が社会経済に利するものだと承認して肯定しているということである。法人制度が国外（《ナポレオン法典》）でも国内（経済体制の改革前）でも承認されなかったことがあるという経験的事実は、法的概念が価値判断の性質

を持っているということを説明するのに十分、役に立つ。法的概念は法的思惟をする道具である。法的概念を用いることは思惟の負担を減少でき、定式化の思惟過程を重ねることを避けて、概念自体を思惟の起点にする。法的概念は具体的な事実状態と具体的な法律結果を規定するものではないとは言え、多くの状況下で、法的概念ごとにその適切な法的意味と応用範囲がある。人々が、ある人、ある状況、ある行為又はあるものをある法的概念に入れたとき、関連する法律規範と基本原則は、適用可能となる[42)]。

　法的概念の、法律の構成-機能モデルの中での主たる機能は法律の安全価値を保障することである。なぜなら、立法者が有意的に曖昧な概念を使うことを排除した後に、大部分の法的概念は極めて確定的なものとなるからである。その確定性を強めんがため、立法者は往々にして定義性の規範を使って、権威的な公式法律辞書を出版することを通じて、立法者が使う法的概念に精確な境界付けを行う。この際の法的概念の内包と外延にも確定的な範囲があって、曖昧さが生じにくい。法的概念が立法者によって立法文書に用いられると、その意味は立法者が採用するものが準拠となり、法的概念に対するその他の解釈は一切法的効力がなくなる。法的概念が立法にあると、その意味は、往々にして長期に亘って安定を保つ。そのため、人々が一定の行為をする前には、この行為に対応する法的概念はどんな内容を含んでいるのか、その価値判断はどうかということを知ることができる。法的概念のこのような極めて強い確定性は、法律の安全という価値を保障することに非常に利する。法的概念が対象を類型的に概括しているので、対象の特徴をひとつひとつ挙げることを避け、これにより、法的概念はまた法律の効率と簡潔という二つの価値を担う。だからこそパウンドは、「概念があるから、人々は比較的、少ない規則だけで仕事をすることができ、そんなあり合わせの踏襲可能な規則がない各種の新しい状況に対処する自信

があるのである」と指摘した[43]。

　法的概念の形成過程は編纂性があるため、もし立法者が対象の特徴に対して捨て過ぎ又は足りない状況となるなら、相応の法的概念はカバーする範囲が狭すぎ又は広すぎの問題が起きて、法的概念の確定性は、法律の弾力の価値、個別的正義という価値を犠牲する原因となる。この問題に対しては、立法者が曖昧な概念を採用し、標準を概念と組み合わせることで、概念の硬直性を緩めること以外に、極めて確定的な概念に対し、その価値判断性に基づいて、司法者が拡張又は縮小解釈をすることを認めることで、法律の漏れを補充して、徐々に進化する価値観念の変化を法的概念に引き入れる[44]。これらの処理を経て、法的概念は法律の弾力の価値を満足させることができる。法的概念に対して拡張又は縮小解釈をすることは、実は形を変えた立法である[45]。このような処理が存在していることは、一般的な法的概念の極めて確定的な性質を証明している。

（二）法条

　法条は法律条項の略語である。法条は法的概念と各種の制限詞、接続詞及び判断動詞から構成されるものである。法的概念が法条を組成する材料であるのと同様に、法条は法律規範を組成する材料である。法条は、法律文書の中で、序数で排列される法律条文（自然法条）と同じであることはなく、それは法律規範の一つ以上の要件を表現する立法者の陳述である。あるときには、一つの自然法条の複数項、号が、それぞれ二つ以上の法律規範の要件を表しており、それ故、一つの自然法条の中の一項又は数項が、一つの独立した理論的法条を構成することもある。

　法条は完全法条と不完全法条に分けられる。前者は、一つの自然法条の中で一つの法律規範のすべての要件を含んでいる法条を指し、言い換えれば、自然法条と法律規範の重なり合いが起きる状況を指す。後者は、一つの法律規範のすべての要件が備わっておら

ず、部分的要件だけが備わっている法条を指し、それはただ別の法条を更に説明し、限定し、又は引用するのみである。理論的には、複数の法条が一つの具体的な運用の目的の下に法条結合体となった後に限って、矛盾しない規範機能を発揮できる。そのため、規範機能を発揮できるかどうかから見ると、一つの法条が完全ということはほとんどない。見た目は完全な法条でも、分析したところ、そうではないということがある[46)]。例えば、《民法通則》第107条は、「不可抗力により契約を履行することができず、又は他人に損害を及ぼしたときは、民事責任を負わない。但し、法律に別段の定めがあるときはこの限りではない。」と規定する。これは一見、完全な法条であるが、他の条文を参照することによって初めて、その規範機能を発揮できる。その中の「不可抗力」という用語については《民法通則》第153条の「不可抗力」についての解釈を参考にしなければならず、その中の当事者が「責任を負わない」範囲は、債務者が、第114条の中で規定されている、損失が継続して拡大するのを防止する義務を履行したかどうかにかかることになる。なお、「法律に別段の定めがあるときはこの限りではない」という〔第107条〕但書の中で言っている法律はどんな法律なのか、そしてその具体的規定は何かについても考慮すべきである。それ故、説明上の便利さのためにも、法条を完全法条と不完全法条に区分することで、法条間の相互関係を説明する助けとなる。事実上、ここでの完全法条は、他の法条に頼らず、他の法条と連結せずとも独立して規範作用を発揮できる法律規定とは理解され得ない。

　法条の不完全性、言い換えれば、法条と法律規範が外延上、重なり合わないことは、一つの法律規範の各要件が常に異なる法条の中に散在していることを意味する。このような現象の典型的表現形式は相互引用条項であり、それは立法の学者法化傾向と立法技術の進歩を意味している。法律を調べるとき、当事者にある種の不便さを

第九章　民法基本原則の、法的な構成－機能モデルの中での働き

もたらすにも拘わらず、法律のために簡潔の価値が勝ったのである。それは、もし立法者があらゆる法条を完全法条に設計しなおせば、各法条が再び、かれこれの同じ部分を繰り返すのは必然で、又は、多くの事項を一つの条文の中で規定しなくてはならないが、結局は法条が構成の上で更に複雑になり、しかも、ぶよぶよにふくれあがることになるからである。しかしながら、法条の排列組み合わせの多様性は、司法者に法律の濫用と、悪事を働くことの機会を提供し、法律の安全性に影響を及ぼす。

（三）法律規範

　法律規範は、一つの事実状態に対して立法者が一種の確定的で具体的な結果の各種指示と規定を与えるものであり、それは立法者が人々に向かって提供する行為モデル及びその行為モデルに守り従うかどうかの法律効果を完全に規定する。法律規範が法条から組成されることは、法律の中で最も頻繁に効力を発揮する要素である。法律の構成－機能モデルの中で、法律規範は、一般的正義、効率、安全等の価値の担い手である。

　（1）法律規範は、一般的には立法者が正義の要求に基づいて設計するものであり、立法者がわざと非正義の法律規範を作り出す可能性のある場合及び立法者が立法技術上の過誤のために非正義の法律規範を生み出してしまう場合を除き、法律規範は正義の表現である。しかし、法律規範には普遍性があり、社会生活の中での典型的事件、典型的場合及び典型的対象に対してしか規定することができず、特殊な状況ごとに規定することはできない。従って、法律規範は一般的正義の担い手であるに過ぎない。

　（2）一般的には、法律規範は、普遍性があるので、人により、そして事により適用されることはない。それは法律の効率という価値を支えている。

　（3）一般的には、法律規範は最も明確に各種の行為の法律効果

を示すことで、人々に自分の行為の法律効果に対する予見可能性を獲得させる。それと同時に、法律規範には確定性があり、制定したら相当の長期間は変更がなく、従って、法律規範も法律の安全という価値の担い手である。

　ところが、法律の諸価値の衝突関係の中で、安全と弾力の相克性が最も強いので、絶対的安全は絶対的非弾力を惹き起こす。そのため、法律規範が安全の価値を実現すると同時に、安全のために弾力を犠牲することは避けなければならない。法律規範は、自己の基本的構成材料としての法的概念を「標準」と結合させることを通じて、安全と弾力の調和をやり遂げた。「標準」は、事例の具体的状況により適用される行為尺度である。例えば、「相当な注意」、「合理的」、「適宜」等の用語である。これらの用語は具体的で、非統一的で、伸張性のあるものである。標準が、ある一つの事例に対して意味している具体的行為尺度は、当該事例の具体的状況を分析することを通じてようやく確定することができる。そのため、標準は法律の個別化傾向を表しており、そして、これで、普遍性のある法律規範の剛性を緩めて、それを特殊な事例に適用するときに非正義を惹き起こすことを避ける。立法者が法律規範の中に標準を使って初めて、法律規範の弾力性と適応性を大幅に増加させ、このことによって、法律規範の適用範囲を大幅に開拓した。このような標準は、更に大きな弾力性のある基本原則の萌芽である。

　前述のように、通常の場合には、法的概念は極めて確定的である。もしある法律規範がこのような法的概念を使って建築の材料にする反面で標準を使わないなら、それは確定的法律規範である。法律規範は、司法機関に自由裁量の余地がなく、法律の安全と一般的正義という価値を担っている。もしある法律規範が法的概念を使うのみならず、標準をも使うならば、それは不確定的法律規範である。それは、司法機関に自由裁量の余地を残して、法律の弾力と個別的正

義という価値を担っているからである。確定的規範は、往々にして立法者から厳しい立法目的を実現するため、あるいは緊急状況のときに使われて、これにより、法律の残酷で、威圧的な一面を示し、個別的正義を犠牲にすることを代価にして人々の法律に対する畏服を手に入れる。不確定規範は、往々にして普通の場合に使われて、これで法律の人情に富む一面を示し、それぞれの情況に対する適材適所の処理を通して人々の法律に対する敬服をもらう。

(四) 基本原則

基本原則は、法律の、曖昧さを持つ根本規則であり、法律推理を行う権威的な出発点である。それは、いかなる確定的で、具体的な事実状態をあらかじめ仮定することはない上に、確定的で、具体的な法律結果を与えることもない。基本原則は立法で出現し、人間の思惟能力の進歩と立法技術の高度の発展の結晶である。

古代法典が用いた概念の多くは単独概念で、すなわちある一つの特定の事物を反映する概念である。その外延は、一つの単独な対象を反映するだけで、抽象性が極めて弱く、これによって構成される規則は極大な具体的目標性と剛性があり、これから作られる全体としての法律は隙間だらけとなる。例えば、《サリカ法典》の中で、2歳の豚1匹を盗んだらどうなるかと、子豚を連れた母豚を盗んだらどうなるかが書かれていた[47]。他方で、4歳の豚を盗んだらどうなるかと、子豚を連れていない母豚を盗んだらどうなるかについて、《サリカ法典》は何も書いていない。このことは、古代法典の多数が判例の集まりであることを示しており、偶然に収録された事例の事実の特殊性がその条文の具体的目標を決めたのである。一つの判決がその時に発生した紛争を解決しただけでなく、その後の同類の事件を判決する根拠になった。これらの判例を集めて編纂して法典を構成したものであるから、一般的抽象的法規は存在しない[48]。そのため、パウンドの解するところによれば、原始法段階の法律の特

徴の一は法律の範囲が非常に有限だということ、原則も一般観念もなかったということであり[49]、このような局面はその時代の人々の思惟能力が落伍していたことを反映しているのである。

　人間の思惟能力の進歩と社会の発展と共に、法典は具体的事例集のレベルを越えて立法者の深思熟考の産物となった。立法者が普遍的概念、すなわち、ある事物を反映する概念を広く使い始め、その外延はこの種の事物の一切の対象である。普遍的概念は単独概念の基礎の上で抽象化される。それ故、普遍的概念の極致は抽象的概念である。《ドイツ民法典》が「法律行為」概念を使ったのは、このような抽象化傾向の一例である。単独概念から普遍的概念に、更に抽象的概念に至る発展は、法律の抽象化傾向を示している。立法者はもはや、経験の中の事物のために立法することでは満足しなくなり、その立法権を経験の外の事物に拡大して行使することに努めたのである。

　概念の内包と外延には反変関係が存在するので、概念の内包が少なければ少ないほど、その外延は大きく、逆に、概念の内包が多ければ多いほど、その外延は小さい[50]。法律の抽象化は、立法者ができるだけ法律のカバーする範囲を広めることに努め、その広い適用性を増加させ、個別事件だけに立ち向かうのではない。ところが、普遍的概念ないしは抽象的概念の外延は、それの内包の減少につれて傾向を広めるが、それは元々は閉じているから、それの範囲はなおも有限であり、言い換えれば、法律はなおも周延のないものである。法律がカバーする範囲を更に広めるために、近代の立法者は曖昧概念を使い始めた。曖昧概念は抽象的概念の超越であり、それは概念の外延の閉じている状態を突き破ったが、その内包は極めて希薄だから、その外延が不確定的なもの、あるいは開放的なものになって、裁判官が時機を判断し情勢を推し量ることを経てようやく、確定的なものにすることができ、これにより法律のカバーする

面を更に拡大したのである。前述の、単独概念－普遍的概念－抽象的概念－曖昧概念という発展は、立法技術の量の変化から質の変化に至る飛躍であり、この過程が民法基本原則にその建築材料としての曖昧概念を提供し、それを立法に表すことを可能にしたのである。

20世紀になってようやく基本原則が立法に出てきた。古代法典中には法的概念と法律規範が少なくなかった。近代法典には法的概念、法条（自然法条と完全法条の分離）、法律規範がすべて備わっていたが、基本原則はなかった。ただ、《スイス民法典》の後、基本原則の立法技術成分が現れた。基本原則は法律活動の中に人の要素を導入することを通じて、以前の規則モデルとは異なる新しい法的モデルを形成し、法律が人によって操作され、調節される一つの規則体系となった。

三　民法基本原則の機能

その他の法律の構成成分が法律の一つ、二つの価値を担っているに過ぎないのとは異なり、基本原則は、ほとんど法律のあらゆる価値の担い手であると言える。それが法律の諸価値の積載荷重に耐えることは、二つの方向により行われる。すなわち、

（1）それ自身の曖昧な形で、弾力、簡潔、安全の価値を担った。

（2）他の法律の構成成分運行の干渉により、法律の正義の価値を実現し、機能を整えた。

第一の方向では、

1. 基本原則は法律の弾力性を保護する役割を果たし、その曖昧性がこの機能を実現する手段であった。

基本原則の曖昧さの意味は法律活動の中に人の要素を導入したことで、法律は解釈者が補充して完成させる未完成作品と見なされ、必ずや人が操る機械であり、自ら止まらずに稼動し続けられる永久機関ではなく、法律の外延はこれから開放的になった。裁判官は社

会生活発展の要求によって、基本原則の解釈を通じて経済、政治、哲学の新しい要求を法律の中に補充することにより、時代の発展と共に法律も進み、法律の柔軟な価値を実現した。

　2. 基本原則はその曖昧さで法律の簡潔の価値を実現した。

　曖昧性の規定が立法に表れたことは、立法者が具体的な法律規範ですべての民事関係をカバーしようとの努力を放棄したということを意味し、その方式の運用が必然的に限界となった。曖昧性のある基本原則は、法律の外延を開放させ、具体的な規制方式の弾力規制方法を運用する代わりに、このような方式には限界がないため、基本原則を通じて法律の外延上の裂け目の設定により、裁判官は社会生活における発展変化の客観法規制を不断に法典の中に送り込んで、形式法の規則にした。これはすわなち、制定法は極めて詳細に規定する必要がなくなり、立法に表れた曖昧性のある規定は必然的に法律の条文の数を減らしたのである。詳細な規則は司法者に対する極度の不信任の産物である一方、曖昧な規定は司法者に対する相対的な信頼の産物である。司法者を相対的に信頼する態度をとったとき、詳細な規則は部分的に意味を失った。こうした関係が理由となって、基本原則は法律の簡潔の価値の担い手となった。立法史から見ると、法典の条文数が減っていく傾向がこれである。《フランス民法典》2,281ヶ条、《ドイツ民法典》2,385ヶ条、これらが一つの考察セットである。《スイス民法典》は977ヶ条であるが、《スイス連邦債務法典》1,186ヶ条を加え、合計2,163ヶ条、《日本民法典》1,044ヶ条、《ソ連民法典》569ヶ条、我が国台湾地区の「民法典」1,225ヶ条、〔中国〕大陸の《民法通則》156ヶ条、これらがもう一つの考察セットである。二つのセット間の減少傾向は非常に目を見張るものがあり、基本原則の運用はこの傾向と少なくとも一定の関係がある。法的推理の根本的な出発点としての基本原則は立法準則であり、制定法の規定はただこのような推理の部分的成果であるに

過ぎず、裁判官はこれにより他の多くの規則を推理することができる。人の要素を法律活動に導入するという前提に基づいて、制定法の規定は必然的に減少していったのである。

3. 基本原則は別の方式で法律の安全の価値を保障している。

曖昧性は法の明確性の犠牲であり、人の要素の導入は危険性の増加を意味するのに、何故、基本原則は安全の価値の担い手であるのか。20世紀より前の法典は、いずれもなるべく多くの具体的な行為の効果を陳述する方式で、法律の予測可能性を強めることで、安全性を保障した。20世紀に入ってからは、基本原則の法典（濫用されないことを前提に）を設定し、自分はすべての行為の価値の態度を陳述するという方式で同じことをした。もし法律の安全性を法律の予測可能性として理解すれば、20世紀より前の法典が追求していたのは事実の予測可能性であり、20世紀に入ってから設定された基本原則の法典が追求していたのは価値の予測可能性であった。当事者は民法基本原則が提示している価値要求に基づけば、一つの具体的な事実を法律が受け入れるかどうかを判断するのは難しくない。このような、法律の予測可能性の変化の実現は一つの進歩かもしれないし、少なくとも変革の中で社会が法律に対して要求していることを満足させることはできる。しかし、その効果の完成は基本原則を濫用されないことを前提としており、そのため、司法手続きの保障手段を強化しないと、諸刃の剣の基本原則が人民に突き刺さり、安全でない要素として存在してしまう。また、基本原則は時代と共に法律の進化機能を実現できるので、頻繁に法律を改正する必要なく比較的、安定性を維持し、漸次の変化と成長の発展を実現し、法律の確実性を保証した。これは、基本原則が法律の安全の価値を実現する手段の一つである、ということである。

二つ目の方向では、基本原則は衡平性に基づいて、法律のその他の構成成分の運行への干渉を通じて、個別的正義の価値を実現し

た。具体的な法律規範の特別な状況での適用が法律の根本的目的に反したとき、それは、裁判官に対して、その要求に応じて具体的な法律規範を適切に活用し、個別的正義の実現を求めることを授権する。この過程は、基本原則が先ず規則を規制する規則であり、法律規範の適用状況をコントロールし、毎回の適用が正義の効果を達成することができるということを証明している。あたかも法条が一定の価値目標の統率下で組成された法律規範の規範機能を発揮しなければならないように、各法律規範も基本原則の統帥の下で初めて正常にその機能を発揮することができる。規範の多さ、規範を組成する法条の組み合わせが何種類も存在する可能性、そして規範が及ぶ事務の複雑極まりなさの故に、もし法律の正義の目的を体現する基本原則の監督的調整がなければ、規範は目的違反の適用が出現しかねない。そして、法律の構成－機能モデルの中の各構成成分は、相互に一致しなければならず、相互に矛盾してはならない。一旦、各構成成分間の矛盾が発生すると、体系違反が成立し、それは必ずや解消しなければならない。

　静態から見ると、法律規範の体系違反には、規範矛盾と価値判断矛盾という二つの状況がある。

　規範矛盾とは、同じ社会関係に対していくつかの異なる法律規範が規定し、かつ異なる法的効果を与えていることである。価値判断矛盾とは、ある規範がある法律事実にある法律効果を与える一方で、別の規範が別の法律事実に別の法律効果を与えているが、その二つの法律事実の法律上の重要なポイントは同じという状況のことである[51]。例えば、《民法通則》第73条第2項、第74条第3項、第75条第2項は、それぞれ、国家の財産、集団の所有する財産及び公民の個人財産の保護について規定している。法文中に、国家の財産は「神聖にして侵してはならない【神聖不可侵犯】」の用語を使い、後二者の財産については「侵してはならない」の用語だけ使うこと

第九章　民法基本原則の、法的な構成－機能モデルの中での働き

によって、間違いなく国家財産は集団財産及び個人財産と法律上、異なる地位が与えられた。これは一種の体系違反であるが、国家財産、集団財産、個人財産の財産としての性質は同じであるものの、法律はそれぞれの地位を与えたわけである。

　静態的体系違反は、一般的に、立法技術のミス又は立法者が部分問題の指導思考のミスによって惹き起こされる。他方で、動態的体系違反は、時間の流れによって惹き起こされる。言い換えれば、法律が制定された当初は体系違反は存在せず、時が経つにつれて体系違反が現れるため、動態的体系違反は変遷式体系違反とも呼ばれ、社会的、経済的、技術的な発展による新事物と法律規範の矛盾を反映する。これらの新事物は、立法者が見通しのないため規定をしないか、又は規定があったが実情と合わなかったということである。変遷式体系違反による規範と新事物の間の矛盾は、法律を新しい社会生活の要求に適応できなくさせ、規範の適用と、事理の性質との違背又は法律の目的との違背を惹き起こすのである[52]。

　上記二つの体系違反について、裁判官は民法基本原則に従い、衡平又は解釈活動を通じて解消しなければならず、このことは基本原則の統合機能が法律規範の運行に対して働く形式であるに過ぎない。その他の法律構成成分に対して働く形式もある。すなわち、任意の法的概念は拡張又は縮小解釈することができ、どのような解釈形式を採用するか及びどう解釈するかは、民法基本原則の要求するところにかかっている。法条組み合わせに多種の方式があることは、法律を弄くり回して濫用する危険性が隠れている。なぜなら、同じ法律事実について、異なる組み合わせの法条が法律規範を規制するならば、得られる法律効果は完全に同じでないからである。そのため、法条は基本原則の価値要求に基づいて組み合わせられなければならず、法条が体系に合って適用されることを保証する。不確定な法律規範の確定化は、基本原則の要求に基づいて行われなけれ

ばならない。基本原則がすべての法律規範、法的概念、法条の運行に対する上記の統合機能を発揮することで、これらの構成成分で組成された法典は有機的な体系となり全体性を持つことになる。全体性は様々な体系が持っている顕著な特徴であり、体系が全体的に依存関係のない諸パーツから組成される重合体とは異なる。体系もパーツから組成されているが、これらのパーツは体系の規律に従わねばならない。これらの規律はパーツ自体が持っているものではない。従って、全体の特性は構成パーツの特性に復元することはできず、各パーツ自体の特性も簡単に加わって全体の特性と等しくなれない。そのため、体系のいかなるパーツも全体性の法則の支配を受けることができず孤立する[53]。法典体系の各構成成分が全体の規律となることは、疑いなく基本原則が体現している正義の要求である。整合機能を持つ基本原則は法典の中に設定され、法典を正義の目標の全体一致性に服従することを保持させ、社会生活条件の変化につれて自身の弾性メカニズムに頼り、適応を保持する。基本原則が肯定した基本的社会価値が新たな社会価値によって取って代わる程度にまで至っていないときは、法典に根本的な修正をする必要がない。それ故、基本原則を設定した法典は一般的に安定性を保持して長く行われ、法律が司法調整により成長を実現でき、漸次的変化が法律の変化形式となり、破壊的な突変変異を避けている。上記の限界を超えたときが、全面的に法典を訂正する時期が来たということであり、法律はこれにより突発的変更をすることになる。法典に設けられた基本原則は、その他の法律構成成分とそれぞれの働き及び相互調和により、法律の正義、安全、効率、弾力、簡潔という諸価値が新しい法の構成－機能モデルの中で同時に考慮され、かつ立法機関と司法機関が共同参加した法律の発展進化モデルを設立するのである。

第十章　余論

第1節　十の結論

（一）ここに至るまでの研究で、以下のことが明らかになった。すなわち、もし比較的深いレベルから民法基本原則を把握するとすれば、それは、実際上、立法－司法関係の問題であり、立法者の自己の認識能力に対する評価の問題であり、対人性についての基本的な見方の問題である。あるいは、もっと概括して言えば、まさしく成文法の限界性をいかに処理するかの問題である。

（二）法律の限界性を処理するモデルの変化の歴史を考察すると、法哲学のほとんどすべての問題は厳格な規則と自由裁量の関係の上に集中しており、法学史全体が、厳格な規則と自由裁量、厳格な司法と無法司法【无法司法】という二つの種類の選択が絶え間なく循環を繰り返した歴史に他ならない[1]。両種の主張の、所変えての盛衰【此消彼长】と相互の妥協は、法律の限界性の処理モデルについての異なる見方から出ているだけでなく、基本人の性質についての異なる見方からも出ている。絶対的厳格規則主義は、人に対する絶対的不信任（性悪説）であり、従って、立法機関と司法機関が分権制を実施することを主張する。絶対的自由裁量主義は、人に対する絶対的信任（性善説。成文法が公布された後のこのような主張に限っての話

に過ぎない。）であり、従って、立法権と司法権が一つになることを主張する。折衷的な主張は、その中間の見解をとる。それと同時に、近代立法史について見ると、絶対的厳格規則主義は、立法者の、自己の認識能力に対する絶対的自信であり、絶対的自由裁量主義は、立法者の、自己の認識能力に対する絶対的な自信欠如【不自信】である。厳格な規則と自由裁量が結合した主張は、立法者の認識能力に対して、絶対と相対の間の折衷的な態度をとっている。

（三）立法権と司法権の間は、所変えての盛衰の関係であり、それ故、法律の規定の数は裁判官の自由裁量権の大小と反比例している。法律の曖昧さの度合いと裁判官の権力は正比例している。法律の精確性と裁判官の自由裁量権は反比例している。人文系統の異なる見方についても、立法と司法の間の権力分配に影響を与えるであろう。およそ人文系統の独特な性質を承認する者は、必ず裁判官の自由裁量権を承認する。およそ人文系統を自然系統と同列に扱う者は、必ず裁判官の自由裁量権を承認しない。

（四）絶対的厳格規則主義は、法律を規則の体系と見ているに過ぎず、法制を強化する力量をすべて規則の整備【規則建設】に投入する。その形而上学的思想の方法によれば、法律が制定されると、各方面の規定の範囲がすでに固定化してしまう成人なのであり、このことは、法律に向き合う一種の実証主義的態度である。絶対的自由裁量主義は、法律の限界性を誇張し、法律を、あるがごとくなきがごとく【若有若無】の、捉える術がない幽霊であると判断する。それによって、相対主義の泥濘に陥った。厳格な規則と自由裁量が結び付いた主張は、法社会学的方法を採用した。それはまた、系統の方法であると言うこともできる。それは、法律が何を規定したのかを重視するだけでなく、それよりも、当該規定の目的が実現できるかどうか及びどんな手段によって実現するのかを重視して、法律を、一定の環境の中で存在し、しかもその環境と相互に作用し合う

第十章　余論

現象と見ている。そのため、その注意力は規則の整備に注がれるだけでなく、規則の背後にある社会的な圧力の、法律に対する作用、更には規則がどのようにしてこうした圧力に対応する合理的な仕組みを打ち立てるかをも重視する。それは、制定した法律を、多方面の可能性を有し、そして発展を待たなければならない嬰児と見ているか、あるいは一つの未完成の作品と見ている。法律は、一定の環境の中で成長するものであって、一挙に完成するものではない。それ故、法律の生命は経験にあるのであって、ロジックではない。これは、一種の進化論的、あるいは歴史主義的方法であり、社会学的方法でもある。従って、法制に対する強化は、全系統に対する強化でなければならない。規則の整備はむろん重要ではあるが、裁判官の素質の向上、民衆による法律の受け入れ及び賛同も同じように重要である。こうした主張の巧みなところは、それが法律を規則とだけ考えるのではなく、規則を実現する過程もまた法律の一部と考えるところにある。法律の限界性はすなわち、このような新しい法律観を拠り所として基本的に解決を見た。絶対的厳格規則主義の失敗は、まさに、その主義は法律を規則としか見ていなかった点にある。このような失敗は、法哲学体系の変革を惹き起こした。現代の法哲学は、例外なくすべてが司法技術又は法適用過程を研究する法哲学である。

（五）《フランス民法典》を代表とする古典的法典法【古典法典法】は時代後れとなり、その地位は、《スイス民法典》を代表とする現代的法典法【現代法典法】が取って代わった。古典的法典法は、19世紀の政治経済的基礎及び哲学の所産であり、それは、20世紀の社会生活という新しい条件の衝撃の下で、窮境が百出した。今日の何ヶ国かの大陸法系国家は依然として、改造を経た法典法を使っていると言うとすれば、それは伝統の尊重によるものであるに過ぎない。今日の法典法は民法基本原則を確立したので、すでにその古典

的形式と異なっている。裁判官が活動する能動性と創作性を承認するという面で、大陸法系はすでに、英米法系との同一化に向かっている。古典的法典法の最も重要な支柱としての三権分立理論及び理性主義認識論は、法律の限界性という問題への挑戦の下で、突破された（これは、その突破された部分の原因であるに過ぎない。）。今日の西欧世界で、立法と司法の間の明確な境界線は、曖昧となっている。

　（六）法律は万能なものではない。あたかも武器を納めることなく警戒をし続ける【刀槍不入】英雄アキレスに致命的なかかとがあるのと同様に、法律にはそれ自身の限界性がある。法治を強めるというどよめきの中で、法律は客観的な頭脳の明晰さを保っているという認識に対して、立法万能、立法至上の思想を克服しなければならない。我が国がいかなる立法モデルを採用すべきかを考えるとき、古典的法典法の限界性を考慮に入れなければならない。我が国の未来の立法モデルは、開放的にして閉鎖的でないものであるべきである。大陸法系の影響を深く受けている我が国は、大陸法系の国々が歩んできた回り道を歩むのを避けなければならない。現在、判例法の地位を承認するよう呼びかけるどよめきが徐々に高まっており、この構想は、法律の限界性を克服するのに有益である。我が国は三権分立理論を承認していないが、実際の生活においては、秘密裡に、このような理論に則って事を行うべきなのは何故なのか。それ故、早急に判例法の法的淵源たる地位を確認すべきである。しかしながら、判例法という制度の確立は、素質が比較的高い司法者集団いかんにかかっており、これが我が国における一個の喫緊の現実的問題であって、最大限、重視し、そして解決しなければならない。

　（七）誠信原則は主観的誠信と客観的誠信という二つの面に分けられ、両者の対立面は主観的悪信と客観的悪信である。誠信と悪信の対立は善悪の対立という表現形式であり、それ故、誠信で事を行

第十章　余論

うとはすなわち善に従う生活であり、悪信で事を行うとはすなわち悪に従う生活である。善悪の区別は、内在的善と外在的善の選択の区別である。従って、誠信の選択はまさに、「利を捨て義を取る」の選択であり、悪信の選択はまさに、「義を捨て利を取る」の選択である。それ故、誠信原則は現代民法における理想主義の構成要素であり、その現実主義の構成要素と対立するものであって、しかも必要なときには後者を矯正するのである。法が再び道徳化している今日、誠信原則は、ますます大きな適用空間があるべきである。当然のことながら、この原則はやはり民法典中の生きている裁判官であり、その他の民法規則と対立する衡平法を構成する。

（八）主観的誠信と客観的誠信は、かつては一つにまとまっていた。現在では、大部分のドイツ系の国家において、誠信原則は客観的誠信原則に片面化されている。これは誠信原則に対する去勢である。不幸にも、我が国は、誠信原則の問題においてはドイツ系に属し、それ故に、我が国では、誠信原則と善意という二制度併用制【双軌制】が形成されていて、誠信原則は名目は民法の基本原則であるが、実際上はただ債権法の原則が足を引きずっている局面であるに過ぎず、これは変える必要がある。私は、社会契約論を基礎とし我が国の統一的誠信原則を確立して、「善意」を主観的誠信と解釈することを提案したい。もしそのようにしてもやはり誠信原則が民法全体を貫徹するという問題を解決できないのであれば、誠信原則の他に別に善意原則を立てることは構わない。これにより、民法全体を貫徹する誠信原則を達成できる。

（九）我が国においては、立法から見るのであれ、司法から見るのであれ、誠信原則は財産法中の適用に限られており、身分法は誠信原則と縁がなく、これまた不合理なことである。私は、我が国の《婚姻法》と《相続法》の改正の際に、その中で誠信原則を確立し、とりわけ錯誤の意味での主観的誠信をこれらの法部門に貫徹して、

誠信原則の弱者保護機能に到達し、誠信という基準の個別化を実現することを提案する。私の見るところでは、誠信原則のこの機能は、これまで我が国の法学界によって知られていないものである。

（十）我が国の司法の実践の中で、誠信原則に対する宣示的適用と一般条項への逃避的適用が依然として一般的である。しかも、我が国の誠信原則の適用は、主として取引安全を保護するという目的に奉仕するものであって、裁判所は未だ誠信原則の豊富な機能について完全に理解するに至っていない。立法の面では、誠信を与える者への褒賞は、依然として単調で、量は少なく、ローマの法学者が設計した褒賞措置の多彩さにまるで及ばない。これは、研究不足の結果である。私は、我が国の実務界がこれらの問題に注意を払い、変化することを望む。

第2節　我が国の将来の民法典のモデル選択

我が国の民法を最初に起草したときの真意は、民法典を制定することにあったが、しかし、いつも完成は容易ではなかった。多くの理由が影響していたが、ついに制定されたのが《民法通則》であった。これは総則と立法綱要の間の立法形式であって、民事関係のカバーしている範囲はかなり狭い。具体的な法領域について見れば、なおも多くの法の空白点ないしは面が存在している。例えば、身分権の問題について、なおも空白の状態であって、人格権について、不備な点がたくさんある。民法の基本原則を通じて裁判官に創造的な活動をする権限を授けることにより空白を補充しているものの、創造的な司法は「法のない司法」ではなく、「民法典を通じて、民法典を超えて」の方式で行うべきである。《民法通則》の立法形式について言えば、当事者のために可能な限り多くの行為規則を提供していないから、当事者にとっては事実予測の安全性をかなり欠い

第十章　余論

ている。法律の安全価値を損なわないようにするために、法律に厳格規則を持たせる一方で、我が国は民法典を制定しなければならなかった。その上、民法学界と司法界の強硬な要求の下、外国投資者に良い投資法律環境を提供するという圧力の下、この作業の完成は時間の問題に過ぎなかった。

　しかしながら、将来、民法典を制定するとき、我が国はどのような立法技術モデルを採るべきなのか。歴史が我々に教えてくれているように、《フランス民法典》式の絶対的厳格規則主義の立法方式は失敗であることを告げており、このようなモデルは決して中国で二度と繰り返してはいけない。相当の時期が経ち、我が国の多くのの人々は、民事関係は不断に発展変化していて、一挙に摑むことができないので、なんとなく民法典制定の条件が熟さないと考えている。この論点の潜在意識の中で社会生活が静止したまま動かない時期を待ち、万象を網羅する法典を制定しようとしている。上述の論点について、社会生活が永遠に発展変化することを認めれば、永遠に社会生活を把握することができず、民法典も制定することができないのである。当然のことながら、「条件不成熟」論者は、待っていた静止の時期と彼らが作りたい民法典は同じではない。彼らが民法典問題を考える思惟方法が彼らが主張する信仰の哲学と合わないことは、かえって、人々に、彼らが本当に民法典を制定するかどうかの疑惑を抱かせる。換言すれば、彼らは本当に法治を受け入れるつもりがあるのか、ということである。もし《スイス民法典》式の立法技術を採れば、上述の理由は民法典を制定することを妨げるのに十分ではない。社会生活は永遠に変化するけれども、相対的に静止していて把握できる部分があった。このはっきり認識できる部分について、法典を制定することができる。同時に法典の開放性を維持して、一定の条件下で裁判官の法創造を許し、変化し固定しなくて把握し難い部分を調整する。このように、技術的に民法典を制

435

定することは全く可能である。そのうえ、立法史の証明によれば、立法は社会生活を反映する鏡というより、むしろ社会生活に向かって走って行くブルドーザーという方が良い。せめて、ここで我々は人の認識の能動性に注意するべきである。法典は社会生活を照らし出すものであるばかりか、無視してはいけないことは、法典は社会生活についての塑造だということである。どんな理由で「条件不成熟」論者は自分がこんなに無能と考えるのか。彼らの弁証のような事実上の形而上学のイデオロギーなのか。それ故に、我が国民法典の誕生に助力するために、森羅万象法典を打ち破らなければならない。そうでなければ、法典のための形而上学的観念にならない。森羅万象法典は立法方法の一種に過ぎない。そして、すたれた一種である。従って、正確な、厳格規則と自由裁量を結び付ける弁証の法典モデルを選択する。これは人々にできるだけ多くの安全をもたらしてくれて、法典を時代と共に前進させてくれる。我が国の将来の民法典のモデルは、《スイス民法典》式でなければならない。事実上、《民法通則》の中で基本原則を置いたので、このモデルを始めたことになる。

第3節　原則立法に関する検討

　民法基本原則の立法技術的意義を十分、強調する場合に、法律のすべての規定を、原則化した方式で定めるべきなのか。実際の従事者の中では、我が国の立法があまりにも原則的で、実施に差し障りがあるということに対して、かなりの不満がある[2]。ある学者は、次のように考えている。すなわち、完備された社会主義法制は、各種の法律規範それ自体がすべて揃っていて、具体的で、きめ細かくて、綿密なものでなければならない。各種の法律条項の内容は全面的でなければならず、構造は緻密でなければならず、語義は明確で

なければならず、境界線ははっきりしていなければならない。法律は、高度に規範化された行為準則であり、強制的に実施されるという特徴を備えている。そのため、法律の規定はいい加減にすますことはできず、原則法にすることもできない[3]。別の学者は、次のように考えている。すなわち、もし少数者(どんな人であれ)が厳しくせずに法律の規定の範囲内で事を進めることを認めれば、かえって、法律に対し「補充」しなければならない。事実上、彼らに法律外の、法律を凌駕する権力があることを認めることになる。これは特権と非合法を認めるに等しい[4]。これらの議論は、我が国人民が人治のせいでひどい目に遭ったことを反映しており、自発的に絶対的厳格規則主義の気持ちになるのである。

　私は、次のように考えている。民法基本原則は主に、我が国民法の弾力性という価値の担い手である。民法のその他の成分中で、確定性を強調して当事者に安全という価値をもたらす必要がある。一方で、我が国には次のような問題がある。すなわち、その他の民法成分が原則化されすぎ、実施し難く、裁判官に権力を濫用されてあれこれといんちきをされる問題がある。しかし、この問題は、民法の具体的規定の立法技術の面に存在しているに過ぎず、基本原則の立法技術の意義を否定するのに用いることはできない。現代立法の特徴は、原則と具体的規定の確定性という点での「両極分化」である。すなわち、原則規定はますます不確定となり、そうして裁判官が難しい事件にぶつかったときに十分な自由裁量の余地を持つことになり、個別の調整と法律の衡平性を実現して、事件を公正に処理するのである。またもう一方で、具体的規定はますます詳しくなり、書式の立法さえ出現して、行為の各種要件と相応の法律効果を並べるのである。ある事件が発生したら、司法者が事件の様々な状況に対してあてはめを行い、すぐに結論を出すことが可能になる。そうすれば、事件処理効率を上げることができる。不確定な原則と

詳しい具体的な規定は、別々に役立って並行して悖らず、それぞれ法律の厳格規則の面と自由裁量の面を表している[5]。

しかし、我が国の状況はと言えば、原則の規定の原則化が不足し、具体的規定が原則化され過ぎていて、特に後者は司法上の困難を惹き起こしている。それ故に、基本原則の作用を強調することと、立法機関が操作可能性が強く当事者の行為にとって明確な予見可能性がある法律規範を制定することを強調することは矛盾しない。裁判官が法律を発展補充する使命感を育てるべきである。裁判官に原則を授権する意義を理解させてそれを使わせ、この原則規定の原則性に文句を言わせないようにするのである。

第4節　裁判官による自由裁量権の濫用をいかにして防止するか

民法基本原則が裁判官に与える自由裁量権は、一定の条件の下で初めて、好ましい行使が可能となる。我が国の公、検、法という三機関の、相互の制約、相互の監督という制度設計から見れば、我が国は、基本的な人間性及び人間の認識能力について、楽観的態度はあまりとっていない。そのため、一定の環境と条件を作って裁判官の自由裁量権を規制しなければならない。我が国の裁判官の素質が高くないという客観的普遍的状況が存在するので、そしてまた、裁判官の素質の高低は裁判所のランクの高低に従って順次、下がるという客観的状況が存在するので、私は次のように考えている。すなわち、人員の素質が比較的高く、経験豊富な上級の裁判機関（最高人民法院、各省・市・自治区の高級人民法院のような）に比較的大きな自由裁量権が与えられるべきであり、それらは民法基本原則に基づいて、法律が規定していない事態について判例を作り出し、あるいは下級裁判所の判決について承認する。それにより各下級裁判所を

第十章　余論

指導し、以て自由裁量権が素質の比較的高い人員の手中に握られることを保障するのである。裁判官の素質を保証するために、裁判官の資格制を実施すべきで、大学院生教育を受けたことのある人員であって初めて裁判官に任用されることができると規定すべきである。裁判所を、余っている人員の配属場所としてはならないのである。この他に、西欧国家の有益な経験を参考にすべきであり、以上のような経歴のある裁判官に対しては、高給と終身制を実施すべきである。裁判官は、弾劾されるべき事由がないときと同じく、免職されてはならず、以て裁判所の真の司法の独立を保障し、裁判官に生存条件の問題の故に法を濫用させないようにするのである。最後に、判決書の作成方法を改めるべきであり、一定の事実と一定の条文を繋げればすぐに判決書を作成できるというのを許してはならず、裁判官には詳細な判決理由を要求し、このように判断しあのようには判断しなかった根拠を論じさせるのである。これと組み合わせての条件として、報道界が裁判過程及び裁判結果についてしっかりと報道し、以て裁判官の判断過程を社会の面前ではっきりと示すことを許すべきで、〔そうして〕社会の世論による監督を受け、裁判官が権力を濫用する可能性を絶つのである。

原　注

第一章
1)《民法通则》が一体どのような民法基本原則を確立したのかについては議論があり、その詳細は、参见徐国栋:《民法基本原则解释——成文法局限性之克服》，中国政法大学出版社1992年版，第54页及以次。
2) 参见董学立:《民法基本原则研究:在民法理念与民法规范之间》，法律出版社2011年版。
3) 参见杨佩尧:《试论民法基本原则的位阶》，载《法制与社会》2010年第11期，第290页。
4) 参见王忠诚、马江领:《成文法的局限性与法官的司法对策》，载《中国地质大学学报》(社会科学版)2006年第4期，第93页及以次。
5) 参见齐爱民:《论民法基本原则在知识产权法上的应用》，载《电子知识产权》2010年第1期，第45页及以次。
6) 参见席晓娟:《略论民法基本原则的税法适用》，载《河北法学》2008年第5期，第117页及以次。
7) 参见曾颖:《浅论商法基本原则较民法基本原则的特殊性》，载《法制与经济》2011年第3期，第69页及以次。
8) 参见黄立云:《刑法基本原则与民法基本原则若干比较研究》，载《福建政法干部管理学院学报》2001年第3期，第23页及以次。
9) 参见王立争:《人性假设与民法基本原则重建——兼论公平原则的重新定位》，载《法学论坛》2009年第3期，第96页及以次；王立争:《性恶论基础上的民法基本原则重构》，载《新疆社会科学》2008年第1期，第87页及以次。
10) 参见杨明:《高科技环境下民法基本原则功能的发挥》，载《华东政法学院学报》2005年第6期，第36页及以次。
11) 参见赵咏梅:《澳门民法基本原则初探》，载《福州党校学报》2000年第1期，第21页。
12) 参见刘金明:《民法基本原则适用冲突及解决》，载《法学与实践》2006年第6期，第55页及以次。
13) 参见徐国栋:《公平与价格——价值理论——比较法研究报告》，载《中国社会科学》1993年第6期。また、参见唐勇:《等价有偿不是民法的基本原则》，载《贵州省政法管理干部学院学报》2001年第1期，第41页及以次。この論者がこの原則を否定している理由は、それが終始、民法を貫き通していないということであり、さらに価値法則を反映してもいないということであ

14）参见徐国栋:《平等原则——宪法原则还是民法原则?》,载《法学》2009年第3期。
15）参见徐国栋:《民法总论》,高等教育出版社2007年版,第138页及以次。
16）参见陈洁、李明建:《民法基本原则之"公序良俗原则"的思考》,载《无锡职业技术学院学报》2010年第2期,第84页及以次。
17）参见于飞:《公序良俗原则研究——以基本原则的具体化为中心》,北京大学出版社2006年版。
18）参见徐国栋:《民法哲学》,中国法制出版社2009年版;徐国栋:《民法总论》,高等教育出版社2007年版;彭万林主编:《民法学》(第七版),中国政法大学出版社2011年版。
19）参见史探径、张新宝、张广兴:《民法学研究综述》,天津教育出版社1989年版,第80-81页。
20）参见江平主编:《民法教程》,中国政法大学出版社1988年版,第15-16页。
21）参见张文显:《规则·原则·概念——论法的模式》,载《现代法学》1989年第3期。
22）See Ronald Dworkin, On the Model of Rules, In Philophy of Law, edited by Joel Feinberg and Hyn Company, INC, 1975.
23）参见王泽鉴:《民法学说与判例研究》(第1册),《台大法学论丛》,1975年版,第330页。しかし、誠信原則についての司法運用に派生する多くの制度が独り立ちするにつれて、現在では、第242条についての注釈は539頁で足りている。参见ラインハルト・ツィンマーマン(ドイツ)、サイモン・ウィッターカー(イギリス)主编:《欧洲合同法中的诚信原则》,丁广宇、杨才然、叶桂峰译,法律出版社2005年版,第24页。
24）鳳舍1963年版。
25）有斐閣1955年版。
26）元照出版股份有限公司2003年版。
27）本書附録の「誠信原則研究の欧文著作概観」参照。
28）参见《辞海》(缩印本)"原则"の項,上海辞书出版社1979年版。
29）参见彭泰尧主编:《拉汉词典〔羅中辞典〕》"Principium"の項,贵州人民出版社1986年版。
30）See American College Dictionary, Randen Publishing House, New York, 1956, entry "Principle".
31）See Henry Campbell Black, Black's Law Dictionary, West Publishing Co., 1979, entry "Principle".
32）参见吴大英、刘瀚:《中国社会主义立法问题》,群众出版社1984年版,第188页。

33）参见孙国华主编:《法学基础理论》,法律出版社1982年版,第264页。
34）非規範的規定の理論については、参见孙国华主编:《法学基础理论》,中国人民大学出版社1987年版,第354页。
35）参见张文显:《当代西方法学思潮》,辽宁人民出版社1988年版,第217页。
36）参见李晓明:《模糊性:人类认识之谜》,人民出版社1985年版,第12页。
37）参见周广然:《谈确切词语和模糊词语在法律语言中的作用》,载《政法论坛》1988年第6期。
38）参见チムビンスキー（ポーランド）:《法律应用逻辑》,刘圣恩等译,群众出版社1988年版,第39页。
39）その中の部分概念の不確定性について分析したものとして、参见吕荣海:《从批判的可能性看法律的客观性》,蔚理法律出版社1987年增订版,第15页,第17页注7。
40）参见刘伟:《资源配置与经济体制改革》,中国财政经济出版社1989年版,第325-326页。
41）陈鋕雄が言うには、「公共の利益とは何ぞや、これは極めて抽象的であるので、おそらく人によって言うことが変わるであろう。」参见同人の著《民法总则新论》,三民书局1982年版,第913页。
42）参见ウィリアム・アルストン（アメリカ）:《语言哲学》,牟博译,三联书店1988年版,第202页、第206页。
43）参见齐振海主编:《认识论新论》,上海人民出版社1988年版,第234页。
44）同上。
45）同上书,第234-238页。
46）マックス・ウェーバーの言。陈嘉明:《现代西方哲学方法论的宏观分析》,载《中国社会科学院研究生院学报》1989年第3期より引用。
47）参见齐振海主编:《认识论新论》,上海人民出版社1988年版,第254页。
48）民法の客観化という論点に対する非難として、参见周潞嘉:《论过错程度对民事侵权责任定量构成的影响》,载《法学评论》1986年第3期。
49）参见《马克思恩格斯选集〔マルクス・エンゲルス選集〕》第3卷,人民出版社1972年版,第562页。
50）王雨田主编:《控制论、信息论、系统科学与哲学》,中国人民大学出版社1986年版,第161-162页より引用。
51）参见齐振海主编:《认识论新论》,上海人民出版社1988年版,第244页。
52）参见李晓明:《模糊性:人类认识之谜》,人民出版社1985年版,第12页。
53）参见ウィリアム・アルストン（アメリカ）:《语言哲学》,牟博译,三联书店1988年版,第213页。
54）参见李肇伟:《法理学》,台湾1979年作者自版,第336页。
55）参见张汝伦:《意义的探究——当代西方释义学》,辽宁人民出版社1986年

版,第74页。

56)参见《法学词典》(增订本),上海辞书出版社1984年版,第937页。なお、acauusは誤りであり、「衡平」はラテン語では"Aequitas"である。

57)参见徐国栋:《"家"与"善"的阴影——中国传统的法律文化》,载赵光远主编:《民族与文化》,广西人民出版社1990年版,第65页。

58)参见ルネ・ダヴィド(フランス):《当代主要法律体系》,漆竹生译,上海译文出版社1984年版,第4部分第1编。

59)参见李中原:《罗马法中的衡平》,载《"罗马法传统与现代中国:回顾与前瞻"国际学术研讨会论文集》,长沙,2011年6月,第159页及以次。W. W. Buckland, Equity in Roman Law, Lectures delivered in the University of London, at the Request of the Faculty of Laws, University of London Press, 1911 も参照。

60)参见ルネ・ダヴィド(フランス):《当代主要法律体系》,漆竹生译,上海译文出版社1984年版,第141-142页。

61)参见黄茂荣:《法学方法与现代民法》,台大法学论丛,1982年自刊本,第114-115页。

62)参见ボーデンハイマー(アメリカ):《法理学——法哲学及其方法》,邓正来、姬敬武译,华夏出版社1987年版,第11页。

63)参见ジョン・ヘンリー・メリーマン(アメリカ):《大陆法系》,顾培东、禄正平译,法律出版社2004年版,第50页。

64)参见メイン(イギリス):《古代法》,沈景一译,商务印书馆1959年版,第17页。

65)参见何孝元:《诚实信用原则与衡平法》,三民书局1977年版,第2页。

66)法規範を行為類型(仮定、処置)と保証手段(仮定行為、法的結果)に分解する法規範理論については、参见江必新:《传统法律规范理论刍议》,载《法学研究》1986年第3期。

67)民法基本原则のこの問題は、憲法規範の保証手段部分は憲法規範それ自体の中に含まれているかどうかという問題と非常に類似している。この問題については、参见骆伟建:《宪法规定是法律规范——斥"违宪不违法"的怪论》,载《法学》1985年第12期。

68)参见李肇伟:《法理学》,1979年作者自版,第19页。

69)参见《法学研究》编辑部编:《新中国民法学研究综述》,中国社会科学出版社1990年版,第463-466页。

70)参见王忠主编:《民法学复习题解析》,吉林大学出版社1985年版,第5-6页。

71)参见徐国栋:《论诚实信用原则的概念和历史沿革》,载《法学研究》1989年第4期。

72)参见郑玉波:《民商法问题研究》(一),《台大法学论丛》,1976年自刊本,

第33页。

73）参见梁慧星：《市场经济与公序良俗原则》，载《民商法论丛》第1卷，法律出版社1994年版，第43页及以次。

74）西欧の哲学や法学の文献の中で、「民事」という語の意味を明確にすることは、最も難しいことである。今、私は、この語の意味をわりあい理解したと言うことができる。ここで簡単に私の新しい知見を披露したい。「民事の」という言葉には「世俗の」という意味があり、「宗教の」とか「彼岸の」という語と相対する。この意味では、いわゆる民法は、すべての世俗法という意味である。最も早い時期の「民法」は、まさにこのような法の総体であった。「民事の」という言葉には、さらに「人為的な」とか「法律による保障のある」という意味があり、「自然の」という語と対立する。従って、「自然の果実【孳息】」は「民事の果実」と対立し、後者は《チリ民法典》の用語となっている。我が国は、「法定孳息〔法定果実〕」〔《中国物権法》第116条第2項〕という語で同じことを表しており、《チリ民法典》中の「民事の」という語の意味を一層明確に示している。それから、「自然状態」と「民事社会」（「市民社会」と訳すこともできる。）とが対立し、後者の言葉の大本の意味について言うとすれば、それは、法的な状態が存在したということを表していて、これと呼応するものとして、「自然状態」は法的な状態が存在しないということである。西欧における主流理論の伝統の中では、社会契約という一段階を通じて前者から後者へ移行するものと信じられている。

第二章

1）参见李醒民：《"善"究竟是什么？》，载《社会科学论坛》2011年第8期，第17页。

2）Cfr. Roberto Fiori, Bonus vir, Politica filosofia retorica e diritto nel de officiis de Cicerone, Jovene, Napoli, 2011, p. 109.

3）Ibid., p. 117.

4）参见キケロ（古代ローマ）：《论义务》，王焕生译，中国政法大学出版社1999年版，第22-23页。

5）参见蔡章麟：《债权契约与诚实信用原则》，载刁荣华主编：《中国法学论集》，汉林出版社1976年版，第415页。

6）Véase Martha Lucía Neme Villarreal, Buena fe sujetiva y buena fe objetiva. Equivocos a los que conduce la falta de claridad en la distincion de tales conceptos, En Rivista de derecho privado extenado, 17, 2009, pág. 46.

7）Véase A. Guzmán Brito. "La buena fe en el Código Civil de Chile", en Il ruolo della buona fede oggettiva nell'esperienza giuridica storica e contemporanea. Atti del Convegno internazzionale di studi in onore di Alberto Burdese, V, II, Padova, Cedam, 2003, pág. 319.

8）Véase Martha Lucía Neme Villarreal, Buena fe sujetiva y buena fe objetiva. Equivocos a los que conduce la falta de claridad en la distincion de tales conceptos, En Rivista de derecho privado extenado, 17, 2009, pág. 58.

9）Véase Delia Matilde Ferreira Rubio, La buena fe, el principio general en el derecho civil, Madrid, Montecorvo, 1984, pág. 80.

10）参见史尚宽:《债法总论》，荣泰印书馆1978年版，第320页。

11）Véase Manuel De La Puente y Lavalle, El contrato en general, El fondo para publicacion del PUC del Perú, 1996, pág. 24.

12）Ibid., pág. 28s.

13）Ibid., pág. 31s.

14）参见徐国栋:《论市民法中的市民》，载《天津社会科学》1994年第6期。

15）Voir François Gorphe, Le principe de la bonne foi, Dalloz, Paris, 1928, p. 84.

16）Véase Manuel De La Puente y Lavalle, El contrato en general, El fondo para publicacion del PUC del Perú, 1996, pág. 24.

17）Cfr. Antonio Carcaterra, Intorno ai bonae fidei iudicia, Napoli, Jovene, 1964, p. 158.

18）参见ラインハルト・ツィンマーマン（ドイツ）、サイモン・ウィッターカー（イギリス）主编:《欧洲合同法中的诚信原则》，丁广宇、杨才然、叶桂峰译，法律出版社2005年版，第96页。

19）Véase Delia Matilde Ferreira Rubio, El contrato en general, El fondo para publicacion del PUC del Perú, 1996, pág. 98.

20）Ibid., pág. 100.

21）Ibid., pág. 100.

22）Ibid., pág. 102.

23）Véase Manuel De La Puente y Lavalle, El contrato en general, El fondo para publicacion del PUC del Perú, 1996, pág. 35, pág. 46.

24）Véase José Luis de los Mozos, El principio de la buena fe, sus aplicaciones prácticas en el derecho civil español, Barcelona, Bosch, 1965, pág. 69.

25）Ibid.

26）Véase Manuel De La Puente y Lavalle, El contrato en general, El fondo

para publicacion del PUC del Perú, 1996, pág. 41.
27）Ibid., pág. 42.
28）Ibid., pág. 41.
29）例えば、《韓国民法典》第2条第2項、《スペイン民法典》第7条第2項。
30）See the entry of adiaphora, On http://en.wikipedia.org/wiki/Adiaphora, 2012年1月15日アクセス。
31）参见章雪富：《斯多亚主义》（I），中国社会科学出版社2007年版，第13页。
32）Véase Manuel De La Puente y Lavalle, El contrato en general. El fondo para publicacion del PUC del Perú, 1996, pág. 41.
33）参见史尚宽：《债法总论》，荣泰印书馆1978年版，第319页。
34）参见蔡章麟：《债权契约与诚实信用原则》，载刁荣华主编：《中国法学论集》，汉林出版社1976年版，第416页。
35）Véase Corte Suprema de Justiciasala de Casación Laboral de Colombia, Sentencia Corte Suprema de Justicia 10475 de 1998, Sobre http://colegiatura.blogspot.com.au/2008/03/sentencia-corte-su-prema-de-justicia_06.html, 2012年2月5日アクセス。
36）Véase David Alejandro Ariza Cabra, Wilson Alirio Giraldo Ramírez, Adquisición del Derecho de Propiedad por la Aplicación del Principio de Buena Fe (Adquisicio-Nes A *Non Domino*), Sobre http://www.javeriana.edu.co/biblos/tesis/derecho/dere7/paginas/tesis39.htm, pág. 33, 2012年2月5日アクセス。
37）Véase Martha Lucía Neme Villarreal, Buena fe sujetiva y buena fe objetiva. Equivocos a los que conduce la falta de claridad en la distincion de tales conceptos, En Rivista de derecho privato extenado, 17, 2009, pág. 56ss.
38）Ibid., pág. 56.
39）Ibid., pág. 63.
40）Ibid., pág. 27.
41）Véase Manuel De La Puente y Lavalle, El contrato en general, El fondo para publicacion del PUC del Perú, 1996, pág. 27.
42）Ibid.
43）Ibid., pág. 29.
44）参见ホセ・カルロス・モレイラ・アルヴェス（ブラジル）：《巴西合同制度中的客观诚信》，徐国栋译，载徐国栋主编：《罗马法与现代民法》第2卷，中国法制出版社2001年版，第266页。
45）Cfr. Giovanni Maria Uda, La buona fede nell'esecuzione del contratto, Giappichelli, Torino, 2004, p. 4.

46）Cfr. Antonio Musio, La buona fede nei contratti dei consumatori, Napoli, Edizioni Scientifiche Italiane, 2001, p. 18.

47）Cfr. Mariano Scarlata Fazio, Ingnoranza della legge, In Enciclopedia del Diritto, Milano, Giuffrè, Vol. XX, Milano, 1970, p. 2.

48）参见费安玲等译:《意大利民法典》，中国政法大学出版社2004年版，第137页。

49）Cfr. Emilio Betti, Teoria Generale delle Obbligazioni, I, Giuffrè, Milano, 1953. pp. 69ss.

50）Véase Martha Lucía Neme Villarreal, Buena fe sujetiva y buena fe objetiva. Equivocos a los que conduce la falta de claridad en la distincion de tales conceptos, En Rivista de derecho privado extenado, 17, 2009, pág. 60.

51）Cfr. Emilio Betti, Teoria Generale delle Obbligazioni, I, Giuffrè, Milano, 1953. pp. 69ss.

52）Véase Delia Matilde Ferreira Rubio, El contrato en general, El fondo para publicacion del PUC del Perú, 1996, pág. 88.

53）費安玲他訳の《意大利民法典》の中では、この語は「诚实信用」と訳されている。参見同訳書第291页，中国政法大学出版社2004年版。

54）See Martin W. Hesselink, The Concept of Good Faith, In Hartkamp et al. (eds), Towards a European Civil Code, 3rd ed., Nijimegen and The Hague, London, Boston, 2004, p. 472.

55）本書が引用する《イタリア民法典》の条文は、費安玲他訳の中国語訳書によると明示した場合を除き、Codice Civile, Regio Decreto 16 Marzo 1942, n. 262. Su www.testielettronici.org/CODICI/Codice%20Civile.pdf（2011年12月2日アクセス）に基づく。

56）その法文は、「善良の風俗に違反して、故意に他人に損害を加えた者は、他人に対し損害を賠償する義務を負う。」参見陈卫佐译:《德国民法典》（第2版），法律出版社2006年版，第307页。

57）Cfr. Lina Bigliazzi Geri, Buona Fede nel Dirritto Civile, In Digesto delle Discipline Privatisitiche, Vol. 2, Torino, UTET, 1989, p. 169.

58）Ibid.

59）Véase Manuel De La Puente y Lavalle, El contrato en general, El fondo para publicacion del PUC del Perú, 1996, pág. 31.

60）参见ホセ・カルロス・モレイラ・アルヴェス（ブラジル）:《巴西合同制度中的客观诚信》，徐国栋译，载徐国栋主编:《罗马法与现代民法》第2卷，中国法制出版社2001年版，第278页。

61）Cfr. Luigi Rovelli, Correttezza, In Digesto delle Discipline Privatistiche,

Vol. II, Torino, UTET, 1989, p. 423.
62）Cfr. Enrico Dell'Aquila, La correttezza nel diritto privato, Milano, Giuffrè 1980, p. 11.
63）Cfr. F. Messineo, Dottrina generale del contratto, Ediciones Juridicas Euro-America, Buenos Aires, 1986, Tomo I, p. 428.
64）参见史尚宽:《债法总论》，荣泰印书馆1978年版，第320页。
65）Véase Manuel De La Puente y Lavalle, El contrato en general, El fondo para publicacion del PUC del Perú, 1996, pág. 38.
66）Cfr. Umberto Breccia, Diligenza e buona fede nell'attuazione del rapporto obbligatorio, Giuffrè, Milano, 1968, p. 8.
67）Cfr. Rodolfo Sacco, La buona fede nella teoria dei fatti giuridici di diritto privato, G. Giappichelli, Torino, 1949, p. 33.
68）Cfr. Umberto Breccia, Diligenza e buona fede nell'attuazione del rapporto obbligatorio, Giuffrè, Milano, p. 14.
69）Véase José Luis de los Mozos, El principio de la buena fe, sus aplicaciones prácticas en el derecho civil español, Barcelona, Bosch, 1965, pág. 63.
70）Cfr. Antonio Musio, La buona fede nei contratti dei consumatori, Edizioni Scientifiche Italiane, 2001, pp. 92ss.
71）Véase Manuel De La Puente y Lavalle, El contrato en general, El fondo para publicacion del PUC del Perú, 1996, pág. 33.
72）Ibid., pág. 26.
73）参见秦伟:《英美法善意原则研究》，山东大学2006年博士学位论文，第1页。
74）Cfr. Giovanni Maria Uda, La buona fede nell'esecuzione del contratto, Giappichelli, Torino, 2004, pp. 6ss.
75）Ibid., p. 21.
76）Véase Manuel De La Puente y Lavalle, El contrato en general, El fondo para publicacion del PUC del Perú, 1996, pág. 37.
77）Ibid., pág. 38.
78）Véase Código de Comercio colombiano, Sobre http://www.notinet.com.co/serverfiles/servicios/archivos/codigos/comercial/CODIGO%20DE%20COMERCIO%20DE%20COLOMBIA.doc, 2012年2月5日アクセス。
79）Véase Martha Lucía Neme Villarreal, Buena fe sujetiva y buena fe objetiva. Equivocos a los que conduce la falta de claridad en la distincion de tales conceptos, En Rivista de derecho privato extenado, 17, 2009, pág. 66.
80）Véase Manuel De La Puente y Lavalle, El contrato en general, El fondo

81）Cfr. Hugonis Donelli, Opera omnia, Tomus Primus I, Roma, Typis Josephi Salviugggi, Typis Josephi Salviugggi, pp. 829ss.

82）Cfr. Luigi Lombardi, Dalla 'fides' alla 'bona fides', Giuffrè, Milano, 1961, p. 220, p. 245.

83）参见ユスティニアヌス（古代ローマ）：《法学阶梯》，徐国栋译，中国政法大学出版社1999年版，第147页。

84）Cfr. Luigi Lombardi, Dalla 'fides' alla 'bona fides', Giuffrè, Milano, 1961, p. 223.

85）Cfr. Federico del Giudice e Sergio Beltrani, Nuovo Dizionario Giuridico Romano, Edizione Simone, Napoli, 1995, p. 31.

86）Cfr. Luigi Lombardi, Dalla 'fides' alla 'bona fides', Giuffrè, Milano, 1961, p. 239.

87）Ibid., p. 238.

88）Cfr. Lina Bigliazzi Geri, Buona Fede nel Diritto Civile, In Digesto delle Discipline Privatisitiche Vol. 2, Torino, UTET, 1989, p. 157.

89）Cfr. Giovanni Maria Uda, La buona fede nell'esecuzione del contratto, Giappichelli, Torino, 2004, p. 27.

90）Ibid., p. 24.

91）Ibid., p. 27.

92）Ibid., p. 28.

93）参见汪泽：《民法上的善意、恶意及其运用》，载《河北法学》1996年第1期，第11页。

94）同上。

95）同上。

96）参见白华：《票据法上善意与恶意研究》，吉林大学2004年硕士学位论文，第25页。

97）参见刘丹：《论行政法中的诚实信用原则》，载《中国法学》2004年第1期，第32页及以次。

98）参见翟淼：《诚实信用原则的理性反思与科学定性》，载《沈阳工程学院学报》2007年第1期，第71页。

99）参见刘沂江：《对诚信原则"帝王"桂冠的质疑》，载《凯里学院学报》2009年第5期，第55页及以次；孟勤国：《质疑"帝王条款"》，载《法学评论》2002年第2期，第137页及以次，等々。

100）参见于飞：《公序良俗原则研究——以基本原则的具体化为中心》，北京大学出版社2006年版，第93页。

101）参见骆意：《论诚实信用原则在我国民事司法裁判中的适用——基于对〈最

高人民法院公报〉中53个案例的实证分析》，载《法律适用》2009年第11期，第58页及以次。
102）参见董税涛：《论法律原则及其司法适用——基于对〈最高人民法院公报〉案例的实证分析》，载《法制与社会》2011年第7期（下），第69页及以次。
103）El fondo para publicacion del PUC del Perú, 1996. *60*
104）Mucchi Editore, Modena, 1999.
105）中国法制出版社2001年版。
106）中国人民大学出版社2002年版。
107）参见杨彪：《侵权行为法中的诚实信用原则研究》，载《环球法律评论》2007年第4期，第45页。 *63*
108）参见徐国栋主编：《绿色民法典草案》，社会科学文献出版社2004年版，第4页。 *64*
109）《アルジェリア民法典》、旧《ベトナム民法典》、新《ベトナム民法典》、《チリ民法典》、《ブラジル新民法典》、《エチオピア民法典》、《ケベック民法典》、《エジプト民法典》、《モンゴル民法典》、《ルイジアナ民法典》、《マルタ民法典》。
110）参见吴国喆：《善意认定的属性及反推技术》，载《法学研究》2007年第6期。
111）参见侯巍、王婷婷：《论善意取得中的善意》，载《广西大学学报》（哲学社会科学版）2008年第1期，第75页。
112）参见康永恒：《善意取得制度如何评判"善意"》，载《前沿》1999年第10期，第37页；参见侯巍、王婷婷：《论善意取得中的善意》，载《广西大学学报》（哲学社会科学版）2008年第1期，第78页。
113）参见曾世雄：《民法总则之现在与未来》，中国政法大学出版社2001年版，第228页。 *65*
114）参见王冬梅：《论善意取得制度中的善意标准》，载《华东交通大学学报》2003年第3期，第80页。
115）同上注，第81页。
116）この例外というのは、曾江波である。曾江波は、錯誤は一定の条件の下で善意の基礎を構成するが、法律の錯誤については除く、と解している。参见曾江波：《民法中的善意制度研究》，载《北大法律评论》2003年第5卷，第496页。
117）参见侯巍、王婷婷：《论善意取得中的善意》，载《广西大学学报》（哲学社会科学版）2008年第1期，第78页及以次。
118）参见霍海红：《民法上的善意与恶意新诠》，载《佳木斯大学社会科学学报》2004年第3期，第19页。 *66*
119）参见张萍萍：《善意取得制度中"善意"的评判标准》，吉林大学2007年硕士学位论文，第11页。

120）参见张必望:《论民法中的善意》,中国政法大学2007年硕士学位论文,第3页及以下。

121）参见张彩霞、吴玉娟:《如何认定善意取得制度中的"善意"》,载《经济论坛》2007年第12期,第131页。

122）参见崔于富:《我国民法中善意之界定》,吉林大学2010年硕士学位论文,第20页。

123）参见铃木禄弥（日本）:《物权的变动与对抗》,肖贤富译,社会科学文献出版社1999年版,第35页。

124）参见霍海红:《民法上的善意与恶意新诠》,载《佳木斯大学社会科学学报》2004年第3期,第18页及以下。

125）参见白华:《票据法上善意与恶意研究》,吉林大学2004年硕士学位论文,第1页。

126）参见徐番、史亚鹏:《善意取得制度中的"善意"研究》,载《邵阳学院学报》（社会科学版）2008年第4期,第31页。

127）参见侯巍、王婷婷:《论善意取得中的善意》,载《广西大学学报》（哲学社会科学版）2008年第1期,第77页。

128）参见尹彦博、刘艳艳:《浅析民法中"善意"与"无重大过失"之关系》,载《内蒙古农业大学学报》（社会科学版）2011年第2期,第21页。

129）参见王冬梅:《论善意取得制度中的善意标准》,载《华东交通大学学报》2003年第3期,第81页。

130）参见孙宪忠:《中国物权法总论》,法律出版社2003年版,第104页及以下。

131）参见吕慧凌:《论善意——以善意取得制度为中心》,山东大学2005年硕士学位论文,第18页。

132）参见张必望:《论民法中的善意》,中国政法大学2007年硕士学位论文,第43页及以下。

133）参见曾江波:《民法中的善意制度研究》,载《北大法律评论》2003年第5卷,第499页及以下。

134）参见甄增水:《民法中的善意》,中国政法大学2009年博士学位论文,第18页。

135）参见康永恒:《善意取得制度如何评判"善意"》,载《前沿》1999年第10期,第38页。

136）参见侯巍、王婷婷:《论善意取得中的善意》,载《广西大学学报》（哲学社会科学版）2008年第1期,第78页。

137）参见吴国喆:《善意认定的属性及反推技术》,载《法学研究》2007年第6期。

138）参见汪泽:《民法上的善意、恶意及其运用》,载《河北法学》1996年第1期,第9页。

139）参见何志:《物权法判解研究与运用》,人民法院出版社2004年版,第127页。

140）参见吴国喆：《善意认定的属性及反推技术》，载《法学研究》2007年第6期。
141）参见尹彦博、刘艳艳：《浅析民法中"善意"与"无重大过失"之关系》，载《内蒙古农业大学学报》（社会科学版）2011年第2期，第23页。
142）参见吴国喆：《善意认定的属性及反推技术》，载《法学研究》2007年第6期。
143）参见霍海红：《民法上的善意与恶意新诠》，载《佳木斯大学社会科学学报》2004年第3期，第20页。
144）参见甄增水：《民法中的善意》，中国政法大学2009年博士学位论文，第38页。
145）参见王冬梅：《论善意取得制度中的善意标准》，载《华东交通大学学报》2003年第3期，第81页。
146）参见徐番、史亚鹏：《善意取得制度中的"善意"研究》，载《邵阳学院学报》（社会科学版）2008年第4期，第32页。
147）参见康永恒：《善意取得制度如何评判"善意"》，载《前沿》1999年第10期，第38页。
148）参见武艳峰：《善意取得制度中"善意"的确定研究》，中国政法大学2006年硕士学位论文，第33页。
149）参见霍海红：《民法上的善意与恶意新诠》，载《佳木斯大学社会科学学报》2004年第3期，第20页。
150）参见尹彦博、刘艳艳：《浅析民法中"善意"与"无重大过失"之关系》，载《内蒙古农业大学学报》（社会科学版）2011年第2期，第22页。
151）参见霍海红：《民法上的善意与恶意新诠》，载《佳木斯大学社会科学学报》2004年第3期，第18页。
152）参见侯巍、王婷婷：《论善意取得中的善意》，载《广西大学学报》（哲学社会科学版）2008年第1期，第76页。
153）参见汪泽：《民法上的善意、恶意及其运用》，载《河北法学》1996年第1期，第11页。
154）参见侯巍、王婷婷：《论善意取得中的善意》，载《广西大学学报》（哲学社会科学版）2008年第1期，第76页。
155）同上注，第79页。
156）参见武艳峰：《善意取得制度中"善意"的确定研究》，中国政法大学2006年硕士学位论文，第31页。
157）参见曾江波：《民法中的善意制度研究》，载《北大法律评论》2003年第5卷，第494页。
158）参见吕慧凌：《论善意——以善意取得制度为中心》，山东大学2005年硕士学位论文，第15页。
159）参见曾江波：《民法中的善意制度研究》，载《北大法律评论》2003年第5卷，第502页。

160）参见侯巍、王婷婷:《论善意取得中的善意》,载《广西大学学报》(哲学社会科学版)2008年第1期,第76页。

161）参见甄增水:《民法中的善意》,中国政法大学2009年博士学位论文,第27页。

162）参见张必望:《论民法中的善意》,中国政法大学2007年硕士学位论文,第41页。

163）参见崔于富:《我国民法中善意之界定》,吉林大学2010年硕士学位论文,第2页。

164）参见刘建贤、朴正哲:《客观诚信与主观诚信在立法中统一的问题探析》,载《法制与社会》2007年第4期,第183页。

165）参见王立争:《"主观诚信说"若干观点质疑——以取得时效制度验证主观诚信的相关理论》,载《政治与法律》2009年第4期,第134页。

166）参见张必望:《论民法中的善意》,中国政法大学2007年硕士学位论文,第46页及以次。

167）参见崔于富:《我国民法中善意之界定》,吉林大学2010年硕士学位论文,第27页。

168）参见曾世雄:《民法总则之现在与未来》,中国政法大学出版社2001年版,第290页。

169）参见崔于富:《我国民法中善意之界定》,吉林大学2010年硕士学位论文,第19页。

170）参见王公山:《略论〈尚书·吕刑〉诚信思想及诚信原则》,载《井冈山学院学报》(哲学社会科学版)2007年第5期,第77页。

171）贤能的人,往往诚信而仁义。

172）参见房玄龄注:《管子》,上海古籍出版社1989年版,第142页。

173）同上书,第45页。

174）参见柴荣、柴英:《论儒家思想与民法"诚实信用原则"之暗合》,载《上海师范大学学报》(哲学社会科学版)2008年第2期,第43页。

175）参见高亨注译:《商君书注释》,中华书局1974年版,第106-107页。

176）参见曹础基:《庄子浅注》,中华书局1982年版,第449页。

177）参见刘军:《论诚实信用原则在法律语境中的困境及消解》,载《宿州教育学院学报》2003年第1期,第78页。

178）参见叶朋、任忠臣:《论诚实信用原则的研究应"本土化"》,载《法制与社会》2008年第12期,第356页。

179）参见《历代刑法志》,群众出版社1988年版,第311页。

180）参见苏亦工:《诚信原则与中华伦理背景》,载《法律科学》1998年第3期,第50页。

181）マックス・ウェーバーとフランシス・フクヤマには、こうした面での観

察が見られる。参见杨峰:《试论诚实信用原则的经济基础——以市场经济、财产权制度为中心》,载《甘肃政法学院学报》2005年第5期,第53页。

182) 参见苏亦工:《诚信原则与中华伦理背景》,载《法律科学》1998年第3期,第51页。

183) 参见《备战奥运保食品安全,运动队自己养猪养鸡》,载《厦门晚报》2012年2月23日第B8版。

184) 参见李茂军:《解读诚信原则——关于诚实信用原则的法律思考》,载《河北法学》2002年第6期,第141页。

185) 参见习胜先、徐仲伟:《论诚信原则的代价》,载《社科纵横》2006年第2期,第115页。

186) 参见张瑞涛、方同义:《论刘宗周诚意学说中的诚信原则》,载《宁波党校学报》2003年第5期,第89页。

187) 参见党国华:《诚实信用原则的含义》,载《河南公安高等专科学校学报》2005年第3期,第45页。也参见林辉:《我国诚实信用原则研究现状评析》,载《兰州商学院学报》2005年第3期,第72页及以次。

188) 参见张安娟:《诚实信用原则的研究现状及评析》,载《陕西广播电视大学学报》2009年第3期,第42页。

189) 参见陈礼旺:《重估民法诚实信用原则之价值》,载《求索》2005年第6期,第78页。

190) See Martin W. Hesselink, The Concept of Good Faith, In Hartkamp et al. (eds), Towards a European Civil Code, 3rd ed., Nijmegen and The Hague, London, Boston, 2004, p. 624.

191) 参见朱海波:《民法的自由理念——诚实信用原则之价值分析》,载《广西政法管理干部学院学报》2001年第S1期,第2页。

192) 参见梁锋:《中西诚实信用原则比较研究》,贵州大学2006年硕士学位论文,第4页及以次。

193) 参见陈红:《诚信原则与自由裁量权》,载《法学》1997年第4期,第22页及以次。

194) 参见张安娟:《诚实信用原则的研究现状及评析》,载《陕西广播电视大学学报》2009年第3期,第44页。

195) 参见董灵:《论合同法诚信原则的经济学基础》,载《广东社会科学》2006年第5期,第98页。

196) 参见习胜先、黎伟、徐仲伟:《诚信原则功能的反思》,载《重庆邮电学院学报》(社会科学版)2006年第5期,第651页。

197) 参见董灵:《论合同法诚信原则的经济学基础》,载《广东社会科学》2006年第5期,第96页。

198) 参见杨峰:《试论诚实信用原则的经济基础——以市场经济、财产权制度为

中心》，载《甘肃政法学院学报》2005年第5期，第51页。

199）参见刘显鹏:《诚实信用原则与效益之关系探析》，载《太原理工大学学报》（社会科学版）2009年第1期，第30页。

200）参见宁清同:《诚实信用原则的经济功能》，载《南通大学学报》2009年第3期，第108页。

201）参见董灵:《论合同法诚信原则的经济学基础》，载《广东社会科学》2006年第5期，第97页。

202）参见褚霞:《民法诚实信用原则的博弈论分析》，载《东北财经大学学报》2002年第5期，第90页及以次。

203）参见董灵:《论合同法诚信原则的经济学基础》，载《广东社会科学》2006年第5期，第98页。

204）参见黄明欣:《信用与诚实信用原则之比较》，载《武汉理工大学学报》（社会科学版）2003年第5期，第567页及以次。也参见刘李明、冯云鹤:《法律诚信与道德诚信辨析》，载《学术交流》2003年第7期，第30页及以次。

205）参见阎磊:《论诚信原则滥用的规制》，载《经营管理者》2008年第12期，第103页。

206）参见翟淼:《诚实信用原则的理性反思与科学定性》，载《沈阳工程学院学报》2007年第1期，第71页。

207）参见ラインハルト・ツィンマーマン（ドイツ）、サイモン・ウィッターカー（イギリス）主编:《欧洲合同法中的诚信原则》，丁广宇、杨才然、叶桂峰译，法律出版社2005年版，第15页及以次。

208）参见阎磊:《论诚信原则滥用的规制》，载《经营管理者》2008年第12期，第104页。

209）参见陈红:《诚信原则与自由裁量权》，载《法学》1997年第4期，第24页。

210）参见阎磊:《论诚信原则滥用的规制》，载《经营管理者》2008年第12期，第105页。

211）参见刘云华:《诚实信用原则并非"帝王规则"》，载《中共南昌市委党校学报》2006年第6期，第32页。

212）参见刘军:《论诚实信用原则在法律语境中的困境及消解》，载《宿州教育学院学报》2003年第1期，第80页。

213）参见许军:《诚实信用原则可以直接作为裁判的依据吗——与梁慧星先生商榷》，载《广西政法管理干部学院学报》2008年第1期，第117页及以次。

214）参见陈朝阳:《中国司法能动性逻辑假设的破解:法官诚信诉讼》，载《华东政法大学学报》2005年第6期，第77页。

215）同上注，第80页及以次。

216）参见张亚东:《试论诚信原则对法官审判行为的制约》，载《淮北职业技术学院学报》2006年第3期，第1页。

217）参见ジャック・ゲスタン（フランス）他:《法国民法总论》，陈鹏等译，法律出版社2004年版，第540页。
218）参见郑军、欧阳波:《法官诚信——司法公信力的根基》，载《党史文苑》2006年第16期，第62页。
219）参见唐东楚:《诉讼主体诚信论——以民事诉讼诚信原则立法为中心》，光明日报出版社2011年版，第120页。
220）参见黄海、许晖:《浅谈民事执行与法官诚信》，载《中共四川党委党校学报》2003年第2期，第67页及以次。
221）参见甄增水:《民法中的善意》，中国政法大学2009年博士学位论文，第144页。 *84*
222）参见全增嘏主编:《西方哲学史》（上册），上海人民出版社1983年版，第232页。 *87*
223）参见アリストテレス（古代ギリシャ）:《政治学》，吴寿彭译，商务印书馆1965年版，第138页。
224）参见フィヒテ（ドイツ）:《以知识学为原则的自然法权基础》，谢地坤、程志民译，载梁志学主编:《费希特著作选集〔フィヒテ著作選集〕》，第2卷，商务印书馆1994年版，第457-464页。

第三章

1）多くのローマの制度がギリシャ起源であるのと同様、ローマ法における誠信制度がギリシャ起源であることを排除しない。レモ・マルティーニRemo Martini教授の研究によれば、ギリシャもまた法的保護を受けないところがあり、わずかに信義を頼みとして維持する契約と、ローマの誠信を以て維持する合意契約と異なるところがない。Cfr. Diritto Romano e "Diritto Greco" (Un'Esperienza Didattica e di Ricerca: Bilancio Provvisorio, Su http://www.dirittoestoria.it/iusantiquum/articles/Martini-Diritto-romano-Diritto-greco.htm、2012年1月23日アクセス。及び、彼の "Fides" e "pistis" in materia contratuale, In Il ruolo della buona fede oggettiva nell'esperienza giuridica storica e contemporanea. Atti del Convegno internazionale di studi in onore di Alberto Burdese, V, II, Padova, Cedam, 2003. pp. 439ss. 更に挙げれば、Eva Cantarella, Regole di corretezza in material contratualle nel Mondo Greco, In Il ruolo della buona fede oggettiva nell'esperienza giuridica storica e contemporanea. Atti del Convegno internazionale di studi in onore di Alberto Burdese, V, I, Padova, Cedam, 2003, pp. 275ss.
2）参见キケロ（古代ローマ）:《论义务》，王焕生译，中国政法大学出版社

1999年版，第22-23頁。訳文は変更した。

3）Cfr. Plautus, Trinummus, 117. On http://www.perseus.tufts.edu/cgi-bin/ptext?doc=Perseus%3Atext%3A1999.02.0048、2008年3月25日アクセス。この劇の英訳本としては、See George E. Duckworth(edited by), The Complete Roman Drama, Random House, New York, 1942, pp. 47ss.

4）例えば、《ワカニウス法》は、婦女は一定の額を超える遺贈を受けてはならないと定めているが、しかし遺産信託を通じてこのような制限を回避することができる。すなわち、女子に渡したい高額の遺産を息子に残し、その後で、その息子がその女子に渡すのである。See John Crook, Patria Potestas, In The Classical Quarterly, New Series, Vol. 17, No. 1, (May, 1967), p. 121.

5）信託後見は最も早く、婦女に自己の気に入った後見人を選ばせるのに適用された。婦女は、宗族の後見から抜け出るために自ら売買婚を望んで、彼女が信頼する者の夫権の下に入り、後者は彼女を解放する義務を負い、解放した後に解放者は恩人として彼女の後見人となる。このようにして後見人の交替を実現させたのである。いま一つの信託後見は、未成年の家子が虚構の要式売買を通じて家父権から離脱し、後にその買受人がその家子を解放する場合である。これらの場合には、受託者が解放を行うかどうかは、完全にその者の信用にかかっていた。そのため、「信託後見」と呼ばれるのである。Cfr. Federico del Giudice e Sergio Beltrani, Nuovo Dizionario Giuridico Romano, Edizione Simone, Napoli, 1995, p. 533. 参见黄风：《罗马私法论》，中国政法大学出版社2003年版，第160页。

6）See the entry of Pistis, On http://en.wikipedia.org/wiki/Pistis、2012年1月23日アクセス。

7）参见キケロ（古代ローマ）：《论义务》，王焕生译，中国政法大学出版社1999年版，第347页。

8）See A. H. McDonald, The Fides Romana bei Livius by M. Merten, In The Journal of Roman Studies, Vol. 56 (1966), Parts 1 and 2, pp. 273s. See also George Frederic Franko, Fides, Aetolia, and Plautus' Captivi, Transactions of the American Philological Association (1974-), Vol. 125 (1955), pp. 155ss.

9）参见キケロ（古代ローマ）：《论至善与至恶》，石敏敏译，中国社会科学出版社2005年版，第118页。

10）同上书，第117页。

11）同上书，第116页。

12）参见キケロ（古代ローマ）：《斯多亚哲学的反论》，王晓朝译，载《西塞罗全集·修辞学卷》，人民出版社2007年版，第614页。

13）同上书，第615页。
14）参见谢大任主编：《拉丁语汉语词典》，商务印书馆1988年版，第70页。
15）参见キケロ（古代ローマ）：《论至善与至恶》，石敏敏译，中国社会科学出版社2005年版，第165页。
16）同上书，第123页。
17）参见キケロ（古代ローマ）：《论义务》，王焕生译，中国政法大学出版社1999年版，第51页。
18）参见キケロ（古代ローマ）：《斯多亚哲学的反论》，干晓朝译，载《西塞罗全集·修辞学卷》，人民出版社2007年版，第608页。
19）同上书，第609页。
20）参见谢大任主编：《拉丁语汉语词典》，商务印书馆1988年版，第70页。
21）bonan fideというのは方言である。bona fidesが標準ラテン語であり、両者の意味は同じである。プラウトゥスの二つの劇作品中の関連する段落の翻訳について、私は中国社会科学院外国文学研究所の王焕生教授より、熱意溢れる助力を頂戴することができた。謹んで感謝の意を表したい。
22）これらのbona fideに関する一節は、いずれも、イタリアの作者であるカルロ・ベドゥーシCarlo BeduschiのI Profili giudiziali della fidesの一文（http://www.dirittocomparato.unipa.it/content/i-profili-giudiziali-della-fides、2012年1月19日アクセス）より集めたものであり、そのイタリア語の訳文を参考にした。
23）Cfr. Plautus, Captivi, 889-890. On http://www.perseus.tufts.edu/cgi-bin/ptext?doc=Perseus%3Atext%3A1999.02.0096、2008年3月25日アクセス。
24）D. 22, 1, 32, 2は、「誠信契約の中に遅延利息を支払う義務が含まれている」と規定する。この一節の中に「誠信契約」という表現が登場する。
25）Véase Manuel De La Puente y Lavalle, El contrato en general, El fondo para publicacion del PUC del Perú, 1996, pág. 30.
26）Ibid., pág. 33s.
27）それらは以下のものである。すなわち、I, 4, 6, 28であり、これは誠信訴訟に関するものである。I, 4, 6, 29は、2回、「誠信」が登場し、どちらも誠信訴訟に関するものである。あと、I, 4, 6, 30があり、やはり誠信訴訟に関するものである。
28）See Reuven Yaron, Reflections on Usucapio, In Tijdschrift voor Rechtsgeschiedenis, 191, 1967, p. 214. See also Ross Barber, Usucapion and Theft at the Time of the Twelve Tables, In Sydney Law Review, Vol. 5(1979), pp. 616ss.
29）Cfr. Pierre Daniel Senn, Buona Fede nel diritto romano, In Digesto delle Discipline Privatistiche, Vol. II, Torino, UTET, 1989, p. 131.

30）参见徐番、史亚鹏:《善意取得制度中的"善意"研究》,载《邵阳学院学报》（社会科学版）2008年第4期,第30页。尹彦博、刘艳艳:《浅析民法中"善意"与"无重大过失"之关系》,载《内蒙古农业大学学报》（社会科学版）2011年第2期,第21页。丁玫:《罗马法契约责任》,中国政法大学出版社1998年版,第157页より（調べたところ、当該頁で実際に論じられていることは、誰が最初に「勤勉な注意」という用語を使用したのかという問題である。）。王冬梅:《论善意取得制度中的善意标准》,载《华东交通大学学报》2003年第3期,第80页。ボンファンテ:《罗马法教科书》より（頁数が明記されていないので、真偽を調査する術がない。）。侯巍、王婷婷:《论善意取得中的善意》,载《广西大学学报》（哲学社会科学版）2008年第1期,第75页。バリ・ニコラス（イギリス）:《罗马法概论》,黄风译,法律出版社2000年版,第132页より（調べたところ、当該頁にはこのような説明は見あたらない。）。张萍萍:《善意取得制度中"善意"的评判标准》,吉林大学2007年硕士学位论文,第2页。张必望:《论民法中的善意》,中国政法大学2007年硕士学位论文,第5页。見たところ、主観的誠信の概念は、最も早くは、プブリキウス訴権によって発生が促されたというのは、一つの、誤りが次々と伝播した【以讹传讹】誤りであると言える。

31）Cfr. Luigi Lombardi, Dalla 'fides' alla 'bona fides', Giuffrè, Milano, 1961, pp. 209s.

32）例えば、この後で述べる《ユウェンティウス元老院議決》の中では、「自分がその相続人であると思った者」というくどい言い方で「誠信の遺産占有者」という意味を表している。

33）Cfr. Yuri Gonzalez Roldan, Il Senatoconsulto Q. Iulio Balbo et P. Iuventio Celso consulibus factum nella lettura di Ulpiano, Bari, Cacucci Editore, 2008, p. 255.

34）参见ラインハルト・ツィンマーマン（ドイツ）、サイモン・ウィッターカー（イギリス）主编:《欧洲合同法中的诚信原则》,丁广宇、杨才然、叶桂峰译,法律出版社2005年版,第56页。

35）Cfr. Riccardo Cardili, "Bona fides" tra storia e sistema, Giappichelli, Torino, 2004, p. 3.

36）参见徐国栋、アルド・ペトルッチ（イタリア）、ジュセッペ・テッラチーナ（イタリア）译:《十二表法新译本》,载《河北法学》2005年第11期,第3页。

37）Cfr. Alberto Burdese, Manuale di diritto privato romano, UTET, Torino, 1993, p. 310.

38）参见周枏:《罗马法原论》（上册）,商务印书馆1994年版,第323页。

39）Cfr. Talamanca, Istituzioni di diritto romano, Giuffrè, Milano, 1990, p. 424.

40）参见ガイウス（古代ローマ）:《法学阶梯》，黄风译，中国政法大学出版社1996年版，第90页。
41）参见トンプソン（アメリカ）:《中世纪经济社会史》（上册），耿淡如译，商务印书馆1961年版，第63页。
42）参见周枏:《罗马法原论》（上册），商务印书馆1994年版，第332页。
43）参见アルド・ペトルッチ（イタリア）:《罗马自起源到共和末期的土地法制概览》，徐国栋译，载徐国栋主编:《罗马法与现代民法》第2卷，中国法制出版社2001年版，第129页。
44）Cfr. Volterra, Istituzione del diritto privato romano, Roma, 1960, pp. 402s. Cfr. Talamanca, Istituzioni di diritto romano, Giuffrè, Milano, 1990, p. 422.
45）Ibid.
46）Cfr. Talamanca, Istituzioni di diritto romano, Giuffrè, Milano, 1990, pp. 424s.
47）周枏先生は、いみじくも次のように指摘している。すなわち、「時効制度は、当初は、公有制から私有制に移行するときに、財産所有者と財産を必要とする人の間で余ったり不足したりという矛盾を調整するために、他人が捨て置いた物の使用を励まして、その物の効用を大きくしたのである」。参见周枏:《罗马法原论》（上册），商务印书馆1994年版，第319页。
48）参见アルド・ペトルッチ（イタリア）:《罗马自起源到共和末期的土地法制概览》，徐国栋译，载徐国栋主编:《罗马法与现代民法》第2卷，中国法制出版社2001年版，第148页。See H. F. Jolowicz and Barry Nicholas, Historical Introduction to the Study of Roman Law (Third Edition), Cambridge University Press, Cambridge, 1972, p. 261.
49）参见サヴィニー（ドイツ）:《论占有》，朱虎、刘智慧译，法律出版社2007年版，第15页。
50）参见周枏:《罗马法原论》（上册），商务印书馆1994年版，第424页、第426页。
51）例えば、D. 2. 9pr.; D. 47, 2, 25, 1. D. 43, 16, 1, 3; D. 43, 16, 1, 4.
52）参见周枏:《罗马法原论》（上册），商务印书馆1994年版，第409页、第423页。
53）Cfr. Aulo Gellio, Notti Attiche, Traduzione Italiana di Luigi Rusca, Volume Secondo, BUR, Milano, 2001, p. 1156.
54）ところで、紀元前78-63年の《プラウティウス法》は、暴力によって物を占有するのでは、時効によって取得することはできないという禁止を確立した。紀元前17年には、カエサル又はアウグストゥスが《暴力に関するユルス法》を公布して、この禁止令を再度、発した。Cfr. Volterra,

Istituzione del diritto privato romano, Roma, 1960, p. 402.

55）See H. F. Jolowicz and Barry Nicholas, op. cit., p. 153. Cfr. Giovanni Pugliese, Istituzioni di diritto romano, Giappichelli, Torino, 1991, p. 469.

56）参见周枏:《罗马法原论》(上册),商务印书馆1994年版,第329页。

57）2003年以降、メディアは他人の嬰児を略奪して売却する犯罪行為を絶えず報じている。警察の考えでは、打撃を与えることなく嬰児を買い受ける者は、根本的に他人の嬰児の窃盗や略奪行為を制止するわけではない。

58）Cfr. Volterra, Istituzione del diritto privato romano, Roma, 1960, p. 403.

59）参见ボンファンテ（イタリア):《罗马法教科书》(2005年修订版),黄风译,中国政法大学出版社2005年版,第225页。

60）Cfr. Evarisco Carusi, L'Azione publiciana in diritto romano, Roma, Tipografia Fratelli Pallotta, 1889, p. 83; p. 79.

61）Cfr. Ernesto Bianchi, Fictio iuris. Ricerche sulla finzione in diritto romano dal period arcaico all'epoca augustea, CEDAM, 1997, pp. 294s. nota 279.

62）Voir Valerius M. Ciuca, Actio Publiciana dans le droit romain. Symbole d'un humanism juridique avante la letter, Relazione del Primo Seminario Eurasiatico di Diritto Romano, Dushanbe, 14-15 ottobre, 2011, p. 4.

63）Cfr. Evarisco Carusi, L'Azione publiciana in diritto romano, Roma, Tipografia Fratelli Pallotta, 1889, p. 64.

64）Ibid., p. 65.

65）参见ガイウス（古代ローマ):《法学阶梯》,黄风译,中国政法大学出版社1996年版,第90页及以次（2, 41）。

66）Cfr. Evarisco Carusi, L'Azione publiciana in diritto romano, Roma, Tipografia Fratelli Pallotta, 1889, p. 100.

67）参见ボンファンテ（イタリア):《罗马法教科书》(2005年修订版),黄风译,中国政法大学出版社2005年版,第188页。

68）Cfr. Alberto Burdese, L'eccezione di dolo generale da Aquilio a Labeone, Su http://www.dirittoestoria.it/5/Tradizione-Romana/Burdese-Eccezione-dolo-generale-Aquilio-Labeone.htm、2012年1月3日アクセス。

69）Cfr. Iustiniani Augusti Digesta seu Pandectae, Testo e Traduzione, II, 5-11, a cura di Sandro Schipani, Milano, Giuffrè, 2005, p. 104.

70）参见ガイウス（古代ローマ):《法学阶梯》,黄风译,中国政法大学出版社1996年版,第306页。訳文は変更した。

71）同上。

72）Cfr. Evarisco Carusi, L'Azione publiciana in diritto romano, Roma, Tipografia Fratelli Pallotta, 1889, p. 133.

73) Ibid., pp. 133s.
74) 参见ボンファンテ（イタリア）:《罗马法教科书》(2005年修订版)，黄风译，中国政法大学出版社2005年版，第188页。
75) 参见陈朝璧:《罗马法原理》，法律出版社2006年版，第288页。
76) しかし、D. 6, 2, 11, 3は、一つの例外を作った。正当な原因が贈与である場合には、占有者は、目的物を受け取った時に誠信であれば可である。このことにより、ユスティニアヌス法前の原則が表現されている。すなわち、後に発生した悪信は、有償の原因の時効取得を害するが、しかし、無償の原因の時効取得を害することはない。Cfr. Evarisco Carusi, L'Azione publiciana in diritto romano, Roma, Tipografia Fratelli Pallotta, 1889, p. 205.
77) 参见ボンファンテ（イタリア）:《罗马法教科书》(2005年修订版)，黄风译，中国政法大学出版社2005年版，第189页。
78) ユスティニアヌスの『法学提要』について私がとった統計によれば、この書は「誠信」という語を38回用いており、そのうち添附の場合には4回、用いている。比率は低くない。
79) 参见アルド・ペトルッチ（イタリア）:《罗马自起源到共和末期的土地法制概览》，徐国栋译，载徐国栋主编:《罗马法与现代民法》第2卷，中国法制出版社2001年版，第129页。
80) 参见徐国栋:《优士丁尼〈法学阶梯〉评注》，北京大学出版社2011年版，第184页。
81) See the Digest of Justinian, Volume 4, edited by Mommsen and Alan Watson, University of Pennsylvania Press, Philadelphia, 1985, p. 498.
82) 参见徐国栋:《优士丁尼〈法学阶梯〉评注》，北京大学出版社2011年版，第188页及以次。
83) See Ernest G. Lorenze, Specification in the Civil Law, In The Yale Journal, Vol. 35. No. 1 (Nov. 1925), p. 31.
84) Cfr. Iustiniani Augusti Digesta seu Pandectae, Testo e Traduzione, II, 5-11, a cura di Sandro Schipani, Milano, Giuffrè, 2005, p. 54.
85) Cfr. Yuri Gonzalez Roldan, Il Senatoconsulto Q. Iulio Balbo et P. Iuventio Celso consulibus factum nella lettura di Ulpiano, Bari, Cacucci Editore, 2008, p. 77.
86) See the entry of Publius Iuventius Celsus, On http://en.wikipedia.org/wiki/Publius_Iuventius_Celsus、2011年12月26日アクセス。
87) Cfr. Yuri Gonzalez Roldan, Il Senatoconsulto Q. Iulio Balbo et P. Iuventio Celso consulibus factum nella lettura di Ulpiano, Bari, Cacucci Editore, 2008, p. 95; p. 158.

88）Ibid., p. 265.

89）ウルピアヌスは《ユウェンティウス元老院議決》について説明して曰く、ある者が自分に相続財産が帰属しないと知りつつ、これを売却したならば、相続財産を請求する訴に基づいて、物それ自体だけでなく、果実も対象となり、売却価額はその対象とならない。しかし、例外が一つあり、悪信占有者が相続財産の物を良い価額で売却したときは、価額の返還だけが、許される（D. 5, 3, 20, 12）。Cfr. Iustiniani Augusti Digesta seu Pandectae, Testo e Traduzione, II, 5-11, a cura di Sandro Schipani, Milano, Giuffrè, 2005, p. 55.

90）C. 3, 31, 1, 1. See the Civil Law including The Twelve Tables, The Institutes of Gaius, The Rules of Ulpian, The Opinions of Paulus, The Enactments of Justinian, and The Constitution of Leo, Trans. and edited by S. P. Scott, Cincinnati, s/a. Vol. XII, p. 308.

91）See P. G. Monateri, Black Gaius, A Quest for the Multicultural Origins of the "Western Legal Tradition", In 51 (2000), Hastings Law Journal, note 1.

92）参见ガイウス（古代ローマ）:《法学阶梯》，黄风译，中国政法大学出版社1996年版，第102页、第104页。

93）Cfr. Yuri Gonzalez Roldan, Il Senatoconsulto Q. Iulio Balbo et P. Iuventio Celso consulibus factum nella lettura di Ulpiano, Bari, Cacucci Editore, 2008, p. 253.

94）現存する文献資料では、マルキアヌスの正確な生没年月を特定することはできない。現時点で推定されているマルキアヌスのだいたいの生存期間は、ジュセッペ・グロッソ（イタリア）:《罗马法史》，黄风译，中国政法大学出版社1994年版，附录中的"罗马史编年表"，第473页及以次より。

95）Cfr. Yuri Gonzalez Roldan, Il Senatoconsulto Q. Iulio Balbo et P. Iuventio Celso consulibus factum nella lettura di Ulpiano, Bari, Cacucci Editore, 2008, p. 111.

96）Ibid., p. 251.

97）Ibid., p. 254.

98）Ibid., p. 257.

99）I. 4, 17, 2. 対物訴権が提起された場合に、請求者が敗訴すれば占有者は免訴されねばならず、占有者が敗訴すれば果実を附して物それ自体を返還するようにとの判決がなされる。しかしながら、占有者が面前で、返還可能性を否定して遅滞なく返還期日の設定を請求するときは、その者が争点決定された訴額に関して保証人を供して担保問答契約を行い、与えられた期日までに提供することを約するならば、その者に期限を与えなければならない。もし相続財産が請求の対象であるときは、個々の物の請求について

述べたことと同じことが果実についても適用される。占有者が過失により収取しなかった果実については、もし占有者が略奪したのであれば、両方の訴権〔所有物返還訴権と相続財産返還請求訴権のこと〕において、ほとんど同じような処理がなされる。これに対して、占有者が誠信であったときは、消費した果実も収取しなかった果実もこの処理の対象とならない。しかし、請求をした後は、占有者の過失により収取されなかった果実、及び収取したが消費した果実は、この処理の対象となる。訳文は、徐国栋:《优士丁尼〈法学阶梯〉评注》，北京大学出版社2011年版，第570页及以次より。

100）Cfr. Yuri Gonzalez Roldan, Il Senatoconsulto Q. Iulio Balbo et P. Iuventio Celso consulibus factum nella lettura di Ulpiano, Bari, Cacucci Editore, 2008, pp. 415ss.

101）Cfr. Iustiniani Augusti Digesta seu Pandectae, Testo e Traduzione, IV, 20-27, a cura di Sandro Schipani, Milano, Giuffrè, 2011, p. 175.

102）D. 23, 2, 68. パウルス:『トゥルピリス元老院決議評注』単巻本によれば、「その女性の直系尊属又は直系卑属と結婚した男は、万民法上の近親相姦となる。」

103）See William Smith, William Wayte. G. E. Marindin, A Dictionary of Greek and Roman Antiquities, Albemarle Street, London. John Murray. 1890, entry of incestum.

104）Cfr. Bernardo Santalucia, Diritto e Processo Penale nell'Antica Roma, Seconda edizione, Giuffrè, Milano, 1998, p. 202.

105）See William Smith, William Wayte. G. E. Marindin, A Dictionary of Greek and Roman Antiquities, Albemarle Street, London. John Murray. 1890, entry of incestum.

106）参见ユスティニアヌス（古代ローマ）编:《学说汇纂第48卷（罗马刑事法)》，薛军译，中国政法大学出版社2005年版，第113页。

107）参见徐国栋:《论取得时效制度在人身关系法和公法上的适用》，载《中国法学》2005年第4期。

108）参见ユスティニアヌス（古代ローマ）编:《学说汇纂第48卷（罗马刑事法)》，薛军译，中国政法大学出版社2005年版，第113页。

109）参见徐国栋:《优士丁尼〈法学阶梯〉评注》，北京大学出版社2011年版，第85页。

110）指摘しておかなければならないことは、香港の吴敏伦教授は、近親相姦の禁忌は真実ではなかったと考えていることである。

111）ポンポニウス曰く、「人々は、法の不知に対して、時効取得という恩恵を得ることを否定するが、事実の不知については、そのようになり得ることは確定している。」（D. 22, 6, 4）。パピニアヌスも、「法の不知に対しては、

物を取得したいという人を増やすことはないだろうが、その権利を主張する者を害することもできないであろう。」と述べている（D. 22, 6, 7）。パウルスもまた、「通常の規則は、法の不知については、いかなる者も害することはできないが、事実の不知は、そうであるわけではない……」と述べている（D. 22, 6, 9pr.）。

112）パウルス：「法律の不知と事実の不知について論ず」（D. 22, 6, 9）。

113）Ver Andityas Soares de Moura Costa Matos, Pedro Savaget Nascimento, A inserção do estoicismo no Direito Romano Clássico: os rescritos do Imperador Marco Aurélio sobre Direito de Família e direito à liberdade, En Rivista do Curso de Direito da FEAD・n. 6・Janeiro/Decembro de 2010, pág. 4.

114）See William Smith, William Wayte. G. E. Marindin, A Dictionary of Greek and Roman Antiquities, Albemarle Street, London. John Murray. 1890, entry of incestum.

115）曰く、「遺言者の死亡に対し復讐することを見過ごした者は遺産の返還を強制されることが決定されている。なぜなら、争いの発生前に、情愛のためこの義務を履行していないことを知っている者は誠信の占有者と考えることはできず、遺産のすべての果実を返還するように要求されるべきだからである。遺産が売却されていたならば、受け取った代価の利息を返還しなければならず、遺産の物の訴訟が始まった後に遺産の債務者が受け取る金銭もそうである。このような果実には、遺産の土地上の果実又はこの土地から収取した果実も含まれなければならない。この利息は年6%とする。」（C. 6, 35, 1）。西暦10年に公布された《スラヌス元老院議決》は、主人が奴隷によって殺害されたときは、その奴隷に対する刑事訴訟が終結し、罪を犯した奴隷が罰せられる前は、いかなる者も被害者の遺産の相続を開始してはならない。この勅答の中の被害者は、殺人犯の刑事訴訟が終わるのを待たずに、殺害された人の遺産を占有していた。このようにしたとき、その者は《スラヌス元老院議決》の規定があることを知っていた。もし法の不知が誠信となるのであれば、この者のこのような法の「不」知は、当然に悪信となる。しかし、ここでの悪信は些に下劣な行為が混ざっており、純粋に主観的なものではない。

116）Cfr. Mariano Scarlata Fazio, Ingnoranza della legge, In Enciclopedia del Diritto, Vol. XX, Giuffrè, Milano, 1970, p. 5.

117）Cfr. Emilio Betti, Teoria Generale delle Obbligazioni, I, Giuffrè, Milano, 1953, p. 93.

118）Cfr. Giovanni Maria Uda, La buona fede nell'esecuzione del contratto, Giappichelli, Torino, 2004, p. 8.

119）Cfr. Matteo Marrone, Istituzioni di diritto romano, Palumbo, Palermo, 1994, p. 23.
120）Véase José Carlos Moreira Alves, A Boa fé objetiva no sisitema contratual brasileiro, In Sandro Schipani (a cura di), Roma e America, Diritto ramano comune, Vol. VII, Mucchi Editore, Modena, 1999, p. 192.
121）Cfr. Pierre Daniel Senn, Buona Fede nel diritto romano, In Digesto delle Discipline Privatistiche, Vol. II, Torino, UTET, 1989, p. 131. この過程の発生は紀元前2世紀後半頃であると考える者もいるし、更には、その発生は紀元前1世紀であると考える者もいる。参見ラインハルト・ツィンマーマン（ドイツ）、サイモン・ウィッターカー（イギリス）主編：《欧洲合同法中的诚信原则》，丁广宇、杨才然、叶桂峰译，法律出版社2005年版，第56页。
122）Cfr. Cicerone, Dei Doveri, A cura di Dario Arfelli, Oscar Mondadori, Bologna, 1994, p. 258s.
123）参见ボンファンテ（イタリア）：《罗马法教科书》，黄风译，中国政法大学出版社1992年版，第89页。
124）参见ガイウス（古代ローマ）：《法学阶梯》，黄风译，中国政法大学出版社1996年版，第320页。
125）参见ユスティニアヌス（古代ローマ）：《法学阶梯》，徐国栋译，中国政法大学出版社1999年版，第473页。
126）Cfr. Antonio Guarino, Diritto privato romano, Jovene, Napoli, 1994, pp. 867ss.
127）消費貸借が誠信訴訟の原因に入れられていないことは、じっくりとかみしめる価値がある。この契約は、債務者が同種類同数量の物を返還することを求めるに過ぎず、その他の三つの契約が債務者に当該原物の返還を求めるのとは異なり、一個の中間的原因と言えるかもしれない。債務者が原物返還を要求される場合、債務者が「原」物の返還を保証できるかどうか、換言すれば債務者の管理下にある目的物を返還できるかどうかは、多く誠信の要素を含んでいるのである。
128）参见ガイウス（古代ローマ）：《法学阶梯》，黄风译，中国政法大学山版社1996年版，第98页。
129）Cfr. Antonio Guarino, Diritto privato romano, Jovene, Napoli, 1994, pp. 871ss.
130）参见F・グッチ（イタリア）：《欧洲罗马法传统中的寄托》，黄风译，载杨振主编：《罗马法・中国法与民法法典化》，中国政法大学出版社1995年版，第254页。另参见ガイウス（古代ローマ）：《法学阶梯》，黄风译，中国政法大学出版社1996年版，第98页。
131）Véase Rafael Domingo, Textos de Derecho Romano, Aranzadi Editorial,

1998, p. 31. 另参见周枏:《罗马法原论》（下册），商务印书馆1994年版，第660-681页。

132）Cfr. Antonio Guarino, Diritto privato romano, Jovene, Napoli, 1994, pp. 878s.

133）Cfr. Matteo Marrone, Istituzioni di diritto romano, Palumbo, Palermo, 1994, pp. 465s.

134）参见周枏:《罗马法原论》（下册），商务印书馆1994年版，第668页。

135）D. 50, 16, 19：ウルピアヌス（古代ローマ）:『告示評注』第11巻「ラベオは……こう定義している。すなわち、『契約の締結』というのは相互に債権債務の関係を築くことを指し、売買、賃貸借、組合といった、ギリシャ人が『双務』と呼んだ種類の契約のことである。」参照。中国語訳は、参見サンドロ・スキパーニ（イタリア）选编:《契约之债与准契约之债》，丁玫译，中国政法大学出版社1998年版，第9页。

136）参见キケロ（古代ローマ）:《论义务》，王焕生译，中国政法大学出版社1999年版，第303-305页。セルウェイウスの詐欺の定義については、参見サンドロ・スキパーニ（イタリア）选编:《民法大全选译・法律行为》，徐国栋译，中国政法大学出版社1998年版，第53页。

137）Cfr. Cicerone, Dei Doveri, A cura di Dario Arfelli, Oscar Mondadori, Bologna, 1994, p. 243.

138）参见キケロ（古代ローマ）:《论义务》，王焕生译，中国政法大学出版社1999年版，第305页。

139）Cfr. Antonio Guarino, Diritto privato romano, Jovene, Napoli, 1994, p. 963. Anche si vede Manuel Jesus Carcia Garrido, Diritto privato romano, CEDAM, Padova, 1996, pp. 415s.

140）参见周枏:《罗马法原论》（下册），商务印书馆1994年版，第716页。

141）Cfr. Antonio Guarino, Diritto privato romano, Jovene, Napoli, 1994, p. 921.

142）Cfr. Mario Bretone, Storia del diritto romano, Laterza, Roma Bari, 1997, p. 121.

143）参见アルド・ペトルッチ（イタリア）:《运送合同从罗马到现行意大利民法典的发展》，徐国栋译，载徐国栋主编:《罗马法与现代民法》第1卷，中国法制出版社2000年版，第233页。

144）参见周枏:《罗马法原论》（下册），商务印书馆1994年版，第717页。

145）See the Digest of Justinian, edited by Mommsen and Alan Watson, University of Pennsylvania Press, Philadelphia, 1985, p. 574.

146）Cfr. Antonio Guarino, Diritto privato romano, Jovene, Napoli, 1994, pp. 938s. Anche si vede Alberto Burdese, Manuale di diritto privato romano,

UTET, Torino, 1993, pp. 476s.
147) Cfr. Antonio Guarino, Diritto privato romano, Jovene, Napoli, 1994, pp. 927ss.
148) Cfr. Alberto Burdese, Manuale di diritto privato romano, UTET, Torino, 1993, p. 495s.
149) Cfr. Federico del Guidice e Sergio Beltrani, Nuovo Dizionario Guiridico Romano, Edizione Simone, Napoli, 1995, p. 24; p. 20.
150）参見キケロ（古代ローマ）:《地方论》，徐国栋、アルド・ペトルッチ（イタリア）、ジュセッペ・テッラチーナ（イタリア）译，载《南京大学法律评论》2008年春秋号合卷，法律出版社2008年版，第18页。
151）参见周枏:《罗马法原论》(下册)，商务印书馆1994年版，第194页、第199页。
152) Cfr. Mario Talamanca, Istituzioni di diritto Romano, Giuffrè, Milano, 1990, p. 702. 也参见周枏:《罗马法原论》(下册)，商务印书馆1994年版，第537页及以次。
153) C. 3, 31, 12. See the Civil Law including The Twelve Tables, The Institutes of Gaius, The Rules of Ulpian, The Opinions of Paulus, The Enactments of Justinian, and The Constitution of Leo, Trans. and edited by S. P. Scott, Cincinnati, s/a. Vol. XII, p. 311.
154) Cfr. Manuel Jesus Carcia Garrido, Diritto privato romano, CEDAM, Padova, 1996, p. 374.
155）D. 2, 14, 7, 2中の、ウルピアヌスが伝えているアリストゥスの、双務契約についての論述。载サンドロ・スキパーニ（イタリア）选编:《民法大全选译・法律行为》，徐国栋译，中国政法大学出版社1998年版，第3-4页。
156）参见ガイウス（古代ローマ）:《法学阶梯》，黄风译，中国政法大学出版社1996年版，第246页。訳文は変更した。
157）参见周枏:《罗马法原论》(下册)，商务印书馆1994年版，第843页。
158）同上书，第197页。
159) Cfr. Manuel Jesus Carcia Garrido, Diritto privato romano, CEDAM, Padova, 1996, p. 360.
160）参见丁玫:《罗马法契约责任》，中国政法大学出版社1998年版，第119页。
161) Cfr. Manuel Jesus Carcia Garrido, Diritto privato romano, CEDAM, Padova, 1996, pp. 361s.
162) Véase José Carlos Moreira Alves, A Boa fé objetiva no sisitema contratual brasileiro, In Sandro Schipani (a cura di), Roma e America, Diritto ramano comune, Vol. VII, Mucchi Editore, Modena, 1999, p. 192.
163) Cfr. Mario Talamanca, Istituzioni di diritto Romano, Giuffrè, Milano,

1990, p. 314.

164) Cfr. Manuel Jesus Carcia Garrido, Diritto privato romano, CEDAM, Padova, 1996, p. 360.

165) 参见周枬：《罗马法原论》（上册），商务印书馆1994年版，第196页。

166) 同上。

167) Cfr. Manuel Jesus Carcia Garrido, Diritto privato romano, CEDAM, Padova, 1996, p. 361.

168) 参见周枬：《罗马法原论》（上册），商务印书馆1994年版，第116页。

169) Cfr. Riccardo Cardilli, L'Obligazione di "praestare" e la responsabilità contrattuale in diritto romano (II SEC. A. C-II SEC. D. C), Giuffrè, Milano, 1995, p. 209.

170) Véase José Carlos Moreira Alves, A Boa fé objetiva no sisitema contratual brasileiro, In Sandro Schipani (a cura di), Roma e America, Diritto ramano comune, Vol. VII, Mucchi Editore, Modena, 1999, pp. 194s.

171) 参见周枬：《罗马法原论》（下册），商务印书馆1994年版，第885页、第748页。

172) Cfr. Alberto Burdese, Manuale di diritto privato romano, UTET, Torino, 1993, pp. 100s.

173) アクイリウスは、およそ紀元前100年から紀元前44年に生きていた人物であり、キケロの友人であった。アクイリウスは、法について述べる中で公平を強調し、アクイリウスの要式口約束を発明した。

174) Cfr. Filippo Milone, La exception doli (generalis), Riccardo Marchieri di Gius, Napoli, 1882, p. 65.

175) 参见周枬：《罗马法原论》（下册），商务印书馆1994年版，第754-757页。

176) 例えば、ドイツの学者のショルメイエルは、この説を主張している。参见史尚宽：《债法总论》，荣泰印书馆1978年版，第320页。

177) Cfr. Antonino Metro, Exceptio Doli e Iudicia Bonae Fidei, Su http://www.unipa.it/~dipstdir/pub/annali/2006/Metro.pdf、2012年1月4日アクセス。

178) 参见ロベルト・フィオーリ（イタリア）：《论诈欺抗辩》，曾键龙、阮辉玲译，载费安玲主编：《学说汇纂》第2卷，知识产权出版社2009年版，第192页。

179) Cfr. Antonino Metro, Exceptio Doli e Iudicia Bonae Fidei, Su http://www.unipa.it/~dipstdir/pub/annali/2006/Metro.pdf、2012年1月4日アクセス。

180) Cfr. Filippo Milone, La exception doli (generalis), Riccardo Marchieri di Gius, Napoli, 1882, p. 68.

181) 参见周枬：《罗马法原论》（下册），商务印书馆1994年版，第886页。

182) Cfr. Alberto Burdese, Manuale di diritto privato romano, UTET, Torino, 1993, p. 100.
183) 参见ボンファンテ（イタリア）:《罗马法教科书》，黄风译，中国政法大学出版社1992年版，第90页。
184) 参见キケロ（古代ローマ）:《地方論》，徐国栋、アルド・ペトルッチ（イタリア）、ジュセッペ・テッラチーナ（イタリア）译，载《南京大学法律评论》2008年春秋号合卷，法律出版社2008年版，第17页。
185) Véase Antonio Fernández de Buján, Sistemática y "ius civile" en las obras de Quintus Mucius Scaevola y de Accursio, En Revista Jurídica 6 (2002), pág. 58.
186) 参见キケロ（古代ローマ）:《论演说家》，王焕生译，中国政法大学出版社2003年版，第175页及以次。
187) See Kaius Tuori, The Myth of Quintus Mucius Scaevola: Founding Father of Legal Science? In 72 (2004), Tijdschrift voor Rechtsgeschiedenis, p. 257.
188) See the Digest of Justinian, Volume 4, edited by Mommsen and Alan Watson, University of Pennsylvania Press, Philadelphia, 1985, p. 961.
189) 参见キケロ（古代ローマ）:《论演说家》，王焕生译，中国政法大学出版社2003年版，第35页及以次。
190) See Kaius Tuori, The Myth of Quintus Mucius Scaevola: Founding Father of Legal Science? In 72 (2004), Tijdschrift voor Rechtsgeschiedenis, p. 248, note 24. 死亡に対するストア学派の態度については、参见キケロ（古代ローマ）:《顺应自然生活》，徐奕春译，陕西师范大学出版社2006年版，第282页。「最も聪明な者は、いつも悠然と死ぬことができる。」
191) See Kaius Tuori, The Myth of Quintus Mucius Scaevola: Founding Father of Legal Science? In 72 (2004), Tijdschrift voor Rechtsgeschiedenis, p. 251.
192) Cfr. Fritz Schulz, Storia della giurisprudenza romana, traduzione italiana di Guglielmo Nocera, Sansoni, Firenze, 1968, pp. 172s.
193) 参见石敏敏、章雪富:《斯多亚主义》(II)，中国社会科学出版社2009年版，第226页及以次。
194) Cfr. Aldo Cenderelli, Barbara Biscotti, Produzione e societa del diritto: storia di un metodo, Giappichelli, Torino, 2005, p. 195.
195) See Laurens Winkel, Quintus Mucius Scaevola once again, In Rena van den Bergh and Gardiol van Niekerk (edited by), Ex iusta causa traditum, Essays in Honour of Eric Pool, Published as a special edition of "Fundamina", the annual journal of the Southern African Society of Legal

196）Ibid., p. 428.

197）See Kaius Tuori, The Myth of Quintus Mucius Scaevola: Founding Father of Legal Science? In 72 (2004), Tijdschrift voor Rechtsgeschiedenis, p. 250.

198）参见徐国栋:《罗马私法要论——文本与分析》,科学出版社2007年版,第193页。

199）Cfr. Mario Talamanca, Istituzioni di diritto Romano, Giuffrè, Milano, 1990, p. 257.

200）See Adole Berger, Encyclopedic Dictionary of Roman Law. Philadelphia: The American Philosophical Society, 1991, p. 647.

201）See Kaius Tuori, The Myth of Quintus Mucius Scaevola: Founding Father of Legal Science? In 72 (2004), Tijdschrift voor Rechtsgeschiedenis, p. 243.

202）Ibid.

203）Ibid., p. 256.

204）Véase Antonio Fernández de Buján, Sistemática y "ius civile" en las obras de Quintus Mucius Scaevola y de Accursio, En Revista Jurídica 6 (2002), pág. 63.

205）参见丁玫:《罗马法契约责任》,中国政法大学出版社1998年版,第157页。

206）Cfr. Riccardo Cardili, "Bona fides" tra storia e sistema, Giappichelli, Torino, 2004, pp. 18s.

207）参见サンドロ・スキパーニ（イタリア）选编:《民法大全选译・物与物权》,范怀俊译,中国政法大学出版社1993年版,第206页。

208）同上书,第207页。

209）Cfr. Yuri Gonzalez Roldan, Il Senatoconsulto Q. Iulio Balbo et P. Iuventio Celso consulibus factum nella lettura di Ulpiano, Bari, Cacucci Editore, 2008, p. 255.

210）Cfr. Cicerone, Dei Doveri, A cura di Dario Arfelli, Oscar Mondadori, Bologna, 1994, p. 253.

211）参见刘峰:《道家学派与斯多亚学派幸福观之比较》,载《湖南第一师范学报》2007年第1期,第70页。

212）参见汪子嵩等:《希腊哲学史》,第2卷,人民出版社1993年版,第811页。

213）参见智琼:《"快乐即幸福"与"有德即幸福"——伊壁鸠鲁学派与斯多亚派幸福观之比较》,载《安徽大学学报》(哲学社会科学版) 2009年第3期,第32页及以次。

214）Cfr. Cicerone, Dei Doveri, A cura di Dario Arfelli, Oscar Mondadori,

Bologna, 1994, proemio, V.

215）参见全增嘏主编:《西方哲学史》（上册），上海人民出版社1983年版，第248页。
216）参见キケロ（古代ローマ）:《论义务》，王焕生译，中国政法大学出版社1999年版，第259页。
217）Cfr. Cicerone, Dei Doveri, A cura di Dario Arfelli, Oscar Mondadori, Bologna, 1994, proemio, V. 王焕生の中国語訳147頁も参照。
218）参见徐国栋:《行省制度的确立对罗马法的影响——以西西里省的设立为中心》，载《罗马法传统与中国:回顾与前瞻国际学术研讨会论文集》（长沙，2011年6月），第465页及以次。
219）参见杨共乐:《试论共和末叶罗马的经济变革》，载《北京师范大学学报》（社会科学版）1999年第4期，第32页。

第四章

1）参见《世界历史词典》编辑委员会:《世界历史词典》，上海辞书出版社1985年版，第71页。
2）Cfr. Gian Paolo Massetto, Buona Fede nel Diritto Medievale e Moderno, In Digesto delle Discipline Privatistiche, Vol. II, Torino, UTET, 1989, p. 135.
3）Véase Manuel De La Puente y Lavalle, El contrato en general, El fondo para publicacion del PUC del Perú, 1996, pág. 24.
4）Cfr. Gian Paolo Massetto, Buona Fede nel Diritto Medievale e Moderno, In Digesto delle Discipline Privatistiche, Vol. II, Torino, UTET, 1989, p. 142.
5）Ibid., p. 143.
6）Ibid., p. 136.
7）参见中国基督教协会、中国基督教三自爱国运动委员会印:《旧约全书》，南京，1988年版，第90页。
8）同上书，第6页及以次。
9）See James Gordley, Good Faith in Contract Law, In The Medieval Ius Commune, In Reinhard Zimmermann and Simon Whittaker(Edited by), Good Faith in European Contract Law, Cambridge University Press, 2000, p. 94.
10）See J. F. O'Connor, Good faith in English law, Aldershot, Hants, Dartmouth; Brookfield, Vt., USA, Gower, 1990, p. 6.
11）Ibid., p. 8.

12）一般に、『聖書』のこの戒律は「あなたの隣人【邻人】を愛しなさい」と訳されているが、私はこの訳し方は妥当でないと考えている。その理由は、参见徐国栋:《西口闲笔》, 中国法制出版社2000年版, 第151页。

13）Cfr. Gian Paolo Massetto, Buona Fede nel Diritto Medievale e Moderno, In Digesto delle Discipline Privatistiche, Vol. II, Torino, UTET, 1989, p. 152.

14）See J. F. O'Connor, Good faith in English law, Aldershot, Hants, Dartmouth; Brookfield, Vt., USA, Gower, 1990, pp. 2ss.

15）Cfr. Gian Paolo Massetto, Buona Fede nel Diritto Medievale e Moderno, In Digesto delle Discipline Privatistiche, Vol. II, Torino, UTET, 1989, p. 135.

16）キケロ説:「正義の基礎は誠信であり、また発した言葉と合意に対する遵奉と忠誠である」。参见キケロ（古代ローマ):《论义务》, 王焕生译, 中国政法大学出版社1999年版, 第23页。

17）Cfr. Gian Paolo Massetto, Buona Fede nel Diritto Medievale e Moderno, In Digesto delle Discipline Privatistiche, Vol. II, Torino, UTET, 1989, p. 135.

18）Ibid., pp. 136s.

19）Ibid., p. 136.

20）参见徐国栋:《论市民》, 载《政治与法律》2002年第4期。

21）Véase José Carlos Moreira Alves, A Boa fé objetiva no sisitema contratual brasileiro, In Sandro Schipani(a cura di), Roma e America, Diritto romano comune, Vol. VII, Mucchi Editore, Modena, 1999, p. 187.

22）Cfr. Gian Paolo Massetto, Buona Fede nel Diritto Medievale e Moderno, In Digesto delle Discipline Privatistiche, Vol. II, Torino, UTET, 1989, p. 139.

23）Ibid., p. 141.

24）Ibid., p. 139.

25）参见梁慧星主编:《中国物权法研究》（上册), 法律出版社1998年版, 第194-195页。

26）参见アルド・ペトルッチ（イタリア):《意大利统一前诸小国的民法典制定与1865年意大利民法典》, 徐国栋译, 载徐国栋主编:《罗马法与现代民法》第1卷, 中国法制出版社2000年版。

27）以下のものを参照せよ。《ドイツ民法典》第900条、《スイス民法典》第661条及び王利明教授主幹の《物権法草案》第70条、第71条。http://www.zzhf.com/detail.asp?id=627。梁慧星教授主幹の《物権法草案》第57条、第58条。梁慧星主编:《中国物权法草案建议稿》, 社会科学文献出版社

2000年版，第232页及以次。
28）Cfr. Gian Paolo Massetto, Buona Fede nel Diritto Medievale e Moderno, In Digesto delle Discipline Privatistiche, Vol. II, Torino, UTET, 1989, p. 139. しかしながら、使用所有権は農奴が土地を享有する権利であり、地主の権利が直接所有権（Dominium directum）であると解する者もいる。参见朱晓喆:《现代民法科学的历史起源——以人文主义法学为中心》，http://qzq333.fyfz.cn/art/287756.htm，2012年1月1日アクセス。
29）Cfr. Gian Paolo Massetto, Buona Fede nel Diritto Medievale e Moderno, In Digesto delle Discipline Privatistiche, Vol. II, Torino, UTET, 1989, p. 142.
30）Ibid., p. 141.
31）Ibid., p. 142.
32）参见ハロルド・バーマン（アメリカ）:《法律与革命》，贺卫方等译，中国大百科全书出版社1993年版，第434页及以次。
33）Cfr. Gian Paolo Massetto, Buona Fede nel Diritto Medievale e Moderno, In Digesto delle Discipline Privatistiche, Vol. II, Torino, UTET, 1989, p. 140.
34）参见徐国栋:《客观诚信与主观诚信的对立统一问题——以罗马法为中心》，载《中国社会科学》2001年第6期。
35）Cfr. Gian Paolo Massetto, Buona Fede nel Diritto Medievale e Moderno, In Digesto delle Discipline Privatistiche, Vol. II, Torino, UTET, 1989, p. 140.
36）Véase José Luis de los Mozos, El principio de la buena fe, sus aplicaciones prácticas en el derecho civil español, Barcelona, Bosch, 1965, pág. 118.
37）Cfr. Federico del Giudice, Nuovo Dizionario Giuridico, Edizione Simone, Napoli, 1998, p. 764.
38）参见罗辉:《西欧中世纪教会婚姻法的理论与实践》，首都师范大学2011年博士学位论文，第91页。
39）参见ウェスターマーク（フィンランド）:《人类婚姻简史》，刘小幸、李彬译，商务印书馆1992年版，第51页。
40）参见罗辉:《西欧中世纪教会婚姻法的理论与实践》，首都师范大学2011年博士学位论文，第91页。
41）教親族というのは、教父と教母の故に惹き起こされた親族関係であり、従って、教子女は教父母と教親族を構成するだけでなく、教父母の子女とも教親族を形成し、教親族の意味での兄弟姉妹となる。
42）参见罗辉:《西欧中世纪教会婚姻法的理论与实践》，首都师范大学2011年

博士学位论文，第91页。

43）Cfr. Gilda Ferrando, Agnese Querci, L'invalidità del matrimonio e il problema dei suoi effetti, Kluwer, Iposoa, 2007, p. 244.

44）Ibid.

45）参见罗辉:《西欧中世纪教会婚姻法的理论与实践》，首都师范大学2011年博士学位论文，第90页。

46）参见《天主教法典》〔カノン法典〕、http://www.vatican.va/chinese/cic/cic-libro-IV-cann840-1165-ParteI_zh-t.pdf、2012年1月1日アクセス。

47）Cfr. P. Cendon, Commentario al codice civile. Artt. 1-142: Disposizioni preliminari. Diritto internazionale privato. Persone fisiche e giuridiche. Parentela e affinità. Matrimonio, Giuffrè, Milano, 2009, p. 1462.

48）参见罗辉:《西欧中世纪教会婚姻法的理论与实践》，首都师范大学2011年博士学位论文，第98页。

49）参见薄洁萍:《乱伦禁忌:中世纪基督教会对世俗婚姻的限制》，载《历史研究》2003年第6期，第186页。

50）Cfr. Federico del Giudice, Nuovo Dizionario Giuridico, Edizione Simone, Napoli, 1998, p. 764.

51）Cfr. P. Cendon, Commentario al codice civile. Artt. 1-142: Disposizioni preliminari. Diritto internazionale privato. Persone fisiche e giuridiche. Parentela e affinità. Matrimonio, Giuffrè, Milano, 2009, p. 1462.

52）『旧約聖書・創世記』参照。

53）Véase Urbano Navarette, La Buena Fe de las Personas Juridicas en Orden a la Prescripcion Adquistiva. Estudio Historico-Canonico, Gregorian & Biblical Book Shop, 1959, pág. 150.

54）Cfr. Johannes Voet, Coommentariu ad Pandecta, Vol. I, Lugduni Batavorum, 1698, p. 572.

55）Véase Urbano Navarette, La Buena Fe de las Personas Juridicas en Orden a la Prescripcion Adquistiva. Estudio Historico-Canonico, Gregorian & Biblical Book Shop, 1959, pág. 146ss.

56）参见谢在全:《民法物权论》，中国政法大学出版社1999年版，第219页。

57）Véase José Luis de los Mozos, El principio de la buena fe, sus aplicaciones prácticas en el derecho civil español, Barcelona, Bosch, 1965, pág. 112ss.

58）See the Civil Law including The Twelve Tables, The Institutes of Gaius, The Rules of Ulpian, The Opinions of Paulus, The Enactments of Justinian, and The Constitution of Leo, Trans. and edited by S. P. Scott, Cincinnati, s/a. Vol. XIII, p. 20.

59）Cfr. Gian Paolo Massetto, Buona Fede nel Diritto Medievale e Moderno, In Digesto delle Discipline Privatistiche, Vol. II, Torino, UTET, 1989, p. 147.
60）Ibid., p. 148.
61）Ibid.
62）Ibid., p. 149.
63）Ibid.
64）See J. F. O'Connor, Good faith in English law, Aldershot, Hants, Dartmouth; Brookfield, Vt., USA, Gower, 1990, p. 22.
65）Cfr. Gian Paolo Massetto, Buona Fede nel Diritto Medievale e Moderno, In Digesto delle Discipline Privatistiche, Vol. II, Torino, UTET, 1989, p. 149.
66）See James Gordley, Good Faith in Contract Law, In The Medieval Ius Commune, In Reinhard Zimmermann and Simon Whittaker(Edited by), Good Faith in European Contract Law, Cambridge University Press, 2000, p. 94.
67）Ibid., p. 106.
68）参见アリストテレス（古代ギリシャ）:《尼各马科伦理学》，苗力田译，中国社会科学出版社1990年版，第90-91页、第110页。
69）参见徐国栋:《公平与价格——价值理论》，载《中国社会科学》1993年第6期。
70）Cfr. Gian Paolo Massetto, Buona Fede nel Diritto Medievale e Moderno, In Digesto delle Discipline Privatistiche, Vol. II, Torino, UTET, 1989, p. 149.
71）See James Gordley, Good Faith in Contract Law, In The Medieval Ius Commune, In Reinhard Zimmermann and Simon Whittaker(Edited by), Good Faith in European Contract Law, Cambridge University Press, 2000, p. 112.
72）Véase José Luis de los Mozos, El principio de la buena fe, sus aplicaciones prácticas en el derecho civil español, Barcelona, Bosch, 1965, pág. 101.
73）See James Gordley, Good Faith in Contract Law, In The Medieval Ius Commune, In Reinhard Zimmermann and Simon Whittaker(Edited by), Good Faith in European Contract Law, Cambridge University Press, 2000, pp. 108s.
74）Ibid., p. 109.
75）See Jean Domat, Civil Law in Its Natural Order, Vol. I (Trans. By

William Strahan), Fred B. Rothman & Co. Colorado, 1980, p. 171.

76）参见徐国栋:《客观诚信与主观诚信的对立统一问题——以罗马法为中心》，载《中国社会科学》2001年第6期。

77）しかしながら、次のように考える者もいる。すなわち、「最大誠信は、法律上、いかなる特定の意義も有さない、異質で、曖昧とした、そして役に立たない一個の表現である。……我々の保険法は最大誠信を必要とはせず、この概念を捨て去る時が来たのである。」と。イギリスが最大誠信の概念を用いる結果は妥当でない。それは、保険者がとりたてて苦労することなく調査可能な事実を調査する義務から逃げる口実となっている。See A. D. M. Forte, Good Faith and Utmost Good Faith, In A. D. M. Forte (Edited by), Good Faith in Contract and Property, Oxford-Portland Pregon, 1999, p. 82. またSee Patrick Atiyah, The Rise and Down of the Freedom of Contract, Oxford University Press, 1979, p. 168.

78）参见フランク（アメリカ）:《法律与现代精神》，第5页，沈宗灵:《现代西方法律哲学》，法律出版社1983年版，第98页からの再引用。

79）参见ジョン・ヘンリー・メリーマン（アメリカ）:《大陆法系》，顾培东、禄正平译，法律出版社2004年版，第39页。

80）参见ロベスピエール（フランス）:《革命法制和审判》，赵涵舆译，商务印书馆1965年版，第27页。

81）フランスの現在の上訴裁判所は、最高上訴裁判所を含んでおり、上訴事件を審理することができる。

82）ドイツ人が外来語を極力、排除したという状況については、参见穂積陳重（日本）:《法律进化论》，黄尊三等译，中国政法大学出版社1997年版，第263页。

83）1811年6月1日の、この法典を公布するための皇帝令第1条は、民法は「市民らが理解することができる言葉を以て規定しなければならない。……」と定めていた。See Parker School of Foreign and Comparative Law, The General Civil Code of Austria, Revised and Annotated by Paul, L, Baeck, Oceana Publications, Inc. New York, 1972, p. 1.

84）Walter List, Zivilrecht, Von ABGB bis WuchG, Stand: 1. 5. 1997, 6. Auflage, Manz・Wien, S. 488ff.

85）ワルシャワ大学のローマ法教授であるWitold Wolodkiewicz〔教授〕からの、2011年11月5日の私宛の電子メールにおいて出された解釈に基づく。

86）参见王泽鉴:《民法学说与判例研究》（第1册），《台大法学论丛》，1975年，第330页。

87）参见黄建辉:《法律漏洞・类推适用》，蔚理法律出版社1988年版，第47页。

88）公法学者ラバント（Paul Laband、1838-1918年）の言葉。参见史尚宽:《债

法总论》，荣泰印书馆1978年版，第321页。

89) このような研究として、参见徐国栋:《中世纪法学家对诚信原则的研究》，载《法学》2004年第6期。

90) サヴィニーの『占有論』の中では、主観的誠信についての簡単な論述があるだけである（73頁）。サヴィニーの『現代ローマ法体系』の中に、客観的誠信についての専門的な研究はない。ヴィントシャイトの『パンデクテン教科書』の状況も大差はない。参见サヴィニー（ドイツ）:《论占有》，朱虎、刘智慧译，法律出版社2007年版。Véase M. F. C. von Savigny, Sistema Del Derecho Romano Actual, Traducido al castellano por Manuel Duran y Bas, Comares, Granada, 2005. Cfr. Bernardo Windscheid, Diritto delle pandette, trad. it. di Carlo Fadda e Paolo Emilio Bensa, UTET, Torino, 1925.

91) Voir J. A. Rogron, Codes Francais expliques. Paris, 1836, p. 94, p. 210.

92) Véase Delia Matilde Ferreira Rubio, El contrato en general, El fondo para publicacion del PUC del Perú, 1996, pág. 85.

93) Véase Manuel De La Puente y Lavalle, El contrato en general, El fondo para publicacion del PUC del Perú, 1996, pág. 24.

94) Véase José Maria Manresa y Navarro, Comentarios al Codigo Civil Español, Tomo II, Madrid, 1890, pág. 168.

95) Véase Florencio Garcia Goyena, Concordancias, Motivos y Comentarios del Codigo Civil Español, Tomo III, Madrid, 1852, pág. 9.

96) Cfr. Gian Paolo Massetto, Buona Fede nel Diritto Medievale e Moderno, In Digesto delle Discipline Privatistiche, Vol. II, Torino, UTET, 1989, p. 136.

97) Cfr. Pietro Bonfante, Essenza della bona fides e suo rapporto colla teorica di errore, In Bulletino dell'istituto di diritto romano, Vol. VI(1894), p. 89.

98) Ibid., p. 90.

99) Ibid., p. 91.

100) このような研究の国外のものとして、Roberto Fioriの Bonus vir, Politica filosofia retorica e diritto nel de officiis de Cicerone, Jovene, Napoli, 2011があり、国内のものとして、徐国栋:《民法基本原则解释:诚信原则的历史、实务、法理研究》，北京大学出版社2012年版がある。

101) この語には、信念、信仰、信任、信頼、教義等々の意味があるだけである。参见《德汉词典》编写组:《德汉词典》，上海译文出版社1983年版，第516页。

102) 参见キケロ（古代ローマ）:《论义务》，王焕生译，中国政法大学出版社1999年版，第22页及以下。

103）参见谢大任主编：《拉丁语汉语词典》，商务印书馆1988年版，第226页。

104）参见蔡章麟：《债权契约与诚实信用原则》，载刁荣华主编：《中国法学论集》，汉林出版社1976年版，第415页。

105) See Martin W. Hesselink, The Concept of Good Faith, In Hartkamp et al. (eds), Towards a European Civil Code, 3rd ed., Nijimegen and The Hague, London, Boston, 2004, p. 472.

106）Bürgerliches Gesetzbuch, 43. Auflage, München, 1998, Beck-Texte im dtv, S. 45, 189.

107) See Martin W. Hesselink, The Concept of Good Faith, In Hartkamp et al. (eds), Towards a European Civil Code, 3rd ed., Nijimegen and The Hague, London, Boston, 2004, p. 624.

108）参见ラインハルト・ツィンマーマン（ドイツ）、サイモン・ウィッターカー（イギリス）主编：《欧洲合同法中诚信原则》，丁广宇、杨才然、叶桂峰译，法律出版社2005年版，第23页。

109）Voir Code Civil Allemand traduits par Raoul de la Grasserie, Paris, 1901, p. 55.

110）この法典の中国語訳者は、第3条におけるguter Glaubeを「善意」と訳している。それによって二つの誠信原則の気まずさを回避している。参见殷生根、王燕の中国語訳，中国政法大学出版社1999年版，第3頁。

111）その条文曰く、いかなる者も誠実、信用に権利を行使し、義務を履行しなければならない。

112）参见ラインハルト・ツィンマーマン（ドイツ）、サイモン・ウィッターカー（イギリス）主编：《欧洲合同法中诚信原则》，丁广宇、杨才然、叶桂峰译，法律出版社2005年版，第40页。

113）参见杨立新点校：《大清民律草案·民国民律草案》，吉林人民出版社2002年版，第3页。

114）参见《辑揽百二十一号·第二章:民商事法》，无出版年月〔刊行年月不明〕，第5页、第34页。

115）参见判例六法編集委員会编：《判例六法》（2004），三省堂2004年版，第395页、第429页。

116）参见《分册基本六法·民法·民事诉讼法·民事诉讼规则·民事调停法·同规则》，友一出版社1998年版，第2页、第17页。

117) Wetgeving van het Koningrijk, Burgerlijk Wetboek, Ter Algemeene lands drukkerrij 1836. Voir Code Civil Neerlandais, Traduit en Francais par P. H. Haanebrinx, Bruxelles · Paris, Establishments Emile Bruylant, 1921.

118）参见ラインハルト・ツィンマーマン（ドイツ）、サイモン・ウィッター

カー（イギリス）主编:《欧洲合同法中诚信原则》，丁广宇、杨才然、叶桂峰译，法律出版社2005年版，第133页。

119）その条文曰く、「ある法律の効力の発生のために一人の者に誠信を備えることが要求される場合において、その者がこの誠信が必然的に及ぶ事実若しくは法律を知っているか、又は与えられた状況の下で、その者がその事実若しくは法律を知るべきであるときは、その者は誠信によって行為している者ではない。その者が疑いを抱くことに合理的な理由があるときは、たとえ問いただす術がないとしても、その者が、その事実若しくは法律を知るべき者とみなされることを妨げない。」参见王卫国主译:《荷兰民法典》（第3、5、6编），中国政法大学出版社2006年版，第7页。訳文は変更した。

120）その条文曰く、「合理性と公平性の要求を確定するときは、公認の法原則、オランダの今日の法観念並びに関連する具体的な社会の利益及び個人の利益を参照しなければならない。」参见王卫国主译:《荷兰民法典》（第3、5、6编），中国政法大学出版社2006年版，第7页。訳文は変更した。

121）その条文曰く、「(1)債権者及び債務者は、相互に合理性と公平性の原則に従い事を処理しなければならない。(2)法律、慣習又は法律行為により債権者及び債務者を拘束する力のある規則に基づき、特定の状況下で、合理性と公平性の原則に従って引き受けることができないときは、適用しない。」参见王卫国主译:《荷兰民法典》（第3、5、6编），中国政法大学出版社2006年版，第161页。

122）Burgerlijk Wetboek, Wetteksten 2005-2006, Loyens Loeff, 2005, p. 1093, p. 1121.

123）Cfr. Annarita Ricci, Il criterio della ragionevolezza nel diritto private, CEDAM, Padova, 2007, p. 123.

124）See The Civil Code of the Netherlands Antilles and Aaruba, Kluwer, 2002, p. 6; p. 227.

125）Cfr. Annarita Ricci, Il criterio della ragionevolezza nel diritto private, CEDAM, Padova, 2007, pp. 121s.

126）Ibid., pp. 158s.

127）参见徐国栋:《民法基本原则解释——以诚实信用原则的法理分析为中心》，中国政法大学出版社2004年版，第72页。

128）参见ラインハルト・ツィンマーマン（ドイツ）、サイモン・ウィッターカー（イギリス）主编:《欧洲合同法中诚信原则》，丁广宇、杨才然、叶桂峰译，法律出版社2005年版，第15页。

129）参见《庄子·应帝王》。

130）参见ジャンマリア・アヤニ（イタリア）、ウーコ・マッツォーイ（イタリア）:《转型时期的财产法法典编纂:来自比较法和经济学的一些建议》，徐国

栋译，载徐国栋主编：《罗马法与现代民法》第1卷，中国法制出版社2000年版。
131）参见黄道秀译：《俄罗斯联邦民法典》(全译本)，北京大学出版社2007年版，第37页。訳文は変更した。
132）同上书，第39页。訳文は変更した。
133）同上书，第54页。訳文は変更した。
134）同上书，第116页。訳文は変更した。
135）同上书，第120页。訳文は変更した。
136）同上书，第140页。訳文は変更した。
137）Гражданский кодекс Республики Казахстан, http://e.gov.kz/wps/wcm/connect/7445eb8047cf353ca189b7ec00953609/K940001000_20110325.htm?MOD=AJPERES&CACHEID=7445eb8047cf353ca189b7ec00953609&useDefaultText=0&useDefaultDesc=0、2011年12月4日アクセス。
138）ГРАЖДАНСКИЙ КОДЕКС РЕСПУБЛИКИ ТАДЖИКИСТАН, СТ. 196.
139）Гражданский кодекс Республики Узбекистан, http://fmc.uz/legisl.php?id=k_grajd_01、2011年12月4日アクセス。
140）Гражданский кодекс Республики Беларусь, http://www.wipo.int/wipolex/zh/text.jsp?file_id =230024、2011年12月7日アクセス。
141）ГРАЖДАНСКИЙ КОДЕКС РЕСПУБЛИКИ ТАДЖИКИСТАН, СТ. 196.
142）Lietuvos Respublikos civilinis kodeksas, On http://www.wipo.int/wipolex/en/text.jsp?file_id=202089、2011年12月3日アクセス。
143）ЦИВІЛЬНИЙ КОДЕКС УКРАЇНИ, http://yurist-online.com/en/kodeks/sk.php?zfile=3、2011年2月1日アクセス。
144）参见徐国栋：《英语世界的诚信原则》，载《环球法律评论》2004年秋季号。
145）Voir Code Civil, Daloz, Paris, 1997-98.
146）Véase Codigo Civil, Thomson, Aranzadi, 2004.
147）Cfr. Codice civile e leggi complementary, Gruppo24ore, 2010.
148）Ver, Codigo Civil, Almedina, Coimbra, 1998.
149）参见徐涤宇译：《智利共和国民法典》，中国法制出版社2002年版，第307页、第155页。
150）参见徐涤宇译：《最新阿根廷共和国民法典》，法律出版社2007年版，第291页、第144页。訳文は変更した。
151）参见齐云译：《巴西新民法典》，中国法制出版社2009年版，第63页、第179页。
152）Véase El Codigo Civil de 1984, Ponteficia Universidad Catolica del Perú, Facultad de Derecho, Fondo Editorial, 1997, pág. 299; pág. 170.

153）Véase Codigo Civil para el distrito federal en Materia Comun y para toda la Republica en Materia Federal, Greca, 1996, pág. 156; pág. 86.
154）Voir Code Civil d'Haiti, Au Port au-Prince, de Imprimerie du Gouvernment, 1826.
155）参见孙建江等译：《魁北克民法典》，中国人民大学出版社2005年版，第175页、第14页。
156）参见娄爱华译：《路易斯安那民法典》，厦门大学出版社2010年版，第196页，第56页。
157）参见蒋军洲译：《菲津宾民法典》，厦门大学出版社2011年版，第3页、第58页。
158）参见黄文煌译：《埃及民法典》，厦门大学出版社2008年版，第19页、第15页。
159）See The Libyan Civil Code, Translated in English by Meredith O. Ansell and Ibrahim Massaud al-Arif, The Oleander Press, 1971, p. 31; p. 21.
160）参见尹田译：《阿尔及利亚民法典》，中国法制出版社2002年版，第22页、第28页。
161）参见薛军译：《埃塞俄比亚民法典》，中国法制出版社2002年版，第319页、第73页。
162）TÜRK MEDENİKANUNU, http://www.belgenet.com/yasa/medenikanun/997-1030.html、2011年12月9日アクセス。
163）その条文曰く、なにびとも自己の権利の行使及び義務の履行に際しては、誠信に事を行わなければならない。
164）その条文曰く、支配人の代理権に対してなされた制限又は変更は、誠信で行為する第三者に対抗することができない。
165）See The Civil and Commercial Code, Book I-VI, タイ国司法部のタイ語と英語対照版，出版年月不明，第2页、第13页。惜しいことかな、私のパソコンはタイ語を表示することができず、その法典の英訳本の表現を採用する他ない。
166）ASTIKOS KOΔIKAS, http://www.hadjimichalis.gr/nomothesia_ellinik_astikos.asp、2011年12月9日アクセス。
167）ГРАЖДАНСКИЙ КОДЕКС ТУРКМЕНИСТАНА, http://aarhus.ngo-tm.org/Tm_law/Gr_kod/Ch1R03.htm#st0098、2011年12月4日アクセス。
168）ГРАЖДАНСКИЙ КОДЕКС РЕСПУБЛИКИ АРМЕНИЯ, http://www.parliament.am /law_docs /050598HO239rus.html?lang=rus、2011年12月4日アクセス。
169）гражданский кодекс азербайджан, http://emirest.ru/upioads/cat-15/27-11-2010.html、2011年12月7日アクセス。

170) Cfr. Codul civil al Republicii Moldova, Chisinau, 2002, p. 5.
171) Tsiviilseadustiku üldosa seadus, http://www.legaltext.ee/en/andmebaas/paraframe.asp?loc=text&lk =et &sk=en&dok=X30082K2.htm&query=code&tyyp=X&ptyyp=RT&pg=1&fr=no、2011年12月7日アクセス。
172) See The Civil Code of Georgia, Iris Georgia, 2001, p. 10; p. 162.
173) Cfr. Codul civil (Legea nr. 287/2009), Editura C. H. Beck, Bucaresti, 2009.
174) občanský zákoník, http://www.google.com.hk/url?sa=t&rct=j&q=V+l+%C3%A1+d+n+%C3%AD+n+%C3%A1+v+r+h%2Bob%C4%8Dansk%C3%BD+z%C3%A1kon%C3%ADk&source=web&cd=3&ved=0CDwQFjAC&url=http%3A%2F%2Fwww.vlada.cz%2Fassets%2Fppov%2Frnno%2Fuseseni-vlady%2Fnovela_VS_a_duvodova_zprava_pro_eKLEP.pdf&ei=Hh7fTricHo20iQfvxsWgBQ&usg=AFQjCNHh0CouStDGvW7KnGvmOBeGaeGwww、2011年12月7日アクセス。
175) その序章第10条で誠信原則について規定し、第五編第173条にて誠信占有について規定している。参见徐国栋主编：《绿色民法典草案》，社会科学文献出版社2004年版。
176) 梁慧星教授主宰の草案は、第7条で誠信原則について規定し、第630条で善意占有について規定している。王利明教授主宰の草案は、第6条で誠信原則について規定し、第1132条で善意占有について規定している。参见梁慧星〔主编〕：《中国民法典草案建议稿》，法律出版社2003年版。また、参见王利明主编：《中国民法典草案建议稿及说明》，中国法制出版社2004年版。
177) 参见闫尔宝：《行政法诚实信用原则研究》，中国政法大学2005年博士学位论文，第17页。
178) 参见何孝元：《诚实信用原则与衡平法》，三民书局1977年版，第8页。
179) 参见闫尔宝：《行政法诚实信用原则研究》，中国政法大学2005年博士学位论文，第40页。
180) 同上注，第41页。
181) 参见何孝元：《诚实信用原则与衡平法》，三民书局1977年版，第8页。
182) See Constitution of Columbia, On http://confinder.richmond.edu/admin/docs/colombia_const2.pdf、2011年10月4日アクセス。
183) その条文曰く、「共和国は、個人に対してであれ、その個性を体現する社団の成員に対してであれ、その人権の不可侵性を等しく承認し、保障し、そして政治経済及び社会団結の面での、違反することができない義務を履行することを求める。」参见姜士林、陈玮主编：《世界宪法大全》（上卷），中国广播电视出版社1989年版，第1111页。
184) Cfr. Ferro Carolina, Il principio di buona fede nell'azione amministrativa,

Su http://www.diritto.it/art.php?file=/archivio/27307.html、2011年10月7日アクセス。

185）参见张慧平：《诚实信用原则与法治的契合——作为宪法原则的诚实信用》，载《河北法学》2004年第7期，第7页及以次。

186）参见荆向丽：《诚实信用原则之宪政思维》，载《郑州航空工业管理学院学报》（社会科学版）2006年第10期，第115页及以次。

187）参见赵小芹：《行政法诚实信用原则研究》，吉林大学2008年博士学位论文，第89页。

188）Véase José Antonio Ramírez Arrayas, Interpretacion Constitucional y Principio de la Buena Fe, En Marcos M. Cordoba (Director), Tratado de la Buena Fe en el Derecho, Tomo II, Buenos Aires, La Ley, 2004, pág. 49ss.

189）Véase German J. Bidart Campos, Una Mirada Constitucional al Principio de la Buena Fe, En Marcos M. Cordoba (Director), Tratado de la Buena Fe en el Derecho, Tomo I, Buenos Aires, La Ley, 2004, pág. 44ss.

190）参见闫尔宝：《行政法诚实信用原则研究》，中国政法大学2005年博士学位论文，第20页。

191）同上注，第21页。

192）同上注，第44页。

193）同上注，第61页及以次。

194）参见赵小芹：《行政法诚实信用原则研究》，吉林大学2008年博士学位论文，第42页及以次。

195）参见徐国栋：《论民事屈从关系——以菲尔麦命题为中心》，载《中国法学》2011年第5期。

196）Véase Jesús Gonzáles Pérez, El Principio General de la Buena Fe en el Derecho Administrativo, En Marcos M. Cordoba (Director), Tratado de la Buena Fe en el Derecho, Tomo II, Buenos Aires, La Ley, 2004, pág. 345s.

197）参见闫尔宝：《行政法诚实信用原则研究》，中国政法大学2005年博士学位论文，第122页。

198）Véase Jesús Gonzáles Pérez, El Principio General de la Buena Fe en el Derecho Administrativo, En Marcos M. Cordoba (Director), Tratado de la Buena Fe en el Derecho, Tomo II, Buenos Aires, La Ley, 2004, pág. 343.

199）Ibid., pág. 347s.

200）参见吴波、陈玲：《德国背信罪之研究》，载《上海政法学院学报》2011年第2期，第106页。

201）参见杜文俊、陈玲：《我国背信罪之探讨》，载《上海政法学院学报》2011年第2期，第91页及以次。

202）参见张中秋、冯川、毛娓、王方玉：《诚信与公法关系探讨》，载《江苏警

官学院学报》2003年第5期，第108页及以次。

203）参见赵小芹：《行政法诚实信用原则研究》，吉林大学2008年博士学位论文，第101页及以次。

204）Véase Carlos J. Lascano, Buena Fe, Dolo y Comprension de la Criminalidad en el Derecho Penal Argentino, En Marcos M. Cordoba (Director), Tratado de la Buena Fe en el Derecho, Tomo I, Buenos Aires, La Ley, 2004, pág. 1040.

205）参见严沛坚：《透视诚实信用原则适用于税法的争议——兼论其与税收法定主义的衡平》，载《商场现代化》2008年10月上旬刊，第250页。

206）参见闫尔宝：《行政法诚实信用原则研究》，中国政法大学2005年博士学位论文，第40页。

207）参见李文华：《在刑事诉讼中确立诚实信用原则》，载《青海民族学院学报》（社会科学版）2005年第1期，第97页及以次。

208）参见李蓉：《论诚信机制在刑事诉讼制度中的确立》，http://www.civillaw.com.cn/article/default.asp?id=39366、2011年10月5日アクセス。

209）参见常饮冰、李梅奎：《刑事诉讼中确立诚实信用原则之检讨》，载《甘肃政法成人教育学院学报》2006年第3期，第2页及以次。

210）参见李波、宋志军：《刑事辩护制度诚实信用原则初论》，载《平原大学学报》2006年第2期，第61页。

211）参见常饮冰、李梅奎：《刑事诉讼中确立诚实信用原则之检讨》，载《甘肃政法成人教育学院学报》2006年第3期，第3页。

212）参见李蓉：《论诚信机制在刑事诉讼制度中的确立》，http://www.civillaw.com.cn/article/default.asp?id=39366、2011年10月5日アクセス。

213）参见陈丹：《论民事诉讼诚实信用原则》，中国政法大学2009年博士学位论文；蔡咏曦：《论民事诉讼中的诚实信用原则》，西南政法大学2009年博士学位论文。

214）参见唐东楚：《诉讼主体诚信论——以民事诉讼诚信原则立法为中心》，光明日报出版社2011年版。

215）Ver Cândida Pires, Viriato Lima, Código de Processo Civil de Macau Anotado e Comentado Vol. I, Faculdade de Direito da Universidade de Macau, 2006, p. 67. この資料を提供して下さったマカオ大学法学部の唐暁晴教授に感謝申し上げる。

216）Ver Código de processo civil, Sobre http://www.portolegal.com/CPCivil.htm、2011年11月18日アクセス。

217）参见赵小芹：《行政法诚实信用原则研究》，吉林大学2008年博士学位论文，第108页。

218）参见中国政法大学澳门研究中心、澳门政府法律翻译办公室编：《澳门民事

诉讼法典》，中国政法大学出版社1999年版，第5页。

219）参见蔡咏曦：《论民事诉讼中的诚实信用原则》，西南政法大学2009年博士学位论文，第98页。

220）参见ガイウス（古代ローマ）：《法学阶梯》，黄风译，中国政法大学出版社1996年版，第370页。訳文は変更した。

221）Cfr. Federico del Giudice, Nuovo Dizionario Giuridico, Edizione Simone, Napoli, 1998, p. 738.

222）Véase CODIGO PROCESAL CIVIL Y COMERCIAL DE LA NACION, Sober http://www.infoleg.gov.ar/infolegInternet/anexos/15000-19999/16547/texact.htm#3、2015年3月30日アクセス。

223）参见余鸿斌：《论国际法中的权利滥用与诚信原则》，载《重庆理工大学学报》（社会科学）2011年第4期，第63页。

224）憲章の関連条文の訳文は変更した。この憲章は、http://baike.baidu.com/view/64830.htm より。2011年10月6日アクセス。

225）参见王佩琼：《善意原则与〈联合国宪章诠释〉》，载《新闻出版交流》1999年第5期，第20页。

226）参见许光建：《联合国宪章诠释》，山西教育出版社1998年版，第34页。

227）See Marion Panizzon, Good faith in the Jurisprudence of the WTO: the Protection of Legitimate Expectations, Hart, 2006, p. 13.

228）この条約の関連条文の訳文は変更した。この条約は、http://baike.baidu.com/view/1322531.htm より。2011年10月7日アクセス。

229）この宣言の関連条文の訳文は変更した。この宣言は、http://34567.tv/index.php/4960/2011-03-30-11-31-50/806-011997620.html より。2011年10月6日アクセス。

230）See J. F. O'Connor, Good faith in International law, Dartmouth, Vermont, 1991, p. 11.

231）参见M·ヴァロリ：《国际法上的善意原则》，刘昕生译，载《国外法学》1984年第4期，第55页及以次。

232）参见严安琪：《浅析1974年核试验案的国际法规则》，载《东方企业文化·远见》2010年5月号，第80页及以次；赵一洋：《国家单方行为的性质和成立要件问题探讨》，载《湖北社会科学》2010年第8期，第159页及以次。

233）参见キケロ（古代ローマ）：《论义务》，王焕生译，中国政法大学出版社1999年版，第341页及以次。

234）See J. F. O'Connor, Good faith in International law, Dartmouth, Vermont, 1991, p. 48.

235）Ibid., pp. 49ss.

第五章

1）誠信原則を定義することの困難性及び甚だしきは不能であるとする見解については、See James Gordley, Good Faith in Contract Law, In The Medieval Ius Commune, In Reinhard Zimmermann and Simon Whittaker (Edited by), Good Faith in European Contract Law, Cambridge University Press, 2000, p. 93.

2）See James Gordley, Good Faith in Contract Law, In The Medieval Ius Commune, In Reinhard Zimmermann and Simon Whittaker (Edited by), Good Faith in European Contract Law, Cambridge University Press, 2000, pp. 95ss.

3）参见アンガー:《现代社会中的法律》, 吴玉章、周汉华译, 中国政法大学出版社1994年版, 第195页。

4）See J. F. O'Connor, Good faith in English Law, Aldershot, Hants, Dartmouth; Brookfield, Vt., USA, Gower, 1990, p. 11.

5）See Charles Fried, Contract as Promise, A Theory of Contractual Obligation, Harvard University Press, Cambridge, Massachusetts, 1981, p. 74.

6）参见ハロルド・バーマン（アメリカ）:《法律与革命》, 贺卫方等译, 中国大百科全书出版社1993年版, 第424页, 第747页。

7）参见F・H・ローソン（イギリス）:《财产法》（第二版）, 施天涛等译, 中国大百科全书出版社1998年版, 第27页。

8）同上书, 第44页。

9）同上书, 第108页、第171页。

10）本条第3項と第4項は、ここでは省略する。

11）参见ジョセフ・シンガー（アメリカ）:《财产法概论》, 中信出版社2003年版, 第754页。

12）《统一商法典》の専門家である北京航空航天大学法学部の孫新強教授が私にこの条項を提供して下さったことに対し、感謝申し上げる。

13）See the American Law Institute, Restatement of the Law Contracts 2d (Vol. 1-3), American Law Institute Publishers, 1981, p. 100.

14）See United States Congress. Senate. Committee on the Judiciary, Establishing good faith as a defense in certain cases. Hearing before a subcommittee, Eighty-third Congress, second session, on S. 1752. July 1, 1954, Washington, U. S. Govt. Print. Off., 1954, p. 1.

15）See United States Congress. Senate. Committee on the Judiciary, op. cit., p. 5.

16）参见F・H・ローソン（イギリス）:《财产法》（第二版），施天涛等译，中国大百科全书出版社1998年版，第49页及以次。
17）See Dukeminier and Krier, Property, Fifth Edition, Aspen Law & Business, New York, 2002, pp. 125ss.
18）参见ロバート・クーター（アメリカ）、トーマス・ユーレン（アメリカ）:《法和经济学》，张军等译，上海三联书店1991年版，第214页。
19）See Reziya Harrison, Good Faith in Sales, London, Sweet & Maxwell, 1997, Foreword, v.
20）英米法系の人間性の基準が比較的低いことに関する他の具体例としては、参见徐国栋:《主编絮语》，载徐国栋主编:《罗马法与现代民法》第3卷，中国法制出版社2002年版，第8页。
21）See Scott Crichton Styles, Good Faith: A Principled Matter, In A. D. M. Forte (Edited by), Good Faith in Contract and Property, Oxford-Portland Pregon, 1999, pp. 158s.
22）Ibid., p. 161.
23）Ibid.
24）Ibid.
25）See Roger Brownsword, Positive, Negative, Neutral: The Reception of Good Faith in English Contract Law, In Roger Brownsword, Norma J. Hird and Geraint Howells (Edited by), Good Faith in Contract, Concept and Context, Aldershot, Hants, England, Dartmouth; Brookfield, Vt., Ashgate, 1999, p. 15.
26）See Patrick Atiyah, The Rise and Down of the Freedom of Contract, Oxford University Press, 1979, p. 168.
27）See Roger Brownsword, Positive, Negative, Neutral: The Reception of Good Faith in English Contract Law, In Roger Brownsword, Norma J. Hird and Geraint Howells (Edited by), Good Faith in Contract, Concept and Context, Aldershot, Hants, England, Dartmouth; Brookfield, Vt., Ashgate, 1999, p. 16.
28）Ibid., p. 18.
29）See Ewan McKendrick, Good Faith: A Matter of Principle? In A. D. M. Forte (Edited by), Good Faith in Contract and Property, Oxford-Portland Pregon, 1999, p. 42.
30）See J. F. O'Connor, Good faith in English law, Aldershot, Hants, Dartmouth; Brookfield, Vt., USA, Gower, 1990, pp. 2ss.
31）Ibid., p. 5.
32）参见韩永强:《保险合同法"最大诚信原则"的祛魅》，载《甘肃政法学院学

报》2011年第2期,第153页。

33) See Allan Farnsworth, Good Faith in Contract Performance, In Jack Beatson and Daniel Friedmann (Edited by), Good Faith and Fault in Contract Law, Oxford, Clarendon Press, New York, Oxford University Press, 1995, p. 154.

34) See Reziya Harrison, Good Faith in Sales, London, Sweet & Maxwell, 1997, p. 6; p. 31.

35) See Reinhard Zimmermann and Simon Whittaker (Edited by), Good Faith in European Contract Law, Cambridge, New York, Cambridge University Press, 2000, pp. 8s.

36) See Ewan McKendrick, Good Faith: A Matter of Principle? In A. D. M. Forte (Edited by), Good Faith in Contract and Property, Oxford-Portland Pregon, 1999, p. 42. See also Reziya Harrison, Good Faith in Sales, London, Sweet & Maxwell, 1997, p. 4. 也参见何宝玉:《英国合同法》,中国政法大学出版社1999年版,第700页。

37) See Allan Farnsworth, The Concept of Good Faith in American Law, Roma, Centro di studi e ricerche di diritto comparato e straniero, 1993, p. 2.

38) See Michael Ansaldi, The German Llewellyn, In Brooklyn Law Review, FALL, 1992.

39) See Robert Summers, The Conceptualisation of Good Faith in American Contract Law: a General Account, In Reinhard Zimmermann and Simon Whittaker (Edited by), op. cit., p. 119.

40) See Charles Fried, Contract as Promise, A Theory of Contractual Obligation, Harvard University Press, Cambridge, Massachusetts, 1981, p. 78.

41) Ibid., p. 85.

42) See Allan Farnsworth, Good Faith in Contract Performance, In Jack Beatson and Daniel Friedmann (Edited by), Good Faith and Fault in Contract Law, Oxford, Clarendon Press, New York, Oxford University Press, 1995, p. 165.

43) See the American Law Institute, Restatement of the Law Contracts 2d (Vol. 1-3), American Law Institute Publishers, 1981, p. 99; p. 102.

44) See Robert Summers, The Conceptualisation of Good Faith in American Contract Law: a General Account, In Reinhard Zimmermann and Simon Whittaker (Edited by), p. 120.

45) See Charles Fried, Contract as Promise, A Theory of Contractual Obligation, Harvard University Press, Cambridge, Massachusetts, 1981, p.

78.

46）参見アンソニー・T・クロンマン（アメリカ）：《合同法与分配正义》，王建源译，载徐国栋主编：《罗马法与现代民法》第3卷，中国法制出版社2002年版，第256页。

47) See Robert Summers, The Conceptualisation of Good Faith in American Contract Law: a General Account, In Reinhard Zimmermann and Simon Whittaker (Edited by), p. 134.

48) See Charles Fried, Contract as Promise, A Theory of Contractual Obligation, Harvard University Press, Cambridge, Massachusetts, 1981, p. 83.

49) See Stephanie Anne Brown, Good Faith Performance and Enforcement of Contracts in Canadian Law, Columbia University, 1997, p. 8.

50) See Allan Farnsworth, The Concept of Good Faith in American Law, Roma, Centro di studi e ricerche di diritto comparato e straniero, 1993, p. 7.

51) See Charles Fried, Contract as Promise, A Theory of Contractual Obligation, Harvard University Press, Cambridge, Massachusetts, 1981, pp. 75ss.

52) See Allan Farnsworth, Good Faith in Contract Performance, In Jack Beatson and Daniel Friedmann (Edited by), Good Faith and Fault in Contract Law, Oxford, Clarendon Press, New York, Oxford University Press, 1995, p. 157.

53) See Robert Summers, The Conceptualisation of Good Faith in American Contract Law: a General Account, In Reinhard Zimmermann and Simon Whittaker (Edited by), p. 127.

54) Ibid., p. 135.

55) See Allan Farnsworth, The Concept of Good Faith in American Law, Roma, Centro di studi e ricerche di diritto comparato e straniero, 1993, p. 4.

56) See the American Law Institute, Restatement of the Law Contracts 2d (Vol. 1-3), American Law Institute Publishers, 1981, pp. 101s.

57) See Allan Farnsworth, Good Faith in Contract Performance, In Jack Beatson and Daniel Friedmann (Edited by), Good Faith and Fault in Contract Law, Oxford, Clarendon Press, New York, Oxford University Press, 1995, p. 162.

58) See Stephanie Anne Brown, Good Faith Performance and Enforcement of Contracts in Canadian Law, Columbia University, 1997, p. 8.

59) See Robert Summers, The Conceptualisation of Good Faith in American Contract Law: a General Account, In Reinhard Zimmermann and Simon

Whittaker (Edited by), pp. 132s.

60) See Allen R. Kamp, Uptown Act: A History of the Uniform Commercial Code: 1940-49, In 51 SMU L. Rev.

61) See Allan Farnsworth, The Concept of Good Faith in American Law, Roma, Centro di studi e ricerche di diritto comparato e straniero, 1993, p. 8.

62) See Robert Summers, The Conceptualisation of Good Faith in American Contract Law: a General Account, In Reinhard Zimmermann and Simon Whittaker (Edited by), p. 123.

63) See Allan Farnsworth, Good Faith in Contract Performance, In Jack Beatson and Daniel Friedmann (Edited by), Good Faith and Fault in Contract Law, Oxford, Clarendon Press, New York, Oxford University Press, 1995, pp. 163ss.

第六章

1)《中华人民共和国合同法》(中英对照),法律出版社1999年版,第7页、第25页。

2) Cfr. Legge sui contratti della Repubblica popolare cinese parte generale (art. 1-129), a cura di Enrico Toti e Laura Formichella, In Roma e America. Diritto Romano Comune (A cura di Sandro Schipani), Mucchi Editore, 1999 (7), Ercolano, 1999, pp. 330-331s.

3) 参见王荣珍:《论物权变动未登记不得对抗之善意第三人范围》,载《太平洋学报》2009年第5期,第52页。

4) 対抗できないというのは、法律行為がその当事者間では無効であるが、特定の第三者に対しては有効であることを指す。このような結果が生じる理由は、その法律行為が公示を経ていないか、あるいはその内容に一定の欠陥、例えば、詐欺等の要因があるからである。対抗し得ないという制度と取消可能な法律行為という制度は、異なるものである。前者の設定は第三者を保護することにあり、こうした保護は法律の明文規定がある場合でなければならない。後者の設定は法律行為を行なった当事者を保護することにある。

5) 参见刘建贤、朴正哲:《客观诚信与主观诚信在立法中统一的问题探析》,载《法制与社会》2007年第4期,第183页。

6) 参见彭万林主编:《民法学》,中国政法大学出版社2011年版,第358页。

7) 参见申惠文:《从"第三人"到"善意"第三人——解读我国〈物权法〉动产抵押未登记的效力》,载《广西社会科学》2008年第8期,第125页及以次。

8) 参见王荣珍:《论物权变动未登记不得对抗之善意第三人范围》,载《太平

洋学报》2009年第5期，第53页。
9）参见苗永干：《论善意取得制度之善意》，载《鸡西大学学报》2008年第1期，第35页及以次。
10）参见齐爱民：《论民法基本原则在知识产权法上的应用》，载《电子知识产权》2010年第1期，第46页及以次。
11）参见田晓玲：《商标法修改应贯彻公平和诚信原则》，载《西南民族大学学报》（人文社会科学版）2010年第4期，第133页。
12）同上注，第136页。
13）参见许丽：《姓名谐音商标违反诚信原则》，载《中华商标》2004年第8期，第42页及以次。
14）参见何敏：《"诚实信用原则"在商标法中的运用与体现》，载《中华商标》2009年第2期，第21页及以次。
15）同上注，第22页。
16）参见高金坏：《结婚向国徽宣誓，你赞同吗》，载《厦门晚报》2011年11月16日第A2版。
17）《アルゼンチン民法典》第224条曰く、夫婦が婚姻の日に、婚姻の無効を生じさせる障害又はその事情の存在を知り、又は知るべきであったときは、悪信となる。法律の不知又は錯誤は、誠信にはならない。事実の不知又は錯誤は、それを知ることができない場合でも誠信にはならないが、錯誤が欺罔により生じたときは、この限りでない。参見徐涤宇译：《最新阿根廷共和国民法典》，法律出版社2007年版，第59页。訳文は変更した。
18）参见徐涤宇译：《最新阿根廷共和国民法典》，法律出版社2007年版，第59页。訳文は変更した。
19）Cfr. Codul civil (Legea nr. 287/2009), Editura C. H. Beck, Bucaresti, 2009, p. 116.
20）参见李双元、欧福永主编：《国际私法教学案例》，北京大学出版社2007年版，第123页。
21）この他にも、贈与により結婚する場合の誠信にも現れる。このような贈与は、相手方に対して結婚をさせるために行われるものであり、受贈者は、婚姻意思のない場合にはこうした贈与を受け取ってはならない。Véase Antonio Dougnac Rodriguez, La Buena Fe en el Regimen Economico Matrimonial de Chile Indiano y su Proyeccion al Derecho Vigente, En Marcos M. Cordoba (Director), Tratado de la Buena Fe en el Derecho, Tomo II, Buenos Aires, La Ley, 2004, pág. 287ss.
22）Véase Antonio Dougnac Rodriguez, La Buena Fe en el Regimen Economico Matrimonial de Chile Indiano y su Proyeccion al Derecho Vigente, En Marcos M. Cordoba (Director), Tratado de la Buena Fe en el

Derecho, Tomo II, Buenos Aires, La Ley, 2004, pág. 287ss.

23）Cfr. Codul civil (Legea nr. 287/2009), Editura C. H. Beck, Bucaresti, 2009, p. 119.

24）Ibid., p. 122.

25）Ibid., p. 124.

26）Ibid., p. 125.

27）参见李双元、王海浪:《无效婚姻制度设计的反思》，载《浙江社会科学》2001年第1期，第89页；也参见陈洁:《对我国无效婚姻制度的立法思考》，载《广西大学学报》（哲学社会科学版）2007年增刊，第180页。

28）イタリアの1943年4月22日公布の法律第633号第68条第3項の規定するところによれば、音楽の総譜及び分譜を複製することを禁止する禁令を重ねて述べている。いずれの巻でも、また定期刊行物であればいずれの号でも、15％の範囲内で（広告頁は除く。）許され、個人の使用のために文学作品を複製するときは、この複製は写真、コピー又は類似の施設によって行うことができる。時はすでに半世紀以上を経ているが、この法律は、依然として効力を有しており、人々によって尊重されていることに私は驚嘆している。

29）例えば、ラテン人は、ローマ市民によって養子として育てられることを通じて、ローマ市民権を取得した。参见徐国栋:《罗马私法要论——文本与分析》,科学出版社 2007年版，第61页。

30）ローマの貴族であったクラウディウスは、平民出身でなければならない護民官になるために、自分より若い平民のププルス・フォントゥウスの養子となって、平民の身分を取得した。参见徐国栋:《罗马私法要论——文本与分析》,科学出版社 2007年版，第111页。更に、クルネイルス・トラベルスも護民官になるために平民の養子となった。

31）参见徐国栋:《优士丁尼〈法学阶梯〉评注》，北京大学出版社2011年版，第91页。

32）Marco Migliorini, Adozione tra prassi documentale e legislazione imperial nel diritto del tardo impero romano, Giuffrè, Milano, 2001, 388.

33）参见王佩兰:《诚信原则与专利制度》，载《中国发明与专利》2007年第7期，第59页。

34）同上。

35）Véase Eduardo A. Zannoni, La Buena Fe en el derecho sucesorio, En Marcos M. Cordoba (Director), Tratado de la Buena Fe en el Derecho, Tomo I, Buenos Aires, La Ley, 2004, pág. 633.

36）参见徐涤宇译:《最新阿根廷共和国民法典》，法律出版社2007年版，第698页。

37）同上书，第718页。
38）Véase Eduardo A. Zannoni, La Buena Fe en el derecho sucesorio, En Marcos M. Cordoba (Director), Tratado de la Buena Fe en el Derecho, Tomo I, Buenos Aires, La Ley, 2004, pág. 634s.
39）Greek Civil Code, Translated by Constantine Taliadoros, Cairo, Egypt, 1982, p. 37.
40）参见杨彪：《侵权行为法诚实信用原则的规范分析》，载《研究生法学》2003年第3期，第49页及以次。
41）Véase Felix A. Trigo Represas, La Buena Fe y su relacion con la responsabilidad civil, En Marcos M. Cordoba (Director), Tratado de la Buena Fe en el Derecho, Tomo I, Buenos Aires, La Ley, 2004, pág. 204.
42）Cfr. Codul civil (Legea nr. 287/2009), Editura C. H. Beck, Bucaresti, 2009, p. 559.
43）Ibid., pp. 566s.
44）参见李双元、欧福永主编：《国际私法教学案例》，北京大学出版社2007年版，第125页及以次。
45）Véase Alicia M. Perugini Zanetti, La Buena Fe y el Derecho Internacional Privato, En Marcos M. Cordoba (Director), Tratado de la Buena Fe en el Derecho, Tomo I, Buenos Aires, La Ley, 2004, pág. 677ss.
46）Véase Codigo civil uruguayo, Sobre http://www0.parlamento.gub.uy/htmlstat/pl/codigos/estudioslegislativos/CodigoCivil2010-02.pdf、2011年10月9日アクセス。
47）その法文曰く、夫婦が、婚姻関係存続期間に取得した財産について、各自の所有に属すると約定した場合において、夫又は妻の一方が債務を負っていて、第三者がその約定を知っているときは、夫又は妻の一方が所有する財産により債務を履行する。
48）上海市第一中級人民法院が審理した"周某某与傅某某等房地产买卖合同纠纷上诉案"〔(2010)沪一中民二（民）终字第4294号〕、及び同じ裁判所が審理した"某某某公司因居间合同纠纷案"〔(2011)沪　中民二（民）终字第62号〕参照。

第七章

1）参见アレン（アメリカ）：《立法至上与法治：民主与宪政》，仁堪译，载《法学译丛》1986年第3期。
2）参见《马克思恩格斯全集〔マルクス・エンゲルス全集〕》第1卷，人民出版社1964年版，第71页。

3）参见吕荣海:《从批判的可能性看法律的客观性》,蔚理法律出版社1987年版,第56页。

4）技術上の観点から見れば、法律の特徴は普遍性、確定性にあり、このことは、法律が人治の弊害を防ぐ手段として性質が決定し、設計されているということである。法律のもう一つの特徴は強制性であり、人治の弊害とは関係なく、本書ではそれに触れない。法律の特徴には如上の三つの性質があるということを提示する者として李肇偉がいる。その著《法理学》,作者自版1979年版,第7-9頁を見よ。

5）参见张宏生主编:《西方法律思想史》,北京大学出版社1983年版,第240页。

6）参见孙国华主编:《法学基础理论》,中国人民大学出版社1987年版,第347页。

7）参见吕荣海:《从批判的可能性看法律的客观性》,蔚理法律出版社1987年版,第63-64页。

8）参见アレン(アメリカ):《立法至上与法治:民主与宪政》,仁堪译,载《法学译丛》1986年第3期。

9）刁荣华主编:《中西法律思想论集》,汉林出版社1984年版,第165页からの再引用。

10）武树臣:《亚里士多德法治思想探索》,载《法学》1985年第5期からの再引用。

11）参见吕世伦、谷春德:《西方政治法律思想史》,辽宁人民出版社1988年版,第79页。引用文は変更した。

12）ギリシャ神話の中で、プロクルステスは悪徳旅店を開いていた強盗であり、通行人を脅してやって来させ、その者を鉄の寝台の上に縛り付け、無理矢理、その鉄の寝台に体を揃えていた。すなわち、背丈が短ければ脚を引っ張って長くし、背丈が長ければ脚を切断して短くしていた。こうした故事から、「一致する制度を無理矢理、求める」、「杓子定規な基準」等の意味が生まれた。参见チモルマン(アメリカ):《希腊罗马神话辞典》,陕西人民出版社1987年版,第317-318页。

13）参见ボーデンハイマー(アメリカ):《法理学——法哲学及其方法》,邓正来、姬敬武译,华夏出版社1987年版,第8页。

14）参见刘世民:《柏拉图与亚里士多德之法律思想的比较》,载刁荣华主编:《中西法律思想论集》,汉林出版社1984年版,第454页。

15）参见上海社会科学院法学研究所译:《德意志联邦共和国民法典》,法律出版社1984年版,第6页。

16）参见李洪林主编:《辩证唯物主义和历史唯物主义原理》,福建人民出版社1985年版,第215-216页。

17）参见ジョン・ヘンリー・メリーマン(アメリカ):《大陆法系》,顾培东、

禄正平译，法律出版社2004年版，第45页。

18）参见アリストテレス（古代ギリシャ）：《政治学》，吴寿彭译，商务印书馆1983年版，第163页。

19）参见ベッカリーア（イタリア）：《论犯罪和刑罚》，黄风译，中国大百科全书出版社1993年版，第13页。

20）ハンチントン・ケインズの言葉。ボーデンハイマー（アメリカ）：《法理学——法哲学及其方法》，邓正来、姬敬武译，华夏出版社1987年版，第464页からの再引用。

21）ウィトゲンシュタインの言葉。ボーデンハイマー（アメリカ）：《法理学法哲学及其方法》，邓正来、姬敬武译，华夏出版社1987年版，第129页からの再引用。

22）参见ダンピア（イギリス）：《科学史》，李衍译，商务印书馆1975年版，第271页。

23）参见郑玉波：《民法总则》，三民书局1979年版，第39页。

24）参见《马克思恩格斯全集》第25卷，人民出版社1964年版，第894页。

25）参见メイン（イギリス）：《古代法》，沈景一译，商务印书馆1959年版，第15页。

26）参见トックヴィル（フランス）：《论美国的民主》（上），董果良译，商务印书馆1988年版，第132页。

27）Hoebelはかつて、法律には、社会の制御、衝突の解決、社会の変化への適応、規範の実施という職責があると提起した。参见エールマン（アメリカ）：《比较法律文化》，贺卫方、高鸿钧译，三联书店1990年版，第26页。

28）参见陈盛清主编：《外国法制史》（修订本），北京大学出版社1987年版，第43-45页。

29）参见江平、米健：《罗马法基础》，中国政法大学出版社1987年版，第19页。

30）同上书，第25页。

31）参见《外国法制史资料选编》，北京大学出版社1982年版，第158-170页。参见《罗马法》编写组：《罗马法》，群众出版社1983年版，第30-38页。

32）他に、周朝が成文法を公布したと主張する者もいる。参见杨景凡、俞荣根：《论孔子》，西南政法学院印行，1983年，第110-112页。

33）参见张晋藩主编：《中国法制史》，群众出版社1982年版，第57-61页。

34）参见エールマン（アメリカ）：《比较法律文化》，贺卫方、高鸿钧译，三联书店1990年版，第88页。

35）参见黄少游：《自然法思想之的变迁与发展》，载刁荣华主编：《中西法律思想论集》，汉林出版社1984年版，第418-419页。

36）参见プラトン（古代ギリシャ）：《政治家篇》第295节，载《西方法律思想史参考资料选编》，北京大学出版社1983年版，第17页。

37）参見ボーデンハイマー（アメリカ）:《法理学——法哲学及其方法》，邓正来、姬敬武译，华夏出版社1987年版，第8页。
38）参見张宏生主编:《西方法律思想史》，北京大学出版社1983年版，第36页。
39）参見刘世民:《柏拉图与亚里士多德之法律思想的比较》，载刁荣华主编:《中西法律思想论集》，汉林出版社1984年版，第455页。
40）何孝元:《诚实信用原则与衡平法》，三民书局1977年版，第50页で引用されている张末《悯刑论》中の言葉。
41）参見プラトン（古代ギリシャ）:《法律篇》第875节，载《西方法律思想史资料选编》，北京大学出版社1983年版，第27页。
42）参見黄建辉:《法律漏洞·类推适用》，蔚理法律出版社1988年版，第13页。
43）参見パウンド（アメリカ）:《通过法律的社会控制、法律的任务》，沈宗灵译，商务印书馆1984年版，第18页。
44）See Roscoe Pound, Justice according to law, In Columbia Law Review, Vol. 13 (1913), p. 696.
45）参見沈宗灵:《现代西方法律哲学》，法律出版社1983年版，第99页。
46）参見吕世伦、谷春德:《西方政治法律思想史》（下），辽宁人民出版社1988年版，第347页。
47）参見ルネ・ダヴィド（フランス）:《当代主要法律体系》，漆竹生译，上海译文出版社1984年版，第2页。
48）参見J・A・ジョロウィッチ（イギリス）:《普通法和大陆法的发展》，刘慈忠译，载《法学译丛》1983年第1期。〔参見を追加〕
49）参見ジョン・ヘンリー・メリーマン（アメリカ）:《大陆法系》，顾培东、禄正平译，法律出版社2004年版，第39页。
50）参見ルネ・ダヴィド（フランス）:《当代主要法律体系》，漆竹生译，上海译文出版社1984年版，第339-340页。
51）参見パウンド（アメリカ）:《法律史解释》，曹玉堂、杨知二译，华夏出版社1989年版，第123页。
52）参見ジョン・ヘンリー・メリーマン（アメリカ）:《大陆法系》，顾培东、禄正平译，法律出版社2004年版，第36页。
53）同上书，第37页。
54）参見マックス・ウェーバー（ドイツ）:《世界经济通史》，姚曾廙译，上海译文出版社1981年版，第242页。
55）参見ロジャー・コッテレル（アメリカ）:《法律社会学导论》，潘大松等译，华夏出版社1989年版，第178页。
56）参見マックス・ウェーバー（ドイツ）:《世界经济通史》，姚曾廙译，上海译文出版社1981年版，第234-235页。
57）参見トックヴィル（フランス）:《旧制度与大革命》，冯棠译，商务印书馆

1992年版，第139页。
58）同上书，第249页。
59）同上书，第226页。
60）同上书，第161页。
61）同上书，第211-212页。
62）参见ロベスピエール（フランス）：《革命法制和审判》，赵涵舆译，商务印书馆1965年版，第4-5页。
63）参见マックス・ウェーバー（ドイツ）：《世界经济通史》，姚曾廙译，上海译文出版社1981年版，第291页。
64）参见ヘンリー・レヴィ・ブリュール（フランス）：《法律社会学》，许钧译，上海人民出版社1987年版，第77页。引用文中の「高等法院」は、〔翻訳された〕原訳書では「議会【议会】」となっている。フランス語文中の高等法院と議会は、同じくparlementという語を用いる。フランスは、革命前には議会がなく、悪行が目に余る【劣迹昭彰】高等法院があるだけだった。そのため、誤訳の可能性があり、改めた。
65）参见ジョン・ヘンリー・メリーマン（アメリカ）：《大陆法系》，顾培东、禄正平译，法律出版社2004年版，第97页。
66）参见金澤良雄（日本）：《经济法概论》，满达人译，甘肃人民出版社1985年版，第25页。
67）参见ジョン・ヘンリー・メリーマン（アメリカ）：《大陆法系》，顾培东、禄正平译，法律出版社2004年版，第60页。
68）参见ロベスピエール（フランス）：《革命法制和审判》，赵涵舆译，商务印书馆1965年版，第28页。
69）同上书，第24页。
70）参见ジョン・ヘンリー・メリーマン（アメリカ）：《大陆法系》，顾培东、禄正平译，法律出版社2004年版，第15页。
71）参见ヴォルテール（フランス）：《路易十四时代》，吴模信等译，商务印书馆1982年版，第345页。
72）ルイ十四世は、後に、決闘を廃止した。
73）参见ダンピア（イギリス）：《科学史》，李衍译，商务印书馆1975年版，第212页。
74）参见エールマン（アメリカ）：《比较法律文化》，贺卫方、高鸿钧译，三联书店1990年版，第52页。
75）参见トックヴィル（フランス）：《旧制度与大革命》，冯棠译，商务印书馆1992年版，第75页。
76）参见ジョン・ヘンリー・メリーマン（アメリカ）：《大陆法系》，顾培东、禄正平译，法律出版社2004年版，第36页、第15页。

77）参見エールマン（アメリカ）:《比较法律文化》，贺卫方、高鸿钧译，三联书店1990年版，第52页。
78）同上书，第201页。
79）マルクスが指摘するところによれば、「フランスのナポレオン法典は、旧約聖書に源を発するものではなく、むしろ、ヴォルテール、ルソー、コンドルセ、ミラボー、モンテスキューの思想に源を発するものであって、フランス革命が起源なのである。」参見《马克思恩格斯全集》第1卷，人民出版社1964年版，第128-129页。
80）参見黄少游:《自然法思想之旳变迁与发展》，载刁荣华主编:《中西法律思想论集》，汉林出版社1984年版，第419页。
81）参見ヘンリー・レヴィ・ブリュール（フランス）:《法律社会学》，许钧译，上海人民出版社1987年版，第69页。
82）参見ロベスピエール（フランス）:《革命法制和审判》，赵涵舆译，商务印书馆1965年版，第28页、第29页。
83）参見ベッカリーア（イタリア）:《论犯罪和刑罚》，黄风译，中国大百科全书出版社1993年版，第12页。
84）参見ジョン・ヘンリー・メリーマン（アメリカ）:《大陆法系》，顾培东、禄正平译，法律出版社2004年版，第39页。
85）参見ロベスピエール（フランス）:《革命法制和审判》，赵涵舆译，商务印书馆1965年版，第30-31页。
86）同上书，第38页。
87）同上书，第150页。
88）参見ベッカリーア（イタリア）:《论犯罪和刑罚》，黄风译，中国大百科全书出版社1993年版，第13页。
89）《フランス民法典》と《ドイツ民法典》の本文中の状況については、参見ジョン・ヘンリー・メリーマン（アメリカ）:《大陆法系》，顾培东、禄正平译，前引书，第28-32页、エールマン（アメリカ）:《比较法律文化》，贺卫方、高鸿钧译，前引书，第54页、ヘンリー・レヴィ・ブリュール（フランス）:《法律社会学》，许钧译，前引书，第74页注1。
90）参見郑玉波:《民法总则》，三民书局1979年版，第40页。
91）《スイス民法典》第1条第2項:「本法の中に、相応する規定なきときは、裁判官は慣習により、慣習なきときは、自らが立法者であれば定めたであろう規則により、裁判を行わなければならない。」
92）この条がなくなった理由については、参見ホルスト・ハインリッヒ・ヤコブス（ドイツ）:《十九世纪德国民法科学和方法》，王娜译，法律出版社2003年版，第127页。
93）参見エールマン（アメリカ）:《比较法律文化》，贺卫方、高鸿钧译，三联

书店1990年版，第211页。
94）参见ヘンリー・レヴィ・ブリュール（フランス）:《法律社会学》，许钧译，上海人民出版社1987年版，第68页。
95）参见长孙无忌等撰:《唐律疏议》卷二十七，中华书局1983年版，第522页。
96）See Antony Allott, The Limits of Law, Butterworth & Co. (Publishers) Ltd. London, 1980, Preface.
97）参见ダンピア（イギリス）:《科学史》，李衍译，商务印书馆1975年版，第147页。
98）参见ルネ・ダヴィド（フランス）:《当代主要法律体系》，漆竹生译，上海译文出版社1984年版，第80页。
99）参见《马克思恩格斯选集〔マルクス・エンゲルス選集〕》第1卷，人民出版社1972年版，第256页。
100）参见ダンピア（イギリス）:《科学史》，李衍译，商务印书馆1975年版，第233-234页。
101）参见李晓明:《模糊性:人类认识之谜》，人民出版社1985年版，第91-92页。
102）参见ダンピア（イギリス）:《科学史》，李衍译，商务印书馆1975年版，第344页、第249页。
103）参见パウンド（アメリカ）:《通过法律的社会控制、法律的任务》，沈宗灵译，商务印书馆1984年版，第20页。
104）参见张汝伦:《意义的探究——当代西方释义学》，辽宁人民出版社1986年版，第33页。
105）参见朱德生等:《西方认识论史纲》，江苏人民出版社1983年版，第110页。
106）参见郑昌济:《数学模型在量刑中的运用》，载《中南政法学院学报》1986年第1期。
107）参见ジョン・ヘンリー・メリーマン（アメリカ）:《大陆法系》，顾培东、禄正平译，法律出版社2004年版，第28页。
108）参见ルネ・ダヴィド（フランス）:《当代主要法律体系》，漆竹生译，上海译文出版社1984年版，第505页。
109）参见陈宣良:《理性主义》，四川人民出版社1988年版，第253页。
110）参见李洪林主编:《辩证唯物主义和历史唯物主义原理》，福建人民出版社1985年版，第217页。
111）参见陈宣良:《理性主义》，四川人民出版社1988年版，第19页。
112）参见张汝伦:《意义的探究——当代西方释义学》，辽宁人民出版社1988年版，第7页。
113）参见陈宣良:《理性主义》，四川人民出版社1988年版，第148页。
114）参见ダンピア（イギリス）:《科学史》，李衍译，商务印书馆1975年版，第275页、第421页。

115) 参见王雨田主编:《控制论、信息论、系统科学与哲学》,中国人民大学出版社1986年版,第27页。

116) 参见北京大学哲学系编:《18世纪法国哲学》,商务印书馆1963年版,第450页。

117) 参见葛力:《18世纪法国唯物主义》,上海人民出版社1982年版,第177页。

118) 同上。

119) 参见ダンピア(イギリス):《科学史》,李衍译,商务印书馆1975年版,第279页。

120) 参见上海社会科学院法学研究所编译:《法学流派和法学家》,知识出版社1981年版,第360-361页。

121) 参见ボーデンハイマー(アメリカ):《法理学——法哲学及其方法》,邓正来、姬敬武译,华夏出版社1987年版,第67页。

122) 参见陈宣良:《理性主义》,四川人民出版社1988年版,第260-261页、第43页。

123) 参见ダンピア(イギリス):《科学史》,李衍译,商务印书馆1975年版,第14-15页。

124) 同上书,第423-424页。

125) 同上。

126) 同上。

127) 同上书,第280页。

128) 参见メイソン(イギリス):《自然科学史》,上海外国自然科学哲学著作编译组译,上海译文出版社1980年版,第296页。

129) 参见ダンピア(イギリス):《科学史》,李衍译,商务印书馆1975年版,第280页。

130) 参见陈宣良:《理性主义》,四川人民出版社1988年版,第260页、第119页、第45页,以及张汝伦:《意义的探究——当代西方释义学》,辽宁人民出版社1988年版,第7页。

131) 参见张汝伦:《意义的探究——当代西方释义学》,辽宁人民出版社1988年版,第7页。

132) 参见ダンピア(イギリス):《科学史》,李衍译,商务印书馆1975年版,第82页。

133) 参见陈宣良:《理性主义》,四川人民出版社1988年版,第19-20页、第22页。

134) 同上。

135) フランク(アメリカ):《法律与现代精神》,第5页,沈宗灵:《现代西方法律哲学》,法律出版社1983年版,第98页からの再引用。

136) 参见ルネ・ダヴィド(フランス):《英国法和法国法》,贺卫方等译,中国政法大学印行,1984年,第22页注1。

137）参见陈宣良:《理性主义》,四川人民出版社1988年版,第232页、第260页。
138）参见《马克思恩格斯选集》第3卷,人民出版社1972年版,第40页。
139）同上书,第64页。
140）参见姜国柱、朱葵菊:《论人·人性》,海洋出版社1988年版,第415页。
141）参见北京大学哲学系编:《古希腊罗马哲学》,商务印书馆1961年版,第328页。
142）参见张宏生主编:《西方法律思想史》,北京大学出版社1983年版,第10页。
143）参见武树臣:《亚里士多德法治思想探索》,载《法学》1985年第5期。
144）参见アリストテレス（古代ギリシャ）:《政治学》,吴寿彭译,商务印书馆1983年版,第169页。
145）同上书,第163页。
146）同上书,第171页。
147）同上。
148）参见张宏生主编:《西方法律思想史》,北京大学出版社1983年版,第52页。
149）参见朱德生等:《西方认识论史纲》,江苏人民出版社1983年版,第43页。
150）参见张宏生主编:《西方法律思想史》,北京大学出版社1983年版,第36页。
151）同上。
152）参见ダンピア（イギリス）:《科学史》,李衍译,商务印书馆1975年版,第74页。
153）参见朱德生等:《西方认识论史纲》,江苏人民出版社1983年版,第51页。
154）同上书,第58-61页。
155）同上。
156）参见アリストテレス（古代ギリシャ）:《政治学》,吴寿彭译,商务印书馆1983年版,第199页。
157）参见姜国柱、朱葵菊:《论人·人性》,海洋出版社1988年版,第418页。
158）参见张宏生主编:《西方法律思想史》,北京大学出版社1983年版,第53页。
159）参见ボーデンハイマー（アメリカ）:《法理学——法哲学及其方法》,邓正来、姬敬武译,华夏出版社1987年版,第11页。
160）参见张宏生主编:《西方法律思想史》,北京大学出版社1983年版,第51页。
161）参见沈宗灵:《现代西方法律哲学》,法律出版社1983年版,第89页。
162）参见罗马法编写组:《罗马法》,群众出版社1983年版,第332页。
163）参见沈宗灵:《现代西方法律哲学》,法律出版社1983年版,第90页。
164）参见罗马法编写组:《罗马法》,群众出版社1983年版,第17页。
165）参见ユスティニアヌス（古代ローマ）:《法学阶梯》,徐国栋译,中国政法大学出版社1999年版,第17页。
166）参见江平、米健:《罗马法基础》,中国政法大学出版社1987年版,第23-24页。

167）参见ユスティニアヌス（古代ローマ）:《法学阶梯》，张启泰译，商务印书馆1989年版，第56页注1。
168）参见江平:《罗马法基础》，中国政法大学1982年版，第76-77页。另参见パウンド（アメリカ）:《法律史解释》，曹玉堂、杨知二译，华夏出版社1989年版，第131-132页。
169）参见ユスティニアヌス（古代ローマ）:《法学阶梯》，张启泰译，商务印书馆1989年版，第32页注1。
170）参见ユスティニアヌス（古代ローマ）:《法学阶梯》，徐国栋译，中国政法大学出版社1999年版，第281页。
171）参见ヘンリー・レヴィ・ブリュール（フランス):《法律社会学》，许钧译，上海人民出版社1987年版，第67页。
172）参见ルネ・ダヴィド（フランス）:《英国法和法国法》，贺卫方等译，中国政法大学印行，1984年，第26页。指摘しておかなければならないことは、通説によれば、ガイウスの『法学提要』が発行されたのは161年だということである。
173）同上书，第55页。
174）参见高柳賢三（日本）:《英美法源理论》，杨磊、黎晓译，西南政法学院印行，1983年，第57页。
175）参见ディヤコフ（旧ソ連）、カヴァルフ（旧ソ連）:《古代世界史》（古代罗马〔ローマ〕部分），祝璜、文运译，高等教育出版社1959年版，第262页。
176）参见ユスティニアヌス（古代ローマ）:《法学阶梯》，徐国栋译，中国政法大学出版社1999年版，第171页。
177）同上书，第269页。
178）参见ルストゥフサフ（アメリカ）:《罗马帝国社会经济史》，厉以宁等译，商务印书馆1985年版，第567页。
179）参见张宏生主编:《西方法律思想史》，北京大学出版社1983年版，第71页。
180）参见《马克思恩格斯全集》第6卷，人民出版社1964年版，第274页。
181）参见ヘンリー・レヴィ・ブリュール（フランス）:《法律社会学》，许钧译，上海人民出版社1987年版，第72页注2。
182）参见ユスティニアヌス（古代ローマ）:《法学阶梯》，徐国栋译，中国政法大学出版社1999年版，第153页。
183）参见罗马法编写组:《罗马法》，群众出版社1983年版，第17页。
184）同上。
185）参见《优士丁尼关于〈学说汇纂〉的批准的Tanta敕令》，程虹译，载梁慧星主编:《民商法论丛》第10卷，法律出版社1998年版，第834-835页。另参见《关于优士丁尼法典及其第二版的修订的Cordi nobis敕令》，范敏译，载徐国栋主编:《罗马法与现代民法》第1卷，中国法制出版社2000年版，第

186）参见ヴォルテール（フランス）:《路易十四时代》，吴模信等译，商务印书馆1982年版，第495页。
187）参见ボーデンハイマー（アメリカ）:《法理学——法哲学及其方法》，邓正来、姬敬武译，华夏出版社1987年版，第445页。
188）参见高柳賢三（日本）:《英美法源理论》，杨磊、黎晓译，西南政法学院印行，1983年版，第9页。
189）参见ジョン・ヘンリー・メリーマン（アメリカ）;《大陆法系》顾培东、禄正平译，法律出版社2004年版，第52页。
190）参见高柳賢三（日本）:《英美法源理论》，杨磊、黎晓译，西南政法学院印行，1983年版，第15页。
191）同上。
192）ここでの目的理論は、主として高桐先生の研究成果を参考にした。参见高桐:《法律的确定性与适应性:英国模式》，载《比较法研究》1988年第2期。ここで、御礼申し上げる。
193）参见ジョン・ヘンリー・メリーマン（アメリカ）:《大陆法系》，顾培东、禄正平译，法律出版社2004年版，第36页、第51页。
194）参见ルネ・ダヴィド（フランス）:《当代主要法律体系》，漆竹生译，上海译文出版社1984年版，第338页。
195）参见张文显:《当代西方法哲学》，吉林大学出版社1987年版，第70页。
196）参见高柳賢三（日本）:《英美法源理论》，杨磊、黎晓译，西南政法学院印行，1983年版，第25-26页。
197）参见ルネ・ロディエ（フランス）:《比较法导论》，徐百康译，上海译文出版社1989年版，第66页。
198）同上书，第68页。
199）参见エールマン（アメリカ）:《比较法律文化》，贺卫方、高鸿钧译，三联书店1990年版，第214页。
200）参见杨幼炯:《当代政法思潮与理论》，台北中华书局1965年版，第25-26页。
201）参见ルネ・ロディエ（フランス）:《比较法导论》，徐百康译，上海译文出版社1989年版，第66页。
202）参见ジョン・ヘンリー・メリーマン（アメリカ）:《大陆法系》，顾培东、禄正平译，法律出版社2004年版，第54页。
203）参见ルネ・ダヴィド（フランス）:《英国法和法国法》，贺卫方等译，中国政法大学印行，1984年，第4页。
204）参见北京大学哲学系编译:《16-18世纪西欧各国哲学》，商务印书馆1961年版，第44页。
205）参见朱德生等:《西方认识论史纲》，江苏人民出版社1983年版，第121-

206）同上书，第136-137页。
207）同上书，第157页。
208）同上书，第153页。
209）参见ヒューム（スコットランド）:《人类理解研究》，关文运译，商务印书馆1957年版，第50页。
210）参见ヒューム（スコットランド）:《人性论》，贾广来译，商务印书馆1980年版，第83-84页。
211）同上书，第244页。
212）参见パウンド（アメリカ）:《法律史解释》，曹玉堂、杨知二译，华夏出版社1989年版，第39页。
213）See Mathias Reimann, The Historical School Against Codification: Savigny, Carter, and the Defeat of the New York Civil Code, In The American Journal of Comparative Law, Winter 1989.
214）参见ハロルド・バーマン（アメリカ）编:《美国法律讲话》，陈若桓译，三联书店1988年版，第20页。
215）参见ボーデンハイマー（アメリカ）:《法理学——法哲学及其方法》，邓正来、姬敬武译，华夏出版社1987年版，第85页。
216）参见朱德生等:《西方认识论史纲》，江苏人民出版社1983年版，第127-128页。
217）同上书，第128-130页。
218）参见ダンピア（イギリス）:《科学史》，李衍译，商务印书馆1975年版，第593页。
219）同上书，第12页。
220）参见パウンド（アメリカ）:《法律史解释》，曹玉堂、杨知二译，华夏出版社1989年版，第52页。
221）同上书，第150-152页。
222）参见ボーデンハイマー（アメリカ）:《法理学——法哲学及其方法》，邓正来、姬敬武译，华夏出版社1987年版，第442页。
223）参见パウンド（アメリカ）:《法律史解释》，曹玉堂、杨知二译，华夏出版社1989年版，第132-133页。
224）参见姜国柱、朱葵菊:《论人・人性》，海洋出版社1988年版，第445-455页。
225）参见ハロルド・バーマン（アメリカ）编:《美国法律讲话》，陈若桓译，三联书店1988年版，第20-23页。
226）同上书，第16页。
227）参见ボーデンハイマー（アメリカ）:《法理学——法哲学及其方法》，邓正来、姬敬武译，华夏出版社1987年版，第446页。

228）参见ダンピア（イギリス）：《科学史》，李衍译，商务印书馆1975年版，第370页。
229）同上书，第371-372页。
230）参见パウンド（アメリカ）：《法律史解释》，曹玉堂、杨知二译，华夏出版社1989年版，第70页。
231）参见ダンピア（イギリス）：《科学史》，李衍译，商务印书馆1975年版，第412页。
232）参见パウンド（アメリカ）：《法律史解释》，曹玉堂、杨知二译，华夏出版社1989年版，第70页。
233）参见ドナルド・エリオット（アメリカ）：《美国法学中的进化论传统》，仁堪译，载《法学译丛》1986年第5期。
234）参见パウンド（アメリカ）：《法律史解释》，曹玉堂、杨知二译，华夏出版社1989年版，第140页。
235）参见ロジャー・コッテレル（イギリス）：《法律社会学导论》，潘大松等译，华夏出版社1989年版，第2页。
236）アメリカの学者であるケインズの言葉。何孝元：《诚实信用原则与衡平法》，三民书局1977年版，第1-2页からの再引用。
237）参见高柳賢三（日本）：《英美法源理论》，杨磊、黎晓译，西南政法学院印行，1983年版，第2-3页。
238）参见パウンド（アメリカ）：《法律史解释》，曹玉堂、杨知二译，华夏出版社1989年版，第153页。
239）参见ジョン・ヘンリー・メリーマン（アメリカ）：《大陆法系》，顾培东、禄正平译，法律出版社2004年版，第73页。
240）参见メイン（イギリス）：《古代法》，沈景一译，商务印书馆1959年版，第15页。
241）参见上海社会科学院法学研究所编译：《法学流派和法学家》，知识出版社1981年版，第56页。
242）参见ロジャー・コッテレル（イギリス）：《法律社会学导论》，潘大松等译，华夏出版社1989年版，第267页。
243）同上书，第94页。
244）参见上海社会科学院法学研究所编译：《法学流派和法学家》，知识出版社1981年版，第166页。
245）同上书，第368-369页。
246）イギリスの学者であるラスキの言葉。吕世伦、谷春德：《西方政治法律思想史》（下），辽宁人民出版社1988年版，第242页からの再引用。
247）参见エールマン（アメリカ）：《比较法律文化》，贺卫方、高鸿钧译，三联书店1990年版，第247页。

248）参见ロジャー・コッテレル（イギリス）:《法律社会学导论》, 潘大松等译, 华夏出版社1989年版, 第94页。

249）参见パウンド（アメリカ）:《法律史解释》, 曹玉堂、杨知二译, 华夏出版社1989年版, 第287页。

250）セルツニクの言葉。エールマン（アメリカ）:《比较法律文化》, 贺卫方、高鸿钧译, 三联书店1990年版, 第57页からの再引用。

251）参见ルネ・ダヴィド（フランス）:《英国法和法国法》, 贺卫方等译, 中国政法大学印行, 1984年版, 第23-24页。

252）同上书, 第40页。

253）参见ロジャー・コッテレル（イギリス）:《法律社会学导论》, 潘大松等译, 华夏出版社1989年版, 第25页。

254）See Mathias Reimann, The Historical School Against Codification: Savigny, Carter, and the Defeat of the New York Civil Code, In The American Journal of Comparative Law, Winter 1989.

255）参见エールマン（アメリカ）:《比较法律文化》, 贺卫方、高鸿钧译, 三联书店1990年版, 第45-46页。

256）See Mathias Reimann, The Historical School Against Codification: Savigny, Carter, and the Defeat of the New York Civil Code, In The American Journal of Comparative Law, Winter 1989.

257）参见パウンド（アメリカ）:《法律史解释》, 曹玉堂、杨知二译, 华夏出版社1989年版, 第145-147页。

258）同上书, 第19-20页。

259）参见ロジャー・コッテレル（イギリス）:《法律社会学导论》, 潘大松等译, 华夏出版社1989年版, 第57页。

260）参见ジェフェーリ・エイブラムソン（アメリカ）:《罗纳德・德沃金和法律与政治哲学的聚合——评罗纳德・德沃金的〈法律的帝国〉》, 信春鹰译, 载《法学译丛》1989年第4期。

261）参见パウンド（アメリカ）:《法律史解释》, 曹玉堂、杨知二译, 华夏出版社1989年版, 第145页。

262）参见ロジャー・コッテレル（イギリス）:《法律社会学导论》, 潘大松等译, 华夏出版社1989年版, 第25页。

263）参见上海社会科学院法学研究所编译:《法学流派和法学家》, 知识出版社1981年版, 第417页。

264）参见ヨーチン（旧ソ连）、ルセンタール（旧ソ连）:《哲学辞典》, 中共中央马克思恩格斯列宁斯大林著作编译局译, 人民出版社1965年版, 第276页。

265）参见パウンド（アメリカ）:《法律史解释》, 曹玉堂、杨知二译, 华夏出版社1989年版, 第31-32页。

266）参见ジョン・ヘンリー・メリーマン（アメリカ）:《大陆法系》，顾培东、禄正平译，法律出版社2004年版，第68页。
267）参见沈宗灵:《现代西方法律哲学》，法律出版社1983年版，第71页。
268）参见张宏生主编:《西方法律思想史》，北京大学出版社1983年版，第45页。
269）参见エールマン（アメリカ）:《比较法律文化》，贺卫方、高鸿钧译，三联书店1990年版，第207页。
270）参见ロジャー・コッテレル（イギリス）:《法律社会学导论》，潘大松等译，华夏出版社1989年版，第1页。
271）参见ダンピア（イギリス）:《科学史》，李衍译，商务印书馆1975年版，第270页。
272）参见张宏生主编:《西方法律思想史》，北京大学出版社1983年版，第445页、第457页。
273）同上书，第457页。
274）参见エールマン（アメリカ）:《比较法律文化》，贺卫方、高鸿钧译，三联书店1990年版，第207页。
275）参见张文显:《当代西方法学思潮》，辽宁人民出版社1988年版，第213页。
276）参见沈宗灵:《现代西方法律哲学》，法律出版社1983年版，第84-87页。
277）参见张文显:《当代西方法学思潮》，辽宁人民出版社1988年版，第215页。
278）同上。
279）参见パウンド（アメリカ）:《法律史解释》，曹玉堂、杨知二译，华夏出版社1989年版，第145页。
280）参见ドゥオーキン（アメリカ）:《论规则的模式》，潘汉典译，载《法学译丛》1982年第1期。
281）参见申善情:《棘手案件出伟大的法官——当代新自然法学派人物德沃金评介》，载《法学》1989年第1期。
282）参见吕荣海:《从批判的可能性看法律的客观性》，蔚理法律出版社1987年版，第62-63页。
283）参见张文显:《当代西方法学思潮》辽宁人民出版社1988年版，第236页。
284）参见アイダ小・マックウェリ（アメリカ）:《法典与普迪法的比较》，梁慧星译，载《法学译丛》1989年第5期。
285）参见ボーデンハイマー（アメリカ）:《法理学——法哲学及其方法》，邓正来、姬敬武译，华夏出版社1987年版，第397页。
286）参见高柳贤三（日本）:《英美法源理论》，杨磊、黎晓译，西南政法学院印行，1983年版，第60-61页。

第八章

1）参见宋则行、樊亢主编：《世界经济史》第2卷，经济科学出版社1989年版，第3页。
2）参见樊亢等：《各主要资本主义国家经济简史》，人民出版社1973年版，第195页。
3）参见上海社会科学院法学研究所编译：《民法》，知识出版社1981年版，第23页。
4）参见樊亢等：《各主要资本主义国家经济简史》，人民出版社1973年版，第208-209页。
5）同上书，第234页。
6）同上书，第246页、第248页、第252-253页。
7）同上。
8）参见レーニン：《帝国主义是资本主义的最高阶段》，中共中央马克思恩格斯列宁斯大林著作编译局译，人民出版社1977年版，第60页。
9）参见宋则行、樊亢主编：《世界经济史》第1卷，经济科学出版社1989年版，第7页。
10）参见樊亢等：《各主要资本主义国家经济简史》，人民出版社1973年版，第252页。
11）参见パウチムチン（旧ソ连）主编：《近代史》第2卷（下），黄鸿森译，三联书店1964年版，第730-733页。
12）参见カルーチン（旧ソ连）主编：《近代史》第3卷（下），秦光允译，三联书店1965年版，第600页及以次。
13）参见ハンス・ハウスホル（ドイツ）：《近代经济史》，吴衡康等译，商务印书馆1987年版，第349页及以次。
14）参见樊亢等：《各主要资本主义国家经济简史》，人民出版社1973年版，第209页。
15）参见ウルラニス（旧ソ连）主编：《世界各国人口手册》，魏津生等译，四川人民出版社1982年版，第585页表165、第597页表172。
16）参见樊亢等：《各主要资本主义国家经济简史》，人民出版社1973年版，第220页、第253页。
17）同上。
18）参见ウルラニス（旧ソ连）主编：《世界各国人口手册》，魏津生等译，四川人民出版社1982年版，第585页表165、第597页表172。
19）参见カルーチン（旧ソ连）主编：《近代史》第3卷（下），秦光允译，三联书店1965年版，第600页及以次。
20）参见ミケーレ・ボートー（フランス）：《资本主义史》，吴艾美等译，东方出版社1986年版，第172页。

21）参见宋则行、樊亢主编:《世界经济史》第2卷,经济科学出版社1989年版,第17页表7。
22）参见樊亢等:《各主要资本主义国家经济简史》,人民出版社1973年版,第241页、第248页、第252页。
23）同上。
24）参见カルーチン（旧ソ連）主编:《近代史》第3卷（下）,秦光允译,三联书店1965年版,第601页。
25）参见ミケーレ・ボートー（フランス):《资本主义史》,吴艾美等译,东方出版社1986年版,第172页。
26）参见ハンス・ハウスホル（ドイツ）:《近代经济史》,吴衡康等译,商务印书馆1987年版,第339页。
27）参见樊亢等:《各主要资本主义国家经济简史》,人民出版社1973年版,第198-202页。
28）同上书,第247-255页。
29）参见黄速建:《公司论》,中国人民大学出版社1989年版,第40页。
30）参见樊亢等:《各主要资本主义国家经济简史》,人民出版社1973年版,第255页。
31）参见上海社会科学院法学研究所编译:《宪法》,知识出版社1982年版,第111页。
32）同上书,第101页。
33）同上书,第111-112页。
34）同上。
35）参见张宏生主编:《西方法律思想史》,北京大学出版社1983年版,第435页。
36）参见何华辉:《谈中国不能实行三权分立》,载《法学评论》1990年第1期。
37）同上。
38）参见上海社会科学院法学研究所编译:《宪法》,知识出版社1982年版,第111页、第112页。
39）参见高明振主编:《当代世界史》,武汉大学出版社1985年版,第205-206页。
40）参见吕荣海:《从批判的可能性看法律的客观性》,蔚理法律出版社1987年版,第74页。
41）参见苏国勋:《理性化及其限制——韦伯思想引论》,上海人民出版社1988年版,第43-44页。
42）同上书,第45页。
43）参见陈宣良:《理性主义》,四川人民出版社1988年版,第262页。
44）参见郑杭生主编:《现代西方主要哲学流派》,中国人民大学出版社1988年版,第26页。
45）参见李晓明:《模糊性:人类认识之谜》,人民出版社1985年版,第124页。

46）参见朱德生等:《西方认识论史纲》,江苏人民出版社1983年版,第253页。

47）参见全增嘏主编:《西方哲学史》(下),上海人民出版社1985年版,第38页。

48）参见ウェール・トゥラン（アメリカ）:《西方哲学史话》,杨萌渭等译,书目文献出版社1989年版,第260页。

49）参见全增嘏主编:《西方哲学史》(下),上海人民出版社1985年版,第59页。

50）参见朱德生等:《西方认识论史纲》,江苏人民出版社1983年版,第253页及以次。

51）参见《马克思恩格斯选集》第3卷,人民出版社1972年版,第96页。

52）同上书,第63页。

53）同上书,第450页。

54）参见全增嘏主编:《西方哲学史》(下),上海人民出版社1985年版,第524页。

55）同上书,第528页。

56）参见陈宣良:《理性主义》,四川人民出版社1988年版,第278-280页。

57）参见上海社会科学院法学研究所编译:《民法》,知识出版社1981年版,第23页。

58）参见梅仲协:《欧陆法律思想之演进》,载刁荣华主编:《中西法律思想论集》,汉林出版社1984年版,第382页。

59）参见ボーデンハイマー（アメリカ）:《法理学——法哲学及其方法》,邓正来、姬敬武译,华夏出版社1987年版,第136页。

60）参见吕荣海:《从批判的可能性看法律的客观性》,蔚理法律出版社1987年版,第27页。

61）参见ヘンリー・レヴィ・ブリュール（フランス）:《法律社会学》,许钧译,上海人民出版社1987年版,第68页注1。

62）同上书,第67-68页。

63）参见ジョン・ヘンリー・メリーマン（アメリカ）:《大陆法系》,顾培东、禄正平译,西南政法学院印行,1983年版,第33页。

64）参见ジョン・ヘンリー・メリーマン（アメリカ）:《大陆法系》,顾培东、禄正平译,法律出版社2004年版,第28页。

65）参见洪逊欣:《精神主义的法律观之检讨》,载刁荣华主编:《中西法律思想论集》,汉林出版社1984年版,第402页。

66）参见吕荣海:《从批判的可能性看法律的客观性》,蔚理法律出版社1987年版,第43页。

67）参见张绪通:《韩非的法哲学观》,载刁荣华主编:《中西法律思想论集》,汉林出版社1984年版,第146页。

68）参见吕荣海:《从批判的可能性看法律的客观性》,蔚理法律出版社1987年版,第27页。

69）参见张文显:《当代西方法哲学》,吉林大学出版社1987年版,第23-24页。

70）参见ロジャー・コッテレル（イギリス）:《法律社会学导论》，潘大松等译，华夏出版社1989年版，第10-11页。
71）参见何孝元:《诚实信用原则与衡平法》，三民书局1977年版，第32页。
72）参见ロジャーズ（アメリカ）:《正义论》，何怀宏等译，中国社会科学出版社1988年版，第21页。
73）参见任亦秋:《中国传统思维模式对中国传统法律意识形式之影响》，载《研究生法学》1987年第1期。
74）参见张宏生主编:《西方法律思想史》，北京大学出版社1983年版，第59页。
75）参见ポール・リカ（フランス）主编:《哲学主要趋向》，李幼蒸、徐奕春译，商务印书馆1988年版，第261页。
76）参见吕荣海:《从批判的可能性看法律的客观性》，蔚理法律出版社1987年版，第25页。
77）スタイルというのは、スコットランドの法学者であるJames Dalrymple（1619-1695年）の爵号である。スタイルは、1681年に『スコットランド法律提要』を出版した。See M. G. Fisher, Scotland and the Roman Law, in Tulane Law Review, Vol. 22, No. 1, 1947.
78）参见梅仲协:《欧陆法律思想之演进》，载刁荣华主编:《中西法律思想论集》，汉林出版社1984年版，第372页。
79）参见杨幼炯:《当代政法思潮与理论》，台北中华书局1965年版，第130页。
80）See F. H. Lawson, Many Law-Selected Essays, Vol. I, North-Holland Publishing Company, 1997, Oxford, pp. 164s.
81）Ibid., p. 173, footnote 12.
82）参见パウンド（アメリカ）:《法律史解释》，曹玉堂、杨知二译，华夏出版社1989年版，第13页。
83）同上书，第11页。
84）同上书，第130页。
85）参见ポール・リカ（フランス）主编:《哲学主要趋向》，李幼蒸、徐奕春译，商务印书馆1988年版，第260页。
86）参见上海社会科学院法学研究所编译:《民法》，知识出版社1981年版，第23页。
87）参见エールマン（アメリカ）:《比较法律文化》，贺卫方、高鸿钧译，三联书店1990年版，第210页。
88）参见ジョン・ヘンリー・メリーマン（アメリカ）:《大陆法系》，顾培东、禄正平译，西南政法学院印行，1983年版，第29页。
89）参见パウンド（アメリカ）:《法律史解释》，曹玉堂、杨知二译，华夏出版社1989年版，第13页注5。
90）参见ジョン・ヘンリー・メリーマン（アメリカ）:《大陆法系》，顾培东、

禄正平译,西南政法学院印行,1983年版,第63页。

91）参见吕世伦、谷春德:《西方政治法律思想史》(下),辽宁人民出版社1988年版,第167页。

92）See W. Friedman, Legal Theory, Columbia University Press, New York, 1967, p. 322.

93）参见上海社会科学院法学研究所编译:《法学流派和法学家》,知识出版社1981年版,第86-87页。

94）参见吕世伦、谷春德:《西方政治法律思想史》(下),辽宁人民出版社1988年版,第168页。

95）参见ボーデンハイマー（アメリカ）:《法理学——法哲学及其方法》,邓正来、姬敬武译,华夏出版社1987年版,第164页。

96）参见吕世伦、谷春德:《西方政治法律思想史》(下),辽宁人民出版社1988年版,第171页。

97）参见ボーデンハイマー（アメリカ）:《法理学——法哲学及其方法》,邓正来、姬敬武译,华夏出版社1987年版,第163页。

98）参见吕世伦、谷春德:《西方政治法律思想史》(下),辽宁人民出版社1988年版,第170页。

99）See W. Friedman, Legal Theory, Columbia University Press, New York, 1967, pp. 323s.

100）Ibid., p. 325.

101）See Mathias Reimann, The Historical School Against Codification: Savigny, Carter, and the Defeat of the New York Civil Code, In The American Journal of Comparative Law, Winter, 1989.

102）参见上海社会科学院法学研究所编译:《法学流派和法学家》,知识出版社1981年版,第333页。

103）参见张汝伦:《意义的探究——当代西方释义学》,辽宁人民出版社1986年版,第34-35页。

104）参见ボーデンハイマー（アメリカ）:《法理学——法哲学及其方法》,邓正来、姬敬武译,华夏出版社1987年版,第81-82页。

105）参见《西方法律思想史资料选编》,北京大学出版社1983年版,第538页。

106）参见ボーデンハイマー（アメリカ）:《法理学——法哲学及其方法》,邓正来、姬敬武译,华夏出版社1987年版,第84页。

107）参见张宏生主编:《西方法律思想史》,北京大学出版社1983年版,第368-369页。

108）参见《西方法律思想史资料选编》,北京大学出版社1983年版,第530-531页。

109）同上书,第536页。

110) 同上。
111) 参见张宏生主编:《西方法律思想史》,北京大学出版社1983年版,第368-369页。
112) See Mathias Reimann, The Historical School Against Codification: Savigny, Carter, and the Defeat of the New York Civil Code, In The American Journal of Comparative Law, Winter, 1989.
113) Ibid.
114) 参见《西方法律思想史资料选编》,北京大学出版社1983年版,第540页。
115) 同上。
116) 同上。
117) 参见メイン(イギリス):《古代法》,沈景一译,商务印书馆1959年版,第15页。
118) 参见ルネ・ダヴィド(フランス):《英国法和法国法》,贺卫方等译,中国政法大学印行,1984年版,第145-146页。
119) 参见エールマン(アメリカ):《比较法律文化》,贺卫方、高鸿钧译,三联书店1990年版,第80页。
120) 同上书,第210页。
121) 参见ヘンリー・レヴィ・ブリュール(フランス):《法律社会学》,许钧译,上海人民出版社1987年版,第39页。
122) 参见高柳賢三(日本):《英美法源理论》,杨磊、黎晓译,西南政法学院印行,1983年版,第63-64页。
123) 同上书,第59页。
124) 参见J・A・ジョロウィッチ(イギリス):《普遍法和大陆法的发展》,刘慈忠译,载《法学译丛》1983年第1期。
125) 参见ヘンリー・レヴィ・ブリュール(フランス):《法律社会学》,许钧译,上海人民出版社1987年版,第76页。
126) 参见ルネ・ロディエ(フランス):《比较法导论》,徐百康译,上海译文出版社1989年版,第49页。
127) 同上书,第49页注2。
128) 参见吕世伦、谷春德:《西方政治法律思想史》(下),辽宁人民出版社1988年版,第271页。
129) 参见J・A・ジョロウィッチ(イギリス):《普遍法和大陆法的发展》,刘慈忠译,载《法学译丛》第1983年第1期。
130) See W. Friedman, Legal Theory, Columbia University Press, New York, 1967, pp. 261s.
131) Ibid., pp. 262s.
132) Ibid.

133）Ibid., p. 329.
134）Ibid., p. 330.
135）Ibid., pp. 331s.
136）Ibid., p. 272.
137）Ibid.
138）参见吕世伦、谷春德：《西方政治法律思想史》（下），辽宁人民出版社1988年版，第277页。
139）参见上海社会科学院法学研究所编译：《法学流派和法学家》，知识出版社1981年版，第184-185页。
140）同上书，第398页。
141）参见ヘンリー・レヴィ・ブリュール（フランス）:《法律社会学》，许钧译，上海人民出版社1987年版，第98页。
142）参见张宏生主编：《西方法律思想史》，北京大学出版社1983年版，第419-420页。
143）参见沈宗灵：《现代西方法律哲学》，法律出版社1983年版，第30-31页。
144）参见张文显：《当代西方法学思潮》，辽宁人民出版社1988年版，第79页。
145）参见吕世伦、谷春德：《西方政治法律思想史》（下），辽宁人民出版社1988年版，第330页。
146）参见张文显：《当代西方法学思潮》，辽宁人民出版社1988年版，第80-81页、第82页。
147）参见张宏生主编：《西方法律思想史》，北京大学出版社1983年版，第456页。
148）参见张文显：《当代西方法学思潮》，辽宁人民出版社1988年版，第80-81页、第82页。
149）参见梅仲协：《欧陆法律思想之演进》，载刁荣华主编：《中西法律思想论集》，汉林出版社1984年版，第282-283页。
150）参见吕世伦、谷春德：《西方政治法律思想史》（下），辽宁人民出版社1988年版，第333页。
151）参见梅仲协：《欧陆法律思想之演进》，载刁荣华主编：《中西法律思想论集》，汉林出版社1984年版，第284-285页。
152）参见张文显：《当代西方法学思潮》，辽宁人民出版社1988年版，第83页。
153）See W. Friedman, Legal Theory, Columbia University Press, New York, 1967, p. 334.
154）参见张文显：《当代西方法学思潮》，辽宁人民出版社1988年版，第78页。
155）参见沈宗灵：《现代西方法律哲学》，法律出版社1983年版，第30-31页。
156）参见苏国勋：《理性化及其限制——韦伯思想引论》，上海人民出版社1988年版，第47页。
157）参见ロジャー・コッテレル（イギリス）:《法律社会学导论》，潘大松等译，

华夏出版社1989年版，第174-175页。
158）参见王志勇:《韦伯的法律社会学思想初探》，载《法学评论》1988年第4期。
159）参见苏国勋:《理性化及其限制——韦伯思想引论》，上海人民出版社1988年版，第218页。
160）同上书，第270-273页。
161）同上书，第277页。
162）同上书，第276页。
163）参见ロジャー・コッテレル（イギリス）:《法律社会学导论》，潘大松等译，华夏出版社1989年版，第189-190页。
164）参见何孝元.《诚实信用原则与衡平法》，三民书局1977年版，第36页。
165）参见吕世伦、谷春德:《西方政治法律思想史》（下），辽宁人民出版社1988年版，第174页。
166）参见蒋恩慈、储有德:《西方法学家生平与学说评介》，广西人民出版社1983年版，第138页。
167）参见吕世伦、谷春德:《西方政治法律思想史》（下），辽宁人民出版社1988年版，第175页。
168）同上。
169）参见杨幼炯:《当代政法思潮与理论》，台北中华书局1965年版，第69页。
170）参见ボーデンハイマー（アメリカ）:《法理学——法哲学及其方法》，邓正来、姬敬武译，华夏出版社1987年版，第162页。
171）参见李肇伟:《法理学》，1975年作者自版，第79页。
172）参见蔡章麟:《债权契约与诚信原则》，载刁荣华主编:《中国法学论著选集》，汉林出版社1976年版，第418页。
173）参见杨幼炯:《当代政法思潮与理论》，台北中华书局1965年版，第69页。
174）参见上海社会科学院法学研究所编译:《法学流派和法学家》，知识出版社1981年版，第294页；以及吕世伦、谷春德:《西方政治法律思想史》（下），辽宁人民出版社1988年版，第334页。
175）Voir M. Walter Yung, Eugène Huber et l'espirit du code civil suisse, Librairie de L'Université, Georg & Cie S. A., Genève, 1948, Appendice, pp. 191s.
176）Voir Principaux ouvrages d'Eugène Huber. En M. Walter Yung, op. cit., p. 207.
177）Voir M. Walter Yung, Eugène Huber et l'espirit du code civil suisse, Librairie de L'Université, Georg & Cie S. A., Genève, 1948, p. 196.
178）参见ルソー（フランス）:《社会契约论》，何兆武译，商务印书馆1980年版，第54页。
179）Voir M. Walter Yung, Eugène Huber et l'espirit du code civil suisse,

Librairie de L'Université, Georg & Cie S. A., Genève, 1948, pp. 193ss.
180）しかしながら、穂積陳重によれば、日本が1875年6月6日に公布した「太政官布告第103号」は、スイスの規定よりも早いという。すなわち、「民事ノ裁判ニ成文ノ法律ナキモノハ習慣ニヨリ習慣ナキモノハ条理ヲ推考シテ裁判スヘシ」。参见黄源盛:《民初大理院民事审判法源问题再探》,载http://www.modern-law.com/jdfyj/2008-12-22/159.html、2011年10月3日アクセス。
181）参见コンラート・ツヴァイゲルト（ドイツ）、ハイン・ケッツ（ドイツ）:《瑞士民法典的制定及其特色》,谢怀栻译,载《法学译丛》1984年第3期。
182）参见黄建辉:《法律漏洞・类推适用》,蔚理法律出版社1988年版,第75页。
183）参见ルネ・ロディエ（フランス）:《比较法导论》,徐百康译,上海译文出版社1989年版,第39页。
184）参见ルネ・ダヴィド（フランス）:《当代主要法律体系》,漆竹生译,上海译文出版社1984年版,第126页。
185）同上。
186）参见コンラート・ツヴァイゲルト（ドイツ）、ハイン・ケッツ（ドイツ）:《瑞士民法典的制定及其特色》,谢怀栻译,载《法学译丛》1984年第3期。
187）ラートブルフの言葉。コンラート・ツヴァイゲルト（ドイツ）、ハイン・ケッツ（ドイツ）:《略论德国民法典及其世界影响》,谢怀栻译,载《法学译丛》1984年第1期からの再引用。
188）参见アルトゥール・ハートカンプ（オランダ）:《将近完成的荷兰新民法典》,理钧译,载《法学译丛》1983年第3期。
189）参见ハロルド・バーマン（アメリカ）:《美国法律讲话》,陈若桓译,三联书店1988年版,第15页。
190）参见黄建辉:《法律漏洞・类推适用》,蔚理法律出版社1988年版,第43-44页。
191）参见コンラート・ツヴァイゲルト（ドイツ）、ハイン・ケッツ（ドイツ）:《瑞士民法典的制定及其特色》,谢怀栻译,载《法学译丛》1984年第3期。
192）参见ルネ・ダヴィド（フランス）:《当代主要法律体系》,漆竹生译,上海译文出版社1984年版,第49页。
193）参见ジョン・ヘンリー・メリーマン（アメリカ）:《大陆法系》,顾培东、禄正平译,西南政法学院印行,1983年版,第47页。
194）参见黄建辉:《法律漏洞・类推适用》,蔚理法律出版社1988年版,第44-45页。
195）同上。
196）参见洪逊欣:《精神主义的法律观之检讨》,载刁荣华主编:《中西法律思想论集》,汉林出版社1984年版,第406页。

197）参见コンラート・ツヴァイゲルト（ドイツ）、ハイン・ケッツ（ドイツ）:《瑞士民法典的制定及其特色》，谢怀栻译，载《法学译丛》1984年第3期。
198）参见ヘンリー・レヴィ・ブリュール（フランス）:《法律社会学》，许钧译，上海人民出版社1987年版，第60页。
199）参见蔡章麟:《债权契约与诚信原则》，载刁荣华主编:《中国法学论著选集》，汉林出版社1976年版，第418页。
200）同上。
201）参见何孝元:《诚实信用原则与衡平法》，三民书局1977年版，第8-9页。
202）参见张文显:《规则・原则・概念——论法的模式》，载《现代法学》1989年第3期。
203）参见コンラート・ツヴァイゲルト（ドイツ）、ハイン・ケッツ（ドイツ）:《瑞士民法典的制定及其特色》，谢怀栻译，载《法学译丛》1984年第3期。
204）参见ジョン・ヘンリー・メリーマン（アメリカ）:《大陆法系》，顾培东、禄正平译，西南政法学院印行，1983年版，第162-166页。
205）参见エールマン（アメリカ）:《比较法律文化》，贺卫方、高鸿钧译，三联书店1990年版，第202页。
206）参见ルネ・ダヴィド（フランス）:《当代主要法律体系》，漆竹生译，上海译文出版社1984年版，第98页、第112页。
207）同上。
208）参见ヘンリー・レヴィ・ブリュール（フランス）:《法律社会学》，许钧译，上海人民出版社1987年版，第72页。
209）参见J・A・ジョロウィッチ（イギリス）:《普遍法和大陆法的发展》，刘慈忠译，载《法学译丛》1983年第1期。
210）参见ヘンリー・レヴィ・ブリュール（フランス）:《法律社会学》，许钧译，上海人民出版社1987年版，第74页。
211）同上书，第83页。
212）参见上海社会科学院法学研究所编译:《法学流派和法学家》，知识出版社1981年版，第102页。
213）参见エールマン（アメリカ）:《比较法律文化》，贺卫方、高鸿钧译，三联书店1990年版，第45页。
214）参见ジョン・ヘンリー・メリーマン（アメリカ）:《大陆法系》，顾培东、禄正平译，西南政法学院印行，1983年版，第60页。
215）参见杨幼炯:《当代政法思潮与理论》，台北中华书局1965年版，第151页。
216）参见ルネ・ダヴィド（フランス）:《当代主要法律体系》，漆竹生译，上海译文出版社1984年版，第118页。
217）同上书，第144页。
218）参见コンラート・ツヴァイゲルト（ドイツ）、ハイン・ケッツ（ドイツ）:

《瑞士民法典的制定及其特色》，谢怀栻译，载《法学译丛》1984年第3期。

219）参见アルトゥール・ハートカンプ（オランダ）:《将近完成的荷兰新民法典》，理钧译，载《法学译丛》1983年第3期。

220）同上。

221）参见吕荣海:《从批判的可能性看法律的客观性》，蔚理法律出版社1987年版，第30页。

222）参见黄茂荣:《法学方法与现代民法》，台大法学论丛1982年版，第96页。

223）参见ロジャー・コッテレル（イギリス）:《法律社会学导论》，潘大松等译，华夏出版社1989年版，第263页。

224）参见ジョン・ヘンリー・メリーマン（アメリカ）:《大陆法系》，顾培东、禄正平译，西南政法学院印行，1983年版，第97页。

225）参见ルネ・ロディエ（フランス）:《比较法导论》，徐百康译，上海译文出版社1989年版，第50页。

226）参见蔡章麟:《债权契约与诚信原则》，载刁荣华主编:《中国法学论著选集》，汉林出版社1976年版，第417页。

227）参见ロジャー・コッテレル（イギリス）:《法律社会学导论》，潘大松等译，华夏出版社1989年版，第276页。

228）参见沈宗灵:《现代西方法律哲学》，法律出版社1983年版，第247页。

229）参见ジョン・ヘンリー・メリーマン（アメリカ）:《大陆法系》，顾培东、禄正平译，西南政法学院印行，1983年版，第80-81页。

230）参见ロジャー・コッテレル（イギリス）:《法律社会学导论》，潘大松等译，华夏出版社1989年版，第276页。

231）参见吕荣海:《从批判的可能性看法律的客观性》，蔚理法律出版社1987年版，第15页。

232）参见エールマン（アメリカ）:《比较法律文化》，贺卫方、高鸿钧译，三联书店1990年版，第84页。

233）林纪东の言葉。吕荣海:《从批判的可能性看法律的客观性》，蔚理法律出版社1987年版，第43页からの再引用。

第九章

1）See Webster's Dictionary, William Collins Publishing Co., 1979, entry "Code".

2）参见陈盛清主编:《外国法制史》（修订本），北京大学出版社1987年版，第43页。

3）参见ヘンリー・レヴィ・ブリュール（フランス）:《法律社会学》，许钧译，上海人民出版社1987年版，第56页。

4）参见《马克思恩格斯全集》第19卷，人民出版社1964年版，第406页。
5）参见《马克思恩格斯全集》第26卷，人民出版社1964年版，第139页、第326页。
6）参见アンゲルス（アメリカ）：《哲学辞典》"正义"の项，载《哲学译丛》1988年第3期。
7）参见赛吉拉夫：《浅析庞德的法律价值观》，载《研究生法学》1987年第1期。
8）参见ロールズ（アメリカ）：《正义论》，何怀宏等译，中国社会科学出版社1988年版，第5页。
9）参见ボーデンハイマー（アメリカ）：《法理学——法哲学及其方法》邓正来、姬敬武译，华夏出版社1987年版，第238页。
10）参见李肃、潘跃新：《法与法律的概念应该严格区分——从马克思、恩格斯法学思想的演变看法与法律概念的内涵》，载《法学研究》1987年第1期。
11）参见《马克思恩格斯全集》第1卷，人民出版社1964年版，第183页。
12）参见アタナシウス・イアナプルス（アメリカ）：《路易斯安那民法典的制定与修改》，徐国栋译，载徐国栋著译：《比较法视野中的民法典编纂》，北京大学出版社2007年版，第61页及以次。
13）参见郭道晖：《论我国立法的条件、步骤和方式》（上），载《法学》1986年第6期。
14）参见ルネ・ダヴィド（フランス）：《当代主要法律体系》，漆竹生译，上海译文出版社1984年版，第90页。
15）参见《马克思恩格斯全集》第1卷，人民出版社1964年版，第75页。
16）参见吕荣海：《从批判的可能性看法律的客观性》，蔚理法律出版社1987年版，第73页。
17）参见ヘンリー・レヴィ・ブリュール（フランス）：《法律社会学》，许钧译，上海人民出版社1987年版，第76页。
18）参见パウンド（アメリカ）：《法律史解释》，曹玉堂、杨知二译，华夏出版社1989年版，第1页。
19）参见上海社会科学院法学研究所编译：《法学流派和法学家》，知识出版社1981年版，第254页。
20）参见パウンド（アメリカ）：《法律史解释》，曹玉堂、杨知二译，华夏出版社1989年版，第12页。
21）参见ボーデンハイマー（アメリカ）：《法理学——法哲学及其方法》邓正来、姬敬武译，华夏出版社1987年版，第169页。
22）同上书，第170页。
23）1997年に公布された新刑法第一章は、自らの三つの基本原则を明确に定めた。すなわち、罪刑法定原则（第3条）、刑法适用平等の原则（第4条）、罪刑相当性の原则（第5条）がそれである。しかし、これらの原则と民法

基本原則が裁判官に自由裁量権を与える性質は、極めて異なってはいるものの、どちらも裁判官のこれらの権限を制限するものである。これは、極めて意味のある一個の対比である。

24）参見メイン（イギリス）:《古代法》,沈景一译,商务印书馆1959年版,第15-17页。

25）参见黄茂荣:《法学方法与现代民法》,《台大法学论丛》,1982年,第151-152页。

26）参见张宏生主编:《西方法律思想史》,北京大学出版社1983年版,第316页。

27）参见ジョン・ヘンリー・メリーマン（アメリカ）:《大陆法系》,顾培东、禄正平译,西南政法学院印行,1983年版,第76页。

28）参见李晓明:《模糊性:人类认识之谜》,人民出版社1985年版,第72页。

29）参见郑杭生主编:《现代西方哲学主要流派》,中国人民大学出版社1988年版,第107页。

30）ベッティの言葉。张汝伦:《意义的探究——当代西方释义学》,辽宁人民出版社1986年版,第86页からの再引用。

31）参见潘华仿:《简评社会法学派》,载《政法论坛》1985年第3期。

32）参见杨幼炯:《当代政法思潮与理论》,台北中华书局1965年版,第71-72页。

33）参见上海社会科学院法学研究所编译:《法学流派和法学家》,知识出版社1981年版,第254-255页。

34）参见エールマン（アメリカ）:《比较法律文化》,贺卫方、高鸿钧译,三联书店1990年版,第52页。

35）参见ジョン・ヘンリー・メリーマン（アメリカ）:《大陆法系》,顾培东、禄正平译,法律出版社2004年版,第21页。

36）参见张宏生主编:《西方法律思想史》,北京大学出版社1983年版,第378页。

37）参见韦绍英:《梅因的历史方法浅析》,载《法学评论》1985年第3期。

38）参见王雨田主编:《控制论、信息论、系统科学与哲学》,中国人民大学出版社1986年版,第502页。

39）同上。

40）同上。

41）参见黄茂荣:《法学方法与现代民法》,台大法学论丛,1982年,第22-35页。

42）参见沈宗灵:《现代西方法律哲学》,法律出版社1983年版,第86页。

43）同上书,第86-87页。

44）参见黄建辉:《法律漏洞·类推适用》,蔚理法律出版社1988年版,第128页。

45）参见ジョン・ヘンリー・メリーマン（アメリカ）:《大陆法系》,顾培东、禄正平译,西南政法学院印行,1983年版,第50页。

46）参见黄茂荣:《法学方法与现代民法》,台大法学论丛,1982年,第96-101页。

47）参见《外国法制史资料选编》（上）,所录《萨利克法典》条文,北京大学

出版社1982年版，第172页。
48）参见陈盛清主编：《外国法制史》，北京大学出版社1982年版，第75-76页。
49）参见沈宗灵：《现代西方法律哲学》，法律出版社1983年版，第89页。
50）参见吴家麟主编：《法律逻辑学》，群众出版社1983年版，第59页。
51）参见黄茂荣：《法学方法与现代民法》，台大法学论丛，1982年，第327-335页。
52）同上注，第345页。
53）参见雷永生等：《皮亚杰发生认识论述评》，人民出版社1987年版，第95页。

第十章

1）参见パウンド（アメリカ）：《法律史解释》，曹玉堂、杨知二译，华夏出版社1989年版，第1页。
2）参见《检察官谈法制》，载《中外法学》1989年第5期。
3）参见李步云、王德祥、陈春龙：《论以法治国》，载《法治与人治问题讨论集》，群众出版社1981年版，第45页。
4）参见谷春德、吕世伦、刘新：《论人治和法治》，载《法治与人治问题讨论集》，群众出版社1981年版，第107页。
5）参见潘大松：《论现代西方法律形式的变化和法治原则》，载《西北政法学院学报》1982年第2期。

訳　注

第一章

〔1〕《民法通則》は、本文にあるように1986年4月12日に可決され、同日に公布されて、翌87年1月1日に施行されている。　　1

〔2〕ここで「域外」という語は、中国以外の諸国並びに香港、マカオ及び台湾のことを指していると解される。これを意味する適切な日本語がないので、本訳書では原語と同じく「域外」という語を用いることとする。今後、この語が登場したら、かような意味で理解していただきたい。　　3

〔3〕中国史で「古代」と言えば、通常、アヘン戦争までを指し、その後が「近代」となる。ここでは、いずれの意味でも理解できる。　　9

〔4〕《民法通則》第八章（第142条～第150条）は、渉外民事関係、すなわちいわゆる国際私法の規定である。　　14

〔5〕「天網恢々、疎にして漏らさず【天网恢恢，疏而不漏】」という語（「老子・徳経下」の中の一節）があり、最初の文字を原著者の徐教授が「法」に替えたのである。　　20

〔6〕「三綱五常」というのは、儒教における、君臣、父子及び夫婦の三つの道（三綱）と、仁、義、礼、智及び信（五常）をいう。後者については、75頁以下も参照。　　24

〔7〕《オーストリア民法典》第7条：「ある法的事件が法律の文言からも、法律の自然的意味からも判断することができないときは、法律の中で明確に判断されている類似の事件及びその法律と親近性のある別の法律の根拠を斟酌しなければならない。その法的事件が、それでもやはり不明確なままであるときは、注意深く集められ、かつ入念に考慮された諸事情を考えて、自然的法原則に従って、これを判断しなければならない。」

〔8〕《民法通則》第59条第1項第2号は、「公平を明らかに失っているとき【显失公平的】」に取消が可能である旨を定めている。　　32

〔9〕《民法通則》第132条は、公平責任について定めた規定である。

第二章

〔1〕銭起の詩「逢侠者」の一節。なお、悲歌慷慨は、「史記・項羽本紀」の中の有名な言葉。敗北目前の項王が嘆く。　　49

〔2〕これは、日本語では「第1号」に当たる。　　59

〔3〕『尚書・呂刑』：周の穆王の時代に甫侯が王に進言して刑罰の法を作っ　　74

た。これが、「呂刑」である。「史記・周本紀」（吉田賢抗『新釈漢文大系第38巻 史記（一）』（明治書院、1973年）181頁以下）及び「書経・呂刑」（加藤常賢『新釈漢文大系第25巻 書経（上）』（明治書院、1983年）329頁以下）参照。

〔4〕 遠藤哲夫『新釈漢文大系第43巻 管子（中）』（明治書院、1989年）772頁参照。

〔5〕 遠藤哲夫『新釈漢文大系第42巻 管子（上）』（明治書院、1989年）222頁参照。

〔6〕 竹内照夫『新釈漢文大系第28巻 礼記（中）』（明治書院、1977年）734頁参照。なお、原著は、「敬尽然後可以事神明」の「尽」の字が抜けている。

〔7〕 「徙木之信」：商鞅（しょうおう）は、新しい法令を作ったが、民が信用しないことを気遣って、すぐには公布せず、材木を都の南門に立てて、「これを移して北門に置いた者には十金を与える」と呼びかけた。民はこれを怪しんでその木を移動させなかったが、「これを移すことができた者には五十金を与える」と言うと、一人の者がその木を移動させた。すぐに五十金を与え、民を欺かないことを示してから、法令を公布した。「史記・商君列伝」（水沢利忠『新釈漢文大系第88巻 史記八（列伝一）』（明治書院、1990年）206頁）参照。

〔8〕 王安石は北宋時代の詩人（1021-1086年）。この漢詩は「商鞅」と題された七言絶句で、商鞅が法律第一主義で、普通、儒家から評判が悪いので、そうした通説に抵抗を試みたものとされている。清水茂『中国詩人選集二集第4巻 王安石』（岩波書店、1962年）50頁以下参照。

〔9〕 内野熊一郎『新釈漢文大系第4巻 孟子』（明治書院、1962年）288頁参照。「離妻章句下」の中の一節。

〔10〕 市川安司・遠藤哲夫『新釈漢文大系第8巻 荘子（下）』（明治書院、1967年）747頁以下参照。「盗跖第二十九」の中の一節。

〔11〕 吉田賢抗『新釈漢文大系第1巻 論語』（明治書院、1960年）55頁参照。これは「為政第二」の中の一節であるが、原文は、「人而無信、不知其可也。」である。

〔12〕 内田智雄編『訳注 続中国歴代刑法志』（創文社、1970年）270頁以下参照。これは、『新唐書刑法志』の中の一節である。

〔13〕 アーサー・スミスは、百年以上前に、長年に亘って中国に住み、活動したキリスト教の活動家で、この書籍は中国では有名である。

〔14〕 本書劈頭の言葉。

第三章

〔1〕 bonaがbonusの女性形であり、fidesが女性名詞のため、bonaと変化し

ているに過ぎない。次のmalaも同様。
〔2〕 本書劈頭の言葉。　　　　　　　　　　　　　　　　　　　　　　　　93
〔3〕 元々は「両害相較取其軽」である。原著者の徐教授が「較」を「権」に　　105
替えたのである。
〔4〕 王維詩「九月九日憶山東兄弟」の一節。　　　　　　　　　　　　　　127
〔5〕 本書劈頭の言葉。　　　　　　　　　　　　　　　　　　　　　　　　150

第四章
〔1〕 《フランス民法典》は2016年に大きく改正され、1134条3項は新1104条　　172
1項になり、その他の誠信に関する法文も変動があり、新1112条が追加さ
れている。また、「誠信の第三者（tiers de bonne foi）」概念が定められて
いる点は注目される。
〔2〕 満州国民法は、康徳4年（＝昭和12年 ＝1937年）6月に作られたもの。　　182
周知のように、当時の日本民法に信義誠実の原則は規定されていなかった
のであるから、この条文が置かれた理由等の研究は意味があると言えよう。
〔3〕 七孔：目・耳・鼻・口のこと。　　　　　　　　　　　　　　　　　　185
〔4〕 本章訳注〔1〕参照。　　　　　　　　　　　　　　　　　　　　　　189
〔5〕 これは東京地判昭和40年5月26日行政事件裁判例集16巻6号1033頁で　　203
ある。なお、この事件は控訴され、二審では、本件事実関係の下では禁反
言の法理に反するとは言えない、とされた（東京高判昭和41年6月6日行
政事件裁判例集17巻6号607頁）。
〔6〕 ここの波形括弧｜｜で括った文章は、原著とは異なる内容である。こ　　206
れは、原著者である徐教授が、日本語版では新しい情報に変更することを
希望されたことによる（徐教授からの、訳者の一人である矢澤宛の二通の
電子メール（2015年3月30日及び2015年4月2日））。それに伴い、注222
も内容が変更になっている。
〔7〕 毛沢東の詩「七律・人民解放軍占領南京」の一節。
〔8〕 この訳については、立教大学法学部の岩月直樹教授のホームページ上に　　207
掲載されている資料も、部分的に参考にした。

第六章
〔1〕 この段落の波形括弧｜｜で括った箇所は、原著とは異なる内容である。　　229
これは、原著者である徐教授が、日本語版では新しい情報に変更すること
を希望されたことによる（徐教授からの、訳者の一人である矢澤宛の電子
メール（2017年8月7日））。
〔2〕 この段落の波形括弧｜｜で括った箇所は、原著とは異なる内容である。　　234
これは、原著者である徐教授が、日本語版では新しい情報に変更すること

を希望されたことによる(徐教授からの、訳者の一人である矢澤宛の電子メール(2017年8月7日))。

第七章

270 〔1〕 ゴルトバッハ予想というのは、数学における難問の一つ。
271 〔2〕 鄭は春秋時代の国名で、紀元前536年(昭公6年)3月に、著名な政治家であった子産が刑書を作った(鼎に鋳た。)。これが、最初に公布された成文法とされている。以下の引用については、鎌田正『新釈漢文大系第32巻 春秋左氏伝(三)』(明治書院、1977年)1299頁以下及び張晋藩著／眞田芳憲監修／何天貴・後藤武秀訳『中国法制史(上)』(中央大学出版部、1993年)104頁以下参照。
275 〔3〕 引律据典:「引经据典」という中国語表現の一部をもじったもの。
296 〔4〕 神祇:「天神地祇」の略で、天の神と地の神のこと。
300 〔5〕 生物分類学上の科、属、種のこと。

附　録　誠信原則研究の欧文著作概観

一、英語

1. O'Connor, J. F., Good Faith in English Law, Aldershot, Hants, Dartmouth; Brookfield, Vt., USA, Gower, 1990.
2. O'Connor, J. F., Good Faith in International Law, Dartmouth, Vermont, 1991.
3. Farnsworth, Allan E., The Concept of Good Faith in American Law, Roma, Centro di studi e ricerche di diritto comparato e straniero, 1993.
4. Bro, Stephanie Anne. Good Faith Performance and Enforcement of Contracts in Canadian Law, Columbia University, 1997.
5. Good Faith [microform] [Chicago, Ill.?], The Association, 1990.
6. United States. Congress. Senate. Committee on the Judiciary, Establishing Good Faith as a Defense in Certain Cases. Hearing before a Subcommittee, Eighty-Third Congress, Second Session, on S. 1752. July 1, 1954, Washington, U. S. Govt. Print. Off., 1954.
7. Burton, Steven J., Contractual Good Faith, Formation, Performance, Breach, Enforcement, Boston, Little, Brown, 1995.
8. Holmes, Eric M, A Study of Commercial Good Faith, Columbia University, 1980.
9. Deloria, Vine, Comp. Of Utmost Good Faith, San Francisco, Straight Arrow Books, 1971.
10. Zimmermann, Reinhard and Whittaker, Simon (Edited By), Good Faith in European Contract Law, Cambridge; New York, Cambridge University Press, 2000.
11. Forte, A. D. M. (Edited By), Good Faith in Contract and Property, Portland, OR, Hart Pub., 1999.
12. Brownsword, Roger, Hird, Norma J. and Howells, Geraint (Edited By), Good Faith in Contract, Concept and Context, Aldershot, Hants, England, Dartmouth; Brookfield, Vt., Ashgate, 1999.
13. Harrison, Reziya. Good Faith in Sales, London, Sweet & Maxwell, 1997.
14. Beatson, Jack and Friedmann, Daniel (Edited By), Good Faith and Fault

in Contract Law, Oxford, Clarendon Press, New York, Oxford University Press, 1995.

15. Patterson, Dennis M. (Dennis Michael), Good Faith and Lender Liability, Toward a Unified Theory Salem, N. H., Butterworth Legal Publishers, 1990.

16. Martínez, Félix Luis, The Rights of The Bona Fide Purchaser of Ordinary Chattels under a Contract of Sale by One Not the Owner: A Comparative Study of the Civil and Common Law, New York, 1919.

17. Jones, J. Walter, The Position and Rights of a Bona Fide Purchaser for Value of Goods Improperly Obtained (Being the Yorke Prize Essay for the Year 1918), Littleton, Colo., F. B. Rothman, 1987.

18. Burton, Steven J., Judging in Good Faith, Cambridge; New York, Cambridge University Press, 1992.

19. Smiley, Jane, Good Faith, 1st Ed. A. A. Knopf, C2003.

20. Panizzon, Marion, Good Faith in the Jurisprudence of the WTO: The Protection of Legitimate Expectations, Hart, 2006.

二、ドイツ語

1. Horn, Carl, Die bona fides bei der Klagenverjährung nach kanonischem und gemeinem Recht. Inaugural-dissertation, welche Berlin, W. Pilz, 1899.

2. Fabio, Delco. Die Bedeutung des Grundsatzes von Treu und Glauben beim Ersatz reiner Vermögensschäden, Zürich, Schulthess, 2000.

3. Köller, Bernhard, Die Bedeutung des guten Glaubens auf dem Gebiete des Liegenschaftsrechts, Borna-Leipzig, R. Noske, 1908.

4. Parpan, Rudolf, Über die Bedeutung von Treu und Glauben im Versicherungsvertragsrecht, Zürich, Juris-Verlag, 1947.

5. Strätz, Hans-Wolfgang, Treu und Glauben, Paderborn, Schöningh, 1974.

6. Zeller, Ernst, Treu und Glauben und Rechtsmissbrauchsverbot, Prinzipiengehalt und Konkretisierung von Art. 2 ZGB Zürich, Schulthess, 1981.

7. Lincke, Hans-Werner, Der Schutz des guten Glaubens bei der Übereignung und Verpfändung von Wechsel und Scheck Halle (Saale), E. Klinz, 1931.

8. Geiter, Joseph, Der Schutz des guten Glaubens im Familienrecht des B. G. B. Köln, C. Steingass, 1931.

9. Gowa, Ferdinand, Die Rechtsnorm von Treu und Glauben im Verwaltungsrecht, Hamburg, s. n., 1933.

10. Wolters, Egbert, Gutglaubenschutz bei Legalpfandrechten ohne und

mit Besitz, [n. p.] 1959.

11. Koller, Alfred, Der gute und der böse Glaube im allgemeinen Schuldrecht Freiburg, Schweiz, Universitätsverlag, 1985.

12. Schaffner, Jakob, Die Grenzen der Vertragsfreiheit und Treu und Glauben in den Beschlüssen der Generalversammlung, Bern, Stämpfli & cie., 1940.

13. Landerer, Hans Peter, Fragen des Schutzes des guten Glaubens im schweizerischen, Patentrecht, insbesondere der gutgläubige Erwerb Winterthur, P. G. Keller, 1955.

14. Lux, Karl, Die Entwicklung des Gutglaubensschutzes im 19. und 20. Jahrhundert, mit besonderer Berüchsicktigung des Wechselrechts, Stuttgart, F. Enke, 1939.

15. Burkert, Michael, Der Einfluss von Treu und Glauben bei der Vertragsabwicklung; eine rechtsvergleichende Arbeit zum deutschschweizerischen und französischbelgischen Recht. Munster, 1967.

16. Valentin, Richard, Das Prinzip des Gutglaubenschutzes und seine Abwandlungen. [n. p.], 1968.

17. Baumann, Marcel, Der Begriff von Treu und Glauben im öffentlichen Recht, ein Beiträg zur Lehre von den obersten Rechtsgrundsätzen, Zürich, Juris-Verlag, 1952.

18. Adenauer, Max, Der Zeitpunkt des guten Glaubens beim Eigentumserwerb vom Nichtberechtigten Würzburg, Konrad Triltsch, 1936.

19. Stintzing, R. (Roderich), Das Wesen von bona fides und titulus in der Römischen Usucapionslehre, historisch-dogmatischer Versuch, Heidelberg, Akademische Anstalt für Literatur und Kunst, (Karl Groos), 1852.

20. Bruns, Carl Georg, Das Wesen der bona fides bei der Ersitzung. Ein practisches Gutachten nebst einem theoretischen Nachtrage, Berlin, Puttkammer & Mühlbrecht, 1872.

21. Wehmann, Jörg, Gutgläubiger Fahrniserwerb bei alternativ zum fehlenden Eigentum des Veräussers wirkenden Übertragungshindernissen, der gutgläubige Erwerb vom Minderjährigen und bei Verfügungsbeschränkungen, Göttingen, O. Schwartz, 1988.

22. Weimar, Wilhelm, Der gutgläubige Erwerb vom Nichtberechtigten, Stuttgart, Deutscher Sparkassenverlag, 1960.

23. Tiedtke, Klaus, Gutgläubiger Erwerb im bürgerlichen Recht, im Handels- und Wertpapierrecht sowie in der Zwangsvollstreckung, Berlin; New York, de Gruyter, 1985.

24. Bircher, Eugen, Gutgläubiger Erwerb des Forderungspfandrechts, Bern, Stämpfli & cie., 1946.

25. Lüders, Hans, Gutgläubiger Erwerb beweglicher Sachen auf Grund, rechtsgrundloser Verfügung eines Nichtberechtigten, Berlin, Triltsch & Huther, 1935.

26. Meier, Ernst, Der gute und böse Glaube im Erbrecht des schweizerischen Zivilgesetzbuches, Affoltern a. A., J. Weiss, 1924.

27. Hinz, Werner, Die Entwicklung des gutgläubigen Fahrniserwerbs in der Epoche des usus modernus und des Naturrechts, Berlin, Duncker & Humblot, 1991.

28. Wächter, Karl Georg von, Die bona fides, insbesondere bei der Ersitzung des Eigenthums. Leipzig, Edelmann, 1871.

29. Mager, Bernhard, Der Begriff der bona fides bei der Ersitzung und gegenüber der Eigenthums- und Erbschaftsklage (hereditatis petitio) nach römischem Rechte, Greifswald, C. Sell, 1878.

30. Karrer, Pierre, Der Fahrniserwerb kraft guten Glaubens im internationalen Privatrecht, Zürich, Polygraphischer Verlag, 1968.

31. Hausmaninger, Herbert, Die bona fides des Ersitzungsbesitzers im klassischen römischen Recht, Wien, Herold, 1964.

32. Benz, Heinrich, Begriff der „bona fides" in der römicshen Usucapionsleher, Bern, Fischer, 1888.

33. Gorden, Felix, Ist guter Glaube ein Erforderniss des Eigenthumserwerbs durch specificatio nach den Grundsätzen des römischen Rechtes? Berlin, Unger, 1888.

34. Nörr, Dieter, Die fides im römischen Völkerrecht, Heidelberg, C. F. Müller, 1991.

35. Schneider, Konrad, Treu und Glauben im Recht der Schuldverhältnisse, München, 1902.

36. Ders., Treu und Glauben im Civilprozeß, München, 1903.

37. Henle, Rudolf, Treu und Glauben im Rechtsverkehr, Berlin, 1912.

38. Wieacker, Franz, Zur rechtstheoretischen Präzisierung des § 242 BGB, Tübingen, 1956 (Recht und Staat, Heft 193/194).

39. Strätz, Hans-Wolfgang, Treu und Glauben. I. Beiträge und Materialien zur Entwicklung von „Treu und Glauben" in deutschen Privatrechtsquellen vom 13. bis zur Mitte des 17. Jahrhunderts, Paderborn 1974.

40. Pfister, Bernhard, Die neuere Rechtsprechung zu Treu und Glauben im Zivilprozeß, Frankfurt/Main u. a. 1998.

41. Siebert, W., Treu und Glauben-Erläuterung zu § 242 BGB, Stuttgart, 1959.
42. Christian, Eckl, Treu und Glauben im spanischen Vertragsrecht, Mohr Siebeck, 2007.
43. Steinbach, Emil, Treu und Glauben in Verkehr, Eine Civilistiche Studie, Wien, 1900.
44. Wächter, Carl Georg von, der Gute Glaube Insbesondere bei der Ausserordentlichen Ersitzung des Eigenthums, Leipzig, 1870.
45. Linde, Eugen von der, Der gute Glaube in der Zwangsvollstreckung, R. Noske, 1928.
46. Muhs, Joachim, Der gute Glaube an die Herrenlosigkeit beweglicher Sachen, Gebrüder Hoffmann, 1929.

三、イタリア語

1. Sacco, Rodolfo, La buona fede nella teoria dei fatti giuridici di diritto privato, Torino, G. Giappichelli, 1949.
2. Dell'Aquila, Enrico, La correttezza nel diritto privato, Milano, Giuffrè 1980.
3. Costanza, Maria, Profili dell'interpretazione del contratto secondo buona fede, Milano, Giuffrè, 1989.
4. Breccia, Umberto, Diligenza e buona fede nell'attuazione del rapporto obbligatorio, Milano, Giuffrè, 1968.
5. Albisetti, Alessandro, Contributo allo studio del matrimonio putativo in diritto canonico, violenza e buona fede, Milano, Giuffrè 1980.
6. Busnell, Francesco D. e Vallini, Carlo, La Buona Fede nel Possesso, Pacini Editore, Pisa, 1971.
7. Carcaterra, Antonio, Intorno ai bonae fidei iudicia, Napoli, Jovene, 1964.
8. Montel, Alberto, Il possesso di buona fede, CEDAM, Padova, 1934.
9. Loi, Maria e Tessitore, Franca, Buona fede e responsabilità precontrattuale, Milano, Giuffrè, 1975.
10. Ruffini, Francesco, La buona fede in materia di prescrizione-Storia della teoria canonistica, Bocca, Roma, 1892.
11. Uda, Giovanni Maria, La buona fede nell'esecuzione del contratto, Torino, Giappichelli, 2004.
12. D'Angelo, Andrea, Il contratto in generale. Vol. 4: La buona fede, Torino, Giappicheli, 2004.
13. Scalisi, Antonino, La comune intenzione dei contraenti,

Dall'interpretazione letterale del contratto all'interpretazione secondo buona fede, Milano, Giuffrè, 2003.

14. Oddenino, Alberto, Pacta sunt servanda e buona fede nell'applicazione dei trattati internazionali, Spunti ricostruttivi, Torino, Giappicheli, 2003.

15. AA. VV., Il ruolo della buona fede oggetiva nell'esperienza giuridica storica e contemporanea. Atti del Convegno internazionale di studi in onore di Alberto Burdese, Padova, CEDAM, 2003.

16. Monti, Alberto, Buona fede e assicurazione, Milano, Giuffrè, 2002.

17. Merusi, Fabio, Buona fede e affidamento del diritto pubblico. Dagli anni "trenta" all'"alternanza", Milano, Giuffrè, 2001.

18. Musio, Antonio, La buona fede nei contratti dei consumatori, Napoli, Edizioni Scientifiche Italiane, 2001.

19. Pignataro, Gisella, Buona fede oggetiva e rapporto giuridico precontrattuale: gli ordinamenti italiano e francese, Napoli, Edizioni Scientifiche Italiane, 1999.

20. Saffioti, Tiziana M., Le clausole generali di buona fede e correttezza e la posizione del lavoratore subordinato, Torino, Giappicheli, 1999.

21. Alpa, Guido, Putti, Pietro Maria, Casi scelti in tema di buona fede nei contratti speciali da "La nuova giurisprudenza civile commentata", Padova, CEDAM, 1996.

22. Lombardo Scavo, Luigi, La buona fede nel diritto canoico, Bologna, Il Mulino, 1995.

23. Manganaro, Francesco, Principio di buona fede e attività delle amministrazioni pubbliche, Napoli, Edizioni Scientifiche Italiane, 1995.

24. Carriero, Giuseppe, Informazione, mercato, buona fede: il cosiddetto insider trading, Milano, Giuffrè, 1992.

25. Nanni, Luca, La buona fede contrattuale, Padova, CEDAM, 1988.

26. Argiroffi, Carlo, Del possesso di buona fede di beni immobili (art. 1153-1157). Il Codice civile commentario, Milano, Giuffrè, 1988.

27. AA. VV., Il principio di buona fede, Giornata di studio (Pisa, 14 giugno 1985), Milano, Giuffrè, 1987.

28. Cardili, Ricardo, "Bona Fides" tra storia e sistema, Torino, Giappichelli, 2004.

29. Humbel, Kurt, Bernasconi, Alfredo, Buona fede: origine e storia dell'Accordo di pace nell'industria Svizzera delle Machine e dei Metalli, Fondo comune di cooperazione, Zürich, 1987.

30. Trivellin, Mauro, Il principio di buona fede nel rapporto tributario,

Milano, Giuffrè, 2009.

31. Falco, Gianluca, La buona fede e l'abuso del diritto. Principi, fattispecie e casistica, Milano, Giuffrè, 2010.

32. Bruscuglia, Luciano, Pendenza della Condizione e comportamento second buona fede, Milano, Giuffrè, 1975.

33. Corradini, D., Il criterio della buona fede e la scienza del diritto private, Milano, Giuffrè, 1970.

34. Ruta, A. Galfo, La Buona fede e le sue applicazioni nel diritto civile italiano, Catania, 1899.

35. Pietrobon, V., Il dovere generale di buona fede, Padova, CEDAM, 1939.

36. Garofalo, Luigi(A cura di), Il Ruolo della buona fede oggetiva nell'esperienza giuridica storica e contemporanea, Padova, Casa Editrice Dr. Antonio Milani, Vol. I, 2003.

37. Panza, Giuseppe, Buon costume e buona fede, Napoli, Jovene, 1973.

38. Segrè, Gino, Sull'età dei giudizii di buona fede di commodato e di pegro. Memoria di Gino Segrè, 1906.

39. Ruta, A. Galfo, Buona fede e le sue applicazioni nel diritto civile italiano, Catania, 1899.

40. Roberti, Giulic, Pagine di buona fede a proposito di musica, Firenze, 1876.

41. AA. VV., Atti del Convegno Fideiussione omnibus e buona fede, Fideiussione omnibus e buona fede, Milano, Giuffrè, 1992.

42. Falchi, Gian Luigi, Ricerche sulla legittimazione passiva alle azioni nossali: il possessore di buona fede del servo, Milano, Giuffrè, 1976.

43. Alberto, Albertario(A cura di), Studi sulla buona fede, Milano, Giuffrè, 1975.

44. Vecconcini Spartada, Gionata, Abbiccì pe' liberali di buona fede dell'anno 1848, Roma, 1972.

45. Spadafora, Antonio, Regola contrattuale tra autonomia privata e canone di buona fede: prospettive di diritto europeo dei contratti e di diritto interno, Torino, 2007.

46. AA. VV., Atti del 6. convegno internazionale Italia-Spagna, Circolazione illecita delle opere d'arte: principio della buona fede, Bolletiino di Numismatica. Supplemento al 36 [2001].

47. D'Angelo, Andrea, et al. Buona fede e giustizia contrattuale: modelli cooperativi e modelli conflittuali a confront, Torino, Giappichelli, 2005.

48. Stolfi, Emanuele, Bonae fidei interpretatio: ricerche sull'interpretazione

di buona fede fra esperienza romana e tradizione romanistica, 2004.
49. Oddenino, Alberto, Pacta sunt servanda e buona fede nell'applicazione dei trattati internazionali: spunti ricostruttivi, 2003.
50. Severino, Emanuele, Buona fede, Milano, Rizzoli, 1999.
51. Corradini, Domenico, Criterio della buona fede e la scienza del diritto privato. Dal codice Napoleonico al codice civile italiano del 1942, Milano, Giuffrè, 1970.
52. Corte-Enna, Giuseppe, Della buona fede, specialmente nei rapporti col possesso, 1901.
53. Cherubini, Maria Carla, Buona fede nel primo libro del Codice civile, Pisa, Pacini Editore, 1973.

四、スペイン語

1. Mozos, José Luis de los, El principio de la buena fe, sus aplicaciones prácticas en el derecho civil español, Barcelona, Bosch, 1965.
2. Ferreira Rubio, Delia Matilde, La buena fe, el principio general en el derecho civil, Madrid, Montecorvo, 1984.
3. Reyes Terra, Alberto, El principio de la buena fe en la práctica Judicial civil, Montevideo, Fundación de Cultura Universitaria, 1969.
4. Mila y Camps, José Manuel, La buena fe en las contiendas judiciales, Barcelona, De Badia, 1914.
5. Camacho Luca Evangelista, Fermin, La buena fe en el cumplimiento de las obligaciones, Granada, Universidad de Granada, 1962.
6. Cuyás, Manuel, La buena fe en la prescripcion extinctiva de deudas; desde el Concilio IV de Letran (1215) hasta Bartolo (1357); estudio historico, juridico, teologico Roma, Libreria editrice dell'Università Gregoriana, 1962.
7. Rotman, S. Julio, La buena fe en la prenda con registro, Buenos Aires, Abeledo-Perrot, 1967.
8. Cordobera, Lidia, M. R. y Kluger, Viviana, Tradado de la Buena Fe en el Derecho, La Ley, Buenos Aires, 2004.
9. Marcos M., Cordoba (Director), Tratado de la Buena Fe en el Derecho, Tomo I, La Ley, Buenos Aires, La Ley, 2004.
10. Marcos M., Cordoba (Director), Tratado de la Buena Fe en el Derecho, Tomo II, La Ley, Buenos Aires, La Ley, 2004.
11. Conde Marin, Emilia, La buena fe en el contrato de trabajo: un estudio della Buena Fe come Elemento de Integracion del Contrato de Trabajo, La Ley, Madrid, 2007.

12. Navarette, Urbano, La Buena Fe de las Personas Juridicas en Orden a la Prescripcion Adquistiva. Estudio Historico-Canonico, Gregorian & Biblical Book Shop, 1959.

13. Melón Infante, Carlos, Posesión de los bienes muebles, adquirida de buena fe, equivale al título (consideraciones sobre la posesión del transmitente en las adquisiciones "a non domino" de bienes muebles), VLex, 1957.

14. Alsina Atienza, Dalmiro A., Efectos jurídicos de la buena fe en sus relaciones con las modernas tendencias jurídicas: la apariencia, la imprevisión, el abuso del derecho, B. A. Rosso, 1935.

15. Buitrago Flórez, Diego, Buena fe exenta de culpa: error communis facit jus: en derecho civil y títulos-valores, Juridica Radar, Santafe de Bogotá, 1993.

16. Wieacker, Franz, Principio general de la buena fe, traducción de José Luis Carro; prólogo de Luis Díez-Picazo, Editorial Civitas, Madrid, 1982.

17. Rangel, Serrano, Isabel, María, Buena fe de los poseedores de mercancía de contraband, Pontificia Universidad Javeriana, Colombia, 1989.

18. Hernández Terán, Miguel, Estudio jurídico sobre la buena fe, S. N., Ecuador, 1989.

19. Arezo Píriz, Enrique, Teoría del heredero aparente: con especial referencia a la validez de sus actos respecto a terceros de buena fe, Fundación de Cultura Universitaria edition, Montevideo, 1982.

20. Manetta, Felipe, Gente de buena fe y los otros, F. Manett, Buenos Aires, 1990.

21. Fernández-Flórez, Wenceslao, Impresiones de un hombre de buena fe, Espasa-Calpe, Madrid, 1964.

22. Livieres B., Lorenzo N., Protección del tercer adquirente de buena fe en el Código civil Paraguayo, El Foro, Asuncion, 1984.

23. González Pérez, Jesús, Principio general de la buena fe en el derecho administrative, Civitas, Madrid, 1984.

24. Nogueira Guastavino, Magdalena, Prohibición de competencia desleal en el contrato de trabajo: una singular manifestación del deber de buena fe contractual, Aranzadi, Pamplona, 1997.

25. Herrera Zapién, Tarsicio, Buena fe y humanismo en Sor Juana: diálogos y ensayos: las obras latinas: los sorjuanistas recientes, Porrúa, México, 1984.

26. Silva, Ramón, Protección del adquirente de buena fe en el derecho civil paraguayo, Asuncion, Paraguayo, 1960.

27. Mier Vélez, Angel de, Buena fe en la prescripción y en la costumbre hasta el siglo XV, Ediciones Universidad de Navarra, Pamplona, 1968.

28. Reyes Villanueva, Alicia, Buena fe en el derecho: tesis que para su examen profesional de licenciado en derecho, Avalos, 1944.

29. López Cancelada, Juan, Verdad sabida y buena fe guardada: Origen de la revolución de Nueva España consagrada en 15 de Set. de 1810. Defensa de su fidelidad, M. S. de Quintana, Cadiz, 1811.

30. Monzón, Máximo Danie, Fidelidad y la buena fe en el contrato de trabajo, Abeledo-Perrot, Buenos Aires, 1966.

31. Morales Cervantes, Enrique, El Tercero de buena fe en relación con el Artículo 3007 del Código civil, México, 1963.

32. Cerro Requena, Manuel del, Validez de los actos de disposición de heredero aparente respecto de tercero de buena fe, Tipografia británica, Uruguay, 1894.

33. Sandoval Pardo, Jesus, El Tercero de buena fe frente a la ejecución de una sentencia de amparo, México, 1967.

34. Medina Pérez, José, Buena fe en la doctrina, la legislación y la jurisprudencia, Universidad de Chile, 1950.

35. Alsina Atienza, Dalmiro A, Principio de la buena fe en el proyecto de reforma de 1936, Sección Publicaciones del Seminario de Ciencias Jurídicas y Sociales, 1942.

36. Milá y Camps, José María, Buena fe en las contiendas judiciales, De Badia, 1914.

37. García García, Fernando Augusto, Buena fe en la prescripción canónica y su influencia en la institución jurídica civil de la prescripción, Universidad. de México, 1961.

38. Neme Villarreal, Martha Lucía, Buena fe en el derecho romano: extensión del deber de actuar conforme a buena fe en materia contractual, Universidad Externado de Colombia, Bogotá, 2010.

39. Leguineche, Andrés, Títulos al portador robados o perdidos, su reivindicación contra el poseedor de buena fe, en el código de comercio, Editorial Depalma, Buenos Aires, 1945.

40. Jerez Delgado, Carmen, Buena fe registral, Colegio de Registradores de la Propiedad, Mercantiles y Bienes Muebles de Espana, Madrid, 2005.

41. Parra, Gonzalo de la, De como se hizo revolucionario un hombre de buena fe, México, 1915.

42. García Cavero, Percy, Fraude en la administración de personas jurídicas y delitos contra la confianza y la buena fe en los negocios, Palestra Editores, Lima, 2005.

43. Jiménez Rueda, Julio, México que yo sentí, 1896-1960: testimonios de un espectador de buena fe, Consejo Nacional para la Cultura y las Artes, Direccion General de Publicaciones, Méixico, 2001.

44. Sánchez Torres, Esther, Deber de negociar y la buena fe en la negociación colectiva, Consejo Econoimico y Social, Madrid, 1999.

45. Blanco Lazo, Salvador, Percepción de frutos y el reembolso de gastos en la posesión de buena fe, México, 1960.

46. Rotman, S. Julio, Buena fe en la prenda con registro, Abeledo-Perrot, Buenos Aires, 1967.

47. Herrero, Amelia Castresana Herrero, Fides, bona fides: un concepto para la creación del derecho, Tecnos, Madrid, 1991.

五、フランス語

1. Gorphe, François, Le principe de la bonne foi, Dalloz, Paris, 1928.

2. Kornprobst, Emmanuel, La notion de bonne foi, application au droit fiscal français, Librairie générale de droit et de jurisprudence, Paris, 1980.

3. Vouin, Robert, La bonne foi; notion et rôle actuels en droit privé français, Paris, Librairie générale de droit & de jurisprudence, Paris, 1939.

4. Wubbe, F. B. J., Le possesseur de bonne foi vu par les juristes romains et modernes; leçon inaugurale donnée a l'Université de Fribourg, le 4 mai 1962, Éditions universitaires, Fribourg, 1963.

5. Gallardo, Ricardo, Le rôle et les effets de la bonne foi dans l'annulation du mariage en droit comparé: étude historique et critique, Recueil Sirey, Paris, 1952.

6. Kolb, Robert, La Bonne foi en droit international public: contribution à l'étude des principes généraux de droit, Presses universitaires de France, Paris, 2000.

7. Mazoyer, Jean Henri, Du rôle de la bonne foi dans la possession immobilière en droit romain et en droit français, Faculté de droit de Toulouse, 1891.

8. Faure, Jules, Justa causa et bonne foi: essai d'explication des singularités de l'usucapion pro emptore en droit romain classique, Impr. Centrale, Lausanne, 1936.

9. Dupuis, Charles, Du pouvoir du juge dans les actions de bonne foi en droit romain. Des droits accordés à la femme veuve par la coutume ou par la loi dans l'ancien droit et dans le droit moderne en droit français, Imprimerie Moquet, 1887.

10. Zakī, Mahmūd Jamāl al-Dī, Bonne foi dans l'acquisition des droits en droit privé: étude comparée, Le Caire: Imp. Université Fuad 1er, 1952.

11. Grivet, Georges, Droit romain: Des exceptions en général et spécialement des exceptions d'équité dans les actions de bonne foi, Thesis (doctoral) - Université de Lyon, 1891.

12. Volansky, Alexandre Al., Essai d'une définition expressive du droit basée sur l'idée de bonne foi: étude de doctrine juridique, E. Duchemin, L. Chauny, & L. Quinsac, Paris, 1930.

13. Zoller, Élisabeth, Bonne foi en droit international public, A. Peidone, Paris, 1977.

14. Kornprobst, Emmanuel, Notion de bonne foi: application au droit fiscal français, Librairie générale de droit et de jurisprudence, Paris, 1980.

15. Picot, François, Bonne foi en droit public: rapport, Helbing & Lichtenhahn, Basel, 1977.

16. Marie-Noélle, Mensonge en toute bonne foi: voyage à travers une psychose, L'Harmattan, Paris, 1995.

17. Jaluzot, Béatrice, Bonne foi dans les contrats: étude comparative des droits français, allemand et japonais, Dalloz, Paris, 2001.

18. Foriers, Paul Alain, Caducité des obligations contractuelles par disparition d'un élément essentiel à leur formation: de la nature des choses à l'équité, de l'impossibilité au principe de l'exécution de bonne foi, Bruylant, Bruxelles, 1998.

19. Du Mont, Étienne, Situation du protestant baptisé et de bonne foi par rapport à l'unique Église du Christ, Éditions Saint-Augustin, Saint-Maurice (Suisse), 1959.

20. Guisan, François, Protection de l'acquéreur de bonne foi en matiére mobiliére, Pont Frères, Lausanne, 1970.

21. Mba, André Marie, Port du stage effectué dans le ressort des Cours d'appel de l'Ouest et du Nord, mars 1987-1988: théme de réflexion, Le constructeur de bonne foi, le constructeur de mauvaise foi et la loi no 80-22 du 14 juillet 1980, portant répression des attein, 1988.

22. Romain J.-F., Theorie Critique du principe general de bonne foi en droit privé, Bruxelles, 2000.

六、ポルトガル語

1. Martins-Costa, Judith. A boa-fé no direito privado, sistema e tópica no processo obrigacional, Editora Revista dos Tribunais, São Paulo, 2000.

2. Cordeiro, Menezes, Da boa-fé no direito civil, Coimbra, 1984.
3. Dantas Jr., Aldemiro Rezende, Teoria dos atos próprios no princípio da boa-fé, Jurua, 2007.
4. Rosenvald, Nelson, Dignidade humana e boa-fé no Código civil, Editora Saraiva, São Paulo, 2005.
5. Baracat, Eduardo Milléo, Boa-fé no direito individual do trabalho, Editora LTr, São Paulo, 2003.
6. Garcia, Enéas Costa, Responsabilidade pré e pós-contratual à luz da boa-fé, Editora Juarez de Oliveira, São Paulo, 2003.
7. Giacomuzzi, José Guilherme, Moralidade administrativa e a boa-fé da administração pública: o conteúdo dogmático da moralidade administrative, SP: Malheiros Editores, São Paulo, 2002.
8. Martins, Plínio Lacerda, Abuso nas relações de consumo e o princípio da boa-fé, Editora Forense, Rio de Janeiro, 2002.
9. Guimarães, Octavio Moreira, Da boa-fé no direito civil brasileiro, Saraiva, São Paulo, 1953.
10. Silveira, Alipio, Boa-fé no Código civil: doutrina e jurisprudência, São Paulo, 1972.
11. Milhomens, Jonatas, Presunção de boa-fé no processo civil, Editora Forense, Rio de Janeiro, 1961.
12. Lufinha, Antonio Rodrigues, Posse de boa-fé para efeitos de prescrição algumas considerações, Coimbra Editora, 1949.
13. Noronha, Fernando, Direito dos contratos e seus princípios fundamentais: autonomia privada, boa-fé, justiça contratual, Saraiva, São Paulo, 1994.
14. Marques, José António Gomes da Silva, Boa fé na prescrição "longissimi temporis": sua necessidade e natureza segundo o Doutor Pedro Barbosa ([death date symbol] 1606), Ofic. Graif. da Livraria Cruz, Braga, 1964.
15. Araújo, Francisco Rossal de, Boa-fé no contrato de emprego, Editora LTr, São Paulo, 1996.
16. Lupion, Ricardo, Boa-fé objetiva nos contratos empresariais: contornos dogmáticos dos deveres de conduta, Livraria do Advogado Editora, Porto Alegre, 2011.
17. Santiago Sottomayor, Maria Clara Pereira de Sousa de, Invalidade e registo: a protecção do terceiro adquirente de boa fé, Doctoral Theses, 2010.
18. Faro, Frederico, Fiança omnibus no âmbito bancário: validade e exercício da garantia à luz do princípio da boa fé, Coimbra Editora, 2009.

19. Silva, Joseane Suzart Lopes da, Planos de saúde e boa-fé objetiva: uma abordagem crítica sobre os reajustes abusivos, Editora Jus PODIVM, Salvador, Bahia, 2008.
20. Ferreira da Silva J. C., Boa-fé e a Violação Positiva do Contrato, Renovar, São Paulo, 2002.
21. Faria de Carvalho, Dioigenes, Do princiipio da boa-fé objetiva nos contratos de consume, Editora da PUC Goiai, Goiainia, Goiais, Brasil, 2011.

七、オランダ語

1. Meijers, Eduard Maurits, Goede trouw en stilzwijgende wilsverklaring, Noord-Hollandsche uitgevers-maatschappij, Amsterdam, 1947.
2. der Werf, H. G. van, Redelijkheid en billijkheid in het contractenrecht: Enkele beschouwingen over goede trouw, redelijkheid en billijkheid in het huidige en het komende contractenrecht, Gouda Quint, 1982.
3. Rossum, Madeleine van, De redelijkheid en billijkheid bij commerciele contracten, Kluwer, 2011.

八、ルーマニア語

1. Muşatescu, Vlad, Oameni buna-credinţă, Cartea Romaneasca, 1989.
2. Grigora, Nina Ecaterina, Buna-credinţă, Editura Hamangiu, 2007.
3. Cotea, Felician Sergiu, Buna-credinţă: implicaţii privind dreptul de proprietate, Editura Hamangiu, 2007.
4. Gherasim, Dimitrie, Buna-credinţă în raporturile juridice civile, Editura Academiei Republicii Socialiste Romania, Bucuresti, 1981.

九、ロシア語

1. Емельянов, В. И., Разумность, Разумность, добросовестность, незлоупотребление гражданскими правами, Лекс-Книга, 2002.
2. Жгулев, Алим Александрович, Добросовестность при исполнении обязательства, Инфотропик Медиа, Москва, 2011.
3. Богданова, Елена Евгеньевна, Добросовестность и право на защиту в договорных отношениях, ЮНИТИ-ДАНА, Москва, 2010.

十、クロアチア語

Hovart, M., Bona fides u razvoju rimskoga obveznoga prava, Zagreb, 1939.

十一、ラテン語

Laschinski, Wilhelm, De natura bonae fidei, quae in usucapione vel temporis praescriptione secundum praecepta iuris romani requiritur, Vratislaviae, "Breslauer Genossenschafts-Buchdruckerei". 1875.

補　遺　中国における《民法総則》制定（2017年3月）に関する
　　　　原著者による補遺

　中国においては、2017年3月15日に《民法総則》が可決され、同年10月1日に施行されるに至った（同第206条）。本書の中心テーマである民法基本原則、とりわけ誠信原則を定めていたのは《民法通則》であったところ、《民法総則》という新しい法律に変わったことは、本書にとって補足説明が必要になる事項である。以下は、原著者の徐国棟教授より頂いた、本書の関連部分についての補遺（日本語訳）である。

《民法総則》及びその他の民事法の、《民法通則》条文変更に対する状況

徐　国棟

一　第13-14頁で触れている《民法通則》の規定

【《民法通則》第2条はとりもなおさずこの種の規定に属し、同条は我が国民法が規律対象としている社会関係の範囲を定めたのである。(2)原則規定（これはまた、宣言規定ともいう。）。その用途は、法律の原則と任務を述べるところにあり、民法基本原則を定めた《民法通則》第3条乃至第7条及び民法の任務を定めた《民法通則》第1条がこの種の規定に属する。】

《民法通則》第2条は《民法総則》第2条に相当する。前者の規定は、中華人民共和国民法は、平等な主体である、公民の間、法人の間、公民と法人の間の財産関係及び人身関係について規律対象とする、である。後者の規定は、民法は、平等な主体である自然人、法人及び非法人組織の間の人身関係及び財産関係について規律対象とする、である。

《民法総則》は、第4条から第9条で民法基本原則を規定することに改め、しかも規定の内容を多少、変えた。

《民法通則》第3-7条の内容は以下の通りである。

第3条　当事者の民事活動における地位は、平等である。

第4条　民事活動は、自発、公平、等価有償、誠実信用の原則に従わなければならない。

第5条　公民、法人の合法的な民事権益は法律による保護を受け、いかなる組織及び個人も、これを侵害してはならない。

第6条　民事活動は、法律を遵守しなければならず、法律に規定なきときは、国家政策を遵守すべきである。

第7条　民事活動は、社会公徳を尊重すべきであり、社会公共の利益を損なったり、国家経済計画に反したり、社会経済秩序を乱したりしてはならない。

《民法総則》第3-9条の内容は以下の通りである。

第3条　民事主体の人身的権利、財産的権利及びその他の合法的権益は、法律による保護を受け、いかなる組織又は個人も、これを侵害してはならない。

第4条　民事主体の民事活動における法的地位は、等しく平等である。

第5条　民事主体が民事活動に携わるときは、自発原則に従わなければならず、自己の意思により、民事法律関係を設定し、変更し、終了させることができる。

第6条　民事主体が民事活動に携わるときは、公平原則に従わなければならず、各当事者の権利及び義務を合理的に確定しなければならない。

第7条　民事主体が民事活動に携わるときは、誠信原則に従わなければならず、誠実を守り、承諾したことを厳守しなければならない。

第8条　民事主体が民事活動に携わるときは、法律に違反してはならず、公序良俗に反してはならない。

第9条　民事主体が民事活動に携わるときは、資源の節約に有利になるようにしなければならず、生態環境を保護しなければならない。

《民法通則》第1条は《民法総則》第1条に相当する。前者の規定は、「公民、法人の合法的な民事権益を保障し、民事関係を正しく規律し、社会主義現代化の建設事業の発展の必要に適応するために、憲法及び我が国の実際の状況に基づき、民事活動の実践経験を総括して、本法を制定する。」である。後者の規定は、「民事主体の合法的権益を保護し、民事関係を規律し、社会と経済の秩序を守り、中国の特色ある社会主義の発展の要求に適応し、社会主義の核心価値観を発揚するために、憲法に基づき、本法を制定する。」である。

二　第14頁、第424頁で触れている《民法通則》の不可抗力に関する規定

【「不可抗力」について定義している《民法通則》第153条がこの種の規定に属する。】

《民法通則》第153条の規定は、「本法でいうところの『不可抗力』は、予見することができず、回避することができず、そして克服することができない客観的状況をいう。」である。

《民法総則》第180条第2項がこれに相当し、その規定は、「不可抗力は、予見することができず、回避することができず、かつ克服することができない客観的状況をいう。」である。

第424頁【《民法通則》第107条は、「不可抗力により契約を履行

することができず、又は他人に損害を及ぼしたときは、民事責任を負わない。但し、法律に別段の定めがあるときはこの限りでない。」と規定する。】

《民法総則》第180条第1項　不可抗力により民事義務を履行することができないときは、民事責任を負わない。法律に別段の定めがあるときは、その規定による。

三　第14頁で触れている《民法通則》第八章

【《民法通則》第八章の関係規定は、いずれもこの種の規定に属する。】

《民法通則》第八章は、「渉外民事関係の法律適用」について規定している。《民法総則》の中には、これに相応する章はない。この章の内容は、《渉外民事関係法律適用法》の方へ行ってしまっている。

四　第16頁で触れている《民法通則》の中の曖昧な規定

【民法基本原則を規定する《民法通則》第3条乃至第7条において、我々は、少なくとも以下のような曖昧な概念を見ることができる。すなわち、「平等」、「公平」、「社会公徳」、「誠実信用」、「社会公共利益」である。】

《民法総則》第3-9条に、依然として「平等」、「公平」、「誠実信用」という曖昧な概念がある。しかし、「社会公徳」、「社会公共利益」という曖昧な概念はなくなり、「公序良俗」がそれらに取って代わっている。

補　遺

　五　第28頁で触れている《民法通則》の二つの規定

【「当事者の民事活動における地位は、平等である。」（《民法通則》第3条が定める平等原則）と、「公民は、その戸籍所在地の居住地をもって住所とし、常用する居住地と住所とが一致しないときは、常用する居住地を住所と見なす。」（《民法通則》第15条）】

　《民法総則》第4条が《民法通則》第3条に相当するもので、「民事主体の民事活動における法的地位は、等しく平等である。」としている。
　《民法総則》第25条が《民法通則》第15条に相当するもので、「自然人は、戸籍登記又はその他の有効な身分登記に記載の居所を以て住所とし、経常的な居所と住所が不一致のときは、経常的な居所を住所と見なす。」としている。

　六　第31頁で触れている《民法通則》の規定

【現実履行の原則　《民法通則》第88条第1項は、「契約当事者は、契約の約定に従い、自己の義務をすべて履行しなければならない。」と定めている。】

　《民法総則》第176条は、「民事主体は、法律の規定及び当事者の約定に従い、民事義務を履行し、民事責任を負う。」としている。この条と《民法通則》の上述の規定は似通っているが、完全に同じというわけではない。

七　第32頁で触れている《民法通則》の規定

【(例えば、取消可能な民事行為に関する規定である《民法通則》第59条は、公平原則の内容を表している。)(《民法通則》第132条は例外である。公平責任原則は、この第132条という規範性規定から総括されて出てくるものである。)】

　《民法総則》第147条　重大な誤解により民事法律行為を行なったときは、行為者は、人民法院又は仲裁機構に対し、取り消すことを請求する権利を有する。
　《民法総則》第151条　一方が、相手方が窮迫又は判断能力を欠く状態その他の状態にあるのを利用して、民事法律行為成立の時に明らかに公平を失わせたときは、損害を受けた当事者は、人民法院又は仲裁機構に対し、取り消すことを請求する権利を有する。
　《民法通則》第132条は、《不法行為法》第24条に移された。《不法行為法》第24条曰く、「被害者及び行為者双方に損害発生に対して過失がないときは、実際の状況に従い、双方が損失を負担する。」

八　第59頁で触れている《民法通則》の規定

【《民法通則》第4条が誠信原則を確立して以降】

　《民法通則》第4条　民事活動は、自発、公平、等価有償、誠実信用の原則に従わなければならない。
　《民法総則》第7条　民事主体が民事活動に携わるときは、誠信原則に従わなければならず、誠実を守り、承諾したことを厳守しなければならない。

九　第65頁で触れている《民法通則》の規定

【《民法通則》第58条第1号及び第2号は、民事行為無能力者の民事行為又は制限民事行為能力者が法律に従い単独で行うことができない民事行為は無効であると定めている。】

《民法総則》第144条　民事行為無能力者が行なった民事法律行為は、無効とする。
《民法総則》第145条第1項　制限民事行為能力者が行なった、利益を得るだけの民事法律行為又はその者の年齢、知力、精神的健康状態に適応する民事法律行為は、有効とする。その者が行なったその他の民事法律行為は、法定代理人の同意があるか、又は追認されたとき、有効となる。

十　第73頁で触れている《民法通則》の規定

【しかし、《民法通則》第58条第4項、第61条〔第2項〕の規定における「悪意による通謀」という文言の中の悪意】

《民法通則》第58条　以下に掲げる民事行為は無効とする。
（四）悪意による通謀で、国家、集団又は第三者の利益を害したとき。
《民法通則》第61条
第1項　民事行為が無効とされ、又は取り消された後、当事者がその行為により取得していた財産は、損失を受けた相手方に返還しなければならない。過失のある当事者は、相手方がこれにより受けた損害を賠償する責めを負い、双方に過失があるときは、それぞれ

それに応じた責めを負わなければならない。

　第2項　双方が悪意による通謀で民事行為を行い、国家、集団又は第三者の利益を害したときは、双方が取得した財産を追徴し、国家若しくは集団の所有となるように回収し、又は第三者に返還しなければならない。

　《民法総則》第154条　行為者と相手方が悪意による通謀をなし、他人の合法的な権益を害する民事法律行為は、無効とする。

十一　第429頁で触れている《民法通則》の規定

【《民法通則》第73条第2項、第74条第3項、第75条第2項は、それぞれ、国家の財産、集団の所有する財産及び公民の個人財産の保護について規定している。法文中に、国家の財産は「神聖にして侵してはならない」の用語を使い、後二者の財産については「侵してはならない」の用語だけ使うことによって、間違いなく国家財産は集団財産及び個人財産と法律上、異なる地位が与えられた。これは一種の体系違反であるが、国家財産、集団財産、個人財産の財産としての性質は同じであるものの、法律はそれぞれの地位を与えたわけである。】

　これらの規定は、《物権法》に移っており、《民法総則》には見られない。

　《物権法》第56条　国家が所有する財産は、法律の保護を受け、いかなる団体又は個人も、占拠し、略奪し、不法に分配し、抑え留め、又は破壊してはならない。

　第63条〔第1項〕　集団が所有する財産は、法律の保護を受け、いかなる団体又は個人も、占拠し、略奪し、不法に分配し、又は破壊してはならない。

第66条　私人の合法的財産は、法律の保護を受け、いかなる団体又は個人も、占拠し、略奪し、又は破壊してはならない。

解説及び訳者あとがき

　本書は、徐国棟著《民法基本原則解釈：誠信原則的历史、实务、法理研究（再造版）》、北京大学出版社、2013年1月 の日本語訳である。徐 国棟教授は、民法及びローマ法がご専門であり、中国だけでなく、イタリア等の国際的学術大会において、広く活躍しておられる（経歴については本書末尾の原著者略歴参照）。著作、論文も非常に多く、近時は、本書の他にも、『民法対象研究』（法律出版社、2014年10月）、『民法哲学（増訂版）』（中国法制出版社、2015年7月）といった書籍を著しておられる。ローマ法研究に裏打ちされた法史の観点から、現代の民法に対して分析を加える手法の論稿が多い。こうした法史的、すなわち縦の観点だけでなく、中南財経政法大学法学院院長の徐 滌宇教授といった高弟の先生方を始めとする他の民法研究者と共に、数十ヶ国の民法典を中国語に訳して公刊されておられ、《グリーン民法典草案》（社会科学文献出版社、2004年5月）という民法典草案も作成しておられる（本書でも、63頁以下及び194頁で登場する。）。その数多くの国々の民法典の情報は、本書においても頻繁に登場し（特に、第四章第3節）、横への広がりを持つ深い分析に繋がっている。

　本書は、「原著者による日本語版のための序言」にもあるように、元々は民法基本原則全般について考察した徐教授の博士論文で、それが、時代の変化への対応と長年のご研究の進展により、民法基本原則のうちの誠信原則を中心として研究されたものである。徐教授は、江 平教授の下で誠実信用原則に関する修士論文を、続いて王家福教授と梁 慧星教授の下で上記の博士論文を完成させた。いず

れも、現代中国を代表する極めて著名な先生方であり、これらの先生方のご指導を受けられたということであるから、羨ましい限りである。本書では民法基本原則の中の誠信原則を中心として論じられているとは言っても、出発点である修士論文がこの誠信原則についての論稿であるから、一貫して誠信原則について研究されておられるわけである。ここでは、「誠信」という用語が極めて重要なキーワードとなる。この点から考察を始めなければならない。なお、頁数はすべて原著の頁数で記す。

　「誠信」という中国語の訳語について。これには、今日の日本民法学がいうところの、「信義誠実」の意味のときと「善意」の意味のときがあり、徐教授の主観的誠信（後者）と客観的誠信（前者）の統一（別の語を用いるのではなく、一語で両者を表すという意味も含む。）という主張の本質となる概念である。すなわち、「信義誠実」（の原則）と「善意」が区別されているのは、あくまでもここ二百年ぐらいの話であり、元々はこの両者は同一のものであったのであり、それ故に、元に戻してこの両者を統合した方が良いのではないかというのが徐教授の主張の重要な内容なのである。確かに、「誠信」という語を見せられても、両者の統一に慣れていない今日の日本の法学者にとっては、一瞬、戸惑うことがあるであろう。しかしながら、もしこれらを「信義誠実」（の原則）とか「善意」と訳してしまったのでは、徐教授の主たる眼目である主張を、この翻訳作品で正しく表現できないこととなり、原著者の意向に明らかに反する結果となってしまう。翻訳という作業は、原著者の意向をその通り伝えることが唯一の要請であり、ただ、「別の言語を用いて」という要素が付加されるに過ぎない。従って、本書では、漢字のまま「誠信」と訳し、明らかに日本民法学がいうところの「信義誠実」又は「善意」の意味のときは、亀甲内で訳注として示すに留めた。例えば、166

頁では「誠信取得制度」という語句が出てくるが、これは文脈上、明らかに「善意取得制度」の意である。その結果、占有が話題となる場合の、いわゆる「善意占有」については、「誠信占有」という語となる。これは、今日の日本の法学者からすれば聞き慣れない、見慣れない用語であることは明らかであり、かかる訳語は誤りであるとの非難を浴びせられる虞があることは承知している。しかしながら、「善意」ではなく「(主観的)誠信」であるという原著者の意図を汲んでいただきたいが故に、あえて「誠信占有」という訳語を用い、それの対概念である「悪意占有」は「悪信占有」と訳した点をご理解頂きたい(例、192頁)。

徐教授は、初めに、「原則」という語の、中国語、ラテン語及び英語における意味を調査した上で、議論を進めていく(9-10頁)。「誠信」という語についても、ローマ法に遡って、言語上の意味から考えてゆく(特に、35-36頁、89-96頁)。こうした点に、研究の緻密性を見て取ることができる。

本書は、誠信原則について主観的誠信と客観的誠信の統合について論じているだけではない。151-152頁に見られるように、哲学の議論から説き起こして、両者の誠信の共通点を指摘し、更に、裁判官に自由裁量権を与えるという法学方法論的な発想で誠信原則を考察するあたりは、示唆に富む。《フランス民法典》は産業革命前(都市化前)に制定されたものであるのに対して、《ドイツ民法典》、《スイス民法典》は産業革命後(都市化後)に制定されたものであるとの指摘(335-338頁)は、当然のことなのであろうが、両国の民法学を学ぶことが多い我が国において、重要な視点である。加えて、自由法運動に関連する記述で、ドイツ民法典は1900年施行であり、形式主義的な概念法学の発想はドイツ民法施行直前期頃に現れていた(徐教授説によれば、ドイツ民法の総則に抽象的な原則が多く書かれてい

たから）ところ、フランスはと言えば、フランス民法制定からしばらくは法文に忠実にという流れであったのであるから、この両国は根本的に事情が異なる、すなわち、ドイツでは民法典施行直後に自由法運動が現れているとの指摘（373-374頁付近）は、政治・経済・社会情勢との関連で、この両国の民法典を考えるときに、一時も忘れてはならない事項であろう。また、354-356頁付近の古典的自然法についての分析も、興味深いものがある。

　主観的誠信（善意）と客観的誠信（信義誠実）の統合という本書の中心問題について、それは我が国の民法学上、直ちには受け入れられないかもしれないが、「善意」概念について、再度、考える契機となることは確かであろう。「善意」というと、取得時効や占有者保護、善意の第三者保護制度、更には日本民法177条の不動産登記の対抗要件制度が容易に思い浮かぶが、いずれにしても善意の客観化はよく言われることであり、善意認定の判断基準を考える際に、「信義誠実の原則」の発想が考慮事由の一つとなるのであれば、その時点ですでに、徐教授の見解に近づいていると評し得る。そればかりか、信義誠実の原則の適用事象の問題（特に権利濫用の禁止との棲み分けの議論）の解決にも益するところがあるのではあるまいか。また、裁判官にどの程度、自由裁量権を与えるのかという問題を常に意識して議論が展開されており、善意や信義誠実についての新たな理解が生まれる可能性が潜んでいる。従って、我が国において本書を参考にする価値は、十分、あるのである。
　また、本書で論じられている個別の問題についても、日本法学上、得るものがあるように思われる。確かに、中国法特有の議論も見られ、すべてが我が国で参考となるとは言えないのは事実である。例えば、裁判官の自由裁量権について、上級の裁判所の裁判官ほど素質が高いことを理由に、自由裁量権の程度を区別するという議論

（437頁）は、日本では批判する向きが多いのではなかろうか。しかしながら、他方で、我が国の民法解釈学上、参考になる点は十分、見られる。例えば、公序良俗の原則は往々にして法律関係の外部からその内容を矯正するものであり、誠信原則が往々にして法律関係の内部からそれに対し調整を行う点で異なることは明らかであるから、この二つの原則にはそれぞれ役割分担があり、両者が共同して社会秩序の好ましい運行を保っているのである、という趣旨の指摘（33頁）は、日本においても、再検討してよい議論であろう。また、主観的誠信と客観的誠信に関して、前者（善意）には果実の取得といった法律上の（確定的な）褒賞があるのに、後者にはそれがないということに賛成できないとの指摘（85頁）も考えさせられる。

とりわけ、徐教授の多言語参照の姿勢については、大いに学ばなければならない。徐教授は、上述のように多数の国の民法典を中国語に訳すプロジェクトを進められており、中国において、多言語を駆使する能力の高さが常に評価されている。本書においても、末尾の文献リストに見られるように、まさに多言語の文献が渉猟されており、また、本書の注で登場する文献には百年以上前のものも普通に見られ、現代の言語によるものだけに止まっていない。加えて、例えば第四章に見られるように、数多くの民法典が参照されている。そして、一口で《ドイツ民法典》、《スイス民法典》と言っても、ただ単にドイツ語のみを見るのではなく、《ドイツ民法典》のフランス語訳を見たり、《スイス民法典》のイタリア語版もきちんと参照した上で議論を進めていく手法（181頁）には、脱帽せざるをえない。昨今、英語し̇か̇見ない（見ることができない）ないしは英語さ̇え̇見ることができない傾向が日本法学界において生まれ始めていることを思うと、我々は襟を正す必要があろう。

231頁にある《契約法》の翻訳時にどんな単語となったかの文章

は、日本の法務省が行なっている、日本の法律の英訳について、日本民法、商法等々の「信義誠実」や「善意」等の語がどんな英語になっているかをすべて調査する意味があることを教えてくれる。

また、元々、誠信原則が大陸法系の制度であり、英米には存在しなかったという点についても、英米法の議論をきちんと渉猟・検討することで、現代の英米での誠信原則の使用状況のみならず、「英米法がかつて誠信原則を排斥したという経験」が、却って大陸法系学者が「この原則に潜在する危険」を見る助けとなり、「ますます客観的にこの原則を取り扱うことができる」との指摘（228頁）は、まさしく「言うは易く行うは難し」と評し得る法比較の実行なのであって、法比較から得られる多大な成果物そのものである。

また、徐教授が日本語版のための序言において指摘されていることと関係するが、日本（民法）学界は、これまで、ドイツ、フランスへの傾倒が強すぎたのではあるまいか。イタリア、スペインを始めとするラテン法諸国、そして当然のことながら中国の情報がふんだんに織り込まれている本書には、そうした意味でも、我が国にとって有意義な書籍であるように思われる。

いずれにしても、本書全体を読み返して思うことは、原著者である徐教授がいかに碩学であるかということである。何をいまさらとの批判を受けるかもしれないが、もし翻訳が、①その原著者が執筆時に考え、主張しようとしたことを正しく理解、再現し、②その内容をもし別の言語（本書の場合は、日本語）でその原著者が表現するとしたらどう表現するだろうかを考えた上で、③当該言語にすることである、とするならば、その翻訳作業を行う前提条件として、訳者が原著者と同程度の知識と思考・判断能力を持っていなければならない。言い換えると、原著者と同程度の教養と思考能力が必要になるわけである。こういった意味で、本書の翻訳の試みは極めて困難な作業であったことを白状せざるを得ないし、徐教授の思考・主

張を正しく理解、再現できているかは心許ないところがある。徐教授にはご海容を請うしかないし、本書の誤りについて、諸先生方のご教示を謹んでお受けする以外にない。

　本書訳出の動機については、以上述べてきた本書の意義が最たる理由であるが、個人的な理由があったことも否めない。それについては徐教授が日本語版のための序言に書いて下さったので（若干、恥ずかしいのは事実であるが）、ここでは触れない。そして、一人での完訳は容易ではないところ、中国で最も親しくしている李 偉群教授が手伝って下さることとなった。ただ、中国政府による資金援助は、まさしく僥倖であった。この申請を誘って下さり、かつ２度の複雑な手続きに協力して下さった徐教授と北京大学出版社の蒋 浩氏に感謝申し上げたい。日本におけるいわゆる研究助成、出版助成の金額と比べると、想像を絶する高額の助成金を頂くこととなったわけで（──しかも、助成金が附与されるのは、「翻訳」に対して、である！）、逆にこれは中国政府が中国における学術的著作を世界に発信することの重要性を重視していることの証左である。すなわち、自国における、（直ちには経済的利益に結び付かない）学問というものの進展の重要性を認識している証左なのである。理科・文科を問わず、あらゆる分野の学問の進歩、とりわけ基礎研究の進展なくして、国家の発展はあり得ない。この一瞬、一瞬という目先の利益のみを見ているだけでは、こうした助成金の発想は出てこないのであり、ここに、悠久の歴史を有する中国の計り知れない深遠さを垣間見ることができるのである。

　こうした助成金を頂戴したからには、その助成金に相応しい翻訳作品に仕上げる責務が発生しよう。しかしながら、なにぶん中国語の読解力を始めとして、上述のように、原著の内容に対する理解力の欠如のために、誤訳が多々あることが予想される。そして、それ

は、李教授ではなく、筆頭訳者である矢澤の責任であることは言うを俟たない。

　また、原著者の徐教授は、この日本語訳のために特別な序言を書いて下さった。加えて、2017年3月に《民法総則》が成立したことに伴い、原著の関連部分についての補遺も執筆して下さった。この二つの文章により、日本語版の価値が高まったことは間違いなかろう。お手を煩わせたことにつき、万謝の意を表したい。

　本書刊行にあたり、多くの知り合いの助力を得た。先ず、中国語の疑義については、北九州市立大学外国語学部の西　香織准教授、宿遷学院外国語学院の劉　紅艶副教授に教えていただいた。私のしつこい問い合わせにいつも応対して頂いたことは感謝に堪えない。ローマ法に関する疑義については、(残念ながらすべての事項ではないものの) 中央大学法学部の森　光教授からご教示を得た。部分的にではあるが、翻訳に際しての下訳作成につき、私の知り合い (すべて私の「学生」である。) に手伝ってもらった。「翻訳協力者」としてここで一覧表にすると、

　　　侯　心玥 (北九州市立大学大学院国際環境工学研究科修士課程修了)
　　　斉　　青 (大連外国語大学日本語学院卒業)
　　　張　　晴 (大連外国語大学韓国語学院大学院修士課程1年生)
　　　豊　　岳 (宿遷学院外国語学院4年生)
　　　李　淇琛 (大連海事大学航海学院4年生)
　　　莫　秋芳 (大連外国語大学経済管理学院3年生)
　　　黄　金月 (大連外国語大学経済管理学院3年生)

ここに記載してあるすべての諸氏に深謝申し上げたい。とりわけ、斉　青さん、張　晴さん、李　淇琛君、莫　秋芳さんの4名には格別の

助力を得たことをここに記して、感謝の意を表したい。

　翻訳原稿作成に際しては、入力や校正等で、北九州市立大学法学部法律学科卒業生の江島萌樹さんと同大学法学部法律学科在学生の日髙 澪さんに手伝ってもらっている。二人は、日本における普通の学生であればまずお目に掛かることがない難解な外国語（しかもかなり多種の言語）の注の校正及び調査に際して、威力を発揮してくれたことをここに記録として残しておきたい。日髙さんに中国語の知識があったことが、校正・調査作業をいくぶん容易にした面があったろう。

　最後になるが、溪水社代表取締役である木村逸司社長、編集作業や書籍刊行のための一般事務の管理をして下さった同社の木村斉子さんには大変お世話になった。中国政府による助成金審査の際は、原著自体、訳者の能力だけでなく、日本語版を刊行する出版社についても、学術書を刊行するに値する会社かどうかが審査されたが、これまで40年の長きに亘って一貫して学術書の刊行をされてきたことが評価の一因であったことは間違いなかろう。篤く御礼申し上げる。

　2018年3月

　　　　　　　　　　　　　　訳者を代表して　　矢澤　久純

【原著者】
徐　国棟（XU Guodong）
　号は東海閑人。1961年湖南省益陽市生まれ。1978年より今に至るまで、西南政法学院学士、中国政法大学修士、中国社会科学院研究生院博士、ローマ第二大学訪問学者、江西大学法律系助教、中南政法学院講師、副教授、教授、民商法典研究所所長、アモイ大学法学院教授、ローマ法研究所所長、民商法博士課程学生指導教官資格、米国・コロンビア大学訪問学者。「信じて古を好む」。四季を通じて海泳を好む。

【訳　者】
矢澤久純（YAZAWA Hisazumi）
　1971年　長野県生
　2001年　中央大学大学院法学研究科博士後期課程修了、博士（法学）
　現　在　北九州市立大学法学部教授、華東政法大学日本法研究中心客座教授、廈門（アモイ）大学法学院日本法研究中心客座研究員
　主要著作
　　共訳、ルードルフ・フォン・イェーリング『法学における冗談と真面目』（中央大学出版部、2009年）；共著、『戦時司法の諸相』（溪水社、2011年）；単著、『民事帰責範囲研究』（溪水社、2013年）；単著、「無償行為による即時取得（善意取得）に関する一考察・続論」、徳山大学総合研究所紀要第38号（2016年）；単著、「取得時効制度の存在理由に関する一考察・続論」、徳山大学総合研究所紀要第39号（2017年）；共著、「中国江蘇省宿遷市に見る、いわゆる『文明』都市を目指す取り組み」、北九州市立大学法政論集第45巻第3・4合併号（2018年）

李　偉群（LI Weiqun）
　1963年　中国上海市生
　2004年　名古屋大学大学院法学研究科博士後期課程修了、博士（法学）
　現　在　華東政法大学経済法学院教授、博士指導教授、同大学保険法研究所所長、同大学日本法研究中心主任、上海市保険学会副会長
　主要著作
　　主編,《中日民商法律制度比較研究》（学林出版社, 2009年）；共編,《保険典型案例評析》（上海人民出版社, 2016年）；単著,《伪造人票据责任在无权代理理念上的突破与创新》, 載《上海財経大学学報》2016年第3期；共著,《英国保险法改革历程检视与立法启示》, 載《上海商学院学報》2017年第1期；共著,《票据无权代理与票据伪造之异同点比较研究》, 載《政法学刊》2017年第2期；共著,《公平和效率视角下保险监管的困境与突破》, 載《学术交流》2018年第3期

2015年中国国家社会科学基金中華学術外訳項目助成図書

民法基本原則解釈
――誠信原則の歴史、実務及び法理の研究――

2018年5月31日　発行

著　者　徐国棟
訳　者　矢澤久純・李偉群
発行所　株式会社溪水社
　　　　広島市中区小町1-4（〒730-0041）
　　　　電話082-246-7909　FAX 082-246-7876
　　　　URL: www.keisui.co.jp
　　　　e-mail: info@keisui.co.jp

ISBN978-4-86327-420-4　C3032
©2018　Printed in Japan